공무원

한국사

한 권으로 끝내는 개념완성

前근대사

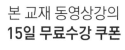 강민성샘이 제자들에게 드리는

 선물

본 교재 동영상강의
개념 강좌 15일 무료수강 쿠폰

본 교재 동영상강의
15일 무료수강 쿠폰

15일 무료수강 강좌
- **개념완성**(전근대편, 근현대편)
※ 네이버 렌즈를 이용하면 QR코드 인식이 더욱 원활합니다.

쿠폰 사용방법

쿠폰번호

WK5V-QYSZ-9636-EU7X

15일 무료수강 쿠폰 등록 방법

1 커넥츠 공단기 → 내보관함 → '내 쿠폰/캐시/포인트' 클릭

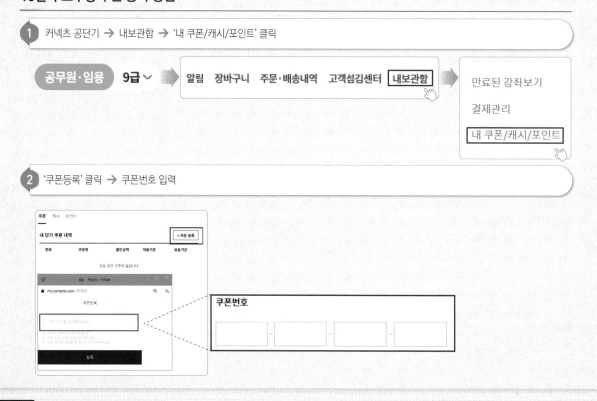

공무원·임용 9급 ∨

알림 장바구니 주문·배송내역 고객섬김센터 **내보관함**

만료된 강좌보기
결제관리
내 쿠폰/캐시/포인트

2 '쿠폰등록' 클릭 → 쿠폰번호 입력

쿠폰번호

15일 무료강좌 확인 방법

1 커넥츠 공단기 → 내보관함 → '인강' 클릭

인강 | 학원 | 내 이용권 | 독서실

2 '공단기 단강좌' 클릭

공단기 단강좌 1개의 단강좌가 있습니다.

3 하단 '강좌보관함'에서 확인

강좌 보관함(1) 즐겨찾기(0) 휴강강좌(0)

"한국사 공부의 시작에 **15일 무료수강**이 조금이라도 도움이 되었으면 좋겠습니다
강의 수강 동안 작성해주시는 열공인증글, 수강후기글은 다른 수험생에게도 많은 도움이 됩니다^^"

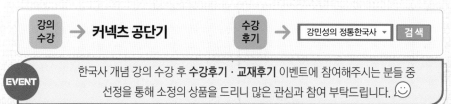

강의 수강 → **커넥츠 공단기**   수강 후기 → 강민성의 정통한국사 ▾ 검 색

EVENT 한국사 개념 강의 수강 후 **수강후기·교재후기** 이벤트에 참여해주시는 분들 중
선정을 통해 소정의 상품을 드리니 많은 관심과 참여 부탁드립니다. ☺

공무원

한국사

한 권으로 끝내는 개념완성

별책부록 · **문화재 정리**

올바른 한국사를
가르치기 위해
노력합니다.

초판 1쇄 인쇄일 2022년 7월 11일

지은이 강민성 **발행인** 정용수 **기획 및 편집** 정왕건

교정 및 검토 이도연, 장보라, 윤하정, 김원희, 이해인, 유혜인, 박가영

발행처 예문사 **주소** 경기도 파주시 직지길 460 도서출판 예문사

전화 031 955 0550 **팩스** 031 955 0660

6 위정척사파

이항로 (최익현의 스승, 1792 ~ 1868)

- 대표적인 성리학자이다.
- 1866년 병인양요 때 척화주전론을 주장하고, 경복궁 중건의 중지 등 최초로 흥선대원군
  의 정책에 반대하였다.

최익현 (임병찬의 스승, 1833 ~ 1906)

- 1873년 흥선대원군의 정책(서원 철폐와 경복궁 중건)을 비판하여 대원군을 실각시키고,
- 1876년 일본과의 통상 조약 체결에 반대하는 5불가소를 올렸다.
- 1895년 단발령을 반대하다가 투옥되었고,
- 1905년 을사조약이 체결되자 을사 5적의 처단을 주장하였고,
- 1906년 의병을 조직하여 전북 태인에서 거병하였으나, 곧 관군에게 체포되었다.
        후에 대마도로 유배되어 단식을 하는 등 저항하다가 사망했다.

이만손 (이황의 후손, 1811 ~ 1891)

- 1881년 〈조선책략〉에 반대하여 〈영남만인소〉를 고종에게 제출하였다.

홍재학 (1848 ~ 1881)

- 1881년 〈조선책략〉과 개화 정책에 반대하여 〈만언척사소〉를 제출하였으나, 이때 국왕까
        지도 노골적으로 공격하며 개화 정책을 비판하다가 능지처참 당하였다.

7 항일 의병장

이소응 (1861~1928)

- 1896년 을미사변 발생 후 강원도 춘천부를 기반으로 의병을 궐기하여, 춘천부 관찰사인 개화 관리 조인승을 처형하였다.

관군의 공세로 세력이 약화되자 유인석 부대에서 활동하였으나, 후에 만주로 망명하였다.

임병찬 (최익현의 제자로 그 선생에 그 제자, 1851 ~ 1916)

- 1888년 호남에 대흉년이 들자 자신의 개인 재산으로 백성을 구휼하고,
- 1906년 최익현과 태인에서 의병을 일으켰다. 의병장 민종식과 연락하면서 활동하였으나, 순창전투에서 패배하여 최익현과 함께 붙잡혀 서울로 압송되어 대마도로 유배되었다가 다음해 귀국하였다.
- 1912년 고종의 밀명으로 독립의군부 전라남도 순무대장에 임명되었다.
- 1914년 독립의군부를 전국 조직으로 확대시켜 대한독립의군부를 만들었다. 일본의 내각총리대신과 조선총독 이하 대소 관헌에게 국권반환요구서를 보내고 일제를 일시에 축출하려는 의병 운동을 계획하였으나, 일본 경찰에 독립의군부의 조직과 계획이 탄로나면서 체포되었다.
- 1916년 옥중에서 세 번이나 자살을 기도하였고, 단식을 감행하다 병사하였다.

유인석 (이항로의 제자, 1842 ~ 1915)

- 1876년 강화도 조약 체결에 반대하는 상소를 올렸으며,
- 1895년 을미개혁에 반대하여 의병을 일으켰으나, 관군에 패하여 만주로 망명하였다.
- 1910년 블라디보스토크에서 이상설과 함께 13도의군을 결성하였다.

하지만 그는 을미의병 당시 부대 내에 신처사라는 사람을 과거 동학농민운동에 참여했다는 이유로 처형하고, 전투를 승리로 이끈 평민 출신 선봉장 김백선을 양반에게 불경하게 굴었다는 죄목으로 참살하기도 하였다.

신돌석 (별명 태백산 호랑이, 1878 ~ 1908)

- 1905년 을사조약 체결 이후 동생 신우경과 함께 의병을 조직하였다. (최초의 평민 의병장)
- 1908년 눌곡에서 부하 김상렬의 집에 은신하다가 이들 형제에 의해 살해당하였다. 이들이 신돌석에게 걸려 있던 거액의 현상금을 노린 사촌이었다는 설도 있다.

이인영 (1867 ~ 1909)

- 1895년 을미사변을 계기로 유인석 등과 함께 강원도 원주에서 의병을 일으켰고, 경상도 문경으로 이주하였다.
- 1905년 을사조약을 계기로 의병을 일으키려 하였으나, 아버지의 병환으로 하지 못하였다.
- 1907년 정미의병을 일으켜 서울 진공 작전 당시 13도 창의군을 구성하였으나 부친상으로 총대장에서 사임했다.
- 1909년 충청도 황간에서 숨어살다가 일본 헌병에게 잡혀 사형당했다.

허위 (1855 ~ 1908)

- 1895년 을미사변이 일어난 이후 성주에서 의병을 일으켰으나(1896) 고종의 의병 해산령이 내려져 자진 해산하였다.
- 1905년 을사조약 체결을 계기로 의병을 일으켜 수차례 일본군을 격파하였고,
- 1908년 서울 진공 작전 당시 13도 창의군의 군사장이 되어 서울에 진입, 일본군과 격전을 벌였으나 패하여 퇴군하였다.

안중근 (아버지는 안태훈, 1879 ~ 1910)

- 1894년 동학농민운동이 일어나자, 아버지를 따라 동학농민군 진압에 참여하였다.
- 1895년 천주교에 입교하여 토마스라는 세례명을 받았다.
- 1904년 러일전쟁 이후 상하이로 망명하여 교육 등과 같은 실력 양성의 필요성을 절감하고,
- 1906년 평안남도 진남포에 삼흥학교를 설립하였으며, 뒤이어 돈의학교를 인수·경영하며 애국 계몽에 힘썼다.
- 1907년 교육 운동과 국채보상운동에 적극 호응하여 국채보상기성회 관서지부장으로 활동했으며, 의병을 일으키고, 연해주에서 거병한 후 국내 진공 작전을 벌였으나 실패했다.
- 1909년 하얼빈에서 이토히로부미를 저격하여 뤼순 감옥에 수감되었고,
- 1910년 사형선고를 받은 후 사형 당했다.

우리나라 여러 독립 운동 집안 중에서 가장 많은 서훈을 받은 집안이다.

"나는 의병을 모집하여 일병(日兵)과 여러 차례 싸우다가 이번에는 의병 참모 중장의 자격으로 하얼빈에서 독립 전쟁을 일으켜 적장을 공격하여 그 백발 머리를 아군에게 헌납함이요, 결코 개인의 자격으로 한 행위는 아니다."

8 동학과 농민운동 계열

최제우 (잔반 출신으로 호는 수운, 1824 ~ 1864)

- 1860년 동학을 창시하여,
- 1864년 교세가 확장되자 혹세무민의 죄로 정부에 의해 처형 당하였다.

최시형 (호는 해월, 별명 최보따리, 1827 ~ 1898)

- 1861년 동학에 입교하여,
- 1863년 최제우의 후임으로 제2대 교주에 취임하였으며,
- 1880년 〈동경대전〉을 간행하고, 이후 〈용담유사〉를 간행(1881)하였다.
- 1893년 제2차, 제3차 교조신원운동을 주도하였고, 조정에서 탐관을 파면하자 자진 해산
  하였다.
- 1894년 고부 민란이 발생한 이후 동학농민운동에 합세하였고, 2차 봉기에는 북접의 동학
  도를 논산에서 남접의 동학도와 합류시켰으나 공주에서 참패하였다.
- 1898년 3월 원주에서 체포되어 6월 교수형을 당하였다.

손병희 (방정환의 장인, 1861 ~ 1922)

- 1882년 동학에 입교하여 3년 뒤 최시형을 만나 그의 수제자가 되어,
- 1894년 동학농민운동 때 북접 통령으로 남접의 전봉준과 함께 일본군에 맞서 싸웠으나
  패배했다.
- 1897년 최시형의 뒤를 이어 제3대 교주가 되었고,
- 1905년 동학을 천도교로 개칭하였다.
- 1919년 민족대표 33인 중 한 명으로 3 · 1 운동을 주도하였으며, 연해주의 대한국민의회
  대통령으로 추대되기도 했다.

전봉준 (별칭 녹두 장군, 1855 ~ 1895)

- 1890년 동학에 입교하여, 얼마 뒤 고부접주로 임명되었다.
- 1894년 1월 고부민란을 주도하고, 3월의 1차 봉기와 9월의 2차 봉기를 이끌었으나 공주
  우금치전투 패배로 실패하였다. 이후 부하의 밀고로 체포되어,
- 1895년 그의 영향력을 이용하려는 일본의 회유를 거부하고 죽음을 선택했다.

"때를 만나 천하도 다 내 뜻과 같았네. 시운이 다하니 영웅도 스스로 어쩔 수 없구나. 백성
을 사랑하고 정의를 위한 길이 무슨 허물이랴. 나라 위한 붉은 마음 그 누가 알아주랴."

손화중 (1861 ~ 1895)

- 1881년 동학에 입교하여, 이후 활발한 포교 활동을 펼치고 접주가 되었으며,
- 1892년 삼례 집회에 많은 교도들을 동원하고,
- 1893년 서울, 보은의 2 · 3차 교조신원운동을 주도하였다.
- 1894년 동학군의 전주화약 이후에 전남 나주로 가서 폐정개혁을 지도하였으나, 2차 농민군 봉기에서 패배하여,
- 1895년 전봉준과 함께 처형되었다.

김개남 (1853 ~ 1895)

- 호남 지방에서 동학 지도자로 활동하였고,
- 1893년 3차 교조신원운동에 호남 교도들과 참여하여 태인포라는 포명을 받고, 대접주가 되었다.

9 국권 피탈에 대한 저항

전명운 (1884 ~ 1947)

- 1905년 하와이에 노동 이민을 간 이후,
- 1906년 샌프란시스코로 이주하여 항일 단체인 공립협회에 가입하였다.
- 1908년 한국 정부의 외부 고문인 친일파 미국인 D.W.스티븐스가 일본의 한국침략을 찬양하는 발언을 한 데 격분하여, 암살을 계획하고 저격하였지만 불발하였다.

장인환 (1876 ~ 1930)

- 1905년 하와이에 노동 이민을 가서,
- 1908년 한국 정부의 외부 고문인 친일파 미국인 D.W.스티븐스가 일본의 한국침략을 찬양하는 발언을 한 데 격분하여 그의 암살을 계획하였고, 동시간대에 스티븐스 저격을 시도하던 전명운이 실패하자 연달아 스티븐스를 저격하여 사살하였다.
- 1927년 귀국한 뒤 결혼하였으나 일제의 감시로 미국으로 돌아간 후 자살했다.(1930)

이재명 (1887 ~ 1910)

- 1904년 하와이 이민 모집에 응모, 미국에 건너가 노동에 종사하였으나,
- 1905년 제2차 한일협약이 체결되자 귀국(1907)하였다.
- 1909년 안중근의 이토 암살소식을 듣고 이완용을 찔러 중상을 입히고 체포되었다.

이회영 (초대 부통령 이시영의 넷째 형, 1867 ~ 1932)

- 1896년 독립협회에 참여하고,
- 1906년 북간도 용정에 서전서숙을 설립했으며,
- 1907년 신민회를 조직하였다.
- 1910년 국권 강탈 이후 국내에 있던 재산을 처분하고 가족 모두가 독립 운동 기지 마련을 위해 만주로 망명하여,
- 1911년 삼원보에 경학사를 조직하고, 신흥강습소를 건립하였다.
- 1919년 대한민국 임시정부에 참가하여 활동하였고,
- 1931년 만주사변 이후 한중일 아나키스트들의 단체인 항일구국연맹을 결성하였으나,
- 1932년 상하이에서 이동 중 체포되어, 혹독한 고문을 이겨내지 못하고 옥사하였다.

이준 (대한제국 시기의 애국계몽운동가, 1859 ~ 1907)

- 1896년 한성재판소 검사보에 임명되었으나, 아관파천으로 사임하고, 독립협회 평의장으로 활동하였다.
- 1898년 만민공동회에서 가두연설을 하였다.
- 1904년 보안회를 조직하여 일본의 황무지 개간권 요구를 철회시켰고,
- 1905년 헌정연구회, 대한자강회(1906) 등을 조직하였다.
- 1907년 고종의 명에 의해 이상설, 이위종과 함께 헤이그 밀사로 파견되었으나, 만국평화회의에 참석하지 못하고 결국 헤이그에서 순국하였다.

이상설 (독립운동가, 1870 ~ 1917)

- 1904년 보안회의 후신인 대한협동회 회장에 선임되었고,
- 1905년 을사조약 당시 조약 체결 반대와 오적 처단을 주장하는 상소를 올리기도 했다.
- 1906년 북간도 용정으로 망명하여 서전서숙을 설립하였고,
- 1907년 고종의 명으로 헤이그 만국평화회의에 이준, 이위종과 함께 밀사로 파견되었다.
- 1909년 독립 운동 확대를 위해 블라디보스토크로 이주하여, 독립 운동 기지인 한흥동을 건설하였다.
- 1910년 13도의군을 편성하였고, 한일 병합 이후 성명회를 조직하였다.
- 1911년 권업회를 조직하였고, 권업신문을 발행(1912)하였다.
- 1914년 대한광복군정부를 수립하여 정통령에 선임되었다.

"조국 광복을 이루지 못했으니, 몸과 유품을 불태우고 제사도 지내지 말라"는 유언을 남기기도 했다.

황현 (1855 ~ 1910)

- 1888년 생원 회시에 응시하여 장원으로 합격하였으나, 시국의 혼란함을 개탄하여 귀향하였다.
- 1910년 일제에 의해 국권이 피탈되자 절명시(絶命詩) 4편을 남기고 독약을 마시고 순국하였다.

그가 남긴 〈매천야록〉은 한국 근대사 연구에 소중한 사료로 평가된다.

10 근대의 주요 외국인

헐버트 (Homer Bezaleel Hulbert, 1863 ~ 1949)

- 1886년 조선에 입국하여 육영공원에서 외국어를 가르쳤고,
- 1889년 세계 각국의 산천, 풍토 등을 소개한 세계지리서인 〈사민필지〉를 저술하였다.
- 1905년 을사조약 이후 고종의 밀서를 휴대하고 미국에 돌아가 대통령과 면담하려 했으나 실패하였고,
- 1906년 〈한국평론〉을 통해 일본의 행위를 폭로하고,
- 1907년 고종에게 네덜란드 헤이그에서 열리는 제2차 만국평화회의에 밀사를 보내도록 건의하였다.
- 1919년 3 · 1 운동을 지지하는 글을 잡지에 발표하였으며,
- 1949년 대한민국 수립(1948) 후 국빈으로 초대를 받고 내한하였으나, 1주 만에 병사하여 최초의 외국인 사회장으로 장례를 거행하고 서울 양화진 외국인 묘지에 묻혔다.
- 1950년 외국인 최초로 건국훈장 태극장이 추서되었다.

"나는 웨스트민스터 성당보다는 한국 땅에 묻히기를 원하노라."라는 유언을 남겼다.

베델 (Ernest Thomas Bethell, 한국명 배설, 1872 ~ 1909)

- 1904년 러일전쟁이 일어나자 〈데일리메일 Daily Mail〉의 특파원으로 한국에 입국하여, 양기탁과 함께 〈대한매일신보〉를 창간하였으며,
  특히 치외법권의 보호를 받던 〈대한매일신보〉에서 박은식 · 신채호 등이 일본을 통렬히 비판했다.
- 1907년 일본 외무성은 주일 영국공사에게 그의 추방에 협력을 요청, 통감부는 반일 신문 기사를 구실로 주한 영국총영사에게 그의 처벌을 요구하는 소송장을 냈지만 추방에는 실패하였다.
- 1908년 통감부는 〈대한매일신보〉의 기사와 논설이 반일적이라는 이유로 영국 상하이 고등법원에 다시 제소하여, 베델은 유죄판결을 받았다.
- 1909년 심장병으로 병사하여 서울 양화진 외국인 묘지에 묻혔다.
- 1995년 영국 대사관은 한국프레스센터와 공동으로 그가 한국의 독립과 언론 자유에 기여한 공적을 기리며, '베델언론인장학금'을 제정하였다.

"나는 죽더라도 대한매일신보만은 오래 살려 한국 동포를 구원해야 한다."라는 유언을 남겼다.

뮐렌도르프 (Paul George von Mollendorff, 한국명 목인덕, 1848 ~ 1901)

- 1869년 청의 조세 관리로 일하던 중,
- 1882년 청의 이홍장 추천으로 조선의 통리아문 참의 · 협판을 역임하였으며, 외교와 세관 업무를 맡았다.
- 1884년 독일의 무역상사인 세창양행이 설립되자, 해운과 무역 독점권을 부여하여 독일의 한국 상업 침투를 도왔다.
  러시아 공사 C.베베르와 협조하여, 한러 수호 통상 조약을 체결하게 하고, 갑신정변 때 김옥균의 급진 개화파에 반대하여 수구파를 도왔으나,
- 1885년 한국에 러시아 세력을 끌어들였다 하여 이홍장의 압력으로 해임되었다.

한국 역사에 조예가 깊었고, 만주어에도 능통하였다.

스티븐스 (Durham White Stevens, 한국명 수지분, 1851 ~ 1908)

- 1904년 제1차 한일협약 이후 한국 정부의 외교고문으로 들어와서,
- 1905년 을사조약 이후 이토히로부미의 설득으로 을사조약과 일본의 대한제국 합병을 정당화시키기 위해 수많은 친일 발언들을 하였다.
- 1908년 미국에서 기자회견을 통해, 한국이 일본의 보호정치를 찬양하고 있다고 말했다가, 이에 격분한 전명운 · 장인환에 의해 캘리포니아주 오클랜드역에서 저격 · 사살되었다.

메가타 다네타로 (1853 ~ 1926)

- 1874년 하버드대학교 법과를 졸업한 후 귀국해,
- 1894년 대장성 주세국장이 되었다.
- 1904년 귀족원 의원이 되었고, 제1차 한일협약 이후 조선의 재정고문에 임명되어,
- 1905년 조선의 화폐정리사업을 수행했다.
- 1907년 재정감사장관에 임명되어 황실 재산 정리 사업을 추진하였다.

이후 토지조사사업의 준비 작업을 수행하는 등 조선에 대한 경제 침탈의 기초를 다지고, 남작이 수여되어 본국으로 돌아갔다.

이토히로부미 (= 이등박문, 본명 하야시 도시스케, 1841 ~ 1909)

- 1863년 영국으로 유학을 위해 건너갔다가,
- 1864년 귀국 후 조슈번의 실권을 장악하였다.
- 1867년 이토히로부미로 이름을 바꾸고,
- 1870년 미국을 시찰하기도 했다.
- 1885년 내각의 초대 총리대신이 되었고,
- 1890년 의회의 귀족원 의장이 되었으며,
- 1892년 5대 총리 대신을 시작으로 이후 7 · 10대 총리 대신으로도 활동하였다.
- 1905년 을사조약 이후 조선에 통감부가 설치되자 초대 통감으로 부임하였고,
- 1909년 대한의군 참모중장 안중근에게 저격을 당해 사망했다.

이토히로부미의 죄악(안중근 의사가 법정에서)

1. 1895년 명성황후를 시해한 일
2. 한국의 황제를 폐위 시킨 일
3. 한국에 대단히 불리한 5조약과 7조약을 체결한 일
4. 의병이 일어나자 한국의 무고한 양민을 다수 살해한 일
7. 한국민에게 알리지 않고 제일은행권을 발행하여 사용한 일
8. 한국의 군대를 해산한 일
13. 현재 한국과 일본 사이에 살육이 끊이지 않고 있는데, 한국이 태평무사한 것처럼 일본 천황을 속인 일

11 민족 반역 인사

이완용 (1858 ~ 1926)

- 1886년 육영공원에서 영어와 신학문을 공부하고,
- 1887년 주미 외교관으로 활동하며 친미파가 되었다.
- 1895년 을미사변 후 러시아에 접근하여,
- 1896년 고종을 러시아 공사관으로 피신시키는 아관파천을 주도하였다.
        제2대 독립협회 회장으로 활동하였으나 이권을 열강에 넘겨준 책임으로 제명되었다.
- 1905년 러일전쟁 이후 친일파로 전향해 을사조약을 주도하고,
- 1907년 헤이그 밀사 사건을 빌미로 고종의 퇴위를 주도하였다.
- 1910년 전권 위원으로 한일합방조약을 가결시켰고, 이후 조선총독부 중추원 부의장이 되었으며,
- 1919년 3·1 운동 때 독립 투쟁을 비난하며 경고문을 발표하였다.

하지만 글씨만큼은 당대의 명필로 알려졌다.

이용구 (1868 ~ 1912)

- 1890년 동학에 입교하여,
- 1894년 동학농민운동 당시 호서군에 참여하였다.
- 1901년 손병희와 일본으로 망명하였다가,
- 1903년 귀국해 포교활동에 힘썼다.
- 1904년 진보회를 조직하여 일진회에 통합시켰으며, 러일전쟁 중에 일본을 지원하였다.
- 1905년 동학이 천도교로 개편되면서 쫓겨나자,
- 1906년 시천교를 세워 교주가 되었다.

송병준 (일본명 노다 헤이지로, 1858 ~ 1925)

- 민영환의 식객 출신으로,
- 1904년 일진회를 조직하고,
- 1907년 헤이그 밀사 사건 발생 후 고종의 퇴위를 주도하였다.
- 1910년 한일병합 후 조선총독부 중추원 고문에 임명되었다.

이인직 (이완용의 비서, 1862 ~ 1916)

- 1906년 천도교 신문인 만세보의 주필이 되어 신소설 〈혈의 누〉를 쓰고,
- 1908년 극장 원각사를 세워 신소설 〈은세계〉를 상연하였다.
- 1910년 이완용의 밀명으로 일본에 가서 한일병합을 교섭하고,
- 1915년 일왕의 즉위식에 헌송문을 바치는 등 친일 활동을 전개하였다.

01 근대 사회의 전개

12 근대의 문화 종교계 인사

주시경 (별명 주보따리, 1876 ~ 1914)

- 1896년 독립신문사 회계사 겸 교보원(교정보는 업무)으로 발탁되어 국어 연구를 시작하였고,
- 1898년 독립신문을 나온 뒤에는 제국신문 기자로 활동하였다.
- 1890년대~1910년대 애국계몽운동의 일환으로 애국계몽운동 단체의 주요 회원으로 활동
하였고, 국어 운동으로 주요 사립학교에서 국어를 가르쳤으며, 국어
연구를 위해 국문동식회, 국문연구소, 조선광문회 등의 단체에서 활
동하였다.

그는 저술로 〈국문문법〉, 〈국어문전음학〉, 〈말〉, 〈국어문법〉, 〈소리갈〉 등을 남겼다.
'한글' 명칭을 최초로 사용하였으며, 최현배, 김두봉 등 수많은 제자가 있다.

지석영 (의료인이자 국어학자, 1855 ~ 1935)

- 1879년 일본 해군이 세운 부산의 제생의원에서 종두법을 배우고, 처가가 있는 충주 덕산
에서 최초로 종두를 실시하였다.
- 1899년 경성의학교 초대 교장에 취임하여 의학 교육 사업에 종사하였다.
- 1908년 학부 안에 설치된 국문연구소 위원에 임명되어, 민족의 개화를 위해 필요한 한글의
보급에 힘썼다.

신재효 (판소리 이론가, 1812 ~ 1884)

- 상당한 재산가였던 아버지 신광흡의 재력을 이용하여 판소리 광대들의 뒤를 봐주던 인물이었다.
- 1868년 경복궁 낙성식에서 경축가를 지어바쳐 정3품에 준하는 명예직을 받았다.

80여 명의 판소리꾼을 양성하고 판소리 이론을 정리하였으며, 판소리 여섯 마당(춘향가, 심
청가, 박타령, 토별가, 적벽가, 변강쇠가)을 정리하였다.

나철 (1863 ~ 1916)

- 1905년 을사조약 체결 이후, 일제의 내정 간섭에 분개하여,
- 1906년 5적 암살단을 조직해 암살을 계획하였으나,
- 1907년 암살에 실패하고, 전남 무안군 지도로 유배되었으나 특사로 풀려났다.
- 1909년 단군교를 창시하여 대종교로 개칭(1910)하였다.
- 1914년 총본사를 만주의 화룡으로 이전하였으나, 일제의 탄압이 가해졌고,
- 1916년 구월산 삼성사에서 순절했다.

13 근대의 언론계 인사

양기탁 (1871 ~ 1938)

- 1896년 독립협회에 가입하고,
- 1904년 보안회 활동에 참여하였으며, 베델과 함께 〈대한매일신보〉를 창간하였다.
- 1907년 안창호와 함께 신민회를 조직하였고,
- 1911년 만주에 신흥강습소를 설치하였으나, 105인 사건의 주모자로 체포되었다.
- 1920년대 정의부(1925)와 국민부(1929) 결성에 참여하였고,
- 1934년 대한민국 임시정부 의정원회의에서 국무위원으로 선임되었고, 국무위원회에서 주석으로 선출되었다.

남궁억 (1863 ~ 1939)

- 1884년 동문학을 졸업하여 고종의 영어 통역을 맡으며, 총애를 받았다.
- 1896년 독립협회를 창립하여 수석총무와 사법위원을 겸임하며,
- 1898년 독립협회 해산 당시 투옥되었으며,
  〈황성신문〉을 창간하여 사장이 되었다.
- 1907년 헤이그 밀사 사건으로 고종이 강제 퇴위당하자 관직을 사임했다.
- 1933년 십자당을 조직, 활동하다가 '무궁화 사건'으로 체포되어 투옥되기도 했다.

남궁억은 자동차와 기차가 교통 수단이 되었는데도 "우리 민족의 손으로 자동차를 만들기 전에는 타지 않겠다"면서 아무리 먼 길이라도 걸어다녔다고 한다.

장지연 (1864 ~ 1921)

- 1902년 남궁억의 뒤를 이어 〈황성신문〉의 사장이 되었으며,
- 1905년 을사조약이 체결되자 '시일야방성대곡'을 작성하여 게재하였다.
- 1906년 대한자강회를 조직했으나 강제로 해산(1907) 당하였고,
- 1907년 남궁억과 함께 대한협회를 조직했다.
- 1908년 블라디보스토크로 망명하여 〈해조신문〉의 주필이 되었으나, 재정난으로 폐간된 이후 귀국하였다.
- 1909년 〈경남일보〉의 주필이 되었고,
- 1910년 합병이 되자 황현의 절명시(絶命詩)를 게재하였다.
- 1914년 조선총독부의 기관지 〈매일신보〉에 주필로 참여하여 1918년까지 친일 경향의 시와 산문을 발표했다.

민족문제연구소의 친일인명사전에 그의 이름이 등재되었다.

1 국내 항일 운동(민족주의 계열)

조만식 (1883 ~ 1950)

- 1915년 오산학교 교장에 취임하고,
- 1922년 조선물산장려회를 결성하고,
- 1923년 조선민립대학기성회를 조직하였다.
- 1927년 신간회 설립과 조직 활동에 적극 참여하여,
- 1929년 광주 학생 운동 진상보고 민중대회를 개최하려다가, 일본 경찰에게 체포되었다.
- 1932년 조선일보 사장에 취임하기도 했다.
- 1945년 해방 이후 여운형과 함께 건국준비위원회 결성을 주도하기도 하고, 북한에서 조선 민주당을 창당하여 반탁 운동을 전개하였으나,
- 1950년 공산당에 의해 총살당했다.

김성수 (1891 ~ 1955)

- 1919년 경성방직 주식회사를 설립하고,
- 1920년 동아일보를 창간하였다.
- 1922년 물산장려운동, 민립대학설립운동(1923)에도 참여하였다.
- 1932년 보성전문학교(현재 고려대학교)를 인수하여 교장에 취임하였다.
- 1938년 국민정신총동원조선연맹 이사, 국민총력조선연맹 이사(1940), 조선임전보국단 감사(1941)로 활동을 하기도 했다.
- 1945년 광복 이후 미 군정청 수석 고문에 임명되고, 한국민주당을 창당하였다.
- 1947년 신탁통치반대투쟁위원회 부위원장으로 반탁운동을 전개하였다.
- 1949년 정부 수립 직후 각료 선임 문제로 이승만과 결별하고, 민주 국민당을 창당하였다.
- 1951년 2대 부통령에 당선되었으나, 이승만 독재에 반대하여 곧 사임(1952)하였다.

민족문제연구소가 발행한 친일인명사전에 등재되어, 그의 유족과 연구소 간의 소송이 진행 중이다.

이상재 (1850 ~ 1927)

- 1881년 조사시찰단의 수행원으로 일본을 방문하고,
- 1896년 독립협회를 조직하여 만민공동회 의장에 취임하였다.
- 1920년대 물산장려운동에 참여하고, 민립대학 기성회를 조직하여 민립대학 설립운동에도 참여하였으며,
- 1924년 조선일보 사장에 취임하였다.
- 1927년 신간회 초대 회장에 취임하였다.

그의 장례식은 우리나라 최초의 사회장으로, 추도객만 10만 명을 넘었다.

안재홍 (1891 ~ 1965)

- 1916년 상하이로 망명하여 동제사에 가입하였다.
- 1924년 〈조선일보〉 주필을 거쳐, 1932년까지 차례로 부사장·사장을 역임하였다.
- 1927년 신간회 결성을 주도하여 총무로 활동하였고,
- 1942년 조선어학회 사건으로 체포되기도 했다.
- 1945년 여운형과 함께 건국준비위원회 결성을 주도하여 부위원장에 취임하였고, 이후 신탁 통치반대운동에도 참여하였다.
- 1947년 미 군정청의 민정장관으로 임명되기도 했다.
- 1950년 제2대 국회의원 총선거에 출마하여 당선되었으나, 6·25 전쟁 도중 북한으로 납북 되어 사망(1965)하였다.

그의 역사 인식으로는 '일제 강점기에는 민족주의 사학을, 해방 후에는 신민족주의 사학을 제창하였다.'고 알려져 있다.
대표적 저서로는 〈조선상고사감〉, 〈신민족주의와 신민주주의〉가 있다.

방정환 (손병희의 사위, 1899 ~ 1931)

- 1921년 천도교 소년회를 조직하고,
- 1922년 최초로 어린이날(5월 1일)을 제정하였다.
- 1923년 색동회를 조직하였고, 잡지 〈어린이〉를 창간하였으며,
- 1927년 어린이 단체를 통합한 조선소년연합회 위원장을 역임하였다.

2 국내 항일 운동(사회주의 계열)

홍명희 (이광수 · 최남선과 더불어 조선의 3대 천재, 1888 ~ 1968)

- 1900년 13세에 결혼하였으며,
  (유명한 국어학자인 큰아들 홍기문과의 나이 차이가 불과 15세로 서로 친구를 공유하기도 하였다.)
- 1910년 한일 병합을 계기로 금산 군수였던 아버지 홍범식이 자결하였다.
  (홍명희는 아버지의 순국 때문에 일제 강점기의 많은 지식인이 변절할 때도 끝까지 변절하지 않았던 지식인이었다.)
- 1923년 공산주의 단체인 신사상 연구회를 조직하고,
- 1924년 동아일보 편집국장을 역임하지만 동아일보가 민족 개량주의를 선전하자, 사직서를 냈다.
- 1925년 시대일보 사장으로 재직하면서,
- 1927년 신간회 결성을 주도하여 부회장을 역임했으나 제1차 민중대회 사건(1930)으로 투옥되기도 했다.
  (당시 홍명희의 투옥으로 인해 신문 연재 소설이었던 〈임꺽정〉이 연재되지 못하자, 독자들의 요청으로 조선일보가 일제와 교섭하여 옥중에서 집필이 이루어지기도 했다.)
- 1948년 김구와 더불어 남북협상을 위해 월북하였고, 협상 이후에도 북한에 남아 부수상까지 역임했다.

그의 저서로는 수필집 〈학창산화〉와 장편소설 〈임꺽정〉이 있다.

이재유 (1905 ~ 1944)

- 1926년 일본에 건너가 공산주의 운동가로 성장하여,
- 1928년 제4차 조선공산당 관계자로 체포되어 3년 6개월의 수형 생활을 겪었다.
- 1933년 이현상 · 김삼룡 등과 '경성트로이카'라는 공산주의 비밀결사를 결성하고, 이후 일제의 탄압에도 불구하고, '경성재건그룹' 및 '조선공산당재건 경성준비그룹'을 결성하여 조선공산당 재건을 위한 비타협적 운동을 전개하였다.
- 1934년 1월 경찰에 체포되었으나 탈출에 성공하였고, 뛰어난 변장술로 일제의 검거망을 뚫어, 신문에 '신화적 인물'로 보도된 적이 있다.
- 1936년 끝내 체포되어 형량을 치렀으나 출옥하지 못하고 옥중에서 사망(1944)하였다.

3 무장 투쟁 계열

박상진 (1884 ~ 1921)

- 1902년 의병장 출신인 허위의 문하에서 공부했다.
- 1904년 양정의숙 전문부에서 법률과 경제학을 전공하였고,
- 1910년 판사 시험에 합격하여 평양 법원에 발령되었으나 사퇴하고, 독립운동에 나섰다.
- 1915년 대구 안일암에서 조선국권회복단을 결성하였고, 풍기광복단의 인사와 합작해 대한 광복회를 조직하고 총사령으로 취임하였다.
- 1917년 경북 칠곡부호 장승원, 충남 아산면장 박용하의 처단을 지시하여 사형선고를 받았다.

개인적으로 의병장 신돌석과는 의형, 장군 김좌진과는 의제 관계를 맺기도 하였다.

홍범도 (포수 출신, 평민 의병장, 1868 ~ 1943)

- 1907년 정미의병 때 함경도 삼수 · 갑산 등에서 차도선 등과 함께 포수를 모아 산포대를 조직하여 의병을 일으켜 유격전으로 일본군을 격파하였으며,
- 1910년 만주로 건너가 포수단을 조직하고 독립군 양성에 힘썼다.
- 1919년 대한 독립군의 총사령관이 되어
- 1920년 봉오동 전투와 청산리 전투를 지휘했고,
  이후 독립군 단체를 연합한 대한독립군단을 조직하여 부총재직을 역임하였다.
- 1937년 스탈린의 한인 강제 이주 정책에 의해 연해주에서 카자흐스탄으로 이주된 뒤, 극장 수위로 근무하다가 사망(1943)하였다.

서일 (본명 서기학, 대종교의 지도자, 1881 ~ 1921)

- 1911년 중광단을 조직하여 단장을 역임하였으며, 이 무렵 대종교에 입교(1912)하여 포교 활동에도 힘썼다.
- 1918년 무오독립선언에 참여하였다.
- 1919년 중광단을 정의단으로 개편하고, 북로군정서를 조직하였다.
- 1920년 청산리 전투에서 크게 활약하였고, 대한독립군단을 조직하여 총재를 역임하였으나,
- 1921년 자유시 참변 이후 책임을 지고 자결하였다.

김좌진 (괴력의 사나이, 1889 ~ 1930)

- 1905년 서울로 올라와 육군무관학교에 입학하여 수학하고,
- 1907년 안동으로 돌아와서 호명학교를 세웠으며, 대한협회 홍성 지부를 조직하였다.
- 1908년 기호흥학회의 지부를 조직하고, 안창호 등과 서북학회를 세우고 서북협성학교를 설립하였다.
- 1916년 대한 광복회에 가담하여 항일투쟁을 전개하였다.
- 1918년 만주로 건너가서 대종교에 입교하고, 무오독립선언서에 39명의 한 사람으로 서명하였다.
- 1919년 대한정의단에 가담하였고, 정의단을 북로군정서로 개칭하고, 총사령관이 되었다.
- 1920년 10월 청산리 전투에서 승리를 거두었으며,
  그 후 북만주 밀산에 도착하여, 대한독립군단이 결성되자 부총재로 취임하였다.
- 1925년 신민부를 창설하고 군사부위원장 및 총사령관이 되었다.
- 1929년 한족총연합회의 주석으로 선임되었으나 이듬해 순국하였다.

지청천 (본명 지대형, 일명 이청천, 1888 ~ 1957)

- 1913년 일본 육군 사관학교를 졸업하고, 보병 중위로 근무하였으나,
- 1919년 만주로 망명하여, 신흥무관학교 교성대장이 되어 독립군 간부를 양성하였다.
- 1920년 대한민국 임시정부 산하의 서로군정서를 지휘하였고,
  서일, 김좌진과 대한독립군단을 조직하여 소련 내 자유시로 이동하였다.
- 1921년 자유시 참변 때 소련군의 포로가 되었으나 북만주로 탈출하였으며,
- 1925년 양기탁 등과 함께 정의부 결성을 주도하였다.
- 1930년 한국독립당을 창당하고, 한국독립군을 결성하여 총사령관이 되었다.
- 1935년 김원봉과 김규식의 민족혁명당에 참가하기도 하였고,
- 1940년 충칭에서 임시정부의 광복군 총사령관에 취임하였다.
- 1948년 5 · 10 제헌국회의원 선거에 출마하여 당선되었다.

양세봉 (1896 ~ 1934)

- 1922년 천마산대에 가입하기도 하고,
- 1923년 참의부 소대장으로 활동하였고,
- 1929년 국민부 조직에 참여하고, 조선 혁명군이 편성되어 중대장이 되었다.
- 1932년 조선혁명군 총사령관을 맡아 영릉가 전투, 흥경성 전투(1933)에서 승리하였다.
- 1934년 일본의 밀정이 매수한 중국인에게 유인되어 살해당했다.

4 대한민국 임시정부 인사

이동휘 (1873 ~ 1935)

- 1890년 군관학교에 입학, 졸업(1899) 후 강화진 위대참령으로 근무하였으나,
- 1907년 한일신협약으로 군대 해산 후 의병을 일으키려던 중에 체포되었다.
            이후 신민회의 지도자로 활약하였으나, 105인 사건(1911)으로 투옥되었다.
- 1913년 석방된 후 북간도 지역으로 망명하였다.
- 1914년 이상설과 함께 대한 광복군정부를 조직하여 부통령을 역임했고,
- 1918년 하바로프스크에서 한인 사회당을 조직하였다.
- 1919년 상하이로 이동하여 대한민국 임시정부 국무총리를 역임했다.

이동녕 (1869 ~ 1940)

- 1896년 독립협회에 가담하여, 만민공동회(1897)에 참여하였고, 이로 인해 옥고를 치렀다.
- 1898년 제국신문 논설위원으로 활동하였고,
- 1905년 을사조약이 체결되자 연좌시위를 벌이기도 했다.
- 1906년 이상설 등과 함께 북간도에 서전서숙을 설립했고,
- 1907년 안창호, 양기탁과 신민회를 조직하고, 〈대한매일신보〉 발행을 지원하였다.
- 1910년 서간도로 망명하여,
- 1911년 경학사를 세우고, 신흥강습소를 설립하여 초대 소장을 역임하였으며, 권업회 조직에 참여하였다.
- 1913년 대종교에 입교하였고,
- 1914년 이상설 · 이동휘 등과 대한광복군정부를 수립하였다.
- 1919년 임시의정원의 초대 의장으로 임시정부 수립에 참여하였고, 내무총장을 역임하였다.
- 1924년 임시정부의 국무총리로 정식 취임하여 대통령 직권 대행을 하기도 하였으며,
- 1926년 임시정부의 국무령과 주석(1927)을 역임하기도 했다.

안창호 (호는 도산, 1878 ~ 1938)

- 1897년 독립협회에 가입하였고,
- 1898년 이상재, 윤치호, 이승만 등과 만민공동회를 개최하였다.
- 1907년 신민회를 조직하고,
- 1908년 대성학교(평양), 태극서관(평양 운영, 대구), 도자기 회사(평양)를 설립하였다.
- 1911년 미국으로 망명하여,
- 1912년 샌프란시스코에서 대한인국민회 중앙총회를 조직하였고 〈신한민보〉를 창간하였다.
- 1913년 샌프란시스코에 흥사단을 창설하였다.
- 1919년 상하이 임시정부 내무총장을 맡아 연통제를 수립하였고,
- 1923년 국민대표회의에서 개조파로서 활동하였다.
- 1926년 한국 독립 유일당 북경 촉성회를 결성하였다.
- 1932년 윤봉길의 폭탄 사건으로 일본 경찰에 붙잡혀 서울로 송환되었고,
- 1937년 수양동우회 사건으로 수감 중, 이듬해 간경화증으로 사망하였다.

"한국인 출신 최초로 할리우드에 진출한 영화 배우가 안창호의 아들인 '필립 안'일 만큼 그의 외모도 준수하였다."

박용만 (1881 ~ 1928)

- 1904년 미국으로 건너가
- 1906년 헤이스팅스대학에서 정치학과 군사학을 전공하여,
- 1909년 네브라스카에서 한인소년병학교를 설립하고,
- 1911년 〈신한민보〉 주필이 되었다.
- 1914년 대조선 국민군단을 창설하여 군사 훈련을 실시하였다.
- 1919년 대한민국 임시정부 외무총장에 선출되었으나,
  이승만과의 독립 운동 노선에 대한 갈등으로 부임하지 않고, 신채호 등 무장 투쟁론자와 행동을 같이 하여 국민대표회의 개최를 주장하였다.
- 1928년 베이징에서 대본 공사 사업을 추진하던 중 의열단 단원 이구연(이해명)에게 암살되었다. 그가 중국에서 친일을 하여 암살되었다는 설도 있다.

조소앙 (1887 ~ 1958)

- 1912년 중국 상하이에서 동제사 조직에 참여하였고,
- 1917년 신규식, 신채호 등과 함께 '대동단결 선언'을 작성하였고,
- 1918년 김좌진 등과 '대한 독립 선언서(= 무오독립선언서)'를 작성하였다.
- 1919년 대한민국 임시정부 수립에 참여해 파리강화회의와 만국 사회당 대회 등에 임시 정부 대표로 활동했다.
- 1926년 〈삼균제도〉를 집필해 삼균주의의 토대를 형성하고,
- 1927년 김구 · 안창호 · 김두봉 등과 함께 한국 유일 독립당 상해 촉성회를 창립하였다.
- 1930년 임시정부 산하에 김구 등과 한국독립당을 창당하였고,
- 1935년 민족혁명당이 조직되자 한국독립당을 병합시켰으나, 김원봉 노선에 대한 불만으로 탈당하여, 한국독립당을 재건하였다.
- 1937년 중일전쟁 이후 김구의 한국국민당과 통합해 한국 광복 운동단체 연합회를 조직하고,
- 1940년 김구의 한국국민당 및 지청천의 조선혁명당과 함께 3당 통합을 이루어 한국독립당을 창당하였다.
- 1941년 임시정부의 외무부장으로서 삼균주의 원칙에 입각한 임시정부의 건국강령을 공포하였다.
- 1948년 평양의 남북협상에 참가하여 5 · 10 선거에 불참하였고,
- 1950년 5월 제2대 국회의원에 출마해 전국 최다득표로 당선되기도 하였으나, 6 · 25 전쟁 도중 북한에 의해 납북되었다.

5 의열 투쟁

김원봉 (김구와 쌍벽을 이룬 중국 관내 독립 운동의 지도자, 호는 약산, 1898 ~ 1958)

- 1918년 난징의 진링대학에 입학하였으며,
- 1919년 신흥무관학교 출신 중심으로 의열단을 조직하여 폭력 투쟁을 전개하다가,
- 1925년 노선을 전환하여, 황포군관학교에 입교하였다.
- 1935년 민족혁명당을 조직하고,
- 1937년 조선 민족혁명당으로 개칭, 이를 토대로 조선 민족전선 연맹을 결성하였다.
- 1938년 조선의용대를 조직하였다.
- 1942년 충칭으로 이동하여 임시정부에 합류한 이후 광복군 부사령관이 되었고,
- 1948년 남북협상에 참여하여 월북했다가 북한의 정부 수립에 참여했다.
- 1958년 8월 종파 사건을 계기로 실각하여 숙청당하였다.

"일제 강점기 때 일본이 가장 높은 현상금을 목에 걸었던 독립 운동가였으며, 해방 이후 악명 높은 고등계 출신인 노덕술에게 고문을 받기도 하였다."

이봉창 (1900 ~ 1932)

- 1920년 만선 철도 기차 운전 연습생으로 취직했으나 퇴직(1924) 하고,
- 1925년 일본으로 건너가 일본인의 양자가 되기도 했다.
- 1931년 상하이에 갔을 당시, 일본 말에도 능숙하고 차림새도 일본인같아 처음에는 첩자로 의심받기도 했으나, 한인애국단에 가입하였다.
- 1932년 일왕 히로히토 암살을 시도하였으나 실패해 체포되어 처형되었다.

당시 중국 신문 국민일보가 이 사건을 보도하면서 "불행히도 천황을 명중시키지 못했다."고 표현하여 이에 격분한 일본이 상하이 사변을 일으키기도 했다.

윤봉길 (본명 윤우의, 1908 ~ 1932)

- 1926년 농촌 계몽 운동을 전개하여 〈농민독본〉(1927)을 쓰기도 했다.
- 1932년 한인애국단에 가입하여, 상하이 천장절 행사장에 폭탄을 투척하고 가나자와 육군 형무소에서 사망하였다.

후에 중국 국민당의 장제스가 "중국의 100만 대군도 하지 못한 일을 한국의 한 의사가 능히 하다니 장하다"고 말할 정도로 중국의 한국 독립 운동에 대한 인식을 새롭게 하였다.

김지섭 (1885 ~ 1928)

- 1920년 중국으로 망명, 의열단에 가입(1922)하였고,
- 1924년 1월 5일 도쿄에 잠입하여 일본 궁성(宮城)의 니주바시(이중교)에 폭탄 3개를 던졌으나 모두 불발되고 현장에서 체포되었다.

그의 변호사 후세 다쓰지는 "조선 민중 전체의 의사를 대표한 사람이고 폭탄이 불발했으니 불능범"이라 무죄를 주장했으나, 무기징역을 선고받고 복역 중 의문의 죽음을 당했다.

박열 (1902 ~ 1974)

- 1919년 3 · 1 운동 이후 일본으로 건너가 무정부주의 운동에 전념하여
- 1921년 비밀결사 흑도회를 조직하였다.
- 1923년 그의 애인 가네코 후미코의 협조로 천황을 암살하려 하였으나 직전에 발각되어 체포되었다.
- 1926년 가네코와 함께 사형선고를 받았으나, 무기징역으로 감형되었다.
- 1948년 8월 15일 대한민국 정부수립 축전에 초대되어 귀국했으나,
- 1950년 6 · 25 때 납북되었다.

두 사람이 일본검찰의 문초를 받을 때 서로 포옹하는 모습을 일본 판사가 촬영, 사진이 사회에 누출되자, 정부에서 국사범(國事犯)을 우대한다고 야당에서 들고 일어나는 등, 일본 정계에 큰 파문을 일으키기도 하였다.

두 사람이 복역 중 가네코는 형무소에서 자살하였다.

6 역사 연구

신채호 (호는 단재, 1880 ~ 1936)

- 1905년 성균관 박사가 되었으나, 을사조약 체결 후 〈황성신문〉에 논설을 쓰기 시작하였다.
- 1906년 〈대한매일신보〉의 주필로 활약하고,
- 1907년 신민회에 가입하고, 국채보상운동 등에 참여하였다.
- 1910년 블라디보스토크로 건너가 〈권업신문〉에서 주필로 활동(1912)하였다.
- 1919년 대한민국 임시정부 수립에 참가했으나, 이승만 배척 운동을 내세워 공직을 사직하였다.
- 1923년 의열단의 요청으로 〈조선혁명선언〉을 작성하고, 국민대표회의에서 창조파로서 활약하였다.
- 1927년 신간회 발기인으로 참여하였고, 동방 무정부주의자 연맹에 가입하기도 했다.
- 1928년 타이완으로 가던 중 지룽항에서 체포되어 뤼순 감옥에서 복역 중 옥사(1936)했다.

역사 연구에 있어서 고조선과 묘청의 난 등에 새로운 해석을 시도했고 '역사라는 것은 아(我)와 비아(非我)의 투쟁이다'라는 명제를 내걸어 민족사관을 수립, 한국 민족주의 사학의 토대를 확립했다. 저서로는 〈이태리건국삼걸전〉, 〈을지문덕전〉, 〈이순신전〉, 〈최도통전〉, 〈독사신론〉, 〈조선상고사〉, 〈조선상고문화사〉, 〈조선사연구초〉 등이 있다.

"현실에서 도피하는 자는 은사(隱士)이며, 굴복하는 자는 노예이며, 격투하는 자는 전사(戰士)이니, 우리는 이 중에 전사의 길을 택해야 한다."

박은식 (호는 백암, 1859 ~ 1925)

- 1890년대 서울에 살면서 적극적 사회 활동을 하게 되어,
  사상도 성리학에서 지행합일(知行合一)을 강조하는 양명학으로 변하였다.
- 1898년 독립협회에 가입하였으며, 〈황성신문〉의 주필이 되었다.
- 1904년 〈대한매일신보〉 주필을 역임하였다.
- 1906년 대한자강회 활동을 시작으로, 신민회(1907), 서북학회(1908) 등 활발한 애국 계몽 운동을 전개하였다.
- 1909년 〈유교구신론〉을 발표하여 유교개혁을 주장하였다.
- 1912년 중국에 망명하여 동제사를 설립하고,
- 1914년 〈안중근전〉과 〈한국통사〉(1915)를 저술하였으며,
- 1919년 대한 국민 노인 동맹단을 조직하였다.
- 1920년 〈한국독립운동지혈사〉를 저술하였으며,
- 1925년 3월 이승만이 임시정부의 대통령직에서 탄핵되면서 2대 대통령이 되었다.

"국체(國體)는 비록 망했지만 국혼(國魂)이 소멸당하지 않으면 부활이 가능한데, 지금 국혼인 역사마저 불태워 소멸하니 통탄하지 않을 수 없다."

정인보 (1893 ∼ 1950(?))

- 어려서부터 이건방의 휘하에서 양명학을 공부하고,
- 1912년 중국 상하이로 망명하여 박은식 · 신채호 등과 함께 동제사를 결성하였으며,
- 1918년 김규식 · 여운형 등과 함께 신한청년당을 조직하였다.
- 1933년 〈양명학연론〉, 〈오천년간 조선의 얼〉(1935∼36, 이후 〈조선사연구〉로 출판) 등을 동아일보에 연재하여 한국사에 대한 관심과 자긍심을 환기시키고 주체적인 민족 의식을 고취시키는 데 주력하였다.
- 1935년 정약용 서거 100주년을 앞두고 문일평, 안재홍 등과 함께 조선학 운동을 주도하여, 조선 실학 연구의 초석을 마련하였다.
- 1948년 대한민국 수립 후 초대 감찰위원장으로 임명되었으나, 대통령 이승만과의 갈등으로 사직(1949)하였다.
- 1950년 6 · 25 전쟁 당시 북한에 납치되어 사망하였다.

벽초 홍명희와는 사돈지간이며, 아들로는 전 국립중앙박물관장을 지낸 정양모가 있다.

문일평 (호는 호암, 1888 ∼ 1939)

- 1908년 조선 광문회에 참여하였고,
- 1912년 동제사에 참여하여 박은식 · 신규식 등과 박달학원을 세워 교육을 담당하였다.
- 1927년 신간회에 발기인으로 참여하였고
- 1933년 〈조선일보〉의 편집고문을 지내기도 하였다.

역사 연구에 있어서는 대외관계사, 특히 근대외교사 연구에 힘써 <대미관계 50년사>를 저술하였고, '조선심'을 강조하여 그 결정을 한글로, '조선심'은 세종에 의해 구체적으로 표현되었다고 하였다. 또한 실학의 실사구시의 정신을 자아(自我)의 재검토 · 재수립으로 보아, '조선심'의 재현이라고 인식하였다.

저서 : 〈조선사화〉(1945), 〈호암전집〉, 〈한국의 문화〉(1969) 등이 있다.

백남운 (1894 ～ 1979)

- 1933년 한국의 고대 사회 경제에 관한 최초의 사회경제사적 연구라 할 수 있는 〈조선사회경제사〉를 발간하였으며,
- 1937년 〈조선봉건사회경제사上〉을 발간하여 일제강점 하에서 한국의 고대와 중세의 사회경제에 관한 경제사적 연구에 몰두하였다.
- 1946년 조선신민당 경성특별위원회의 위원장을 역임하였고,
- 1947년 여운형과 만든 근로인민당의 부위원장으로 활동하다가 월북하여,
- 1948년 북한 정권 출범과 함께 최고인민회의 대의원과 교육상을 지내기도 했다.

해방후 저서 〈조선 민족의 진로〉에서 '연합성 신민주주의'를 제기하기도 하였다.

손진태 (1900 ～ 1950(?))

- 1927년 일본 와세다 대학을 졸업하고, 동양문고에 재직하면서 민속채집을 위해 전국을 탐방하였다.
- 1932년 민속 자료 발굴과 민속학 연구를 위해 서울에서 조선민속학회를 발기하여,
- 1933년 조선민속학회를 정식 창립하였고, 최초의 민속학회지인 〈조선민속〉을 간행하였다.
- 1934년 진단학회의 창설에 참여하였고,
- 1945년 8·15 광복 직후 경성제국대학 사학과 교수가 되었다.
- 1946년 서울대학교 문리과대 사학과 교수, 사범대 학장, 문리대 학장(1950)을 역임하였다.
- 1950년 6·25때 납북되었다.

그는 실증사학을 바탕으로 일제 강점기인 1920년대부터 민속학 연구에 몰두하였는데, 그의 민속학 연구는 현실정치를 초월하여 일반 민중문화의 보편성을 인식하기 위한 것이었다. 해방 후에는 '신민족주의사관'을 제창했다.

이병도 (1896 ～ 1989)

- 1919년 일본 와세다대학 사학과를 졸업한 뒤 귀국하여,
- 1925년 조선사편수회의 촉탁이 되어 10여 년 동안 일하였다.
- 1934년 진단학회 이사장에 취임하였으며,
- 1946년 서울대학교 교수로 부임하고,
- 1954년 학술원 종신회원에 선임되었고, 서울대학교 대학원장을 역임하였다.
- 1960년 문교부장관에 등용되었고, 같은 해 대한민국 학술원 회장에 선임되었다.

손자로는 서울대학교 총장을 지낸 이장무와 국립중앙박물관장과 이명박 정부에서 문화재청장을 지낸 이건무가 있다.

7 여성 독립운동가

윤희순 (1860~1935)

- 1895년 〈안사람 의병가〉, 〈병정의 노래〉 등의 의병가를 제작하여 의병들의 사기를 진작
- 1907년 춘천 의병을 후원하는 등 최초의 여성 의병장(?)으로 알려진 인물이다.

남자현 (만 46세로 독립운동에 참여, 1872~1933)

- 1919년 서로군정서에서 활약하는 한편, 만주에 교회와 학교를 설립하였다.
- 1925년 총독 사이토를 암살할 계획을 세웠으나 실패하였고,
- 1932년 국제연맹 리턴조사단이 하얼빈에 오자 '한국독립원'이라는 혈서를 제출하였다.
- 1933년 일본 장교(무토 노부요시)를 암살하려다가 체포되었다.

박차정 (김원봉의 아내, 1910~1944)

- 1929년 신간회와 근우회에 참여하여, 광주학생운동을 지원하는 중 체포되었다.
- 1932년 조선혁명간부학교 여자부 교관으로 활약하다가,
- 1938년 조선의용대 부녀복무단장으로 활동하던 중 전사하였다.

박자혜 (궁녀 출신인 신채호의 아내, 1895~1943)

- 1919년 3 · 1운동 당시 간우회(간호사의 독립 운동 단체)를 조직하여 만세 운동을 벌였다.
- 1926년 나석주의거 당시 의열단 활동을 지원하였다.

현계옥 (대구 기생 출신, 1897~?)

- 1919년 의열단원 현정건(현진건의 형)의 영향으로 만주로 건너가 의열단에 참여하였다.

김마리아 (1892~1944)

- 1919년 일본 도쿄에서 2 · 8 독립 선언에 참여하였고,
  귀국후 3 · 1운동을 준비하다가 체포되었으나 석방후 대한애국부인회 회장이 되었다.
- 1923년 대한민국 임시정부의 국민대표회의에 참여하였고, 미국으로 건너가 근화회(재미 대한애국부인회) 회장을 지냈다.

차경신 (1892~1978)

- 1919년 2·8 독립 선언에 참여하였고, 귀국후 간호대 및 의주 청년단을 조직하였다.
  3·1운동을 주도(평북 선천)한 뒤 김마리아와 함께 대한애국부인회를 조직하였다.
- 1920년 상하이로 망명하여 대한민국 임시정부에 참여하였다. 후에 미국으로 건너가 흥사단, 대한인국민회에 참여하고, 미국(LA)에 한국어학교를 설립하였다.

정정화 (김가진의 며느리, 1900~1919)

- 1919년 남편 망명이후 상하이로 건너가 임시정부의 살림을 책임지고,
- 1935년 한국국민당에 가입하였고,
- 1940년 한국독립당과 한국광복군 창립에 남편과 함께 참여하였다.
  후에 한국혁명여성동맹과 대한애국부인회를 주도하였다.

최용신 (소설 〈상록수〉의 모델, 1909~1935)

- 1931년 경기도 수원군 반월면 샘골(안산시 상록구)에서 농촌 계몽 운동을 전개하였다.
- 1964년 한국여성단체협의회는 최용신봉사상을 제정하여 매년 시상하고 있다.

강주룡 (한국 최초의 여성 노동 운동가, 1901~1931)

- 1931년 평원고무공장 여공 파업 당시 을밀대 지붕에 올라가 고공시위를 주도하였다.

주세죽 (박헌영의 아내, 김단야의 아내, 1899~?)

- 1924년 허정숙, 정종명과 함께 조선여성동우회 조직하고
- 1925년 조선여성해방동맹을 조직, 조선공산당에 입당, 이후 근우회도 참여(1927)하였다.
- 1932년 상하이로 건너가 조선공산당 재건 운동을 전개하였다.

허정숙 (허헌의 딸, 최창익(조선독립동맹)의 아내, 1902~1991)

- 1924년 조선여성동우회 결성을 주도하였다.
- 1928년 근우회에 참여하여 후에 광주학생운동을 지원(1929)하였다.
- 1936년 남편과 중국으로 망명하여 후에 조선민족혁명당에 입당하였다.
- 1938년 이후 옌안으로 들어가 후에 중국공산당에서 활동하였고,
- 1942년 조선독립동맹을 주도하였다.

8 문화계 인사

이극로 (1893 ~ 1978)

- 1927년 독일 유학 후 귀국하여 조선어학회 주간을 역임하고,
- 1942년 '조선어학회사건'으로 투옥되었다.
- 1945년 광복 이후 출옥하여 조선어학회 회장을 맡고, 전국정치운동자후원회 회장을 지냈다.
- 1948년 평양에서의 남북협상에 참여한 이후 북에 남았고, 북한 정권의 출범과 함께 북한 제1차 내각의 무임소상을 지냈다.
- 1966년 이후 북한 언어 규범화 운동인 '문화어운동'을 주도하기도 했다.

안창남 (1901 ~ 1930)

- 1919년 일본에 건너가 오쿠리 비행 학교에 입학하여 우리나라 최초의 비행기 조종사가 되었고,
- 1922년 비행기 금강호를 타고 고국방문 비행을 하였다.
- 1923년 관동 대지진 이후에 중국으로 망명하여 중국군 소속으로 항일 운동을 하였으나, 비행 중 추락사고로 사망(1930)하였다.

윤동주 (배우 문성근의 아버지인 문익환의 절친, 1917 ~ 1945)

- 1925년 명동소학교에 입학하여 민족교육을 받았고,
- 1941년 연희전문학교 문과를 졸업하고, 도쿄 릿쿄 대학 영문과에 입학(1942)하였다.
- 1943년 사상범으로 일본 경찰에 체포되어 교토의 카모가 경찰서에 구금되어, 후쿠오카 형무소에서 옥사(1945)하였다.

그의 작품 〈서시〉, 〈별 헤는 밤〉 등은 암울한 일제 강점기에 순수하게 살아가려는 그의 내면 세계를 보여준다.

심훈 (1901 ~ 1936)

- 1923년 중국에서 귀국한 후, 동아일보(1924년 입사)·조선일보(1928년 입사) 등에서 기자 생활을 하면서,
- 1927년 영화계에 투신하여 '먼동이 틀 때'를 각색·감독하였다.
- 1935년 농촌 계몽소설 〈상록수〉가 동아일보 창간 15주년 기념 현상 소설에 당선·연재 되면서 당시 브나로드 운동을 알리는 데 크게 기여하였다.

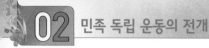
이육사 (본명 이원록, 1904 ~ 1944)

- 1925년 의열단에 가입하여,
- 1927년 조선은행 대구 지점 폭파 사건에 연루되어 투옥되었다. 이때의 죄수 번호 264를 따서 호를 육사라고 지었다.
- 1929년 출옥 후 북경으로 건너가 북경대 사회학과에서 공부하면서 독립투쟁을 벌였으며,
- 1932년 의열단의 조선혁명 간부학교가 설립되어 입교하였다.
- 1943년 독립운동 중에 서울에서 체포되어 베이징 감옥으로 압송되었고, 옥사(1944)하였다.

나운규 (1902 ~ 1937)

- 1918년 명동중학교에 입학하였으나 학교가 폐교되면서 북간도 지역을 유랑하다가,
- 1920년 홍범도의 독립군에 가담하였다.
- 1924년 부산의 조선키네마 주식회사에 입사하여 자신의 작품인 '아리랑(1926)'을 감독·주연하였다.

그 외에 '임자 없는 나룻배'에 출연(1932)하였고, 다양한 작품을 제작하였다.

서정주 (일본명 다츠시로 시즈오, 1915 ~ 2000)

- 1936년 동아일보에 시 〈벽〉으로 등단하고 동인지 〈시인부락〉을 창간하고,
- 1941년 첫 시집 〈화사집〉을 출간하였다.
- 1942년 매일신보에 평론 〈시의 이야기-주로 국민 시가에 대하여〉를 발표하면서 친일 작품을 쓰기 시작하였으며,

　이후 수필 〈징병 적령기의 아들을 둔 조선의 어머니에게〉(1943), 〈스무 살 된 벗에게〉(1943)와 일본어로 쓴 시 〈항공일에〉(1943), 〈오장 마쓰이 송가〉(1944) 등 친일 작품을 발표하였다.

해방 이후 〈귀촉도〉, 〈서정주 시선〉, 〈신라초〉, 〈동천〉, 〈질마재 신화〉, 〈떠돌이의 시〉 등을 출간하였다.

민족 문제 연구소에서 발간한 친일인명사전에 수록되었다.

노천명 (1911 ~ 1957)

- 1934년 이화여자 전문학교 영문과를 졸업한 후 조선일보(1934년 입사), 매일신보(1943년 입사) 기자를 지내면서,
- 1940년대 초반 태평양전쟁을 찬양하는 선동적이고 정치적인 〈군신송〉 등의 친일 작품들을 남겼다.

대표적인 작품으로는 〈눈 오는 밤〉, 〈사슴처럼〉, 〈사슴〉 등이 있다.

안익태 (1906 ~ 1965)

- 1926년 일본 구니타치 음악학교에서 첼로를 전공하고,
- 1932년 미국 신시내티 음악대학과 필라델피아 음악대학에서 공부하고, 필라델피아 교향악단에도 입단하였다.
- 1936년 애국가를 작곡하였고,
- 1946년 스페인 여인과 결혼하여, 스페인 국적을 얻었다.

일제 강점기의 친일 행적으로 친일인명사전에 수록되었다.

홍난파 (본명 홍영후, 1898 ~ 1941)

- 1915년 조선정악전습소 양악부를 마친 뒤 전습소 교사가 되었으나,
- 1918년 일본으로 건너가 도쿄음악학교에서 2년간 수학한 후 귀국하였다.
- 1925년 〈세계명작가곡선집〉을 편찬하고 〈봉선화〉를 수록하였으나,
- 1937년 친일단체인 조선 문예회에 가입하고, 국민총력조선연맹의 문화위원으로 활동(1940)하였다.

〈지나사변과 음악〉, 〈희망의 아침〉 등 친일작품을 발표하기도 하였다.

9 민족 반역 인사

이광수 (일본명 가야마 미쓰로, 홍명희 · 최남선과 더불어 조선의 3대 천재, 1892 ~ 1950)

- 1905년 일진회의 유학생 자격으로 일본에 유학하여,
- 1917년 매일신보에 최초의 현대 장편 소설 〈무정〉을 연재하였다.
- 1919년 2 · 8 독립 선언문을 기초하고, 대한민국 임시정부의 〈독립신문〉의 사장에 취임 하였으나,
- 1922년 잡지 〈개벽〉에 '민족개조론'을 발표하고,
- 1923년 동아일보사에 입사하여, 동아일보에 사설 '민족적 경륜'을 발표하였다.
- 1939년 친일 행각으로 조선문인협회 회장에 취임하여,
- 1949년 반민족행위 특별조사위원회에 검거되어 구속되기도 했으나,
- 1950년 6 · 25 전쟁 당시 북한에 의해 납북되었다.

최린 (일본명 가야마 린, 1878 ~ 1958)

- 1909년 메이지대학 법과를 졸업하고,
- 1910년 귀국하여 손병희의 권유로 천도교에 입교하고, 보성전문학교 교장에 취임하였으며, 신민회에 가입하였다.
- 1919년 3 · 1 운동 때 민족대표 33인 중 한 사람이었으나,
- 1923년 동아일보계 민족개량주의자들과 자치 운동 단체의 결성을 계획하기도 했다.
- 1934년 조선총독부 중추원참의가 되고,
- 1937년 총독부 기관지인 〈매일신보〉 사장, 조선 임전 보국단 단장(1939) 등의 친일 활동을 전개하여,
- 1949년 반민특위에 체포되어 구속되기도 했다.
- 1950년 6 · 25 전쟁 당시 북한에 납북되었다.

그는 반민특위에 의해 기소되었을 당시 최후 변론을 통해 "민족 대표의 한 사람으로서 잠시 민족 진영에 몸담았던 내가 이 곳에 와서 반민족 행위로 재판을 받는 그 자체가 부끄럽다. 광화문 네거리에서 사지를 소에 묶어 형을 집행해달라. 그래서 민족에 본보기로 보여 주기를 바란다"라며 참회하기도 했다.

최남선 (박정희 정부 당시 총리인 최두선의 형, 이광수 · 홍명희와 더불어 조선의 3대 천재, 1890 ~ 1957)

- 1908년 잡지 〈소년〉을 창간하여 최초의 신체시 '해(海)에게서 소년에게'를 발표하고,
- 1910년 박은식과 더불어 조선광문회를 창설하였다.
- 1919년 3 · 1 운동 때는 기미독립선언문을 기초하였으나,
- 1927년 총독부의 조선사편수회 위원이 되고,
- 1938년 조선총독부 중추원 참의가 되어 재일조선인 유학생의 학병 지원을 권고하는 강연 (1943)을 하기도 했다.
- 1949년 친일반민족행위자로 기소되어 수감되었으나 병보석으로 풀려났다.

김활란 (본명 김기득, 1899 ~ 1970)

- 1925년 미국 보스턴대학교를 졸업하고, 이화여자전문학교 교수로 취임하였다.
- 1927년 근우회 창립을 주도하였다.
- 1931년 컬럼비아대학교 대학원에서 한국 여성 최초로 철학박사 학위를 취득하였으나,
- 1937년 친일단체인 조선부인연구회, 국민총력조선연맹의 이사로 활동(1941)하였다.
- 1945년 이후 이화여자대학교 총장으로 재직하였으며 이승만 정부에서도 활동하였다.

민족문제연구소가 발간한 친일인명사전에 수록되었다.

모윤숙 (1909 ~ 1990)

- 1931년 이화여자 전문학교 영문과를 졸업하고, 첫 시집 〈빛나는 지역〉을 출간(1933)하였 으며,
- 1935년 경성제국대학을 수료하고, 이후 산문집 〈렌의 애가〉(1937 · 1949 · 1951)를 출간 하였다.
- 1940년대 친일단체인 조선문인협회, 임전대책협의회, 조선임전보국단 부인대에서 활동 하면서 〈대일본제국의 서양 정복전에 협력하자〉, 〈조선 학도여 성전에 참여하라〉 등의 글을 신문에 연재하였다.
- 1971년 8대 국회에 민주공화당 전국구 대표로 당선되기도 했다.

노천명과 함께 여류 문인 중 대표적 친일파로 분류되고 있다.

1 해방 공간의 주역

송진우 (본관은 신평, 호는 고하, 1887 ~ 1945)

- 1906년 창평의 영학숙에 들어가 고광준 · 김성수 등과 영어 등 신학문을 배우다가,
- 1907년 김성수와 함께 몰래 일본으로 갔다.
- 1910년 와세다대학에 입학하였으나, 국권 침탈로 충격을 받고 귀국하였다.
- 1916년 김성수가 중앙학교를 인수하자 교장에 취임, 학생들의 민족의식을 고취시켰다.
- 1919년 3 · 1 운동 때는 민족대표의 한 사람으로 구속되었고,
- 1920년 출감하여 동아일보사가 주식회사로 개편되자 사장에 취임(1921)하였다.
- 1936년 일장기 말소사건으로 동아일보는 무기정간, 자신은 사장직을 사임하였다.
- 1945년 8 · 15 광복 후 조선건국준비위원회와 맞서 우익세력을 규합하여, 한국민주당을 결성하고 수석총무가 되었으며, 속간된 동아일보 사장에 취임하였다. 이후 임시정부 요인들과 견해를 달리하다가, 한현우에게 암살 당하였다.

김구 (본명 김창수 · 김창암(아명) 호는 백범(白凡), 세례명 베드로, 1876 ~ 1949)

- 1893년 동학에 가입하여 접주로 활동(1894)하였으며,
- 1895년 의병에 참여하여 활동하던 중, 안태훈(안중근의 아버지)의 도움으로 목숨을 건졌다.
- 1896년 을미사변에 격분하여 일본군 중위(혹은 일본 상인)를 살해하고 수감되었으나, 이 당시 서울과 인천 사이에 최초로 설치된 전화가 김구의 목숨을 구제하였다.
- 1903년 기독교에 입교하였으며,
- 1909년 신민회에서 활동을 하다가, 안악사건에 연루되어 체포되었다.
- 1911년 안악사건에 연루되어 복역하던 중, 가출옥(1914)하였다.
- 1919년 3 · 1 운동 직후에 상하이로 망명하여 대한민국 임시정부에 참여하였으며, 국민대표회의(1923) 해산을 명하는 내무부령을 공포하였다.
- 1926년 국무령에 취임하였다.
- 1931년 한인애국단을 조직하여 이봉창과 윤봉길의 의거(1932)를 주도하였다.
- 1935년 한국국민당을 조직하였으며,
- 1940년 한국국민당 · 한국독립당 · 조선혁명당을 한국독립당으로 통합하였고, 대한민국 임시정부 주석에 선임되어 한국광복군을 조직하였다.
- 1941년 대한민국 임시정부의 이름으로 대일선전포고를 하였고,
- 1944년 한반도 수복을 위하여 국내 진공작전을 추진하던 중
- 1945년 일본이 항복을 선언하여 해방을 맞이하였다. 이후 반탁 운동을 전개하였으며,
- 1948년 남북협상을 주도하였다.
- 1949년 육군 포병 소위 안두희에게 암살당하였다.

김규식 (중도 우파의 지도자, 1881 ~ 1950)

- 1918년 신한청년당 창립에 참가하여,
- 1919년 파리강화회의 대표단으로 파견되었고, 대한민국 임시정부의 파리위원부 위원장이 되었다.
- 1935년 민족혁명당을 창당하여 주석에 선출되었으며,
- 1942년 충칭의 임시정부에 합류하여 야당을 형성하였고,
- 1944년 임시정부 부주석이 되었다.
- 1946년 여운형과 더불어 좌우합작운동을 주도하였으며,
  남조선 과도 입법 의원을 설치하고 의장에 선출되었다.
- 1947년 남한 단독정부 수립에 반대하여 민족 자주 연맹을 구성하고 위원장을 역임하였다.
- 1948년 김구와 더불어 남북협상을 추진하였으나,
- 1950년 6·25 전쟁 때 납북되어, 만포진에서 사망한 것으로 알려진다.

화려한 언변보다는 조용하고 차분한 선비와 같은 풍모를 지녔으며, 여운형과 더불어 해방 직후 국제 정세를 가장 정확히 파악한 지도자 중 한 명이다.

여운형 (중도파의 지도자, 호는 몽양, 1886 ~ 1947)

- 1918년 신한청년당을 창당하고,
- 1919년 대한민국 임시정부 수립을 주도하여 임시 의정원 의원과 외무부 차장을 역임하였고,
  한국을 대표하여 일본 제국 의회에서 조선 독립의 정당성을 주장하였다.
- 1933년 〈조선중앙일보〉 사장에 취임하였으나 일장기 말소 사건(1936)으로 사임하였다.
- 1944년 조선건국동맹을 비밀리에 결성하여,
- 1945년 해방 직후 안재홍과 함께 조선건국준비위원회를 조직하였으며, 조선 체육회 회장에 선출되었다.
- 1946년 김규식과 함께 미국의 지원하에 좌우합작운동을 주도하였으나,
- 1947년 혜화동 로터리에서 극우파 한지근에 의해 암살되었다.

독립 운동가 중 가장 좋은 신체적 조건을 갖추고 있어서 모든 운동에 능했던 인물이다. 농구 선수로 활동하기도 했고, 실제로 일제 강점기 당시 운동 기구와 관련된 신문 광고에 모델로 출연한 바도 있다. 그를 따르던 제자 중 한 명인 서울대 이상백 교수도 한국 농구 국가대표로 활동한 바 있고, 그의 위업을 이어 한국 올림픽 위원회를 조직하고 활동하였다. 분단 이전 월북하여 북한의 지도급 인사로 활동했던 그의 딸들도 기골이 장대하였다.

박헌영 (호는 이정(而丁), 좌파 세력의 지도자, 1900 ~ 1955)

- 1921년 상하이파 고려공산당에 입당하고,
- 1925년 1차 조선공신딩 창당을 주도하였으나, 제1차 조선공산당 사건으로 구속되었다.
- 1927년 '정신병자'로 병보석을 얻어 석방되었으며,
- 1928년 블라디보스토크로 탈출하였다.
- 1939년 지하 조직 경성콤그룹을 출범시켜 조선공산당 재건을 도모하였다.
- 1945년 조선공산당을 재조직하여 조선 인민공화국에 적극 참여하기도 했다.
- 1946년 남조선노동당을 창당하여 신전술을 주도하였으나,
- 1948년 월북한 이후 남로당이 조선노동당으로 합당(1950)되어 부위원장이 됐다.
- 1955년 미국의 스파이라는 죄목으로 몰려 체포되어 처형당했다.

"수감 중에 일제로부터 고문을 피하고 정신병자로 판정받기 위해 한동안 자신의 대변을 먹었다"는 믿기지 않는 이야기가 전해져 온다.

김두봉 (주시경의 제자, 1889 ~ 1960(?))

- 1916년 국어 문법책인 〈조선말본〉을 완성하였고,
- 1919년 대한민국 임시정부 의정원 의원에 선출(1919, 1924)되었고, 이동휘 등을 통하여 공산당에 입당하였다.
- 1930년 한국독립당 창당에 참여하였다.
- 1935년 김원봉과 함께 민족혁명당을 결성하였고,
- 1942년 옌안에서 조선독립동맹을 결성하여, 조선의용군을 설치하였다.
- 1946년 북조선 임시인민위원회 부위원장에 선출되었으며, 북조선노동당의 위원장이 되었다.
- 1958년 8월 종파사건 혐의로 축출된 이후, 평남의 오지에서 중노동을 강요당하며 농사일을 하다가 사망하였다.

북한의 어문 정책으로 한글 전용이 이루어지게 했던 주요 인물 중 한 명이다.

2 대한민국 정부의 지도자

이승만 (우파 진영의 지도자, 호는 우남, 1875 ~ 1965)

- 1896년 독립협회에 가입하여 중추원 의관이 되어 고종을 양위시키려다(1898) 구금(1899) 되었고,
- 1904년 석방된 뒤 미국으로 가서 조지워싱턴 대학과 하버드 대학에서 수학하고, 프린스턴 대학에서 박사 학위를 취득(1910)하였다.
- 1919년 윌슨 대통령에게 위임 통치 청원서를 제출하였고, 이후 상하이 임시정부의 국무총리에 선출되었으며, 대한민국 임시정부에서 대통령으로 선출되었으나,
- 1925년 임시 의정원의 탄핵 의결로 면직된 후, 구미위원부에서 활동하였다.
- 1945년 귀국 후 독립촉성 중앙협의회의 총장으로 추대되고, 신탁통치반대운동을 전개하였다.
- 1946년 전북 정읍에서 단독 정부 수립을 주장하며 단정 운동을 전개하였으며,
- 1948년 대한민국 대통령 선거에서 초대 대통령으로 선출되었다.
- 1960년 4 · 19 혁명으로 하야한 후 하와이로 망명하여 요양원에서 병사(1965)하였다.

미국 체류 기간 동안 대학 입학부터 박사 학위 취득까지 5년밖에 걸리지 않는 등 천재적 재능을 보여 주기도 했으나, 다른 독립 운동가들과 갈등을 빚는 등 한계를 보여 주기도 하였다.

윤보선 (4대 대통령, 1897 ~ 1990)

- 1945년 한국민주당 창당에 참여하였고,
- 1948년 정부 수립 후 2대 서울 시장에 임명되었다.
- 1952년 부산 정치 파동 이후 이승만과 결별하고,
- 1954년 3대 국회의원 당선 이후 4대(1958), 5대(1960), 6대 국회(1963)에도 진출하였다.
- 1960년 4 · 19 혁명 이후 내각책임제 정부의 4대 대통령에 취임했으나,
- 1961년 5 · 16 군사정변 이후 하야(1962)했다.
- 1963년 민정당을 창당하여 5대 대통령 선거에 출마하였으나 박정희에게 패배하였다.

당숙으로는 3대 독립협회 회장을 지낸 윤치호와, 숙부로는 이승만 정부의 초대 내무장관을 지낸 윤치영이 있다.

장면 (2대 · 7대 국무총리, 1899 ~ 1966)

- 1899년 서울에서 출생하여,
- 1925년 미국의 맨해튼 가톨릭 대학에서 법학 박사학위를 취득하고,
- 1949년 초대 주미대사로 임명되었다.
- 1955년 이승만의 4사5입 개헌에 반대하여 신익희와 더불어 민주당을 창당하여,
- 1956년 4대 부통령에 선출되었으나 권총 저격을 당하기도 하였다.
- 1960년 4 · 19 혁명 이후 의원내각제 정부의 국무총리에 선출되었으나,
- 1961년 5 · 16 군사 정변으로 집권 9개월 만에 실각하였다.

박정희 (대한민국 5 · 6 · 7 · 8 · 9대 대통령, 1917 ~ 1979)

- 1917년 경상북도 구미 선산에서 출생하여,
- 1932년 대구사범학교에 입학했다.
- 1940년 만주 신경군관학교에 입학하여 우등생으로 선발되어,
- 1942년 일본 육군사관학교에 편입학하여 졸업한 이후, 만주 관동군에 배속(1944)되었다.
- 1946년 귀국후 조선경비사관학교(육군사관학교의 전신)를 졸업하고,
  조선 국방 경비대(= 국군)에 입대하여 육군 소위가 되었으나,
- 1948년 여 · 순 사건 직후 남로당 프락치로 체포되어 무기징역을 판결받았다.
- 1950년 6 · 25 전쟁 발발 이후 육군소령으로 복직하였다.
- 1960년 이승만 정부에 대한 군사 쿠데타를 준비했으나, 4 · 19 혁명으로 시행되지 못했다.
- 1961년 장면 정부에 대해 5 · 16 군사정변을 일으켜, 군정 최고 기구로 국가재건최고회의를
  설치하였다.
- 1963년 군정에서 민정으로 정권을 이양하고 5 · 6대 대통령(1967)에 선출되었다.
- 1969년 3선개헌을 단행한 후 7대 대통령에 선출(1971)되었다.
- 1972년 10월 유신을 단행하여 8 · 9대 대통령(1978)으로 선출되었다.
- 1979년 10월 26일 중앙정보부장 김재규의 총에 저격 당해 서거하였다.

최규하 (10대 대통령, 1919 ~ 2006)

- 1943년 만주 대동 학원을 졸업하고, 광복 때까지 만주국 관리를 지냈다.
- 1967년 외무부장관을 지냈고, 국무총리에 발탁(1976)되었다.
- 1979년 10 · 26 사건 이후 대통령 권한대행을 하였고, 12월 통일주체 국민회의에서 제10대
  대통령으로 선출되었으나, 신군부 세력의 12 · 12 군사 반란과 5 · 17 비상 계엄
  확대를 막지 못하는 등 대통령으로서의 통치권을 제대로 행사하지 못하였다.
- 1980년 8월 16일에 사임함으로써 역대 최단기 대통령이 되었다.

전두환 (11대 · 12대 대통령, 1931 ~)

- 1931년 경상남도 합천에서 출생하여,
- 1955년 육군사관학교를 졸업하였다.
- 1979년 10 · 26사건 이후 군대 내 사조직 하나회를 중심으로 12 · 12 군사정변을 일으켜 군부를 장악하고(신군부),
- 1980년 5월 17일 비상 계엄령을 전국으로 확대하고,
  5월 18일 발생한 광주 민주화 운동을 유혈 진압한 이후,
  국가보위비상대책위원회(국보위)를 설치하여 상임위원장이 되었다.
  이후 통일주체국민회의를 통해 11대 대통령에 선출되었다.
- 1981년 개정된 헌법에 따라 대통령 선거인단을 통해 12대 대통령에 당선되었다.
- 1987년 4 · 13 호헌조치로 간선 대통령제를 유지하고자 하였으나, 6월 민주 항쟁으로 인해 대통령직선제로 헌법을 개정하였다.
- 1988년 대통령직에서 퇴임하였고, 13대 국회의 5공화국 비리 청문회, 광주 민주화 운동 청문회 이후 대국민 사과와 함께 재산 헌납을 발표하고 백담사에서 은둔생활을 하였다.
- 1995년 김영삼 정부의 역사 바로 세우기 노력으로 12 · 12 군사 반란과 5 · 18 광주 민주화 운동 진압 및 비자금 조성 등의 혐의로 노태우와 함께 구속 기소되었으나,
- 1997년 특별 사면되었다.

노태우 (13대 대통령, 1932 ~)

- 1974년 공수특전 여단장과 청와대 경호실 작전차장보(1978) 등을 역임하였다.
- 1979년 12 · 12사태에 가담하여 수도경비사령관에 임명되었고, 신군부 세력의 정권 획득 과정에 참여하였다.
- 1985년 12대 국회의원 총선거에서 당선되어 민주정의당 대표위원에 임명되었다.
- 1987년 민주정의당의 대통령 후보로 선출되었으나, 6월 민주 항쟁으로 '6 · 29선언'을 발표하고, 13대 대통령으로 당선되었다.
- 1990년 통일민주당 김영삼과 신민주공화당 김종필과 함께 3당을 합당하여 민주자유당을 출범시켰다.
- 1995년 재임기간 중에 비자금을 모금한 것이 문제가 되어 검찰에 구속, 재판을 받는 등 대통령 재직 당시의 사건으로 불명예스러운 일을 겪었다.

13대 대통령 선거기간 노태우는 "나, 이 사람! 보통사람입니다. 믿어주세요!"라고 하여 '보통 사람'이라는 유행어를 만들어 내기도 했고, 사위가 SK그룹 회장 최태원이다.

김영삼 (14대 대통령, 1927 ~ 2015)

- 1927년 경상남도 거제에서 태어나,
- 1954년 3대 국회의원에 당선되었다.(당시 만 25세로 현재까지 최연소 국회의원 당선 기록이다.)
- 1961년 신민당의 원내부총무가 되었으나,
- 1971년 신민당 대통령 후보 경선에서 결선투표 끝에 김대중에게 패배하였다.
- 1974년 신민당 전당대회에서 당총재에 당선되었으나,
- 1979년 YH무역사건 이후 국회에서 제명 당했고, 이를 계기로 부마항쟁이 발생하였다.
- 1987년 김대중과 함께 통일민주당을 창당하여 6월 민주 항쟁에서 주도적 역할을 하였다.
- 1990년 노태우의 민주정의당, 김종필의 신민주공화당과 3당 합당을 단행하여 민주자유당을 창당하고,
- 1992년 14대 대통령에 선출되었다.
- 1993년 금융실명제 실시 등 초기의 개혁 정책으로 국민들의 높은 지지를 받기도 하였으나, 계속된 각종 대형 사고가 발생하였고 마침내는 외환 위기(1997)까지 겪게 되었다.

김대중 (15대 대통령, 1924 ~ 2009)

- 1924년 전남 신안군 하의도에서 출생하여,
- 1945년 여운형이 이끄는 조선건국준비위원회에 참여하였으나 곧 탈퇴하였다.
- 1955년 민주당에 입당하여,
- 1963년 6대 국회의원으로 당선되었다.
- 1971년 신민당 대통령 후보로 선거에 출마하여 박정희와 겨루었지만 낙선했다.
- 1972년 유신 이후 일본과 미국 등지에서 활발한 유신 반대 활동을 전개하던 중에
- 1973년 일본 도쿄의 그랜드 팰리스 호텔에서 한국의 중앙정보부에 의해 납치되었으나, 미국의 도움으로 죽음의 위기를 넘기고 귀국했다.
- 1974년 재야 반유신 투쟁의 결집체인 '민주회복국민회의'에 참여하고,
- 1976년 3·1 민주 구국 선언을 발표하였다.
- 1980년 신군부가 조작한 '김대중 내란 음모 사건'으로 사형을 판결받았으나, 다시 미국의 도움을 받은 이후 미국으로 망명(1982)하였다.
- 1985년 귀국하여 김영삼과 함께 민주화추진협의회 공동 의장직에 올랐고,
- 1987년 6월 민주 항쟁을 함께 주도하였으며, 13대 대통령 선거에 출마하였으나 낙선했다.
- 1992년 14대 대통령 선거에서 김영삼에게 패해 정계를 은퇴하였으나,
- 1995년 정계에 복귀해 새정치 국민회의를 창당하였고,
- 1997년 15대 대통령 선거에 출마해 3전 4기로 당선되었다.

- 2000년 평양을 방문하여 제1차 남북 정상 회담을 개최하고, 6 · 15 남북 공동 선언을 발표했다.

  또한 민주주의 회복과 남북 관계 개선 노력으로 한국인 최초로 노벨 평화상을 수상했다.
- 2009년 투병 끝에 다발성 장기부전으로 사망하였다.

노무현 (16대 대통령, 1946 ~ 2009)

- 1946년 경남 김해에서 태어나,
- 1966년 부산상고를 졸업하고, 막노동판에서 일하며 사법시험에 합격(1975)하였으며,
- 1981년 전두환 정권의 부림사건의 변론을 맡은 것을 계기로 인권변호사로 활동하였다.
- 1987년 민주헌법쟁취 국민운동본부 부산 상임집행위원장을 맡아 6월 민주 항쟁에 앞장섰다.
- 1988년 13대 국회의원으로 당선되었고, 제5공화국 비리조사 특별위원회 위원으로 활동 당시 직설적인 화법으로 증인을 추궁하여 '청문회 스타'로 떠올랐다.
- 1990년 3당 합당을 한 김영삼과 결별하고, 민주당을 창당하였다.
- 2000년 16대 국회의원 선거 당시, 지역주의 타파를 내세우며 부산에서 출마하였으나 한나라당 후보에게 패배하였다.
- 2002년 국민경선제를 통하여 새천년민주당의 16대 대통령 후보로 선출되었고, 단일 후보가 되어 16대 대통령에 당선되었다.
- 2007년 평양을 방문하여 김정일 국방위원장과 2차 남북 정상회담을 열고, '남북관계 발전 및 평화번영을 위한 선언(10 · 4선언)'을 발표하였다.
- 2009년 김해 봉하에서 서거하였다.

2000년 당시 불의와 타협하지 않고, 당선 가능성이 높았던 종로구 출마를 포기한 그의 선택을 두고 인터넷을 통해 '노무현을 사랑하는 사람들의 모임(약칭 노사모)'이라는 최초의 정치인 팬클럽이 결성되기도 했다.

3 권력의 2인자 시리즈

이기붕 (1896 ~ 1960)

- 1951년 자유당 창당 조직에 참여하였다.
- 1956년 부통령 선거에 출마하였으나 낙선하였다.
- 1960년 부통령 후보로 출마하여 3 · 15 부정선거를 통해 부통령 선거에 당선되었으나, 4 · 19 혁명으로 사임 후 강석(이승만의 양자)의 권총으로 가족 모두가 자살했다.

김종필 (박정희의 조카 사위 = 박근혜의 형부, 1926 ~)

- 1961년 5 · 16 군사정변 당시 혁명 공약을 기초하였으며, 중앙정보부를 조직하고, 민주공화당 창당(1963)을 주도하였다.
- 1962년 김종필 · 오히라 메모가 공개되면서 한때 모든 공직에서 사퇴하였다.
- 1979년 박정희 사망 후 민주공화당 총재로 선출되었다.
- 1980년 신군부의 등장으로 인해 정계를 은퇴했으나,
- 1987년 신민주공화당을 창당하고 13대 대통령 선거에 출마했으며,
- 1990년 노태우, 김영삼과 3당 합당을 통해 민주자유당을 창당했다.
- 1995년 김영삼이 주도하는 민주자유당을 탈당하여 자유민주연합을 창당하였다.
- 2004년 17대 국회의원 총선거에 낙선한 이후 정계 은퇴 선언을 하였다.

이후락 (1924 ~ 2009)

- 1963년 5대 대통령에 당선된 박정희의 비서실장이 되었다.
- 1970년 중앙정보부장으로 임명되어,
- 1972년 북한 주석 김일성과 남북 비밀회담을 연 후 7 · 4 남북 공동 성명을 발표했다.
- 1980년 신군부가 등장한 뒤 '권력형 부정축재자'로 몰려 정계에서 물러났다.

그는 신군부로부터 부정 축재를 조사받을 당시에 "떡을 만지다 보면 떡고물이 손에 묻을 수밖에 없다"며 자신의 행위를 변명하기도 했다.

김재규 (1926 ~ 1980)

- 1926년 경상북도 구미에서 출생한 박정희의 동향 후배이자, 조선경비사관학교(육군사관학교의 전신) 2기 동기생(1946)이기도 하다.
- 1976년 중앙정보부장으로 임명되어 강경 세력인 경호실장 차지철과 갈등 관계에 있던 중,
- 1979년 박정희를 권총으로 저격하여, 사형을 선고 받고 교수형에 처해졌다(1980).

4 권위주의 정권에 대한 저항

조봉암 (1899 ~ 1959)

- 1919년 3 · 1 운동에 참여하여 1년간 투옥되었고,
- 1925년 조선공산당 조직에 참여했다.
- 1946년 좌우합작운동에 참여하였으나,
- 1948년 5 · 10 총선거에 참여하여 당선되었고, 초대 농림부 장관에 취임하여 농지개혁법을 입안하였다.
- 1950년 2대 국회의원으로 재선되었고, 국회 부의장으로 선출되었다.
- 1956년 3대 대통령 선거에 참여하여 선전했으나 패배하였다.
  (이때 나온 말 중 하나가 "선거에서는 이기고, 개표에서는 졌다."는 말이었다.)
  진보당을 창당(1956)하였으나, 진보당 사건(1958)으로 교수형에 처해졌다.
- 2007년 '진실화해를 위한 과거사 정리위원회'는 진보당 사건이 조작되었음을 인정하고 국가의 유가족에 대한 사과와 독립유공자 인정, 판결에 대한 재심 등을 권고하였다.
- 2011년 대법원에서 무죄 판결을 받아 복권되었다.

신익희 (1894 ~ 1956)

- 1919년 대한민국 임시정부 수립에 참여하여 외무총장 대리, 문교부장 등을 역임하였고,
- 1948년 제헌 국회의원에 당선되어 국회 부의장, 후에 국회의장이 되었다.
- 1949년 이승만에 반대하여 김성수와 함께 민주국민당을 결성하고 위원장에 취임하였다.
- 1950년 2대 국회의원에 당선, 다시 국회의장에 선출되고,
- 1955년 민주국민당을 민주당으로 발전시켜 대표최고위원이 되었다.
- 1956년 3대 대통령 선거에 입후보하여, 자유당의 이승만과 맞서 호남 지방으로 유세를 가던 중 열차 안에서 뇌일혈로 급사했다.

김주열 (1943 ~ 1960)

- 1960년 마산상고에 입학하였으나, 3 · 15 부정선거를 규탄하는 시위에 참가한 이후 실종되어, 4월 10일 마산 앞바다에서 최루탄이 눈에 박힌 채 변사체로 떠올라 발견되었다.
  이 사건이 경찰의 소행으로 밝혀져 전국의 학생과 시민의 분노를 자아냈고, 4 · 19 혁명을 촉발하였다.

장준하 (재야의 대통령, 1918 ~ 1975)

- 1945년 충칭에서 광복군에 들어가 장교가 되고, 미국의 OSS와 함께 국내 진공 작전을 준비하였다.
- 1953년 잡지 〈사상계〉를 창간하여 사장이 되었으며, 이후 저서에는 〈돌베개〉(1971)가 있다.
- 1967년 정계에 들어가 신민당 소속으로 7대 국회의원에 당선되었다.
- 1973년 개헌청원 운동본부를 발족시켜 '개헌 청원 백만인 서명운동'을 벌였으며,
- 1974년 이로 인해서 긴급조치 제1호 위반혐의로 구속되었다.
- 1975년 '박정희 대통령에게 보내는 공개서한' 등을 통하여 박정희 정권에 맞섰고, 범민주 세력의 통합에 힘썼으나, 경기 포천 약사봉에서 의문사하였다.

문익환 (목사, 민주 통일 운동가, 1918 ~ 1994)

- 1918년 만주 북간도에서 태어나,
- 1947년 목사 안수를 받고, 미국 프린스턴 신학대학교에서 석사 학위를 취득(1954)한 이후 한국신학대학교와 연세대학교에서 구약학을 강의하였다.
- 1970년대 이후 신 · 구교 공동구약번역 책임위원을 역임했다.
- 1976년 3 · 1 민주 구국 선언 사건으로 투옥되었고,
- 1980년 '내란예비음모죄'로 투옥되었다가 석방된 후,
- 1985년 민주통일민중운동연합 의장 등을 역임했다.
- 1989년 북한을 방문해 김일성과의 회담을 열기도 했다.
- 1992년 노벨평화상 후보로 추천된 바 있다.

아들로는 현재 영화 배우로 활동 중인 문성근이 있다.
같은 고향 절친으로는 윤동주, 장준하가 있다. 윤동주가 일본에서 사망한 후 유고를 모아 〈하늘과 바람과 별과 시〉를 출간하기도 했다.

전태일 (노동 운동가, 1948 ~ 1970)

- 1965년 서울 청계천 평화시장의 봉제공장의 재단사로 취직하였으나, 주변의 나이 어린 소녀들이 극심한 장시간 저임금 노동의 열악한 환경속에서 시달리는 것을 목격하고 의분을 느꼈다.
- 1969년 평화시장 최초의 노동운동 조직인 바보회를 창립하였고, 근로기준법 위반과 관련된 노동환경 조사 결과를 토대로 노동청과 서울특별시에 노동조건 개선을 요구하는 진정서를 제출했지만 묵살당하였다.
- 1970년 삼동친목회를 조직하여, 근로조건 개선 시위를 기획하고, 근로기준법의 개정 및 시행을 요구했으나 관철되자, 형식에 불과한 근로기준법 화형식을 거행하며 분신 자살하였다.

그는 "근로기준법을 지켜라! 우리는 기계가 아니다! 내 죽음을 헛되이 하지말라"는 마지막 말을 남기고 쓰러져 병원으로 옮겨졌으나 곧 숨을 거두었다. 1970년대 이후의 노동운동에 발화의 역할을 하여 한국 노동운동사에 한 획을 그었다. 그 후 그의 죽음을 애도하면서 조영래에 의해 〈전태일 평전〉이 저술되었고, 영화 '아름다운 청년 전태일'이 제작되었다.

박종철 (1964 ~ 1987)

- 1987년 서울대학교 언어학과 3학년에 재학 중이었던 제5공화국 말기에 불법 체포되었고, 치안본부(지금의 경찰청) 남영동 대공분실에서 취조 중에 전기고문, 물고문 등을 받다가 사망했다.

당시 이 사실을 은폐하려던 전두환 정부는 6월 항쟁으로 촉발된 시민들의 대대적인 저항에 부딪혔고, 결국 6 · 29 선언을 발표할 수밖에 없었다.

이한열 (1966 ~ 1987)

- 1987년 국민 평화 대행진 출정을 위한 연세인 결의대회 직후 벌어진 시위 도중 경찰이 발사한 최루탄에 뒷머리를 맞아 한 달간 사경을 헤매다 사망했다.

당시 이한열이 머리에 최루탄을 맞아 연세대 학생 이종창에 의해 부축당하며 피를 흘리는 사진을 뉴욕 타임스가 1면 머릿기사에 실어 전두환 독재정권이 행한 무력 진압의 잔인성을 드러냈다.

5 북한의 주요 지도자

김일성 (본명 김성주, 1912 ~ 1994)

- 1932년 만주에서 항일 유격대를 조직하고, 이를 발전시켜 동북항일연군 결성(1936)에 주도적 역할을 하였다.
- 1937년 동북항일연군의 일부 병력을 이끌고 보천보 전투에서 승리한 이후
- 1940년 부대를 이끌고 소련령 하바로프스크로 떠나 제88국제여단에 배속되었다.
- 1946년 북조선 임시인민위원회를 조직하고 위원장이 되었다.
- 1948년 조선 민주주의 인민공화국이 수립되면서 내각 수상이 되었다.
- 1949년 남 · 북조선노동당을 합당하여 조선노동당을 결성하고, 당 중앙 위원회 위원장이 되었다.
- 1950년 6 · 25 전쟁 시기 교전 일방인 조선인민군의 최고사령관으로서 전쟁을 이끌었다.(전쟁의 원흉)
  이후 민족주의자 조만식을 처형하였고,
- 1955년 남조선노동당 계열에게 미국 간첩들과 교신했다는 명목을 씌워 박헌영 등을 처형하였다.
- 1956년 8월 종파 사건을 계기로 연안파와 소련파를 숙청하였다.
- 1958년 천리마운동을 본격적으로 실시하였고,
- 1960년대 초반부터 주체사상을 국가 이념으로 정착시키며 중국 · 소련에 대한 자주 노선을 선언하였다.
- 1972년 7 · 4 남북 공동 성명을 발표하였고, 국가 권력 구조를 국가 주석 중심 체제로 헌법을 개정했다.
- 1980년 남북 통일 방안으로 〈고려 민주 연방 공화국 창립 방안〉을 제안하였다.
- 1993년 국방위원장직을 김정일에게 이양했다.
- 1994년 평양에서 미국 전 대통령 카터와 핵문제 관련 협상을 진행하였으며,
  김영삼과의 제1차 남북정상회담을 앞두고 사망하였다.

김정일 (러시아식 이름 유리 이르세노비치 김, 1942 ~ 2011)

- 1964년 김일성종합대학 경제학부 정치경제학과를 졸업하였다.
- 1971년 당의 핵심 부서인 조직지도부 부부장, 중앙위원회 조직 및 선전 담당비서(1973)를 맡았다.
- 1973년 3대 혁명 소조운동을 조직·지도하였고, 3대 혁명 붉은기 쟁취 운동(1975)을 벌였으며,
- 1980년 제6차 당 대회를 통해서 공식적인 후계자로 확정, '친애하는 지도자 동지'로 호칭이 변경되었다.
- 1992년 국가주석과 국방위원회 위원장의 겸임 조항을 정령에서 삭제하면서,
- 1993년 국방위원회 위원장에 내정되어,
- 1994년 김일성이 사망하자, 권력을 승계하였다.
- 1997년 조선노동당 총비서가 되고,
- 1998년 최고인민회의에서 헌법을 개정하여 주석제를 폐지하고, 권한이 강화된 국방위원장에 재추대되었다.
- 2011년 사망하여 아들인 김정은이 권력을 승계했다.

근현대 인물 정리

6 가야

수레토기(도기 바퀴장식 뿔잔)
▶ 가야의 일본 토기 문화에 대한 영향을 확인
▶ 일본의 스에키 토기 형성에 영향

금동관

7 발해

돌사자상
▶ 정혜공주의 묘에서 출토
▶ 힘차고 생동감이 넘침

연꽃무늬 벽돌
▶ 고구려의 영향으로
  소박하고 힘찬 모습

8 고려

청자 어룡형 주전자

고려청자

청자 동화연화문 표주박모양 주전자

▶ 발달 배경 : 신라와 발해의 전통 + 송의 사기 기술
▶ 발달 과정 ┌ 11c : 독자적 경지 개척
            └ 12c 중엽 ~ 13c 중엽 = 문벌귀족기 ~ 무신정권기 : 상감 기법의 도입
▶ 쇠퇴 : 원 간섭기에 북방 기술의 도입으로 청자 빛깔의 퇴조 → 분청사기 등장
▶ 제작 : 1300℃ 이상의 가마에서 회백색의 고령토를 사용하여 제작
        → 전라도 강진과 부안 지역이 유명

청동 은입사 포류수금문 정병

나전 대모칠 국화넝쿨무늬모자합

▶ 공예에 있어서 은입사 기술의 발달
▶ 청동기 표면을 파내고 실처럼 은을 채워 넣어 무늬를 장식하는 기술

▶ 나전 : 옻칠한 바탕에 자개를 붙여 무늬를 나타내는 공예
▶ 한가하고 푸근한 경치를 섬세하게 새겨 넣은 작품
▶ 조선으로 이어짐

9 조선 초기

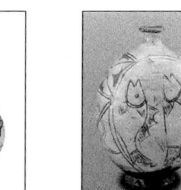

분청사기 철화 어문병

분청사기 음각어문 편병

▶ 회색 또는 회백색의 태토 위에 정선된 백토로 표면을 바르고 긁어내어 무늬를 새긴 후 유약을 바르고 구운 자기
▶ 전국의 도기소와 자기소에서 제작
▶ 안정된 그릇 모양과 소박하고 천진스러운 무늬
  ex) 모란, 연꽃, 물고기, 나비, 매화, 빗방울

조선의 기타 공예

- 목공예 ─ 특징 : 실용성을 중시, 나뭇결을 살려 자연미를 구현
  ├ 작품 : 일상용품
  │   ex) 장롱, 경상(독서 때 쓰는 상), 소반(식사 때 쓰는 상), 문갑
  ├ 방식 ─ 화각 공예 : 쇠뿔을 쪼개어 채색한 후 목기에 무늬를 입혀서 제작
  │   └ 자개 공예 : 자개로 무늬를 넣고 칠을 하여 제작 → 나전 칠기
  └ 발전 ─ 후기에 나무의 재질을 살리면서도 기능을 갖춘 작품 제작
        ex)장롱, 책상, 문갑, 소반, 의자, 필통 등
        └ 화각 공예에서도 독특한 우리의 멋을 풍기는 작품 제작
- 석공예(石工藝) : 궁궐의 장식, 능묘의 조각을 제작
- 금속 공예 : 15c 보신각종 제작
- 자수 공예 : 수와 매듭에서 부녀자의 섬세하고 부드러운 정취를 살려 제작

10 조선 중기 이후 : 백자의 발달

백자 병

▶ 고려 백자의 전통과 명 백자의 영향으로 등장
▶ 깨끗하고 담백한 순백의 고상함 → 선비의 취향
▶ 규산(석영)과 산화알루미늄을 주성분으로 하는 태토로 모양을 제작 → 그 위에 유약을 발라 1300~1350℃에서 구워 제작

백자 청화 '홍치2년'명 송죽문 항아리

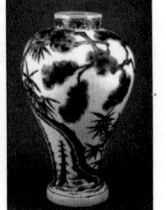

백자 청화죽문 각병

▶ 발달 배경 : 산업의 발달 → 백자가 민간에까지 널리 사용됨
▶ 내용 ┌ 형태와 문양이 어우러져 우리의 독특하고 준수한 세련미 표현
　　　　└ 백자 안료의 다양화
　　　　　　→ 청화(회회청 또는 토청 등의 코발트 안료 사용)가 유행, 철화, 진사 등도 존재
▶ 작품 : 생활용품 ex) 제기, 문방구

백자 달항아리

▶ 몸체는 유려한 둥근 선을 그리고, 굽은 주둥이보다 좁은 순백자
▶ 백자가 민간에까지 보편화됨을 보여줌

1 고대 3국

금동 연가 7년명 여래 입상

▶ 고구려
▶ 양식에 있어서 중국 북조의 영향을 받음
▶ 불상의 인상과 미소에서 고구려의 독자성 확인
▶ 천불(千佛) 중 하나로 경남 의령에서 출토

서산 용현리 마애여래삼존상

▶ 백제
▶ '백제의 미소'라 불림

경주 배동 석조여래삼존입상

▶ 신라
▶ 푸근한 자태와 부드럽고 은은한 미소
▶ 경주 역사유적지구 中 남산지구에 위치

2 남북국

석굴암 석굴 본존불

▶ 통일 신라(중대)
▶ 균형잡힌 몸매와 사실적인 조각
▶ 수학적 지식 활용

이불병좌상

▶ 발해
▶ 발해의 동경(훈춘)에서 발견
▶ 고구려의 영향을 받음

고대 3국의 금동 미륵보살 반가 사유상

국보 제118호

▶ 고구려의 불상
▶ 평양시 평천리에서 출토

국보 제83호

▶ 백제 제작설과 신라 제작설이 대립
▶ 불상 양식의 일본 전파 확인
▶ 삼산관(三山冠)을 착용한 불상

국보 제78호

▶ 신라의 불상
▶ 탑 모양의 관을 착용한 불상

3 고려

논산 관촉사 석조미륵보살입상　안동 이천동 마애여래입상

- ▶ 자유분방한 미
- ▶ 대형 석불(나말여초의 시기)
- ▶ 지역적 특색을 반영

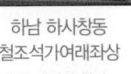
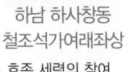
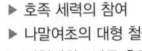

하남 하사창동
철조석가여래좌상

- ▶ 호족 세력의 참여
- ▶ 나말여초의 대형 철불
- ▶ 명칭변화 : 광주 춘궁리
  철불 → 춘궁리 철조석
  가여래좌상

영주 부석사 소조여래좌상

- ▶ 신라의 전통 양식 계승

05 건축의 역사

1 고대 3국

안학궁 복원도

▶ 장수왕 때 축조
▶ 고구려 남진 정책의 기상 반영

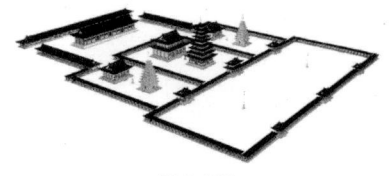

미륵사 복원도

▶ 구조 ┌ 서쪽(석탑, 현재 존재) + 중앙(거대한 목탑) + 동쪽(석탑)
      └ 뒤쪽 : 금당을 배치 → 국내 유일의 3탑 3금당
▶ 7c 백제의 재중흥 의지(익산)

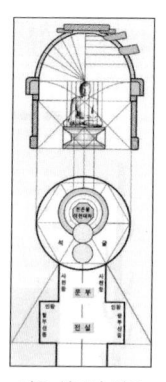

황룡사 복원도

▶ 황룡사 ┌ 6c 진흥왕 때 건립
         └ 웅장한 규모 → 당시의 팽창 의지 반영
▶ 9층 목탑 ┌ 7c 선덕여왕 때 건립
           ├ but 현존(×), 몽고 침략 때 소실
           ├ 호국 불교의 전통 확인(자장)
           └ 백제의 아비지가 제작 주도

2 남북국

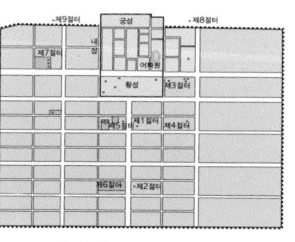

경주 불국사

▶ 불국토의 이상을 조화와 균형 감각으로 표현한 사원
▶ 구조 : 정문 + 청운교 · 백운교(직선과 곡선의 조화) + 축대(세속과 이상 세계의 구분) + 좌 · 우 누각
▶ 석가탑(불국사 3층석탑)과 다보탑의 쌍탑식 가람 배치를 확인

경주 석굴암 석굴

▶ 구조 : 전실(네모) + 주실(원형, 둥근 돔)
▶ 입구(소박한 자연스러움) → 내부(정제미, 불교의 이상 세계를 구체적으로 실현하고자 하는 의도)

발해 상경 용천부 평면도

▶ 주작대로를 통해 당의 영향 확인
▶ 당의 도성을 본따 조방(條坊)으로 나눔
▶ 절터를 통해 불교의 융성 확인

3 고려

만월대

▶ 고려 전기의 건축은 남아 있는 것이 없음(만월대는 궁궐 터)
▶ 경사진 면에 축대를 높이 쌓고 그 면에 건물을 계단식으로 배치 → 건물이 중층으로 나타나 웅장하게 보임

순천 송광사

▶ 전남 순천
▶ 지눌이 수선사 결사(= 정혜 결사)를 주도하였던 곳

백련사

▶ 전남 강진
▶ 요세가 백련 결사를 주도했던 곳

안동 봉정사 극락전

▶ 주심포 양식
▶ 현존하는 최고(最古)의 목조 건물
▶ 맞배 지붕

예산 수덕사 대웅전(충남)

▶ 맞배 지붕

영주 부석사 무량수전(경북)

▶ 팔작 지붕

▶ 주심포 양식(지붕의 무게를 기둥에 전달하면서 건물을 치장하는 장치인 공포가 기둥 위에만 짜여져 있는 건축 양식)
▶ 배흘림 기둥
▶ 주변 자연과 어우러진 외관과 잘 다듬은 각 부분의 배치가 만들어 내는 경건한 내부 공간으로 유명
▶ 균형잡힌 외관과 잘 짜여진 각 부분의 치밀한 배치로 고려 건축의 단아하면서 세련된 특성을 잘 표현

성불사 응진전

▶ 고려 후기의 다포 양식 건물
▶ 맞배 지붕

4 조선 초기

평양 보통문

▶ 고려 시대 건축의 단정하고 우아한 모습을 간직하면서 조선 시대 건축으로 발전해 가는 모습이 보임

서울 숭례문

▶ 당시의 위엄있는 모습을 간직
▶ 고려의 건축 기법과는 다른 방식을 채택하여 발전된 조선 전기 건축을 대표

합천 해인사 장경판전

▶ 당시의 과학과 기술을 장악
▶ 고려의 재조대장경 보관
▶ 유네스코 지정 세계 문화 유산

강진 무위사 극락보전

▶ 단정하고 검박한 특징

▶ 왕실의 비호를 받은 불교 관련 예술품

5 조선 중기

영주 소수서원

안동 도산서원

산청 덕천서원

▶ 주세붕이 건립한 최초의 서원
 (백운동 서원)
▶ 왕으로부터 사액을 받은 최초
 의 서원

▶ 가람 배치의 양식과 주택 양식의 실용적 결합

6 조선 후기

구례 화엄사 각황전

보은 법주사 팔상전

▶ 현존하는 유일한 목탑(5층, 인조)

김제 금산사 미륵전

▶ 17c의 규모가 큰 다층 건물, 내부는 하나로 통하는 구조
▶ 양반 지주의 경제력 향상과 불교의 사회적 지위 향상을 반영

논산 쌍계사

부안 개암사

경주 불국사 대웅전

▶ 18c

▶ 18c의 장식성이 강한 사원
▶ 사회적으로 부상한 부농과 상인의 지원 하에 지어진 건축물
▶ 같은 시기의 건물로는 안성 석남사가 존재

수원 팔달문

▶ 유네스코 지정 세계 문화 유산
▶ 방어와 공격이 가능한 성곽 시설
▶ 주변 환경과 조화 + 평상시의 생활 +
　경제적 터전의 조화로 지어진 건축물

경복궁 근정전

▶ 19c 흥선대원군이 왕실의 권위를 회복
　하기 위해 중건한 건물
▶ 중건 과정에서 원납전 징수와 당백전
　발행으로 많은 원성을 초래한 건물

7 근대

원구단 = 환구단

▶ 고종이 황제 즉위식을 올리
　고 대한 제국을 선포한 건물

서울 명동 성당

▶ 1898년 제작

덕수궁 석조전

▶ 1900~1910년 제작
▶ 20c에 제작된 근대적 건축물

1 고구려

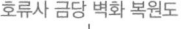

강서 수산리 고분 벽화   다카마쓰 고분 벽화   호류사 금당 벽화 복원도

▶ 고구려 회화 양식의 일본 전파를 확인

안악분 벽화   곡예도   무용총(거문고 연주)

▶ 무덤의 주인인 귀족의 존재와 생활 모습을 확인(인물의 크기 차이를 통해)

▶ 고구려 사람들의 패기와 진취성
▶ 거문고 연주

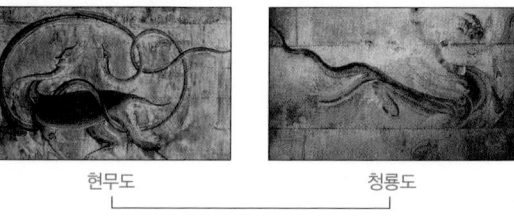

현무도   청룡도

▶ 도교의 영향 확인, 고구려 사람들의 패기와 진취성
▶ 동서남북 4방의 성좌(星座)를, 또는 우주를 다스리는 제왕과 그 밑의 4방을 수호하는 신수(神獸)
  → 동방에는 청룡, 서방에 백호, 남방에 주작, 북방에 현무의 방위신이 있다고 생각
  → 동물의 성질과 색채를 춘·하·추·동 4계절에 맞추어 청룡을 봄, 백호를 가을, 주작을 여름, 현무를 겨울로 배정
▶ 고구려 분묘가 평남 강서군 일대에 존재

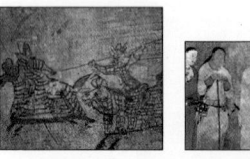

삼실총 벽화

▶ 상무적 기풍 확인
▶ 무사의 모습

사마르칸트 벽화

▶ 7c 고구려가 당을 견제하기 위해 중앙
아시아에 파견한 사신의 모습을 확인
▶ 고구려인의 의복과 생활 확인
(뒤에 깃털을 꽂은 조우관을 쓰고 환두대
도를 지니고 있는 이가 고구려의 사신)

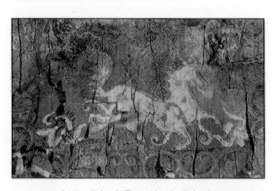

경주 천마총 장니 천마도

▶ 벽화X, 말 배가리개(= 장니)에 그려진
그림
▶ 신라의 힘찬 화풍

3 고려

혜허의 양류 관음도

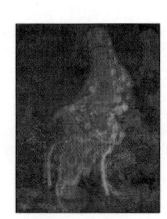

수월 관음 보살도

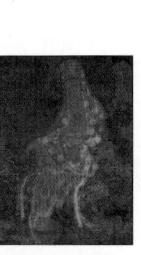

부석사 조사당 벽화

▶ 고려 후기의 회화로 왕실과 권문세족의 구복적 성격을 반영
▶ 주로 극락왕생을 기원하는 아미타불과 지장보살, 관음 보살을
그린 그림이 유행

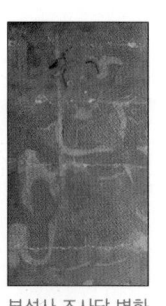

천산대렵도

▶ 원대 북화의 영향
▶ 공민왕 제작

4 조선 초기

고사관수도

▶ 문인화가(강희안)
▶ 간결하고 과감한 필치로 인물의 내면 세계를 표현

몽유도원도

▶ 도화서 화원 출신인 안견의 그림
▶ 자연스러운 현실과 환상적 이상 세계를 능숙하게 처리하여 표현
▶ 역대 화가들의 기법을 체득 + 독자적 경지를 개척
▶ 현재 일본 덴리 대학 중앙 도서관에 소장

▶ 일본 무로마치 시대에 영향을 줌

5 조선 중기

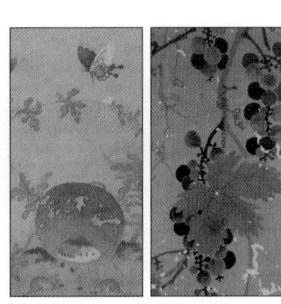

송하보월도

▶ 노비 출신의 화원 이상좌의 작품
▶ 늙은 소나무를 통해 강인한 정신과 굳센 기개를 표현

초충도　　포도도

▶ 여류 화가(신사임당)에 의한 여성 정서 표현

묵죽도　　월매도

▶ 선비들의 정신 세계를 사군자로 표현
▶ 조선 중기의 삼절 ┌ 이정(대나무)
　　　　　　　　　├ 어몽룡(매화)
　　　　　　　　　└ 황집중(포도)

6 조선 후기

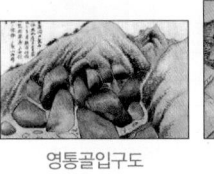

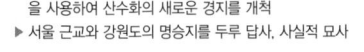

| 금강전도 | 인왕제색도 | | 영통골입구도 | 백석담도 |

▶ 정선의 작품
▶ 우리의 자연을 사실적으로 그려 회화의 토착화 이룩
▶ 중국 남종과 북종의 화법을 고루 수용, 우리 고유의 자연과 풍속에 맞춘 화법 창안
▶ 바위산은 선으로 묘사하고, 흙산은 묵으로 묘사하는 기법을 사용하여 산수화의 새로운 경지를 개척
▶ 서울 근교와 강원도의 명승지를 두루 답사, 사실적 묘사

▶ 강세황의 작품
▶ 서양화 기법(원근법)을 반영하여 더욱 실감나게 표현

| 논갈이 | 씨름도 | 무동 |

▶ 김홍도의 작품 (산수화, 기록화, 신선도 등을 많이 그렸지만, 정감어린 풍속화를 그린 것으로 유명)
▶ 자신의 일에 몰두하는 사람들의 특징을 소탈하고 익살스러운 필치로 묘사
▶ 18c 후반의 생활상과 활기찬 사회의 모습을 묘사

연소답청

단오풍정

선유도

▶ 신윤복의 작품
▶ 주로 양반들과 부녀자들의 생활과 유흥, 남·녀 사이의 애정 등을 감각적이고 해학적으로 묘사

운룡도

호랑이

문자도

▶ 민화(민중의 미적 감각을 표현)
▶ 민중의 소원을 기원하고 생활 공간을 장식
▶ 소박한 우리 정서가 반영

세한도

▶ 19c 김정희에 의한 문인화의 부활

동궐도

▶ 19c 초반 창덕궁과 창경궁의 전체를 묘사한 기록화
▶ 정확성과 정밀성이 뛰어나고 배경 산수에 대한 묘사가
  예술적임

07 일본으로의 문화전파

1 고구려

강서 수산리 고분 벽화

▶ 일본 나라시에서 발견된 다카마쓰 고분 벽화와 흡사하여 고구려 회화 양식의 일본 전파를 확인함

호류사 금당 벽화 복원도

▶ 고구려의 승려 담징이 그렸다고 전해지는 그림으로 1949년에 불에 탔으나 후에 복원

2 백제

칠지도

▶ 4c 근초고왕이 아들 근구수를 통해 일본에 전래
▶ 후왕, 왜왕 등의 표현을 통해 백제와 왜의 관계를 확인

금동 미륵보살 반가 사유상, 국보 제83호

▶ 일본의 세계적 자랑인 고류사 미륵보살 반가사유상이 만들어지는 계기가 된 불상

3 가야

수레토기(도기 바퀴장식 뿔잔)

▶ 가야의 토기 문화가 전파되어 일본의 스에키 토기 문화가 형성됨

4 조선

통신사

▶ 일본에 비정기적으로 파견된 외교 문화 사절단
▶ 비용은 일본측이 부담하고 일본 막부의 쇼군이 바뀔 때마다 일본의 요청으로 파견됨(총 12회 파견)

청룡도(동방)

▶ 방위 : 동쪽
▶ 계절 : 봄

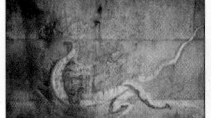

백호도(서방)

▶ 방위 : 서쪽
▶ 계절 : 가을

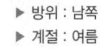

주작도(남방)

▶ 방위 : 남쪽
▶ 계절 : 여름

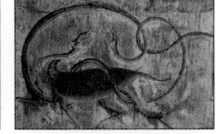

현무도(북방)

▶ 방위 : 북쪽
▶ 계절 : 겨울

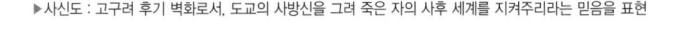

▶ 사신도 : 고구려 후기 벽화로서, 도교의 사방신을 그려 죽은 자의 사후 세계를 지켜주리라는 믿음을 표현

산수무늬

▶ 백제, 부여 출토
▶ 자연과 함께 살고자 하는
  인간의 생각을 표현

부여 사택지적비

▶ 백제, 부여 출토
▶ 귀족 사택지적이 불당
  을 세운 내역을 기록
▶ 노장사상을 표현

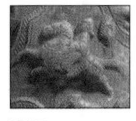

백제 금동대향로

▶ 백제, 능산리 출토
▶ 신선들이 사는 이상 세계를 표현
▶ 창의성과 조형성이 뛰어남
▶ 불교와 도교가 혼합된 종교와 사상적 복합성
  까지 보임
▶ 백제 시대의 공예와 미술문화, 종교와 사상,
  제작기술 등을 파악하게 해줌

12지신상

▶ 통일 신라, 김유신묘의 둘레돌에
  새긴 그림
▶ 12방위에 맞춰 12지의 얼굴을 가진
  신상을 조각
▶ 도교의 방위 신앙의 영향을 받음

강화 참성단

▶ 강화도 마니산에 존재
▶ 하늘에 초제 거행

09 미륵신앙과 세계관

1 미륵신앙

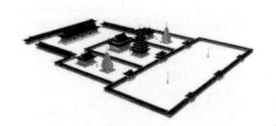

미륵사 복원도

▶ 백제 무왕 때 건축
▶ 미륵삼존불이 나타나자 연못을 메우고 사찰 건립

익산 미륵사지 석탑
▶ 삼국시대

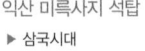

금동 미륵보살 반가 사유상, 국보 제83호
▶ 삼국시대

논산 관촉사 석조미륵 보살입상
▶ 나말여초

2 세계관

혼일강리역대국도지도
(조선초기)

▶ 제작 : 태종 때 이회 · 김사형 · 이무 등
▶ 내용 ┌ 원의 세계 지도(이슬람의 영향)를 참고
      └ 한반도(이회의 팔도도 참고)와 일본을 덧붙인 지도
▶ 특징 : 유럽과 아프리카를 표시 but 아메리카는 표시되어 있지 않음
▶ 의의 : 현존하는 동양 최고의 세계 지도
      cf) 필사본이 일본에 보관

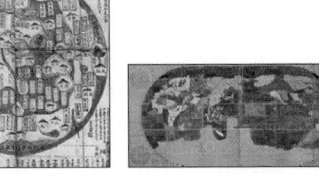

천하도
(조선중기)

▶ 철저한 중국 중심의 세계관
▶ 소중화 의식(존화주의) 반영

곤여만국전도
(조선후기)

▶ 조선의 세계관 확대

1 해인사 장경판전

해인사 장경판전은 국보 제52호로 지정·관리되고 있으며, 1995년 12월에 유네스코 세계 유산으로 등재되었다.

해인사(海印寺) 장경판전(藏經版殿)은 경상남도 합천군 가야면 치인리 해인사에 위치하고 있으며, 세계 유일의 대장경판 보관용 건물이다. 건립 연대는 건물에 사용되었던 와당 또는

해인사 장경판전

평와(平瓦)에 나타나 있는 '弘治元年(홍치원년)'이라는 각명에 근거하여, 조선 전기인 1488년(성종 19)으로 추정된다.

장경판전의 건축 양식은 정면 15칸, 측면 2칸의 수다라장, 법보전과 정면 2칸, 측면 1칸의 사간전인 동, 서고 등 4동이 배치되어 있다. 수다라장과 법보전(法寶殿)은 같은 양식과 규모를 지니고 있으며, 남북으로 나란히 위치해 있는데 남쪽 건물을 수다라장, 북쪽 건물을 법보전이라고 한다. 장경판전의 건물은 팔만대장경판을 보존하기 위해 필요한 가장 간결한 방식으로 건축되었다. 이에 따라 건물의 큼직한 부재를 간단한 방식으로 가구하였고, 세부 역시 간결하여 판고에 요구되는 기본적인 기능을 충족시킬 목적 이외에는 아무런 장식적인 의장을 가하지 않았다. 또한 조선 초기의 전통적인 목조 건축 양식으로 건물 자체의 아름다움은 물론 건물 내 적당한 환기와 온도, 습도 조절 등의 기능을 자연적으로 해결할 수 있도록 설계하였다. 이러한 장경판전은 대장경의 부식을 방지하고 온전하게 보관하기 위해 자연 환경을 최대한 이용하였다는 점에서 보존 과학의 소산물로 높이 평가되고 있다.

현재 판전에는 팔만대장경이라고 부르는 81,258장의 대장경판이 보관되어 있으며, 현존 대장경 중에서도 가장 오랜 역사와 내용의 완벽함을 지니고 있는 팔만대장경판을 오랜 시간 온전하게 보존해왔다는 점에서 의의가 크다.

2 종묘

종묘는 사적 제125호로 지정·관리되고 있으며, 1995년 12월에 유네스코 세계 유산으로 등재되었다.

종묘 정전

종묘(宗廟)는 서울특별시 종로구 훈정동에 위치하고 있으며, 조선 시대 역대 왕과 왕비, 그리고 추존 왕과 왕비의 신주를 봉안한 사당으로, 조선시대의 가장 장엄한 건축물 중 하나이다. 명칭은 원래 정전 혹은 태묘(太廟)라 불렸는데, 태묘는 태조의 묘(廟)가 종묘에 위치한 데서 유래하였다. 종묘는 태조가 개경에서 한양으로 천도한 뒤 세웠으나 임진왜란 때 소실되었고, 이후 광해군이 즉위하던 해인 1608년 5월에 중건되었다.

종묘는 정면이 매우 길고 수평성이 강조된 독특한 형식의 건물로, 종묘 제도의 발생지인 중국에서도 유례를 찾아볼 수 없는 건축물이다. 종묘는 의례 공간의 위계질서를 반영하여 정전(正殿)과 영녕전(永寧殿)의 기단과 처마, 지붕의 높이, 기둥의 굵기를 그 위계에 따라 달리하였다.

역사 속 우리의 종묘는 신라는 5묘제, 고려는 7묘제로 하였고, 조선도 7묘제로 하였다. 즉, 조선의 7대왕 이상의 신주는 영녕전으로 조천(공덕이 높아 세실(世室 : 종묘의 신실)로 모시기로 정한 제왕 이외의 신주는 일정한 때가 지나면 조묘인 영녕전으로 옮겨 모시는 것)하게 되어 있었으나, 치적이 큰 왕은 만세불후(萬世不朽)·조공숭덕(祖功崇德)의 근본 이념에 따라 7대가 지나도 정전에 모셨고, 조천된 신주는 영녕전에 봉안하였다.

종묘의 정전에서는 매년 각 계절과 섣달에 대제를 지냈고, 영녕전에서는 매년 봄, 가을과 섣달에 제향일을 따로 정하여 제례를 지냈다. 제사를 지낼 때 연주하는 기악과 노래, 무용을 포함하는 종묘 제례악이 거행되고 있다. 정전에는 현재 19실(室)에 19위의 왕과 30위의 왕후의 신주를 모셔놓고 있다. 정전 서쪽에 있는 영녕전에는 정전에서 조천된 15위의 왕과 17위의 왕후, 그리고 의민황태자(懿愍皇太子)의 신주를 16실에 모셔 놓고 있다. 정전의 신실은 서쪽을 상(上)으로 해 제1실에 태조의 신주가 봉안되어 있다. 영녕전은 중앙에 추존조사왕(追尊祖四王)을 모시고 서쪽과 동쪽으로 구분, 서쪽을 상으로 차례대로 모시고 있다.

3 불국사 · 석굴암

경주 불국사는 사적 제502호, 경주 석굴암 석굴은 국보 제24호로 지정 · 관리되고 있으며, 불국사와 석굴암은 함께 1995년 12월에 유네스코 세계 유산으로 등재되었다.

불국사(사찰 건축물)와 석굴암(불상을 모신 석굴)은 고대 신라의 불교 유적으로, 경주시 동남쪽의 토함산에 있으며, 약간의 거리를 두고 위치한다. 8c 후반에 경덕왕 때 재상을 지낸 김대성이 계획해 조영하였으며, 비슷한 시기에 완공되었다.

- 불국사 : 토함산 서쪽 중턱의 경사진 곳에 위치하고 있으며, 신라인이 그린 이상적인 피안(彼岸)의 세계를 지상에 옮겨 놓은 사찰 건축물이다. 불국사는 인공적으로 쌓은 석조 기단 위에 지은 목조건축물로 고대 불교 건축의 정수를 보여주며, 크게 두 개의 구역으로 나누어져 있다. 하나는 대웅전을 중심으로

불국사

청운교, 백운교, 자하문, 다보탑과 불국사 3층석탑(석가탑) 등이 있는 구역이고, 다른 하나는 극락전을 중심으로 칠보교, 연화교, 안양문 등이 있는 구역이다. 그 중 불국사 3층석탑은 각 부분과 전체가 비례와 균형을 이루어 간결하고 조화로운 멋이 있으며, 다보탑은 정사각형 기단 위에 여러가지 정교하게 다듬은 석재를 목재 건축처럼 짜 맞추었는데, 화려하고 독창적인 표현법은 예술성이 뛰어난 것으로 평가되고 있다.

- 석굴암 : 토함산 언덕의 암벽에 터를 닦고, 그 터 위에 화강암으로 조립하여 만든 인공 석굴의 종교 건축물이다. 직사각형으로 된 전실이 있고, 좁은 통로를 지나면 천장이 돔 양식으로 된 원형의 주실이 있다. 석굴암에는 원형의 주실 중앙에 본존불(本尊佛)을 안치하고 그 주위 벽면에 보살상, 나한상, 신장상 등 총 40구에 달하는 조각상이 좌우 대칭의 법칙에 따라 조화롭게 배치되어 있다. 석굴암의 구조와 석굴 내부의 모든 부분은 정확하고 체계적인 수학적 수치와 기하학적 비례에 따라 설계되었다.

석굴암 석굴 본존불

4 창덕궁

창덕궁은 사적 제122호로 지정·관리되고 있으며, 1997년 12
월에 유네스코 세계 유산으로 등재되었다.

창덕궁은 서울특별시 종로구 와룡동에 있는 1405년(태종 5)
에 경복궁의 이궁(離宮)으로 지어진 궁궐이다. 임진왜란으로
전소되었다가, 1609년(광해군 1)에 중건되었다.

창덕궁 인정전

창덕궁은 경복궁의 동쪽에 있다고 하여 '동관대궐' 또는 '동궐'이라고 불렸다. 하지만, 창덕
궁은 임진왜란 때 경복궁이 소실된 후, 1868년 고종이 경복궁을 중건할 때까지 258년 동안
역대 국왕이 정사를 보살피는 본궁(本宮)으로 쓰였다. 영조 때는 사도세자(思悼世子)가 뒤
주에 갇혀 죽는 참사가 이 궁내에서 일어나기도 하였다.

창덕궁 안에는 가장 오래 된 궁궐 정문인 돈화문(敦化門), 신하들의 하례식이나 외국 사신
의 접견 장소로 쓰이던 인정전(仁政殿), 국가의 정사를 논하던 선정전(宣政殿) 등의 공식적
인 공간이 있으며, 왕과 왕후가 거처하는 희정당(熙政堂), 대조전(大造殿, 중궁전) 등과 산
책할 수 있는 넓은 공간의 후원(後苑) 등의 사적 공간이 있다. 또 주합루에 규장각이 설치
되어 있고, 상서원에서는 옥새를 관리하였다.

정전(正殿) 공간의 건축은 왕의 권위를 상징하여 높게 건축하였고, 침전 건축은 정전보다
낮고 간결하며, 위락 공간인 후원에는 자연 지형을 위압하지 않도록 작은 정자각을 많이 세
웠다. 창덕궁은 자연스런 산세에 따라 자연 지형을 크게 변형시키지 않고, 산세에 의지하여
건물이 자연의 수림 속에 포근히 자리를 잡도록 배치하였다. 또, 왕들의 휴식처로 사용되던
창덕궁 후원은 300년이 넘는 거목과 연못, 정자 등 조원 시설이 자연과 조화를 이루도록
하였다. 창덕궁은 조선 시대의 전통 건축물로 자연 경관을 배경으로 한 건축과 조경이 조화
를 잘 이루고 있다.

자세한 내용은 궁궐건축 무료특강을 참고한다면 도움이 될 것이다.

5 수원 화성

수원 화성은 사적 제3호로 지정·관리되고 있으며, 1997년 12월에 유네스코 세계 유산으로 등재되었다.

수원 화성(華城)은 조선 제22대 임금인 정조가 아버지 사도(장헌)세자의 무덤을 화산(지금의 경기도 화성)으로 옮기면서 팔달산 아래에 축성한 것이다.

수원 화성

수원 화성은 평지 산성으로 군사적 기능과 상업적 기능을 함께 가지고 있으며, 과학적·실용적인 구조로 축성되었다. 성벽은 바깥쪽만 쌓아 올리고, 안쪽은 자연 지세를 이용해 흙을 돋우어 메우는 방법(외축내탁의 축성술)으로 만들었다. 또, 수원 화성은 실학 사상의 영향을 받아 화강석과 벽돌을 함께 축성의 재료로 사용한 전석교축과 목재와 벽돌의 조화로운 사용 등의 다양한 축성 방법을 활용하여 만들어졌다. 축성 과정에서는 거중기, 녹로 등의 신기재를 사용하고, 단원 김홍도를 비롯한 예술가들과 채제공과 정약용을 포함한 당대 최고의 지식인들이 참여하였다.

수원 화성은 당시의 모습을 간직하고 있는 팔달문과 화성의 북문이자 정문인 장안문을 포함한 4대문, 행궁의 중심이자 정조가 어머니 혜경궁의 회갑연을 치르기도 했던 봉수당, 두 번이나 방화로 소실되었다 복원된 서장대, 남북으로 흐르는 수원천의 범람을 막아주는 동시에 방어적 기능까지 갖춘 북수문인 화홍문, 망루와 포루의 역할을 동시에 하는 시설물인 공심돈, 군사적 목적의 이름으로는 동북각루이지만 가장 아름다운 건물인 방화수류정, 자체 방어시설까지 갖춘 봉수대인 봉돈, 샛문인 암문 등으로 구성되어 있다.

축성 후 1801년에 발간된 〈화성성역의궤〉에는 축성 계획, 제도, 법식뿐 아니라 동원된 인력 등이 자세히 기록되어 있어 역사적 가치가 큰 것으로 평가되고 있다.

6 고인돌 유적

고인돌 유적은 2000년 12월에 유네스코 세계 유산으로 등재
되었다.

우리나라에서는 함경북도의 일부 지방을 제외한 전 지역에 약 3
만여 개에 가까운 고인돌이 고루 분포하고 있는 것으로 알려져
있다. 고인돌은 지석묘(支石墓, 한국과 일본), 석붕(石棚, 중국),
돌멘(Dolmen, 유럽)이라 부르기도 한다.

강화 고인돌

고인돌은 자연석을 사용하여 지상 또는 지하에 매장 시설을 만들고, 지상에 큰 돌을 윗돌로
놓아 덮개돌로 사용한 묘제로서 청동기 시대에 성행하여 초기철기 시대까지 존속한 거석문
화(巨石文化)의 일종이다. 형태는 탁자식(지상에 윗돌과 받침돌이 높이 올라와 있어 마치 탁
자형으로 된 형상)과 바둑판식(지면에서 낮게 4~5개의 받침돌로 윗돌을 고여 마치 바둑판
형으로 보이는 형상), 그리고 개석식(지면에 받침돌이 없이 큰 돌(윗돌)만을 지면에 바로 놓
은 형상) 등이 있다. 일반적으로 하천 유역의 대지와 낮은 구릉에 많이 축조하였고, 산과 구
릉이 가까운 약간 높은 평지와 해안지대 등지에 존재한다.

특히 우리나라에서는 고창, 화순, 강화 고인돌 유적지에 많은 고인돌이 밀집되어 있을 뿐 아
니라, 다양한 형식의 고인돌이 발견되고 있다.

• 고창 고인돌 유적 : 전라북도 고창군은 상갑리, 죽림리 등 고창군 전역 205군집의 총 1,665
　　　　　　　　　　기가 존재하는 우리나라에서 가장 큰 고인돌 군집 지역이다. 무게가
　　　　　　　　　　10톤 미만에서 300톤에 이르는 다양한 크기의 고인돌이 분포하고 있
　　　　　　　　　　으며, 탁자식 · 바둑판식 등 다양한 형태의 고인돌이 분포하고 있다.

• 화순 고인돌 유적 : 전라남도 화순군에는 효산리와 대신리 일대에 600여 개의 고인돌이
　　　　　　　　　　집중 분포하고 있으며, 고인돌의 축조 과정을 보여주는 채석장도 발
　　　　　　　　　　견되었다.

• 강화 고인돌 유적 : 인천 광역시 강화군 부구리 · 삼거리 · 우상리 등의 지역에 고려산 기
　　　　　　　　　　슭을 따라 120여 개의 고인돌이 분포하고 있다. 이 곳에 길이 6.4m, 높
　　　　　　　　　　이 2.6m인 우리나라 최대의 탁자식 고인돌이 있다.

경주 역사 유적 지구는 2000년 12월에 유네스코 세계 유산으로 등재되었다.

경주는 B.C. 57년부터 A.D. 935년까지 992년 동안의 신라의 도읍지로서, 초기국가 시대 진한의 12국 중 사로국이 있던 곳이고, 신라 때는 서라벌(계림)로 불렸고, 고려 이후 '경주'라는 지명을 획득하였다. 이러한 경주 내에 자리잡고 있는 경주 역사 지구는 문화재와 유적의 분포에 따라 5개 지역으로 분류되어 있고,

포석정

이 지역에 신라 천년의 역사와 문화를 한눈에 파악할 수 있는 다양한 유산이 산재해 있다.

• 남산 지구 : 경주 남산은 야외 박물관이라고 할 만큼 가장 넓은 면적에 많은 유적지와 문화재가 보존되어 있고, 온 산이 불교 문화재로 뒤덮여 있다. 남산 미륵곡 석조여래좌상, 배동 석조여래 삼존입상 등 많은 불교 유적과 나정(蘿井, 시조 박혁거세의 탄생지), 포석정 등이 있다.

• 월성 지구 : 월성 지역은 신라의 정치적 중심지로서 초기 유적지부터 화려한 유적지까지 신라의 발전 과정을 살펴볼 수 있는 곳으로, 신라 왕궁이 자리하고 있던 월성(月城), 신라 김씨 왕조의 시조인 김알지가 태어난 계림(鷄林), 천문 시설인 첨성대 등이 있다. 특히 이곳 터의 모양이 초승달처럼 생겼다고 해서 월성이라 불렸다.

• 대릉원 지구 : 대릉원 지역에는 황남리 고분군, 노동리 고분군, 노서리 고분군 등의 신라 왕, 왕비, 귀족 등의 무덤이 모여 있다. 특히 왕릉은 마치 작은 산을 연상시킬 정도로 커서 예로부터 '조산'이라고 불렸다. 대릉원 지역에서는 신라 문화를 대표하는 금관을 비롯하여 천마도, 유리 잔, 각종 토기 등 귀중한 유물들이 출토되었다.

• 황룡사 지구 : 황룡사 지역에는 황룡사지와 분황사가 있다. 황룡사는 진흥왕 553년에 황룡사 터에 궁궐을 짓기 시작했을 때 땅에서 황룡이 나타나 궁궐 공사를 멈추고 절을 지은 곳으로, 고려 시기 몽골의 침입으로 소실되었으나, 발굴을 통해 4만여 점의 유물이 출토되었다. 분황사 터에는 선덕여왕 때 건립된 것으로 추정되는 모전석탑(돌을 벽돌처럼 깎아 쌓은 탑)이 있다.

• 산성 지구 : 산성 지역에는 서기 400년 이전에 쌓은 것으로 추정되는 명활산성이 있다.

8 제주 화산섬과 용암 동굴

제주 화산섬과 용암 동굴은 2007년 6월에 유네스코 세계 자연 유산으로 등재되었다.

제주도에서 세계 유산으로 지정된 것은 한라산 · 성산일출봉 · 거문오름 용암 동굴계의 3개로, 제주 화산섬과 용암 동굴은 인접한 세 구역으로 이루어진 연속 유산이다. 거문오름 용암 동굴계는 용암 동굴의 특성이 잘 드러나며, 나머지 두 곳은 접근하기 쉽고 다양한 화산 지형을 보여 준다.

• 한라산 : 남한에서 가장 높은 산으로서 화산 활동에 의해 생성된 순상화산체이다. 정상부에는 한라산 조면암과 백록담 현무암이 분포하며 조면암은 높은 점성을 갖고 돔상으로 솟아 한라산을 웅장하게 만든다.

• 성산일출봉 : 제주도에 분포하는 360개의 단성화산체(cinder cones : 제주방언으로는 오름이라 함) 중의 하나이며, 약 4만에서 12만년 전 얕은 수심의 해저에서 수성화산분출에 의해 형성된 응회구이다. 높이 182m로 제주도 동쪽해안에서 거대한 고성처럼 자리잡고 있는 이 응회구는 바다에서 솟아올라 극적인 장관을 연출하는 사발 모양의 분화구를 잘 간직하고 있다.

• 거문오름 용암 동굴계 : 약 10~30만 년 전에 거문오름에서 분출된 용암으로부터 여러 개의 용암동굴이 만들어진 것이며, 이 동굴계에서 세계 자연 유산으로 신청된 동굴은 벵뒤굴, 만장굴, 김녕굴, 용천동굴, 그리고 당처물동굴이다. 천장과 바닥이 다양한 색의 탄산염 동굴생성물로 이루어지고 어두운 용암 벽으로 둘러싸여 세계에서 가장 아름다운 동굴계로 손꼽힌다.

9 조선 왕릉

조선 왕릉 40기 전체는 2009년 6월에 유네스코 세계 유산으로 등재되었다.

조선 시대에 있었던 총 27대 왕과 왕비 및 사후에 추존된 왕과 왕비의 무덤을 일컬어 조선 왕릉이라 한다. 조선 왕릉은 전체 42기 중 폐위된 두 명의 왕(제10대 연산군, 제15대 광해군)의 무덤은 포함하지 않았다. 또한 전체 42기 가운데 북한에 있는 2기를 제외하고, 우리나라에 있는 40기 모두가 세계문화유산으로 등재되었다.

조선 왕족의 무덤은 능, 원, 묘로 구분할 수 있다.

• 능(陵) : 추존왕, 추존왕비를 포함한 왕과 왕비의 무덤이다.

• 원(園) : 왕세자와 왕세자비, 그리고 왕의 사친(私親: 종실로서 임금의 자리에 오른 임금의 생가 어버이)의 무덤이다.

• 묘(墓) : 왕의 아들인 대군과 딸인 공주, 왕의 서자, 서녀인 군과 옹주, 왕의 첩인 후궁, 귀인 등의 무덤이다.

능역은 경국대전에 "능역은 한양성 서대문 밖 100리 안에 두어야 한다"라고 명시하여, 실제로 북한 지역에 있는 후릉, 제릉과 경기도 여주의 영릉, 강원도 영월의 장릉을 제외한 왕릉은 모두 서울 사대문으로부터 100리 안에 조성되었다. 능역은 신선함을 유지하기 위하여 주변시설로부터 격리하고, 그 범위도 차츰 확대되었다. 처음에는 봉분을 중심으로 사방 100보(步)를 능역으로 하였다가 태종 때 161보로, 현종 때 200보로 늘어났다.

능역의 구조는 각종 제례 절차를 수행하는 데 적합하도록 일정한 형식을 갖추어 '진입 공간 – 제례 공간 – 전이 공간 – 능침 공간'을 기본 구조로 한다. 산을 등지고 물을 바라보는 배산임수와 좌청룡 우백호의 풍수를 따르고, 뒤의 주산과 앞의 조산 등 두 겹으로 둘러싼 산을 경계로 삼아 넓은 녹지를 조성하였다.

10 한국의 역사 마을 : 하회마을과 양동마을

한국의 역사 마을인 안동 하회마을과 경주 양동마을은 2010년 7월에 유네스코 세계 유산으로 등재되었다.

이 두 마을은 한국을 대표하는 역사적인 씨족 마을들로 14c~15c에 조성되기 시작하여 18c~19c 후반에는 규모도 커지고 구성도 확대되었다. 두 마을은 조선의 대표적 마을 입지인 배산임수의 형태이고, 지역의 기후 조건에 적합한 건물의 형태와 유교 예법에 맞는 가옥으로 이루어져, 조선 초기의 유교적 문화를 잘 반영한다.

마을에는 씨족 마을의 대표적 요소인 종가와 양반들이 살았던 크고 튼튼한 목조 가옥, 정자, 유교 서원과 서당 등이 남아 있다. 또한 평민들이 살았던 단층의 작은 흙집과 초가지붕을 얹은 초가집들도 있다. 두 마을은 거리상으로 90㎞ 정도 떨어져 있다.

• 하회마을 : 고려 말에 허씨와 안씨, 그리고 류씨 성의 세 씨족이 새로운 양반 정주지를 찾아 형성한 마을이다. 16c 말에 류씨 가문은 걸출한 정치가와 학자를 배출하였고, 17c 말에 허씨와 안씨 일가가 마을을 떠나면서 류씨 단독의 씨족마을이 되었다. 특히 조선 중기인 1600년대부터 풍산 류씨들이 모여 주택과 서원 등을 건축하고 마을을 조성하여 풍산 류씨의 집성촌이 되었고, 대표적으로 풍산류씨 겸암파(풍산 류씨 14대손인 겸암 류운룡의 대종가 계열)와 서애파(조선 선조 때 명재상 서애 류성룡의 지파)가 살고 있다. 마을 내에는 양반의 주거문화를 대표하는 양진당과 충효당, 북촌댁과 서원 건축의 백미인 병산서원과 같은 옛 건축물들이 뛰어난 건축미를 자랑하고 있다.

• 양동마을 : 경주에서 형산강을 따라 동북쪽으로 16km에 위치하고 있으며, 중요민속자료 제189호로 지정된 민속마을이다. 이 마을은 조선 시대 초기에 입향(入鄉)한 이래 지금까지 세거(世居)해 온 월성 손씨와 여강 이씨가 양대 문벌을 이루고 있다. 양동마을은 월성 손씨의 종가인 서백당과 여강 이씨의 종가인 무첨당을 비롯하여 관가정, 향단 등 조선 시대 양반의 주택들과 하인들이 살았던 초가집들, 그리고 이향정, 심수정 등의 정자와 서당인 강학당 등 조선 시대를 대표하는 옛 건물들이 조선 시대부터 이어 온 민속과 함께 잘 보존되고 있다.

11 남한산성

남한산성은 사적 제57호로 지정·관리되고 있으며, 2014년 6월에 유네스코 세계 유산으로 등재되었다.

남한산성은 북한산성과 더불어 서울을 남북으로 지키는 산성 중의 하나로, 신라 문무왕 때 쌓은 주장성의 옛터를 활용하여 1624년(인조 2)에 축성하였다. 산성의 축성에 승려 각성이 도총섭이 되어 8도의 승군을 동원하였고, 이들의 뒷바라지를 위하여 전부터 있던 망월사·옥정사 외에 7사(寺)가 창건되었으나 현재는 장경사만이 남아 있다.

성가퀴는 1,700첩이고, 4문과 8암문이 있으며 성안에는 관아와 창고 등 국가의 유사시에 대비하여 모든 시설을 갖추었고, 인조 때부터 순조 때에 이르기까지 성내의 시설 확장은 계속되었다. 그 중 임금이 거처할 행궁은 상궐 73간 반, 하궐 154간이었다. 재덕당은 1688년(숙종 14)에 세웠고, 1711년에는 종묘를 모실 좌전을 세웠고, 사직단을 옮길 우실도 세웠다. 따라서 남한산성은 유사시에 임시 수도의 기능을 할 수 있도록 계획적으로 축조된 산성 도시였다.

남한산성의 수비는 처음에 총융청에서 맡았다가 성이 완성되자 수어청이 따로 설치되었고, 여기에는 전·좌·중·우·후의 5영이 소속되었는데, 현재는 서장대(수어장대) 하나만이 남아 있다. 장대는 높은 섬돌 위에 2층으로 지었는데, 지붕은 팔작 지붕으로 겹처마에 위층은 판문으로 막았으나, 아래층은 틔어 있다.

남한산성의 축성 뒤 수어사 이시백이 유사시에 대비할 기동훈련의 실시를 건의하여, 1636년(인조 14)에 1만 2,700명을 동원하여 훈련을 실시하였다. 그러나 그 해 12월에 막상 병자호란이 일어나자 여러 가지 여건으로 제대로 싸워보지도 못하고 남한산성의 성문을 열어 화의했던 뼈아픈 역사의 현장이기도 하다.

12 백제 역사 유적 지구

공주 · 부여 · 익산의 백제시대를 대표하는 유산 8곳을 묶은 '백제 역사 유적 지구(Baekje Historic Areas)'가 2015년 7월 세계 유산으로 등재했다.

세계유산위원회는 "백제 역사 유적 지구의 고고학 유적과 건축물은 고대 동아시아 왕국들 사이의 교류 증거를 보여주며 백제의 독특한 건축 기술과 예술미, 종교관 등 문화와 역사를 보여주는 뛰어난 증거"라고 평가했다.

백제 역사 유적 지구 범위는 충남 공주 2곳(공산성, 송산리 고분군), 충남 부여 4곳(관북리 유적과 부소산성, 능산리 고분군, 정림사지, 나성), 전북 익산 2곳(왕궁리 유적, 미륵사지) 등 8곳이다.

이로써 고구려(북한의 고구려 고군분), 신라(경주 역사 유적 지구)와 더불어 고대 삼국의 유적 모두가 세계유산 목록에 이름을 올리게 됐다. 백제 역사 유적 지구의 세계 유산 등재는 중앙정부(문화재청), 2개 광역단체(충남, 전북), 3개 기초단체(공주, 부여, 익산)가 통합 기구를 설립해 협업을 통해 성공한 최초의 사례로 남게 됐다.

13 한국의 전통사찰

한국의 전통사찰은 2018년 6월에 유네스코 세계 유산으로 등재되었다.

- **통도사** : 통도사는 불보사찰로 선덕여왕 때 자장율사가 창건하였다. 우리나라 역사상 최초로 대장경을 봉안한 사찰이기도 한 통도사에는 금강계단 불사리탑이 있는데 부처의 신골(身骨)인 사리를 봉안하였으므로 대웅전 내부에는 불상을 봉안하지 않았고, 대신 불단이 조각되어 있을 뿐이다.

- **부석사** : 부석사는 문무왕 때 의상이 왕명으로 창건한 화엄종의 중심 사찰로 이후 조선의 사명당이 중건하고, 영조 때 화재가 나 그 뒤에 다시 중건하여 오늘에 이르고 있다. 부석사 무량수전, 영주 부석사 소조여래좌상, 영주 부석사 조사당벽화 등이 있다.

- **봉정사** : 봉정사는 신문왕 때 의상이 창건한 절로 알려져 왔으나, 1971년 극락전에서 상량문이 발견되어 문무왕 때 능인 대사가 창건했음이 밝혀졌다. 현재 이 절에는 우리나라에서 가장 오래된 목조건물인 봉정사 극락전을 비롯하여, 봉정사 대웅전, 봉정사 화엄강당 등의 지정문화재가 있다.

- **법주사** : 법주사는 진흥왕 때 의신이 창건, 혜공왕 때 진표가 중창하였으며 진표와 그의 제자들에 의해 미륵신앙의 중심이 되었다. 이후 임진왜란으로 전소된 것을 유정이 팔상전을 중건하였다. 대웅보전 · 팔상전 보은 법주사 쌍사자 석등 등이 있다.

- **마곡사** : 마곡사는 선덕여왕 때 자장이 창건한 사찰이다. 마곡사 영산전의 현판은 세조가 김시습을 만나기 위해 이 절에 왔다가 만나지 못한 채 돌아가면서 남긴 필적이라 한다. 한편 명성황후 시해에 가담한 일본인 장교를 죽이고 인천형무소에서 옥살이를 하다가 탈옥한 김구가 이 절에 숨어서 승려를 가장하며 살기도 하여 대광명전 앞에는 김구가 심은 향나무가 있다.

- **선암사** : 선암사는 진흥왕 때 아도화상이 개창하였다는 설, 헌강왕 때 도선이 창건하였다는 설이 있다. 이후 의천이 중창하여 선암사에는 의천의 영정이 있다. 선암사에는 '大福田(대복전)'이라는 편액이 있는데 정조가 태자의 출생을 선암사에서 기원한 결과 순조가 탄생하였으므로 순조는 선암사가 큰 복의 밭이라 하여 대복전이라는 글을 금자(金字)로 썼다고 한다.

- **대흥사** : 대흥사는 신라 구이신왕 때 정관존자가 창건했다는 설, 법흥왕 때 아도가 창건했다는 설, 헌강왕 때 도선이개창했다는 설 등이 있다. 대흥사 대웅보전의 현판은 조선 후기의 명필인 이광사가 쓴 것이며, 백설당에는 김정희가 쓴 '무량수각'의 편액이 있다.

14 한국의 서원

한국의 전국 9개 서원이 2019년 7월 유네스코 세계 유산으로 등재되었다.

- 소수서원 : 경북 영주에 소재하며, 회헌 안향과 안축 · 안보 그리고 주세붕을 배향하는 서원이다. 중종 때 주세붕이 백운동서원으로 건립하였으며, 이황의 건의로 명종 때 사액받았다.

- 남계서원 : 경남 함양에 소재하며, 정여창과 강익 · 정온 그리고 유호인 · 정홍서을 배향하는 서원으로 두 번째로 창건되었다.

- 옥산서원 : 경북 경주의 양동마을에 소재하며, 이언적을 배향하는 서원이다. 특히 〈삼국사기〉 원본을 소장하고 있다. 경주의 양동마을 또한 유네스코 지정 세계유산에 한국의 역사 마을로 등재되어 있다.

- 도산서원 : 경북 안동에 소재하며, 퇴계 이황과 조목을 배향하는 서원이다. 특히 한석봉의 편액과 이황의 저서인 〈주자서절요〉 · 〈이학통론〉 등을 소장하고 있다.

- 필암서원 : 전남 장성에 소재하며, 김인후와 양자징을 배향하는 서원이다. 특히 인종의 묵죽판각과 송시열 · 송준길의 편액을 소장하고 있다.

- 도동서원 : 대구 달성에 소재하며, 김굉필과 정구를 배향하는 서원이다.

- 병산서원 : 경북 안동의 하회마을에 소재하며, 유성룡과 유진을 배향하는 서원이다. 안동의 하회마을 또한 유네스코 지정 세계유산에 한국의 역사 마을로 등재되어 있다.

- 무성서원 : 전북 정읍에 소재하며, 최치원과 신잠 그리고 정극인 · 송세림 · 정언충 · 김약묵 · 김관을 배향하는 서원이다.

- 돈암서원 : 충남 논산에 소재하며, 김장생과 김집 그리고 송시열 · 송준길을 배향하는 서원이다.

※ 세계 자연 유산 : 제주 화산섬과 용암동굴(2007), 한국의 갯벌(2021)

※ 북한의 유네스코 지정 세계유산으로는 고구려 고분군과 개성 역사 유적 지구가 있다.

※ 북한의 유네스코 지정 세계기록유산으로는 무예도보통지가 있다.

※ 북한의 유네스코 지성 인류무형유산으로는 조선민요 '아리랑', 김치 담그기 전통, 씨름(한국의 전통 레슬링)이 있다.

11 유네스코 지정 기록 유산

1 훈민정음(해례본)

훈민정음은 국보 제70호로 지정되어 있으며, 1997년 10월에 유네스코 세계 기록 유산으로 등재되었다. 훈민정음(訓民正音)은 '백성을 가르치는 올바른 소리'라는 뜻으로 세종 25년(1443)에 우리말 표기에 적합한 문자 체계를 완성하고 '훈민정음'이라 하였다. 또한, 집현전 학사들이 세종의 명을 받아 새로운 문자에 대해 설명한 한문해설서 '훈민정음 해례본'를 발간하였는데, 여기에는 훈민정음 창제의 목적을 밝힌 서문과 글자의 음가 및 운용법이 기술되어 있다.

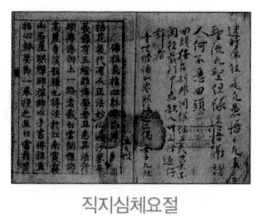
훈민정음 해례본

2 조선왕조실록

조선왕조실록은 정족산본 1181책, 태백산본 848책, 오대산본 27책 등 총 2077책이 국보 제151호로 지정되어 있으며, 1997년 10월에 유네스코 세계 기록 유산으로 등재되었다. 조선왕조실록은 조선 왕조의 시조인 태조부터 철종까지 25대 472년간(1392~1863)의 역사를 편년체로 기록한 책으로 총 1893권 888책으로 되어 있다. 조선왕조실록은 사초(史草)를 기본

조선왕조실록

으로 하여 만들어지는데, 사초는 사관이 국가의 모든 회의에 참석하여 왕과 신하들이 국사를 논의 · 처리하는 것을 사실대로 기록한 것이다. 이러한 사초는 기록의 진실성을 확보하기 위해 사관 외에는 왕이라도 함부로 열람할 수 없도록 하였다.

3 직지심체요절

직지심체요절은 2001년 9월에 유네스코 세계 기록 유산으로 등재되었다. 직지심체요절(直指心體要節)은 고려 공민왕 21년(1372)에 백운화상이 저술한 '백운화상초록불조직지심체요절(白雲和尙抄錄佛祖直指心體要節)'을 청주 흥덕사에서 1377년 7월에 금속 활자로 인쇄한 것이다. 직지심체요절은 독일의 구텐베르크의 금속 활자보다 70여 년이나 앞선

직지심체요절

것으로, 1972년' 세계 도서의 해'에 출품되어 세계 최고(最古)의 금속 활자본으로 공인되었다.

44

4 조선 왕조 의궤

조선 왕조 의궤는 현재 서울대 규장각 한국학 연구원에 소장된 546종 2,940책의 각종 의 궤와 한국학 중앙연구원 장서각에 소장된 287종 490책의 각종 의궤를 포함하며, 2007년 6 월에 유네스코 세계 기록 유산으로 등재되었다.

의궤는 조선 왕조에서 유교적 원리에 입각한 국가 의례를 진행할 당시 사용된 문서를 정해 진 격식에 의해 정리 · 작성한 총 3,895여권의 방대한 기록물이다. 주로 의례의 규모가 방 대하고 행차 모습 등 소상히 그림으로 표현되어야 하는 부분이 많아 이 과정을 의궤로 제 작하여 유사한 행사가 있을 때 참고하도록 하였다. 사신 접대 행사 때에도 편찬되었으며, 정조대에는 화성 신도시의 건설과 국왕의 수원 행차에 대한 장편의 의궤가 작성되었다.

작성 시기는 행사가 끝나면 의궤를 편찬할 기구와 담당자가 결정되고, 주관 관서인 도감과 관련 관서의 기록들을 자료로 삼아 편찬된다. 의궤는 대개 1~4책의 필사본으로 제작되었 지만, 8~9책에 달하는 분량이 활자로 인쇄되어 폭넓게 반포된 것도 있어 이두와 차자 및 우리의 고유한 한자어 연구에도 소중한 자료이다. 또한 의궤는 임금의 열람을 위하여 고급 재료로 화려하게 만드는 어람용 1부를 포함하며, 관련 관서 및 사고에 나누어 보관된다.

의궤는 조선이 건국된 초기부터 제작되었으나 임진왜란으로 모두 소실되었으며, 조선 후기 이후 본격적으로 제작되었다. 1601년(선조 34)에 만들어진 의인왕후 장례에 대한 것이 현존 하는 가장 오래된 것이다.

그러나 의궤는 1866년 병인양요 때 강화도로 쳐들어온 프랑스군에 의해 외규장각에 보관 되던 많은 수가 약탈되어 파리국립도서관에 보관되었다. 이를 박병선 박사가 발견하여 한 국 정부와 학계는 프랑스에 반환 요청을 하였고, 1991년 협상이 처음 시작되어 2010년 5년 단위의 임대방식으로 반환에 합의하여 2011년 4월과 5월에 걸쳐 모두 반환되었다.

11 유네스코 지정 기록 유산

5 승정원일기

승정원일기는 국보 제303호로 지정되어 있으며, 2001년 9월에 유네스코 세계 기록 유산으로 등재되었다.

승정원일기

승정원일기는 조선 시대 승정원에서 있었던 일들을 상세히 기록한 책이다. 이는 조선왕조실록을 편찬할 때 기본 자료로 이용되었으며, 원본이 1부밖에 없는 귀중한 자료이다. 또한 승정원일기는 세계 최대의 연대 기록물(총 3243책, 글자 수 2억 4천 250만 자)이다. 당시의 정치, 경제, 국방, 사회, 문화 등에 대한 생생한 역사를 그대로 기록했다는 점에서 세계 최대의 1차 사료로서의 가치가 크다.

6 고려대장경판 및 제경판

고려대장경판 및 제경판은 고려대장경판 81,258판과 그 외 1098년부터 1158년까지 불교 경전과 불교 역사, 불교 계율, 불교 연구 논문, 고승의 문집, 계율판, 불교 판화 등의 제경판 5,987판으로 이루어져 있으며, 2007년 6월에 유네스코 세계 기록 유산으로 등재되었다.

현재 세계에서 가장 오래되고 정확한 불교 대장경판으로, 인도 및 중앙아시아 언어로 된 경전, 계율, 논서, 교리 및 불교와 관련된 역사적 기록물을 집대성하여 한역한 내용과 더불어 중국어가 원문인 일부 문헌을 선정하여 수록하고 있다. 해인사에 소장되어 있는 고려대장경판과 제경판 87,000여장의 목판은 1098년부터 1158년까지의 오랜 시간에 걸쳐 완성된 경판들로서 국가 제작판과 사찰 제작판으로 나뉜다.

7 동의보감

동의보감은 2009년 유네스코 세계 기록 유산으로 등재되었다.

동의보감은 1613년 한국에서 집필된 의학적인 지식과 치료 기술에 관한 백과사전으로, 왕의 지시하에 여러 의학 전문가들과 문학자들의 도움을 받아 허준이 편찬하였다.

동의보감은 세계 최초의 공중 보건 의서라는 점을 널리 인정받았으며, 동아시아 의학의 발전에 영향을 주었다.

8 일성록

일성록은 국보 제153호로 지정되어 있으며, 2011년 5월 유네스코 세계 기록 유산으로 등재되었다.

일성록은 조선 영조 즉위 36년인 1760년부터 1910년까지의 국정 전반을 기록한 왕의 일기로 총 3,243책의 기록이 남아있다. 정조가 세손 시절의 일상 생활과 학업 성과를 기록한 존현각 일기에서 비롯된 일성록은 정조 즉위 이후에는 규장각의 각신들이 매일의 정사를 기록하여 공식적 기록이 되었다. 또한 조선의 다른 역사 기록물에서는 찾아볼 수 없는 신하들의 상소문, 외교문서 등의 내용을 기록하고 있다는 점에서 원본의 가치도 높이 평가받는다.

9 5 · 18 민주화 운동 기록물

5 · 18 민주화 운동 기록물들은 2011년 5월 유네스코 세계 기록 유산으로 등재되었다.

5 · 18 민주화 운동 기록물들은 광주 민주화 운동의 발발과 진압, 그리고 이후의 진상 규명과 보상 등의 과정과 관련해 정부, 국회, 시민 단체 그리고 미국 정부 등에서 생산한 방대한 자료를 포함하고 있는 기록물이다. 기록물의 구성은 총 9주제로 구분되어 있고, 기록문서철 4,271권, 858,900여 페이지, 네거티브 필름 2,017컷, 사진 1,733점 등으로 구성되어 있다.

5 · 18 민주화 운동 기록물은 3종류로 대별된다.

• 첫째, 공공 기관이 생산한 문서로 중앙 정부의 행정 문서, 군 사법 기관의 수사 · 재판 기록 등이 포함되어 있다.

• 둘째, 5 · 18 민주화 운동 기간에 단체들이 작성한 문건과 개인이 작성한 일기, 기자들이 작성한 취재 수첩 등으로 피해자들에 대한 구술 증언 테이프 등도 포함된다.

• 셋째, 1980년 5 · 18 민주화 운동이 종료된 후 군사정부하에서 진상규명과 관련자들의 명예회복을 위해 국회와 법원 등에서 생산한 자료와, 주한미국대사관과 미국 국무성, 국방부 사이에 오고 간 전문이 포함되어 있다.

10 난중일기

난중일기는 2013년 5월 유네스코 세계 기록 유산으로 등재되었다.

난중일기는 이순신(1545~1598)이 임진왜란(1592~1598, 조일전쟁이라고도 부름) 기간 중 군중(軍中)에서 직접 쓴 친필 일기이다. 이 일기는 모두 8권의 책으로 구성되어 있으며, 임진왜란 발발(1592년 1월) 이후부터 이순신이 1598년 11월, 노량해전에서 전사하기 직전까지 7년 동안의 기간을 기록하고 있다. 또한 전투상황에 대한 상세한 기록뿐 아니라 당시의 기후나 지형, 일반 서민들의 삶에 대한 기록도 전하고 있어 당시의 자연지형 및 환경, 서민의 생활상에 대한 중요한 연구 자료로도 활용되고 있다.

11 새마을 운동 기록물

새마을 운동 기록물들은 2013년 5월 유네스코 세계 기록 유산으로 등재되었다.

새마을 운동 기록물들은 대한민국 정부와 국민들이 1970년부터 1979년까지 추진한 새마을 운동 과정에서 생산된 대통령의 연설문과 결재문서, 행정부처의 새마을 사업 공문, 마을단위의 사업서류, 새마을지도자들의 성공 사례 원고와 편지, 시민들의 편지, 새마을교재, 관련 사진과 영상 등의 자료를 총칭한다.

12 KBS특별생방송 '이산가족을 찾습니다' 기록물

KBS특별생방송 '이산가족을 찾습니다' 기록물은 2015년 10월 유네스코 세계 기록 유산으로 지정되었다.

KBS특별생방송 '이산가족을 찾습니다' 기록물은 1983년 6월 30일 밤 10시 15분부터 11월 14일 새벽 4시까지 방송 기간 138일, 방송시간 453시간 45분 동안 한국방송공사(KBS)가 생방송으로 방영한 '이산가족을 찾습니다' 프로그램과 관련된 기록물로, 비디오 녹화 원본 테이프 463개와 담당 프로듀서의 업무 수첩, 이산가족이 직접 작성한 신청서, 일일 방송진행표, 큐시트(cuesheet), 기념음반, 사진 등 2만 522건의 기록물들로 구성되어 있다.

13 한국의 유교책판

한국의 유교책판은 2015년 10월 유네스코 세계 기록 유산으로 등재되었다.

유교책판은 조선의 유학자들의 저작물을 간행하기 위해 나무판에 새긴 인쇄판으로 국가가 주도해 제작한 대장경과는 달리 각 지역의 지식인 집단들이 16c에서 20c 중반에 만든 것이다. 책판(册版)은 서적을 인쇄하기 위해 나무판에 새겨 놓은 것이지만, 지역 지식인의 공론으로 제작되었다. 제작 이후 305개의 문중이나 서원의 장판각에 보존되어 관리되어 왔다.

책판 제작에는 많은 비용이 필요하여 지역의 지식인 집단이 공동으로 부담했다. 따라서 나무판에 새길 책의 구성과 내용뿐 아니라 책의 인쇄, 배포도 공동으로 맡아서 진행했다. 책판은 단 한 질만 제작되었으며 후대에 새로 제작한 번각본도 거의 없어서, 판본에 따라 수정이나 오류가 나타나기 쉬운 필사본이나 활자본과는 달리 서책의 원형을 현재까지 그대로 전해준다. 또한 책판이 제작된 뒤라도 부분적 내용이 공론에 어긋난다고 여겨지는 책은 출판이 제한되었다. 유교책판은 718종의 서적을 간행하기 위해 나무판에 새겨, 모두 64,226장으로 되어 있고, 현재는 한국국학진흥원 장판각에 보존되어 있다.

14 국채보상운동 기록물

국채보상운동 기록물은 2017년 10월 유네스코 세계 기록 유산으로 등재되었다.

국채보상운동 기록물은 1907년부터 1910년까지 전개된 국채보상운동의 각종 기록물들을 총체적으로 정리한 자료로 2,475건의 기록물(회고문, 통감부 문서, 수기, 언론, 정부기록물, 신문기사 등)로 구성되어 있다.

기록물의 종류로는 국채보상운동 취지서, 광고, 지역 의연금 및 명단 장부, 전국본부 규칙 및 양식 규격, 국채보상연합회 발기인 명단, 한국 주재 미국총영사가 본국에 보낸 국채보상운동 관련 공문, 통감부 외무부에서 국채보상금모집과 관련해 취급한 공문서, 언론에 보도된 모금액 보고문 등 총 199종이 있으며 대한매일신보, 황성신문, 만세보, 신한민보, 권업신문 등의 언론 기사가 2,000여종 있다.

15 조선통신사에 관한 기록

조선통신사에 관한 기록은 2017년 10월 유네스코 세계 기록 유산으로 등재되었다.

조선통신사는 임진왜란 이후 한일 간 단절된 국교를 회복하기 위해 파견된 외교 사절단으로, 조선통신사에 관한 기록물은 12회에 걸쳐 조선이 일본에 파견한 조선통신사(1607년~1811년)와 관련된 자료로 외교 문서, 여정, 문화, 서화 작품 등 총 111건 333점으로 구성되어 있다. 한국 측 자료는 63건 124점, 일본 측 자료는 48건 209점이다.

한국 측 자료에는 조선 정부의 기록 〈통신사등록〉, 〈변례집요〉 등, 사절단의 기행문 〈동사일기〉 등을 포함하여 수행 화가들이 그린 서화가 있으며, 일본 측 자료에는 문서기록 〈조선국서〉, 〈조선신사어기록〉 등, 〈조선통신사상관래항도〉, 〈조선통신사환대도병풍〉 등의 그림이 포함되어 있다.

조선통신사에 관한 기록물 등재는 한국과 일본 양국이 공동으로 추진하고, 민간 단체가 주도하여 성사되었다는 점에서 의의가 있다.

16 조선왕실 어보와 어책

조선왕실 어보와 어책은 2017년 10월 유네스코 세계 기록 유산으로 등재되었다.

어보와 어책은 조선 왕실 구성원의 정통성을 상징하는 의물(儀物)로, 금·은·옥으로 만든 조선 왕실 의례용 도장인 어보는 왕·왕후의 존호를 올리거나 왕비·세자·세자빈 책봉시 사용되었다. 어책(御册)은 세자·세자빈 책봉, 비·빈의 직위 하사 때 내린 교서를 의미한다. 어책에는 여기에는 훈유 문서인 교명(敎命), 존호를 올리는 내용을 새긴 옥책(玉册)과 죽책(竹册), 책봉의 내용을 새긴 금책(金册)이 포함된다. 어보와 어책은 사후에도 영속된다는 의미로 신주와 함께 종묘에 봉안되었다. 현재 남아 있는 유물은 조선 초기부터 근대까지 제작된 것들로(1411년~1966년), 어보는 331점, 어책은 339점이 있다.

1 종묘 제례 및 종묘 제례악

종묘제례와 종묘제례악은 각각 중요 무형 문화재 제56호와 제1호로 지정되어 보존·전승되고 있으며, 2001년 5월 18일 유네스코 세계인류구전 및 무형문화유산걸작으로 선정된 후, 2008년 인류무형문화유산 대표목록에 통합되었다.

종묘 제례

종묘제례는 종묘에서 행하는 제향(祭享)의식이며, 유교 절차에 따라 거행되는 왕실 의례로 종묘라는 건축 공간에서 진행된다.

종묘제례악은 종묘에서 제사를 지낼 때 의식을 장엄하게 치르기 위하여 연주하는 기악(器樂)과 노래(歌), 춤(舞)을 말한다. 종묘제례악은 위대한 국가를 세우고 발전시킨 왕의 덕을 찬양하는 내용의 보태평과 정대업이 연주되며, 춤이 곁들여진다.

2 판소리

판소리는 중요무형문화재 제5호로 지정되어 있으며, 2003년 11월 유네스코 인류무형문화유산으로 선정되었다.

판소리는 한 명의 소리꾼이 고수(북치는 사람)의 장단에 맞추어 소리(창), 아니리(말), 발림(몸짓)을 섞어가며 구연(口演)하는 우리 고유의 민속악(일종의 솔로 오페라)이다.

판소리 공연

판소리는 초기에 열두 마당이 있었지만, 춘향가, 심청가, 수궁가, 흥보가, 적벽가가 다듬어져 판소리 다섯 마당으로 정착되었다.

3 강릉 단오제

강릉단오제는 중요무형문화재 제13호로 지정·보존
되고 있으며, 2005년 11월 25일 유네스코 세계인류
구전 및 무형문화유산걸작에 선정된 후, 2008년 인
류무형문화유산 대표목록에 통합되었다.

강릉 단오제

강릉단오제는 수릿날의 전통을 계승한 축제로, 모심
기가 끝난 뒤에 한바탕 놀면서 쉬는 명절로서 농경
사회 풍농 기원제의 성격을 지닌다. 단오제에서 '단오'는 음력 5월 5일로 '높은날' 또는 '신
날'이라는 뜻의 '수릿날'이라고 부르는 날이다.

강릉단오제는 단오굿, 가면극, 농악, 농요 등 예술성이 뛰어난 다양한 무형 문화 유산과 함
께 그네뛰기, 창포머리감기, 수리취떡먹기 등의 독창적인 풍속이 함께 전승되고 있다.

4 강강술래

강강술래는 중요무형문화재 제8호로 지정되었으며, 2009년 9월 유네스코 인류무형문화유
산 대표목록에 등재되었다.

강강술래는 대한민국 남부 지방에서 풍작과 다산을 기원하기 위해 널리 행해지던 민속놀이
이다. 음력 팔월 한가윗날에 목청이 좋은 여자 한 사람이 서서 앞소리[先唱]를 부르면, 놀이
를 하는 일동은 뒷소리[後唱]로 후렴을 부르며 춤을 춘다.

5 남사당놀이

남사당놀이는 중요무형문화재 제3호로 지정되었으며, 2009년 9월 유네스코 인류무형문화유산 대표목록에 등재되었다.

남사당놀이는 '남자로 구성된 유랑광대들의 놀이'라는 의미로 꼭두쇠(우두머리)를 비롯해 남자들로 구성된 유랑연예극단인 남사당패가 서민층을 대상으로 조선 후기부터 연행했던 놀이이다.

남사당놀이는 풍물, 버나, 살판, 어름, 덧뵈기, 덜미의 순으로 구성된다.

- 풍물 : 일종의 농악
- 버나 : 쳇바퀴나 대접 등을 앵두나무 막대기로 돌리는 묘기
- 살판 : 앞뒤로 뛰어넘는 재주로 오늘날의 덤블링과 비슷한 묘기
- 어름 : 줄타기 곡예로 무대 중앙을 가로지른 높다란 외줄을 타는 놀이
- 덧뵈기 : 탈을 쓰고 하는 놀이
- 덜미 : 남사당놀이의 마지막 순서로 민속인형극인 꼭두각시놀음

6 영산재

영산재는 중요무형문화재 제50호로 지정되었으며, 2009년 9월 유네스코 인류무형문화유산 대표목록에 등재되었다.

영산재는 부처가 영취산에서 법화경을 설법하던 모습을 재현한 불교의식으로 사람이 죽은 지 49일이 되는 날 영혼을 극락으로 천도하는 천도재의 한 형태이다. 영산재를 지내면서 불교음악 범패(梵唄), 화청(和唱) 등을 연주하며, 바라춤·나비춤·법고춤을 춘다.

7 처용무

처용무는 중요무형문화재 제39호로 지정되었으며, 2009년 9월 유네스코 인류무형문화유산에 등재되었다.

처용무는 처용의 가면을 쓰고 추는 탈춤으로, 다섯 사람이 각각 얼굴에는 처용의 탈을 쓰고 동서남북과 중앙의 다섯 방향을 상징하는 옷을 입고 춤을 춘다.

통일 신라에서 고려 후기까지는 한 사람이 춤을 추었으나, 조선 세종 때에 이르러 지금과 같이 다섯 사람으로 구성되었고, 성종 때에는 더욱 발전하여 궁중의식에 사용하게 되었다. 그 후 조선 후기까지 노래의 가사나 음악을 바꾸어가면서 전승되었다.

8 제주 칠머리당 영등굿

제주 칠머리당 영등굿은 중요무형문화재 제71호로 지정되었으며, 2009년 9월 유네스코 인류무형문화유산에 등재되었다.

제주 칠머리당 영등굿은 음력 2월 1일 영등환영제와 2월 14일 영등송별제로 풍작과 풍어를 위해 마을의 무당들이 바람의 여신인 영등할머니와 용왕, 산신령을 위해 벌이는 굿이다.

9 가곡

가곡은 중요무형문화재 제30호로 지정되었으며, 2010년 유네스코 인류무형문화유산에 등재되었다.

가곡은 시조시(우리나라 고유의 정형시)에 곡을 붙여서 관현악 반주에 맞추어 부르는 우리나라 전통음악으로, '삭대엽(數大葉)' 또는 '노래'라고도 한다.

가곡의 원형은 만대엽, 중대엽, 삭대엽 순서이나, 느린 곡인 만대엽은 조선 영조 이전에 없어졌고, 중간 빠르기의 중대엽도 조선 말에는 부르지 않았던 것으로 알려져 있다. 지금의 가곡은 조선 후기부터 나타난 빠른 곡인 삭대엽에서 파생한 것이다.

10 대목장

대목장은 중요무형문화재 제74호로 지정하여 보호 · 전승되고 있으며, 2010년 유네스코 인류무형문화유산에 등재되었다.

나무를 다루는 사람을 전통적으로 목장, 목공, 목수라 불렀는데 목장 가운데 궁궐이나 사찰 또는 가옥을 짓고 건축과 관계된 일을 대목(大木)이라 불렀고, 그 일을 하는 장인을 대목장(大木匠)이라 불렀다. 대목장은 설계, 시공, 감리 등의 모든 건축에 나무를 재료로 사용하며, 집을 짓는 전 과정을 책임지는 장인이다. 정부에서는 이러한 대목장의 전통을 보호하기 위해 기능과 지식을 중요무형문화재로 지정하고 있다.

11 매사냥

매사냥은 2010년 유네스코 인류무형문화유산에 등재되었다.

매사냥은 매를 훈련하여 야생 상태에 있는 먹이를 잡는 방식으로 4000년 이상 지속되었다. 또한 아시아에서 발원하여 무역과 문화교류를 통해 다른 지역으로 확산되었다.

매사냥

12 줄타기

줄타기는 중요무형문화재 제58호로 지정하여 보호하고 있으며, 2011년 유네스코 인류무형문화유산에 등재되었고, 김대균이 보유자로 전승하고 있다.

줄타기는 공중에 맨 줄 위에서 재미있는 이야기와 발림을 섞어가며 갖가지 재주를 부리는 놀이로서, 줄 위를 마치 얼음 지치듯 미끄러지며 나가는 재주라고 하여 '어름' 또는 '줄얼음타기'라고도 부른다.

13 택견

택견은 1983년에 중요무형문화재 제76호로 지정하여 보호하고 있으며, 2011년 유네스코 인류무형문화유산에 등재되었다.

택견은 우리나라 전통무술의 하나로, 유연한 동작으로 손과 발을 순간적으로 우쭉거려 생기는 탄력으로 상대방을 제압하고 자기 몸을 방어하는 무술이다. 고구려 고분벽화에 택견을 하는 모습이 그려져 있어 삼국 시대부터 이미 행해졌음을 알 수 있다.

14 한산모시짜기

한산모시짜기는 1967년에 중요무형문화재로 지정되었으며, 2011년 유네스코 인류무형문화
유산에 등재되었다.

모시는 모시풀의 껍질을 벗긴 것인데, 한산모시는 충남 서천군 한산 지역에서 만드는 모시
로 다른 지역에 비해 품질이 우수하며 섬세하고 단아하여 모시의 대명사로 불려왔고, 우리
나라의 미를 상징하는 여름 전통옷감이다.

15 아리랑

아리랑은 2012년 12월 제7차 무형유산 보호를 위해 정부간 위원회를 통해 유네스코 인류무형
문화유산에 등재되었다.

아리랑은 '아리랑' 또는 '아라리' 등 이와 유사한 구절이 후렴에 들어있는 민요의 총칭으로, 지역
에 따라, 시대에 따라 다양한 리듬과 선율, 사설이 발달하여 전승되고 있다. 아리랑의 형식은 매
우 간단하게 '아리랑 아리랑 아라리요'라는 후렴과 사설로 이루어진다. 아리랑의 사설은 특정 개
인의 창작물이 아니라 여러 세대에 걸쳐 구전으로 전승되어 온 것이다. 따라서 민중들이 삶의
현장에서 느끼는 희로애락과 염원(사랑, 이별, 시집살이의 애환, 민족정신 등)이 노랫말에 담겨
있으며, 특유의 민중성과 개방적인 특징으로 현재에도 꾸준히 새롭게 창작되고 있다.

16 김장 문화

김장은 2013년 유네스코 인류무형문화유산에 등재되었다.

김장은 엄동(嚴冬) 3~4개월간을 위한 채소 저장의 방법으로 한국에서 늦가을에 행하는 독특
한 행사로서 이때 담근 김치를 보통 김장김치라고 한다.

김장 준비를 위해 봄에는 각 가정에서 새우젓, 멸치젓 등 다양한 해산물 젓갈을 준비하고, 여
름에는 천일염을 구비해 놓고, 늦여름에는 고추를 말려 고춧가루로 빻아 놓고, 늦은 가을 김
장철이 되면 다함께 모여 해당 지역의 모든 가구가 길고 추운 겨울동안 먹을 김치를 충분히
확보한다. 주부 사이에 김치를 나눠먹는 과정을 통해 서로 다른 김장 방법이 공유된다. 지역
의 차이가 있으나, 김장의 구체적 방식과 재료는 여러 세대에 걸쳐 후대에 전해지고, 특히 시
어머니와 며느리 사이에서 중요한 전승이 이루어진다.

17 농악

농악은 2014년 유네스코 인류무형문화유산에 등재되었다.

풍물, 두레, 풍장이라고 불리기도 하는 농악은 김매기 · 논매기 · 모심기 등의 힘든 일을 할 때 일의 능률을 올리고 피로를 덜며 나아가서는 협동심을 불러 일으키는 기능을 한다. 현재도 명절이나 동제, 걸립굿, 두레굿과 같은 의식에서도 거행되고 있다.

농악은 꽹과리 · 징 · 장구 · 북 · 소고 · 태평소 · 나발 등 타악기가 중심이 되고, 가장무용수들의 춤과 노래로 이루어진다. 기악 연주를 담당하는 농악수들을 앞치배라 하고, 무용과 익살을 맡은 가장 무용수들을 뒷치배라 부른다.

농악대의 행렬은 영기 · 농기 · 나팔수 · 쇄납수 · 상쇠 · 부쇠 · 종쇠 · 징수 · 수장고 · 부장고 · 수북 · 부북 · 수법고 · 부법고 · 삼법고 · 사법고 · 오법고 · 육법고 · 칠법고 · 팔법고 · 창부 · 포수 · 집사 · 농구 · 가장녀 · 무동 · 양반 등의 순서다.

농악을 연주하면서 선이나 기하학적인 도형으로 장사진 · 방울진 · 을자진 · 오방진 등의 모양을 띤 진법을 형성하기도 하고, 설장고 · 상모 등의 농악수들이 묘기를 자랑하기도 한다.

농악에 쓰이는 장단은 각 지방에 따라 다른데, 주로 굿거리형 · 자진모리형 · 타령형 · 난모리형 등이 있다. 이 외에 상쇠가 굿의 진법에 따라 굿머리에 12종의 쇠가락을 모아 짠 농악 12차가 있다.

18 줄다리기

줄다리기는 2015년 유네스코 인류무형문화유산에 등재되었다.

줄다리기는 남부 지방에서 정월 대보름날에 하며, 지방에 따라 5월 5일 단오절이나 7월 보름날 백중절에 한다. 줄은 짚으로 새끼를 꼬아 수십 가닥으로 합사(合絲)한 큰 줄을 한 가닥으로 하여, 다시 여러 가닥으로 꼬아 굵은 줄을 만들고, 줄에는 손잡이 줄을 무수히 매달고, 줄머리에 양편 모두 도래라고 하는 고리를 만들어 연결한다. 중앙에서 동서부의 고리를 교차하여 그 속에 큰 통나무를 꽂아 동서부의 줄을 연결하여 마을 사람들이 줄을 당기어 승패를 겨룬다. 줄에는 암수가 있어 동을 수줄, 서를 암줄이라 하며, 사람들은 이긴 쪽의 농사가 풍작이 되고 악실(惡疾)에도 걸리지 않는다고 생각하기도 하였고, 암줄이 이겨야만 풍작이 된다고 믿는 지방도 있었다.

19 제주해녀문화

제주해녀문화는 2016년 유네스코 인류무형문화유산으로 등재되었다.

제주도에서 해녀를 중심으로 독자적으로 전승되어 온 기술이자 문화인 제주해녀문화는 제주해녀들의 물질과 함께 생활 속에서 어우러진 유·무형의 문화유산을 말하며, 물 속에 들어가는 나잠(裸潛) 기술, 어로(漁撈)에 관한 민속 지식, 신앙, 노래, 작업 도구 및 옷, 공동체의 습속 등을 포함한다. 제주해녀는 물질의 숙련도에 따라 상군(上軍)·중군(中軍)·하군(下軍)의 세 집단으로 분류된다. 상군 해녀는 오랜 기간 물질을 하여 암초와 해산물에 대해서도 가장 잘 아는 숙련된 존재로서 해녀공동체를 이끈다. 상군 해녀들로부터 제주해녀들은 물질에 필요한 지식뿐만 아니라 해녀로서의 의무와 삶의 자세를 배운다.

20 씨름

씨름은 2018년 유네스코 인류무형문화유산으로 등재되었다.

씨름은 두 선수가 허리와 한 쪽 허벅지에 샅바를 두른 채 상대의 샅바를 잡고 여러 기술을 이용해 반대편 선수를 쓰러뜨리는 경기이다. 성인 경기의 최종 우승자는 풍년을 상징하는 황소를 부상으로 받으며 장사라고 불린다.

경기가 끝나면 장사는 축하행사로 황소를 타고 마을을 행진한다. 어린이부터 노인까지 모든 연령의 공동체 구성원이 참여할 수 있다. 명절, 장날, 축제 등 다양한 행사에서 씨름 경기가 벌어진다.

21 연등회

2020년 유네스코 인류무형문화유산에 등재되었다.

연등회는 연등을 밝혀 부처에게 복을 비는 불교 행사로, 인도에서 불교와 함께 중국으로 전래되었고, 중국에서 통일신라로 들어와 고려 태조의 훈요십조에 따라 국가 의례로 정착되었다.

국가 차원의 연등회는 987년(성종 6) 최승로의 건의로 팔관회와 함께 폐지되었다가, 1010년 현종이 청주 행궁에서 2월 15일 연등회를 개최하며 재개되었다. 이후 상원일(대보름, 1월 15일) 또는 2월 15일에 개최되었다. 민간 차원의 연등회는 사월 초파일(석가탄신일)에 개최되었다.

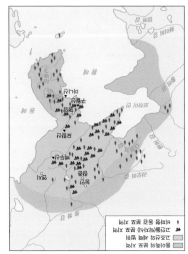

고조선의 세력 범위

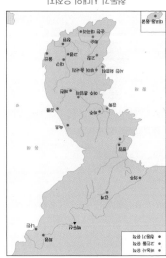

청동기 시대 유적지

삼한의 유적지

구석기 유적지

2 고대 국가

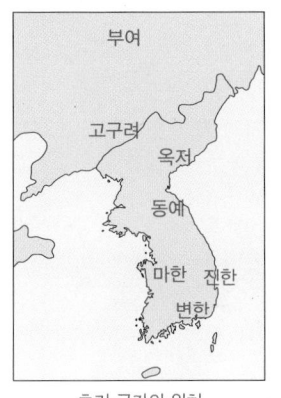

초기 국가의 위치

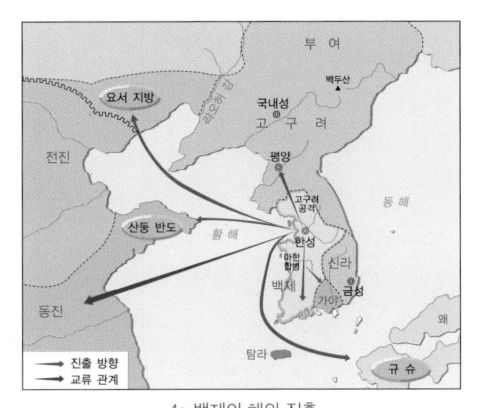

4c 백제의 해외 진출

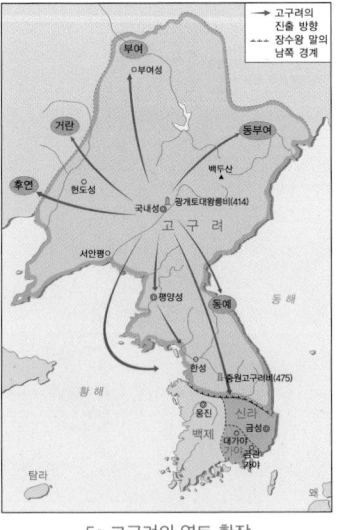

5c 고구려의 영토 확장

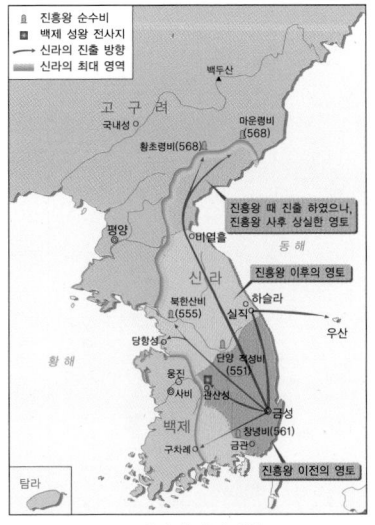

6c 신라의 대외 팽창

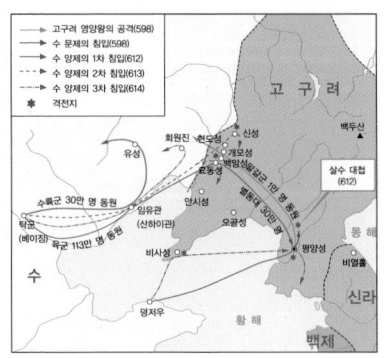

고구려와 수의 전쟁

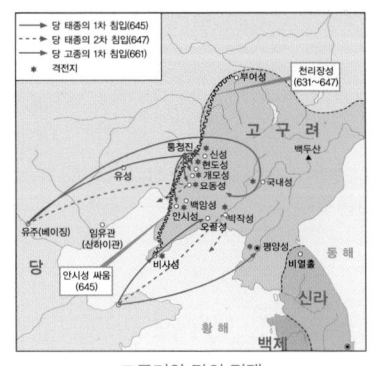

고구려와 당의 전쟁

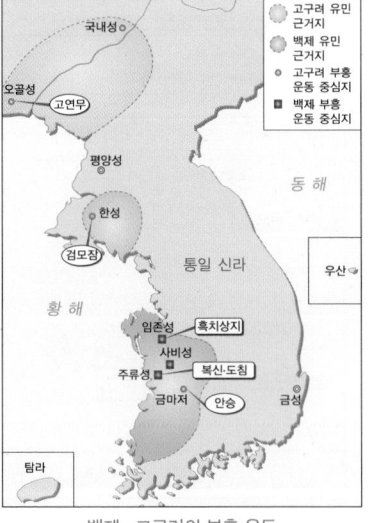

백제 · 고구려의 부흥 운동

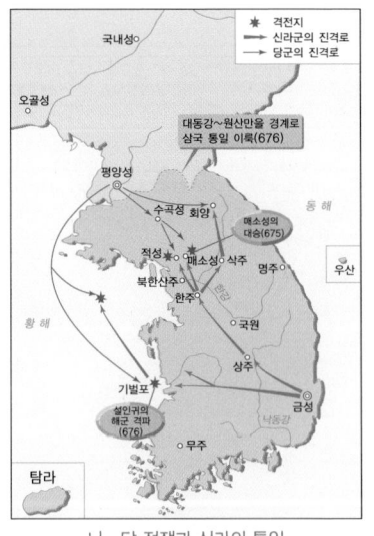

나 · 당 전쟁과 신라의 통일

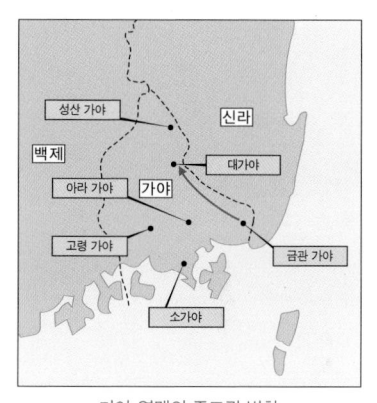

가야 연맹의 주도권 변화

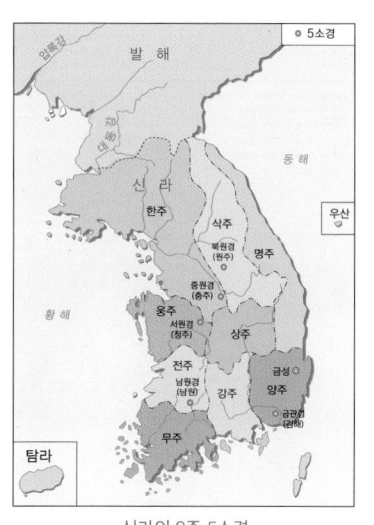

신라의 9주 5소경

발해의 영역

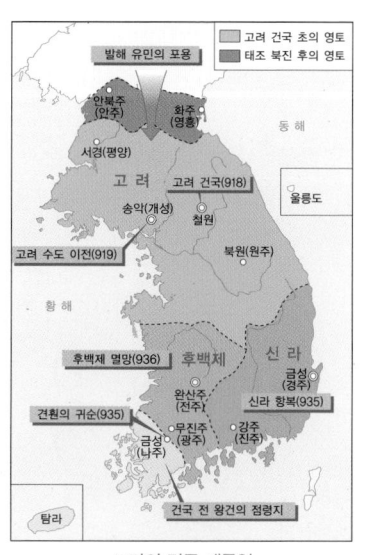

고려의 민족 재통일

5만의 9시

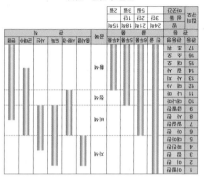

동지의 밤·낮 길이

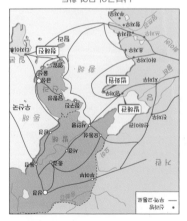

남북간의 이동 및 활동

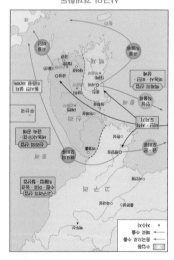

자연의 지역차이동

13 지도 정리

3 고려

5도 양계

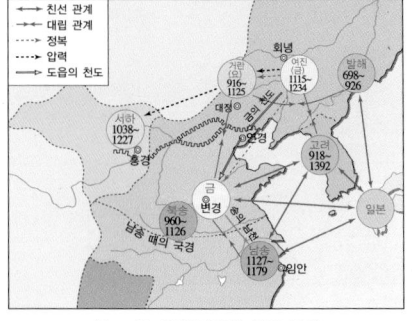

10 ~12c 동아시아의 외교 관계

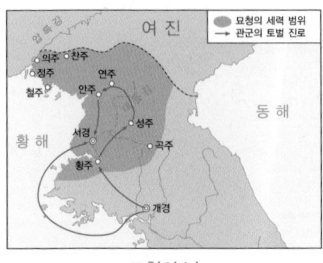

묘청의 난

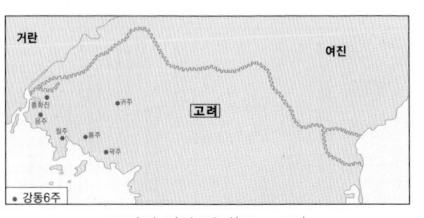

고려의 거란 격퇴(10c~11c)

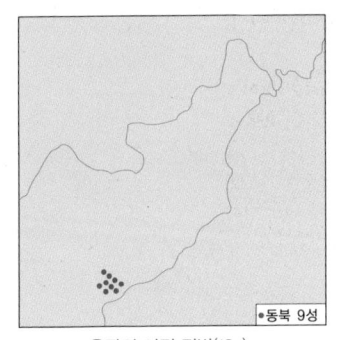

윤관의 여진 정벌(12c)

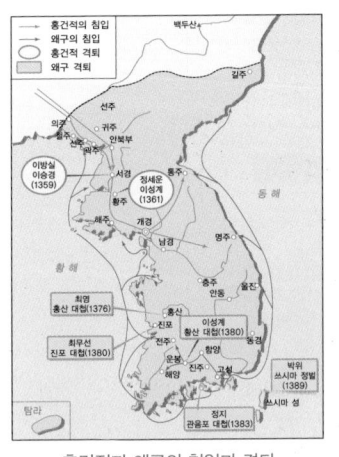

고려의 쌍성총관부 수복(14c)

홍건적과 왜구의 침입과 격퇴

고려 사회의 동요

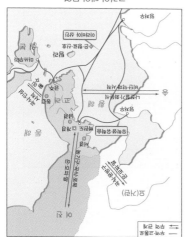

고려의 대외 관계

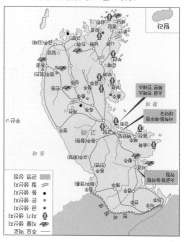

고려의 교통로와 산업 중심지

13 지도 장식

4 조선

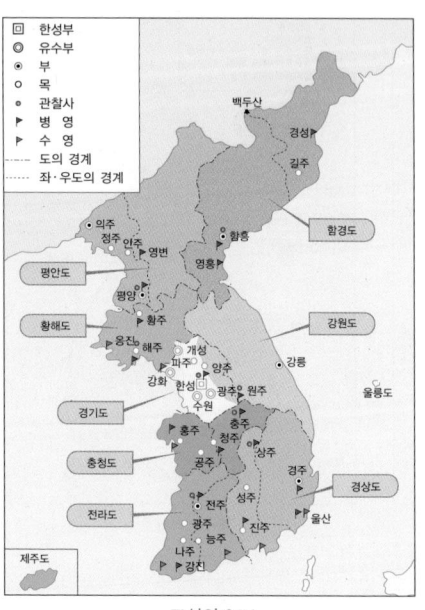

조선의 8도

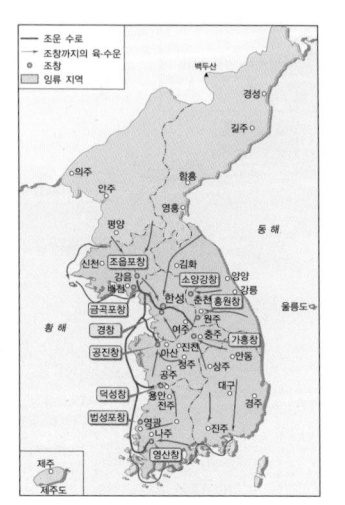

조선의 조운

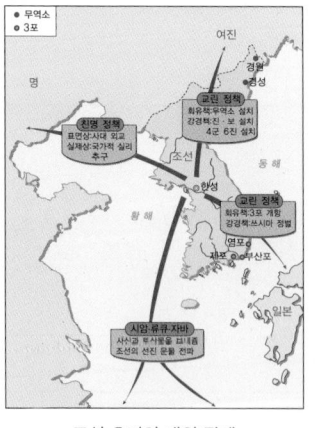

조선 초기의 대외 관계

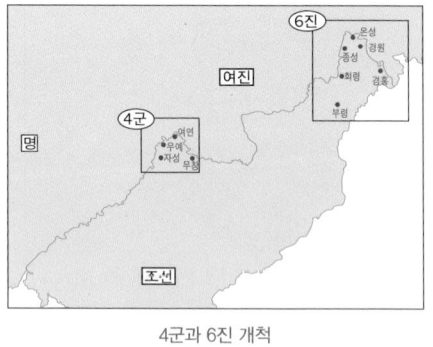

4군과 6진 개척

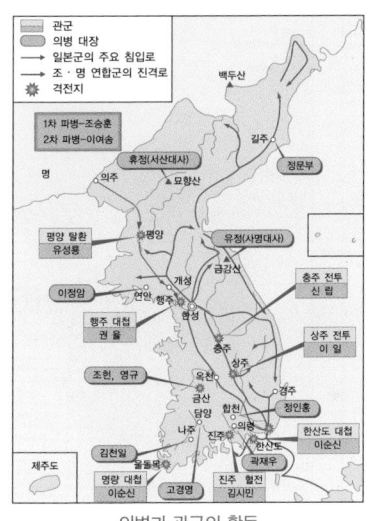

의병과 관군의 활동

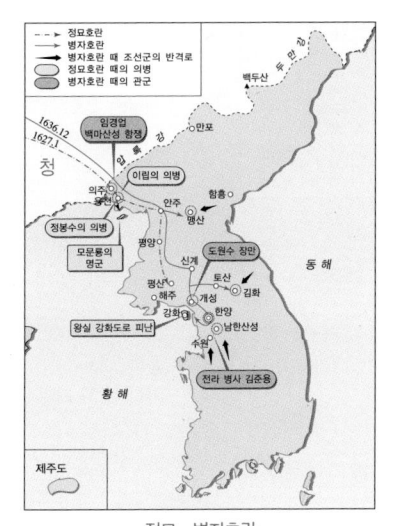

정묘·병자호란

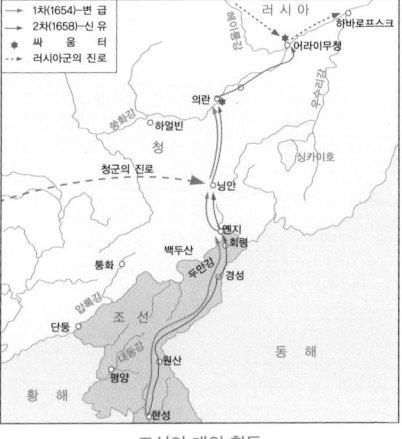

조선의 대외 활동

통신사의 경로

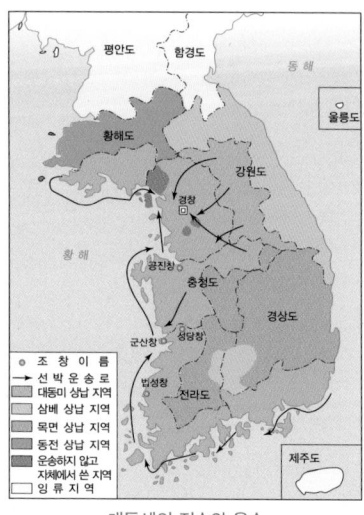

대동세의 징수와 운송

조선후기의 상업과 무역 활동

다정한 선물

CONTENTS

01 탑의 역사

1 삼국 시대

고구려 탑의 특징
<ul>
<li>주로 목탑을 제작</li>
<li>현재 탑은 남아있지 않음</li>
</ul>

익산 미륵사지 석탑

▶ 백제, 익산
▶ 현존 최고(最古)의 석탑 + 목탑 양식
▶ 미륵사의 중앙 목탑과 동·서 석탑 가운데 서쪽 석탑만 존재

부여 정림사지 5층석탑

▶ 백제, 부여
▶ 수학적 지식 활용, 경쾌 + 안정감
▶ 탑신 4면에 당의 소정방이 백제를 평정한 공을 기리는 글이 존재(평제탑)

경주 분황사 모전석탑

▶ 통일 前 신라, 선덕여왕
▶ 석재를 벽돌 모양으로 만든 전탑 양식의 석탑
▶ 분황사는 원효와도 관련됨

경주 황룡사 9층목탑 복원도

▶ 통일 前 신라, 선덕여왕
▶ 현존(×), 몽골 침략 때 소실
▶ 호국 불교의 전통을 확인(자장)
▶ 백제의 아비지가 제작을 주도

2 남북국 시대

통일 신라 석탑의 특징
<ul>
<li>특징 : 삼국 시대의 목탑과 전탑 양식을 계승</li>
<li>구조 : 이중 기단 위에 3층을 쌓는 전형적인 석탑 양식 완성</li>
</ul>

경주 감은사지 동·서 3층석탑

▶ 신라 중대
▶ 삼국 통일의 기상 반영

구례 화엄사 4사자 3층석탑

▶ 신라 중대
▶ 신라 유일의 사자탑

상륜부
탑신부
기단부

경주 불국사 3층석탑

▶ 신라 중대
▶ 수학적 지식 활용
▶ 날씬한 상승감 + 넓이와 높이의 아름다운 비례
　→ 부처가 항상 가까이 있음을 이상적으로 표현
▶ 무구정광 대다라니경이 발굴됨

경주 불국사 다보탑

▶ 신라 중대
▶ 귀족 예술의 성격

경주 고선사지 3층석탑

▶ 신라 중대

보은 법주사 쌍사자 석등

▶ 통일 신라

양양 진전사지 3층석탑

▶ 신라 하대
▶ 기단과 탑신에 부조로 불상을 조각

경주 원원사지 동·서 3층석탑

▶ 신라 하대
▶ 기단에 12지신상을, 탑신에 사천왕상을 조각

화순 쌍봉사 철감선사탑

▶ 신라 하대
▶ 탑신이 8각 원당형
▶ 지방 호족의 정치적 역량을 반영
▶ 고려 승탑에 영향

하동 쌍계사 진감선사탑비

▶ 신라 하대
▶ 선종의 유행을 확인
▶ 최치원이 비문을 제작

석등(발해)

▶ 상경에서 발견
▶ 단(팔각) + 간석(중간이 약간 볼록) +
　창문 + 지붕(기왓골) → 웅대한 느낌

승탑과 탑비

・제작 시기 : 신라 하대
・특징 : 지방 호족의 정치적 성장을 반영
・승탑 ┌ 진전사지 도의선사탑 : 현존 최고(最古),
　　　 │　　　　　　　　　　　 정형화되지 않은 8각 원당형
　　　 └ (전)흥법사지 염거화상탑
・탑비 : 실상사 증각대사 탑비(?), 쌍봉사 철감선사 탑비 등
cf) 중대의 비라고도 볼 수 있는 유적 : 무열왕릉비, 성덕대왕릉비

5

3 고려 시대

고려 석탑의 특징

- 신라 양식 계승 + 독자적 조형미
- 다각 다층탑이 많음
- 안정감은 부족하지만 자연스러운 미
- 석탑의 몸체를 받치는 받침이 보편화 됨
- 지역에 따라 고대 삼국의 전통을 계승한 석탑 조성

개성 불일사 5층석탑

▶ 고려 초기
▶ 개성
▶ 고구려 탑 양식 계승

부여 무량사 5층석탑

▶ 고려 초기
▶ 부여
▶ 백제 탑(정림사지 5층석탑) 양식 계승

평창 월정사 8각 9층석탑

▶ 다각 다층 석탑(고려 전기)
▶ 안정감은 없으나 자연스러운 미

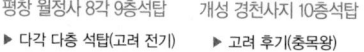

개성 경천사지 10층석탑

▶ 고려 후기(충목왕) + 원의 영향
▶ 조선의 원각사지 10층 석탑에 영향

여주 고달사지 승탑

▶ 고려 초기
▶ 신라 양식을 계승한 팔각 원당형

원주 법천사지 지광국사탑

▶ 고려 중기
▶ 탑신이 팔각 원당형이 아닌 평면사각형(= 방형)인 특이한 형태를 띠면서 조형미가 뛰어난 승탑
▶ 국권침탈 이후 일본으로 반출되었다가 광복 이후 반환된 승탑

충주 정토사지 홍법국사탑

▶ 고려 중기
▶ 원구형의 탑신

여주 신륵사 보제존자 석종(승탑)

▶ 고려 말기
▶ 구조 : 높은 기단(탑신으로 오르는 계단) + 종 모양의 탑신
▶ 영향 : 이후 기단을 생략한 소규모의 승탑이 유행

4 조선 시대

서울 원각사지 10층석탑

- ▶ 조선 초기(세조)
- ▶ 왕실의 비호를 받은 불교 관련 예술품

보은 법주사 팔상전

- ▶ 조선 후기(17c)
- ▶ 불교의 상대적 지위 향상
- ▶ 현존 유일의 목탑(5층)
- ▶ 양반 지주의 향상된 경제력을 반영

02 묘제의 변화

1 청동기 시대

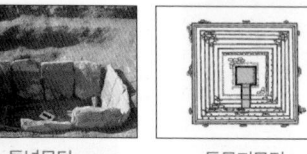

탁자식 고인돌
▶ 북방식 고인돌로 불리기도 함

바둑판식 고인돌
▶ 남방식 고인돌로 불리기도 함

돌널무덤
▶ 별칭 : 석관묘
▶ 지하에 직사각형의 돌널시설을 만들고 주검 및 부장품을 넣은 무덤 양식

돌무지무덤
▶ 별칭 : 적석총
▶ 시체를 넣은 돌널 위에 봉토를 덮지 않고 돌만으로 쌓아올린 무덤

2 철기 시대

독무덤
▶ 별칭 : 옹관묘
▶ 크고 작은 항아리 또는 독 두 개를 맞붙여서 관으로 쓰는 무덤 양식
▶ 시신을 넣은 널을 항아리로 만든 것으로 백제의 묘제와 다름
▶ 영산강 일대에서 발견되어 그 지역에 백제와 다른 독자적 세력의 존재를 확인

널무덤
▶ 별칭 : 토광묘, 토광목곽묘
▶ 땅에 구덩이를 파고 직접 주검을 묻은 무덤

3 마한

주구묘
▶ 별칭 : 해자(垓字)형 무덤
▶ 마한 지배 계급의 무덤으로 추정
▶ 분묘 형식이 일본의 고대 사와도 매우 밀접한 관련

4 가야 연맹

덧널무덤
▶ 관흘 넣어두는 (무덤 속) 묘실을 나무로 짜 만드는 무덤 양식
▶ 가야 초기 지배 세력의 대표적인 무덤 양식

5 벽돌 무덤

무령왕릉

▶ 공주 송산리 고분군 중 7호분
▶ 굴식 벽돌무덤
▶ 무덤의 주인을 알 수 있는 지석 발견
  ex) 영동대장군 백제사마왕, 매지권(도교)
▶ 관 : 재료가 금송으로 일본에서 자생
▶ 금제 장식과 금동제 신발 출토
▶ 돌짐승(石獸, 진묘수) 출토 : 도교 영향

6 돌무지 덧널무덤

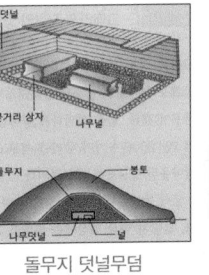

돌무지 덧널무덤

▶ 별칭 : 적석 목곽분, 목곽 적석층,
  적석봉토분
▶ 지상이나 지하에 시신과 꺼묻거
  리를 넣은 나무 덧널을 설치하고
  그 위에 냇돌을 쌓은 후 흙으로
  덮은 무덤
▶ 벽화×

경주 천마총 장니 천마도

▶ 벽화가 아닌 말 배가리개(= 장니)에
  그려진 그림

7 돌무지 무덤

돌무지무덤

▶ 별칭 : 적석총
▶ 시기 : 청동기 시대부터 삼국 시대(4c~5c)까지 제작
▶ 지역 ┌ 고구려 : 만주 집안현 일대에 12000기가 존재
      └ 백제 : 한성 시대 석촌동 일대에 분포
▶ 고구려 · 백제 두 나라의 지배층이 동일한 계통임
  을 확인

장군총

▶ 고구려의 초기 무덤 양식
  (돌무지 무덤)
▶ 다듬은 돌을 7층까지 쌓음
▶ 집안 일대에 존재, 백제 지배
  층과의 관계 확인
▶ 지상에 시신 존재
▶ 호석(기댄돌)과 배총(딸린 무
  덤) 존재

서울 석촌동 고분군

▶ 서울의 계단식 돌무지무덤
▶ 백제의 초기 무덤(한성 시대)
▶ 고구려 지배층과의 관계 확인

8 굴식 돌방 무덤

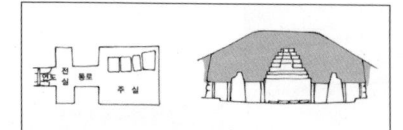

굴식 돌방무덤

모줄임 천장 구조

▶ 별칭 : 횡혈식 석실분
▶ 정의 : 돌로 1개 이상의 방(널방)을 만들고 그것을 통로로
　　연결, 그 위에 흙을 덮어 봉분을 만든 무덤
▶ 특징 : 널방의 벽·천장에 벽화 제작
▶ 지역 ┌ 고구려 : 만주 집안, 평안도 용강, 황해도 안악에 존재
　　　└ 백제 : 웅진(공주)과 사비(부여) 시대 유적지에 존재

▶ 고구려 굴식 돌방 무덤에 존재
▶ 고구려의 영향을 받은 발해 무덤에도 존재
　ex) 정혜공주 묘

공주 송산리 고분군

▶ 공주에 존재(웅진 시대)
▶ 1호 ~ 5호분 : 굴식 돌방무덤
▶ 6호 ~ 7호분 : 굴식 벽돌무덤
▶ 6호분에 사신도가 존재

부여 능산리 고분군

▶ 부여에 존재(사비 시대)
▶ 굴식 돌방무덤
▶ 동하총에 사신도가 존재

경주 김유신묘(?)

▶ 굴식 돌방무덤
▶ 규모가 상대적으로 축소
▶ 둘레돌 양식
▶ 둘레돌에 12지신 조각

1 신석기 시대

이른 민무늬 토기

▶ 특징 : 강석, 운모, 석영 따위의 모래가 섞여 있어 표면이 거칠고 흡수성이 강함
▶ 문양 : 단조로운 문양이 가끔 있을 뿐 대체로 무늬가 없고 두꺼움
▶ 색깔 : 다갈색, 회색이 보통
▶ 모양 : 크고 작은 다양한 모양, 주로 사발과 단지
▶ 주둥이 : 대개 직선으로 올라간 것이 많으나 밖으로 벌어진 것도 있음
▶ 밑바닥 : 평면으로 된 것, 뾰족한 것 등 다양

덧무늬 토기

눌러찍기무늬 토기

▶ 별칭 : 압인문 토기
▶ 몸체에 눌러 찍은 무늬가 있는 토기

빗살무늬 토기

▶ 크기 : 소형(식사용)부터 대형(저장용)까지 다양한 크기
▶ 형태 ┌ 뾰족한 밑(첨저형) : 주로 서 · 남해안에서 발견
　　　　└ 평평한 밑(평저형) : 주로 동해안에서 발견

2 청동기 시대

덧띠 새김 무늬 토기

▶ 기원 : 중국의 요령(랴오닝), 길림(지린성), 러시아의 아무르 강과 연해주 지역에서 유입
▶ 시기 : B.C. 20c ~ B.C. 15c(빗살무늬 토기 문화와 500년간 공존)
▶ 특징 ┌ 신석기 시대 말기부터 나타난 새 양식의 토기로, 청동기 시대 가장 이른 시기의 토기
　　　　└ 신석기 시대의 덧무늬 토기나 철기 시대의 덧띠 토기와는 다른 새로운 양식
▶ 의미 : 한반도에서 청동기 시대가 본격화 됨

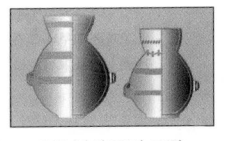

미송리식 토기 그림

▶ 유래 : 평북 의주 미송리 동굴에서 처음 발굴
▶ 특징 : 밑이 납작한 항아리 양쪽 옆으로 손잡이가 하나씩 달리고 목이 넓게 올라가서 다시 안으로 오므라들고, 표면에 집선(集線) 무늬가 있음
▶ 분포 지역 : 청천강 이북, 요령성과 길림성 일대
▶ 의의 : 고인돌, 거친무늬 거울, 비파형 동검과 함께 고조선의 특징적 유물로 간주됨

└── 민무늬 토기 ──┘

▶ 지역에 따라 모양이 약간 다르고, 밑바닥이 평평한 원통 모양의 화분형과 밑바닥이 좁은 팽이형이 기본적인 모양이며, 빛깔은 적갈색

붉은 간 토기

▶ 토기의 겉에 산화된 철을 발라 붉은색 광택을 표현
▶ 여주 흔암리와 부여 송국리에서 발견

송국리형 토기

▶ 바닥이 납작하고 토기의 중간이 약간 부푼 형태
▶ 금강 일대부터 한반도 서남부 지방과 영남 서부까지 발견

3 철기 시대

검은 간 토기

4 백제

백제 금동대향로

무늬 벽돌

▶ 백제, 부여 능산리 출토
▶ 신선들이 사는 이상 세계를 형상으로 표현
▶ 불교적 요소 + 도교적 요소

5 신라

호우명 그릇

초가집 모양 토기

기와집 모양 토기

▶ 경주의 호우총(돌무지 덧널 무덤)에서 발굴
▶ 그릇 밑바닥에 "을묘년 국강상 광개토지호태왕 호우십"이라는 글씨가 새겨져 있음
▶ 4c 말 ~ 5c 초 고구려의 한반도 남부에 대한 영향력(당시 신라와 고구려의 관계)을 보여줌

앞으로도 기대할 것은 기대권장성

올바른 한국사를
가르치기 위해
노력합니다.

초판 1쇄 인쇄일 2022년 7월 11일

지은이 강민성 **발행인** 정용수 **기획 및 편집** 정왕건
교정 및 검토 이도연, 장보라, 윤하정, 김원희, 이해인, 유혜인, 박가영
발행처 예문사 **주소** 경기도 파주시 직지길 460 도서출판 예문사
전화 031 955 0550 **팩스** 031 955 0660

CONTENTS

cafe.naver.com/kmshistory

1 권력의 핵심

흥선대원군 (본명 이하응, 1820 ~ 1898)

- 1863년 아들인 고종이 즉위하자 이때부터 흥선대원군이 수렴청정으로 1차 집권하였으나,
- 1873년 최익현 등 보수적 유학자의 탄핵 상소와 고종의 친정 선포로 실각하였다.
- 1882년 임오군란 당시 2차 집권하였으나, 청군의 개입으로 청에 압송되었다.
- 1885년 귀국 후 청의 위안스카이와 결탁(1886)하여 고종의 폐위를 모의했으나 실패 (1887)하였다.
- 1894년 갑오개혁 당시 일본의 종용으로 섭정에 취임하여 3차 집권하였으나 곧 실각당하였다.
- 1895년 을미사변 이후 잠시 4차 집권하였으나, 아관파천(1896) 이후 은퇴하여 은거하던 중 사망(1898)하였고, 고종은 장례식에도 불참하였다.

고종 (흥선대원군의 둘째 아들, 연호는 건양, 광무, 1852 ~ 1919)

- 1863년 12세에 즉위하여 초기 10년 동안은 대원군이 섭정하였으나,
- 1873년 친정(親政)을 선포하여 통치권을 환수하였다.
- 1896년 아관파천을 단행하여 러시아 공사관에서 기거하였고,
- 1897년 환궁하여 광무개혁을 추진하였다.
- 1905년 을사조약이 체결되자, 헐버트를 파견하여 미국 정부에 조약의 무효를 호소하는 밀서를 보냈다.
- 1907년 헤이그 만국평화회의에 이준 등을 밀사로 파견했지만 일본의 방해로 실패하고, 순종에게 양위하였다.
- 1919년 승하하였고, 이 당시 일본인에게 독살된 것으로 알려져 3 · 1 운동이 일어나기도 했다.

순종 (고종의 둘째 아들, 연호는 융희, 1874 ~ 1926)

- 1907년 헤이그 밀사 사건 이후 고종이 강제로 황제에서 물러나자 뒤를 이어 황제에 올랐다. 즉위 직후에 일본이 혼란한 시국을 틈타 정미 7조약을 강제 체결하기도 했다.
- 1910년 일제는 한일병합조약에 서명할 것을 강요하였으나 응하지 않았으며, 총리대신 이완용이 조약을 체결하여 합병된 이후, 왕으로 강등되어 창덕궁에 거처하였다.
- 1926년 그의 장례식 때 6 · 10 만세 운동이 일어났다.

2 권력의 주변

명성황후 (본명 민자영, 1851 ~ 1895)

- 1858년 8살에 아버지를 잃고,
- 1866년 16살에 왕비로 간택되어 입궁하였다.
- 1873년 고종이 친정을 시작하자 집권하여 개항 이후 초기 개화정책을 추진하였다.
- 1882년 임오군란 당시 충주로 피신했다가, 청에 의해 임오군란이 진압되자 서울로 돌아왔다.
- 1884년 갑신정변 이후 일본과 급진 개화파를 경계하였다.
- 1894년 갑오개혁 이후 일본을 견제하기 위해 러시아에 접근하였으나,
- 1895년 을미사변으로 일본의 낭인들에 의해 시해되었다.

이용익 (별명 미스터 돈키호테, 1854 ~ 1907)

- 1854년 함경북도 명천 출생의 보부상으로 자금을 모아 금광에 투자하여 부자가 되었다.
- 1882년 임오군란 때 충주로 피신한 명성황후와의 발빠른 연락으로 고종의 신임을 얻어 감역이 되었고, 이후 단천 부사로 특진하였다.
- 1897년 내장원경이 되어 왕실 재정을 관리하였고,
- 1902년 친러파 탁지부 대신으로, 일본의 침투를 막기 위해 노력하였다.
- 1905년 보성전문학교를 설립하였으며, 을사조약 이후 고종의 밀서를 가지고 프랑스로 향하던 중 일본에 발각되어 모든 공직에서 파면되었다.
- 1907년 블라디보스토크로 망명하여 민족 운동을 준비하던 중 사망하였다.

민영환 (명성황후의 조카 = 민겸호의 아들, 1861 ~ 1905)

- 1882년 임오군란 때 아버지가 살해된 후 낙향하였다.
- 1895년 주미공사로 임명되었지만 을미사변으로 사임한 후,
- 1896년 외국의 근대화 문물을 직접 접한 뒤 독립협회 활동을 적극적으로 후원하였다.
- 1905년 을사조약의 체결에 반대하여 〈대한 이천만 동포에게 남기는 글〉을 국민들에게 남기고 자결하였다.

3 초기 개화파

박규수 (연암 박지원의 손자, 순조의 아들인 효명세자의 절친, 1807 ~ 1877)

- 1861년 연행사로 청에 가서 당시의 국제 정세를 목격하고 견문을 넓혔다.
- 1862년 진주민란 때 사태 수습을 위해 안핵사로 파견되어 농민들의 현실을 몸소 체험하였다.
- 1866년 제너럴셔먼호 사건 당시 평안도 관찰사로 직접 지휘에 나서 셔먼호를 격침시켰다.
- 1875년 운요호 사건 당시 일본과의 자주적 개국을 주장하였다.
- 김옥균, 박영효 등 개화파들은 박규수의 사랑방 출신으로, 개화파 형성에 영향을 끼쳤다.

선생이 평안감사로 있던 병인년 미국 선박의 조난 이후부터 미국 사절이 여러 차례 통상을 간청, 힘써 *화호하고자 하였다. 그러나 온 나라가 이 때문에 떠들썩하였고 모두 척화를 귀하게 여겼다. 그러나 선생은 대제학이면서도 자신의 견해를 주창하지 못하였으며, 문서를 왕복함에 있어서 …… 국가의 체면을 잃지 않도록 하는 데 그쳤다. 폐문각호(閉門却好 : 문호를 닫고 수호 요구를 물리침)는 선생의 뜻이 아니라 부득이한 것이었다.

*화호 : 화평하고 사이가 좋음

오경석 (3 · 1 운동의 지도자 오세창의 아버지, 조선 말의 명필, 1831 ~ 1879)

- 1846년 중인 신분으로, 역과에 합격하여 역관이 되었다.
- 1853년 청에 가는 사절단에 참여한 이후, 청을 13번 오가면서 〈영환지략〉, 〈해국도지〉 등을 들여와 개화파 형성에 영향을 끼쳤다.
- 1875년 운요호 사건 당시 일본과의 자주적 개국을 주장하였으나,
- 1876년 강화도 조약의 부당함을 느끼고 굴욕적 개국을 막기 위해 노력하다 병석에 누워 사망하였다.(1879)

유홍기 (별명 백의정승, 1831 ~ 1884(?))

- 중인 신분의 유능한 한의사이자 역관으로 박규수, 오경석과 함께 초기 개화파를 형성하였으며, 김옥균, 박영효 등 갑신정변을 일으킨 급진 개화파들의 스승 역할을 담당하였다.
- 1884년 갑신정변의 실패 이후에 행방불명 되었다.

4 급진 개화파

김옥균 (일본 이름 이와다 미와, 1851 ~ 1894)

- 1870년대 박규수의 사랑방에서 개화사상을 습득하고, 개화당을 형성하였다.
- 1882년 임오군란 이후 청국에 의해 개화당 동지들과 함께 탄압을 받았고, 수신사 박영효와 함께 일본을 방문하였다.
- 1883년 일본과의 차관 교섭에 실패하고,
- 1884년 갑신정변도 실패하여 일본으로 망명하여 방랑하다가
- 1894년 상하이로 망명하였으나 조선정부가 보낸 자객 홍종우에 의해 암살되었다.

어머니와 누이는 자살하고 김옥균의 시체는 조선으로 옮겨져 능지처참되었다.

박영효 (일본 이름 야마자키 에이하루, 1861 ~ 1939)

- 1872년 철종의 딸 영혜옹주와 혼인하였으나 3개월 만에 사별하고,
- 1870년대 중반 박규수의 사랑방에 드나들면서 개화사상을 익히기 시작하여 개화당을 형성하였다.
- 1882년 임오군란 수습을 위해 제3차 수신사로 일본에 다녀왔고,
- 1884년 갑신정변이 실패하자 일본으로 망명하였다.
- 1894년 조선에 귀국하여 제2차 김홍집 내각에 내부대신으로 개혁을 시도하였고,
- 1895년 삼국간섭 이후 역모를 꾀했다는 혐의를 받자 다시 일본으로 망명하였다.
- 1907년 조선에 귀국하여 이완용 내각의 궁내부 대신에 임명되고,
- 1910년 한일 병합 이후 후작을 받았으며, 조선식산은행 이사(1918), 동아일보 초대사장(1920), 조선사 편수회 고문(1922~25), 중추원 의장(1926), 일본 귀족원 의원(1932)을 지냈다.
- 1939년 중추원 부의장에 재직 중에 사망했다.

서광범 (순조 때 영의정 서영보의 손자, 1859 ~ 1897)

- 1882년 제3차 수신사 김옥균, 박영효와 함께 일본을 시찰하고,
- 1883년 보빙사 민영익과 함께 미국을 시찰하고 유럽을 순방하였다.
- 1884년 갑신정변이 실패하자, 일본에 망명한 후 다시 미국으로 망명(1885)하였다.
- 1894년 조선 귀국 후, 2차 갑오개혁 당시 법부대신에 임명되어 근대 사법 제도를 도입하였다.
- 1895년 을미사변 이후 학부대신에 임명되고, 주미특명 전권공사로 활동하였으나,
- 1896년 아관파천으로 친일 내각이 붕괴되자 친러정권에 의해 공사직에서 해임되었다.

서재필 (Philip Jaisohn = Philip Jason, 1864 ~ 1951)

- 1882년 별시문과 병과에 합격하여 김옥균, 서광범 등과 교유하였으며,
- 1883년 일본 게이오 의숙과 도야마 육군학교에 유학한 후 귀국(1884)하였다.
- 1884년 갑신정변이 실패로 끝나자, 일본으로 망명하였다가 미국으로 망명(1885)했다.
  (한국인 최초로 미국 귀화)
- 1893년 컬럼비아 의대(= 지금의 조지워싱턴 의과 대학)를 졸업하여 의사 면허를 취득하고, 귀국(1895)하였다.
- 1896년 독립신문을 발간하고 독립협회를 설립하였으나, 자신의 이름을 Philip Jaisohn으로 소개하였다.
  (미국의 경인 철도 부설권 침탈에 대해 "속마음을 의심할 필요가 없는 나라와 맺은 것이며, 지금까지 어느 열강과 맺은 조약보다 유리한 계약"이라고 옹호하기도 했다.)
- 1898년 미국으로 귀국하였다.
- 1920년 한국의 3 · 1 운동을 지지하는 필라델피아 한인 대회를 개최하기도 하고,
- 1921년 이승만과 함께 대한민국 임시정부 대표로 워싱턴에서 열린 군축회의에 파견되어, 독립청원 연명서를 제출(1922)하였다.
- 1947년 미군정의 초청으로 귀국한 후, 초대 대통령으로 추대 받았으나 불출마를 선언하고 미국으로 귀향하였다.

유길준 (1856 ~ 1914)

- 1881년 조사시찰단에 참가하여, 게이오 의숙에 입학하였다.(최초의 일본 유학생)
- 1883년 보빙사에 참가하여, 미국 담머고등학교에 유학하기도 했다.(최초의 국비 유학생)
- 1885년 유럽 여러 나라를 순방한 뒤 귀국하였으나, 갑신정변을 주도한 개화파로 간주되어 구금된 상태에서 〈서유견문〉의 집필을 시작하였다.
  거문도 사건을 계기로 한반도 중립화론을 제창하기도 했다.
- 1894년 갑오개혁에 적극 참여하고,
- 1895년 을미개혁 때 단발령을 주도하여 아관파천(1896) 이후 일본에 망명하였다가 귀국하였다.(1907)
- 1909년 〈대한문전〉을 저술 · 간행하였으며,
- 1910년 한일 병합 후 일본 정부에서 남작을 제수하였으나 거절하였다.

윤치호 (초대 내무장관 윤치영의 사촌, 4대 대통령 윤보선의 당숙, 1865 ~ 1945)

- 1881년 조사시찰단의 수행원으로 일본을 방문하였고, 일본에 남아 서양학문을 익혔다.
- 1884년 갑신정변 실패 이후 중국으로 망명하였고, 미국으로 건너가 근대 교육을 받았다.
- 1897년 독립협회에 가담하여,
- 1898년 2대 독립신문사 사장과 3대 독립협회 회장을 겸임하였다.
- 1906년 대한자강회를 조직하였고, 대성학교 교장(1910)으로 초빙되기도 하였다.
- 1911년 105인 사건으로 징역형을 선고받아 옥중 생활을 하다 출소(1915)하였다.
- 1919년 3 · 1 운동 당시 국민대표로 서명을 권유받았으나 거절하였으며,
- 1920년대 친일적 색채를 점차 띠다가, 1930년대에 본격적인 친일파로 활동하였다.

5 온건 개화파

김홍집 (비운의 외교관, 별명 비오는 날의 나막신, 1842 ~ 1896)

- 1880년 제2차 수신사로 임명되어, 일본을 시찰한 후 〈조선책략〉을 들여왔다.
- 1882년 외교관으로서 임오군란을 수습하고, 미국 · 독일(1883) · 영국(1883)과의 조약 체결에서 외교적 수완을 발휘하였다.
- 1894년 제1차 김홍집 내각을 조직한 후, 총리대신으로 임명되어 갑오개혁을 단행하였다.
- 1895년 을미사변 이후 제4차 김홍집 내각을 조직하여 을미개혁을 추진하였으나,
- 1896년 아관파천 이후에 김홍집 내각은 붕괴되고, 백성들의 불만으로 개혁에 대한 책임을 지고 광화문에서 군중에게 살해되었다.

그는 살해될 때 "한 나라의 총리로 동족의 손에 죽는 것은 천명(天命)이다. 남의 나라 군대의 도움으로 목숨을 부지하지 않겠다."라고 말하며 다른 관리들과 달리 피신하지 않았다.

김윤식 (민족 운동과 민족 반역 사이의 곡예, 1835 ~ 1922)

- 1881년 영선사로서 청을 시찰하고,
- 1882년 임오군란 직후 청군과 함께 귀국하여 구식 군대를 진압하였다.
- 1895년 제4차 김홍집 내각의 외무대신에 임명되기도 했다.
- 1910년 한일 병합 조인에 가담하여 일본의 자작 작위를 수여받았으나,
- 1916년 흥사단 · 대동학회 · 기호흥학회 등에서 활동하며 민족운동에 참여하고, 대종교에 입교하기도 하였다.
- 1919년 3 · 1 운동 당시 이용직과 함께 독립 청원서를 제출하여 일본에게 작위를 삭탈당했다.

어윤중 (1848 ~ 1896)

- 1881년 조사시찰단의 일원으로 일본을 방문하였고,
- 1882년 임오군란 이후 청에 파견되어 조청 상민수륙무역장정의 작성을 주도하였다.
- 1893년 순무사로 파견되어 동학도들의 보은 집회를 해산하였고,
- 1894년 갑오개혁 당시 김홍집 내각의 탁지부대신에 임명되었으나,
- 1896년 아관파천 이후 피란하던 중 용인에서 산송문제로 원한을 품은 향반들이 동원한 머슴들에 의해 살해당했다.

교재 인증하고 선물받기

강민성 한국사 교재가 있다면
인증하고 선물 받자!

- 강민성 한국사 시리즈 교재를 **인증**해주시면
  강민성 한국사 학습자료, 이벤트 및 행사 소식 등을 빠르게 받아볼 수 있습니다 ^^
- 인증만 하셔도 무작위 추첨을 통한 응원 선물을 받으실 수 있습니다
  Ex) 내일은맑음 우산, 보틀, 텀블러, 포스트잇, 문화상품권, 커피, 치킨, 피자 등
  각종 기프트콘

작은 선물이지만 받으실 때 기분이 좋아지셨으면 하는 바람입니다.
언제나 여러분을 응원합니다!

교재 인증하고 선물받기 Q&A

WHAT WHO?

Q 교재 인증이 무엇인가요?
A 강민성 선생님 교재로 공부하는 분들이 **강민성 한국사 수험생임을 인증**하는 것입니다!

Q 누가 인증하면 되나요?
A 강민성 선생님의 교재를 가지고 있는 **모든 제자**는 가능합니다(과거 수강 경험이 있는 분도 가능합니다!)

WHY?

Q 교재 인증을 왜 해야 하나요? (어떤 것들이 좋은가요?)

A 받아볼 수 있습니다
- 지친 수험생활을 위로하는 강민성샘의 응원 선물(문자, 선물, 기프티콘 등)
- 강민성 한국사 관련 주요 공지, 한국사 학습자료 정보 등

A 선정 가능성이 높아집니다
- 다양한 이벤트(우산, 보틀 등 선물 배송) 또는 행사 참석의 선정 가능성 UP ↑
- 정통한국사 카페의 수험생 응원 이벤트 선정 가능성 UP ↑
  (향후 예정 이벤트 : 우수 열공인증, 우수 수강후기, 우수 카페 활동 멤버 이벤트 등)
- 또한, 기재해주신 답변은 추후 더 나은 강민성 한국사 강의 및 교재, 각종 이벤트 및 행사를 위한 참고 자료로 활용됩니다

HOW?

Q 교재 인증은 어떻게 하면 되나요?
A 하단의 QR 코드로 접속하여 '교재 인증 양식'을 작성하여 제출해주시면 됩니다!
[참고] 인증 교재 수량, 수강 강좌 수 등에 따른 혜택 또는 불이익이 없으므로
      사실만을 기재해주시기 바랍니다 (중복 등록 가능)

← 교재인증 QR코드 클릭

교재 인증 바로가기

2023 올인원 한국사

2022 올인원 한국사

2022 기출1660제

2022 실전동형

2021 올인원 한국사

2021 기출 1560제

2021 합격적중노트

2020 올인원 한국사

2020 기출 1880제

2020 합격적중노트

2020 실전동형모의고사

2019 올인원 한국사

2019 기출 1730제

2018 올인원 한국사

2018 기출 1650제

2017 올인원 한국사   2017 기출 1500제

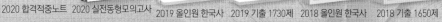

올바른 한국사를
가르치기 위해 노력합니다.

초판 1쇄 인쇄일 2022년 7월 11일

지은이 강민성 **발행인** 정용수 **기획 및 편집** 정왕건

교정 및 검토 이도연, 장보라, 윤하정, 김원희, 이해인, 유혜인, 박가영

발행처 예문사 **주소** 경기도 파주시 직지길 460 도서출판 예문사

전화 031 955 0550 **팩스** 031 955 0660

공무원

한국사

한 권으로 끝내는 개념완성

前근대사

단순 암기가 아닌,
이해와 흐름으로 보는 한국사

STRUCTURE

개념편

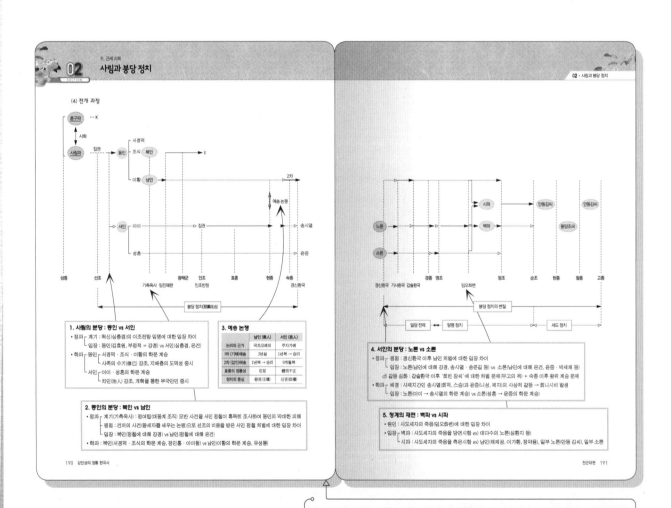

여러 개념을 한눈에 정리할 수 있는 입체적인 내용 구성

한국사 공부 시간을 단축하고 효율적으로 학습할 수 있도록 단원 전체의 내용을 체계적으로 정리하여 한눈에 파악할 수 있게 구성하였습니다. 또한 단순 암기로는 파악하기 어려운 내용들을 알아보기 쉽게 도식화하여 눈을 감으면 자연스럽게 내용이 떠오를 수 있도록 구성하였습니다.

꼭! 알아두기 – 가족생활의 변화

	고려	조선 초기	조선 후기(17c 후반 이후)
종법적 질서의 확립	×	×	○
제사 상속	자녀 윤회 봉사	자녀 윤회 봉사	장자 상속
재산 상속	자녀 균분 상속	자녀 균분 상속	장자 우대
봉사조(= 제사 비용) 존재	○	○	×
결혼 후 거주 형태	남귀여가혼	남귀여가혼	친영 제도
戶主(호주)	여자가 호주인 경우도 있음	여자가 호주인 경우도 있음	오로지 남자만 호주
족보에 자녀 기록 순서	자녀 모두 연령순으로	자녀 모두 연령순으로	선남(先男) 후녀(後女)
족보의 외손 존재	○	○	×
족보의 양자 입양 기록	×	×	○
적서 차별	×	○	○
과부의 재혼 규정	제한 없음	자손의 문과 응시 제한	금지
여성의 사회적 진출	×	×	×

꼭 알아두기

출제 가능성이 높은 내용들을 집중적으로 볼 수 있도록 정리하였습니다.

확인해 둘까요!

조운제 : 지방에서 거둔 조세를 수로를 통해 조창을 거쳐 서울 경창으로 운반

- 보관 (창고)
  - 조창 : 강가 혹은 바닷가에 설치한 창고, 지방의 조세를 임시 보관
  - 경창
    - 본창 : 도성 내 설치 ex) 군자감(군량), 풍저창(정부 경비), 광흥창(녹봉)
    - 강창 : 용산강과 서강에 설치
- 경로
  - 전라 · 충청 · 황해 : 서해의 바닷길 → 경창
  - 경상 : 낙동강 상류 → 남한강 → 경창
  - 강원 : 남한강 or 북한강 → 경창
  - cf) 제주 : 잉류 지역
- 예외(잉류 지역) : 현지 지출 ex) 평안도(사신접대비, 군사비) + 함경도(군사비)
- 변화 (후기)
  - 대동법 → 조운량 증가로 훈국선(훈련도감의 배), 경강사선(경강상인의 배), 지토선(지방민의 배), 주교선(주교사의 배) 등을 이용하여 운송
  - 급납화의 일반화 → 조운제는 서서히 폐지

확인해 둘까요

놓치기 쉬운 내용들을 한번 더 확인하여 오래 기억할 수 있도록 하였습니다.

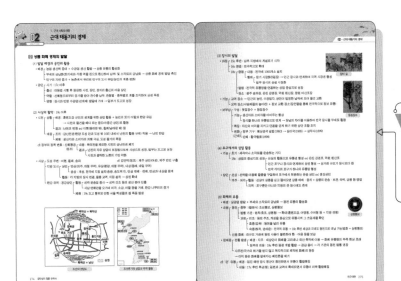

본문 개념

원인과 결과에 따라 흐름으로 이해하고 개념들의 유기적 구조를 분석하며 이야기를 통해 오랜 시간 기억할 수 있도록 구성하였습니다.

내용상의 특징

수험서로서 필요한 내용을 빠짐없이 담았습니다.

첫째, 최근 공무원 시험 문제의 출제 경향을 분석해보면 한국사 관련 시험을 주관하는 공신력 있는 기관들이 출제한 문제들에 대한 검토가 더욱 요구되는 실정입니다. 따라서 2007년~2021년 모든 공무원 기출 문제는 물론이고 2006년~2021년 국사편찬위원회가 실시한 한국사능력검정시험 문제, 2004년~2021년 한국교육과정평가원이 출제한 문제들을 모두 분석, 검토하여 공무원 시험에서도 충분히 출제 가능한 개념과 자료들을 빠짐없이 수록하고 그에 대한 분석과 정리도 꼼꼼히 해 두었습니다.

둘째, 기존 유형에 더불어 다수 출제되고 있는 새로운 자료제시형 문제에 대비하는 데에도 부족함이 없도록 출제 가능한 핵심 사료, 사진, 지도, 그래프 등 다양한 자료를 수록하였습니다.

자료편

핵심 자료 읽기

지주 전호제의 일반화
- 큰레 가난한 사름이 세남과 빚에 쫓겨 급한 나머지 집과 땅을 부잣집에 팔아 버린다. 부잣집에서는 급한 사정을 알고 값을 깎아서 산 뒤 15일이 지나면 물러 주지 않으니 토지가 부잣집으로 들어간다. 부자는 날로 겸병을 더하고 가난한 자는 송곳 꽂을 땅도 없다. 그리하여 모두 도망하여 흩어지니 민호는 줄어들고 군액이 감소하니 이는 작은 일이 아니다. 〈성종실록〉
- 백성으로 농지를 가진 자가 없고 농지를 가진 자는 오직 부유한 상인들과 사족(士族)들의 질뿐입니다.

답험손실법
- 내용 : 수확이 10분의 1 줄면 전조의 10분의 1을 줄이고, 수확이 10분의 2 줄면 10분의 2를 줄인다. 이런 식으로 줄이다가 수확의 10분의 8 이상이 줄면 조 전액을 면제한다. 수확량의 조사는, 각 주와 군의 수령이 면밀히 행하여 감사(관찰사)에게 보고하면 감사가 답당관을 보내어 다시 심사하고 감사와 수령이 3읍을 하되, 수확량 조사를 부실하게 하는 자가 있으면 처벌한다. 각 등급의 과전의 손실은 그 과전의 전주가 스스로 심사하여 위의 비율에 따라 조를 거둔다. 〈고려사〉
- 문제점 : 하교해서 말하를, "고려 말기 토지 제도가 허물어져서, 태조께서 즉위하여 조세받는 수량을 정하셨다. 논 1결마다 조미 30두(斗), 밭 1결마다 잡곡 30두로 하니, 옛날 10분의 1 밭면 수량이다. 가을철에 손실의 제도를 세웠는데, …… 태종도 조관을 보내서 심검하는 법을 세워서, 제도가 아름다운 법이었다. 그러나 봉행하는 관리들이 그 뜻을 제득해서 지당하게 행하는 자가 적었다. 답험할 때 향곡(鄕曲)에 거주하는 사람을 위관으로 삼는데, 허실을 요망스럽게 헤아리고, 사정

핵심자료읽기

모든 기출 사료와 출제 가능한 사료를 풍부하게 수록하였습니다.

자료 보기

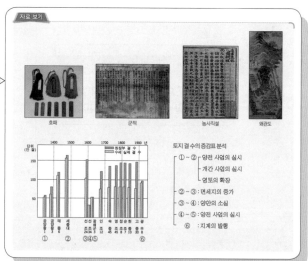

호패 　 군적 　 농사직설 　 왜관도

토지 결 수의 증감표 분석
① ~ ② 양전 사업의 실시
　　　 개간 사업의 실시
　　　 영토의 확장
② ~ ③ : 면세지의 증가
③ ~ ④ : 양안의 소실
④ ~ ⑤ : 양전 사업의 실시
④ ~ ⑥ : 지계의 발행

자료보기 - 다양한 사진, 그래프 자료

응용 출제될 수 있는 사진 자료와 그래프를 확인할 수 있습니다.

자료 보기

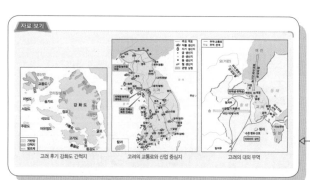

고려 후기 강화도 간척지 　 고려의 교통로와 산업 중심지 　 고려의 대외 무역

자료 보기 - 지도

고난도로 출제되는 중요 개념을 지도를 통해 정리하였습니다.

스스로 완성해가는 교재

중요한 내용은 스스로 고민하고 빈칸을 채워 보는 연습을 해야 오랫동안 기억에 남을 수 있습니다. 따라서 중요한 내용들을 직접 써 가면서 정리할 수 있도록 구성하였습니다.

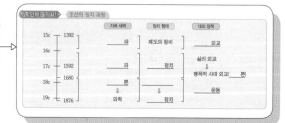

셋째, 한국사는 개념에 있어서 변화되는 내용이 없다고 생각하기 쉽지만, 교육과정이 개정됨에 따라 학습해야 하는 내용도 변화하게 됩니다.

따라서 기존 공무원 시험 문제에 출제된 개념들을 총망라했을 뿐만 아니라 최근 공무원 시험 및 한국사능력검정시험 출제 경향과 개정 교육에서 변화된 내용까지 다루어 출제 가능성이 있는 부분은 놓치지 않고 정리하였습니다.

부록편

부록 : 시대별이 아닌 주제별 정리

역사의 전체 흐름 속에서 주제별로 분석한 내용을
정리하였습니다.

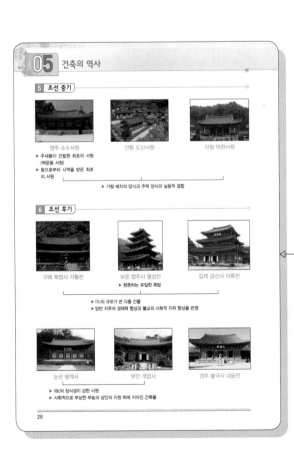

별책 부록

이해하기 어렵거나, 출제 가능한 전근대 문화재와 근현대
인물을 정리하였으며 이와 관련하여 출제되는 내용만을
정리해서 학습 효율을 높일 수 있도록 구성하였습니다.

CONTENTS

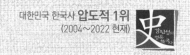

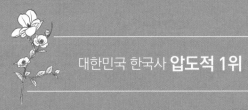

대한민국 한국사 **압도적 1위**

cafe.naver.com/kmshistory

선사 시대와 국가의 형성

① 역사의 의미와 사료

(1) 역사의 의미

- 사실로서의 역사 ┌ 어원 : Geschichte → 과거에 일어난 일
  (歷)   ├ 내용 : 객관적 사실, 즉 시간적으로 현재에 이르기까지 일어났던 과거의 모든 사건을 의미
                   └ 역사가 : L.V.Ranke "지금까지의 연구는 과거를 심판하고 동시대인에게 미래를 교시하는 임무
                            를 수행해 왔으나 현재의 연구는 실제 있었던 그대로를 보여줄 뿐이다."

- 기록으로의 역사 ┌ 어원 : historia → 탐구를 통해 획득한 지식
  (史)   ├ 내용 : 과거의 사실을 토대로 역사가가 이를 조사하고 연구하여 주관적으로 재구성함을 의미
                   └ 역사가 : B.Croce "모든 역사는 현재의 역사다. 서술되는 사건이 먼 시대의 것이라도 역사가 반
                            영하는 것은 현재의 요구 및 현재의 상황이며, 사건은 다만 그 속에서 메아리칠
                            뿐이다."

- 종합 : E.H.Carr "역사가와 역사적 사실은 서로를 필요로 한다. 사실을 갖지 못한 역사가는 뿌리가 없는 존재요, 역
       사가가 없는 사실은 생명이 없는 무의미한 존재다. 그리하여 역사란 역사가와 사실 사이의 부단한
       상호 작용의 과정이며, 현재와 과거의 끊임없는 대화이다."

(2) 사료 비판

- 외적 비판 ┌ 내용 : 사료 자체의 진위 여부를 판단, 사료 내의 오자 파악
           └ 사례 ┌ 최근 발견된 <화랑세기>의 위서 여부 등을 판단
                   └ 홍길동전의 시대별 판본에 따른 내용 추가 여부를 파악

- 내적 비판 ┌ 내용 : 사료의 내용에 대한 정확한 이해와 판단을 바탕으로 사료의 성격을 파악
           ├ 방법 : 전반적 시대 상황에 대한 이해와 같은 시대 · 사건을 다룬 다른 사료와의 비교
           └ 사례 ┌ <삼국사기> : 유학자 김부식이 합리적 유교 사관을 바탕으로 불교 설화를 배제
                   └ <삼국유사> : 승려 일연이 저술하여 흥법, 탑상 등과 같은 불교적 내용을 포함

② 역사 학습의 목적과 한국사

(1) 역사 학습의 목적

- 동양 ┌ 목적 : 정책의 입안을 위한 이론적 근거와 참고 자료 마련
       ├ 내용 : 역사서에 거울을 의미하는 '감(鑑)' 자를 사용하여 책 이름을 정함
       └ 사례 : 서거정의 <동국통감(鑑)>, 사마광의 <자치통감(鑑)>, 주희의 <자치통감(鑑)강목>

- 일반 ┌ 과거의 사실을 토대로 현재에 대한 올바른 이해 → 개인과 민족에 대한 정체성 확립
       ├ 삶의 지혜 습득 → 현실 문제에 대한 올바른 파악과 대처 및 미래에 대한 대비 가능
       └ 역사적 사고력과 비판력 고양

(2) 한국사에 대한 이해

- 특징 ┌ 보편성 : 한국사와 세계사의 공통점 ex) 시대 구분 : 선사 = 구석기 → 신석기 → 청동기 → 철기
       └ 특수성 : 우리 국가 혹은 민족의 고유성 ex) 공동체 조직 발달(두레, 향도, 계), 불교(호국적 성격)

- 태도 : 한국사의 보편성과 특수성을 상호 보완적으로 이해

3 인류와 한반도의 역사

(1) 인류의 역사

- 오스트랄로피테쿠스 ┌ 뇌 용량 : 400~500cc
  (남방의 원숭이) ├ 출현 : 약 400만~300만 년 전, 남 · 동아프리카의 초원 지대
  └ 의의 : 최초의 인류로서 원인(猿人), 직립 보행

- 호모 하빌리스 ┌ 뇌 용량 : 500~600cc
  (손재주 있는 사람) ├ 출현 : 약 250만~170만 년 전, 아프리카의 탄자니아, 케냐 지방
  └ 의의 : 구석기 시대의 시작

- 호모 에렉투스 ┌ 뇌 용량 : 800~1400cc
  (곧게 선 사람) ├ 출현 : 약 180만~50만 년 전, 동아프리카 + 유럽 + 아시아 지역
  ├ 사례 : 자와인(인도네시아), 하이델베르크인(독일), 베이징인(중국, 불을 사용했음을 확인)
  ├ 특징 : 원인(原人), 동굴 거주, 손도끼 등의 발달된 도구와 언어 사용
  └ 의의 : 한반도의 전기 구석기 시대 → 하나의 도구를 여러 용도로 사용, 주먹도끼 · 찍개를 제작

- 호모 사피엔스 ┌ 뇌 용량 : 1300~1600cc
  (슬기 사람) ├ 출현 : 약 40만~20만 년 전, 구대륙 전체 　　　　　　　　　　　cf) 네안데르탈인
  ├ 특징 : 정교한 도구 사용(양면 석기 제작), 시체 매장 풍습 → 종교 의식 생성
  └ 의의 : 한반도의 중기 구석기 시대→ 하나의 도구를 하나의 용도로 사용 ex) 긁개, 밀개, 찌르개 등

- 호모 사피엔스 사피엔스 ┌ 뇌 용량 : 1400~1800cc
  (슬기 슬기 사람) ├ 출현 : 약 4만 년 전, 구대륙 + 알래스카 + 오스트레일리아 지역
  ├ 사례 : 크로마뇽인(프랑스), 그리말디인 (이탈리아), 상동인(중국)
  ├ 특징 : 도구 개량(잔석기, 활, 투창, 작살 제작), 장신구 착용, 동굴 벽화와 여인상 제작
  └ 의의 : 한반도의 후기 구석기 시대 → 형태가 같은 여러 개의 돌날격지, 슴베찌르개 제작

(2) 한반도의 역사

- 시작 ┌ 인류의 등장 : 70만 년 전
  └ 지정학적 형성 : 1만 3천 년 전 ~ 1만 2천 년 전
- 민족의 형성 ┌ 시기 · 지역 : 신석기 시대 ~ 청동기 시대, 랴오닝성과 지린성에 이르는 만주 지역 ~ 한반도
  ├ 인종 · 언어 : 몽골 인종, 알타이 어족(터키어, 몽골어, 만주 · 퉁구스어 등 포함)
  └ 계통 : 동이(東夷)족으로 예(濊)족, 맥(貊)족, 한(韓)족 등으로 구성
- 지역의 별칭 : 동국(東國) = 대동(大東) = 해동(海東) = 진단(震壇or震旦), 삼한(三韓), 근역(槿域)

꼭! 알아두기 · 역사의 두 의미

	사실로서의 역사	기록으로서의 역사
정의	과거에 일어난 사실	조사되어 기록된 과거
역사가의 해석 · 평가	×	○
특징 · 탐구방법	객관성 → 가치 중립	주관성 → 가치 지향
역사가	L.V.Ranke(랑케)	B.Croce(크로체)
	E.H.Carr(카)	

02 SECTION

선사 시대의 전개

1 석기 문화

시기	구석기 시대(약 70만 년 전 ~)	신석기 시대(B.C. 80c ~)
도구	• 뗀석기 ┬ 전기 ┬ 하나의 도구를 여러 용도로 사용 　　　　　└ 사냥 도구 : 주먹도끼, 찍개 제작 　　　├ 중기 ┬ 하나의 도구를 하나의 용도로 사용 　　　　　└ 조리 도구(자르개, 긁개, 밀개), 사냥도구(찌르개) 　　　└ 후기 ┬ 쐐기를 대고 형태가 같은 돌날격지 제작 　　　　　└ 창의 기능 : 슴베찌르개 • 뼈도구(골각기) + 불 사용　　　　cf) 언어의 사용	• 간석기 ┬ 사냥 도구 : 돌도끼, 돌창, 돌화살촉 　　　├ 농기구 ┬ 돌보습, 돌괭이, 돌낫 　　　　　└ 굴지구 : 땅을 일구는 도구 　　　└ 조리 도구 : 갈돌, 갈판 • 가락바퀴 ┐ 　　　　　├→ 원시 수공업 • 뼈도구 ┬ 뼈바늘 ┘ 　　　└ 뼈낫, 뽈쟁이
경제	• 고기잡이, 사냥, 채집 활동	• 농경 시작 ┬ 내용 : 조, 피, 수수, 기장을 재배 　　　　　└ 사례 : 탄화된 좁쌀 발견 • 가축 : 사육 시작 • 고기잡이, 사냥 : 중요한 비중 차지
사회	• 평등 사회 ┬ 배경 : 생산력의 한계 　　　　└ 특징 ┬ 지도자 : 연장자 or 지혜로운 자 → 지배자로 군림(×) 　　　　　└ 지배 · 피지배 관계 발생(×) • 역할 분화의 시작(?) : 성별 · 연령별로 분화 - • 무리 생활 → 이동 생활	• 씨족 공동체 → 족외혼을 통해 부족 사회 형성
무덤	• 시체 매장 시작	• 구덩무덤(= 토장묘)
종교		• 애니미즘, 토테미즘, 샤머니즘 • 영혼 숭배, 조상 숭배 의식
예술	• 고래, 멧돼지, 물고기, 사슴, 새 등을 새긴 조각 　ex) 충남 공주 석장리, 충북 단양 수양개	• 흙으로 빚어 구운 얼굴상(토우) • 동물의 모양을 새긴 조각, 조개껍데기 가면 • 치레걸이(짐승의 뼈와 이빨로 된 장신구)
토기		• 이른 민무늬 토기, 덧무늬 토기, 눌러찍기무늬 토기 • 빗살무늬 토기
주거	• 위치 ┬ 동굴, 바위 그늘 　　　└ 강가 • 막집 ┬ 제작 배경 : 이동 생활 　　　├ 형태 ┬ 불을 피운 자리의 흔적이 존재 　　　　　└ 기둥과 담을 세워 제작 　　　└ 규모 : 작은 것에는 3~4명, 큰 것에는 10명 거주	• 위치 : 강가, 바닷가 • 움집 ┬ 제작 배경 : 정착 생활 　　　├ 바닥 ┬ 모가 나지 않은 방형 or 원형 　　　　　└ 땅을 1m 내외로 파낸 뒤 제작 　　　├ 화덕 : 취사와 난방을 위해 중앙에 위치 　　　└ 규모 : 4~5명의 가족 생활에 적합

2 금속 문화

시기	청동기 시대(B.C. 20c or 15c ~)	초기 철기 시대(B.C. 5c ~)

도 구	• 청동기 ┬ 무기 : 비파형동검, 창, 화살촉, 방패
	      ├ 공구 : 도끼, 송곳
	      ├ 장신구 : 팔찌, 말방울, 말자갈, 단추
	      └ 의기, 농기구(×)
	• 간석기 ┬ 용도 : 농기구
	      └ 사례 : 반달돌칼(곡식의 이삭을 자르는 도구)
	          cf) 홈자귀, 바퀴날도끼, 돌자귀
		• 철기 ┬ 농기구 : 보습, 괭이, 낫, 호미
		     └ 무기 : 철제 마구, 철제 무기
		• 청동기 ┬ 용도 : 의기
		      └ 사례 ┬ 가지방울(팔주령, 쌍두령)
		          └ 검파형 동기
		• 간석기 : 점차 쇠퇴하기 시작

경 제	• 농경 발달 ┬ 밭농사 중심 : 밀, 조, 보리, 콩, 수수 재배
	      └ 벼농사 시작 : 저습지를 중심으로 재배
	• 가축 사육
	• 고기잡이, 사냥 : 비중 감소
		• 농업 생산력 발달 ┬ 배경 : 철제 농기구 보급
		            └ 결과 : 인구 증가
		• 가축 : 사육 증가

사 회	• 불평등 사회 ┬ 배경 : 농경 발달과 인구 증가에 따른 잉여 생산물의 등장 → 사유 재산 발생
	      └ 특징 ┬ 지배·피지배 관계 발생 → 계급(= 신분) 분화 → 정치적 지배자인 군장(= 족장) 출현
	          └ 주변 부족에 대한 통합과 세력 확장 → 정복 전쟁 발생
	• 역할 분화의 본격화 ┬ 농경에 있어서 남성의 역할 증대 → 일부 사회에서 가부장적 가족의 모습 출현
	          └ 본격적 청동기 제작 → 금속을 다루는 전문 장인의 출현	

	• 최초 국가의 등장	• 최초 국가의 발전 + 초기 국가의 등장
무 덤	• 고인돌 • 돌널무덤 • 돌무지무덤	• 널무덤 • 독무덤 • 돌무지무덤
종 교	선민 의식 ex) 천손 사상	
예 술	• 정치적 요구와 밀착된 사례 : 군장이 사용한 청동제 방울과 거울 → 권위 과시를 위한 의식용 도구 • 종교적 요구와 관련된 사례 ┬ 울주 대곡리 반구대 암각화 : 다양한 육지동물과 바다동물을 새김 └ 고령 장기리 암각화 : 동심원, 십자형, 삼각형 무늬를 새김	
토 기	• 덧띠새김무늬 토기, 붉은 간 토기 • 민무늬 토기 : 미송리식 토기, 팽이형 토기, 송국리식 토기	• 민무늬 토기, 검은 간 토기 • 덧띠 토기 : 입술 단면에 원형, 방형, 삼각형 등의 덧띠

주 거	• 위치 : 배산임수의 구릉지 → 취락 형성
	• 움집 ┬ 바닥 : 직사각형, 지상 가옥화(?)
	     ├ 화덕 : 측면에 위치
	     └ 규모 : 4~8명의 가족 생활에 적합
		• 마한 ┬ 초가 지붕의 반움집, 귀틀집 제작
		      └ 토실 확인
		• 동예 : 여(呂)자형·철(凸)자형 집터 확인

	• 대규모 집터의 형성 → 방어 시설 설치 ex) 환호, 목책 등 • 주거용 외에 공동 시설도 제작 ex) 창고, 공동 작업장, 집회소, 공공 의식 장소 등	

02 선사 시대의 전개

SECTION

구석기 시대

찍개

주먹도끼

▶ 용도 : 짐승을 사냥하고 가죽을 벗김 + 땅을 파서 풀이나 나무뿌리를 캠
▶ 특징 : 여러 용도로 사용했던 만능 석기

▶ 구석기 전기

뚜르개   긁개   밀개

└─────── 구석기 중기 ───────┘

슴베찌르개

▶ 구석기 후기
▶ 특징 : 슴베(자루 속에 박히는 부분)가 달린 찌르개
▶ 용도 : 창의 기능
▶ 유적지 : 경기 광주 실촌면 삼리 곤지암

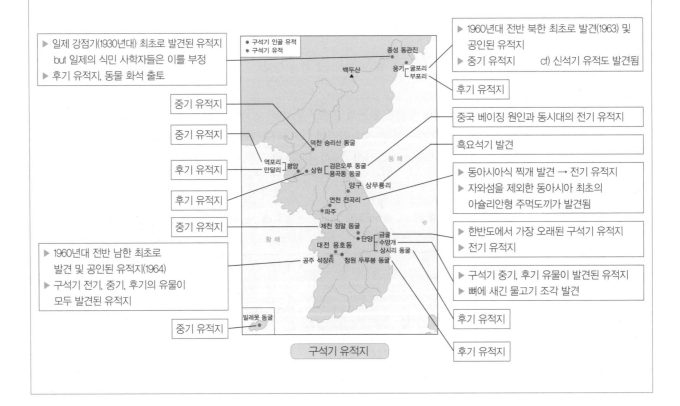

▶ 일제 강점기(1930년대) 최초로 발견된 유적지 but 일제의 식민 사학자들은 이를 부정
▶ 후기 유적지, 동물 화석 출토

중기 유적지

중기 유적지

후기 유적지

후기 유적지

중기 유적지

▶ 1960년대 전반 남한 최초로 발견 및 공인된 유적지(1964)
▶ 구석기 전기, 중기, 후기의 유물이 모두 발견된 유적지

중기 유적지

▶ 1960년대 전반 북한 최초로 발견(1963) 및 공인된 유적지
▶ 중기 유적지   cf) 신석기 유적도 발견됨

후기 유적지

중국 베이징 원인과 동시대의 전기 유적지

흑요석기 발견

▶ 동아시아식 찍개 발견 → 전기 유적지
▶ 자와섬을 제외한 동아시아 최초의 아슐리안형 주먹도끼가 발견됨

▶ 한반도에서 가장 오래된 구석기 유적지
▶ 전기 유적지

▶ 구석기 중기, 후기 유물이 발견된 유적지
▶ 뼈에 새긴 물고기 조각 발견

후기 유적지

후기 유적지

● 구석기 인골 유적
● 구석기 유적

종성 동관진
백두산
웅기 굴포리 부포리
덕천 승리산 동굴
역포리 만달리 평양 상원 검은모루 동굴 용곡동 동굴
양구 상무룡리
연천 전곡리
파주
제천 점말 동굴
대전 용호동
공주 석장리 청원 두루봉 동굴
금굴 단양 수양개 상시리 동굴
빌레못 동굴
동해
황해

구석기 유적지

꼭! 알아두기 · 구석기 시대 인골 유적

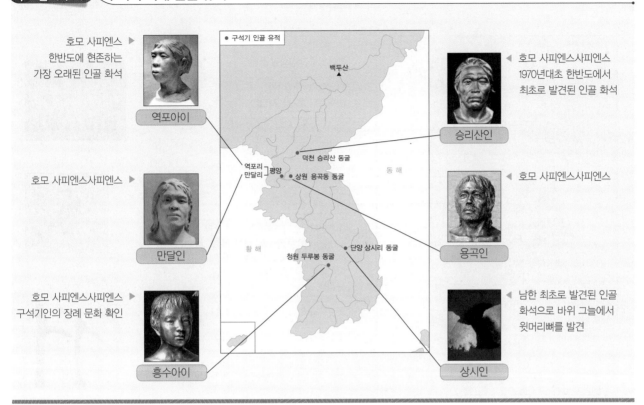

호모 사피엔스 ▶
한반도에 현존하는
가장 오래된 인골 화석
역포아이

호모 사피엔스사피엔스 ▶
만달인

호모 사피엔스사피엔스
구석기인의 장례 문화 확인
흥수아이

● 구석기 인골 유적
백두산
덕천 승리산 동굴
역포리
만달리 평양
상원 용곡동 동굴
황 해
청원 두루봉 동굴
단양 상시리 동굴
동 해

◀ 호모 사피엔스사피엔스
1970년대초 한반도에서
최초로 발견된 인골 화석
승리산인

◀ 호모 사피엔스사피엔스
용곡인

남한 최초로 발견된 인골
화석으로 바위 그늘에서
윗머리뼈를 발견
상시인

확인해 둘까요! · 중석기 시대

- 시기 ┌ 구석기 시대에서 신석기 시대로 넘어가는 전환기
      └ B.C. 1만 년
- 배경 ┌ 빙하기가 끝난 후 지구 기온의 상승
      └ 큰 짐승 대신 작고 빠른 짐승(토끼, 여우, 새 등)이 등장하고
        이에 따른 사냥 방식 전환의 필요성 증가
- 도구 : 잔석기 ┌ 제작 방법 : 큰날 격지에 잔손질을 가해 제작
  (세(細)석기) ├ 모양 : 세모꼴 혹은 반달 모양의 기하학적 모습
             ├ 용도 : 한 개 내지 여러 개의 석기를 나무나 뼈에 꽂아 쓰는 이음 도구
             └ 사례 : 톱, 창, 활, 작살
- 유적 : 웅기 부포리, 평양 만달리, 거창 임불리, 홍천 하화계리

잔석기

02
SECTION

선사 시대의 전개

신석기 시대

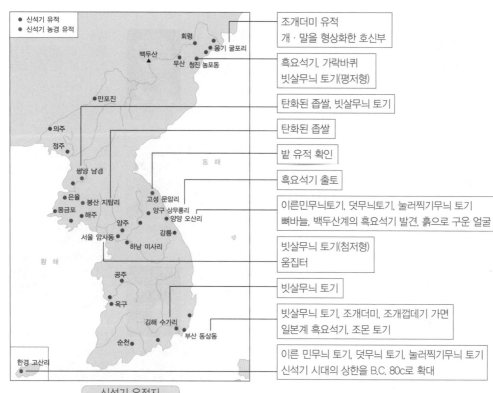

● 신석기 유적
● 신석기 농경 유적

회령
백두산
웅기 굴포리
무산 청진 농포동
만포진
의주
정주
쌍암 남경
은율
몽금포 봉산 지탑리
해주
양주
서울 암사동
하남 미사리
공주
옥구
김해 수가리
순천
한경 고산리
부산 동삼동
고성 문암리
양구 상무룡리
양양 오산리
강릉

동 해
황 해

조개더미 유적
개·말을 형상화한 호신부

흑요석기, 가락바퀴
빗살무늬 토기(평저형)

탄화된 좁쌀, 빗살무늬 토기

탄화된 좁쌀

밭 유적 확인

흑요석기 출토

이른민무늬토기, 덧무늬토기, 눌러찍기무늬 토기
뼈바늘, 백두산계의 흑요석기 발견, 흙으로 구운 얼굴

빗살무늬 토기(첨저형)
움집터

빗살무늬 토기

빗살무늬 토기, 조개더미, 조개껍데기 가면
일본계 흑요석기, 조몬 토기

이른 민무늬 토기, 덧무늬 토기, 눌러찍기무늬 토기
신석기 시대의 상한을 B.C. 80c로 확대

신석기 유적지

간석기

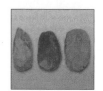

농경 굴지구
▶ 땅을 파고 일구는 도구

뿔괭이

흑요석기

▶ 흑요석은 화산석의 일종으로 원산지마다 구성 성분이 다름
▶ 원거리 교류·교역을 확인 ┌ 남해안 : 일본 큐슈에서 전래
                          └ 중·북부 : 백두산에서 전래
cf) 신석기 시대에 일본과 교류를 확인할 수 있는 유적 : 흑요석기, 조몬 토기, 통나무배

뼈바늘과 바늘통

가락바퀴
▶ 방추차

▶ 원시 수공업

이른 민무늬 토기
▶ 최초로 제작된 토기

덧무늬 토기
▶ 융기 무늬 토기
▶ 몸체에 덧띠를 붙인 토기

눌러찍기무늬 토기
▶ 압인문 토기
▶ 몸체에 눌러 찍은 무늬가 있는 토기

빗살무늬 토기
▶ 크기 : 소형(식사용)부터 대형(저장용)까지 다양한 크기
▶ 형태 ┌ 뾰족한 밑(첨저형) : 주로 서·남해안에서 발견
        └ 평평한 밑(평저형) : 주로 동해안에서 발견

치레걸이

조개껍데기 가면
▶ 신의 모습을 형상화

신석기 시대의 움집

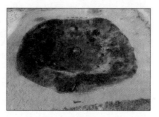

신석기 시대의 움집터
▶ 바닥이 원형 또는 모서리가 둥근 사각형

청동기 시대

비파형동검
▶ 요령식 동검
▶ 만주와 한반도 지역에서 출토

거친무늬 거울
▶ 거울 뒷면의 모양이 거칠고 선이 굵게 표현됨

▶ 중국 계통이 아닌, 시베리아 계통의 청동기 문화

반달돌칼
▶ 곡식의 이삭을 자르는 데 사용

홈자귀

청동기 시대에 사용된 석기

덧띠 새김 무늬 토기
▶ 유입 경로 : 중국의 요령(랴오닝)·길림(지린), 러시아의 아무르강·연해주
▶ 시기 : B.C. 20c ～ B.C. 15c(빗살무늬 토기 문화와 500년간 공존)
▶ 특징 ┌ 신석기 시대 말기부터 나타난 새 양식의 토기
    ├ 청동기 시대 가장 이른 시기의 토기
    └ 신석기 시대의 덧무늬 토기나 철기 시대의 덧띠 토기와는 다른 토기
▶ 의미 : 한반도에서 청동기 시대의 본격화

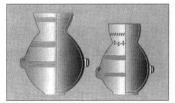

미송리식 토기 그림
▶ 유래 : 평북 의주 미송리 동굴에서 처음 발굴
▶ 형태 ┌ 밑이 납작한 항아리 양쪽 옆에 손잡이가 달림
    ├ 목이 넓게 올라가다 다시 안으로 오므라듦
    └ 표면에 집선(集線) 무늬가 있음
▶ 분포 : 청천강 이북, 요령성과 길림성 일대
▶ 의의 : 고조선의 특징적 유물

┗ 민무늬 토기 ┛
▶ 특징 : 지역에 따라 모양이 약간 다름
▶ 형태 ┌ 화분형 : 밑바닥이 평평한 원통
    └ 팽이형 : 밑바닥이 좁음
▶ 빛깔 : 적갈색

붉은 간 토기
▶ 토기의 겉에 산화된 철을 발라 붉은색 광택을 표현
▶ 유적지 : 여주 흔암리와 부여 송국리

송국리형 토기
▶ 바닥이 납작하고 토기의 중간이 약간 부푼 형태
▶ 유적지 : 금강부터 한반도 서남부 지방과 영남 서부까지 발견

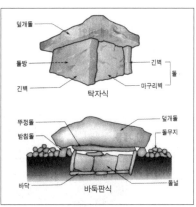

덮개돌
돌방
긴벽
긴벽
마구리벽
돌
탁자식

뚜껑돌
받침돌
덮개돌
돌무지
바닥
바둑판식
돌널

고인돌

고인돌 하부 구조
▶ 형태 : 4개의 판석 형태의 굄돌을 세워 돌방을 만들고 그 위에 거대한 덮개돌을 얹은 것
▶ 분포 : 고창, 화순, 강화도
▶ 의의 : 유네스코 지정 세계 유산에 등재

탁자식 고인돌
▶ 북방식 고인돌로 불리기도 함

바둑판식 고인돌
▶ 남방식 고인돌로 불리기도 함

개석식 고인돌

돌널무덤

선돌
▶ 고인돌과 더불어 거석 문화의 상징

02 선사 시대의 전개

청동기 · 초기 철기 시대

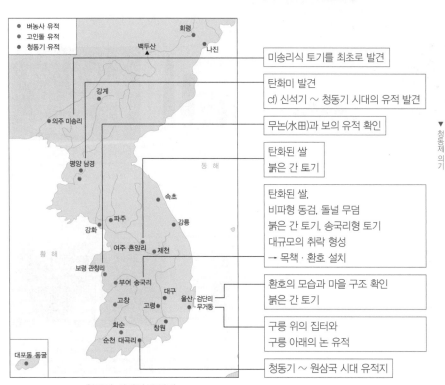

● 벼농사 유적
● 고인돌 유적
● 청동기 유적

회령
백두산
나진
강계
의주 미송리
평양 남경
동 해
속초
파주
강릉
강화
여주 흔암리
제천
황 해
보령 관창리
부여 송국리
대구
고창
고령
울산 검단리
무거동
화순
창원
순천 대곡리
대포동 동굴

미송리식 토기를 최초로 발견

탄화미 발견
cf) 신석기 ~ 청동기 시대의 유적 발견

무논(水田)과 보의 유적 확인

탄화된 쌀
붉은 간 토기

탄화된 쌀,
비파형 동검, 돌널 무덤
붉은 간 토기, 송국리형 토기
대규모의 취락 형성
→ 목책 · 환호 설치

환호의 모습과 마을 구조 확인
붉은 간 토기

구릉 위의 집터와
구릉 아래의 논 유적

청동기 ~ 원삼국 시대 유적지

청동기 시대의 유적지

장대투겁

동탁

▼ 청동제 의기

가지방울(팔주령)   가지방울(쌍두령)

검파형 동기

청동기 시대의 움집

청동기 시대의 움집터

초기 철기 시대의 집

초기 철기 시대의 집터

울주 대곡리 반구대 암각화
▶ 거북, 사슴, 호랑이, 새 등의 동물과 그물에 잡힌 고래 등
  여러 종류의 동물이 새겨진 그림
▶ 사냥 및 고기잡이의 성공과 풍요를 기원

고령 장기리 암각화
▶ 동심원, 십자형, 삼각형 등 다양한 기하학적 무늬가 새겨진 그림

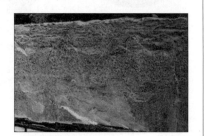
울주 천전리 암각화
▶ 상부(선사) : 기하학적 문양 + 각종 동물상
▶ 하부 ┌ 삼국 · 통일신라 시대의 선각화 ex) 인물도, 기마행렬도
       └ 신라의 화랑 명칭과 관직명과 인명을 기록

말 모양과 호랑이 모양의 띠고리 장식

농경문 청동기
▶ 사람이 따비를 이용하여 농경하는 모습을 표현

초기 철기 시대

잔무늬 거울
▶ 다양한 기하학적 무늬

세형 동검
▶ 한국식 동검
▶ 주로 청천강 이남에서 발견

청동 도끼 거푸집
▶ 우리나라에서 청동기를 직접 제작했다는 것이 확인됨

철제 보습
▶ 깊이갈이 실시

명도전
▶ 중국 춘추전국 시대의 연나라, 조나라, 제나라에서 사용한 청동 화폐
▶ 한반도 서북부 압록강 상류, 청천강, 대동강 일대에서 많이 발견

반량전
▶ 중국 진에서 사용한 화폐로 半兩(반량) 이라는 글자가 새겨져 있음
▶ 사천 늑도 유적에서 발견

오수전
▶ 중국 한에서 사용한 화폐
▶ 여수 거문도 유적에서 대량 발견

왕망전
▶ 중국 신나라의 왕망이 발행한 일련의 화폐
▶ 주로 남해안(전남 거문도와 해남, 마산 성산과 창원 다호리)과 제주에서 발견

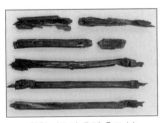

창원 다호리 유적 출토 붓
▶ 한자의 전래를 확인

널무덤
▶ 토광묘 혹은 토광목곽묘

독무덤
▶ 시신을 넣는 널을 항아리로 만든 것으로 백제의 묘제와 다름
▶ 영산강 일대에서 발견되어 그 지역에 백제와 다른 독자적 세력이 존재했음을 확인

검은 간 토기

◇ 확인해 둘까요! · 청동검의 계통

- **중국식** ┌ 날이 곧고 검몸과 손잡이를 함께 만든 동검
  └ 동주(東周)식 동검
- **내몽골식** ┌ 손잡이가 검몸과 붙어 주조되고 동물 장식도 있는 동검
  └ 오르도스식 동검
- **요령식** ┌ 장식이 없고 자루를 따로 만들어 칼의 몸체에 끼울 수 있도록 만들어진 동검
  └ 비파형 동검, 동호(東胡)의 유적에서도 발견

동주식 동검　오르도스식 동검

03 고조선

SECTION

1 정치 · 경제

(1) 등장 (B.C. 2333년)

- 건국 ┬ 배경 문화 : 청동기 문화 + 농경 문화
  - ├ 과정 ┬ 강한 족장의 출현 : 요령을 중심으로 주변의 여러 족장 사회를 통합 → 권력을 강화하여 국가를 형성
  - │ └ 천손 사상 부족과 곰 토템 부족의 결합
  - └ 특징 : 제정(祭政) 일치 사회 → 정치 · 종교의 미분화 ex) 단군 왕검

- 발전 ┬ 배경 : 세력을 더욱 확대하여 전국 시대의 제와 교역 → 중국의 선진 문물을 수용 ex) 〈관자〉
  - ├ 내용 ┬ 정치 ┬ B.C. 4c : 왕을 칭할 정도의 국가 체제 정비 → 왕권 안정
  - │ │ └ B.C. 3c ┬ 관직 정비 ┬ 주요 직책 : 대부, 박사   cf) 상 : 위만조선의 설치로 보는 설이 다수임
  - │ │ │ └ 국가의 중대사 결정 : 왕과 상(?)이 참가한 회의에서 결정
  - │ │ └ 왕위의 세습화 ex) 부왕 → 준왕
  - │ └ 외교 : B.C. 4c ~ B.C. 3c 요서 지방을 경계로 중국 전국 시대의 연과 대립
  - └ 세력권을 보여주는 유적 · 유물 : 비파형 동검, 탁자식 고인돌, 미송리식 토기, 거친무늬 거울

- 변화 ┬ 배경 : 연의 장수 진개의 침략을 받아 서쪽의 넓은 영토를 상실하고 수도를 왕검성(평양)으로 이전
  - └ 내용 : 중심지 이동 ex) 요령 지방 → 한반도(대동강 유역, 왕검성)

(2) 위만의 집권 (B.C. 2c)

- 배경 ┬ 중국의 변화 : 진의 전국 시대 통일로 중국 최초의 통일 왕조 등장 but 진 · 한 교체기로 인해 중국 내부의 혼란
  - └ 중국에 살던 동이족 일부가 고조선으로 대규모 이주

- 과정 ┬ 준왕 때 위만이 동이족을 이끌고 고조선으로 이주
  - └ 고조선의 서쪽 변경 수비를 맡은 위만이 세력을 확대하고 왕검성을 공격하여 준왕을 몰아내고 쿠데타 성공
    → 위만 조선 성립(B.C. 194)   cf) 이후 준왕은 삼한으로 내려가 마한의 한왕이 됨

- 결과 ┬ 경제 : 철기 문화의 본격적 수용 → 철제 농기구를 사용하여 농업 생산력 증대 → 상업과 수공업의 발달
  - ├ 정치(위만) : 중앙 정치 조직을 정비하고 철기를 바탕으로 주변 지역(임둔, 진번)을 통합하여 세력을 확장
  - └ 외교 ┬ 한반도의 예 · 진이 중국의 한과 직접 교역하는 것을 막고, 중계 무역으로 이익을 독점
  - (우거) └ 북방의 흉노와 연결을 시도하여 중국의 한과 대립

- 세력권을 보여주는 유적 · 유물 : 세형 동검, 잔무늬 거울

(3) 멸망

- 배경 ┬ 예(濊)의 군장 남려가 한의 요동군에 복속해오자, 한 무제는 예(濊)의 지역에 창해군 설치(B.C. 128)
  - ├ 한은 사신으로 섭하를 보내 고조선에게 조공을 요구하였으나, 고조선은 요구를 거절
  - └ 한의 섭하는 귀국길에 배웅하던 고조선의 비왕 장을 살해 ↔ 고조선도 군대를 보내 요동 동부도위 섭하를 살해

- 과정 : 한의 침략 ┬ 1차 : 한 무제가 왕검성의 우거왕을 공격 but 패수에서 고조선의 대승리 cf) 상 역계경의 진 망명
  - └ 2차 ┬ 고조선은 오랜 항전으로 인해 지배층의 내분 발생 ex) 주화파 '이계상 삼'의 우거왕 살해
  - └ 대신 성기가 최후까지 항전하였으나 왕검성 함락 → 멸망(B.C. 108)

- 결과 : 한의 지배 ┬ 내용 : 한은 고조선의 영역에 4군현(임둔 · 진번 · 현도 · 낙랑) 설치   cf) 점제현 신사비 존재
  - ├ 과정 ┬ 고조선 유민 : 한의 지배에 강력히 저항 → 한 군현의 약화
  - │ └ 한 : 법 조항을 60여 조로 확대하여 지배를 강화하려 하자 풍속이 각박해짐
  - └ 극복 : 고구려 미천왕의 공격으로 마지막 한 군현이었던 낙랑이 멸망(313) → 한 군현 축출

- 영향 : 고조선 유이민이 한반도 남쪽으로 이주 → 진이 삼한으로 발전하는 데 기여

2 사회

(1) **법률** : 8조법 〈한서 지리지〉 → 일부만 전해짐

- 사람을 죽인 자는 즉시 죽인다 ⇒ 인간 생명 중시, 노동력 중시
- 남에게 상처를 입힌 자는 곡식으로 갚는다 ⇒ 사유 재산 제도 발생
- 도둑질한 자는 ┌ 노비로 삼는다 ⇒ 계급의 분화
  └ 단, 용서를 받고자 하는 자는 50만 전을 내야 한다 ⇒ 화폐의 사용

(2) **풍습**

- 가부장적 가족 제도 ex) 여자는 모두 정조를 지키고 신용이 있어 음란하고 편벽된 짓을 하지 않았다
- 순장 ex) 강상 무덤(B.C. 8~7c), 누상 무덤(B.C. 7~5c)

3 관련 사서

(1) **우리나라** : 단군 기록을 중심으로

- 고려 ┌ 인종 : 〈삼국사기〉(김부식) − 단군에 대한 직접적 언급은 없지만, 평양을 선인 왕검이 살던 곳으로 표현
  └ 충렬왕 ┌ 〈삼국유사〉 ┌ 〈고기〉를 바탕으로, 고조선조에 단군 조선과 기자 조선을 함께 기록
  　　　　　　(일연) 　└ 건국 연대를 중국 하나라 요임금 시기로 기록 ex) 여고(요)동시(與高(堯)同時)
  　　　　　└ 〈제왕운기〉 ┌ 단군 조선 · 기자 조선 · 위만 조선을 기록하여 3조선으로 구분
  　　　　　　(이승휴) 　└ 환웅의 손녀와 박달나무 신의 결합으로 단군의 탄생을 설명
- 조선 ┌ 역사서 ┌ 전기 : 〈동국통감〉(서거정, 성종), 〈표제음주동국사략〉(유희령, 중종)
  　　　　　　└ 후기 : 〈동국역대총목〉(홍만종, 단군정통론, 숙종), 〈동사강목〉(안정복), 〈동사〉(이종휘)
  　　　├ 지리지 : 〈세종실록지리지〉(단종), 〈동국여지승람〉(성종), 〈신증동국여지승람〉(중종)
  　　　└ 기타 : 〈응제시주〉(세조)

(2) **중국**

- 단군 조선 ~ 기자 조선 : 〈관자〉(B.C. 7c, 고조선을 기록한 현존 최고(最古)의 사서), 〈위서〉, 〈구당서〉, 〈산해경〉
- 위만 조선 ~ 한 군현 : 〈사기〉, 〈한서〉
- 준왕의 이주와 마한의 건국 : 〈삼국지〉, 〈후한서〉

자료 보기

고인돌(탁자식)

비파형 동검

거친무늬 거울

미송리식 토기

고조선의 세력 범위

03 고조선
SECTION

◇ 확인해 둘까요! •

기자 동래설

- 내용 ┌ 시기 : 중국의 은말주초
  └ 내용 ┌ 은의 기자가 조선으로 건너와 왕이 되고, 주의 무왕이 기자를 조선의 왕으로 봉했다는 주장
         └ 조선에 온 기자가 8조의 법과 정전제를 실시했다는 주장
- 근거 ┌ 중국 : 한의 <상서대전>, <한서지리지>, <사기>
  └ 우리 ┌ 역사서 ┌ <삼국유사> : 고조선조 "단군의 조선에 주의 무왕이 기자를 조선 왕으로 봉했다"
                  └ <제왕운기> : 기자 조선을 후(後)조선으로 기록
        ├ 인식 ┌ 고구려 : 기자에 대한 제사 거행
        │   ├ 신라 : 최치원은 기자 동래설을 긍정
        │   └ 고려 : 평양에 사당과 묘를 건립(숙종), 숭인전 건립(충숙왕)
        └ 특정 성씨의 시조로 숭상 : (태원) 선우씨, (행주) 기씨, (청주) 한씨
- 영향 ┌ 사림 ┌ 기자 동래설을 바탕으로 중국을 중화로, 우리를 소중화로 인식 ex) <기자실기>(이이)
  │   ├ 16c 이후 중화를 우리 문화의 원천으로 인식하는 존화주의적 역사 인식을 강화
  │   └ cf) 한백겸(17c) : 토지개혁론의 입장에서 기자의 정전(井田) 주목
  └ 일제 : 식민사관 중 타율성론으로 수용하여 한때 한반도 식민지 지배를 정당화하는 논리로 사용

위만 조선의 민족 국가론

- 목적 : 일제의 식민사관 중 타율성론(위만 조선을 중국의 식민지 정권으로 인식) 비판
- 근거 ┌ 위만이 고조선 입국 당시에 우리 옷을 입고 상투를 틂 + 왕이 된 뒤에도 국호를 그대로 '조선'이라 씀
  └ 고조선 토착민 출신으로 정권의 높은 자리에 오른 자가 많음

핵심 자료 읽기

단군 신화

고기(古記)에 이런 말이 있다. 옛날에 환인의 서자 환웅이 천하에 자주 뜻을 두고 인간 세상을 매우 부러워 하였다. 아버지가 이를 알고 삼위 태백산을 내려다보니 인간 세계를 널리 이롭게 할 만했다. 이에 천 · 부 · 인 세 개를 주어 인간세계를 다스리게 했다. 환웅은 무리 3천 명을 거느리고 태백산 꼭대기에 있는 신단수 아래로 내려와서 이곳을 신시라 불렀다. 그가 바로 환웅천왕이다.

그는 풍백(風伯), 우사(雨師), 운사(雲師)를 거느리고, 곡식, 목숨, 질병, 형벌, 선악 등 인간의 360여 가지 일을 주관하여 세상을 다스렸다. 이 때 곰 한 마리와 호랑이 한 마리가 같은 동굴에서 살았다. 둘은 환웅에게 늘 사람되기를 빌었다. 때마침 환웅이 신령한 쑥 한 심지와 마늘 스무 개를 주면서 "너희들이 이것을 먹고 백 일 동안 햇빛을 보지 않는다면 곧 사람이 될 것이다." 라고 하였다. 곰은 3 · 7일 만에 여자가 되었으나, 호랑이는 이를 지키지 못해 사람이 되지 못하였다. …… 여자가 된 곰은 결혼할 상대가 없었으므로 신단수 아래에서 아이 배기를 빌었다. 환웅이 잠시 변하여 결혼하여 아들을 낳았다. 이름을 단군왕검이라 하였다.

단군왕검은 요임금이 왕위에 오른 뒤 50년 되는 경인년에 평양성에 도읍하고 조선이라 일컬었다. 다시 도읍을 백악산 아사달로 옮겼다. 그는 1500년 동안 여기서 나라를 다스렸다.

주나라 무왕이 왕위에 오른 을묘년에 기자를 조선에 봉하였다. 단군은 장당경으로 갔다가 다시 돌아와 아사달에 숨어서 산신이 되었다. 나이가 1908세였다고 한다.   <삼국유사>

연나라와 고조선의 대결

주나라가 쇠약해지자, 연나라가 스스로 왕(王)이라 칭하고 동쪽으로 침략하려 하였다. 조선의 후(侯) 역시 스스로 왕을 칭하고 군사를 일으켜 연나라를 공격하려 하였다. 대부 '예'가 간하므로 중지하고 '예'를 파견하여 연나라를 설득하니, 연나라도 침공하지 않았다. …… 그 뒤 조선의 자손들이 교만하고 사나워졌다. 연이 장군 진개를 보내 조선 서쪽을 공격하여 서쪽 땅 2천여 리 땅을 빼앗고 만번한을 경계로 삼았다. 조선이 드디어 약해지고 말았다. …… (조선 왕) 부가 죽고 아들 준이 왕이 되었다.

<위략>

위만 조선의 등장

• 위만의 조선 이주 : 20여 년이 지나 진승과 항우가 일어나 천하가 어지러워졌다. 연·제·조 백성들이 괴로워하다 차츰 준에게 도망하였다. 준은 이들을 서쪽 지방에 살게 하였다. 한이 노관을 연왕으로 삼자 조선과 연은 패수를 경계로 삼게 되었다. 노관이 한을 배반하고 흉노로 도망한 뒤, 연나라 사람 위만도 망명하여 오랑캐 복장을 하고 동쪽으로 패수를 건너 준에게 항복하였다.

• 위만의 쿠데타와 준왕의 한 이주 : 준왕은 위만을 믿고 사랑하여 박사(博士)로 삼고 서쪽 변방을 지키도록 하였다. 위만은 거짓을 꾸며 사람을 보내어 한나라 병사가 열길로 쳐들어오고 있으니 들어가 숙위(宿衛)하겠다고 말하였다. 그리고는 결국 돌아와 준왕을 공격하였다. 준왕은 위만과 싸웠으나 이기지 못하고 달아나 바다를 건너 한(韓)땅에 살면서 스스로를 한 왕이라 하였다.

위만 조선의 변화

• 발전 : 위만이 군사의 위엄과 재물을 토대로 이웃의 작은 고을을 침략하여 항복시켰다. 진번과 임둔도 모두 복속하여 땅이 수천 리나 되었다. 위만이 왕위를 아들에게 전하고 다시 손자 우거에게 이르렀다. 한나라에서 도망온 사람들이 자못 많았다. 일찍이 중국 황제를 뵈러 오지도 않았고, 진에 있는 여러 나라들이 글을 올려 중국 황제를 보고자 해도 가로 막아 가지 못하게 하였다.

• 멸망 : 좌장군이 두 군대를 합하여 맹렬히 조선을 공격하였다. 상 노인, 상 한음, 니계상 참, 장군 왕협 등이 서로 [항복을] 모의하였다. …… [우거]왕이 항복하려 하지 않았다. 한음, 왕협, 노인이 모두 도망하여 한에 항복하였는데, 노인은 도중에 죽었다. …… 이계상 참이 사람을 시켜 우거왕을 죽이고 항복해 왔다. 그러나 왕검성은 함락되지 않았고, 우거왕의 대신이었던 성기가 거듭 항전해왔다. 좌장군은 우거왕의 아들 장강과 상 노인의 아들 최로 하여금 그 백성들을 달래어 성기를 죽이게 하였다. 드디어 조선을 평정하고 4군을 삼았다.

고조선의 사회 변화

• 한 군현 설치 이전 : 농민들은 대나무 그릇에 음식을 먹고 도시에서는 관리나 장사꾼들을 본받아서 술잔같은 그릇에 음식을 먹는다.

• 한 군현 설치 이후 : 군(君)을 설치하고 초기에는 관리를 요동에서 뽑아 왔는데, 이 관리가 백성들이 문단속을 하지 않는 것을 보았다. 장사하러 온 자들이 밤에 도둑질을 하니 풍속이 점차 야박해졌다. 지금은 법금(法禁)이 많아져 60여 조목이나 된다.

후대의 계승 의식

예부 전서 조박이 다음과 같이 상소하였다. "조선의 단군은 동방에서 처음 천명(天命)을 받은 임금이고, 기자는 처음 교화를 일으킨 임금입니다. 평양 부로 하여금 때에 맞추어 제사 드리도록 하십시오."

<태조실록>

04 초기 국가

1 주요 내용

	부여	고구려
위 치	만주 송화강 유역의 평야 지대	• 건국(동명왕) : 혼강(동가강)의 졸본(환인, 오녀산성) • 천도(유리왕) : 압록강의 국내성(집안=지안)
정 치	• 연맹왕국 ┬ 구성 : 왕 + 가(마가, 우가, 저가, 구가) 　　　　　└ 운영 ┬ 왕 ┬ 加에 의한 선출과 폐위 　　　　　　　　　　└ 국새 사용 ex) 예왕지인 　　　　　　　　└ 가 ┬ 사출도 통치 　　　　　　　　　　├ 부족에 대한 자치권 행사 　　　　　　　　　　├ 대사자, 사자 등 관리 임명 　　　　　　　　　　└ 전투 주도 • 변화 ┬ 1c ┬ 왕호 사용 　　　　│　　└ 중국 후한과 교류 → 우호적 관계 　　　　├ 3c 말 : 선비족의 침입으로 약화 　　　　└ 5c 말 : 고구려에 병합(494, 문자명왕)	• 건국 ┬ 배경 : 부여의 이주민이 남하 　(B.C. 37) └ 구성 : 부여 유이민(주몽) + 압록강 토착민 • 연맹왕국 ┬ 구성 ┬ 왕 + 대가(大加, 상가 · 고추가) 　　　　　│　　　└ 5부족 연맹 : 제가회의 설치 　　　　　├ 운영 ┬ 왕 : 사자, 조의, 선인 등의 　　　　　│　　　│　　　관리를 두어 국가를 통치 　　　　　│　　　└ 대가 : 사자, 조의, 선인 등의 　　　　　│　　　　　　관리를 두어 부족을 통치 　　　　　└ 한계 : 왕의 사자 · 조의 · 선인 　　　　　　　　　＝ 대가의 사자 · 조의 · 선인 • 정복 사업 ┬ 옥저 정복 　(태조왕) └ 한 군현(현도 · 낙랑군) 공략
경 제	• 산업 ┬ 밭농사 발달 : 평야 지대, 땅이 가장 넓고 비옥 　　　　└ 목축 발달 • 특산물 : 말, 모피, 주옥 → 중국에 수출 • '금' 산출 → 금 · 은 치장	• 약탈 경제 ┬ 배경 : 산악 지대로 농토가 부족 　　　　　　└ 사례 : 부경(곡식, 소금 등의 식량 저장) • 특산물 : 맥궁
장 례	• 왕이 죽으면 옥갑을 사용하고, 많은 이를 순장 • 여름에 장례를 치를 때는 얼음을 사용	• 돌무지 무덤 : 무덤 앞에 소나무, 잣나무를 식수
사 회	• 흰 옷을 즐겨 입음 • 우제점법(소를 죽여 그 굽으로 점을 침) • 형사취수제　　cf) 은력(중국 한 초기의 역법) 사용 • 구성 : 加+ 호민 · 하호 + 천민(노비 등)	• 상무(尙武)적 기풍(활쏘기, 말타기) • 부여와 유사한 점복(?) • 형사취수제, 서옥제 • 구성 : 加+ 호민 · 하호 + 천민(노비 등)
법 률	• 4조법 ┬ 살인자는 사형, 가족은 노비化 　　　　├ 간음한 자, 투기한 부인 : 사형 　　　　└ 1책 12법	• 중대 범죄자는 사형, 처자를 노비로 삼음 • 1책 12법
주 거		
제 천 행 사	• 영고(12월) : 수렵 사회적 전통, 죄수 석방	• 동맹(10월) : 국동대혈에서 거행 • 조상신 제사 : 유화부인과 주몽
영 향	• 고구려와 백제 건국에 중요한 역할	

	옥저	동예	삼한
위치	함경도 해안	강원도 북부 해안	한반도 남부
정치	• 군장국가 ┌ 구성 : 왕(×) + 군장(읍군, 삼로) 　　　　└ 결과 : 연맹 왕국으로 발전(×) • 한계 ┌ 변방에 위치하여 선진 문화 수용이 어려움 　　　└ 고구려와 한 군현의 압력으로 발전이 어려움		• 건국 ┌ 배경 : 고조선의 유이민이 진국으로 남하 　　　└ 구성 : 고조선 유이민 + 진의 토착민 • 연맹왕국 ┌ 구성 : 왕 + 군장 ┌ 신지, 견지 　　　　　　　　　　　　　└ 읍차 　　　　　　└ 운영 ┌ 왕 : 진왕으로서 목지국 영도 　　　　　　　　　　└ 신지 · 견지 : 물 관리권 장악 • 내용 ┌ 마한 ┌ 목지국 중심의 54개국, 10만여 호 　　　　│　　└ 영도 : 목지국의 마한왕(= 진왕) 　　　　├ 진한 : 사로국 중심의 12개국, 4~5만 호 　　　　└ 변한 : 구야국 중심의 12개국, 4~5만 호
경제	• 농업 : 토지 비옥 　　　　→ 농경 유리 • 특산물 : 해산물 풍부 　　　　ex) 어물, 소금 　　　　→ 고구려에 공납	• 농업 : 토지 비옥 • 어로 활동 활발 • 수공업 : 명주 · 삼베 생산 • 특산물 ┌ 해산물 풍부 　　　　├ 단궁 　　　　└ 반어피, 과하마	• 농업 : 벼농사 발달 ┌ 배경 : 철제 농기구 사용 　　　　　　　　　└ 과정 : 저수지 축조 　　　　　　　　　　　　ex) 벽골제(?), 의림지, 공검지(?) • 수공업 : 뽕나무 재배, 누에치기 → 비단 생산 • 무역 : 변한 ┌ 철을 생산하여 낙랑과 왜에 수출 　　　　　　└ 시장에서 철을 화폐처럼 사용
장례	• 가족 공동 무덤(골장제)	• 사람이 죽으면 옛집을 　버리고 새집을 건축	• 큰새의 깃털을 장례에 사용 • 주구묘 : 해자(垓字)형 무덤
사회	• 부여족의 갈래 • 민며느리제	• 족외혼 : 씨족 사회의 전통	• 두레: 공동 노동 조직 발달 • 편두(진한, 변한 → 신라 · 가야에 영향) • 문신
법률		• 山과 川의 구분이 명확 　→ 책화 : 씨족 사회 전통	• 제정 분리 : 군장 vs 천군(소도 관리) 　　　　　　→ 신 · 구 세력의 완충 지대 ex) 솟대
주거		• 呂자형, 凸자형 집터	• 초가 지붕의 반움집, 귀틀집 • 마한의 토실
제천행사		• 무천(10월) • 호(虎)신 숭배	• 5월 수릿날, 10월 계절제
영향			• 백제, 가락국, 사로국의 성장 • 목지국 이동 : 직산 · 예산(?) → 익산 → 나주

04
SECTION

초기 국가

2 형성과 변화

(1) 형성

• 주요 국가의 위치

만주 송화강 유역의 평야 지대 → '동이 지역 가운데 가장 넓고 평탄한 곳'

건국(동명왕) : 혼강의 졸본(오녀산성) → 산악 지대

천도(유리왕) : 압록강의 국내성(집안 = 지안) → 평야 지대   cf) 환도산성(산성)

함경도 해안 → 해산물 풍부 ex) 어물, 소금 등 ─┐   변방에 위치

└ → 선진 문화 수용 곤란

강원도 북부 해안 → 해산물 풍부, 특산물 반어피 ─┘ → 고구려와 한군현의 압력

충청도 · 전라도 일대, 중심국 → 목지국(진왕 = 마한왕)

경상도 북부 지역, 중심국 → 사로국

경상도 남부 지역, 중심국 → 구야국

철의 생산 → 시장에서 철을 화폐처럼 사용, 낙랑과 왜에 수출

• 부여와 고대 국가 형성

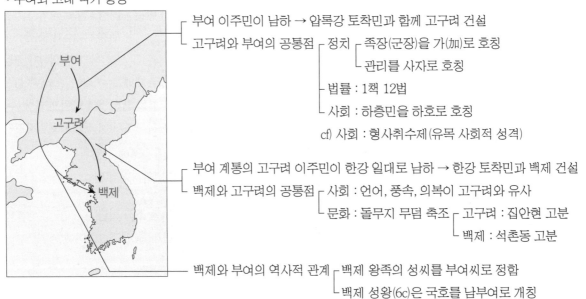

부여 이주민이 남하 → 압록강 토착민과 함께 고구려 건설

고구려와 부여의 공통점 ─ 정치 ─ 족장(군장)을 가(加)로 호칭

└ 관리를 사자로 호칭

├ 법률 : 1책 12법

├ 사회 : 하층민을 하호로 호칭

└ cf) 사회 : 형사취수제(유목 사회적 성격)

부여 계통의 고구려 이주민이 한강 일대로 남하 → 한강 토착민과 백제 건설

백제와 고구려의 공통점 ─ 사회 : 언어, 풍속, 의복이 고구려와 유사

└ 문화 : 돌무지 무덤 축조 ─ 고구려 : 집안현 고분

└ 백제 : 석촌동 고분

백제와 부여의 역사적 관계 ─ 백제 왕족의 성씨를 부여씨로 정함

└ 백제 성왕(6c)은 국호를 남부여로 개칭

• 목지국의 중심지 이동

형성 : 삼한 54개 소국 중 하나로, 마한 소국 연맹체의 중심 세력

이동 배경 : 백제국의 성장

멸망 : 백제 고이왕(3c)

(2) 정치적 변화

- 단계 ┬ 군장 국가 ┬ 내용 ┬ 부족을 단위로 국가를 형성하였으나 연맹체의 국왕은 존재하지 않음
  │   │   └ <삼국지> 동이전에는 '王'과 구별하여 '군장', '장수', '거수'라는 호칭 사용
  │   └ 사례 : 옥저, 동예
  └ 연맹 왕국 ┬ 내용 : 부족을 단위로 국가를 형성하고 연맹체의 국왕이 존재함
              └ 사례 : 부여, 고구려, 목지국

- 내용 ┬ 정치 ┬ 내용 : 부족장이 부족에 대한 통치권 행사
  │   └ 사례 ┬ 부여 ┬ 가(加)들이 사출도를 통치하고, 부족에 대한 자치권 행사
  │   │   └ 가(加)는 부족 통치를 위해 대사자, 사자 등의 관리를 임명
  │   └ 고구려 : 대가들이 사자, 조의, 선인 등의 관리를 두고 자신의 부족을 통치
  ├ 종교 ┬ 내용 : 부족들은 각각 독자적 신앙을 유지
  │   └ 사례 : 고구려의 소노부는 독자적인 종묘와 사직을 유지하며 제사를 지냄
  └ 부족장 ┬ 부여 : 마가, 우가, 저가, 구가
            ├ 고구려 : 대가, 특히 왕족을 고추가로 호칭
            ├ 옥저 · 동예 : 읍군, 삼로
            └ 삼한 : 신지, 견지, 읍차

자료 보기

오녀산성
▶ 중국 환인 지역
▶ 고구려 초기 수도

국동대혈
▶ 동맹을 거행하는 동굴

동예의 집터
▶ 여(呂)자형, 철(凸)자형 집터

마한의 무덤
▶ 주구묘
▶ 해자(垓字)형 무덤

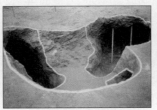

마한의 토실
▶ 삼한의 주거 : 초가 지붕의 반움집

솟대
▶ 나무나 돌로 만든 새를 장대나 돌기둥 위에 앉힌 마을의 신앙 대상물

농경문 청동기의 솟대

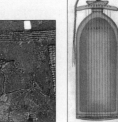

신창동 현악기
▶ 마한의 유물
▶ 현존하는 가장 오래된 현악기 유물

04 초기 국가

SECTION

핵심 자료 읽기

부여

- 이 나라를 장서의 북쪽에 있는데 현도에서 천여 리쯤 떨어져 있다. 남쪽으로는 고구려, 동쪽으로는 읍루, 서쪽으로는 선비, 북쪽에는 약수와 접해 있다. 영토는 2천리이며 가호는 8만이었습니다. 구릉과 넓은 못이 많아서 동이 지역 가운데서 가장 넓고 평탄한 곳이다. 토질은 오곡을 가꾸기에는 알맞지만, 과일은 생산되지 않았다.

- 나라에는 군왕이 있다. 여섯 가축 이름으로 관직명을 정하여 마가 · 우가 · 저가 · 구가 · 대사 · 대사자 · 사자가 있다. 제가들은 별도로 사출도를 주관하였다. 큰 곳은 수천 가이고 작은 곳은 수백 가였다. 옛 부여 풍속에는 가뭄이나 장마가 계속되어 오곡이 영글지 않으면 그 허물을 왕에게 돌려 '왕을 바꾸어야 한다'고 하거나, '죽여야 한다'고 하였다. 적군이 침입하면 제가들이 몸소 전투를 하였다. 하호는 양식을 져 날라 음식을 만들어 준다. 부락에는 호민(豪民)이 있으며, 하후(下戶)라 불리는 백성은 모두 노복이 되었다.

- 왕이 나온 대표 부족은 궁궐, 성책, 감옥, 창고 등을 갖추고 있다. …… 성책(城柵)의 축조는 모두 둥근 형태로 하는데, 마치 감옥과 같았다. 창고에는 옥으로 된 벽(璧) · 규(珪) · 찬(瓚) 등 여러 대에 걸쳐 내려온 물건이 있어 대대로 보물로 여기는데, 원로들이 말하길 선대 왕이 하사받은 것이라 한다. 그 인문(印文)은 '예왕지인(濊王之印)'이다.

- 형벌은 엄하여 살인자는 사형에 처하고 그 가족은 노비로 삼았다. 도둑질을 하면 12배로 변상케 하였다. 남녀 간에 음란한 짓을 하거나 부인이 투기하면 모두 죽였다. 투기하는 것을 더욱 미워하여 죽이고 나서 시체를 산 위에 버려 썩게 한다. 친정집에서 시체를 가져가려면 소와 말을 바쳐야 한다.

- 전쟁을 하게 되면 하늘에 제사를 지내고 소를 잡아 발굽을 보고 길흉을 점친다. 은력12월에 지내는 제천 행사는 국중 대회로 날마다 마시고 먹고 노래하고 춤춘다. 이때 형옥을 중단하여 죄수를 풀어준다. 옷은 흰색을 숭상하며, 흰 베로 만든 큰 소매 달린 도포와 바지를 입고 가죽신을 신는다. …… 형이 죽으면 형수를 아내로 삼는데 이는 흉노의 풍습과 같다.

- 사람이 죽으면 여름철에는 모두 얼음을 사용하여 장사를 지냈다. …… 장사를 후하게 지냈으며, 곽(槨)은 사용하였으나 관(棺)은 쓰지 않았다. 왕이 죽으면 사람을 죽여서 순장을 하는데, 많은 경우 백 명을 헤아리며 장사를 후하게 지낸다. 왕의 장례에는 옥갑을 사용하므로 한(漢)의 조정에서는 언제나 옥갑을 현도군에 갖다 두어 왕이 죽으면 그 옥갑을 취하여 장사지내게 하였다.

- 사람들 체격이 매우 크고 성품이 강직하고 용맹하며 근엄하고 후덕하여 다른 나라를 노략질하지 않았다.

고구려

- 요동 동쪽 천리에 있으며, 남으로 조선 예맥, 동으로 옥저, 북으로 부여와 접하였다. …… 부여의 별종(別種)이라 하는데, 말이나 풍속 따위는 부여와 많이 같지만 기질이나 옷차림이 다르다.

- 나라에는 왕이 있고, 벼슬로는 상가 · 대로 · 패자 · 고추가 · 주부 · 우태 · 승 · 사자 · 조의 · 선인이 있다. 신분이 높고 낮음에 따라 각각 등급을 두었다. 본래는 5부족으로 연노부, 절노부, 순노부, 관노부, 계루부가 있다. 처음에는 연노부에서 왕이 나왔으나 지금은 계루부가 그 자리를 차지하고 있다. 왕의 종족으로서 대가는 모두 고추가로 불린다. 대가들은 농사를 짓지 않고 앉아서 먹었다. 만여 명이나 된다. 하호들은 먼 곳에서 양식, 고기, 소금 등을 운반해 와 그들에게 공급한다.

- 모든 대가들은 사자 · 조의 · 선인을 두었는데, 명단을 반드시 왕에게 보고해야 한다. 이들은 회합할 때 순서상 왕 밑에 있는 사자 · 조의 · 선인과 같은 줄에 앉지 못한다.

- 감옥이 없으며 죄인이 생기면 제가가 평의하여 곧 죽이고 그 처자는 노비로 삼았다.

- 큰 산과 깊은 골짜기가 많고 평원과 연못이 없어서 계곡을 따라 살며 골짜기 물을 식수로 마셨다. 좋은 밭이 없어서 힘들여 일구어도 배를 채우기는 부족하였다. …… 나라에는 큰 창고를 설치하지 않고 대신 집집마다 작은 창고를 만들도록 하였다. 이 작은 창고를 이름하여 부경이라 불렀다.

- 백성들은 근검 절약하고 궁실 가꾸기를 즐겨하며, 궁실 좌우에 큰 집을 짓고 귀신과 영성 등에 제사를 지낸다.

- 나라 동쪽에 큰 굴이 하나 있는데 국동대혈(수혈)이라 한다. 매년 10월에 온 나라 사람들이 그 굴에서 수신을 맞이하여 나라의 동쪽에 모시고 가서 제사를 지낸데, 이를 동맹이라 한다.

- …… 장례를 성대하게 지내니, 금(金) · 은(銀)의 재물을 모두 장례에 소비하며, 돌을 쌓아서 봉분을 만들고 소나무 · 잣나무를 그 주위에 벌려 심는다.

- 사람들의 성품은 흉악하고 급해서 노략질 하기를 좋아하였다.

〈삼국지 위지 동이전〉

핵심 자료 읽기

옥저

- 고구려 개마대산의 동쪽으로 큰 바다(大海)를 접하였다. 그 지형은 동북은 좁고, 서남은 길어서 천 리나 된다. 북쪽에는 부여와 읍루, 남쪽에는 예맥에 접하였다.
- 나라가 작고 큰 나라 사이에서 시달리고 괴롭힘을 당하다가 고구려에 복속되었다. 고구려는 그들 가운데 대인을 뽑아 사자로 삼아 토착 거수(= 지배층)와 함께 통치하게 되었다. 대가로 하여금 조세를 수납케하여, 맥·포목·어물·소금·해초류 등을 천리나 되는 거리에서 지어나르게 하고, 미인을 보내게 하여 종이나 첩으로 삼았으니, 그들을 노복처럼 대우하였다.
- 토지는 몹시 비옥하다. 산을 등지고 바다에 면해 있어 오곡이 잘 되고 밭농사하기에 좋다.
- 그들은 장사를 지낼 적에는 큰 나무 곽(槨)을 만드는데 길이가 10여 장(丈)이나 되며 한쪽 머리를 열어 놓아 문을 만든다. 사람이 죽으면 시체는 모두 가매장하되, 겨우 형체가 덮일 만큼 묻었다가 가죽과 살이 다 썩은 다음에 뼈만 추려 곽 속에 안치한다. 온 집 식구를 하나의 곽 속에 넣어 두는데 …… 옹기솥에 쌀을 담아서 목곽 무덤의 한편에 매달아두는 풍습이 있었다.
- 여자가 10살이 되기 전에 혼인을 약속하고 신랑 집에서 장성하도록 길러 그 다음 여자를 친정으로 되돌려 보낸다. 그러면 친정에서 돈을 요구하는데 신랑 집에서 돈을 지불하고 다시 신랑 집으로 데려와 아내로 삼는다.

동예

- 남으로 진, 북으로 고구려, 옥저와 접하였으며, 동쪽으로는 바다와 접하였다. 지금 조선의 동쪽이 모두 그 땅이다.
- 대군장이 없다. 한대 이후로 후·읍군·삼로의 관직이 있어서 하호를 통치하였다.
- 그 나라 노인들은 옛부터 스스로 '고구려와 같은 종족이다.' 라고 일컬었다.
- 풍속은 산천을 중요시하여 산과 강마다 각각 구분이 있고 함부로 들어가지 않는다. 부락을 함부로 침범하면 벌로 노비와 소, 말을 부과한다. 이를 책화라고 한다. 동성끼리는 결혼하지 않는다. 꺼리는 것이 많아 병을 앓거나 사람이 죽으면 옛 집을 버리고 곧 다시 새 집을 지어 산다.
- 삼베가 산출되며 누에를 쳐서 옷감을 만든다. 새벽에 별자리의 움직임을 관찰하여 그 해의 풍흉을 미리 안다. 주옥은 보물로 여기지 않는다.
- 살인자는 죽음으로써 그 죄를 갚게 한다.
- 해마다 10월이면 하늘에 제사를 지낸다. 밤낮으로 술마시고 노래부르며 춤춘다. 이를 무천이라 한다.

삼한

- 나라마다 각각 장수가 있어서 세력이 강대한 사람은 스스로 신지라 하고, 그 다음은 읍차라 하였다. 마한이 가장 강대하여 그 종족들이 함께 왕을 세워 진왕으로 삼았다. 목지국에 도읍하여 전체 삼한 지역의 왕으로 군림하였다. 삼한 여러 나라의 왕들은 모두 마한 종족의 사람이다.
- 귀신을 믿으며 국읍마다 한 사람을 뽑아 천신에게 제사지내며 그를 천군(天君)이라 하였다. 이들 고을에는 특정한 별읍이 있었으며 그 곳을 소도라고 이름하여, 큰 나무를 세우고 방울과 북을 매달아 놓고 귀신을 섬겼다. 사람이 죽어 장사 지낼 때에는 큰 새의 날개를 다는데, 이것은 죽은 사람이 날아가도록 바라는 뜻에서였다.
- 마한은 중국과의 교통이 편하고 물산이 풍부하며, 고조선에서 망명한 준왕의 정치 집단이 정착하였다. 50여 소국으로 이루어졌고, 인구가 많은 경우는 만여 가, 적은 경우는 수천 가로, 총 10만여 호이다.
- 변한에서 철이 많이 생산되는데 마한, 동예, 왜인들이 모두 와서 사간다. 시장에서의 매매는 철로 이루어져 마치 중국에서 돈을 사용하는 것과 같으며, 낙랑과 대방의 두 군에도 공급하였다.
- 거처는 땅을 파서 초가(草家)에 토실(움집)을 만들어 사는데, 그 모양은 무덤같으며 출입문은 위쪽으로 나 있다. 온 집안 식구가 그 속에 살며, 장유나 남녀의 분별이 없다. 소나 말을 탈 줄 모르기 때문에 소나 말은 모두 장례용으로 써버린다.
- 우마(牛馬)를 직접 타거나 수레를 이용하며, 혼인에 예속(禮俗)이 있고 남녀가 유별하다. 토지가 비옥하여 오곡과 벼를 농사하기에 좋다. 양잠에 능하고 비단을 짜 입는다. 어린아이가 출생하면 곧 돌로 그 머리를 눌러서 납작하게 만들기 때문에 지금 진한 사람의 머리는 모두 납작하다. 문신(文身)의 풍습도 있었다.
- 해마다 씨뿌리기가 끝난 5월과 추수가 끝난 10월에 하늘에 제사를 지낸다. 이 때 낮이나 밤이나 술자리를 베풀고 축제를 벌였다. 춤출 때에는 수십명이 줄을 서서 땅을 밟으며 장단을 맞추었다.

〈후한서〉

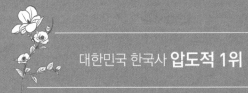

대한민국 한국사 **압도적 1위**

cafe.naver.com/kmshistory

PART

II

고대 사회

01 고대 삼국의 정치

꼭! 알아두기 ▸ **고대 국가의 특징**

1. 정치
- 배경 : 연맹 왕국이 영역을 확대하는 과정에서 주변 지역에 대한 정복 사업 실시
- 결과 ┌ 정복 사업에서 성장한 경제 · 군사력을 바탕으로 왕권 강화 : 왕위의 세습화(형제 상속 → 부자 상속)
  └ 기존의 족장 세력을 중앙 귀족으로 편입하여 관직을 수여 → 관등제 정비, 관복(= 공복) 제정
- 한계 : 기존의 족장 세력들은 회의 제도를 통해 왕권을 견제하고 권력을 유지 → 귀족회의 운영

2. 사회
- 배경 : 정복 사업 과정에서 여러 부족을 통합 + 지배층과 피지배층의 구분에 대한 필요성 증대
- 결과 ┌ 차별적 신분제를 법제화 → 율령의 반포
  └ 지배층 내부에서도 엄격한 위계 서열 마련 → 귀족 내부의 신분 제도 운영
- 한계 : 엄격한 신분 제도 속에 계층 간의 갈등에 대한 완화 · 조절의 필요성 증대

3. 사상
- 배경 : 중앙 집권적 체제를 확립하고 강화된 왕권을 이념적으로 지지할 수 있는 사상이 필요
- 결과 : 불교 수용 ┌ 주도 : 왕실 ex) 신라 : 불교 왕명 시대, 왕즉불(王卽佛) 사상
  └ 반발 : 귀족 세력   cf) 극복 노력(신라) : 이차돈의 순교(법흥왕, 백률사 건립), 업설 제시
- 새로운 사회에 대한 사람들의 갈망 → 미륵 신앙 유행

4. 경제
- 수취 체제 정비 ┌ 배경 : 국가 체제 정비 과정에서 농민에 대한 가혹한 수취를 억제
  └ 결과 : 합리적 수취 제도로 전환 → 조세(전세), 공물(공납), 역을 징발
- 기존 지배층의 권리 보장 : 왕족 혹은 군공을 세운 자에게 식읍을, 관료 귀족에게 녹읍을 지급

5. 발전 : 한강 유역 쟁탈전 전개
- 배경 : 중국의 선진 문물에 대한 적극적 수용 필요
- 특징 : '대왕' 호칭 사용, 독자적 연호 사용, 비문을 통한 영토 의식 표현

◇확인해 둘까요! ▸ **국가의 발전 단계 정리**

군장 국가	연맹 왕국	중앙 집권 국가
• 대표적 국가 : 옥저 · 동예	• 대표적 국가 : 부여 · 고구려 · 목지국	• 대표적 국가 : 고구려 · 백제 · 신라

▌1 건국과 형성 과정

건국

| 고구려 | 동명왕(B.C.37) ┌ 건국 : 부여 유이민과 압록강 토착민의 주도
└ 수도 : 졸본(오녀산성, 하고성자고성)   cf) 천도(유리왕) : 국내성(평지성), 환도성(산성)

| 백 제 | 온조왕(B.C.18) ┌ 건국 : 고구려 계통의 북방 유이민(우수한 철기 문화 보유)과 한강 토착민의 주도
├ 국호 : '십제'라는 명칭으로 건국하여 후에 '백제'로 개칭
└ 수도 : 하남 위례성(송파 몽촌토성과 풍납토성 중 몽촌토성으로 추정 ?)
   cf) 비류(온조의 형) : 미추홀(= 인천)에 건국 but 백제에 의해 병합됨

| 신 라 | 혁거세(B.C.57) ┌ 건국 : 경주 토착민과 고조선 유이민의 주도 ex) 거서간(혁거세), 차차웅(남해)
├ 국호 : 6촌을 바탕으로 사로국 건국
└ 변화 : 석탈해 등장으로 박·석·김의 3성이 교대로 왕위 승계 → '이사금' 호칭 등장

1c~2c

| 고구려 | 태조왕 ┌ 정복 사업 : 동옥저 정복(동해안 진출), 낙랑군 공격(청천강까지 확장), 현도군 공격
└ 왕위 세습화 : 계루부 고씨의 왕위 독점, 5부 체제로 발전

고국천왕 ┌ 정치 ┌ 왕위 : 부자 상속제
│   ├ 수도 : 5부의 성격 변화 (부족적 성격 → 수도의 행정 구역으로 변화)
│   └ 지방 : 장관 파견 (행정 + 군사 업무 담당)
└ 사회 : 진대법 실시(을파소의 건의) → 목적 : 농민 생활 안정, 국가 재정 안정

3c

| 백 제 | 고이왕 ┌ 발전 배경 : 한강 유역을 통한 선진 문화에 대한 적극적 수용, 유·이민의 우수한 철기 문화
├ 정복 사업 ┌ 북 : 낙랑군과 대방군 공격
│   └ 남 : 목지국 병합 → 마한의 중심 세력으로 성장, 한강 유역 장악
└ 체제 정비 : 율령 공포, 관등제 정비(6좌평, 16관등), 관복제 도입(자·비·청색)
       → 중앙 집권 국가의 토대 형성

| 고구려 | 동천왕 ┌ 외교 : 위를 견제하기 위해 중국 오와 통교, 서안평 공략 → 중국과 낙랑군의 연결 차단 시도
└ 국가적 위기 : 위(관구검)의 공격으로 환도성(수도 국내성의 배후 산성) 함락 → 옥저로 몽진

| 가 야 | 전기 가야 연맹 형성(금관가야 중심)

◈ 확인해 둘까요! ▶ 고구려 5부

• 구성 ┌ 왕족 ┌ 왕족 : 연노부(= 소노부) → 계루부(태조왕 이후 고씨의 왕위 세습) ┐ 고추가
│   └ 왕비족 : 절노부(= 연나부) ──────────────────── ┘
└ 귀족 : 순노부, 관노부
• 변화(고국천왕 이후) : 계루부 → 내부, 소노부 → 서부, 절노부 → 북부, 순노부 → 동부, 관노부 → 남부

01 고대 삼국의 정치

2 발전 과정

4c

```
백 제 ─┬─ 근초고왕 ─┬─ 정복 사업 ─┬─ 남 : 마한 완전 정복 → 호남의 곡창 지대 확보
       │            │             ├─ 북 : 황해도를 둘러싸고 고구려와 대결 → 고구려의 고국원왕 전사(평양성)
       │            │             ├─ 동 : 중국의 선진 문물을 가야 소국(낙동강 유역)에 전달하여 정치적 영향력 행사
       │            │             └─ 해외 ─┬─ 중국 : 요서(?)·산둥 지방 진출
       │            │                      └─ 일본 : 규슈 진출 ex) 칠지도 전래
       │            ├─ 외교 : 동진(중국의 남조)과 외교 관계 수립 → 동진·백제·가야·왜를 잇는 무역 활동 전개
       │            ├─ 문화 ─┬─ 아직기를 통해 일본에 한자 전파        cf) 왕인은 일본에 논어·천자문 선파
       │            │        └─ 박사 고흥을 통해 역사서 <서기> 편찬
       │            └─ 정치 : 왕위 세습화(부자 상속제)
       ├─ 침류왕 : 불교 수용(동진의 마라난타가 전래)
       └─ 아신왕 : 고구려 광개토왕의 침략으로 세력 약화
고구려 ─┬─ 미천왕 ─┬─ 서안평 점령
         │          └─ 한 군현(낙랑·대방군)을 축출하고 평양을 차지 → 압록강 중류를 벗어나 남쪽 진출의 발판 마련
         ├─ 고국원왕 ─┬─ 요동 진출 시도
         │            └─ 위기 ─┬─ 전연(선비족, 모용황)의 공격으로 환도성 함락
         │                     └─ 백제 근초고왕의 침략으로 평양성에서 전사(371)
         └─ 소수림왕 ─┬─ 외교 : 전진(중국의 북조)과 외교 관계 수립, 신라와 교류 → 백제를 견제
                      └─ 체제 정비 ─┬─ 율령 반포 ──────────────┐
                                    ├─ 불교 수용(전진의 순도가 전래) ─┼─→ 부족별로 흩어진 국력을 결집
                                    └─ 태학 설립(최초의 국립 대학) ──┘
```

꼭! 알아두기 · 임나일본부설

- 내용 ─┬─ 주장 ─┬─ 시기 : 4c 중반(일본 신공황후가 한반도를 건너온 이후) ~ 6c 중반
        │   └─ 내용 : 일본 야마토 정권이 가야(임나 가야)를 근거로 한반도 남부(백제, 신라)를 지배했다는 학설
        └─ 목적 : 타율성론(남선경영론)의 근거로 이용 → 일본의 식민지 지배의 정당화
- 근거 ─┬─ 일본 : <일본서기> – 일본 신공황후의 정벌 기사
        ├─ 한국 : 광개토대왕릉비의 신묘년(391) 기사
        └─ 중국 : <송서>의 왜국전 – 왜왕의 작호
- 반박 ─┬─ <일본서기> ─┬─ <일본서기>는 역사적 사실과 관계없이 일본 왕실을 찬양하기 위해 저술된 서적(8c)
        │   └─ <일본서기>보다 먼저 저술된 <고사기>에는 임나일본부 관련 기록이 존재(×)
        ├─ 4c 일본에는 통합 정치 세력이 존재하지 않았고, '일본'이라는 호칭이 사용된 것은 7c 이후의 사실
        ├─ 광개토대왕릉비 ─┬─ 광개토대왕릉비의 전체 주어는 고구려 → 문제의 신묘년 기사의 주어도 고구려
        │   └─ 따라서 백제, 신라를 신민으로 삼은 주체는 고구려임
        └─ 칠지도 ─┬─ 칠지도는 백제가 일본에 헌상(獻上)이 아닌 하사(下賜)를 한 칼
                   └─ 명문에서 백제 왕세자에게는 존칭을 사용하였으나, 왜왕에게는 존칭을 사용하지 않음
```
```

└ 광개토왕 ┬ 남 ┬ 아단성 등 백제의 58성을 공격 → 한강 이북 차지, 황해도 일대 회복
  (영락)   └ 신라에 침략한 왜군 격퇴(400), 금관가야 공격 → 한반도 남부에 영향력 행사
        ├ 서 : 후연(선비족, 모용씨) 공격 ───┐
        └ 북 : 거란(비려) · 숙신 · 동부여 정복 ┘ → 요동을 포함한 만주 대부분 차지

[신 라] 내물마립간 ┬ 정치 ┬ 진한의 소국 정복 → 낙동강 유역까지 영토 확장
           │   └ 김씨의 왕위 세습 → 왕호로 '마립간'(의미 : 대수장) 사용
           └ 외교 ┬ 고구려의 후원으로 왜의 침략 격퇴 ex) 호우명 그릇
                └ 중국 전진과 수교 ┬ 고구려를 통해 중국의 선진 문물 수용
                           └ 사신 위두를 전진에 파견

[가 야] ┬ 배경 : 신라를 후원하는 고구려가 왜군을 쫓아 금관가야를 공격
       └ 결과 : 금관가야의 약화로 전기 가야 연맹은 해체 → 가야 연맹의 영역이 낙동강 서쪽 연안으로 축소

◇ 확인해 둘까요! ● ── 신라의 주요 이사금

- (박)유리 ┬ 왕호로 '이사금'을 사용
        └ 얼음 창고 제작, 가배(추석)의 풍습 시작(회소곡)
- (석)탈해 : 석씨 최초로 왕위에 등극
- (박)파사 ┬ 월성(재성) 축조
        └ 주변 소국(음즙벌국, 실직국, 압독국, 비지국, 다벌국, 초팔국 등) 병합
- (석)내해 : 포상 8국의 침략을 받은 가야 구원
- (김)미추 : 김씨 최초로 왕위에 등극   cf) 신라 왕족 김씨의 시조 : 김알지(탄생지 : 계림)

자료 보기

칠지도

▶ 일본 나라현 신궁에 보관된 칼
▶ 백제의 근초고왕이 자신의 아들인 근구수를 통해 일본에 전한 칼
▶ 후왕, 왜왕 등의 표현을 통해 백제와 왜의 관계를 확인

호우명 그릇

▶ 경주의 호우총(돌무지 덧널 무덤)에서 발굴
▶ 밑바닥에 "을묘년 국강상 광개토지호태왕 호우십" 이라는 글씨
▶ 4c말~5c초 당시 신라와 고구려의 관계를 보여줌

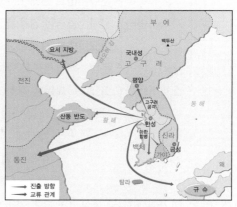

4c 백제의 해외 진출

고대 삼국의 정치

SECTION 01

5c

고구려 ─ 광개토대왕 : 영토 확장　　　　　　　　　　　　　　　　　　cf) 광개토대왕릉비 건립(장수왕)

　　　　├ 장수왕 ─ 외교 ─ 정책 ─ 유목 민족인 유연(몽골)과 교류

　　　　│　　　　　　　　　　└ 북위의 침략에 대비하여 중국 남조(송)와 북조(북위)와 각각 교류·갈등

　　　　│　　　　　└ 사건 ─ 북중국에서 북위에 밀린 북연의 왕(풍홍)이 고구려에 망명

　　　　│　　　　　　　　　└ 북위·송의 풍홍에 대한 송환 요구 ↔ 고구려는 풍홍 송환을 거부하고 살해

　　　　│　　　├ 정복 사업 ─ 북 : 흥안령 일대의 초원 지대 장악

　　　　│　　　│　　　　　├ 남 ─ 천도(427) : 국내성 → 평양성(안학궁, 대성산성)　∴귀족 세력의 약화

　　　　│　　　│　　　　　└ 백제 공격 ─ 한성 점령, 개로왕 전사(아차산성, 475)

　　　　│　　　│　　　　　　　　　　└ 충주(중원) 고구려비 건립(?, 광개토대왕 건립설이 최근 제기됨)

　　　　│　　　└ 남양만부터 죽령에 이르는 국경 확립

　　　　│　　　└ 문화 : 경당 설립 ─ 시기 : 평양 천도 이후

　　　　│　　　　　　　　　　└ 내용 : 지방 사립 학교로, 평민 자제에 대한 한학·무술 교육

　　　　└ 문자명왕 : 북부여 완전 병합 → 고구려의 최대 영토 확보

백 제 ─ 비유왕 : 신라 눌지마립간과 나제 동맹 결성(433)

　　　　├ 개로왕 ─ 외교 : 고구려의 남진 정책에 대응하여 북위에 군사 원조를 요청하는 국서를 보냄

　　　　│　　　└ 한계 ─ 고구려 승려 도림의 꾀임에 바둑에 몰두

　　　　│　　　　　　└ 고구려 장수왕의 공격으로 한성(위례성)이 함락되어 전사(아차산성, 475)

　　　　├ 문주왕 ─ 천도(475) : 한성 → 웅진(공주, 공산성)

　　　　│　　　└ 국력 쇠퇴 ─ 한강 유역을 상실함에 따라 대외 팽창이 위축 → 무역의 침체

　　　　│　　　　　　　　└ 왕권의 약화 → 귀족 세력의 국정 주도 및 귀족 내부의 권력 다툼

　　　　└ 동성왕 ─ 외교 : 신라 이벌찬 비지의 딸을 왕비로 맞음 → 나제동맹 강화(결혼 동맹, 493)

　　　　　　　　└ 정복 사업 : 탐라국 복속(498)

신 라 ─ 내물마립간

　　　　├ 실성마립간 ─ 외교 : 미사흔을 왜에, 복호를 고구려에 볼모로 파견

　　　　│　　　　　└ 정치 : 고구려를 이용하여 눌지 제거를 시도 but 고구려의 도움을 받은 눌지가 실성 제거

　　　　├ 눌지마립간 ─ 정치 : 왕위의 부자 상속제 확립

　　　　│　　　　├ 외교 ─ 박제상의 활약 : 고구려로부터 복호 귀환, 왜로부터 미사흔 귀환

　　　　│　　　　│　　　└ 나제 동맹 결성(433, 백제 비유왕) → 고구려의 간섭으로부터 벗어나기 시작

　　　　│　　　　└ 문화 : 불교 전래(고구려 승려 묵호자가 전파)　　cf) 불교가 국가적으로 공인된 것은 법흥왕

　　　　├ 자비마립간 ─ 정치 : 왕경인 경주를 지역적으로 구분해 방리명을 확정

　　　　│　　　　├ 외교 : 백제 개로왕이 문주를 보내 구원을 요청하자 원병을 백제에 파견

　　　　│　　　　└ 문화 : 백결선생의 방아타령(대악) 창작

　　　　└ 소지마립간 ─ 외교 : 나제동맹 강화(백제 동성왕과 결혼 동맹, 493)

　　　　　　　　　└ 체제 정비 ─ 나을(내을, 시조의 탄생지)에 신궁 설립

　　　　　　　　　　　　　├ 각지에 우역(역참)을 설치하고 관도(기간 도로)를 보수 → 통신 체계 정비

　　　　　　　　　　　　　├ 수도에 시장 설치

　　　　　　　　　　　　　└ 6촌을 6부로 개편(?)

가 야 　대가야(고령)를 중심으로 후기 가야 연맹 형성

꼭! 알아두기 • 신라 왕호의 변화

- **연맹 왕국**
  - 거서간
    - 국왕 : (박)혁거세
    - 의미 : 정치적 군장 or 연맹체의 장 or 귀인
  - 차차웅
    - 국왕 : (박)남해
    - 의미 : 무당 or 제사장
  - 이사금
    - 계기 : 박·석·김의 세 성씨가 대표자를 교대로 선출
    - 주요 국왕 : (박)유리, (석)탈해, (박)파사, (석)내해, (김)미추, (김)내물(?)
    - 의미 : 연장자
- **중앙 집권 국가**
  - 마립간
    - 계기 : 내물마립간 이후 김씨의 왕위 세습
    - 의미 : 대군장(말뚝)
    - 국왕
      - 고구려의 후원 : 내물, 실성, 눌지(?)
      - 고구려의 간섭 배제 : 눌지, 자비, 소지, 지증(?)
  - 왕
    - 시작 : 지증왕
    - 불교 왕명 시대 : 법흥왕 ~ 진덕여왕 ∴ <삼국유사>의 '중고' 시기
    - 중국식 묘호 사용 : 태종 무열왕

자료 보기

광개토대왕릉비

▶ 건립 시기 : 5c 고구려 장수왕
▶ 장소 : 만주 지린성 지안현(집안현)
▶ 내용
   건국 신화, 고구려 역대 왕의 내력
   광개토대왕의 활동
   수묘인의 명단과 규정
▶ 특징 : 고구려의 독자적 천하관 확인
▶ 쟁점 : 2012년 발견된 지안현 고구려비와의 관계

중원고구려비

▶ 건립 시기 : 5c 고구려 장수왕(?)
▶ 장소 : 충북 충주
▶ 의미 : 고구려가 남한강 상류까지
   진출하였음을 보여주는 비석
▶ 고구려의 국경이 아산만 – 죽령 –
   동해안의 영덕으로 확정

5c 고구려의 영토 확장

01 고대 삼국의 정치

SECTION

6c

```
┌신 라┬지증왕┬경제┬우경 장려, 순장 금지 → 농업 생산력 증대
│      │      │    └시장을 동시로 개칭, 감독 관청으로 동시전 설치
│      │      ├체제 정비┬중앙┬국호 : 사로국 → 신라(왕의 덕업이 날로 새로워져 사방을 망라한다는 뜻)
│      │      │          │    └왕호 : 마립간 → 왕
│      │      │          ├지방┬제도 : 주·군 설치, 소경 설치(아시촌소경) ──────┐
│      │      │          │    └관리 : 주에 장관으로 '군주' 파견 ex) 실직주에 이사부 파견 ┴→ 중앙 집권 강화
│      │      │          └기타┬상복법(상중에 입는 옷에 관한 예법) 제정
│      │      │                └얼음을 저장하는 기구 설치, 선박 이용의 제도화
│      │      ├정복 사업┬이사부(하슬라주의 군주)가 우산국 정복
│      │      │          └경상도 북부와 낙동강 유역으로 영토 확대
│      │      └비석 : 포항 중성리비(현재 남아 있는 最古의 비석 ?), 영일 냉수리비
│      ├법흥왕┬체제 정비┬사회 : 율령 반포, 골품 제도 정비                    cf) 울진 봉평비
│      │(건원)│          ├정치┬관등제 정비(17관등), 공복 제정(자·비·청·황)
│      │      │          │    └관직┬상대등 설치
│      │      │          │          └병부 설치 → 군권 장악
│      │      │          └문화 : 이차돈의 순교를 계기로 불교 공인 → 불교 왕명 시대 시작(~진덕여왕까지)
│      │      ├대외 관계┬금관가야 : 항복 → 김구해에게 본국을 식읍으로 지급, 가야계를 귀족으로 편입
│      │      │          └대가야 : 혼인 동맹 체결
│      │      └비석 : 울진 봉평비, 영천 청제비
│      └진흥왕┬정복 사업┬서 : 한강┬상류 : 백제와 연합하여 고구려를 공격하여 적성 점령(551)  ex) 단양적성비
│       (개국,│          │          ├하류┬내용┬백제가 장악한 하류까지 기습 장악(553)        ex) 북한산비
│       대창, │          │          │    │    └백제를 배신하고 중국과의 직접 교역로(당항성) 확보
│       홍제) │          │          │    └결과┬나제 동맹 파기(553)
│              │          │          │          └백제 성왕과의 관산성 전투(554)에서 승리 → 성왕 전사
│              │          ├남 : 대가야(고령) 정복(562, 이사부·사다함)  cf) 창녕비(561) : 비화가야 정복 후 건립
│              │          └북 : 고구려의 영역이었던 함경도 원산만 이북까지 진출  ex) 황초령비, 마운령비(568)
│              ├체제 정비┬사회 : 화랑도(씨족 사회의 청소년 조직 = 원화)를 국가적 조직으로 개편
│              │          ├문화┬불교┬교단 정비┬내용 : 국통(승통) - 주통 - 군통으로 체계화
│              │          │    │    │          └사례 : 혜량(고구려 승려 출신)을 국통으로 임명
│              │          │    │    ├팔관회 개최
│              │          │    │    └황룡사 건립              cf) 황룡사 9층 목탑을 건립한 것은 선덕여왕
│              │          │    └역사서 : 거칠부를 통해 <국사> 편찬
│              │          └정치 : 품주 설치(처음에는 국가 재정 담당)      cf) 진덕여왕 때 품주를 집사부로 개편
│              └비석 : 단양 적성비, 순수비(북한산비, 창녕비, 황초령비, 마운령비), 명활산성비
└백 제┬무령왕┬체제 정비 : 지방에 22담로를 설치하고 왕족을 파견 → 지방 통제 강화
       │      └외교┬중국 : 양(남조)과 활발한 교류┬사례┬'사지절도독 백제제군사 영동대장군' 작호
       │            │                              │    └남조(중국)에서 양직공도 제작
       │            │                              └영향 : 벽돌 무덤 축조 ex) 무령왕릉
       │            └일본 : 단양이, 고안무 등의 5경 박사를 파견
```

성왕 ─ 체제 정비 ─ 변화 ─ 천도(538) : 웅진 → 사비(= 부여 = 소부리, 부소산성)
          └ 국호 : 백제 → 남부여
     ├ 제도 정비 ─ 중앙 : 22부(관청) 설치
          └ 지방 : 수도를 5부, 지방을 5방으로 개편
     └ 사상 : 승려 겸익(율종)을 중용 → 국가의 정신적 토대 확립
  ├ 외교 ─ 중국 : 남조와 활발한 교류
     └ 일본 : 노리사치계를 통해 불경과 불상을 전파
  ├ 정복 사업 ─ 과정 : 신라 진흥왕과 연합하여 고구려를 공격 → 한강 유역의 일시적 회복
       └ 결과 : 신라의 배신으로 한강 유역 상실 + 나제 동맹 파기(553)
  └ 좌절 : 관산성 전투 ─ 구도 : 신라 vs 백제 + 대가야 + 왜
         └ 결과 : 신라군에게 패배하여 전사

위덕왕 ─ 창왕명석조사리감(능산리 사지에서 발견) 제작
  └ 일본 쇼토쿠태자의 초상화 제작(아좌태자)

고구려 ─ 양원왕 : 지배층의 분열로 국정 혼란 → 한강 유역 상실
  ├ 평원왕 ─ 천도(평양 內) : 안학궁성(대성산성) → 장안성
     └ 북주(후주)의 침략 격퇴(온달의 활약)
  └ 영양왕 ─ 정복 사업 ─ 온달 : 한강 유역 회복 시도(6c 말) but 아차산성 전투에서 전사함에 따라 실패
         └ 돌궐과 연계하여 수의 요서를 선제 공격
     └ 문화 : 수와의 항쟁 과정에서 이문진의 〈신집〉 5권 편찬(영양왕)

가 야 ─ 금관가야 : 항복(구해왕 → 신라 법흥왕)
  └ 대가야 : 멸망(신라 진흥왕)

자료 보기

단양 신라 적성비
▶ 내용 ┬ 적성 점령에 기여한 인물에 포상
   └ 적성 지역 주민에 대한 회유
▶ 의미 : 신라의 한강 상류 지역 정복을
   보여주는 비석

(서울)북한산 신라 진흥왕 순수비
▶ 내용 : 비의 건립 배경과 보존을 기록
▶ 의미 : 6c 신라의 한강 하류 점령을
   보여주는 비석
▶ 고증 : 19c 추사 김정희

6c 신라의 대외 팽창

• 함경도 진출 확인
• 연호 '대창' 기록

• 한강 하류 진출 확인
• 19c 김정희의 고증

• 가야 지방 진출 확인
• 대등, 군주, 촌주 등
 신라의 관제를 기록

고대 삼국의 정치

3 고구려의 대외 항쟁과 삼국 통일 (6c 말 ~ 7c 중반)

(1) 고구려의 중국과의 항쟁

- 수 ┬ 배경 ┬ 중국 : 수의 중국 통일(589) + 수의 고구려 압박 → 수와 신라의 외교 관계 수립
  │   └ 고구려 : 돌궐, 백제, 왜와 연합   cf) 일본과 활발한 교류 : 승려 혜자, 담징 파견
  ├ 과정 ┬ 고구려 : 돌궐과 연계하여 수의 요서 지방을 선제 공격(영양왕, 598)
  │   └ 수 ┬ 문제 : 육 · 수군 30만의 침략 vs 고구려가 요하에서 격퇴
  │   └ 양제 ┬ 1차 침략 : 육 · 수군 100만의 침략 vs 을지문덕의 살수대첩(청천강, 612)으로 격퇴(영양왕)
  │   └ 2차(613), 3차(614) 침략 : 모두 고구려의 저항으로 실패
  └ 영향 : 수의 멸망 → 당의 건국(618)   cf) 고구려 : 이문진의 <신집> 5권 편찬(영양왕, 600)
- 당 ┬ 상황 ┬ 당 : 중국 재통일 이후 일시적으로 고구려에 유화책 시도 but 고구려에 대한 압박
  │   └ 고구려 ┬ 외교 : 천리장성 축조(부여성 ~ 비사성) → 당과 갈등
  │   └ 정치 : 연개소문 독재 ┬ 배경 : 천리장성 축조 中 쿠데타로 권력 장악
  │   ├ 내용 ┬ 국왕 교체(영류왕 → 보장왕)
  │   │   └ 수상 변화 : 대대로(3년 임기직) → 대막리지(종신 세습직)
  │   └ 영향 : 반발하는 귀족 억압을 위해 도교 장려 → 승려 보덕의 백제 망명
  └ 과정 : 당의 침략(태종) vs 양만춘이 안시성 전투에서 격퇴(645, 보장왕)

◆**확인해 둘까요!** ▸ **7c 백제와 신라의 변화**

1. 백제
- 무왕 ┬ 정치 ┬ 외교 : 수과 외교 관계 수립, 일본에 관륵 파견
  │   └ 천도 시도 : 사비 → 익산   cf) 왕흥사 건립은 위덕왕(창왕), 법왕, 무왕 설이 있음
  └ 문화 : 미륵사 건립, 미륵사지 석탑(현존 最古의 석탑), 왕흥사 건립(?)   cf) 무덤은 익산 쌍릉으로 추정
- 의자왕 ┬ 정치 : 신라 대야성을 비롯한 40여 성을 획득 but 말기에 정치 문란과 지배층의 타락 → 국가의 위기
  └ 문화 : 사택지적비 건립

2. 신라
- 진평왕 ┬ 정치 ┬ 관제 정비 : 위화부, 조부, 예부 설치
  (건복) │   └ 외교 : 수와 친선 → 승려 원광을 통해 걸사표(군사를 청하는 글)를 수에 전달
  │   └ 사회 : 승려 원광이 화랑도의 세속 5계를 작성
- 선덕여왕 ┬ 외교 ┬ 백제의 공격으로 대야성 함락, 성주 김품석(김춘추의 사위) 전사
  (인평) │   └ 고구려에 김춘추를 파견하여 연합 시도 but 고구려의 한강 유역 반환 요구로 인해 실패
  │   ├ 정치 : 비담 · 염종의 반란 vs 김춘추 · 김유신(금관가야 계열)의 진압
  │   └ 문화 ┬ 승려 자장의 건의로 황룡사 9층 목탑 건립(호국 불교)   cf) 황룡사는 진흥왕 때 설립
  │   └ 분황사 건립, 영묘사 건립, 첨성대 건립
- 진덕여왕 ┬ 체제 정비 : 김춘추의 건의로 품주를 창부와 분리하여 집사부로 개칭(장관 : 중시)
  (태화) ├ 외교 : 당과의 교류 강화 ┬ 배경 : 신라(고구려와의 연합 시도 실패) + 당(안시성 전투 패배)
  │   └ 내용 : 김춘추를 보내 당에게 군사 지원 요청
  └ 한계 : 태평송을 당의 고종에 헌상, 독자적 연호(태화)가 아닌 당 고종의 연호(영휘)를 사용

(2) 신라의 통일 전쟁

- 백제 ┬ 멸망 : 황산벌 전투(논산)에서 나 · 당 연합군에 패배(계백, 의열사) → 사비성 함락으로 멸망(의자왕, 660)
  - 부흥 운동 ┬ 주도 : 주류성(복신, 도침, 부여풍), 임존성(흑치상지, 지수신)
    - 과정 : 왜 수군의 지원 활동 but 백강(= 금강 지류) 입구에서 나 · 당 연합군에 패배
    - 결과 ┬ 부흥 운동의 분열 : 복신의 도침 살해, 부여풍의 복신 제거
      - 흑치상지의 당 투항 이후 나 · 당 연합군 공격으로 실패 cf) 부여풍 · 지수신(고구려 망명)

- 고구려 ┬ 상황 ┬ 고구려는 계속된 수 · 당과의 전쟁으로 국력 고갈
    - 연개소문 사후 지배층 내부의 권력 쟁탈전 → 분열 ex) 연남생의 당 망명, 연정토의 신라 망명(665)
  - 멸망 : 나 · 당 연합군의 평양성 공격 → 1년여의 항쟁 끝에 평양성 함락으로 멸망(보장왕, 668)
  - 부흥 운동 ┬ 주도 : 안승 · 검모잠(한성=황해도 재령), 고연무(압록강 오골성) cf) 고덕무 : 소고구려국 건립
    - 결과 : 안승의 귀순으로 실패 → 신라는 안승을 고구려왕에 임명(670)
    - 영향 ┬ 신라 : 보덕국의 병사를 9서당인 벽금서당, 적금서당으로 편입
      - 당 : 안동도호부 이전(평양 → 요동)

- 당 ┬ 상황 ┬ 당의 야욕 ┬ 백제 땅에 웅진도독부(660), 경주에 계림도독부 설치(663)
    - 취리산회맹(665) : 당 주도로 신라 문무왕과 백제왕자 부여융의 국경 합의
    - 고구려의 옛 땅(평양)에 안동도호부 설치 시도(668)
  - 신라의 대응 : 고구려 · 백제 유민과 연합
  - 과정 ┬ 석성 전투(671) : 웅진도독부를 대신해서 신라가 소부리주(사비) 설치(신라의 백제 영토 장악)
    - 신라의 고구려 부흥 운동 지원 : 안승을 보덕국왕(금마저, 익산)에 임명(674)
    - 최종 승리 : 매소성 전투(675, 임진강), 기벌포 전투(676, 금강 하구)
  - 결과 ┬ 신라 ┬ 대동강~원산만에 이르는 국경선 확정(676)   cf) 당이 신라 국경선을 인정한 시기는 성덕왕
    - 민족 융합 노력으로 삼한 일통(一統) 의식 확산
    - 당 : 보장왕을 요동주도독 조선왕에 임명하여 고구려 유민 설득 시도
      but 보장왕은 고구려 유민을 규합하고 말갈과 내통하여 부흥을 시도(681)하였으나 실패

자료 보기

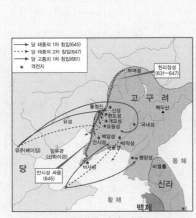

고구려와 당의 전쟁

백제 · 고구려의 부흥 운동

나 · 당 전쟁과 신라의 통일

01 SECTION

고대 삼국의 정치

4 통치 구조

(1) 정치 체제

- 통치 ┬ 초기 : '부' 체제 ┬ 내용 ┬ 형식적 : 각 부는 중앙 왕실에 예속, 독자적 외교권은 없음
　　　　　　　　　　　　　　└ 실제적 : 각 부의 귀족은 각자 관리를 거느리고, 영역을 독자적 통치
　　　　　　　　　├ 사례 : 고구려(5부), 백제(5부), 신라(6촌 → 6부)
　　　　　　　　　└ 의미 : 건국을 주도한 여러 부가 자치권을 보유한 채 국왕과 국정을 공동 운영
　　　　└ 발전 : 중앙 집권 체제 ┬ 왕권 강화로 왕위의 세습화 → 관등제 정비, 관복(= 공복) 제정
　　　　　　　　　　　　　　　　└ 부의 성격 변화 : 부족적 성격 → 수도의 행정 구역으로 전환
- 귀족 합의 제도 ┬ 내용 ┬ 고구려의 제가회의 : 대대로 선출(6c 후반 권력 투쟁에서 생쥐, 국왕의 간섭×)
　　　　　　　　　├ 백제의 정사암회의
　　　　　　　　　└ 신라의 화백회의 : 6c 후반 진지왕(김춘추의 조부)을 왕위에서 폐하기도 함
　　　　　　└ 기능 : 왕권을 견제 → 왕권의 약화, 왕은 귀족 중 가장 힘있는 존재에 불과

(2) 중앙 조직

구분		고구려	백제	신라
관등제	구분	10여 관등	6좌평, 16관등	17관등(경위), 11관등(외위)
	호칭	○○형, ○○사자	○○좌평, ○솔, ○덕	○찬, ○○나마
	정비	?	고이왕	법흥왕
	관복		자색−비색−청색	자색−비색−청색−황색
중앙 관제 정비		중외대부, 주부(재정 담당) 내평(내무 담당), 외평(외무 담당)	**6좌평(고이왕) 22부(성왕)	법흥왕 : 병부 진평왕 : 위화부, 조부, 예부 진덕여왕 : 집사부, 창부
감찰 기구				사정부(무열왕), 외사정(문무왕)
수상		*대대로(선출) → 막리지(세습)	상좌평(선출)	상대등(선출 or 임명)

* 고구려의 재상 : 좌보 · 우보 → 국상 → 대대로(토졸) → 막리지(?)

** 백제의 6좌평 : 내신(인사, 왕명 출납), 내법(의례, 교육), 조정(형벌, 법률), 내두(재정), 병관(국방), 위사(숙위, 경비)

(3) 지방 조직과 군사 조직

구분		고구려	백제	신라
수도	체계	5부	5부	6부(← 6촌)
	정비	고국천왕	성왕	유리이사금 or 소지마립간
지방	구분	5부 − 성	5방 − 군 · 성	5주 − 군 · 성 − 촌(촌주)
	시기	?	성왕	지증왕
	관리	욕살(대성) − 처려근지(중성)	방령 − 군장 or 도사	군주(지증왕) − 당주 or 도사
		기능 : 행정 관리 + 군사 지휘관		
	특수 조직	3경(국내성, 평양성, 한성)	22담로(무령왕)	3소경(사신, 진흥왕)
	특수 행정			향, 부곡
군사	중앙	대모달, 말객의 지휘		서당(모병적 성격)
	지방	성주의 지휘	방령의 지휘	6정(군주의 지휘)
	청소년 조직	선비	수사	화랑도

동명왕 신화

시조 동명성왕의 성은 고씨이며 이름은 주몽이다. 주몽의 아버지는 천제(天帝)의 아들인 해모수였으며, 해모수는 동시에 북부여의 왕이었다. 한편, 주몽의 어머니인 하백(河伯)의 딸 유화부인은 천제의 아들이라는 해모수와 정을 통한 뒤 집에서 쫓겨났다. 이때 동부여의 금와왕이 태백산 남쪽 우발수에서 유화부인을 만나 이야기를 듣고 이를 이상히 여겨 유화부인을 방 속에 가두었는데 햇빛이 유화부인을 따라다니며 비치더니 태기가 있어 큰 알을 하나 낳았다. …… 이에 알을 덮어 따뜻한 곳에 두었더니 한 사내아이가 껍데기를 깨뜨리고 나왔다. 아이의 기골과 외모가 뛰어나고 영특하여 일곱 살이 되어 스스로 활을 만들어 쏘는데 백발백중이었다. 부여의 속어에 활을 잘 쏘는 자를 '주몽'이라 하므로 이로써 이름을 삼았다. …… 그러나 왕자들과 신하들이 주몽을 죽이려고 꾀하므로, 유화부인이 "멀리 도망가서 큰 일을 도모하라."고 이르니 주몽은 오이·마리·협보 등 세 사람을 벗으로 삼아 엄체수에 이르렀다. …… 주몽이 졸본천에 이르러 보니 산천이 험하여 이곳에 도읍하기로 하고, 나라 이름을 고구려라 하고는 고(高)를 그의 성씨로 삼았다.

온조왕 신화

백제의 시조는 온조왕이다. 아버지는 주몽이다. 주몽은 북부여에서 난을 피하여 졸본 부여로 왔다. 졸본 부여의 왕이 주몽의 비범함을 알고 세 딸 가운데 둘째 딸을 주어서 아내로 삼았다. 얼마 뒤에 부여왕이 세상을 떠나자 주몽이 왕위를 이었다. 주몽은 두 아들을 낳았는데, 첫 아들은 비류라 하고 둘째는 온조라 하였다. 주몽이 부여에 있을 때 낳은 유리가 찾아 와서 태자로 책봉되었다. 비류와 온조는 태자가 자신들을 받아들이지 않을 것이라고 두려워 하였다.

마침내 자신을 따르는 신하들과 함께 남쪽으로 내려갔다. …… 온조는 하남 위례성에 도읍을 정하였다. 온조는 열 명의 신하와 함께 나라를 세우고 나라 이름을 십제라 하였다. 이때가 기원전 18년이었다. …… 비류의 신하가 모두 위례에 합류하고 즐거이 온조를 따르게 되자 나라 이름을 백제라 고쳤다. 국왕의 핏줄이 고구려와 같이 부여에서 나온 것이라 하여 부여를 성씨로 삼았다. 〈삼국사기〉

혁거세 신화

시조의 성은 박씨이고 이름은 혁거세이다. 전한 효선제 오봉 원년갑자 4월 병진에 왕위에 오르니, 이를 거서간이라 했다. 그때 나이는 13세였으며, 나라 이름을 서나벌이라 했다. 이보다 앞서 조선 유민들이 산곡 사이에 나뉘어 살아 육촌을 이루었다. …… 고허촌장 소벌공이 양산 기슭을 바라보니, 나정 옆 수풀 사이에서 말이 무릎을 꿇고 울고 있었다. 이에 가보니 문득 말은 보이지 않고 큰 알이 있었다. 이를 갈라보니 갓난아이가 나왔다. 아이를 거두어 길렀는데, 나이 10여세가 되자 재주가 특출하고 숙성하였다. 6부인들은 그 출생이 신이하므로 이를 받들고 존경하였는데, 이때에 이르러 받들어 임금으로 삼은 것이다. 진인은 표주박을 박이라 했고 처음에 혁거세가 태어났던 큰 알이 표주박과 같았기 때문에 박으로 성을 삼았다. 거서간은 진한 사람들의 말로 왕을 가리킨다. 〈삼국사기〉

4c 근초고왕의 업적

- 평양 전투 승리 : 371년 고구려가 군사를 일으켜 침입해 왔다. 왕은 이 말을 듣고 패하(浿河) 위에 매복하고 그들이 오기를 기다리다 급히 공격하니 고구려 군사는 패하여 돌아갔다. 겨울에 왕은 태자와 더불어 정병 3만 명을 거느리고 고구려로 침입하여 평양성을 공격하니 고구려 왕 사유는 이를 막아서 싸우다가 화살에 맞아 전사하였다. 이에 왕은 군사를 이끌고 돌아왔다. 〈삼국사기〉
- 요서 진출 : 백제국은 본래 고려(고구려)와 함께 요동의 동쪽 1,000여 리에 있었다. 그 후 고려가 요동을 차지하니 백제는 요서를 차지하였다. 백제가 통치한 곳을 진평군(진평현)이라 한다. 〈송서〉
- 칠지도 하사 : 한낮에 백 번 단련된 쇠로 칠지도를 만들었다. 이 칼은 모든 군대를 물리칠 수 있는 것이다. 마땅히 후왕(侯王)에게 줄 만하였다. …… 아직까지 이런 칼이 없었는데, 백제 왕세자 기생성음이 일부러 왜왕을 위해 만드니 후세에 전하도록 하라. 〈칠지도 명문〉

핵심 자료 읽기

3c 고이왕의 업적

• 관등 정비 : 관직에는 16품이 있었는데, 우두머리를 좌평이라 하고, 다음은 대솔, 다음은 은솔, 다음은 덕솔, 다음은 한솔, 다음은 나솔, 다음은 장덕, 다음은 시덕, 다음은 고덕, 다음은 계덕, 다음은 대덕, 다음은 문독, 다음은 무독, 다음은 좌군, 다음은 진무, 다음은 극우라 하였다.   〈삼국사기〉

• 관복 정비 : 27년 내신좌평을 두어 왕명 출납을, 내두좌평은 물자와 창고를, 내법좌평은 예법과 의식을, 위사좌평은 숙위 병사를, 조정좌평은 형벌과 송사를, 병관좌평은 지방의 군사에 관한 일을 각각 맡게 하였다. …… 영을 내려 6품 이상은 자 줏빛 복장을 입고 은꽃으로 장식하고, 11품 이상은 붉은 복장을, 16품 이상은 푸른 복장을 입게 하였다.

소수림왕의 업적 : 불교 수용

• 왕 재위 2년에 전진의 국왕 부견이 사신과 승려 순도를 보내며 불상과 경문을 전해왔다. 이에 우리 왕께서 사신을 보내 사 례하며 토산물을 보냈다.

• 왕 재위 5년에 비로소 초문사를 창건하고 순도를 머물게 하였다. 또 이불란사를 창건하고 아도를 머물게 하였다. 이것이 해동 불법의 시작이었다.

광개토대왕릉비문

• 옛적 추모왕이 나라를 세웠는데, 북부 부여에서 태어났으며, 천제의 아들이고 어머니는 하백의 따님이었다. 그로부터 17세 손이 왕업을 이었으니 18세에 왕위에 올라 칭호를 영락태왕(永樂太王)이라 하였다. …… 왕의 은택이 하늘까지 미쳤고, 위 무는 사해에 떨쳤다. 39세에 돌아가시니, 비를 세워 그 업적을 기록하여 후세에 남긴다.

• 영락 6년(396), 왕은 몸소 군대를 이끌고 백제를 토벌하였다. …… 군대가 그 국성에 이르렀는데도 감히 복종하지 않고 맞 서 싸우는지라, 왕이 크게 노하여 아리수를 건너 군사를 보내 성을 압박하였다. …… 백제의 우두머리는 남녀포로 천 명과 세포(細布) 천 필을 바치고, 왕께 무릎을 꿇고 "지금부터 영원히 노객이 되겠습니다."라고 서약하였다.

• 영락 9년(399) 백제가 서약을 어기고 왜와 화통하므로 왕이 평양으로 순시하러 내려갔다. 이때 신라가 사신을 보내 왕께 아 뢰기를 '왜인들이 가득히 몰려와 성을 부숩니다. 이 종은 왕의 백성으로 도와주시길 바랍니다.' …… 10년 경자년에 교서 를 내리시어 보병과 기병 5만을 보내어 신라를 도와주게 하였다. 남거성에서 신라성까지 왜가 가득하더니 왕의 군대가 이 르니 왜적이 도망을 치쳤다 . …… 가야까지 따라가 공격을 하니 항복하자 병력을 두어 지키게 하였다.

임나일본부설의 근거

• 〈일본서기〉 : 신라왕이 실신 후 정신을 차리고 말하였다. "나는 동방에 신국이 있어 야마토라 이르고, 성왕이 있어 천황이 라 이른다는 말을 들었다. 어찌 군사를 일으키어 막을 수가 있으리오." 바로 백기를 들고 항복했다. …… 고구려, 백제 두 왕은 신라가 땅과 백성의 호적을 바치고 항복하였다는 말을 듣고 몰래 일본의 군세를 살피었다. 이길 수 없음을 알고 스스 로 우리 진영에 다가와서 머리를 땅에 대고 말하였다. "지금부터 영원히 서번(西藩)이라 하고 조공을 끊지 않겠습니다." 이 가 이른바 삼한이다.

• 칠지도 : 백제가 칠지도 1자루와 칠자경 1경 및 여러 가지 귀중한 보물을 바쳤다.   〈일본서기, 신공황후조〉

• 〈칠지도 명문〉 : 태화 4년 병오의 한낮에 백번이나 단련한 철로 된 칠지도를 만들었다. (이 칼은) 모든 병해를 물 리칠 수 있고 후왕에게 주기에 알맞다. 선세 이래 아직까지 이런 칼이 없었는데 백제 왕세자가 뜻하지 않게 성음 (聖音)이 생긴 까닭에 왜왕을 위해 정교하게 만들었으니 후세에 전해 보이도록 한다.

• 〈광개토대왕릉비〉 : 백제와 신라가 예로부터 속민이었기 때문에 조공을 바쳐왔다. 그런데 왜가 신묘년(391년)에 바다를 건너 백제, △△, 신라를 쳐부수고 신민(臣民)으로 삼았다. 이에 영락 6년(396년)에 왕께서 직접 수군을 이 끌고 백제를 토벌하였다. ……

- 중국 남조(송)의 왜왕 책봉 기사 ┌ 일본의 요구 : 왜왕 = '왜백제신라임나진한모한제군사왜국왕'
  └ 송의 승인 : 왜왕 = 백제를 제외한 '왜신라임나진한모한제군사왜국왕' 수여

5c 고구려와 신라의 관계

- 실성왕은 내물왕 37년에 고구려에 볼모로 잡혀갔다가, 9년 만에 돌아와 왕이 되었다. …… 실성왕은 자신을 볼모로 보낸 것에 보복하려고 고구려의 군사를 빌려 내물왕의 아들 눌지를 죽이려 하였으나, 도리어 죽임을 당하였다.
- 새로 왕위에 오른 신라의 눌지왕은 고구려와 왜에 인질로가 있는 아우를 귀환시키고자 하였다. 왕의 명을 받은 박제상은 418년 고구려의 왕을 설득하여 복호를 귀환시켰다. 그리고 그해 왜에 붙잡혀 있던 미사흔을 탈출시켰지만, 제상은 함께 도주하지 않아 목숨을 잃었다. 박제상의 부인은 바다가 보이는 치술령에 올라가 울다가 굳어져 망부석이 되었다고 한다.

장수왕의 업적

- 거련 12년 신라가 사신을 보내니, 왕이 특별히 후하게 대접하였다.
- 거련 15년 평양으로 천도하였다. → 평양 천도
- 거련 62년 중국의 북위와 송에 사신을 보냈다. → 중국 남북조와 각각 교류
- 거련 63년 군사 3만을 거느리고 백제에 침입하여 한성을 포위하였다. 부여경이 성문을 닫고 나가 싸우지 못하였다. 이후 부여경이 상황이 어렵게 되자 어찌할 바를 모르다가 기병 수십명을 거느리고 성문을 나가 서쪽으로 달아났는데, 추격하여 부여경을 죽이고 남녀 8천 명을 사로잡았다. → 한강 유역 점령
- 거련 77년 군사를 파견하여 신라 북변을 침략하고 고산성을 함락하였다.

중원고구려비문

5월 중에 고구려 대왕이 상왕공(相王公)과 함께 신라의 매금(왕)을 만나 영원토록 우호를 맺기 위해 중원(中原)에 왔으나, 신라 매금이 오지 않아 실행되지 못하였다. 이에 고구려 대왕은 태자공, 전부대사자(前部大使者) 다우환노(多于桓奴)로 하여금 이곳에 머물러 신라 매금을 만나게 하였다. 매금의 의복을 내리고 건립처를 사용할 것을 내렸다. 제위에게 교를 내리고, 여러 사람에게 의복을 주는 교를 내렸다. …… 동이 매금이 늦게 돌아와 매금 국토 내의 제중인에게 절교사를 내렸다. 12월에 신라 매금이 신하와 함께 고구려의 대사자 다우환노를 만나 이곳에 주둔하고 있던 고구려 당주(幢主)인 발위사자 금노(錦妃)로 하여금 신라 국내의 중인(衆人)을 내지(內地)로 옮기게 하였다.

나 · 제 동맹

- 눌지마립간 17년 7월에 백제가 사신을 보내어 화친을 청하므로 동맹을 맺었다. 이듬해 2월 백제왕이 좋은 말 2필을 보내 왔다. 9월에 다시 흰 매를 보내 왔다. 10월에 왕이 백제에 황금과 명주를 보내 이에 답례하였다.
- 눌지마립간 34년 7월에 고구려의 변경 장수가 실직(강원도 삼척)의 들에 와서 사냥을 하니, 성주 삼직이 군사를 내어 그를 습격해 죽였다. 고구려왕이 이를 듣고 노하여 사신을 보내 말하기를 "내가 대왕과 우호를 닦아 매우 즐거워하던 바인데 지금 군사를 내어 우리의 변경 장수를 죽이니 이 무슨 까닭이냐?"하고, 군사를 일으켜 우리의 서쪽 경계를 침입하였다. 왕이 이에 말을 공손히 하여 사과하니 고구려인이 곧 물러갔다.
- 소지마립간 15년(493년) 3월에 백제왕 모대(동성왕)가 사신을 보내 혼인을 청하매 왕은 이벌찬 비지의 딸을 보냈다.
- 16년(494년) 7월에 장군 실죽 등이 살수의 들에서 고구려와 싸워 이기지 못하고 물러와 견아성을 지키매 고구려 병이 이를 포위하였는데, 백제왕 모대가 군사 3,000명을 보내 신라군을 도와 고구려병의 포위를 풀게 하였다.

고대 삼국의 정치

핵심 자료 읽기

개로왕

- 북위에 보낸 국서 : 개로왕 18년, 위나라에 사신을 보내 예방하고 표문을 올렸다. "저와 고구려는 조상이 모두 부여 출신으로 선조 시대에는 고구려가 옛 정을 존중하였는데, 그의 조상 사유가 경솔하게 우호 관계를 깨뜨리고 직접 군사를 거느려 우리 국경을 침범하여 왔습니다. 우리 조상 수가 군사를 정비하여 번개같이 달려가 기회를 타서 공격하니 잠시 싸우다 사유의 머리를 베어 효시하였습니다. …… 고구려는 의롭지 못하여 반역하고 간계를 꾸미는 일이 많습니다. 겉으로는 스스로 자신을 변방의 나라라고 낮추어 쓰던 말버릇을 본받으면서도, 속으로는 흉악한 화란(禍亂)과 행동을 꿈꾸면서, 남쪽으로는 송과 내통하기도 하고, 북쪽으로는 전연과 맹약을 맺어 강하게 결탁하기도 함으로써 폐하의 정책을 배반하려 하고 있습니다. …… 지금 그들은 결국 우리를 무시하고 침략하게 되었습니다. …… 만일 폐하(효 문제)의 인자한 생각이 먼 곳까지 미친다면, 속히 장수를 보내어 우리나라를 구해 주소서."
- 백제의 왕 근개루는 장기와 바둑을 좋아하였다. 승려 도림이 대궐에 이르러 "제가 바둑을 배워 상당한 묘수를 알고 있으니, 곁에서 알려 드리고자 합니다"라고 하였다. 왕이 그를 불러 들여 대국을 하니 과연 국수(國手)였다. …… 이에 도림이 돌아와 이를 보고하니 장수왕이 기뻐하며 장수들에게 군사를 나눠 주었다. 근개루가 이 말을 듣고 아들 문주에게 말하기를 "내가 총명하지 못해 간사한 사람의 말을 믿고 이렇게 되었다"라고 하였다.

지증왕의 업적

- 4년, 여러 신하들이 왕에게 말하였다. " '신(新)' 은 덕업이 나날이 새로워진다는 뜻이요, '라(羅)' 는 사방을 망라한다는 뜻이므로 '신라' 를 나라 이름으로 삼는 것이 옳다고 생각합니다."라고 하자 왕이 이를 따랐다.
- 6년, 왕이 국내의 주·군·현을 정하였다. 실직주를 설치하고 이사부를 군주로 임명하였다. '군주' 라는 칭호는 이때부터 사용되기 시작하였다.
- 13년, 명주(강릉) 동쪽 바다 가운데 이틀쯤 걸리는 거리에 섬이 있었다. 그 섬의 둘레는 2만 7백 30보쯤 되었다. 섬 오랑캐들이 그 바닷물의 깊음을 믿고서 교만한 태도로 신라에 복속해 오지 않았다. 왕은 이찬 이사부에게 명하여 군사를 거느리고 토벌하게 하였다. …… 왕은 포상하여 이사부를 명주의 지사로 삼았다.
- 13년, 우산국이 귀순하여 해마다 토산물을 공물로 바치기로 하였다. 우산국은 명주의 정동 쪽 바다에 있는 섬이다.

신라 왕호의 변화

- 거서간 : 진나라 말로 왕이라는 뜻이다. 혹은 귀인의 칭호라고도 불린다.
- 차차웅 : 무당을 뜻하는 말이다. 세인들은 무당의 일을 귀신의 일로 알고 마땅히 제사를 드린다. …… 마침내 존장자의 뜻으로 칭하게 되었다.
- 이사금 : 치아를 뜻하는 말이다. 남해 차차웅이 돌아가시자, 대보탈해가 덕망이 있으므로 태자 유리는 임금 자리를 그에게 밀어 주려고 사양하니, 탈해가 말하기를 " …… 지혜로운 이는 이(齒)가 많다고 하오니 시험하여 봅시다."하고, 떡을 물어 이를 시험한 즉, 유리의 이가 많았다. 군신들은 유리를 받들어 왕을 세우고 이사금이라고 하였다.
- 마립간 : 말뚝이라는 뜻이다. 말뚝은 직접 서야 하는 위치를 표지하는 것이다. 즉, 왕의 말뚝이 주가 되고, 신하의 말뚝이 그 밑에 열을 맞춘다. 이로 인하여 지어진 말이다.

법흥왕의 업적

- 4년, 처음으로 병부를 설치하였다.
- 7년, 법령을 반포하고 처음으로 관리들의 관복을 제정하였다. 붉은 빛과 자주빛으로 등급을 표시하였다.
- 15년, 처음으로 불법(佛法)이 시행되었다.
- 18년, 이찬 철부를 상대등에 임명하고 나랏일을 총괄하게 하였다. 상대등이라는 벼슬이 이때부터 시작되었다.
- 19년, 금관가야의 왕이 왕비와 세 아들을 데리고 나라에 있던 보물을 가지고 와서 항복하였다. 왕이 예로써 대접하고 상등의 벼슬을 주었으며 본국을 식읍으로 삼게 하였다.
- 23년, 처음으로 연호를 정하여 건원(建元) 원년이라 하였다.

진흥왕의 업적

- 6년, 대아찬 거칠부 등에 명하여 널리 문사를 모아 국사(國史)를 꾸미게 하였다.
- 11년, 백제가 고구려 도살성을 쳐서 빼앗고, 고구려가 백제 금현성을 무너뜨리니, 왕은 두 나라 군사가 피로한 틈을 타서 이찬 이사부로 하여금 군사를 내어 이들을 치게 하여 두 성을 빼앗았다.
- 13년, 왕이 계고, 법지, 만덕 세 사람을 시켜 우륵에게 음악을 배우게 하였다. 우륵이 계고에게 가야금을, 법지에게 노래를, 만덕에게 춤을 가르쳤다.
- 왕 15년 7월, 명활성을 축조하였다. 백제왕 명농이 가량과 함께 와서 관산성을 공격하였다. 군주 각간인 우덕과 이찬 탐지 등이 이들과 싸웠으나 불리하게 되었다. 신주의 군주 김무력이 주병을 이끌고 와서 이들과 교전하였는데, 비장인 삼년산군의 고간 도도가 재빨리 공격하여 백제왕을 죽였다. 이때 모든 군사들이 승세를 타고 싸워 대승하였다.
- 남한강변에 있는 10개 군을 차지했다. 그리고 지금의 창녕에 하주를 설치했고, 이듬해 안변에 비열홀주를 설치하였다.
- 23년, 9월에 가야가 모반하니 왕이 이사부에게 명하여 그들을 치게 하고 사다함을 돕게 하였다. 사다함이 기병 5천을 거느리고 먼저 전단문으로 들어가고, 이사부가 군사를 이끌고 도착하니 성 안의 사람들이 항복하였다. 왕이 기름진 밭과 포로 2백 명을 상으로 주니 사다함이 거듭 사양하다가 포로는 놓아주고 토지는 군사들에게 나누어 주니 사람들이 칭송하였다.
- 27년, 왕자 동륜을 왕태자로 삼았다. 황룡사를 준공하였다.
- 순수비 ┌ 왕이 10월에 북한산을 순행하고 국경을 넓혀 정하였다. 11월에 왕이 북한산에서 돌아와 교서를 내려 거쳐온 주와 군에 1년간 납세를 면제하고 해당 지방 죄수들을 용서해 주었다.
  ├ 대창 원년, 왕이 순수하고 돌에 새겨 기록하였다. …… 영토를 개척하여 백성과 토지를 널리 확보하였다.
  └ 짐은 하늘의 은혜를 입고 …… 사방으로 영토를 개척하여 널리 백성과 토지를 획득하니, 이웃 나라가 신의를 맹세하고 화친을 청하는 사절이 서로 통하여 오도다. 짐은 스스로 헤아려 옛 백성과 새 백성을 두루 어루만지고자 하였다. 이에 무자년 8월에 짐이 관경(管境)을 순수(巡狩)하여 민심을 살펴 위로하고, 물건을 내려주고자 한다.

무령왕의 활동

- 이름이 사마이고, 모대왕의 둘째 아들이다. …… 사신을 양나라에 보내 조공하였다. 12월에 양 고조(高祖)가 조서를 보내 이 국왕을 책봉하며 말하기를 "그의 정성이 지극하여 짐은 이를 가상히 여긴다. 옛 법에 따라 이 영광스러운 책명을 보내는 바, 사지절 도독 백제제군사 영동대장군으로 봉함이 가하다"라고 하였다.
- 부여륭(餘隆)이 사신을 보내 글을 올렸는데, "고구려를 잇달아 깨뜨려 다시 동이의 강국이 되었다."라고 하였다. …… 모두 22담로가 있는데, 왕실 자제들에게 나누어 다스리게 했다.

성왕의 업적

- 이름은 명농이니 무령왕의 아들로, 지혜와 식견이 뛰어나고 일을 처리함에 결단성이 있었다. 무령왕이 죽고 왕위에 올랐다.
- 봄에 사비로 서울을 옮기고 국호를 남부여라 하였다.
- 왕 30년, 달솔 노리사치계를 왜에 보내 석가여래상과 불경을 전했다.
- 백제 왕이 백제군과 신라와 가야의 병사들을 친히 이끌고 고구려를 정벌하여 한성을 획득하였다. 또한 남평양(오늘날의 아차산 일대)으로 진군하여 여섯 군현의 땅을 회복하였다. 〈일본서기〉
- 왕은 신라군을 습격하고자 몸소 보병과 기병 50명을 거느리고 구천에 이르렀는데, 신라의 복병이 나타나 그들과 싸우다가 혼전 중에 살해되었다.

고구려의 한강 유역 회복 시도

온달이 아뢰기를 "신라가 한강 이북의 우리 땅을 빼앗아 군현으로 삼았습니다. 그곳 백성들이 안타까워하며 여전히 부모의 나라를 잊지 못하고 있습니다. 원컨대 국왕께서는 저를 어리석다 마시고 군사를 주신다면 반드시 우리 땅을 도로 찾아오겠습니다." 하니 국왕이 이를 허락하였다. …… 마침내 온달이 출전하여 신라군과 아단성 아래에서 전투를 하였는데, 날아오는 화살에 맞아 쓰러져 사망하였다.

01 고대 삼국의 정치
SECTION

핵심 자료 읽기

고구려의 수와의 항쟁
- 여수장우중문 시 ┌ 그대의 신기(神奇)한 책략은 하늘의 이치를 다했고 / 오묘한 계획은 땅의 이치를 다했노라
  (양제의 1차 침략) └ 전쟁에 이겨서 그 공이 이미 높으니 / 만족함을 알고 그만 두기를 바라노라.
- 수 양제의 2차 침략 : 대업 9년(613년) 양제가 다시 친히 정벌하였다. 이때는 모든 군대에 상황에 맞게 적절히 대응하라고 하였다. 여러 장수가 길을 나누어 성을 공격하니 적의 군세라 날로 위축되었다.

고구려의 당과의 항쟁
당 태종의 1차 침략 : 세상에 전하기를, "중국의 당 황제가 고구려를 공격할 적에 눈에 화살을 맞고 돌아갔다."고 하는데, 통감(通鑑) 등 중국 사서에 모두 실려 있지 않다. …… 나는 생각하기를, 당시에 비록 이러한 일이 있더라도 사관(史官)이 중국의 당을 위해 숨겼을 것이니, 기록하지 않은 것은 이상할 것이 없다 .
<필원잡기>

신라와 수의 연합
진평왕 30년, 왕은 고구려가 여러 번 국경을 침범함을 걱정하여 고구려를 치려고, 원광에게 수나라 군사를 청하는 글을 지으라 했다. 원광은 말했다. "자기가 살기를 구해 남을 멸망시키는 것은 사문(= 승려)이 할 일이 아니나, 빈도는 대 왕의 땅에 살면서 대왕의 물과 풀을 먹고 있사오니 감히 명령을 따르지 않겠습니까." 이에 표문을 지어 올렸다. 33년에 왕이 수나라에 사신을 보내어 표문을 바치고 출병하니, 수나라 양제가 이를 받아들여 군사를 일으켰다.
<삼국사기>

선덕여왕의 업적
- 당 태종은 모란 그림과 그 씨앗을 선물로 보냈다. 왕은 이를 보고 "이 꽃은 향기가 없을 것이다"라고 하였는데, 심어보니 그랬다. 신하들이 물어보니 왕은 "꽃 그림에 나비가 없었다. 이는 남편이 없는 나를 희롱한 것이다."라고 답했다.
- 영묘사를 세운 적이 있었다. 그런데, 영묘사 옥문지(玉門池)에 개구리가 사나흘 운 일이 있었다. 이에 왕은 병사 2천을 주어 서라벌 서쪽 여근곡(女根谷)을 습격하게 하였다. 여근곡에는 백제 장수가 매복해 있었는데, 알천은 이를 모두 죽였다.
- 왕이 신하들을 불러 "내가 죽으면 도리천에 장사지내도록 하라. 이는 낭산 남쪽에 있다."라고 하였다. 이후 왕이 죽은 뒤 신하들은 왕을 낭산 남쪽에 장사지냈다. 이후 문무왕이 선덕여왕의 무덤 아래 사천왕사를 세웠다. 이는 불경에 "사천왕천(四天王天) 위에 도리천이 있다"라는 내용이 실현된 것이었다.
- 자장법사가 왕에게 황룡사 9층 목탑 건설을 진언하였다. 이에 왕은 백제에서 기술자들을 맞아들여 탑을 지었다. 탑의 기둥을 세울 때, 백제 아비지는 백제 멸망의 꿈을 꾸었다. 하지만 아비지는 마음을 고쳐먹고 탑을 완성했다.

7c 신라의 외교 활동
- 배경 : 선덕여왕 11년 8월 백제 장군 윤충이 군사를 거느리고 대야성을 공격하였다. 도독인 이찬 품석과 사지 죽죽, 용석 등이 전사하였다. …… 백제가 군사를 일으켜 신라의 서쪽 지방 40여 성을 공격하여 빼앗았다. 또 고구려와 함께 당항성을 빼앗아 당으로 가는 길을 막고자 하였다.
- 고구려와 연합 시도 : 선덕여왕은 이찬 김춘추를 고구려에 보내어 군사를 요청하였다. …… 고구려 왕이 "죽령은 본래 우리 땅이다. 만약 죽령 서북땅을 돌려준다면 군사를 내줄 수도 있다."라고 말했다.
- 당과의 연합 : 진덕여왕 2년(648) 이찬 김춘추와 아들 문왕을 당나라에 파견하였다. 김춘추가 무릎을 꿇고 당 태종에게 말하기를 "신의 나라가 대국을 섬긴 지 여러 해가 되었습니다. 그러나 백제는 강성하고 교활하여 침략을 일삼아 왔습니다. …… 만약 폐하께서 군사를 보내 그 흉악한 무리들을 없애지 않는다면, 우리나라의 왕돠 백성들은 모두 포로가 될 것이며, 산과 바다 건너 행하는 조회도 다시는 바랄 수 없을 것입니다."라고 하였다. 태종은 매우 옳다고 여겨서 군사의 출동을 허락하였다.

부흥 운동

- 백제 부흥 운동에 대한 일본의 지원 : 천지 천황 2년, 군사 2만 7천을 보내 신라를 치게 하였다. 신라의 장군이 주류성을 포위하였다. 당의 장군은 군선 170척을 이끌고 백촌강에서 전열을 가다듬었다. <u>일본의 군선과 당의 군선이 만나 전투를 벌였다.</u> 잠깐 사이에 일본군이 패하여 많은 자가 물에 빠져 죽고 뱃머리를 돌릴 수도 없었다. 9월 7일, 주류성이 드디어 당에 항복하였다. 나라 사람들이 말하였다. "이름이 오늘로 끊어졌다. 조상의 무덤이 있는 땅에 두 번 다시 못가게 되었다."
- 고구려 부흥 운동에 대한 신라의 지원 : 공의 태조 중모왕은 덕을 북쪽에 쌓고 공을 남쪽 바다에 세워, 위풍은 청구에 떨쳤으며, 어진 교화가 현도를 뒤덮었다. 자손이 서로 이어 8백 년이 되려 할 때, 남건과 남산의 형제에 이르러 화란이 안에서부터 일어나고 골육 사이에 틈이 나 집안과 나라가 파탄되고 망하니, …… 백성에게 임금이 없을 수 없으며, 하늘은 사랑을 베풀어 주실 것이니, 이제 일길찬 김수미산 등을 사신으로 보내 책명을 전하게 하여 공을 고구려왕으로 삼는다. 공은 유민들을 모으고 옛 왕통을 이어 일으켜서, 길이 이웃 나라가 되어 일마다 형제와 같이 할 것이니, 삼가고 삼가라!

당의 한반도 지배 야욕

선왕 춘추께서 정관 22년에 입조하여 황제를 뵙고 칙명을 받았는데, 다음과 같았다. "내가 지금 고구려를 치려는 것은 너희 신라가 두 나라 사이에 끼어 매번 침략을 받아 편안한 날이 없음을 가련히 여겼기 때문이다. 내가 두 나라를 평정하면 평양이남의 백제 땅은 모두 너희 신라에게 주어 길이 편안하게 하겠다." …… <u>두 나라를 평정하기 전에는 개처럼 토끼의 발자취를 쫓는 부림을 당하더니, 들에 짐승이 없어지자 요리사에게 잡혀 죽는 신세가 된 꼴이며</u> …… 천자의 군대를 출동시키기 전에 먼저 일의 근본과 이유를 묻는 서신을 보내왔으니, 이에 반역하지 않았음을 말한다.

나당 전쟁

- 당의 이근행이 군사 20만 명을 거느리고 <u>매소성에 주둔하였다. 우리 군사가 이를 쳐서 쫓아 버리고 군마 3만여 필</u>과 병장기를 노획하였다.
- 사찬 시득이 수군을 거느리고 <u>소부리주 기벌포에서 당의 설인귀와 스물 두 번의 크고 작은 전투</u>를 벌여 이기고 4천여 명의 목을 베었다.

연맹 왕국인 고구려 : 5부 체제

- 본래는 연노부(소노부)에서 왕이 나왔으나 점점 힘이 약해져서 지금은 계루부가 왕위를 차지하였다.
- 연노부의 대표는 본래 고구려의 왕이었다. 지금은 비록 왕이 되지 못하나 그 지위를 대대로 세습한 대인을 고추가라고 부른다. <u>부(部) 자체의 종묘를 세우고 하늘의 별과 사직에 따로 제사를 지냈다.</u>　　〈삼국지〉

고대 삼국의 귀족 회의

- 고구려 : 감옥이 없고, 범죄자가 있으면 제가들이 모여서 논의하여 사형에 처하고 처자는 노비로 삼는다. 대대로가 결정되는 날 귀족 사이에 싸움이 나도 궁궐 문을 잠그고 승패 결과만을 기다려 이긴 자를 대대로에 임명하였다.
- 백제 : 호암사에 정사암이란 바위가 있다. 국가에서 재상을 뽑을 때 후보자 3～4명의 이름을 써서 상자에 넣어 바위 위에 두었다. 얼마 뒤에 열어보아 이름 위에 도장이 찍혀 있는 자를 재상으로 삼았다. 이 때문에 정사암이란 이름이 생기게 되었다.
- 신라 : 큰 일이 있을 때에는 반드시 중의를 따른다. 이를 화백이라 부른다. 그중 한 사람이라도 반대하면 통과되지 못하였다. 귀족 회의의 의장인 상대등을 6부의 귀족들이 모여서 선출하였다.

01 가야 총정리

1 정치

(1) 전기 연맹 (건국 설화 : 구지봉 전설 = 구지가)

- 2c : 변한의 구야국에서 기원 → 낙동강의 변한에서 여러 정치 집단이 등장
- 3c : 연맹 형성
  - 배경 ─ 낙동강 하류의 해상 활동에 유리한 입지 조건 → 낙랑의 선진 문화 수용
    - 풍부한 철을 바탕으로 철제 무기 생산　　　　　　　cf) 왕후는 인도 아유타국 허황옥(?)
  - 특징 ─ 금관가야(김해, 시조 김수로왕=뇌질청예)의 연맹 주도권 행사
    - 덩이쇠를 교환 수단으로 낙랑과 왜(규슈)를 잇는 중계 무역
  - 반발 : 포상 8국의 난 ─ 내용 : 포상 8국(경남 연안의 소국)이 아라가야와 신라 등지를 침략
    - (3c 초)　　　　 결과 : 신라(내해이사금)의 도움으로 진압
- 4c : 세력 약화
  - 배경 : 고구려에 의한 낙랑·대방군 멸망(4c 초) → 교역 상대국 상실
  - 상황 : 백제 근초고왕의 요서(?)·산둥 진출로 해상 교역 위축 + 신라 내물마립간의 낙동강 진출
- 5c 초 : 연맹 붕괴
  - 배경 : 신라를 후원하는 고구려의 공격으로 인한 금관가야의 위기 → 금관가야의 맹주 지위 붕괴
  - 결과 : 전기 가야 연맹 해체 → 가야 연맹의 세력이 낙동강 서쪽 연안으로 축소

(2) 후기 연맹

- 5c 말 : 연맹 재결성
  - 배경 ─ 국내 : 질 좋은 철 생산과 유리한 농업 입지 조건 ex) 소백산맥 이남 비옥한 농경 지대
    - 국외 : 백제와 신라가 고구려의 남진을 막는 데 집중
  - 특징 : 대가야(고령)의 연맹 주도권 행사(시조 : 이진아시왕=뇌질주일) → 중국 남조와 교류
  - 결과 : 세력 범위를 섬진강과 소백산맥 서쪽까지 확대(지금의 전라북도 일대까지 세력 확대)
- 6c : 한계
  - 전반 : 대가야 ─ 세력이 성장하여 백제와 영토 분쟁 but 백제와 신라의 잦은 공격으로 세력 약화
    - 신라(법흥왕)와 혼인 동맹 체결(522)
  - 중반 ─ 금관가야 : 구해왕이 신라 법흥왕에게 항복(532) → 신라 진골 귀족으로 흡수 ex) 김유신
    - 대가야 : 백제·왜와 함께 관산성 전투에 참여하였으나 패배, 신라 진흥왕에게 멸망(562)
    - 기타 : 차례로 신라에 병합됨

2 사회와 문화

- 사회 ─ 순장 실시 ex) 김해 대성동 고분
  - 편두 풍습 : 진·변한부터 가야 시기까지 행해진 것으로 추정
- 문화 ─ 고분 ─ 형태 : 덧널 무덤, 돌덧널 무덤, 굴식 돌방 무덤
    - 유적지 : 대성동 고분(김해), 지산동 고분(고령), 고아동 고분(고령), 복천동 고분(부산)
  - 영향 ─ 신라 : 우륵(대가야 ?)의 가야금 제작(충주 탄금대를 중심으로 활동)
    - 일본 : 일본 금동관과 스에키 토기 제작에 큰 영향

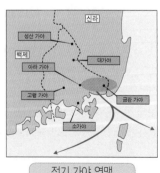
전기 가야 연맹

신라를 후원하는 고구려의 공격
(백제 + 가야 + 왜 vs 신라 + 고구려)

낙동강 서쪽 연안으로 영토 축소

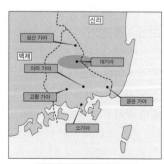
후기 가야 연맹

덧널무덤

수레토기(도기 바퀴장식 뿔잔)

철제 갑옷

금동관

핵심 자료 읽기

건국 신화

- 금관가야 : 개벽한 뒤 나라의 이름이 없었고, 군신의 칭호도 없었다. 구간이 있어, 이 추장이 모든 백성을 다스리니, 어느날 북쪽 구지(봉)에서 수상한 소리가 들렸다. 말하길 "황천께서 내게 명하신 것은 이곳을 다스려 집안과 나라를 새롭게 하여 임금이 되라는 것이었다. 이런 이유로 (이곳에) 내려왔다."고 하였다. …… 붉은 포백속에 황금 함자가 있었고, 황금알 여섯 개가 있었다. 다음 날 여섯 알은 둥지기 되었는데, 용모가 매우 훌륭하여 왕위에 올랐다. 처음 나타났기 때문에 수로 또는 수릉이라 불렀다. 나라를 대가락이라 칭하고, 또한 가야국이라 칭하니, 곧 6가야 중 하나이다.
- 대가야 : 시조는 이진아시왕이고, 그로부터 도설지왕까지 16대 520년이다. 최치원이 지은 <석이정전>에는, "가야산신 정 견모주가 천신 이비가지에게 감응되어 뇌질주일과 뇌질청예 두 사람을 낳았다. 뇌질주일은 곧 이 나라의 시조인 이진아시 왕의 별칭이고, 뇌질청예는 금관국의 시조인 수로왕의 별칭이다."라고 하였다.   <신증동국여지승람>

전기 가야 연맹

- 발전 : 변진에 12국이 있다. …… 큰 나라는 4,000~5,000가(家)이고, 작은 나라는 600~700가(家)이다. …… 나라에 철이 나 서 한(韓), 예(濊), 왜(倭)가 모두 이를 얻었는데, 그들은 사고 팔 때 모두 철을 이용하여 마치 중국에서 돈을 쓰듯 하고, 또한 이를 두 군(낙랑군과 대방군)에 공급한다.   <삼국지>
- 해체 : 영락 10년 광개토대왕은 보병과 기병 5만을 보내 신라를 구원하게 하였다. 남거성에서 신라성에 이르기까지 왜적 이 가득했다. 고구려 관군이 도착하자 왜적이 도망가므로 급히 뒤쫓았다. 임나가라의 종발성에 이르자 성이 곧 귀순하여 복종하므로 순라병을 두어 지키게 하였다. 신라의 농성을 공략하니 왜구는 위축되어 궤멸하였다.   <광개토대왕릉 비문>

후기 가야 연맹

- 남조와 교류 : 가라국은 삼한의 한 종족이다. 건원 원년(479)에 국왕 하지가 사신을 보내와 방물을 바치자, 이에 조서를 내렸 다. "널리 헤아려 비로소 올라오니 멀리 있는 오랑캐가 두루 덕에 감화됨이라. 가라왕 하지는 먼 동쪽 바다 밖에서 폐백을 받 들고 관문을 두드렸으니, 보국장군 본국왕의 벼슬을 제수함이 합당하다."   <남제서, 동남이열전, 가라>
- 신라의 혼인 동맹 : 법흥왕 9년 가야국왕이 사신을 보내 혼인을 청하니, 왕이 이찬 비조부의 누이를 보냈다.   <삼국사기>

가야의 멸망

- 금관가야 : 법흥왕 19년에 금관국주(金官國主) 김구해가 왕비와 세 아들, 곧 첫째 노종, 둘째 무덕, 셋째 무력과 함께 국고의 보물을 가지고 와서 항복하였다. 이에 법흥왕은 본국을 식읍으로 주었다.   <삼국사기>
- 대가야 : 진흥왕 23년 9월에 가야가 모반하니 왕이 이사부에게 명하여 그들을 치게 하고 사다함이 이사부를 돕게 하였다. 사다함이 기병 5천을 거느리고 먼저 전단문으로 들어가서 흰색 기를 세우자 성 안의 사람들이 두려워 어찌할 바를 몰랐다. 이사부가 군사를 이끌고 도착하니 성 안의 사람들이 모두 항복하였다.   <삼국사기>

남북국의 정치

1 통일 신라의 발전

구분	중대(7c 중반 ~ 8c 후반)
왕권	전제 왕권의 형성 → 무열왕 직계 자손
정치적 사건	김흠돌의 모역 사건 → 귀족 세력을 대대적으로 숙청
핵심 세력	• 진골 ┌ 분화 : 박씨, 가야계, 고구려계 귀족은 정권에서 소외됨 　　　└ 김씨 계열 : 왕권 옹호 세력으로 활동 • 6두품 ┌ 활약 : 학문을 바탕으로 왕의 정치적 조언자로서 활동, 행정 실무 담당 　　　└ 사례 : 강수(외교 문서 작성 → 〈청방인문표〉, 〈답설인귀서〉), 설총(〈화왕계〉, 이두 정리)
핵심 기구	집사부(왕명 출납)를 중심으로 재편, 그 아래에 13부로 정비
수상	중시(진덕여왕) → 시중(경덕왕)
지방 사회	9주 5소경 완비
핵심 사상	• 불교 : 교종 성행(중앙 귀족과 밀접한 관계) • 기타 : 유학 사상 강조 → 국학 설립(신문왕)
경제적 모습	• 신문왕 : 관료전 지급(687), 녹읍 폐지(689), 식읍 지급 제한 • 성덕왕 : 정전 지급　　　　　　　　　　　　　　cf) 녹읍 부활(경덕왕)
관련 유물	• 만파식적(신문왕) : 신라의 안정과 번영을 상징 • 불국사(경덕왕), 석굴암 : 불교적 이상 국가를 현실에 구현하고자 건설
주요 국왕	• 7c ┌ 무열왕 : 백제 멸망, 사정부 설치 　　├ 문무왕 ┌ 백제 부흥운동 진압, 고구려 멸망 → 고구려 부흥운동 지원(안승을 보덕국왕에 임명) 　　│　　　├ 나당전쟁 → 삼국통일, 임해전 건립 → 임해전지(안압지) 축조 　　│　　　├ 강수의 〈답설인귀서〉, 의상의 정치적 자문 　　│　　　└ 주 장관의 호칭(군주 → 총관), 외사정 파견 　　├ 신문왕 ┌ 민족 융합 노력, 9서당 · 10정 편성, 9주 · 5소경 정비 　　│　　　├ 대왕암 설치, 감은사지 3층 석탑, 전제 왕권 확립(만파식적) 　　│　　　├ 김흠돌의 모역 사건, 안승을 신라 귀족으로 편입 ⟷ 대문(안승 아들?)의 난(금마저, 보덕국) 　　│　　　├ 관료전 지급, 녹읍 폐지, 식읍 지급 제한, 달구벌 천도 시도 but 귀족 반대로 실패 　　│　　　└ 국학 설립, 설총의 〈화왕계〉 　　└ 효소왕 : 서시 · 남시 설치 → 서시전 · 남시전 설치 • 8c ┌ 성덕왕 ┌ 당의 요청으로 발해 공격 but 실패, 당은 신라의 대동강 이남 지배 인정 → 패강에 수자리 　　│　　　├ 정전 지급 　　│　　　└ 김대문의 저술 활동, 상원사 동종 주조, 국학에 공자와 제자 화상 안치 　　├ 경덕왕 ┌ 漢化 정책 : 집사부 장관(중시 → 시중), 국학 → 태학감, 지방 9주 · 군현의 명칭을 중국화 　　│　　　├ 녹읍 부활 　　│　　　└ 불국사 · 석굴암 건립(김대성), 성덕대왕 신종 주조(완성은 혜공왕), 당에 만불산 헌상 　　└ 혜공왕 : 한화 정책 실패(태학감 → 국학), 각간 대공의 난(= 96각간의 난), 김지정의 난

구분	하대(8c 말 ~ 10c 전반)
왕권	전제 왕권의 붕괴 → 내물왕계 자손
정치적 사건	• 진골의 왕위 쟁탈전 : 김헌창의 난(헌덕왕, 9c 전반) : 웅주(공주)를 기반으로 발생, 국호 장안, 연호 경운 • 지방 세력의 반란 : 장보고의 난(문성왕, 9c 전반) : 청해진(완도)을 기반으로 발생 • 초적의 발생 : 원종 · 애노의 난(진성여왕, 9c 말 사벌주 = 상주에서 발생), 적고적의 난(진성여왕, 9c 말)
핵심 세력	• 진골 : 귀족 연합 정치 • 6두품 ┌ 유학 ┌ 도당 유학생 출신으로 골품제의 모순 비판 : 최치원(시무 10여조 건의) 　　　　　　　└ 反신라적 경향으로 후삼국에 참여 : 최언위(고려 왕건 보좌), 최승우(후백제 견훤 보좌) 　　　　└ 불교 : 선종 승려로 활동
핵심 기구	화백회의 or 집사부
수상	상대등
지방 사회	호족의 성장
핵심 사상	• 불교 : 선종의 유행(중앙 귀족과 연결된 교종의 권위 부정) • 기타 : 풍수지리설 유행
경제적 모습	• 귀족들의 대농장 소유 → 사치와 향락(금지 조서 : 흥덕왕) • 가혹한 수취로 농민의 몰락 → 노비화(化) or 초적(농민 봉기) 발생　ex) 원종 · 애노의 난, 적고적의 난
관련 유물	• 승탑(= 부도, 승려의 사리를 봉인)과 탑비의 유행 　cf) 진전사지 3층 석탑(강원도 양양)

주요 국왕

• 8c ┌ 선덕왕 : 김지정의 반란 진압, 패강진 설치
　　├ 원성왕 ┌ 독서3품과 실시 but 실패
　　│ (김경신) └ 주 장관의 호칭 : 총관 → 도독
　　└ 소성왕 : 국학생에게 녹읍 지급
• 9c ┌ 헌덕왕 ┌ 이사도의 난 당시 당에게 원군 파견
　　│ 　　　├ 김헌창(웅천 도독, 김주원의 子) · 김범문의 난
　　│ 　　　└ 승려 도의 선종 전래(진전사 창건)
　　├ 흥덕왕 ┌ 중앙 관청 : 집사부 → 집사성
　　│ 　　　├ 귀족의 사치와 향락에 대한 금지 조서
　　│ 　　　└ 장보고의 청해진 설치(완도)
　　├ 문성왕 : 혈구진 설치(강화도) → 장보고의 난
　　└ 진성여왕 ┌ 원종 · 애노의 난, 적고적의 난
　　　　　　　├ 양길의 난, 견훤의 흥기(무진주)
　　　　　　　└ 시무 10여조 상주(최치원), <삼대목> 제작
• 10c ┌ 효공왕 : 후백제 건국(완산주), 후고구려 건국(송악)
　　├ 경명왕 : 왕건의 고려 건국(철원 → 송악)
　　├ 경애왕 : 후백제 견훤의 침략을 받아 살해됨
　　└ 경순왕 : 멸망 → 고려에 귀순, 경주 사심관에 임명

◇확인해 둘까요! ◀ **신라의 시대 구분**

삼국사기(왕의 혈통)	삼국유사(불교)
혁거세	혁거세
상대 (내물왕계)	상고
진덕여왕 무열왕	지증왕 법흥왕 중고 (불교 왕명시대) 진덕여왕 무열왕
중대 (무열왕계)	
혜공왕 선덕왕	하고
하대 (내물왕계)	
경순왕	경순왕

02 SECTION 남북국의 정치

꼭! 알아두기 ● 신라의 신분적 변화

1. 신라 진골과 6두품의 비교

성향		진골(眞骨)	6두품
성향	중대	왕권 견제	학문을 바탕으로 국왕의 정치적 조언자로 활동 → 왕권 강화
성향	하대	왕권 견제	• 골품제에 대한 비판, 새로운 정치 질서 수립 시도 → 실패 • 중앙 권력으로부터 점차 배제 → 은둔 혹은 反신라적 경향
정치 기구		화백 회의	집사부
골품 제도에 대한 입장		찬성	반대
사상적 기반		?	• 유학 보급 → 국학 설립 → 독서3품과 실시(하대 but 실패) • 선종 보급 cf) 풍수지리설 전래

2. 신라 호족의 특징

- 출신 : 낙향한 진골 + 反신라적인 6두품 + 촌주(村主) 세력 + 군사적 기반의 군진 세력 + 초적
  ex) 김주원, 왕순식   ex) 장보고, 견훤   ex) 양길, 기훤
- 기반 ┌ 농장(農莊) + 사병(私兵) → 정부의 통제를 벗어난 반독립(半獨立)적 세력 형성
       └ 군 단위의 지방의 행정·군사·경제권을 장악하여 다스리면서 스스로를 성주·장군으로 자칭
- 사상 : 선종(禪宗) + 풍수지리설(風水地理說)
- 영향 : 새로운 관료제 마련(관반제), 학문의 지방 확산에 기여 → 고려 건국의 주도 세력
- 분화(고려 건국 이후) : 大호족 → 문벌 귀족 vs 中小호족 → 향리

자료 보기

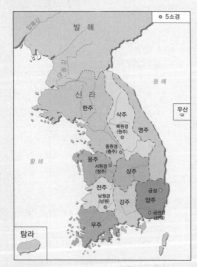

신라의 9주 5소경

경주 문무대왕릉(대왕암)

안압지(임해전지)
▶ 설치 : 문무왕
▶ 전각 : 임해전

경주 감은사지 동·서 3층석탑
▶ 신라 중대(신문왕) 제작
▶ 삼국 통일의 기상 반영
▶ 목탑 양식 계승(?)

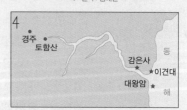

신라 중대의 유적지

2 후삼국의 성립과 통일

(1) 후백제 (견훤, 900)

- **기반** : 전라도 지방의 군사력(견훤 : 경상도 상주 출신의 서남해안 수비를 담당했던 신라 비장) + 호족 세력
- **건국** : 무진주(= 광주)를 점령하고, 완산주(= 전주, 동고산성)를 도읍으로 삼아 건국
- **지역** : 충청도, 전라도 일대
- **정책** ┌ 외교 ┌ 중국 : 오월, 후당과 외교 관계 수립
  │   └ 신라 : 적대 정책 ex) 대야성 함락, 경주를 기습하여 경애왕을 살해하고 경순왕을 옹립
  └ 정치 : 농민에 지나친 조세 수취, 호족 포섭에 실패
- **멸망** ┌ 고창 전투(경북 안동)에서 패배 → 대세가 고려 왕건에게 기욺
  └ 지배층 내부의 갈등 ┌ 계기 : 왕위 계승 문제 ex) 견훤이 첫째 신검이 아닌, 넷째 금강을 후계자로 지명
                      └ 결과 ┌ 아들 신검이 견훤을 금산사에 유폐 → 견훤의 고려 귀순
                            └ 신검의 집권 → 고려의 공격으로 후백제 멸망

(2) 후고구려 (궁예, 901)

- **기반** : 신라 왕족의 후예 출신(궁예 : 북원의 양길 휘하에서 성장) → 초적 세력 + 6두품 세력
- **지역** : 경기도, 강원도 일대
- **국호** ┌ 송악 : 후고구려 → 마진   cf) 연호 : 무태, 성책
  └ 철원 : 태봉   cf) 연호 : 수덕만세, 정개
- **정책** ┌ 내용 ┌ 새 관제 마련(광평성(국정 총괄) 설치, 9관등제 제정) + 골품제를 대신할 새 신분제 모색
  │   └ 후백제를 견제할 근거지 마련 : 나주(금성) 장악(왕건)
  └ 한계 ┌ 국내 : 미륵 신앙을 이용한 전제 정치 도모, 가혹한 조세 수취
              │   → 호족 통합과 민심 수습에 실패
              └ 국외 : 反신라 정책 ex) 부석사에 있던 신라 왕의 화상 훼손
- **멸망** : 전제 정치에 대항하여 왕건을 중심으로 호족들의 반란 → 왕건의 집권

고려의 민족 재통일

(3) 고려 (왕건, 918)

- **건국** ┌ 지역 ┌ 송악의 호족
  │   │   ├ 해상 세력(예성강)과 연합 : 패강진(황해 평산), 혈구진(강화도)
  │   │   └ 나주 확보 : 장화왕후 오씨(혜종의 母, 나주 완사천)와 혼인
  │   ├ 사상 : 선종 승려의 후원 ex) 이엄의 수미산파(해주)
  │   ├ 계승 의식 : 고구려 계승 의식
  │   └ 도읍 : 송악(송악 길지설)
  └ 정책 ┌ 대내 : 호족 통합 + 민심 수습
            └ 대외 ┌ 신라 : 우호 ex) 공산 전투 ┌ 배경 : 견훤의 침략을 받은 신라 경애왕의 구원 요청
                    │   (대구, 927) └ 결과 : 원병을 파견하였으나 패배
                    └ 후백제 : 대립 ┌ 고창(안동) 전투(930) ┐ 승리 → 고려가 후삼국 통일의 주도권 장악
                                  └ 운주(홍성) 전투(934) ┘
- **통일** ┌ 발해 : 발해 멸망(926) 이후 왕족인 대광현이 귀순하는 등 유민을 수용(934)
  ├ 신라 : 경순왕의 귀순(935, 11) → 정통성 확보, 경순왕 김부를 경주 사심관으로 임명
  └ 후백제 : 견훤 귀순(935, 6) → 귀순을 거부한 신검을 일리천(= 경북 구미) 전투에서 격파(936) → 개태사 창건

남북국의 정치

3 발해

(1) 7c 말 (고왕 – 천통, 대조영) : 건국

- 상황 ┌ 당 ┌ 옛 고구려 지역에 안동도호부 설치 : 평양에 설치했으나 요동으로 이동
  │   └ 보장왕을 요동도독부 도독으로 임명, 고구려 유민 회유 시도 but 고구려 유민은 요동을 중심으로 저항
  └ 거란 : 거란의 족장 이진충의 당에 대한 반란 → 당의 지방 통제력 약화
- 과정 ┌ 대조영 등이 고구려 유민과 말갈족 일부(추장 걸사비우)를 이끌고 당을 탈출
  └ 당의 추격군(장군 이해고)을 천문령 전투에서 대파
- 건국 ┌ 도읍 : 만주 동모산(지린성 둔화시)   cf) 동모산 : 현재의 성산자 산성
  ├ 구성 ┌ 지배층 : 소수의 고구려 유민   cf) 대조영 출신에 대한 논란 ┌ 구당서 : 고려(고구려)의 별종
  │   └ 피지배층 : 다수의 말갈인   └ 신당서 : 속말말갈로서 고려에 붙은 자
  └ 국호 : 진(振 or 震)국 → 발해(당이 대조영을 '발해 군왕' 으로 봉함)

(2) 8c 전반 (무왕 – 인안, 대무예) : 대외 정복   cf) 신라 국왕 : 성덕왕

- 영토 확장 : 동북방으로 진출 → 여러 세력을 복속시키고 북만주 장악
- 대립 ┌ 흑수말갈 : 발해에 통고 없이 당에 사신을 파견하여 보호 요청 → 당은 흑수주 설치(장사 파견)
  ├ 당 ┌ 내용 : 발해는 장군 장문휴로 하여금 산둥반도(덩저우)를 선제 공격, 요서 지역에서 당군과 충돌
  │   └ 결과 : 당이 신라에게 지원 요청
  └ 신라 : 당의 요청으로 성덕왕이 발해 남부를 공격 but 실패   cf) 당은 신라의 대동강 이남 지배권을 승인
- 친선 ┌ 목적 : 당 · 신라 연합 세력을 견제
  └ 내용 ┌ 돌궐
         └ 일본 : 발해 최초로 고인의 등 24명 사신을 파견 → 일본은 발해의 요청으로 신라(성덕왕)를 공격

(3) 8c 중 · 후반 (문왕 – 대흥 · 보력, 대흠무) : 체제 정비   cf) 신라 국왕 : 경덕 · 혜공 · 선덕 · 원성왕

- 천도 ┌ 중경 현덕부(747 ?)   cf) 무왕이 천도했다는 설도 존재
  ├ 상경 용천부(755, 주작대로 설치) → 당이 '발해국왕'에 봉함(762)   cf) 당에서 안록산과 사사명의 난 발생
  └ 동경 용원부(785)   cf) 성왕이 상경으로 마지막 재천도(794)
- 외교 ┌ 당 : 관계 개선 ┌ 문화 수용 : 3성 6부제 실시, 주자감 설치   cf) 독자성 유지 : 6부의 명칭과 운영
  │   └ 많은 유학생이 당에 유학 → 빈공과 합격
  ├ 신라 : 상설 교통로를 개설하여 교류, 교역 ex) 신라도 : 상경 → 동경 → 남경(?) → 신라
  ├ 일본 ┌ 친선
  │   └ 갈등 : 외교 문서에 구생 관계(발해 = 장인, 일본 = 사위)와 발해를 천손의 나라로 표현
  └ 말갈족 : 철리부 등의 동북방 말갈족을 복속
- 인식 : 자신을 불교의 이상적 군주인 전륜성왕(금륜성법대왕) 혹은 황상으로 표현

(4) 9c 초 (선왕 – 건흥, 대인수) : 전성기   cf) 왕위 계통 : 대조영 직계가 아닌, 대야발(대조영의 아우) 직계

- 정복 사업 ┌ 동 : 흑수말갈과 당의 조공 관계 단절 → 대부분의 말갈족 복속
  ├ 서 : 요동 지역 진출
  ├ 남 : 신라와 국경을 접하게 됨
  └ 북 : 북쪽 부족 통합
- 지방 정비 : 5경, 15부(도독), 62주(자사) 설치 → 당은 발해를 해동성국(海東盛國)이라 호칭

(5) 10c 전반 (대인선) : 멸망

- 과정 ┬ 거란의 세력 확대 + 발해 귀족 내 권력 투쟁
  └ 거란 태조(야율아보기)의 상경성(홀한성) 공격 → 멸망(926)
- 이후의 상황 ┬ 민족의 재통일 : 왕족 대광현 등 발해 유민의 한반도 이주 → 고려 태조의 수용
  └ 부흥 운동 : 후발해, 정안국, 대발해국 건국 시도

✅확인해 둘까요! ▸ 민족사 속의 발해

1. 신라와의 관계
- 교류 ┬ 신라도 : 8c 후반 문왕 이후 개설된 교역로
  └ 사신 교류 ┬ 8c 후반 : 원성왕(신라)이 일길찬 백어를 북국(발해, 문왕)에 파견(790)
    └ 9c 전반 : 헌덕왕(신라)이 급찬 숭정을 발해(정왕 or 희왕)에 파견(812)
- 갈등 ┬ 등제 서열 ┬ 내용 : 당의 빈공과 합격자 서열을 둘러싼 신라와의 갈등
  (9c 후반 │ └ 사례 ┬ 오소도(발해)가 이동(신라)보다 높은 합격 순위를 차지하자 최치원(신라)이 불만을 표현
  ~ 10c) │ └ 오소도(발해의 재상)가 자신의 아들 오광찬(발해)을 최언위(신라)보다 윗 순위로 올려
  │ 줄 것을 요구했다가 당이 거절한 사건
  └ 쟁장 : 당에서 발해 사신이 신라 사신보다 윗자리에 앉을 것을 요구하다가 당에게 거절당한 사건

2. 역사 인식
- 고려 : 이승휴 <제왕운기> : 대조영을 고구려인으로 기록   cf) 일연 <삼국유사> : 발해를 말갈 발해편에 기록
- 조선 ┬ 유득공 <발해고> : 신라와 발해의 시기를 남북국 시대로 표현
  ├ 이종휘 <동사>, 한치윤 <해동역사>, 정약용 <아방강역고> : 발해를 우리 민족의 역사로 서술
  └ 서상우 <발해강역고> : 발해의 강역과 지명을 고증   cf) 안정복 <동사강목> : 발해를 말갈 역사로 서술

자료 보기

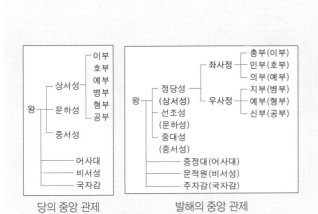

당의 중앙 관제 / 발해의 중앙 관제

발해의 영역

02 SECTION 남북국의 정치

4 통치 조직

(1) 중앙

- **신라** ─ **변화** ─ **집사부** ─ 명칭 : 품주(진흥왕) → 집사부(진덕여왕) → 집사성(흥덕왕)
  - 기능 ─ 상대 : 국가 재정 담당(진흥왕) → 국가 기밀 사무 담당(진덕여왕)
    - 중대 이후 : 국정 최고 기관
  - 장관 : 중시(진덕여왕) → 시중(경덕왕)
  - 화백회의 : 삼국 통일 이후 왕권 강화로 권한 약화, 의장인 상대등의 권한도 약화
  - **정비** ─ **내용** ─ 집사부 아래 위화부 등 13개의 중앙 부처를 두어 행정 업무 담당(병렬적 독립) → 총 14부
    - 부의 장관 : 여러 명인 경우도, 한 명이 여러 관부의 장관인 경우도 존재
  - **과정** ─ 법흥왕 : 병부(국방)
    - 진평왕 ─ 위화부(문관 인사), 조부(조세 수취), 승부(육상 교통 업무)
      - 예부(교육과 의례), 영객부(외교와 사신 접대)
    - 진덕여왕 : 집사부(국가 기밀 사무), 창부(조세 수취), 좌이방부(형벌, 노비 관련 사무)
    - 무열왕 : 사정부(중앙 관리에 대한 감찰)
    - 문무왕 : 우이방부(형벌, 노비 관련 사무), 선부(선박 등의 해상 교통 업무)
    - 신문왕 : 공장부(수공업 관장), 예작부(토목 관장)
- **발해** ─ **3성 6부** ─ **과정** ─ 수용 : 당의 3성 6부제를 수용
  - 독자성 : 6부 ─ 2원적 운영 : 좌사정(충·인·의부 담당) + 우사정(지·예·신부 담당)
    - 유교식 명칭 : 이·호·예·병·형·공부 → 충·인·의·지·예·신부
  - **기능** ─ **3성** ─ 수상 : 대내상(정당성 장관)
    - 기능 : 정당성(정책 집행, 상서성), 선조성(정책 심의, 문하성), 중대성(정책 입안, 중서성)
  - 6부 : 정책 집행
  - **기타** ─ 중정대(관리에 대한 비리 감찰), 문적원(서적 관리), 주자감(중앙 교육 기관)
    - 7시 : 전중시, 종속시, 태상시, 사빈시, 대농시, 사장시(재정), 사선시

◇확인해 둘까요! ─ 고대의 중앙 조직 정리

구분		고구려	백제	신라	통일 신라	발해
관등제	구분	10여 관등	6좌평, 16관등	17관등	17관등	
	호칭	형, 사자	좌평, 솔, 덕	찬, 나마	찬, 나마	
	정비		고이왕	법흥왕		
	관복		자색-비색-청색	자색-비색-청색-황색		
중앙 관제 정비		좌보, 우보 국상, 중외대부 (내평, 좌·우평)	6좌평(고이왕) 22부(성왕)	법흥왕 : 병부 진평왕 : 위화부, 조부, 예부 진덕여왕 : 집사부, 창부	14부(신문왕)	3성 6부(문왕)
감찰	중앙			사정부(무열왕)		중정대
	지방			외사정(문무왕)		
수상		대대로 → 막리지	상좌평	상대등 → 중시(= 시중) → 상대등		대내상
합의제도		제가회의	정사암회의	화백회의		정당성

(2) 지방

- 통일신라 ┬ 제도 ┬ 9주 ┬ 정비 시기 : 신문왕
  - └ 장관 : 군주(지증왕, 군사 지휘관) → 총관(문무왕) → 도독(원성왕, 행정관)
  - └ 5소경 ┬ 정비 ┬ 통일 전 : 아시촌 소경(함안, 지증왕), 국원경(충주, 진흥왕), 북원경(강릉, 선덕여왕)
    - └ 통일 후 ┬ 북원경(원주, 문무왕), 금관경(김해, 문무왕)
      - └ 서원경(청주, 신문왕), 남원경(남원, 신문왕), 중원경(충주, 경덕왕)
    - ├ 특징 : 행정 · 군사상의 요충지, 일부 중앙 귀족과 옛 고구려, 백제, 가야의 귀족을 이주
    - ├ 기능 : 수도가 동쪽에 치우쳐 있는 점을 보완, 지역의 균형적 발전 도모
    - └ 장관 : 사신(진흥왕 이후 임명)
  - └ 감찰 : 외사정 파견(문무왕)
  - cf) 촌주 ┬ 역할 : 촌의 행정 담당자로 3년마다 민정문서 작성 → 주민의 노동력 동원 + 조세 징수
    - ├ 대가 : 촌주위답 존재
    - └ 견제 : 상수리 제도(지방 세력가의 자제를 수도에 인질로 머물게 하는 제도)
- 발해 ┬ 5경 ┬ 내용 : 전략적 요충지에 설치
  - └ 설치 : 문왕(중경 현덕부, 상경 용천부, 동경 용원부) → 선왕(남경 남해부, 서경 압록부)
  - └ 15부(지방 행정의 중심, 도독 파견) – 62주(자사 파견) – 현(현승 파견) – 촌

(3) 군사

- 신라 ┬ 9서당(중앙군) : 신라계뿐만 아니라 고구려계 · 백제계 심지어 말갈계도 포함 → 민족 융합 노력
  - └ 10정(지방군) : 각 주에 1정씩 배치하고 북쪽 국경을 접하고 있는 한주(한산주)에 2정을 배치
- 발해 : 중앙군(10위, 대장군 · 장군이 통솔), 지방군(촌락을 단위로 조직)

◇확인해 둘까요! ▶ 고대의 지방 행정과 군사 조직

구분		고구려	백제	신라	통일 신라	발해
수도	체계	5부	5부	6부(← 6촌)	6부	• 고왕 ~ 무왕 : 동모산
	정비	고국천왕	성왕	유리 이사금 or 소지마립간		• 문왕 : 중경, 상경, 동경
지방	구분	5부	5방	5주	9주 → 군 · 현 → 촌 (태수 · 현령)	• 성왕 ~ 멸망 : 상경
						15부 → 62주 → 현 (자사) (현승)
	시기	?	성왕	지증왕	신문왕	선왕
	장관	욕살	방령	군주(지증왕)	총관 → 도독	도독
	특수 조직	3경	22담로	3소경(사신)	5소경	5경
특수 행정				향, 부곡		
군사	중앙	대모달, 말객		서당	9서당	10위
	지방			6정	10정(8정 + 한주에 2정)	지방관이 담당
	청소년	선비	수사	화랑도		

02 남북국의 정치

확인해 둘까요! ◆ 독자적 연호의 사용

- 의미 ┬ 자주적 국가임을 대외에 표방 → 중국과 대등한 지위임을 확인
     └ 중국의 역사 왜곡에 대응하는 논리로서 확인 필요
- 사례 ┬ 고구려의 광개토대왕 : 영락(永樂)   cf) 금동여래입상 : 연가(延嘉)
     ├ 백제 : 칠지도 – 태화(泰和?)
     ├ 신라 ┬ 법흥왕 : 건원(建元)
     │   ├ 진흥왕 : 개국(開國), 대창(大昌), 홍제(鴻濟)
     │   ├ 진평왕 : 건복(建福)
     │   ├ 선덕여왕 : 인평(仁平)
     │   └ 진덕여왕 : 태화(太和)   cf) 김헌창의 난(헌덕왕) : 국호를 장안, 연호를 경운(慶雲)이라고 함
     ├ 발해 ┬ 고왕 : 천통(天統)
     │   ├ 무왕 : 인안(仁安)
     │   ├ 문왕 : 대흥(大興), 보력(寶曆)
     │   ├ 성왕 : 중흥(中興)
     │   └ 선왕 : 건흥(建興)
     ├ 후고구려 ┬ 국호가 마진일 때 : 무태(武泰), 성책(聖冊)
     │   └ 국호가 태봉일 때 : 수덕만세(水德萬歲), 정개(政開)
     ├ 고려 ┬ 태조 : 천수(天授)
     │   └ 광종 : 광덕(光德), 준풍(峻豊)   cf) 묘청의 난(인종) : 국호를 대위, 연호를 천개(天開)라고 함
     ├ 조선 ┬ 고종 ┬ 1차 갑오개혁 : 개국(開國)
     │   │   ├ 3차 을미개혁 : 건양(建陽)
     │   │   └ 광무개혁 : 광무(光武)
     │   └ 순종 : 융희(隆熙)
     └ 대한민국 ┬ 이승만 · 장면 정부 : 단군기원(檀君紀元)
              └ 5 · 16 군사 정변 이후 : 서력기원(西曆紀元)

핵심 자료 읽기

문무왕의 업적

- 왕 10년, 사찬 설오유가 고구려 태대형 고연무와 함께 각각 정병 1만을 거느리고 압록강을 건너 옥골에 이르렀다. …… 가을 7월에 백제의 63개 성을 공격하여 빼앗았다.
- 왕 21년, 왕이 별세하였다. 여러 신하들이 유언에 따라 동해 바다 위에 장사지냈다. 왕은 다음과 같이 유언하였다. "과인은 어지러운 때 태어난 운명으로 자주 전쟁을 만났다. …… 병기를 녹여 농기구를 만들고 납세와 부역을 줄여 나라에는 근심이 사라지게 하였다. …… 숨을 거둔 후, 바깥 뜰 창고 앞에서 나의 시체를 불교의 법식으로 화장하라."
- 과인은 운수가 어지럽고 전쟁을 하여야 하는 때를 만나서 서쪽을 정벌하고 북쪽을 토벌하여 영토를 안정시켰고, 배반하는 무리를 토벌하고 협조하는 무리를 불러들여 멀고 가까운 곳을 모두 안정시켰다.
- 문무왕은 군신과 더불어 의논한 뒤에 당나라 조칙에 답하였다. "……선왕(先王) 춘추는 자못 현덕(賢德)이 있었고, 김유신이란 양신(良臣)을 얻어 정치에 한마음으로 힘을 다하여 삼한을 일통(一統)하였으니, 공업이 많지 않다고 할 수 없다."

핵심 자료 읽기

신문왕의 업적

- 김흠돌의 모역 사건 : (즉위년) 내가 위로는 천지 신령의 도움을 받고 아래로는 종묘 영령의 보살핌을 받아, 흠돌 등의 악행이 쌓이고 가득 차자 그 음모가 탄로나게 되었다. …… 이제는 이미 요망한 무리들을 숙청하여 멀고 가까운 곳에 염려할 것이 없으니, 소집하였던 병마를 속히 돌려보내고 사방에 포고하여 이 뜻을 알게 하라. …… 이찬 군관을 죽이고 교서를 내렸다. "임금을 섬기는 법은 충성을 다하는 것이 근본이요, 신하의 도리는 두 마음을 갖지 않는 것이 으뜸이다. 병부령 이찬 군관은 반역자 흠돌 등과 관계하여 역모 사실을 알고도 일찍 말하지 아니하였다. 군관과 맏아들은 스스로 목숨을 끊게 하고 온 나라에 포고하여 두루 알게 하라." 〈삼국사기〉
- 관료전 지급과 녹읍 폐지 : 9년 정월에 내외관의 녹읍을 폐지하고 해마다 차등을 두어 조(租)를 주도록 하교하고, 이를 고정된 법식으로 삼았다.
- 왕이 달구벌로 서울을 옮기려다 실현하지 못하였다.

신문왕의 9주 설치

- 왕 5년 봄에 다시 완산주를 설치하고 용원을 총관으로 삼았다. 거열주를 승격하여 청주를 설치하니, 비로소 9주가 갖추어져 대아찬 복세를 총관으로 삼았다. 3월, 남원 소경을 설치하고 여러 주와 군의 백성들을 옮겨 살게 하였다.
- 마침내 9주를 두었다. 본국(本國) 경계 내에 3주를 두었는데, 왕성(王城) 동북의 당은포(唐恩浦)로 향하는 길목에 있는 곳을 상주(尙州)라 하고, 왕성의 남쪽을 양주(良州)라 하고, 서쪽을 강주(康州)라 하였다. 옛 백제국의 경계에 3주를 두었는데, 백제의 옛 성 북쪽의 웅진(熊津) 어귀를 웅주(熊州)라 하고 서남쪽을 전주(全州)라 하고 다음에 남쪽을 무주(武州)라 하였다. 옛 고구려의 남쪽 경계에 3주를 두었는데, 서쪽으로부터 첫 번째가 한주(漢州)이고 그 다음 동쪽이 삭주(朔州)이고 또 그 다음 동쪽이 명주(溟州)이다. 〈삼국사기〉

만파식적 : 전제 왕권의 상징

임오년(682) 5월 초하룻날 파진찬 박숙청이 아뢰었다. "동해 가운데 작은 산이 감은사를 향해 와서 파도가 노는 대로 왔다 갔다 합니다." 왕이 이상하게 여겨 일관에게 점을 치게 하였다. 일관이 아뢰었다. "폐하께서 해변으로 나가 보신다면 반드시 값으로는 칠 수 없는 큰 보물을 얻을 것입니다." …… 왕이 배를 타고 산으로 들어가니 용이 검은 옥띠를 바쳤다. 왕이 물었다. "이 산과 대나무가 어떤 때는 갈라지고 어떤 때는 맞붙고 하니 무슨 까닭인가?" 용이 대답하였다. "…… 폐하께서 소리로써 천하를 다스릴 좋은 징조입니다. 이 대나무로 피리를 만들어 불면 천하가 화평해질 것입니다." …… 왕이 행차에서 돌아와 대나무로 피리를 만들게 하였다. 이 피리를 불자 적병이 물러가고 병이 나았다. 가뭄에는 비가 오고 장마가 개고 바람이 자고 파도가 그쳤다. 〈삼국유사〉

경덕왕

- 3월 왕은 서울과 지방의 관리에게 지급하던 월봉을 없애고, 다시 녹읍을 주었다.
- 12월 왕은 사벌주를 상주로 고치고, 1주 10군 30현을 거느리도록 하였다. ……또한 왕은 한산주를 한주로 고치고, 1주 1소경 27군 46현을 거느리도록 하였다.
- 중앙 관서의 관직명도 중국의 예에 맞추어 한자식으로 바꾸었다.

전제 왕권의 붕괴

- 김지정의 난 : 혜공왕 16년(780) 이찬 김지정은 왕을 배반하고, 무리를 모아 궁궐을 포위해 침범하였다. 여름 4월에 상대등 김양상은 이찬 경신과 함께 군사를 일으켜 지정 등을 죽이고, 왕과 왕비는 난병들에게 살해되었다. 이후 김양상(내물왕 10세손, 후에 선덕왕)과 김경신(내물왕 12세손, 후에 원성왕)이 차례로 왕위에 즉위하였다. 〈삼국사기〉
- 원성왕의 즉위 : 선덕왕이 돌아가고 아들이 없으므로 여러 신하가 후사를 논의해 왕의 조카인 김주원을 세우려고 하는데, 주원의 집은 서울 북쪽 20리 지점에 있어 때마침 큰 비가 내려 알천의 물이 넘실거려 주원이 건너오지 못하였다. 어떤 사람이 말하기를 "무릇 임금의 큰 자리에 나아가는 것은 실로 사람이 도모해서 되는 것이 아니다. 오늘의 폭우를 보면 하늘이

02 남북국의 정치

SECTION

혹시 주원을 세우지 못하게 하기 위함이 아닌가? 지금 상대등 김경신은 전왕의 아우요, 덕망이 높아 임금의 체모를 지니고 있다."고 하였다. 이에 중론이 일치되어 김경신을 세워 왕위를 계승하게 하였다.

신라 하대의 사회상

• 김헌창 · 김범문의 난 : 헌덕왕 14년 웅천주 도독 헌창은 아버지 주원이 왕이 되지 못했다는 핑계로 반역을 하였다. 나라 이름을 장안, 연호를 경운 원년이라 하였다. 무진, 완산, 청, 사벌 등 네 주 도독과 국원, 서원, 금관의 지방관들과 여러 군현 수령들을 위협해 자기 편으로 삼았다. 〈삼국사기〉

• 진장법사는 신라 사람으로, 출가하기 전 군역에 나가 있었다. 집이 가난하여 장가도 못가고 동원되었는데, 남은 시간에 날품팔이를 하여 홀어머니를 봉양하였다. 집에 남은 재산이라고는 한 쪽 다리가 부러진 솥뿐이었다.

• 당나라 소종 황제가 중흥을 이룰 때, 전쟁과 흉년이라는 두 가지 재앙이 서쪽에서 그치고 동쪽으로 오니 굶어서 죽고 전쟁으로 죽은 시체가 들판에 별처럼 늘어 있었다. 〈해인사 묘길상탑기〉

신라 호족의 모습

• 장보고의 난 : 청해진 대사 궁복(장보고)이 자기 딸을 왕비로 맞지 않은 것을 원망하고 청해진을 근거로 반란을 일으켰다. …… (문성왕) 13년 2월에 청해진을 파하고 그 곳 백성들을 벽골군으로 옮겼다.

• 이재가 국가를 해치는 자들을 숙청하던 몸으로 들어와 더욱 인격의 수양을 쌓았다. 드디어 곧 높은 언덕을 택하여 그 곳에 성을 쌓았다. 찾아오는 사람이 구름같이 모였으며 그들을 받아들이는 아량은 바다와 같이 넓었다.

• 신라 말에 골화현 금강성의 장군 황보능장은 고려 태조가 일어나자 천명과 인심이 돌아가는 곳을 깨달았다. 마침내 군사와 백성을 데리고 협력하고 순종하니 태조가 이를 기뻐하며 상을 주고 좌승에 임명했다.

초적의 발생

• 도적이 서남쪽에서 일어나 붉은 바지를 입고 특이하게 굴어 사람들이 '붉은 바지 도적'이라 불렀다. 그들은 주와 현을 도륙하고 서울의 서부 모량리까지 와서 사람들을 위협하고 노략질하고 돌아갔다.

• 진성왕 3년 국내 여러 주·군이 세금을 바치지 않아 국고가 비어 나라 살림이 어려웠다. 왕이 사자를 보내어 독촉하자 도적이 벌떼처럼 일어났다. 이때 원종, 애노 등이 사벌주(경북 상주군)에서 반란을 일으켰다. 이에 왕이 나마 벼슬을 하는 영기로 하여금 잡을 것을 명하였으나, 영기는 적진을 쳐다보고는 두려워하여 나아가지 못하였을 때 ……

후백제

• 건국 : 왕은 아첨하는 소인들을 옆에 두고 정사를 돌보지 않아 기강이 문란해졌고 기근이 심하여 백성들은 사방으로 유리하고 도적이 벌떼처럼 일어나서 국내가 어지럽게 되자, 견훤은 몰래 딴 마음을 먹고 많은 사람을 불러 모아가지고 서남쪽 주현의 적도들을 토벌하니 가는 곳마다 모든 사람들이 그에게 호응하여 한 달 사이에 5천 명의 무리가 모여들었다. 무진주를 습격하여 견훤은 스스로 왕이 되었다. …… 서쪽으로 순행하여 완산주에 이르니 백성들이 환영하고 위로하였다.

• 견훤의 고려 귀순 : 견훤의 넷째 아들 금강은 몸이 크고 지략이 많았다. 견훤은 그를 총애하여 왕위를 물려주려고 하였다. 그의 형 신검, 양검, 용검 등이 이를 알고서 걱정하였다. …… 견훤이 요청하여 말하기를, "늙은 신하가 멀리 바다를 건너 성군(聖君)의 교화에 투항하였으니, 바라건대 그 위엄에 기대어 역적인 아들을 베고자 할 뿐입니다."라고 하였다.

후고구려

궁예는 신라인으로 성은 김씨이다. 아버지는 헌안왕이며 …… 정치가 어지럽고 백성들이 흩어져서 왕성 밖의 주현 곳곳에서 도적들이 벌떼처럼 일어났다. 그는 무리를 끌어모으면 자기 뜻을 이룰 수 있을 것이라고 생각하였다. 진성여왕 5년, 죽주의 기훤에게 몸을 의탁하였으나 업신여김을 받았다. …… 북원의 양길에게 가니 양길이 그를 잘 대우하고, 일을 맡겼으며, 군사를 나누어 주었다.

고려의 후삼국 통일

- 공산 전투 : 왕은 신하들에게 말하기를 "신라가 우리와 친선한지가 오래 되었다. 지금 수도가 유린되는 등 위급한 지경에 처하여 구원을 요청하니 돕지 않을 수 없다."라고 하여 공훤 등에게 군사 1만 명을 거느리고 가서 구원하게 하였다. …… 태조는 정예 기병 5천을 거느리고 공산(公山) 아래에서 견훤을 맞아서 크게 싸웠다. 태조의 장수 김락과 신숭겸은 죽고 모든 군사가 패하였으며, 태조는 겨우 죽음을 면하였다.
- 고창 전투 : 견훤이 군사를 일으켜 고창군 병산 아래에 가서 태조와 싸웠으나 이기지 못하였다. 전사자가 8천여 명이었다.
- 발해 유민 수용 : 발해가 거란의 군사에게 격파되자 세자인 대광현 등이 우리나라가 의로써 흥기하였으므로 남은 무리 수만 호를 거느리고 밤낮으로 길을 재촉하여 달려왔습니다. 이 국왕께서는 이들을 가엾게 여기시어 영접과 대우가 두터웠고, 성과 이름을 하사하시기까지 이르렀습니다. 그들을 종실의 족보에 붙이고, 본국 조상들의 제사를 받들도록 하셨습니다.
- 신라의 항복 : [태조가] 뜰에서 신라 왕이 알현하는 예를 받으니 여러 신하가 하례하는 함성으로 궁궐이 진동하였다. … 신라국을 폐하여 경주라 하고, 그 지역을 [김부에게] 식읍으로 하사하였다.
- 일리천 전투 : 태조가 …… 일선군으로 진격하니 신검이 군사를 거느리고 막았다. 일리천을 사이에 두고 대치하였다. …… 후백제의 장군들이 고려 군사의 형세가 매우 큰 것을 보고, 갑옷과 무기를 버리고 항복하였다.

발해의 주요 국왕

- 고왕(건국) : 발해 말갈의 대조영은 본래 고구려의 별종이다. 고구려가 망하자 대조영은 동모산을 거점으로 하여 성을 쌓고 거주하였다. …… 말갈의 무리와 고구려의 남은 무리가 점차 그에게 들어갔다.
- 무왕(당 공격의 배경) : 왕이 신하들을 불러 "흑수말갈이 처음에는 우리에게 길을 빌려서 당나라와 통하였다. …… 그런데 지금 당나라에 관직을 요청하면서 우리나라에 알리지 않았으니, 이는 분명히 당나라와 공모하여 우리나라를 앞뒤에서 치려는 것이다."라고 하였다. 이리하여 동생 대문예와 외숙 임아상으로 하여금 군사를 동원하여 흑수말갈을 치려고 하였다.
- 선왕(지방 정비) : 발해 땅에 5경 15부 62주가 있다. 숙신의 옛 땅에 상경을 두고 용천부라 했는데, 3주를 거느렸다. 그 남쪽을 중경으로 삼고 현덕부라 하고, 6주를 거느렸다. 예맥의 옛 땅을 동경으로 삼고 용원부라 하고, 4주를 거느렸다. …… 고구려의 옛 땅을 서경으로 삼고 압록부라 하고, 4주를 거느렸다. 읍루 옛 땅을 정리부라 하고, 2주를 거느렸다.

발해와 신라와의 관계

- 전쟁(무왕) : 왕이 명령을 내려 발해와 말갈의 군대가 바다를 건너 등주를 공격하자, 당 현종이 김사란을 신라에 귀국하게 하였다. 신라 왕에게 개부의동삼사 영해군사를 제수하고 군사를 일으켜 발해의 남쪽을 공격하게 하였다. 신라가 군사를 출병시켰는데, 마침 큰 눈이 한 자 넘게 쌓이고 산길이 험하여 절반이 넘는 병사들이 죽고 아무 성과 없이 돌아왔다.
- 교류(문왕) : 원성왕 6년 3월 북국(北國)에 사신을 보내 빙문하였다. …… 요동 땅에서 일어나 고구려의 북쪽 땅을 병합하고 신라와 경계를 맞대었지만, 교빙한 일이 역사에 전하는 것이 없었다. 이때 와서 일길찬 백어(伯魚)를 보내 교빙하였다.
- 갈등(쟁장 사건) : 지난 건녕 4년 7월 중에 발해의 하정사인 왕자 대봉예가 장계를 올려, 발해가 신라 위에 거(居)하기를 허락할 것을 청하였던 바, 그에 대한 칙지를 엎드려 보니, "국명의 선후는 강약에 따라 일컫는 것이 아니니, 조정의 정해진 등위를 어찌 지금의 성쇠로써 고치겠는가. 마땅히 옛 관례를 따를 것을 명하노라." 하였나이다.

발해와 일본의 관계

- 교류(무왕) : 산하가 다른 곳이고, 국토가 같지 않지만 대왕은 일본의 기틀을 연 이후 대대로 명군(明君)의 자리를 이어 자손이 번성하였습니다. 대무예가 열국(列國)을 주관하고 제번(諸蕃)을 거느려, 고구려의 옛 땅을 회복하고 부여의 유속(遺俗)을 잇게 되었습니다. …… 그러나 다만 너무 멀어 길이 막히고 끊어졌습니다. 오늘에야 예에 맞추어 선린을 도모하고자 귀국(일본)에 사신으로 영원장군 낭장 고인의(高仁義) 외 24인을 외교 문서와 함께 보내게 되었습니다. <속일본기>
- 갈등(문왕) : 지금 보내온 국서(國書)를 살펴보니 부왕(父王)의 도를 갑자기 바꾸어 날짜 아래에 관품(官品)을 쓰지 않았고, 글 끝에 천손(天孫)이라는 참람된 칭호를 쓰니 법도에 어긋납니다. …… 고씨의 시대에 병난이 그치지 않아 조정의 위엄을 빌려 저들이 형제를 칭하였습니다. 지금 대씨는 일없이 고의로 망령되이 사위와 장인을 칭하였으니 법례를 잃은 것입니다.

03 SECTION

고대의 경제

1 토지 제도와 귀족의 생활

(1) 변화 과정

시 기	상 대	중 대	하 대
토지 제도	녹읍(祿邑) 지급 식읍 지급	관료전 지급(신문왕, 687) 녹읍 폐지(689), 식읍 제한 cf) 녹읍 부활(경덕왕, 757)	녹읍 지급 cf) 국학생에 녹읍 지급(소성왕) 식읍 지급
지급된 권리	수조권 + 노동력 징발권	수조권	수조권 + 노동력 징발권
정치적 특징	왕권의 미약	왕권의 강화(⇒ 전제화)	왕권의 약화

(2) 내용

- 지배층 ┌ 식읍·녹읍 ┌ 내용 : 수조권(전세와 공납) + 노동력(力役) 징발권 행사
- └ 지급 이유 ┌ 녹읍 : 관료 귀족이 행하는 직역의 대가
- └ 식읍 : 지역 세력가에 대한 충성의 대가 or 정복 사업 과정에서 군공의 대가
- └ 관료전 ┌ 내용 : 수조권 행사
- └ 지급 이유 : 직역에 대한 대가
- 피지배층 : 정전 ┌ 내용 : 일반 백성에게 토지 소유권을 지급 → 국가의 토지 지배권 강화
- (성덕왕, 722) └ 의미 : 새로운 토지 지급보다는 백성의 기존 토지 소유권을 인정하고 이에 대해 국가가 수취

(3) 귀족의 생활 : 통일 신라

- 기반 ┌ 국가 지급 ┌ 녹읍 : 지역을 단위로 지급, 고려 태조 대까지 지급
- └ 식읍 : 지역 혹은 호를 단위로 지급, 조선 세조 대까지 지급
- ├ 사적 소유 : 조상으로부터 물려 받은 토지 + 섬을 목장으로 보유(재상가) + 노비
- └ 서민을 대상으로 한 고리대업 활동 → 농민의 토지 강탈 or 농민을 노비로 만듦
- 생활 ┌ 내용 ┌ 당과 아라비아에서 수입한 사치품 사용 : 비단, 양탄자, 유리그릇, 귀금속 등
- └ 경주 근처에 호화 별장 소유 ex) 금입택, 절유택 등
- └ 정부의 대응 : 사치 금지령 발표(흥덕왕)

꼭! 알아두기 ▸ 토지 제도의 기본틀

- 토지와 관련된 권리
  - ┌ 소유권 : 매매 가능, 상속 가능, 증여 가능
  - └ 수조권(收租權)

- 토지와 관련된 권리 관계

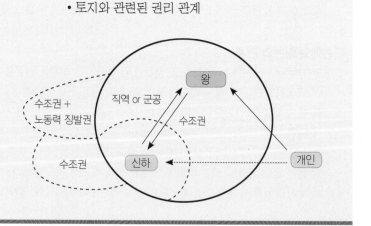

2 수취 체제

(1) 삼국

고구려

- 조(租)는 상호는 한 섬, 그 다음은 7말, 하호는 5말을 낸다.   〈수서〉
- 세(인두세)는 포목 5필에 곡식 5섬이다.
  유인(遊人)의 경우, 3년에 한 번씩 열 사람이 합쳐서 가는 베 1필을 낸다.   〈수서〉
- 세금은 명주, 베 및 곡식을 그 사람이 가지고 있는 종류에 따라 빈부의 차등을 두어 받아들였다.   〈주서〉
- 건장한 남자는 군대에 편입시켜 봉수, 변방 수자리, 순라로 삼았다. 둔영마다 부대가 조직되어 있다.

백제

- 세로는 포목, 비단 실과 삼, 쌀을 냈는데, 풍흉에 따라 차등을 두어 받았다.
- 2월 한수 북부 사람 가운데 15세 이상된 자를 징발하여 위례성을 수리하였다.
- 나라 사람들에게 명하여 남쪽 평야에 논을 개간하게 하였다.

신라

- 3월, 주 · 군에 영을 내려 "토목 공사 때문에 농사 지을 시기를 놓치지 말게 하라."고 하였다.
- 비로소 벽골제를 만드니 둑의 길이가 1,800보가 되었다.

- 정비 과정 : 초기 과도한 수취 → 체제 정비 이후 합리적 수취
- 수취 체제
  - 조세
    - 租(재산세) : 재산에 따라 호(戶)를 3등분하여 징수 ex) ┬ 上戶 : 1섬
      ≒ 조세   ├ 中戶 : 7말
                                                                               └ 下戶 : 5말
    - 稅(人頭세) : 특징 : 조보다 훨씬 더 큰 부담   ex) 포목 5필 + 곡식 5섬 > 곡식 1섬(상호)
      ≒ 공물(?) ┬ 대상 ┬ 일반민 : 매년 징수
                                       └ 유인(遊人) : 3년마다 징수, 일반민에 비해 부담이 적음
                           └ 내용 : 곡식 혹은 포목, 삼, 쌀 등을 징수
  - 공물(공납) : 토산물 · 특산물을 현물로 징수
  - 역 ┬ 대상 : 15세 이상의 남자
         └ 방식 : 농업을 중시하여 농사에 피해가 가지 않도록 왕궁, 성, 저수지 축조시 동원

◇ **확인해 둘까요!** ・ **삼국의 토지 측량 기준**

- 기능 : 조세(전세) 부과의 기준
- 내용 ┬ 고구려 : 경무법(밭이랑 기준)
  ├ 백제 : 두락제(파종량 기준)
  └ 신라 : 결부제(수확량 기준)
            → 고려 · 조선으로 계승

꼭! 알아두기 ・ **수취 제도의 기본 구조**

중국	수취의 종류	부과의 기준	부담의 정도
조(租)	조세(租稅: 전세) :	토지의 크기	흥부 < 놀부
조(調)	공납(貢納: 공물) :	가호	흥부 ≒ 놀부
용(庸)	역(役) ┬ 군역 :	정남	흥부 > 놀부
	└ 요역 :	가호(정남의 수 고려)	

03 SECTION 고대의 경제

(2) 통일 신라 : 민정 문서에 대한 이해

촌락	가호	호의 등급(수)	인구 / 노비	소 / 말	토지 면적	논 / 밭	뽕나무	잣나무	호두나무
A	11	중하호(4) / 하상호(2) / 하하호(5)	147 / 9	22 / 25	164결 12부 4속	102 / 62	1,004	120	112
B	15	중하호(1) / 하상호(2) / 하중호(5) / 하하호(6) / 기 타(1)	125 / 7	12 / 18	182결 70부 7속	63 / 119	1,280	?	71
C	8	하중호(1) / 하하호(6) / 기 타(1)	69 / 0	11 / 8	129결 74부 1속	71 / 58	730	42	107
D	10	하중호(1) / 하하호(9)	106 / 9	8 / 10	106결 38부 0속	29 / 77	1,235	68	48

> 마을의 모든 사람을 합하면 147명이며, 이 중 전부터 계속 살아온 사람과 3년 사이에 태어난 자를 합하면 145명이 된다. 정(丁)이 29명(노 1명 포함), 조자(助子)가 7명(노 1명 포함), 추자(追子) 12명, 소자(小子) 10명, 3년 사이에 태어난 소자(小子)가 5명, 제공(除公)은 1명이다. 여자의 경우 정녀(丁女) 42명(비 5명 포함), 조녀(助女) 11명, 추녀(追女) 9명, 소녀(小女) 8명, 3년 사이에 태어난 소녀 8명(비 1명 포함), 제모(除母) 2명, 노모(老母) 1명 등이다. 3년 사이에 다른 마을에서 이사온 사람은 2명인데 추자(追子)가 1명, 소자(小子)가 1명이다.

> 논은 모두 102결이다. 관모답이 4결이고, 내시령답이 4결이다. 백성이 소유하고 있는 논(연수유답 烟受有畓)은 94결이다. 이 가운데 촌주가 가진 논(촌주위답 村主位畓)이 20결이다. 밭은 모두 62결이다. 모두 백성이 소유하고 있다. 삼밭은 1결이다.

- 명칭 : 신라장적, 정창원 문서(1933년 일본 도다이사의 쇼소인에서 발견된 문서)
- 작성 ┌ 시기 : 8~9c 경에 제작되었을 것으로 추정
  ├ 대상 지역 : 서원경(청주) 지역의 4개 촌락
  └ 과정 : 토착 세력인 촌주가 매년 변동 사항(증가와 감소)을 조사하여 3년마다 문서를 재작성
- 내용 ┌ 가호 ┬ 인정을 중심으로 한 총체적 자산에 따라 9등급으로 나누어 공연과 계연으로 구분하여 표시
  │   └ 개별 호의 등급으로 농민의 생활 수준 판단
  ├ 인구 ┬ 남녀별, 연령별로 6등급으로 구분   ex) ┬ 남자 : 노공 – 제공 – 정 – 조자 – 추자 – 소자
  │   └ 3년 사이의 증감을 표시   └ 여자 : 노모 – 제모 – 정녀 – 조녀 – 추녀 – 소녀
  ├ 토지 ┬ 논(畓) ┬ 내시령답(관료에게 지급, 녹읍·관료전적 성격) ┐ 마을 주민이 공동으로 경작하고,
  │   │   ├ 관모답(관청 경비로 지급된 토지) ──────────┘ 관청·내시령이 생산물을 수취
  │   │   └ 연수유답(= 민전, 개인 사유지)   cf) 촌주위답(촌주의 역에 대한 대가로 지급된 토지)
  │   └ 밭(田) : 연수유전(= 민전, 개인 사유지) + 삼밭(麻田, 촌락 공유지로 주민이 공동으로 麻를 경작)
  └ 가축(= 마 + 소) + 유실수(= 뽕나무 + 잣나무 + 호두나무)
- 목적 : 조세 징수와 부역 징발을 위해 작성 ┌ 조세 : 수확량의 1/10 징수
                                          ├ 공물 : 촌락 단위로 지역 특산물 징수
                                          └ 역 : 16세 이상 60세 미만(?)의 남자를 대상으로 동원

3 경제 생활

(1) 농민

- 삶의 조건
  - 기반
    - 자기 소유의 척박한 토지 경작
    - 타인의 토지 경작 : 수확량의 1/2을 소유자에게 납부 → 과중한 지대를 부담
  - 의무
    - 전세 : 수확량의 1/10 납부
    - 공물 : 명주실, 삼베, 과실류 징수
    - 역
      - 군역
      - 부역 : 부담이 커서 농사에 지장을 초래
  - 기술
    - 발달
      - 지배층을 중심으로 철제 농기구 보급
      - 우경(소를 이용한 깊이갈이)의 확대 · 장려   cf) 사료에는 지증왕 때 우경 시작을 기술
    - 한계 : 시비법이 발달하지 못함 → 많은 휴경지 존재
- 삶의 변화
  - 정부의 노력
    - 내용
      - 농업 장려
        - 농기구
          - 4~5c를 지나면서 철제 농기구를 농민에게 점차 보급
          - 6c 이후 쟁기, 호미, 괭이 등 철제 농기를 널리 이용
        - 농업 노동력 확보 : 우경 장려, 순장 금지, 유목민 정착
        - 황무지 개간 권장, 저수지 축조 · 수리
      - 구휼 정책 ex) 고구려의 진대법(고국천왕)
    - 목적 : 농민의 토지 이탈을 방지하여 농촌 사회의 안정 추구
  - 악화
    - 배경 : 8c 후반 이후 세력가의 수탈과 토지 겸병 · 고리대 성행
    - 결과 : 농민의 토지 이탈 증가 → 유랑민 · 도적 · 노비로 전락
- cf) 기타 백성
  - 향 · 부곡민 : 일반 농민보다 많은 공물 부담
  - 노비 : 왕실, 관청, 귀족, 절 등에 소속 → 수공업, 잡무, 농업 등에 종사

(2) 수공업 : 관청 수공업

- 삼국 시대
  - 목적 : 정복 사업 승리를 위해 우수한 무기 확보
  - 내용 : 품질 좋은 철광석과 뛰어난 기술자 확보 노력
  - 방식
    - 노비 중 기술이 뛰어난 자가 국가의 필요한 무기 · 장신구를 생산
    - 수공업자가 무기 · 비단 등 필요한 물품을 생산
- 통일 신라
  - 방식 : 장인과 노비를 소속시켜 왕실과 귀족이 사용할 물품을 제작 · 공급케 함
  - 품목 : 금 · 은 세공품, 비단류, 그릇, 가구, 철물 등

(3) 상업

- 삼국 시대
  - 고구려 : 생산력 수준이 낮아 수도와 같은 큰 도시에만 시장이 형성됨
  - 백제 : 수도에 시장 설치, 감독관청으로 도시부 설치
  - 신라
    - 배경 : 농업 생산력 증대, 수공업 생산 확대
    - 내용
      - 소지마립간(5c 후반) : 수도에 시장 설치
      - 지증왕(6c) : 수도의 시장을 '동시' 라 칭하고, 감독 관청으로 동시전 설치
- 통일 신라
  - 배경 : 통일 이후 경제력 성장, 금성(경주)의 인구 증가
  - 도시의 성장
    - 수도
      - 내용 : 동시 외에 서시 · 남시를 추가로 설치
      - 감독 관청 : 동시전 외에 서시전 · 남시전 설치(효소왕, 695)
    - 지방 : 주의 소재지나 소경과 같은 지방 중심지 또는 교통의 요지에 시장 개설

03
SECTION

고대의 경제

(4) 무역

- 삼국 시대 ┬ 형태 : 공무역(왕실과 귀족의 수요)
  └ 내용 ┬ 고구려 : 남·북조 및 북방 유목 민족과 무역
      ├ 백제 ┬ 전기(근초고왕) : '동진─백제─가야─왜' 교역로 장악
      │   └ 후기 : 남조 및 왜와 무역
      └ 신라 ┬ 한강 진출 이전 : 고구려·백제를 통해 중국과 무역
          └ 한강 진출 이후 : 당항성을 통해 중국과 직접 교역

- 통일 신라 ┬ 당 ┬ 특징 : 공·사무역 발달 cf) 신라 : 고급 비단(어아주, 조하주) 수출
    │   ├ 품목 : 수출(금·은 세공품, 베, 인삼) ⇄ 수입(비단, 서적 등 사치품)
    │   ├ 내용 ┬ 위치 : 산둥반도, 양쯔강 하류
    │   │   └ 활동 ┬ 신라방·신라촌 : 신라인의 거주지
    │   │   ├ 신라소 : 신라의 관청
    │   │   ├ 신라관 : 당이 설치한 신라인을 위한 숙소
    │   │   └ 신라원 : 신라의 사원 ex) 법화원(장보고)
    │   └ 노선 ┬ 북로 : 당항성(남양만) → 산둥반도
    │   └ 남로 : 영암 → 양쯔강 유역의 항저우, 쑤저우
    ├ 일본 : 초기에는 교류 제한 → 8c 이후 활발
    ├ 이슬람 : 울산항을 통해 상인이 왕래
    cf) 장보고 ┬ 출신 : 당의 서주 무령군 소장
    │   ├ 활동 ┬ 완도에 청해진을 설치하여(흥덕왕) 해적을 소탕
    │   │   ├ 국제 무역 주도 ┬ 당 : 견당매물사 파견(교관선 인솔)
    │   │   │   └ 일본 : 회역사 파견
    │   │   └ 일본 승려 엔닌이 장보고의 도움으로 당에 유학
    │   │   → 이후 엔닌 〈입당구법순례행기〉 저술
    └ 한계 : 문성왕 때 염장에 의해 암살됨

삼국의 경제활동

남북국의 무역 활동

◇ **확인해 둘까요!** ▶ **발해의 경제**

- 수취 체제 : 조세(조·보리·콩 등을 징수) + 공물(베·명주·가죽 등을 징수) + 부역 동원
- 산업 ┬ 농업 : 밭농사 중심 + 일부 벼농사(철제 농기구, 수리 시설 확충)
    ├ 목축 : 돼지, 소, 양 등 사육, 수렵(모피, 사향, 녹용) 활발
    ├ 수공업 : 철 생산 풍부, 금속 가공업, 직물업, 도자기업 등이 발달
    ├ 상업 : 상경 등 교통의 요지에서 발달, 주로 현물 화폐 사용 but 외국 화폐도 유통
    └ 특산물 : 솔빈부의 말, 태백산의 토끼, 남해부의 곤포(다시마), 책성부의 된장, 위성의 철, 미타호의 붕어
- 무역 ┬ 건국 초 : 돌궐, 일본(동경 용원부를 경유)과 활발하게 교류 ← 신라와 당 사이에서 고립을 피하기 위해
    └ 8c 후반 이후 ┬ 당 ┬ 내용 ┬ 관계가 개선되어 유학생 등을 파견
          │   │   └ 육로(영주도)와 해로(조공도)를 통한 교역 ex) 당이 덩저우에 발해관 설치
          │   └ 물품 ┬ 당 : 비단, 책 등 귀족의 수요품 수출
          │   (수출)└ 발해 : 모피, 인삼, 불상, 자기, 말(솔빈부) 등 수출
          └ 신라 : '신라도'(상경용천부 → 동경용원부 → 남경남해부 → 신라 천정군)를 통해 교역

핵심 **자료 읽기**

식읍 지급

- 봉상왕 2년 모용외가 침범하였다. …… 신성 태수인 고노자가 기병 500명을 거느리고 왕을 맞이하고 적을 공격하니 모용 외의 군사가 패배하여 물러났다. 왕이 기뻐하여 고노자에게 대형의 벼슬을 주고, 곡림을 식읍으로 주었다.
- 신대왕 8년 명림답부는 수천의 기병을 거느리고 뒤쫓아 가서 좌원(坐原)에서 싸웠는데, 한나라 군대가 크게 패하여 한 필의 말도 돌아가지 못하였다. 왕은 크게 기뻐하고 명림답부에게 좌원과 질산을 식읍으로 주었다. <삼국사기>
- 법흥왕 19년 금관국의 왕 김구해가 왕비와 세 아들을 데리고 나라 창고에 있던 보물을 가지고 와서 항복하였다. 왕이 예로 써 대접하고 상등의 벼슬을 주었으며 본국을 식읍으로 삼게 하였다. <삼국사기>

신라 토지 제도의 변화

- 신문왕 7년 5월 문무 관료전을 지급하되, 차등을 두었다.
- 신문왕 9년 1월 내외관의 녹읍을 혁파하고 매년 조(租)를 내리되, 차등이 있게 하여 이로써 영원한 법식을 삼았다.
- 성덕왕 21년 8월 처음으로 백성에게 정전을 지급하였다.
- 경덕왕 16년 3월 여러 내외관의 월봉을 없애고, 다시 녹읍을 나누어 주었다.
- 소성왕 원년 3월 청주 거노현으로 국학생의 녹읍을 삼았다. <삼국사기>

농업

- 고구려 : 후한 요동 태수 최식이 말하기를 "지금 요동에서는 쟁기로 농사를 짓는데 끌채의 길이가 4척이어서 서로 도는 데 방해가 된다. 두 마리 소를 사용하는데 두 사람이 끌고 한 사람이 쟁기를 잡고 간다. 그 뒤에 한 사람이 씨를 뿌리 고 한 사람이 덮는다. 대개 소 두 마리와 여섯 사람이 함께 일한다." 하였다. <제민요술>
- 백제 : 다루왕 6년 2월에 주·군에 영을 내려 처음으로 논을 만들게 하였다.
   구수왕 9년(222) 봄 2월에 담당 관청에 명하여 제방을 수축하게 하였다. <삼국사기>
- 신라 : 지증마립간 3년 주·군 책임자에게 명하여 농사를 관장하게 하였고, 처음으로 소를 부려 논밭갈이를 하였다.
- 발해 : 기후는 매우 차고 벼농사에 적합하지 않으며 민간에서는 글을 많이 읽는다. 고씨 이래로 조공이 끊어지지 않는다.

장보고의 활동

- 청해진 설치 : 장보고는 신라로 돌아와 흥덕왕을 찾아와 만나서 말하기를 "중국에서는 널리 우리나라 사람들을 잡아 가서 노비로 삼으니 청해진을 만들어 적으로 하여금 사람들을 약탈하지 못하도록 하기를 원하나이다."라고 하였다. 대왕은 그 말을 따라 장보고에게 군사 만 명을 거느리고 해상을 방비하게 하니 그 후로는 해상으로 나간 사람들이 잡혀가는 일이 없 었다.
- 장보고의 난 : 청해진 대사 궁복(장보고)이 자기 딸을 왕비로 맞지 않은 것을 원망하고 청해진을 근거로 반란을 일으켰다. …… (문성왕) 13년 2월에 청해진을 파하고 그 곳 백성들을 벽골군으로 옮겼다.

엔닌의 <입당구법순례행기>

아직 만나 뵙지 못했지만 오랜동안 높은 인격에 대한 소문을 들었는지라 엎드려 흠모하고 우러르는 마음이 더합니다. 중춘 (仲春)이어서 날씨가 이미 따뜻해졌습니다. 엎드려 생각하건대 대사의 존체와 거동에 만복이 있기를 바랍니다. 저는 멀리서 인자한 덕을 입어 우러러 받드는 마음을 이길 수가 없습니다. 저는 옛날부터 품었던 생각을 이루기 위해 당나라 땅에 체류하 고 있습니다. 미천한 이 몸은 다행스럽게도 대사께서 세우신 적산 법화원에 머물러 있습니다.

04 고대의 사회

1 삼국 시대

(1) 고구려

- 모습 ┬ 지배층 ┬ 왕족(계루부 고씨) 　　　　　　　　　　　　 cf) 前 왕족 : 연노부(소노부, 종묘 · 사직을 유지)
  │　　　 └ 왕비족(연나부 = 절노부의 연씨) : 중천왕 때 관나부 출신 후궁이 도전하다가 처형됨
  ├ 성격 : 활발한 정복 활동으로 상무적 기풍 ex) 평상시 전투적 자세 유지, 전쟁 발발시 귀족이 앞장서 전투
  ├ 혼인 ┬ 지배층 : 서옥제(데릴사위), 형사취수제(고국천왕 사후 왕후 우씨와 고국천왕의 동생 산상왕의 혼인)
  │　　　 └ 평민 : 자유로운 교제, 남자 집에서 돼지고기와 술을 보낼 뿐 다른 예물은 주지 않음
  └ 오락 : 투호, 바둑, 장기
- 정책 ┬ 형법 ┬ 반란을 음모하는 자가 있으면 많은 사람을 불러 모았다. 횃불로 지져 온 몸이 짓무르면 목을 벤다.
  │　　　 ├ 성을 지키다가 항복한 자, 전쟁에 패한 자, 사람을 죽이거나 겁탈한 자는 목을 벤다.
  │　　　 ├ 물건을 훔친 자는 12배를 물어 주게 하고, 가난하여 불가능할 경우에는 자녀를 노비로 배상한다.
  │　　　 ├ 소나 말을 죽인 자는 노비로 삼고, 공 · 사의 채무를 갚지 못하는 자도 노비로 삼는다.
  │　　　 └ 법을 엄격하게 적용하므로 죄를 범하는 자가 적으며, 길에 떨어진 물건도 줍지 않는다.
  └ 진대법(고국천왕 때 을파소의 건의로 실시) : 국가 재정 안정과 국방력 유지를 위해 실시

(2) 백제

- 모습 ┬ 지배층 ┬ 왕족 : 부여씨　　　　　　　　　　　　　　　 → 금제 관식
  │　　　 └ 귀족(8성) : 국 · 목 · 백 · 사(사택) · 연 · 진 · 해 · 협씨 → 1~6관등(은제 관식, 자색), 7~11관등(비색)
  ├ 언어 · 풍속 · 의복은 고구려와 비슷 → 상무적 기풍
  └ 오락 : 투호, 바둑, 장기　　　　　　 cf) 중국 고전과 역사책을 읽고 한문을 능숙하게 구사
- 형법 ┬ 반란한 자나 전쟁터에서 퇴각한 군사 및 살인자는 목을 베고, 그 가족의 재산을 몰수한다.
  ├ 살인자는 노비 3명으로 속죄한다. 도둑질한 자는 귀양 보냄과 동시에 2배를 물게 한다.
  ├ 관리가 뇌물을 받거나 국가 재물을 횡령했을 때는 3배 배상하게 하고 죽을 때까지 가둔다.
  └ 부인이 간통을 하면 남편 집의 종으로 삼는다.
- 사회 안정 정책 : 6~7c 정부가 백성에게 구황기 곡물을 빌려주고 이자를 취득 ex) 좌관대식기(부여 쌍북리)

좌관대식기

(3) 신라

- 화백회의 ┬ 기원 : 6촌(= 6부) 부족회의인 남당 제도에서 유래 → 씨족 사회적 전통
  ├ 장소 : 4영지(청송산, 오지산, 피전, 금강산)
  ├ 구성 : 의장(상대등) + 귀족(대등)
  ├ 운영 : 왕위 계승 문제, 외국과의 전쟁, 법률 제정 등의 주제를 만장일치제로 처리
  ├ 기능 : 국왕 권한에 대한 귀족들의 견제 ex) 6c 화백회의에서 진지왕을 폐위시킴
  └ 변천 : 상대(국정 주도) → 중대(전제 왕권으로 상대적 약화) → 하대(전제 왕권의 붕괴로 상대적 강화)
- cf) 갈문왕(신라) : 왕과 일정한 관계에 있는 최초 성씨집단의 씨족장에게 준 칭호 but 중 · 하대에는 존재 약화
- 화랑도 ┬ 구성 : 화랑(진골 신분으로 구성) + 낭도(다양한 신분의 참여)
  ├ 기능 : 계층 간의 대립과 갈등을 조절 및 완화 + 준군사 조직으로 대외 전쟁에서 큰 역할 담당
  ├ 국가적 정비 : 진흥왕, 원광의 세속 5계(진평왕)
  ├ 유래 : 원시 사회의 청소년 집단에서 기원 ex) 원화 제도 → 씨족 사회의 전통
  ├ 사상적 배경 : 미륵 신앙 + 유교 · 불교 · 도교의 융합 ex) 풍류 사상(최치원의 평가)
  └ 기록된 문헌 : 김대문의 <화랑세기>　　　　　　 cf) 유사 조직 : 고구려의 '선비', 백제의 '수사'

고대의 신분 제도

1. 신분 제도의 성립 : 귀족 + 평민 + 천민

- 신분적 차별의 법제화 ┌ 제도화 : 율(형법) · 령(행정법) 제정 → 개인의 능력보다 친족의 사회적 지위가 중요
  └ 귀족 내 차별적 신분제 운영 ex) 신라의 골품제

- 구조

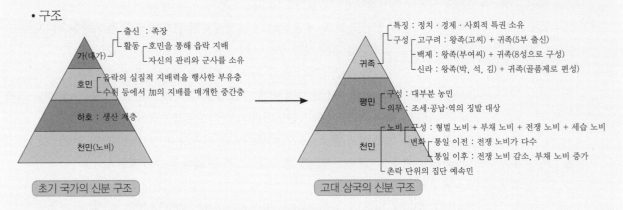

초기 국가의 신분 구조 → 고대 삼국의 신분 구조

초기 국가의 신분 구조
- 가(대가) ┌ 출신 : 족장
  ├ 활동 : 호민을 통해 읍락 지배
  └ 자신의 관리와 군사를 소유
- 호민 ┌ 읍락의 실질적 지배력을 행사한 부유층
  └ 수취 등에서 加의 지배를 매개한 중간층
- 하호 : 생산 계층
- 천민(노비)

고대 삼국의 신분 구조
- 귀족 ┌ 특징 : 정치 · 경제 · 사회적 특권 소유
  └ 구성 ┌ 고구려 : 왕족(고씨) + 귀족(5부 출신)
    ├ 백제 : 왕족(부여씨) + 귀족(8성으로 구성)
    └ 신라 : 왕족(박, 석, 김) + 귀족(골품제로 편성)
- 평민 ┌ 구성 : 대부분 농민
  └ 의무 : 조세 · 공납 · 역의 징발 대상
- 천민 ┌ 노비 ┌ 구성 : 형벌 노비 + 부채 노비 + 전쟁 노비 + 세습 노비
  │   └ 변화 ┌ 통일 이전 : 전쟁 노비가 다수
  │   └ 통일 이후 : 전쟁 노비 감소, 부채 노비 증가
  └ 촌락 단위의 집단 예속민

2. 골품 제도

- 성립 ┌ 과정 : 6c(법흥왕)~7c 고대 국가로 발전하는 과정에서 족장 세력(왕경인, 소경인)을 대상으로 편제
  └ 구성 ┌ 골족 : 성골, 진골
    └ 두품족 : 6두품(= 득난(得難)), 5두품, 4두품, 3두품, 2두품, 1두품

  cf) 골품제가 적용되지 않는 지방의 토착 세력에게는 5 · 4두품에 해당하는 외위 11관등을 지급

- 기능 ┌ 정치 ┌ 관등 제한 ┌ 골족 : 제한 없음
  │   │   └ 두품족 : 6두품 → 6관등 아찬까지, 5두품 → 10관등 대나마까지, 4두품 → 대사까지
  │   └ 관직 제한 ┌ 골족 : 왕위 · 장관 독점 ┌ 중앙 : 령, 중시(= 시중)
  │   │   └ 지방 : 군주 → 도독(= 총관), 사신
  │   └ 두품족 : 왕위 혹은 장관직 진출에 제한
  └ 사회 : 골품별로 가옥(방, 섬돌, 마굿간의 규모), 수레, 의복 등 생활에 대한 규제

- 보완 : 중위제 실시 ┌ 기능 : 非진골 관료층의 불만을 일부 해소
  (통일 전후)   └ 내용 : 아찬을 4등급으로 구분, 대나마를 9등급으로 구분, 나마를 7등급으로 구분

3. 골품 제도의 변화 : 중대 이후

- 골족 ┌ 성골 : 소멸
  └ 진골 ┌ 정치적 분화 : 김씨 계열(전제 왕권을 옹호) vs 박씨 · 가야계 · 고구려계(정권에서 소외)
    └ 문화 : 우리 문화의 독자성 강조 ex) 김대문의 〈화랑세기〉, 〈한산기〉, 〈고승전〉, 〈계림잡전〉 저술

- 두품족 ┌ 6두품 ┌ 중대 : 전제 왕권의 확립에 따른 상대적 두각 ┌ 강수 : 〈답설인귀서〉 작성
  │   │   └ 설총 : 이두 정리, 화왕계 작성
  │   └ 하대 ┌ 골품제 개혁 시도 : 최치원이 진성여왕에게 시무 10여조 제출
  │   └ 反신라적 경향 → 후삼국 건립에 참여 : 최승우(후백제), 최언위(고려)
  └ 3~1두품 : 평민화

- 극복 노력 ┌ 시도 : 독서3품과 실시(원성왕) but 실패
  └ 결과 : 고려의 새로운 신분 제도 마련 ex) 대(大)호족과 6두품 주도로 문벌 귀족 사회 형성

04 SECTION

고대의 사회

2 남북국 시대

(1) 통일 신라

- 중대 ┬ 민족 통합 ┬ 사례 : 고구려 · 백제의 유민에게 본국의 지위에 따라 관등 지급, 유민들을 포함한 9서당 편성
  │   └ 의식 : '삼한(삼국)이 하나가 되었다' → 삼한 일통 의식
  └ 왕권 강화 : 신문왕의 진골 귀족 숙청 ex) 김흠돌의 모역 사건

- 하대 : 모순 심화 ┬ 지배층 ┬ 배경 : 전제 왕권의 붕괴 → 진골 내의 왕위 쟁탈전 전개 + 중앙 정부의 통치력 약화
  │   └ 내용 ┬ 무장 조직을 갖춘 지방 호족 등장
  │   └ 귀족들의 사치와 향락, 농장 확대 + 지방 토착 세력과 사원의 대토지 소유
  └ 피지배층 ┬ 배경 : 수취 기반 축소로 재정 악화 → 조세 징수 강화 시노로 농민의 조세 부담 가중
           └ 내용 ┬ 자영 농민의 몰락 : 농민의 토지 이탈과 유망 → 노비 혹은 화전민 전락
                 └ 농민 봉기 발생 ex) 진성여왕(9c 말) 당시의 원종 · 애노의 난, 적고적의 난

- 생활 모습 ┬ 도시의 발달 ex) 금성(경주) → 정치 · 문화의 중심지, 5소경 → 지방 문화의 중심지
  └ 생활 ┬ 귀족 ┬ 경제적 기반 : 식읍, 전장 등
       │   ├ 사치 향락 : 금입택에 거주, 노비 · 사병 소유 → 신라인의 소박함과 강인함 소멸
       │   └ 정부의 대응 : 흥덕왕의 사치 금지령 발표
       └ 평민 : 자신의 토지 및 귀족에게 빌린 토지를 경작, 부채 노비로 전락(고리대)

(2) 발해

- 신분 ┬ 지배층 ┬ 구성 : 다수의 고구려계(왕족인 대씨 + 귀족인 고씨) + 일부의 말갈계
  │   ├ 기반 : 주요 관직 차지, 대토지 소유, 노비 소유, 예속민 통치
  │   └ 생활 : 당의 제도와 문화를 수용 → 당으로부터 비단 · 서적 등을 수입, 당에 유학하여 빈공과 합격
  └ 피지배층 ┬ 구성 : 다수의 말갈계 주민(고구려 전성기 때 고구려에 편입) + 일부의 고구려계 주민
           └ 생활 : 고구려나 말갈 사회의 전통적 생활 모습 유지

- 생활 ┬ 풍습 : 타구(격구) 놀이가 당을 통해 들어와 널리 유행
  └ 촌락 : 행정의 말단 단위로 토착 세력가인 수령을 통해 촌락민(주로 말갈인)을 효율적으로 통치

◇확인해 둘까요! ▶ 골품 제도의 정치 · 사회적 영향

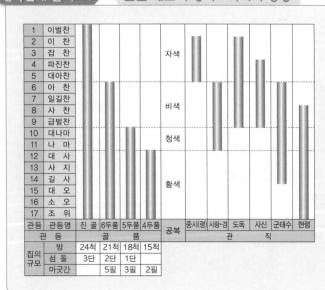

- 신분적 이동 ┬ 진골 → 6두품 (○)
  └ 6두품 → 진골 (✕)

- 골품과 관등 · 공복 · 관직과의 관계

  ┌ 골품 → 관등의 상한선
  ┌ 관등 → 공복의 색
  ├ 관직과의 관계 ┬ 중시(령) : 진골
  │   ├ 시랑 : 진골 ~ 6두품
  │   ├ 도독 · 사신 : 진골
  │   └ 군태수 · 현령 : 진골 ~ 4두품
  └ 골품 → 사회적 생활 ex) 집의 규모

고대의 지배층의 신분 구성 : 귀족인 대가와 하층민인 하호
- 고구려 : 가호가 3만 호인데 …… 그 중에서 대가(大加)들은 경작하지 않고 앉아서 먹는 자가 1만 명이나 되며, 하호들은 먼 곳에서 쌀, 낟알, 물고기, 소금 등을 날라 대가에게 공급하였다. 대가들은 경작하지 않고 하호들은 부세를 바치며 노비와 같았다.
- 백제 : 여덟 씨족의 대성이 있는데 사씨, 연씨, 협씨, 해씨, 정씨, 국씨, 목씨, 백씨이다. 나라의 서남쪽에 사람이 살고 있는 섬이 15군데 있다.

노비의 발생 요인
- 전쟁 노비 : 고구려의 사유(고국원왕)가 보병과 기병 2만을 거느리고 치양에 주둔하고 군사를 나누어 민가를 약탈하였다. 왕(근초고왕)이 태자에게 군사를 주니, 곧장 치양으로 가서 고구려군을 급히 깨뜨리고 5,000명을 사로잡았다. 그 포로를 장수와 사졸들에게 나누어 주었다.　〈삼국사기〉
- 형벌 노비 : 8조의 법 - 도둑질한 자는 노비로 삼는다.
- 연좌제를 통한 노비 형성 : 감옥이 없으므로 죄 있는 사람은 제가들이 의논하여 죽이고 처자는 모두 종으로 삼는다.
- 부채 노비 : 사람들이 다른 사람에게 곡식을 빌려 주고 이자를 받는데, 갚는 것이 양에 차지 않으면 데려다 노비로 삼는다.

신분의 이동 : 노비의 양민화
가야가 배반하니 왕(진흥왕)이 이사부에게 토벌하도록 명령하고, 사다함에게 이를 돕게 하였다. 사다함이 기병 5,000명을 거느리고 들이닥치니 일시에 모두 항복하였다. 공을 논하였는데 사다함이 으뜸이었다. 왕은 좋은 농토와 포로 200명을 상으로 주었다. 사다함은 세 번 사양하였으나 …… 왕이 굳이 주자, 받은 사람을 놓아 주어 양민으로 만들고 농토는 병사에게 나누어 주었다.　〈삼국사기〉

고구려의 사회 모습
- 약탈 경제 : 큰 산과 깊은 골짜기가 많고 평원과 연못이 없어 계곡을 따라 살며 골짜기 물을 식수로 마셨다. 좋은 밭이 없어서 힘들여 일구어도 배를 채우기는 부족하였다. …… 나라에는 큰 창고를 설치하지 않고 대신 집집마다 작은 창고를 만들도록 하였다. 이 작은 창고를 이름하여 부경이라 불렀다.
- 상무적 기풍 : 무릎을 꿇고 절을 할 때 한 쪽 다리를 뻗는다. 걸음걸이는 역시 모두 달음질치는 것과 같다.
- 벼슬로는 대대로, 태대형, 대형 등이 있었으며, 관직자들은 두 개의 새 깃털로 장식한 모자(조우관)를 썼다.
- 사람들은 구들을 놓아 불을 지피는 방식으로 난방을 해서 겨울을 따뜻하게 보냈다.

고구려의 혼인 풍습
- 데릴사위제 : 혼인할 때에는 미리 약속을 하고 신부 집 뒤편에 작은 별채를 짓는다. 이를 사윗집(서옥)이라 부른다.
- 형사취수제 : 고국천왕이 죽자 왕후 우씨는 죽음을 비밀로 했다. 그녀는 밤에 죽은 왕의 첫째 아우 발기의 집에 찾아갔다. 발기가 사실을 모르고 말했다. "부인이 밤에 다니는 것을 어떻게 예라고 할 수 있겠습니까?" 왕비는 부끄러워하고 곧 왕의 둘째 동생 연우의 집에 갔다. 연우는 왕비를 위해 잔치를 베풀었다. 연우가 고기를 베다가 손가락을 다쳤다. 왕후가 치마끈을 풀어 다친 손가락을 싸주고 돌아가려할 때 "밤이 깊어 두려우니 그대가 왕궁까지 전송해 주시오." 연우가 그 말을 따르니 왕후는 손을 잡고 궁으로 들어갔다. 다음날 왕후가 선왕의 명령이라 사칭하고 연우를 왕으로 세웠다. 왕은 우씨 때문에 왕위에 올랐으므로 다시 장가들지 않고 우씨를 왕후로 삼았다.
- 평민 : 남자 집에서 돼지고기와 술을 보낼 뿐 다른 예물은 주지 않았다. 신부 집에서 재물을 받았을 때에는 딸을 팔았다고 여겨 부끄럽게 생각하였다.

핵심 자료 읽기

진대법

겨울 10월에 왕이 질양에서 사냥하실 때 길가에서 어떤 사람이 앉아 우는 것을 보고 어째서 우느냐고 물었다. 대답하되 "신은 가난하여 품팔이로 어머니를 봉양하였는데, 올해는 흉년이 들어 품팔이를 할 수 없고 한 되, 한 말의 양식도 얻어 쓸 수 없어 웁니다."라고 하였다. 왕이 말하기를 "아! 내가 백성의 부모가 되어 백성을 이러한 극한 지경에 이르게 하니 나의 죄다."라며 의복과 먹을 것을 주어 살아가게 했다. 내외 관청에 명하여 홀아비, 과부, 고아 그리고 늙고 병들었거나 가난하고 궁핍하여 스스로 살아가지 못하는 자들을 조사하여 구휼하도록 하였다. 관리에게 명하여 매년 봄 3월부터 가을 7월까지 관청의 곡식을 내어 백성의 식구가 많고 적음에 따라 등급을 정하여 꾸어 주고 겨울 10월에 갚게 하는 상설 규정을 만드니 내외가 크게 기뻐하였다.

화백회의

• 큰 일이 있으면 여러 관료들이 모여 자세히 의논한 후 결정한다.
• 만장 일치제의 운영 방식 : 일은 반드시 무리와 더불어 의논했다. 이를 화백이라 하는데 한 명이라도 이의가 있으면 통과되지 못했다. 〈신당서〉
• 4영지에서의 회의 개최 : 진덕여왕 때 알천공, 유신공 등이 남산에 모여 국사를 논의할 때 …… 사람들은 유신의 위세에 복종하였다. 신라에는 네 군데 신성한 장소가 있어 장차 큰 일을 의논할 때는 대신들이 그곳에 모여 도모하면 반드시 성사되었다. 〈수서〉
• 기능(국왕 폐위) : 사륜왕의 시호는 진지대왕이다. 태건 8년(576)에 왕위에 올랐다. 나라를 다스린 지 4년만에 정치가 문란하여 어지러워졌고 음란함에 빠져 귀족들이 그를 폐위시켰다.

신라의 6두품 : 골품제에 대한 불만

• 중대 : 설계두는 신라 6두품 집안 자손이다. 하루는 친구들과 함께 술을 마시며 자기 뜻을 말하였다. "우리나라에서는 사람을 쓰는데 먼저 골품을 따진다. 정말 그 족속이 아니면 비록 큰 재주와 뛰어난 공이 있다 하더라도 크게 될 수 없다. 내가 바라는 것은 멀리 당나라에 가서 빼어난 지혜를 발휘하고 뛰어난 공을 세워 나 스스로 영광스런 길을 열고 높은 관리의 칼을 차고 황제 곁을 드나드는 것이다." 당 고조 3년에 설계두는 몰래 당에 건너갔다. 마침 태종 황제가 고구려를 원정하므로 스스로 따라가 좌무위과의가 되었다. 〈삼국사기〉
• 하대 : 최치원의 자는 고운으로 신라 왕경 사량부 사람이다. …… 최치원은 당에 유학하여 깨달아 얻은 바가 많았으므로 귀국하여 이를 널리 펴 보려는 뜻을 가졌으나, 그가 당에서 고국으로 돌아왔을 때는 난세가 되어서 모든 일이 어지러워 뜻대로 되지 않으므로 스스로 불우한 처지를 한탄하여 다시는 벼슬에 뜻을 두지 아니하고 은둔하여 전국을 떠돌며 책 속에 파묻혀 세월을 읊으며 보냈다. …… 그 제자들이 고려 초기에 조정으로 들어와 벼슬을 하여 고관에 이른 사람이 많았다.

화랑도

• 기원 : 진흥왕 37년 봄, 처음으로 원화(源花) 제도를 두었다. 처음에 군신이 인재를 구할 수 없어 근심한 끝에 많은 사람들을 무리지어 놀게 한 후, 그들의 행실을 보아 이를 등용하려 하였다. 이에 아름다운 두 여자를 뽑았는데 …… 그후 다시 아름다운 남자들을 뽑아서 곱게 단장하고 화랑이라 이름하여 받들게 하였는데 그러자 무리들이 구름처럼 모여들었다. 서로 도의를 연마하고 노래와 음악을 즐기면서 산수를 찾아 유람하였다. 먼 곳이라도 그들의 발길이 닿지 않는 곳이 없었다. 이 과정에서 인물됨을 알게 되어 선량한 인물을 조정에 추천하였다. …… 국인이 모두 높이 섬긴다.
• 기능 : 현좌(賢佐)와 충신(忠臣)이 이로부터 솟아나고 양장(良將)과 용졸(勇卒)이 이로 말미암아 나왔다.
• 기능 : 죽지랑의 낭도에 득오실이라는 자가 있었는데, 어느 날부터 출근을 하지 않았다. 죽지랑이 그 어미를 불러 아들이 어

디에 있는지 물으니 어미가 말하였다. "군대 책임자인 모량부의 익선 아찬이 내 아들을 부산성 창고지기로 뽑아서 데려갔습니다." …… 죽지랑이 밭으로 찾아가, 익선에게 휴가를 얻어 같이 돌아가고 싶다고 청하니, 익선은 끝내 안된다며 허락하지 않았다. 이때 간진이라는 자가 죽지랑이 선비를 소중히 여기는 풍모를 아름답게 보아 자신이 가지고 있던 30석의 곡식을 익선에게 주고 …… 또 말안장을 더 얹어 주니 그때서야 허락하였다. <삼국유사>

- 미륵 신앙 : 진지왕 때 승려 진자가 미륵상 앞에 소원을 빌며 말했다. "부처님이 화랑으로 변하여 세상에 나타나시면, 항상 받들어 모시겠습니다." 어느날 꿈에 한 승려가 나타나 그에게 말했다. "웅천의 수원사에 가면 미륵선화를 볼 수 있으리라." 진자가 꿈에서 깨어 그 절을 찾았다. … 얼굴에 화장을 하고 장신구를 갖춘 수려한 남자 아이가 길가에서 노는 것을 보고 진자는 그가 미륵선화라고 생각하여 데려와 왕에게 보였다. 왕은 그를 공경하고 사랑하여, 받들어 국선으로 삼았다. 그는 자제(子弟)를 화목하게 했으며, 예의와 가르침이 다른 사람과 다르고, 풍류가 세상에 빛났다.

- 최치원의 평가 : 최치원은 난랑비 서문에 다음 기록을 남겼다. "우리나라에 풍류라는 현묘한 도가 있다. …… 실제적으로는 유 · 불 · 선의 세 가지 교를 포괄하여 중생을 교화하자는 것이다. 집에서 효도하고, 집 밖에 나가서 나라에 충성하는 것은 공자(노나라의 사구)의 뜻이다. 무위와 불언(不言)의 가르침을 실천하는 것은 노자(주나라의 주사)의 뜻이다. 모든 악행을 하지 않고, 모든 선행을 실천하는 것은 석가(축건태자)의 교화와 같은 것이다." <난랑비 서문>

신라의 사회 모습

관식은 17등급이 있다. 토지의 금식는 중국과 같다. 건장한 남자는 모두 뽑아 군대에 편입시켰으며, 군영마다 대열이 조직되어 있다.

통일 신라 귀족의 생활

- 재상가에는 녹(祿)이 끊이지 않았다. 노예가 3,000명이고 비슷한 수의 갑옷과 무기, 소, 말, 돼지가 있었다. 바다 가운데 섬에서 길러 필요할 때 활로 쏘아서 잡아먹었다. 곡식을 꾸어서 갚지 못하면 노비로 삼았다. <신당서>

- 헌강왕 6년 왕이 신하와 더불어 월상루에 올라 사면을 바라보니, 서울에 민가들이 즐비하게 늘어섰고 풍악 소리가 끊이지 않았다. 왕이 시중 민공을 돌아보며 "지금 민간에서는 지붕을 기와로 덮고 짚을 쓰지 아니하며, 밥을 짓되 숯으로 짓고 나무를 쓰지 않는다고 하니 그러한가?"라고 물으니, 민공이 "신도 그와 같이 들었습니다."라고 하였다.

사치 금지령

흥덕왕 9년 왕이 말하기를 "사람에게는 위와 아래가 있고, 벼슬에도 높음과 낮음이 있어 명칭과 법식이 같지 않고 의복 또한 다른 것이다. 그런데 세상의 습속은 점점 각박해지고 백성들은 다투어 사치와 호화를 일삼고 오로지 외래품의 진귀한 것만을 숭상하고 토산품의 야비한 것을 싫어한다. 이에 예법에 따라 엄한 명령을 베푸는 것이니 그래도 만약 일부러 범하는 자가 있으면 국법을 시행할 것이다."라고 하였다.

발해의 사회 모습

- 고구려 옛 땅에 세운 나라이다. 사방 이천 리이며 주현이나 관역이 없다. 곳곳에 마을이 있는데 모두 말갈 부락이다. 백성에는 말갈인이 많고 토인이 적다. 토인이 촌장이 되었다. 큰 촌락은 도독이라 하고 다음 크기는 자사라 한다. 그 아래는 백성들이 모두 수령이라 부른다.

- 남으로 신라와 접하고 있다. 사방이 2천 리이며, 십여만 호가 살고, 병사가 수만 명이다. 풍속은 고구려, 거란과 같고, 문자 및 서책도 발달했다.

02 묘제의 변화

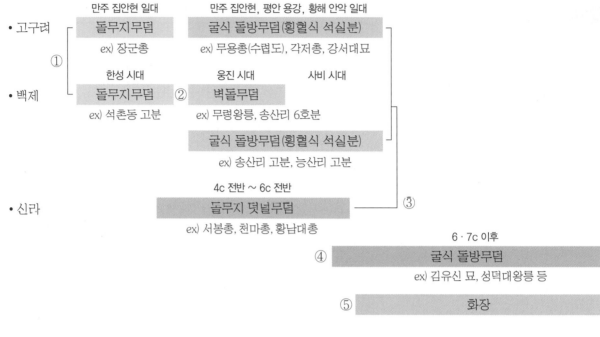

- 고구려

만주 집안현 일대 | 만주 집안현, 평안 용강, 황해 안악 일대
돌무지무덤 | 굴식 돌방무덤(횡혈식 석실분)
ex) 장군총 | ex) 무용총(수렵도), 각저총, 강서대묘

①

- 백제

한성 시대 | 웅진 시대 | 사비 시대
돌무지무덤 | ② 벽돌무덤
ex) 석촌동 고분 | ex) 무령왕릉, 송산리 6호분

굴식 돌방무덤(횡혈식 석실분)
ex) 송산리 고분, 능산리 고분

- 신라

4c 전반 ~ 6c 전반
돌무지 덧널무덤 | ③
ex) 서봉총, 천마총, 황남대총

6 · 7c 이후
④ 굴식 돌방무덤
ex) 김유신 묘, 성덕대왕릉 등

⑤ 화장

- 발해

⑥ 굴식 돌방무덤
ex) 정혜공주 묘(육정산 고분군)

⑦ 벽돌무덤
ex) 정효공주 묘(용두산 고분군)

① 돌무지 무덤(적석총) : 고구려와 백제의 지배층이 동일한 계통임을 확인 ex) 온조왕 신화를 통해 확인

② 벽돌무덤 ┌ 중국 남조(양나라)의 영향을 확인   cf) 백제 능산리의 굴식돌방무덤(동하총)에도 사신도 존재
   (전축분) └ 무령왕릉이 아닌 다른 벽돌 무덤(6호분)에 사신도 존재

③ 돌무지 덧널무덤 ┌ 5c 전후의 왕권 강화와 밀접한 관련
   (적석 목곽분) └ 굴식 돌방무덤(고구려 · 백제)과 비교   cf) 벽화는 굴식 돌방무덤과 벽돌무덤에 존재

	국가	도굴 가능성	부장품 존재	추가 매장 (부부 합장)	벽화
굴식 돌방무덤	고구려, 백제	○	×	○	○
돌무지 덧널무덤	신라	×	○	×	×

cf) 서봉총 : 1926년 발굴 당시 스웨덴 황태자의 발굴 참여

	널방	앞방	옆방
5c	○	○	○
6c	○	○	×
7c	○	×	×

④ 굴식 돌방무덤 ┌ 둘레돌 양식 ┌ 사례 : 김유신묘(?, 12지신상 조각 : 도교적 영향), 흥덕왕릉 · 괘릉(원성왕릉 ?)
   (신라) │ └ 영향 : 고려 · 조선의 왕릉에 영향
    └ 벽화의 존재 ex) 영주순흥(읍내리) 벽화고분(고구려 영향), 영주순흥(태장리) 어숙묘

⑤ 화장의 유행 : 불교의 영향   cf) 하대에는 승탑과 탑비 건립이 활발

⑥ 굴식 돌방무덤 ┌ 모줄임 천장 구조를 통해 고구려적 영향을 확인할 수 있음
   (발해) └ 정혜공주의 묘 : 묘지의 존재, 돌사자상 출토(힘차고 생동감 있는 표현)

⑦ 벽돌무덤 ┌ 당나라 묘제의 영향
   (발해) └ 정효공주의 묘 : 묘지와 인물 벽화, 무덤 위에 탑터 존재 but 천장은 고구려 영향을 받은 평행고임 천장 구조

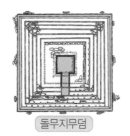

돌무지무덤

▶ 별칭 : 적석총
▶ 시기 : 청동기 시대부터 삼국 시대(4c~5c)까지 제작
▶ 지역 ┌ 고구려 : 만주 집안현 일대에 12,000기 존재
        └ 백제 : 한성 시대 석촌동 일대에 분포

장군총

▶ 지상에 시신 존재
▶ 호석(기단돌)과 배총(딸린 무덤) 존재

계단식 돌무지무덤

▶ 초기 한성 시대 → 서울 석촌동에 존재
▶ 고구려의 영향
▶ 백제의 건국 세력이 고구려와 같은 계통이라는 온조 신화를 뒷받침

돌무지 덧널무덤

▶ 별칭 : 적석목곽분, 목곽적석총, 적석봉토분
▶ 지상이나 지하에 시신과 껴묻거리를 넣은 나무 덧널을 설치하고 그 위에 냇돌을 쌓은 후 흙으로 덮은 무덤
▶ 5c 전후 왕권 강화와 밀접한 관련

굴식 돌방무덤

▶ 별칭 : 횡혈식 석실분
▶ 정의 : 돌로 1개 이상의 방(널방)을 만들고 그것을 통로로 연결, 그 위에 흙으로 덮어 봉분을 만든 무덤
▶ 특징 : 널방의 벽 · 천장에 벽화 제작
▶ 지역 ┌ 고구려 : 만주 집안, 평안도 용강, 황해도 안악에 존재
        └ 백제 : 웅진(공주)과 사비(부여)에 존재

공주 송산리 고분군

▶ 공주(웅진 시대)
▶ 1호 ~ 5호분 : 굴식 돌방무덤
▶ 6호 ~ 7호분 : 굴식 벽돌무덤
▶ 6호분에 사신도가 존재

무령왕릉

▶ 공주 송산리 고분군 중 7호분
▶ 굴식 벽돌무덤
▶ 무덤의 주인을 알 수 있는 지석 발견 ex) 영동대장군 백제사마왕, 매지권(도교)
▶ 관 : 재료가 금송으로 일본에서 자생
▶ 금제 장식과 금동제 신발 출토
▶ 돌짐승(石獸, 진묘수) 출토 : 도교 영향

경주 천마총 장니 천마도

▶ 벽화가 아닌, 말 배가리개(= 장니)에 그려진 그림

모줄임 천장 구조

▶ 고구려 굴식 돌방 무덤에 존재
▶ 고구려의 영향을 받은 발해 무덤에도 존재 ex) 정혜공주 묘

정효공주 묘

▶ 중국 지린성의 용두산 발해 고분군 소재
▶ 벽돌무덤으로 무덤 위에 4각의 탑터가 존재
▶ 천장은 평행 고임형 천장 구조

부여 능산리 고분군

▶ 부여(사비 시대)
▶ 굴식 돌방무덤
▶ 동하총에 사신도가 존재 → 고구려의 영향 확인

경주 김유신묘(?)

▶ 굴식 돌방무덤
▶ 규모가 상대적으로 축소
▶ 둘레돌 양식

◇확인해 둘까요! ▶ **고대 국가 이외의 묘제의 특징**

• 청동기 시대 : 고인돌, 돌널무덤, 돌무지무덤
• 초기 철기 시대 : 널무덤, 독무덤
• 옥저 : 가족 공동 무덤(골장제)
• 마한 : 주구묘
• 가야 연맹 : 덧널무덤, 돌덧널무덤, 굴식 돌방 무덤

고인돌

돌널무덤

독무덤

널무덤

주구묘

덧널무덤

05 고대의 문화

SECTION

1 불교

(1) 삼국 시대 : 불교의 전래

	고구려	백제	신라
전래	소수림왕	침류왕	눌지마립간(전래) → 법흥왕(공인)
전래자	전진의 순도	동진의 마라난타	고구려의 묵호자 or 아도화상
종파	삼론종	율종	계율종
인물	승랑 : 삼론종·화엄종의 대가, 남조 혜량 : 신라의 승통에 임명(6c 후반) 혜자 : 일본 쇼토쿠 태자의 스승(7c) 보덕 : 백제에 열반종 전파(7c)	겸익 : 백제 율종의 시조(성왕) 노리사치계 : 일본에 불교 전파 혜총 : 일본 쇼토쿠 태자의 스승	혜량 : 진흥왕 때 승통에 임명 원광 : 걸사표(진평), 세속 5계 사상 ┌ 황룡사 9층탑(선덕), 계율종 └ 대국통, 통도사(양산) 건립

- 수용 ┬ 목적 ┬ 중앙집권화 ex) 진흥왕(신라)은 혜량(고구려)을 승통(국통)에 임명, 국통·주통·군통으로 교단 정비
  │   └ 왕권 강화 ex) 신라 ┬ 불교 왕명 시대 ┬ 시기 : 법흥왕 ~ 진덕여왕 → 〈삼국유사〉의 '중고'
  │   (王名)   │   ex) 진흥왕 : 전륜성왕 자칭, 아들을 동륜·사륜으로 호칭
  │   └ 영향 : 왕즉불(王卽佛) 사상 형성
  │   └ 원광의 세속 5계 : 사군이충(事君以忠)
  └ 주체 : 왕실 ┬ 왕실과 귀족을 중심으로 발전
             └ 업설(신라) : 왕의 권위 강화 + 귀족의 특권 인정 → 신분 질서의 정당화
- 내용 ┬ 특징 ┬ 미륵 신앙 : 화랑도의 사상 기반 + 미륵불에 의한 이상적 불국토 염원(미륵보살 반가사유상 제작)
  │   ├ 호국불교 ┬ 행사 : 백좌강회(인왕백고좌회), 팔관회(진흥왕 이후 개최)
  │   │   └ 승려 ┬ 원광 : 진평왕 대 활동, 수나라에 걸사표 바침, 세속 5계 작성
  │   │   └ 자장 : 선덕여왕에게 황룡사 9층탑 설립 건의
  │   └ 토착 신앙과 융합
  └ 기능 : 서역과 중국의 문화를 우리나라에 전달 → 고대 문화의 발달에 기여

(2) 신라 중대 : 교종의 유행

- 원효 ┬ 대중화 ┬ 정토종(아미타 신앙) 보급 : 내세에서 극락 정토에 가고자 염원 → 불교를 서민의 생활에 확산
  (7c 중·후) │   └ 무애가 전파 : 파계 후 소성거사라 자처하며, 무애 사상(거침없는 자유 정신)을 강조
  ├ 분파 의식 극복 ┬ 일심(一心)사상 : '모든것이 한 마음에서 나온다' 는 사상
  │   └ 화쟁(和諍)사상 ┬ 중관파의 부정론과 유식파의 긍정론을 모두 비판
  │   (원융회통)   └ 서로 다른 견해를 화해·회통시키는 사상 → 〈십문화쟁론〉 저술
  ├ 저술 ┬ 〈금강삼매경론〉 : 불교 경전과 교리를 종합·정리 ┐
  │   ├ 〈대승기신론소〉 : 대승 불교의 사상 체계를 쉽게 풀이 ├ → 불교에 대한 이해 기준을 마련
  │   └ 〈화엄경소〉 : 화엄경에 대한 주석서 ┘
  ├ 종파 : 법성종(= 해동종) 개창, 분황사에서 시작
  ├ 출신 : 6두품(설총의 아버지), 일체유심조(一切唯心造)를 깨달은 뒤 당 유학을 포기한 국내파
  └ 추모 ┬ 고선사 서당화상비 건립(신라 하대 설중업·김언승이 주도)
        └ 화쟁국사로 추증(고려 숙종)
- cf) 밀교 ┬ 신라 후기 이후 전래·확산
        └ 교리적 측면보다는 실천적 측면 강조, 특히 현세 구복적 성격이 강함 ex) 질병 치료, 자식 출산, 호국(護國)

- 의상
(7c 중·후)
  - 불교의 대중화 : 아미타 신앙과 더불어 관음 신앙(현세에서 고난 구제를 염원하는 사상) 보급
  - 화엄종 성립
    - 계통 : 중국 종남산 지상사의 지엄(화엄 교학의 정수) 문하에서 공부
    - 내용 : 일즉다 다즉일 (一卽多 多卽一)
      - 우주 만물을 아우르려는(하나로 귀결된다) 사상
      - 모든 존재는 상호 의존 관계에 있으면서 조화를 이룬다는 사상
    - 기능 : 신라 중대 왕권의 전제화에 기여 but 의상은 당에 유학한 진골 출신 승려
    - 저술 : <화엄일승법계도>
  - 문무왕의 정치적 자문 담당 → 문무왕의 도성 축성 반대
  - 영향
    - 사찰 건립 주도 : 낙산사, 봉정사, 부석사   cf) 현재의 부석사 무량수전은 고려 후기의 건축물
    - 문하에서 많은 고승 배출 : 지통, 표훈, 능인, 의적 등
- 기타 승려
  - 원측
    - 사상
      - 당에 유학하여 현장(유식 불교의 1인자) 문하에서 유식 불교 연구 → 서명학파 개창
      - 규기와의 논쟁으로 유명
    - 저술 : <성유식론소>·<해심밀경소> 저술
  - 진표
    - 사상 : 미륵 신앙
    - 활동
      - (김제) 금산사 중창   cf) 금산사 미륵전이 건립된 시기는 17c
      - 경덕왕의 부름을 받아 궁중에서 보살계를 베풀고, 불교 융흥시킴
    - 영향 : 문하의 제자들은 모두 산문의 조(祖)가 됨 ex) 영심, 보종, 신방, 진해, 진선 등
  - 김교각 : 성덕왕의 아들로, 당에 유학하여 화엄경을 설파하고 구산학파를 개창 → 지장보살의 화신
  - 혜초(성덕왕) : <왕오천축국전> 저술 → 인도·서역 문화를 전달
  cf) <왕오천축국전>은 프랑스 학자 펠리오가 중국의 둔황 석굴에서 발견, 현재 프랑스 파리 국립도서관에 보관

(3) 신라 하대 : 선종의 유행

- 사상
  - 내용
    - 기성 사상에 의존하지 않고, 스스로 사색하여 진리를 깨닫는 것을 중시하고, 개인 정신 세계를 추구
    - 진리를 전달함에 글자로써 표현하지 않고, 바로 마음을 가리킴으로써 불성을 깨달아 부처가 된다
      - ↳ 불립문자(不立文字)   ↳ 직지인심(直指人心)   ↳ 견성오도(見性悟道)
    - 문자를 뛰어넘어 구체적 실천 수행을 통해 마음에 내재된 깨달음을 얻고자 하는 사상
  - 수행 방법 : 사색, 참선 수양
- 수용
  - 기원 : 도의(진전사 창건, 헌덕왕)의 '가지산문'(장흥 보림사, 체징)에서 출발
  - 주체 : 6두품, 호족   cf) 선종의 전래를 법랑(선덕여왕)으로 보는 설도 존재
- 영향
  - 사회 : 도당 유학생(= 숙위 학생)의 반신라적 움직임과 결부, 지방 문화 활성화에 도움
  - 문화
    - 중국 문화에 대한 이해의 폭을 확대
    - 예술 : 조형 미술의 쇠퇴 → 승탑·탑비의 유행

◇확인해 둘까요! ▶ 발해의 불교

- 특징 : 문왕 이후 왕실·귀족 중심으로 융성
  - 불교식 존호 사용 : 문왕 = 대흥 보력 효감 금륜 성법 대왕
    (정혜·정효공주 묘비)
  - 불교식 벽돌탑 제작 : 정효공주 묘 위에 건립, 영광탑 건립
- 사찰·불상 건립 활발 : 10여 개의 절터와 석등 발견(상경), 이불병좌상 제작(동경)
- 승려 : 석인정, 석정소 → 일본과 중국을 오가며 활약

2 풍수지리설

- **수용** : 신라 말기 선종의 승려 도선(동리산문)에 의해 전래
- **내용** ┌ 산세와 수세를 살펴 도읍, 주택, 능묘를 선정하는 인문 지리학
  └ 인간의 길흉화복이 지형적 영향에 의해 결정된다며 국토의 효율적 이용을 강조
- **특징** : 산수의 형세로 미래를 예측하는 도참(圖讖)사상과 결부
- **영향** ┌ 경주 중심의 행정 조직을 지방 중심으로 재편성할 것을 주장 ⇒ 호족 세력의 지지, 중앙 정부의 권위 약화
  └ 송악의 호족인 왕건이 후삼국을 통일할 수 있는 사상적 기반 마련 ex) 송악 길지(吉地)설

꼭! 알아두기 ‧ 교종과 선종의 비교

	교종(5교)	선종(9산)
전래 시기	삼국 시대	전래(법랑, 선덕여왕) → 본격적 수용(도의, 헌덕왕 ~ 흥덕왕)
성격	전통과 권위 강조	개인주의적, 反신라적
정치적 기능	중앙집권화, 왕권 강화	지방분권화(?)
지지 세력	왕실	호족
유행 시기	신라 중대	신라 하대
대표적 승려	원효, 의상, 혜초	도의(가지산파), 이엄(수미산파)
예술	조형 미술 발달	승탑과 탑비 유행

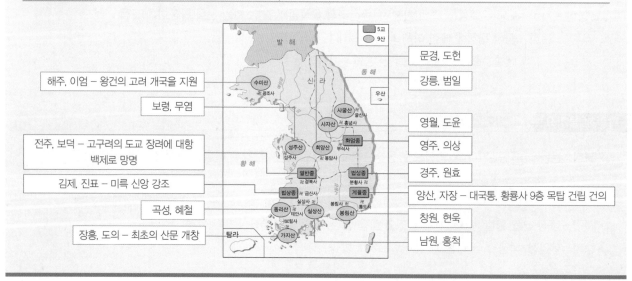

3 유학

(1) 삼국 시대 : 유학의 수용
- 고구려 : 교육 기관 ┬ 태학(중앙) : 소수림왕 때 설치, 귀족 자제를 위한 관립 학교, 유학과 역사서를 교육
  └ 경당(지방) : 평양 천도 이후 설치, 평민도 입학 가능한 사립 학교, 한학 · 무예를 교육
- 백제 : 5경 박사와 역박사, 의박사 제도 운영 → 유교 경전과 기술학 등을 교육, 일본에 유교 경전 전파
- 신라 : 유학의 전래를 확인 ex) 임신서기석 설치

(2) 신라 중대 : 유학의 발달
- 교육 기관 : 국학 ┬ 설립 : 국학(신문왕) → 태학감(경덕왕) → 국학(혜공왕)
  ├ 입학 자격 ┬ 원칙적으로 왕경인(王京人)만 가능
  │   └ 귀족 자제 중에서 대사 이하의 관등 소지자 혹은 소지할 수 있는 자만 가능
  ├ 교육 ┬ 담당 : 박사와 조교가 9년간 3분과로 나누어 교육 → 졸업 후 대나마 · 나마 관등 부여
  │   └ 내용 : 필수 과목(논어, 효경) + 예기 · 주역 · 상서 · 춘추좌씨전 · 문선 등
  └ 제사 : 성덕왕 대에 김수충이 공자와 그 제자의 화상을 국학에 안치 → 문묘의 효시
- 학자 ┬ 강수 ┬ 활동 : 외교 문서를 통해 무열왕과 문무왕의 통일 사업을 보조 ex) <청방인문서>, <답설인귀서>
  (6두품) │   └ 사상 : 불교 비판(불교를 '세외교(世外敎)'라 표현) → 유교 도덕 중시, 골품 제도 비판
        └ 설총 ┬ 저술 : <화왕계>(신문왕, 임금도 향락을 멀리할 것을 요구), <감산사 아미타여래조상기>(성덕왕)
              ├ 이두 정리
              └ 추증 : 고려 현종 때 '홍유후'로 추증, 조선은 문묘에 종사

(3) 신라 하대
- 제도 ┬ 독서3품과 ┬ 내용 : 유교 경전의 이해 수준을 시험하여 관리로 채용 → 국학의 졸업 시험 성격
  │   (원성왕, 788) ├ 목적 : 능력 중심의 사회 질서 수립을 시도 → 진골 귀족 견제, 왕권 강화
  │   └ 한계 : 골품 제도로 인해 기능을 제대로 발휘하지 못함
  └ 국학의 중요성 감소 : 도당 유학생(= 숙위 학생) 출신들의 활동이 활발
- 학자 ┬ 김운경(헌덕왕) : 숙위학생으로 최초로 당의 빈공과에 합격, 문성왕 때 신라에 귀국
  (6두품) ├ 최치원 ┬ 활동 ┬ 당의 빈공과 출신으로 당에서 <토황소격>을 지음
        │ (9c 후반) │   └ 귀국하여 진성여왕에게 개혁안 <시무 10여조>를 올림
        │   ├ 저술 ┬ 現傳(○) ┬ <계원필경>(현존 最古의 문집)
        │   │   │   ├ <법장화상전>(화엄종), 난랑비서문(풍류 사상), <해인사 묘길상탑기>
        │   │   │   └ 4산 비명 : 낭혜화상탑비명, 진감선사탑비명, 지증대사탑비명, 대숭복사비명
        │   │   └ 現傳(×) : <제왕연대력>(신라 고유의 왕호가 아닌, 왕으로 정리), <중산복궤집>, <사륙집>
        │   └ 추증 : 고려 현종 때 '문창후'로 추증, 조선은 문묘에 종사
        └ 기타 ┬ 최언위 : 고려 건국에 참여, <낭원대사오진탑비명> 집필 ← 등제 서열 사건의 발단을 제공
              └ 최승우 : 후백제 건국에 참여, <대견훤기고려왕서> 집필   cf) 신라의 3최 : 최치원, 최언위, 최승우

✎확인해 둘까요! ◀ **발해의 유학**

- 교육 기관 : 주자감(문왕 때 설치, 귀족 자제들을 대상으로 유학 경전 교육)
- 내용 : 당에 유학생 파견 → 빈공과 합격(이거정 등)   cf) 신라와 등제 서열 사건 발생(오소도, 오광찬)

05 고대의 문화

4 역사서와 한문학

(1) 역사서

- 삼국 시대 ┬ 편찬 목적 : 자국의 전통 이해 + 왕실의 권위 강화 + 백성의 충성심 확보
  - └ 내용 ┬ 고구려 : <유기>100권, <신집> 5권(이문진, 영양왕 600년)
    - └ 백제 : <서기>(박사 고흥, 근초고왕) / 신라 : <국사>(거칠부, 진흥왕)
- 통일신라 ┬ 중대 : 김대문 ┬ 출신 : 성덕왕 때 진골(한산주의 총관을 역임) → 신라 문화를 주체적으로 인식
    - └ 저술 ┬ <화랑세기>(역대 화랑에 대한 전기), <고승전>(역대 유명 고승의 전기), <악본>
      - └ <한산기>(한산주의 지리지), <계림잡전>(신라의 중요한 사건이나 설화를 수록)
  - └ 하대 : 최치원의 <제왕연대력>(신라 고유의 왕호가 아닌, '왕'으로 역대 왕을 정리, 現傳 ×)

(2) 한자의 보급 　　　　　　　　　　　　　　　cf) 한자 토착화 노력 : 이두와 향찰 사용

- 고구려 : 광개토대왕릉비, 모두루 묘지, 중원고구려비 　　cf) 점제현 신사비(낙랑군) : 1c, 한반도 현존 最古 비석
- 백제 : 개로왕이 북위에 보낸 국서(5c), 사택지적비문(7c, 의자왕 때 상좌평 사택지적의 비문)
- 신라 ┬ 5~6c : 포항 중성리 신라비(441 ? or 501 ?) : 현존하는 가장 오래된 신라의 비석(?)
  - ├ 6c ┬ 포항 영일 냉수리 신라비(지증왕 ?), 울진 봉평 신라비(법흥왕), 영천 청제비(법흥왕)
    - └ 단양 적성비(진흥왕), 진흥왕 순수비(북한산비, 창녕비, 황초령비, 마운령비), 명활산성비(진흥왕)
  - ├ 7c : 경주 남산 신성비(진평왕)
  - └ 6c or 7c or 8c : 임신서기석(유교 경전에 대한 학습과 충효를 서약)

(3) 한문학

- 고구려 : 유리왕의 황조가, 을지문덕이 우중문에게 보낸 오언시(五言詩)
- 백제 : 정읍사(당시 민중의 생활상과 정서를 표현, <악학궤범>에 수록)
- 신라 ┬ 향가 ┬ 작품 ┬ 상대 : 진평왕(서동요, 혜성가)
    - │　　├ 중대 ┬ 문무왕(원왕생가). 효소왕(모죽지랑가), 성덕왕(헌화가), 효성왕(원가)
      - │　　│　└ 경덕왕(제망매가, 찬기파랑가, 안민가, 도솔가)
      - │　　└ 하대 : 원성왕(우적가), 헌강왕(처용가)　　　　　cf) 고려 광종 : 보현십원가(균여)
    - └ 작품집 : <삼대목>(9c 진성여왕) → 대구화상과 각간 위홍의 저술 but 현재 전하지 않음
  - ├ 설화 문학 : 평민들 사이에 설화 문학이 구전됨 ex) 에밀레종 설화, 효녀 지은 이야기, 설씨녀 이야기
  - └ 노동요 : 회소곡
- 가야 : 구지가(무속적 성격)
- 발해 : 4 · 6 변려체 유행 ex) 정혜공주 묘비, 정효공주 묘비, <야청도의성>(다듬이질 소리, 양태사), 왕효렴의 작품

(4) 음악

- 고구려 : 왕산악(영양왕 때 활동, 칠현금을 개조하여 거문고를 제작)
- 백제 : 정읍사 제작
- 가야 : 우륵(가야금 제작, 충주 탄금대에서 활동)
- 신라 ┬ 통일 전 : 백결의 방아타령 창작, 회소곡(노동요) 유행
  - └ 통일 후 ┬ 범패(부처의 공덕 찬양) 연주
    - └ 악기 : 삼현(가야금, 거문고, 비파) + 삼죽(대금, 중금, 소금) → 악기의 다양화
- 발해 : 일본 음악에 영향, 발해금(중국 송나라 때에도 사용, 현재는 전해지지 않음)

5 도교

(1) 도입

- 수용 : 고구려 영류왕 때 중국에서 도입되었을 것으로 추정(?) → 귀족 사회에 전래되어 큰 환영을 받음
- 특징 ┌ 현세(現世)를 중시 → 불로장생 추구 → 신선 사상(산천 숭배)   ex) 노자의 〈도덕경〉
  └ 민간 신앙과 결합

(2) 사례

- 고구려 ┌ 내용 ┌ 영양왕 때의 장군 을지문덕이 수나라의 우중문에게 보낸 시 中 "지족(知足)" 부분
  │   └ 연개소문 ┌ 정책 : 기존의 귀족 세력을 억압하고자 그들의 사상인 불교 대신 도교를 장려
  │   └ 영향 : 승려 보덕이 백제로 망명 → 열반종 창시
  └ 유물 · 유적 : 사신도
- 백제 ┌ 내용 : 근초고왕 때 장군 막고해 기록 중 "만족할 줄 알면 욕되지 않고 멈출 줄 알면 위태롭지 않다"라는 부분
  └ 유물 · 유적 ┌ 무령왕릉 지석의 매지권 : 지신으로부터 토지를 구매한다는 기록
              └ 산수무늬 벽돌, 사신도, 금동대향로, 사택지적비문(7c)
- 신라 ┌ 내용 ┌ 통일 전 : 화랑도(= 풍월도, 국선도)의 수련 방식에서 '명산대천을 찾아다니며 무술을 단련'하는 모습
  │   └ 통일 후 : 신라 하대의 사치와 향락에 반발하여 은둔적인 노장사상이 유행
  └ 유물 · 유적 : 안압지(임해진지), 12지신상, 최치원의 난랑비 서문(풍류 사상에 대한 기록을 남김)
- 발해 : 정효공주(문왕의 딸)의 묘지 – 불로장생 사상 표현

청룡도
▶ 방위 : 동쪽
▶ 계절 : 봄

백호도
▶ 방위 : 서쪽
▶ 계절 : 가을

주작도
▶ 방위 : 남쪽
▶ 계절 : 여름

현무도
▶ 방위 : 북쪽
▶ 계절 : 겨울

▶ 고구려 후기 벽화로서 도교의 사방신을 그려 죽은 자의 사후 세계를 지켜주리라는 믿음을 표현

산수무늬 벽돌
▶ 백제, 부여 출토
▶ 자연과 함께 살고자 하는 인간의 생각을 표현

부여 사택지적비
▶ 백제, 부여 출토
▶ 귀족 사택지적이 불당을 세운 내역을 기록
▶ 노장 사상을 표현

백제 금동대향로
▶ 백제, 부여 능산리 출토
▶ 신선들이 사는 이상 세계를 형상으로 표현
▶ 불교적 요소 + 도교적 요소

안압지 전경 (임해전지)
▶ 설치 : 문무왕
▶ 전각 : 임해전
▶ 연못 안에 삼신도와 무산 12봉 조성

12지신상
▶ 통일 신라, 김유신 묘(?)의 둘레돌에 새긴 그림
▶ 12 방위에 맞춰 12지의 얼굴을 가진 신상을 조각
▶ 도교의 방위 신앙에 영향을 받음

05 SECTION 고대의 문화

6 과학 기술

(1) 천문학

- 특징 : 농경과 관련하여 발달, 왕의 권위를 하늘과 연결
- 사례 ┬ 고구려 ┬ 담당 관리 : 일자
  │   └ 천문도를 제작하여 고분 벽화에도 기록 ┬ 사례 : 장천 1호분, 각저총, 덕화리 1 · 2호분 등
  │   └ 영향 : 조선의 '천상열차분야지도' 제작(태조)
  ├ 백제 ┬ 관청 : 일관부
  │   └ 담당 관리 : 일관(천문과 점성을 담당)   cf) 역박사 존재
  └ 신라 ┬ 통일 전 : 첨성대 제작(7c 선덕여왕)
         └ 통일 후 ┬ 관청 : 누각전(성덕왕) → 천체 운행과 시간 측정 및 물시계 관리
                   ├ 담당 관리 : 누각 박사 배치(성덕왕), 천문박사 추가 배치(경덕왕)
                   └ 관련 인물 : 김암(김유신의 후예, 병학과 천문학에 조예가 깊음)
  - cf) <삼국사기> : 일식 · 월식, 혜성의 출현, 기상 이변 등을 수록

(2) 수학 : 지식의 적용

- 고구려 : 고분의 석실 구조와 천장 구조
- 백제 : 정림사지 5층 석탑
- 신라 ┬ 통일 전 : 황룡사 9층 목탑
       └ 통일 후 : 석굴암의 구조와 불국사 3층석탑(석가탑), 다보탑

(3) 목판 인쇄와 제지술 : 통일 신라

무구정광 대다라니경

- 발달 배경 : 불교 문화의 발달에 따른 불경의 대량 인쇄
- 인쇄술 : 무구정광 대다라니경(8c 초) → 불국사 3층석탑에서 발견된 현존하는 가장 오래된 목판 인쇄물
- 제지술 ┬ 방법 : 닥나무로 종이 제작 → 얇고 질기며 아름다운 백색 유지
         └ 사례 : 무구정광 대다라니경

(4) 공예

- 고구려 ┬ 철제 무기와 도구를 제작 → 우수한 품질
         └ 철을 단련하고 수레바퀴를 제작하는 모습을 고분 벽화에 묘사 ex) 오회분 4호묘
- 백제 : 칠지도, 금동대향로
- 신라 ┬ 내용 ┬ 통일 전 : 고분에서 출토된 금관 · 금동칼 등을 통해 세공 기술의 발달을 확인
       │   └ 통일 후 ┬ 상원사 동종(성덕왕) : 현존하는 最古의 종
       │   └ 성덕대왕 신종(경덕왕~혜공왕) : 에밀레종, 아연이 함유된 청동으로 제작되어, 비천상 조각
       └ 특징 ┬ 건축 · 주종에 종사한 사람들은 나마와 같은 관등을 지급받기도 함
              └ 토우 제작 : 독립된 인물상 혹은 동물상 표현, 풍요와 다산을 기원하는 주술적 신앙도 표현
- 발해 ┬ 자기 : 가볍고 광택을 유지하며 모양 · 종류 · 색깔이 다양 → 당에도 수출
       └ 당의 삼채가 유입되어 유행

(5) 농업 기술 : 지배층을 중심으로 철제 농기구의 보급 → 깊이갈이의 확산

7 유물 · 유적 정리

아! 고구려

교예도
▶ 평남 강서 수산리 고분의 벽화

다카마쓰 고분 벽화

호류사 금당 벽화 복원도
▶ 고구려 승려 담징이 제작했다고 전하는 벽화

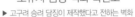
▶ 고구려 회화 양식의 일본 전파를 확인

금동 연가 7년명 여래 입상
▶ 양식에 있어서 중국 북조의 영향을 받음
▶ 인상과 미소를 통해 고구려의 독자성 확인
▶ 천불(千佛) 중 하나로 경남 의령에서 출토

장군총
▶ 고구려의 초기 무덤 양식(돌무지무덤)
▶ 집안 일대에 존재, 백제 지배층과의 관계 확인

고구려 고분 벽화의 특징
• 초기 : 무덤 주인의 생활을 묘사
• 후기 : 추상적 그림의 제작
    ex) 사신도

안악분 벽화   곡예도
▶ 인물의 크기 차이를 통해 무덤의 주인인 귀족의 모습 확인

안악분 벽화(대행렬도)

수산리 고분 벽화(시녀도)

대장장이의 신
▶ 오회분 4호묘의 벽화
▶ 철을 단련하는 모습을 묘사

달의 신
▶ 오회분 4호묘의 벽화

삼실총 벽화(무사)
▶ 상무적 기풍 확인

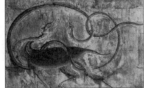
사신도
▶ 현무도(북쪽) cf) 청룡도, 백호도, 주작도
▶ 도교의 영향 확인

예불도
▶ 장천 1호분(집안)의 벽화
▶ 남북조 시대의 벽화와 다른 불교적 색채

안학궁 복원도
▶ 장수왕 때 축조, 고구려 남진 정책의 기상

꼭! 알아두기 · 금동 미륵보살 반가사유상

국보 제118호
▶ 고구려의 불상
▶ 평양시 평천리에서 출토

국보 제83호
▶ 백제의 불상으로 추정(?) but 경주에서 출토
▶ 불상 양식의 일본 전파 확인
▶ 삼산관(三山冠)을 착용한 불상

미륵보살 반가사유상
▶ 일본 고류사에 존재
▶ 한반도에 자생하는 적송으로 제작

국보 제78호
▶ 신라의 불상
▶ 탑 모양의 관을 착용한 불상

백제

서울 석촌동 고분군
▶ 서울의 계단식 돌무지무덤
▶ 백제의 초기 무덤(한성 시대)
▶ 고구려 지배층과의 관계 확인

공주 송산리 고분군
▶ 공주에 존재(웅진 시대)
▶ 1호 ~ 5호분 : 굴식 돌방무덤
▶ 6호 ~ 7호분 : 굴식 벽돌무덤
▶ 6호분에 사신도가 존재

무령왕릉 복원도
▶ 송산리 고분 중의 7호분
▶ 굴식 벽돌무덤
▶ 무덤의 주인을 알 수 있는 지석 존재
▶ 관의 재료는 일본에서 자생하는 금송
▶ 금제 장식과 돌짐승 출토

부여 능산리 고분군
▶ 부여에 존재(사비 시대)
▶ 굴식 돌방무덤
▶ 동하총에 사신도가 존재

양직공도
▶ 중국 남조의 양나라에 남아 있는 백제 사신의 모습

미륵사 복원 상상도
▶ 구조 ┌ 서쪽(석탑, 현재 존재) + 중앙(거대한 목탑) + 동쪽(석탑)
      └ 뒤쪽 : 금당을 배치 → 국내 유일의 3탑 3금당
▶ 7c 백제의 재중흥 의지(익산)

익산 미륵사지 석탑
▶ 현존 최고(最古)의 석탑
▶ 목탑 양식
▶ 금동제 사리장엄구와 금제 사리봉안기 발견(2009) : 왕비 = 사택적덕의 딸

부여 정림사지 5층석탑
▶ 미륵사지 석탑 계승 → 목탑 양식
▶ 탑신 4면에 당의 소장방이 백제를 평정한 후 새긴 글이 존재(평제탑)
▶ 수학적 지식 활용, 경쾌 + 안정감

서산 용현리 마애여래 삼존상
▶ '백제의 미소'라 불림

부여 능산리사지 석조사리감 (창왕명 석조사리감)
▶ 위덕왕(성왕의 아들) 때 제작
▶ 성왕의 명복을 빌기 위해 조성
▶ 부여 능산리 고분군의 목탑터에서 발견

백제 금동대향로
▶ 부여 출토
▶ 신선들이 사는 이상 세계를 형상으로 표현
▶ 창의성과 조형성이 뛰어남
▶ 불교와 도교가 혼합된 사상적 복합성까지 보임
▶ 백제시대의 공예와 미술문화, 종교와 사상, 제작 기술 등을 파악하게 해줌

부여 사택지적비
▶ 도교의 영향
▶ 불당을 세운 내력 기록
▶ 7c 의자왕 때 재상 사택지적이 건립

산수무늬 벽돌
◀ 도교의 영향

무늬벽돌

◇확인해 둘까요! • 백제의 주요 문화재

수도	성곽	고분	문화재
한성	풍납토성, 몽촌토성	석촌동 고분	목책, 우물, 사당 등 유적
웅진	공산성	송산리 고분	
사비	부소산성	능산리 고분	금동대향로, 사택지적비, 정림사지 5층탑

cf) 익산(7c) : 미륵사지 석탑

통일 전 신라

돌무지 덧널무덤의 구조와 부분 명칭

경주 천마총 장니 천마도
▶ 벽화가 아님
▶ 말의 배가리개(장니)에 그린 그림
▶ 천마총에서 출토

토우
▶ 독립된 인물상, 동물상 조각
▶ 귀족의 희노애락을 솔직히 표현

경주 배동 석조여래삼존입상
▶ 푸근한 자태와 부드럽고 은은한 미소
▶ 경주 역사유적지구 中 남산지구에 위치

이차돈 순교비
▶ 백률사지에 있던 비석으로 신라의 불교 공인을 확인
▶ 이차돈의 목이 떨어진 곳에 세워진 자추사를 백률사로 개칭
▶ 헌덕왕(9c) 때 백률사 석당을 건립

흥륜사지
▶ 신라 최초로 창건된 흥륜사의 터로 추정킨 곳
▶ 이차돈의 순교를 계기로 신라의 대가람으로 중창된 곳

경주 첨성대
▶ 7c 제작
▶ 왕의 권위를 하늘에 연결

경주 분황사 모전 석탑
▶ 7c 제작 → 현존하는 신라 最古의 석탑
▶ 석재를 벽돌 모양으로 만든 전탑 양식의 석탑
▶ 선덕여왕 당시 건립되었을 것으로 추정

경주 황룡사 9층 목탑(복원도)
▶ 황룡사 ┬ 6c 진흥왕 때 건립
　　　　　└ 규모 웅장 → 당시의 팽창 의지 반영
▶ 9층 목탑 ┬ 7c 선덕여왕 때 건립
　　　　　　├ 현손(X), 봉발 심녀 때 소멸
　　　　　　├ 호국 불교의 전통 확인(자장)
　　　　　　└ 백제의 아비지가 제작 주도

꼭! 알아두기 ▸ 고대의 도성

• 고구려 ┬ 졸본 시대 : 평지성(하고성자고성 ?) + 산성(오녀산성 = 흘승골성)
　　　　├ 국내성 시대 : 평지성(국내성) + 산성(환도성)
　　　　└ 평양 시대 ┬ 5c(장수왕) : 평지성(안학궁성, 청암토성) + 산성(대성산성)
　　　　　　　　　　└ 6c : 장안성 ┬ 특징 ┬ 궁성과 주변을 두르는 나성 구조로 변화
　　　　　　　　　　　　(평원왕)　　　└ 중국의 영향으로 조방제 실시
　　　　　　　　　　　　　　　　　　└ 구조 : 북성(방어성) + 내성(궁성) + 중성(행정성) + 외성(나성, 주민 거주)

• 백제 ┬ 한성 시대 : 한성과 주변 산성으로 구성 ex) 하남 위례성(몽촌토성 ?)
　　　├ 웅진 시대 : 공산성 존재
　　　└ 사비 시대 : 궁성과 배후 산성인 부소산성 그리고 주변을 두르는 나성으로 구성

• 신라 ┬ 특징 ┬ 궁성과 주변의 산성으로 구성 → 나성이 존재하지 않음
　　　│　　　└ 조방제 실시 : 중국의 영향으로 좌우에 방리가 바둑판처럼 구획됨
　　　└ 구조 : 궁성(월성) + 주변 산성(명활산성, 남산신성, 서형산성, 북형산성)　　　cf) 동궁 : 월지, 임해전 등
　　　　　　　　　　　　cf) 문무왕이 도성을 크게 축조하고자 하였으나 의상의 반대로 실패

• 발해 ┬ 동모산 시대 : 동모산성(성산자산성)
　　　└ 상경 시대 ┬ 구조 : 내성(왕이 거주하는 궁성과 관아가 있는 황성구) + 외성
　　　　　　　　　└ 특징 : 내성의 남문과 외성의 남문을 잇는 주작대로 존재, 조방제 실시(중국의 영향)

05 고대의 문화

통일 신라

석굴암 석굴 본존불
▶ 신라 중대
▶ 균형잡힌 몸매와 사실적인 조각
▶ 수학적 지식 활용

불상
• 중대 ┌ 사천왕상 제작 유행
         └ 석굴암 본존불, 관음 보살상
• 하대 ┌ 재료 : 금동불 < 철불, 석불
         ├ 특징 ┌ 아미타불보다 비로자나불(화엄종) 유행
         │   └ 마애불 유행(암벽에 부조)
         └ 사례 ┌ 비로자나불 ┌ 철조 ┌ 철원 도피안사
                 │   │   └ 장흥 보림사
                 │   └ 석조 : 대구 동화사
                 └ 마애약사여래삼존입상(함안)

석굴암
▶ 구조 : 전실(네모) + 통로
        + 주실(원형, 둥근 돌)
▶ 입구(소박한 자연스러움)
  → 내부(정제미, 불교 이상 세계 실현)
▶ 김대성(경덕왕) 때 재상)이 전생의 부모를
  위해 건립

경주 불국사
▶ 불국토를 조화와 균형으로 표현한 사원
▶ 김대성(경덕왕)이 현세의 부모를 위해 건립
▶ 구조 ┌ 대웅전 : 사바세계(석가모니불)
       ├ 극락전 : 극락세계(아미타불)
       └ 비로전 : 연화장세계(비로자나불)

경주 감은사지 동·서 3층석탑
▶ 신라 중대(신문왕)
▶ 삼국 통일의 기상 반영

경주 불국사 3층석탑
▶ 신라 중대, 석가탑(무영탑)
▶ 백제 석공 아사달 · 아사녀 설화
▶ 수학적 지식 활용
▶ 날씬한 상승감 + 넓이와 높이의 아름다운 비례
  → 부처가 항상 가까이 있음을 이상적으로 표현
▶ 무구정광 대다라니경이 발굴됨

경주 불국사 다보탑
▶ 신라 중대에 제작
▶ 귀족 예술의 성격

경주 고선사지 3층석탑
▶ 신라 중대에 제작

화엄사 4사자 3층석탑
▶ 신라 중대에 제작
▶ 신라 유일의 사자탑

충주 탑평리 7층석탑
▶ 일명 중앙탑
▶ 현존 신라 最高 석탑
▶ 8c 후반(?) 제작

양양 진전사지 3층석탑
▶ 신라 하대
▶ 기단과 탑신에 부조로 불상을 조각

경주 원원사지 동 · 서 3층석탑
▶ 신라 하대
▶ 기단에 12지신상을, 탑신에 사천왕상을 조각

화순 쌍봉사 철감선사탑
▶ 신라 하대
▶ 8각 원당형
▶ 고려 승탑에 영향
▶ 호족의 정치적 역량 반영

하동 쌍계사 진감선사탑비
▶ 신라 하대
▶ 선종의 유행을 확인
▶ 최치원이 비문을 제작

김생의 글씨
▶ 성덕왕 때 활동
▶ 왕희지체에 능함
▶ 질박하면서도 굳센
  신라의 독자적 서체

기타의 승탑과 탑비
• 시기 : 신라 하대
• 특징 : 호족의 정치적 성장을 반영
• 승탑 ┌ 진전사지 도의선사탑 : 현존 最古
        └ (전)흥법사지 염거화상탑
• 탑비 : 실상사 증각대사 응료 탑비(?) 등
cf) 중대의 탑비 : 무열왕릉비, 성덕대왕릉비

보은 법주사 쌍사자 석등
▶ 발해의 석등과 비교

성덕대왕 신종
▶ 제작 : 경덕왕 ~ 혜공왕
cf) 상원사 동종 : 성덕왕 때 제작
  → 현존 최고(最古)

경주 김유신묘 (?)
▶ 굴식 돌방무덤
▶ 둘레돌 양식
▶ 둘레돌에 12지신 조각

포석정
▶ 후백제 견훤이
  신라 경애왕을 죽인 곳

발해

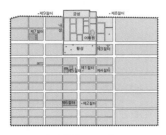

상경 용천부 평면도
▶ 주작대로를 통해 당의 영향 확인
▶ 당의 도성을 본따 조방(條坊)으로 나눔
▶ 절터를 통해 불교의 융성 확인

영광탑
▶ 중국 지린성 소재
▶ 발해의 누각식 전탑
▶ 현존하는 중국 동북 지역에서 最古의 탑

정효공주 묘
▶ 중국 지린성의 용두산 발해 고분군 소재
▶ 정효공주는 문왕의 넷째 딸
▶ 벽돌무덤으로 무덤 위에 4각의 탑터가 존재
▶ 천장은 평행 고임형 천장 구조

연꽃무늬 벽돌
▶ 고구려의 영향으로 소박하고 힘찬 모습

이불병좌상
▶ 발해의 동경(훈춘)에서 발견
▶ 고구려의 영향

발해금동관음보살입상
▶ 상경에서 발견

함화 4년명 불비상
▶ 발해의 왕 = 황제의 위상
▶ 일본 오쿠라 미술관 보관

석등
▶ 상경에서 발견
▶ 팔각의 단 + 간석 + 창문과 기왓골이 조각된 지붕
▶ 발해 특유의 웅대한 느낌

놀사시싱
▶ 정혜공주의 묘에서 출토
▶ 힘차고 생동감이 넘침

꼭! 알아두기 · 발해에 대한 고구려와 당의 영향

1. 고구려

- 인식 ┌ 일본에 보낸 국서 ┌ 무왕(8c 초) : "고구려의 옛 땅을 수복하고 부여의 전통을 이어받았다"
　　　　│　　　　　　　　└ 문왕(8c 후반) : 고려 국왕 대흠무
　　　　└ 일본도 발해를 고(구)려라고 칭함

- 지배층 : 대씨와 고구려 왕족인 고씨가 다수를 차지

- 문화 ┌ 주거지 : 우리 민족 고유의 난방 장치인 온돌 발견
　　　　├ 묘제 : 굴식 돌방무덤에서 모줄임 천장 구조 발견 ex) 정혜공주 묘(육정산 고분군)
　　　　└ 기타 : 기와 무늬(연화무늬 수막새, 소박하고 직선적이며 강건한 기풍), 이불병좌상, 석등

2. 당

- 수도인 상경은 당의 장안성을 모방 ex) 주작대로(내성의 남문과 외성의 남문을 연결)

- 3성 6부제 but 독자성 유지 ┌ 3성 : 정당성에 권력 집중
　　　　　　　　　　　　　　└ 6부 : 유교식 명칭 사용, 좌사정과 우사정으로 나뉜 이원적 운영

- 벽돌무덤 ex) 정효공주 묘 but 천장은 고구려의 영향을 받은 평행고임 천장 구조

- 전탑 : 영광탑

05 고대의 문화

SECTION

	고구려	백제	신라	통일 신라	발해
특징	정열·패기	우아·세련	소박 → 패기, 조화	조화, 균형	웅장, 건실
영향	북조	남조	고구려, 백제	고구려, 백제, 당	고구려, 당
고분	• 돌무지무덤(장군총) • 굴식 돌방무덤	• 돌무지무덤 : 석촌동고분 • 벽돌무덤 : 송산리 고분 • 굴식 돌방무덤 　→ 송산리, 능산리 고분	• 돌무지 덧널무덤 　ex) 천마총 • 굴식 돌방무덤	• 굴식 돌방무덤 　ex) 김유신 묘(?) • 화장의 유행	• 굴식 돌방무덤 • 벽돌무덤
불상	• 금동 연가 7년명 　여래입상 • 금동미륵 반가사유상	• 서산 용현리 마애여래 삼존상 • 금동미륵 반가사유상	• 경주배동석조여래 삼존입상 • 금동미륵 반가사유상	• 석굴암 본존불	• 이불 병좌상
건축	• 안학궁(평양)	• 왕흥사(사비) • 미륵사(익산)	• 황룡사(진흥왕)	• 안압지(문무왕 ?) • 석굴암 ⎱경덕왕 • 불국사 ⎰	• 상경의 도시구조 　– 당의 영향
탑	목탑 제작 but 현존(×)	• 미륵사지 석탑 • 정림사지 5층석탑	• 분황사 모전 석탑 • 황룡사 9층 목탑	중대 ⎰ • 감은사지 3층탑 • 불국사 3층탑 • 다보탑 • 화엄사 3층탑 ⎱ 하대 ⎰ • 진전사지 3층탑 • 쌍봉사 승탑 ⎰	• 영광탑 • 흥륜사 석등
종				• 상원사 동종 • 성덕대왕 신종	
회화			• 천마도, 솔거의 노송도		
서예	• 광개토대왕릉비문			• 김인문, 김생	
음악	• 왕산악 : 거문고		• 백결 선생(방아 타령)	• 3현, 3죽	
일본전파 사상	• 혜자(7c) 　→ 쇼토쿠태자 스승 • 혜관 : 삼론종 전파	• 아직기 : 한문 전파 • 왕인 : 천자문, 논어 전파 • 단양이, 고안무 : 유학 전파 • 노리사치계(성왕) : 불교 • 관륵(7c) : 역법, 불교 전파 • 혜총(7c) : 쇼토쿠 태자 스승		• 율령과 정치 제도 • 심상 : 화엄종 전파	
일본전파 예술	• 담징 : 5경, 그림, 먹 　+호류사 금당 벽화	• 목탑 • 백제가람	• 조선술, 축제술 　→ "한인의 연못"	• 불상, 가람 배치, 탑	
일본전파 유물	• 수산리 고분 벽화 　→ 다카마쓰 고분 벽화	• 고류사의 미륵보살상 • 호류사의 백제관음상			
일본전파 영향	아스카 문화			하쿠호 문화	

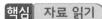

호국 불교

- 백좌강회 개최 : 국토가 어지러워지려 하여 여러 재난이 일어나고 외적이 침입하였을 때, 도량을 장엄히 하여 백 개의 보살상, 백 개의 나한상을 모시고, 백 명의 비구승을 청해다가 인왕경을 들으면 각종 재난이 사라질 것이다. 진흥왕은 고구려에서 귀화한 혜량 법사를 승통으로 삼고 백좌강회와 팔관의 법회를 처음 마련하였다. 이후 신라는 이 법회를 수시로 개최하였다.
- 원광이 수나라에 군사를 청하는 글(= 걸사표) : 진평왕이 고구려가 영토를 자주 침범함을 불쾌히 여겨 수나라 군사를 청하여 고구려를 치려고 원광에게 걸사표(乞師表: 군사를 청하는 글)를 지으라 하였다. 원광이 가로되, "자기가 살려고 남을 멸하는 것이 승려의 도리가 아니나 제가 대왕의 땅에 살며 대왕의 곡식을 먹고 있으니 어찌 감히 명령을 따르지 않겠습니까." 하고, 곧 글을 지어 바쳤다.
- 자장의 황룡사 9층 목탑 건립 건의 : 신라 제27대 선덕왕 즉위 5년에 자장법사가 서쪽으로 유학하였다. …… 자장이 연못가를 지나갈 때 갑자기 신인이 나와 물었다. …… "그대 나라에 어떤 어려운 일이 있소?" 자장이 대답하였다. "우리나라는 북쪽으로 말갈에 이어졌고, 남으로는 왜국이 가까이 있습니다. 또 고구려, 백제 두 나라가 변경을 차례로 침범하는 등 외국의 노략질이 심합니다. 이것이 백성들의 걱정입니다." …… 신인이 말하였다. "황룡사 호법룡은 내 맏아들이오. 법왕의 명령으로 절을 보호하고 있소. 본국에 돌아가서 그 절에 9층 목탑을 세우면, 이웃 나라들이 항복하여 오고 주변 아홉 나라(九韓)가 와서 조공하여 왕업이 길이 태평할 것이오. 탑을 세운 후에 팔관회를 베풀고 죄인을 놓아주면 외적이 침범하지 못할 것이오."

원효의 불교 대중화

- 평등 가운데 차별이 있으며 차별 가운데 평등이 있다는 화엄 사상을 쉽게 풀이하여 <무애가>를 짓고, 이를 당시 교화에 활용하였다.
- 그는 계율을 어겨 아들을 낳은 후 속인의 옷으로 갈아입고 스스로 소성거사라 불렀다. 그는 그 모양대로 도구를 만들어 화엄경의 "일체 무애인은 한 길로 생사를 벗어난다."라는 문구에서 그 이름을 따와서 무애라 하며 이내 노래를 지어 노래와 춤을 통해 부처의 가르침을 전하였다. 이로 말미암아 가난하고 무지몽매한 사람들까지도 부처의 이름을 알게 되었고 나무아미타불을 외게 되었으니, 그의 교화가 자못 크다.

원효의 통합 불교

- 일심 사상 : 크다 하나 바늘 구멍 하나 없더라도 쑥 들어가고, 작다 하나 어떤 큰 것이라도 감싸지 못함이 없다. 있다 하나 한결같이 텅 비어 있고, 없다 하나 만물이 다 이것으로부터 나온다. 이것을 무엇이라 이름 붙일 수 없으므로 '대승'이라 하였다. …… 도를 닦는 자에게 온갖 경계를 모두 없애 '한마음(一心)'으로 되돌아가게 하고자 한다.
- 쟁론(爭論)은 집착에서 생긴다. 불도는 넓고 탕탕하며 막힘이 없다(무애무방, 無礙無方). 그러므로 해당하지 않음이 없으며, 일체의 의(義)가 모두 불의(佛儀)이다. 백가(百家)의 설이 옳지 않음이 없고 팔만법문(八萬法門)이 모두 이치에 맞는 것이다. 열면 헬 수 없고 가없는 뜻이 대종(大宗)이 되고, 합하면 이문(二門) 일심(一心)의 법이 그 요체가 되어 있다. 그 이문 속에 만 가지 뜻이 다 포용되어 조금도 혼란됨이 없으며 가없는 뜻이 일심과 하나가 되어 혼용된다. 이런 까닭에 전개, 통합이 자재하고, 수립, 타파가 걸림이 없다. 펼친다고 번거로운 것이 아니고 합친다고 좁아지는 것도 아니다. 그리하여 수립하되 얻음이 없고 타파하되 잃음이 없다. 〈십문화쟁론〉
- 펼쳐 열어도 번잡하지 아니하고 종합하여도 좁지 아니하다. 주장하여도 얻음이 없고 논파하여도 잃음이 없다. 이것이야말로 마명(馬鳴) 보살의 오묘한 기술이니, 기신론의 종체(宗體)가 그러하다. 종래에 이를 해석한 사람들 가운데 그 종체를 갖추어 밝힌 이가 적었다. 이는 각기 익혀 온 것을 지켜 그 문구에 구애되고, 마음을 비워서 뜻을 찾지 못했기 때문이다. 내가 이 글을 쓴 뜻이 여기에 있다. 〈대승기신론〉
- 화쟁 사상 : 일체의 불법은 일불승이다. 서로 대립되어 보이는 것도 한 차원 높게 생각하면 서로 다를 바 없는 하나이다. 일체의 중생(衆生)은 모두 불성이 있으며, 모두가 마땅히 성불(成佛)할 수 있다.

핵심 자료 읽기

- 의천의 평가 : 우리 해동 보살님은 성(性)과 상(相)을 융통하여 밝히고 백가이쟁(百家異諍)의 실마리를 화합시켜, 지극한 공론을 얻으셨습니다. …… 이름은 중국과 인도에 떨쳤고, 교화는 저승과 이승을 감쌌으니, 우리 해동 보살님으로 인한 덕을 찬양해도 진실로 헤아리거나 말할 수 없습니다. 저는 천행을 두터이 입어 불승(佛乘)을 사모하여 선철(先哲)의 저술을 얻어 보았으나, 성사(聖師)보다 나은 이가 없었습니다. 〈대각국사문집〉

의상

- 당 유학 : 성은 김씨이다. 19세에 황복사에서 머리를 깎고 승려가 된 얼마 후 중국으로 가서 부처의 교화를 보고자 하여 원효와 함께 길을 떠났다. …… 처음 양주에 머무를 때 유지인이 초청하여 그를 관아에 머물게 하고 성대하게 대접하였다. 얼마 후 종남산 지상사에 가서 지엄을 뵈었다. 〈삼국유사〉
- 부석사 건립 : 당에 유학했던 의상이 귀국길에 오르자 그를 사모했던 선묘라는 여인이 용으로 변하여 귀국길을 도왔다. 신라에 온 의상은 불법을 전파하던 중 자신이 원하는 절을 찾았는데 그곳은 다른 종파의 무리들이 있었다. 이때 선묘룡이 나타나 공중에서 커다란 바위로 변신하여 절의 지붕 위에서 떨어질 듯 말 듯 하자 무리들이 혼비백산하여 달아났다. 이러한 연유로 이 절을 '돌이 공중에 떴다'는 의미의 부석사로 불렀다.
- 문무왕에 대한 자문 : 문무왕이 도읍의 성을 새롭게 하고자 승려에게 문의하였다. 승려는 말하였다. "비록 궁벽한 시골과 띳집(茅屋)이 있다 해도 바른 도(道)만 행하면 복된 일이 영구히 지속될 것이요, 만일 그렇지 못하면 여러 사람이 수고롭게 하여 훌륭한 성을 쌓을지라도 아무 이익이 없을 것입니다." 왕이 곧 공사를 그쳤다. 〈삼국사기〉
- 화엄일승법계도   법성은 원융하여 두 모습 없고 / 제법은 부동하여 본래 고요해

  이름과 모양 다 끊어버린 곳 / 깨달은 그것이지 다른 경지 아닐세

  진성은 참으로 깊고도 오묘해 / 자성이 따로 있나 연따라 된 것을

  하나 안에 일체요 모두 안에 하나 / 하나가 곧 일체요 모두가 곧 하나
- 평가   연진(煙塵)을 무릅쓰고 덤불을 헤쳐 바다를 건너 / 지상사의 문이 열려 상서로운 보배를 접혔도다.

  화엄(華嚴)을 캐와서 고국에 심으니 / 종남산(= 당)과 태백산(= 신라)이 같은 봄을 이루었다.

혜초

- 1월에 구시나국에 이르렀다. 부처가 열반에 든 곳이다. 그 성이 황폐해서 사는 사람이 없다. 부처가 열반한 곳에 탑을 세웠다. 매년 팔월 초파일에는 남승, 여승, 도사, 속인이 그곳에 공양을 차리고 공중에 깃발이 올라가는데 그 수가 헤아릴 수 없이 많다. 모인 무리들이 한결같이 쳐다본다. 이 날을 맞이해 믿는 마음을 내는 자가 한 둘이 아니다.
- 달 밝은 밤에 고향길을 바라보니 뜬구름은 너울너울 돌아가네. ……

  일남(베트남 중부)에는 기러기마저 없으니 누가 소식 전하러 계림으로 날아가리.

  차디찬 눈이 얼음까지 끌어모으고 찬바람 땅이 갈라져라 매섭게 부는구나. ……

  불을 벗삼아 층층 오르며 노래한다마는 과연 저 파미르 고원을 넘을 수 있을는지.

선종

- 부처가 영산회상에서 아무 말 없이 꽃을 꺾자, 가섭 존자만이 그 뜻을 알고 빙그레 웃었다는 데서 유래한다.
- 승려 도의가 바다를 건너 당나라 서당 대사의 깊은 뜻을 보고 돌아왔으니, 그가 그윽한 이치를 처음 전한 사람이다. …… 그러나 메추라기의 작은 날개를 자랑하는 무리들이 큰 붕새가 남쪽으로 가려는 높은 뜻을 훌뜯고, 경전 외우는 데만 마음이 쏠려 선종을 마귀 같다고 비웃었다. 그래서 도의는 서울에 갈 생각을 버리고 북산에 은둔하였다.

임신서기석

임신년 6월 16일, 두 사람이 함께 맹세하여 기록한다. 하느님 앞에 맹세한다. 지금부터 3년 이후에 충도를 지키고 허물이 없기를 맹세한다. 만일 이 서약을 어기면 하느님께 큰 죄를 짓는 것이라고 맹세한다. 만일 나라가 편안하지 않고 세상이 크게 어지러우면 충도를 행할 것을 맹세한다. 시경, 상서, 예기, 춘추전을 차례로 3년 동안 습득하기로 맹세한다.

강수

- 왕이 즉위하자 당나라에서 사자가 와서 조서를 전했는데 읽기 어려운 곳이 있었다. 왕이 강수를 불러 물으니 조서를 한 번 보고 해석하는데 의심나거나 막힘이 없었다. 왕이 놀랍고도 기뻐 서로 만남이 늦은 것을 한탄하고 그의 성명을 물었다. 그가 대답하여 아뢰었다. "신은 본래 임나가량(任那加良) 사람이며 이름은 우두(牛頭)입니다." 왕이 말했다. "경의 두골을 보니 강수 선생이라고 부를 만하다." 왕은 그에게 당 황제의 조서에 감사하는 회신의 표를 짓게 하였다. 문장이 세련되고 뜻이 깊었으므로, 왕이 더욱 그를 기특히 여겨 이름을 부르지 않고 임생(任生)이라고만 하였다. 〈삼국사기〉
- 문무왕이 말하기를 "강수는 문장으로 자임하여 능히 편지글로 중국 및 고구려, 백제에 의사를 전달하였기 때문에 화친도 맺었고 공도 이루게 되었다. 그리고 우리 선왕께서 당에 청병하여 고구려, 백제를 평정하게 된 것도 비록 무(武)의 공이기는 하지만 문장의 도움도 아니받았다 할 수 없으니 강수의 공을 어찌 소홀히 할 수 있으랴."하고 사찬의 위를 제수함과 동시에 녹봉을 올려 해마다 조 200섬을 받게 하였다.

설총

- 설총의 자는 총지이고 그 부친은 원효이다. 설총은 나면서부터 도리를 깨달아 알았으며, 방언으로 9경을 풀어 읽게 하여 후생들을 훈도하였으므로, 지금에 이르기까지 학자의 조종으로 삼는다.
- 어떤 이가 화왕(모란)에게 말하였다. "두 명(장미와 할미꽃)이 왔는데 어느 쪽을 버리겠습니까?" 화왕이 말하였다. "장부(할미꽃)의 말도 일리는 있지만 어여쁜 여자(장미)는 얻기가 어려운 이 일을 어떻게 할까?" 장부가 다가서서 말하였다. "무릇 임금된 사람치고 간사한 사를 가까이 가지 않고 정직한 자를 멀리하지 않는 이가 적습니다." …… 화왕이 대답하였다. "내가 잘못했노라. 내가 잘못했노라." 이에 왕(신문왕)이 얼굴빛을 바로하며 말하였다. 〈화왕계〉

국학과 독서3품과

- 국학 설립(신문왕) : 국학은 예부에 속한다. 왕 2년에 설치하였는데, …… 주역, 상서, 모시, 예기, 춘추좌씨전, 문선으로 나누어 학업을 닦게 하였다. …… 모든 학생의 나이는 15세에서 30세까지이며 모두 학업에 종사케 한다. 9년을 기한으로 하되 만일 아둔하여 향상치 못하는 자는 퇴학시킨다. 〈삼국사기〉
- 독서삼품과 실시(원성왕) : 교수하는 법은 주역·상서·예기·춘추좌씨전·문선으로 학업을 닦게 하고, 박사나 조교 1인이 예기·주역·논어·효경이나, 상서·논어·효경·문선을 가르친다. 여러 학생의 독서에는 3품의 등용법이 있는데, 춘추좌씨전이나 예기·문선을 읽어 그 뜻이 잘 통하고 논어와 효경에 밝은 자를 상(上)으로 하고, 곡례·논어·효경을 읽은 자를 중(中)으로 하고 곡례·효경을 읽은 자를 하(下)로 하되, 만일 5경 3사와 제자 백가에 겸통한 자는 등급을 뛰어 등용한다. 〈삼국사기〉

최치원

- 당에서 활동 : 아버지가 말하기를 "십 년 안에 과거에 급제하지 못하면 내 아들이 아니니 힘써 공부하라"라고 하였다. 그는 당에서 스승을 좇아 학문을 게을리 하지 않았다. 건부(乾符) 원년 갑오에 예부시랑 배찬이 주관하는 시험에 합격하여 선주(宣州)의 율수현위에 임명되었다.
- 사상(유·불·도 통합) : 여래(如來)와 주공(周孔)은 비록 그 시작은 달랐으나, 근본은 한곳으로 귀일하는 것이므로 양자를 겸임하지 못하는 자는 사물의 이치를 알 수 없다. …… 인심(仁心)이 곧 불(佛)이니 불이 곧 인(仁)이다.

도교

- 고구려 : 고구려 말기 무덕, 정관 연간에 나라 사람들이 다투어 오두미교를 신봉하였다. 당나라 고조가 이 소식을 듣고서 도사로 하여금 천존상을 가지고 가서 도덕경을 강연하게 하였다. 영류왕과 나라 사람들이 함께 강의를 들었다.
- 사택지적비문 : 갑인년 정월 9일, 나지성 사택지적은 몸이 해가 가듯 쉽게 가고 달이 가듯 돌아오기 어려움을 슬퍼하여 금당(金堂)을 세우고 옥을 깎아 보탑(寶塔)을 세우니, 그 웅장하고 자비로운 모습은 신광을 토해내어 구름을 보내며, 찌를 듯이 높게 솟아 슬프고 간절함은 성명(聖明)을 머금어 ……

핵심 | 자료 읽기

풍수지리설 : 도선의 탄생
영암군 사람들이 전하기를 "고려 때 최씨의 뜰 가운데 오이 하나가 열렸는데, 길이가 한 자나 넘어 온 집안 사람들이 자못 이상하게 여겼다. 최씨 딸이 몰래 이것을 따 먹었더니, 저절로 태기가 있어 달이 차서 아들을 낳았다. …… 이름을 도선이라 하였다." <세종실록> 지리지

삼대목 편찬
왕이 전부터 각간 위홍과 좋아 지내 대궐에 들어오게 하고 그에게 명하여 대구 화상과 함께 향가를 수집케 하여 삼대목이라 이름하였다. 위홍이 죽으니 시호를 추증하여 혜성대왕이라 하였다. 왕은 이후 두세명의 미소년을 불러들여 음란한 행위를 하고 그 자들에게 국정을 맡기어 방자해지고 뇌물이 행해지고 상벌이 공평치 못하여 기강이 문란해졌다.

무령왕릉 유적
• 지석 : 영동대장군 백제 사마왕이 62세 되는 계묘년 5월(초하루 병술) 7일 임진날에 돌아가셔서, 을사년 8월(초하루 계유) 12일 갑신날에 이르러, 대묘에 예를 갖추어 안장하고 이와 같이 기록한다.
• 지석 뒷면의 매지권 : 을사년 8월 12일 영동대장군 백제 사마왕이 앞에 든 돈(돈 1만닢)으로 토지신 토왕·토백·토부모·연봉 2,000석 이상의 여러 관료에게 나아가서 서쪽 땅을 사들여 묘를 만들었으니 문서를 만들어 남긴다. 현 율령에 따르지 않는다.

미륵사
• 건립 배경 : 하루는 왕이 부인과 함께 사자사에 가다가 용화산 아래의 큰 못가에 이르렀을 때, 못 가운데서 미륵 삼존이 나타나므로 수레를 멈추고 공경의 예를 취하였다. 부인이 왕에게 이르되, 나의 소원이니 이곳에 큰 절을 이룩하면 좋겠다고 하였다.
• 금제 사리봉안기 : 우리 왕후께서는 좌평 사택적덕의 따님으로 …… 기해년 정월 29일에 사리를 받들어 맞이하셨다. 원하오니, 우리 대왕의 수명을 산악과 같이 견고하게 하시고 치세는 천지와 함께 영구하게 하소서.

칠지도의 제작
<앞면> 태△ 4년 5월 16일은 병오인데, 이날 한낮에 백 번이나 단련한 강철로 칠지도를 만들었다. 이 칼은 온갖 적병을 물리칠 수 있으니, 제후국의 왕에게 나누어 줄 만하다. △△△△가 만들었다.
<뒷면> 지금까지 이러한 칼은 없었는데, 백제 왕세자 기생성음이 일부러 왜왕 지(旨)를 위해 만들었으니 후세에 전하여 보이라.

정효공주묘 지석
오래 전에 읽었던 <상서>를 돌이켜보건대, 요 임금은 … <좌전>을 상세히 보건대, 주나라 천자가 딸을 제나라에 시집보낼 때 … 어머니로서 갖춘 규범이 아름답고 아름다우면 선인들이 쌓은 은혜가 어찌 무궁하게 전해지지 않으리오.

함화 4년명 불비상
함화(咸和) 4년(대이진 4년, 834년) 윤 5월 8일에 과거 허왕부(許王府)의 참군 기도위였던 조문휴의 어머니 이씨(李氏)가 삼가 아미타불과 관음·대세지 등의 보살존상을 조성하였으니, 불문(佛門)의 권속이 모두 6바라밀을 실천하고, 불가의 창생이 함께 8정(正)을 뛰어넘기를 바라노라. 이에 기리는 글을 짓는다. 크도다! 불법의 진리여, 지극하도다! 올바른 깨달음이여. 4생(生)의 장애를 뚫고 지났으며, 5탁(濁)의 세계를 배를 타고 건넜도다. 이는 더럽지도 않고 깨끗하지도 않으며, 사라지지도 않고 생겨나지도 않는 것이니, 자비로운 구름이 영원히 드리우고, 지혜로운 태양이 항상 밝으리라.

03 고대의 중국 · 서역과의 교류

1. 중국과의 교류

• 고구려

금동 연가 7년명 여래 입상

▶ 양식에 있어서 중국 북조의 영향을 받음
▶ 인상과 미소를 통해 고구려의 독자성 확인
▶ 천불(千佛) 중 하나로 경남 의령에서 출토

• 백제

무령왕릉 복원도

▶ 공주 송산리 고분군 중의 7호분
▶ 굴식 벽돌무덤
▶ 무덤의 주인을 알 수 있는 지석 존재
▶ 관의 재료는 일본에서 자생하는 금송
▶ 금제 장식과 돌짐승 출토

양직공도

▶ 6c 백제무령왕가 중흥을 위해 중국 남조에 파견한 사신 모습을 확인
▶ 중국 양나라의 그림
▶ 4c 근초고왕 때 요서 진출과 6c 무령왕 때 22담로 설치를 기록

• 발해

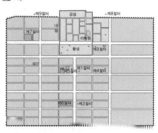

상경 용천부 평면도

▶ 주작대로를 통해 당의 영향 확인
▶ 절터를 통해 불교의 융성 확인

영광탑

▶ 중국 지린성 소재
▶ 발해의 누각식 전탑
▶ 현존하는 중국 동북 지역에서 最古의 탑

정효공주 묘

▶ 중국 지린성의 용두산 발해 고분군 소재
▶ 정효공주는 문왕의 넷째 딸
▶ 벽돌무덤으로 무덤 위에 4각의 탑터가 존재
▶ 천장은 평행 고임형 천장 구조

2. 서역과의 교류

• 고구려

사마르칸트 벽화

▶ 7c 고구려가 당을 견제하기 위해 중앙아시아에 파견한 사신의 모습을 확인
▶ 고구려인의 의복과 생활 확인
 (뒤에 깃털을 꽂은 조우관을 쓰고 환두대도를 지니고 있는 이가 고구려의 사신)

씨름도

▶ 중국 지린성 지안현의 고구려 고분 각저총의 벽화
▶ 나무쪽의 장사는 눈이 크고 코가 높은 서역인으로 추정

• 백제

유리 그릇 파편

▶ 부여 능산리 사지에서 발굴
▶ 6c 중엽 백제 수도 부여에서 교역으로 들여온 유리잔을 사용했다는 증거

• 신라

유리그릇

▶ 경주 황남대총, 천마총, 금관총 등에서 발굴

무인상

▶ 경주 괘릉(일명 원성왕릉)의 수문장상
▶ 대식국인을 닮았으며 아랍 상인으로 추정

페르시아 문양석

▶ 국립 경주박물관 야외 전시장 소재
▶ 페르시아의 연주문이 조각됨

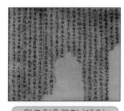

왕오천축국전 (혜초)

▶ 프랑스 학자 펠리오가 간쑤성 둔황에서 발견한 서적
▶ 현재 프랑스 국립도서관에 보관

3. 서역과 한반도를 왕래한 고대 인물

• 고구려 : 고선지(고구려 유민의 후손) → 당의 장수로서 서역 원정을 단행, 탈라스 전투에서 서역으로 제지술이 전파됨
• 신라 : 혜초 → <왕오천축국전> 저술(인도와 페르시아, 아랍과 중앙아시아에 대한 지식을 소개 전달)
• 서역인 : 처용 → 헌강왕 때(9c) 울산에서 교역을 위해 신라에 와 신라의 관직을 지낸 것으로 추정되는 서역인

04 일본에의 문화 전파

부록

1 고대 3국

(1) 백제

- 내용
  - 유학 ┬ 아직기(4c, 근초고왕) : 일본 태자에게 한자를 가르침
    - 왕인(4c) : 논어, 천자문 전수
    - 단양이 · 고안무(6c, 무령왕) : 5경 박사로서 유교 경전 전파
  - 불교 ┬ 노리사치계(6c, 성왕) : 불경 · 불상 전래
    - 혜총(6c 말~7c, 위덕왕) : 일본 쇼토쿠 태자의 스승
    - 관륵(7c, 무왕) ┬ 역법 · 천문 · 지리서 전파
      - 불교 전파 → 일본 승직 제도 마련
  - 기타 : 오경박사, 의박사, 역박사, 화가, 공예 기술자를 파견
- 영향
  - 탑 : 목탑 축조
  - 건축 ┬ 내용 : 백제가람이라는 양식 등장
    - 사례 : 일본 최초의 절 아스카사 건축에 기여
  - 불상 ┬ 고류사의 미륵보살 반가사유상
    - 호류사의 백제 관음상 제작
  - 회화 : 아좌태자(6c)가 쇼토쿠 태자의 초상화를 그림
- 전래된 유물 : 칠지도

(2) 고구려

- 내용
  - 담징 ┬ 종이 · 먹 제조법 전수
    - 호류사의 금당 벽화를 그렸다고 전해짐
  - 혜자 ┬ 배경 : 7c 주변 국가와의 외교 관계 강화
    - 내용 : 일본 쇼토쿠 태자의 스승(7c)
  - 혜관 : 불교 전파, 일본 삼론종의 개조
  - 도현 : <일본세기> 저술
- 영향 : 강서 수산리 고분 벽화 → 일본의 다카마쓰 고분 벽화

(3) 신라

- 특징 : 관계가 나빠 교류가 많지 않음
- 내용 : 조선술, 축제술(제방을 쌓는 기술) 전수
- 영향 : '한인의 연못'이라 불리는 이름까지 등장

(4) 가야

- 뱃길을 통해 왜와 교류 → 철기 문화 발전
- 토기 제작 기술의 전래 : 일본 스에키 토기 등장에 영향

cf) 고대 3국 음악의 일본 전파
  → '고구려악', '백제악', '신라악'이라는 이름 형성

금동 미륵보살 반가 사유상

고류사의 불상

칠지도

호류사의 불상

강서 수산리 고분 벽화

다카마쓰 고분 벽화

호류사 금당 벽화 복원도

가야의 토기

2 통일 신라

- 일본의 선진 문화 수용 노력 : 견신라사 파견　　　　　　　　cf) 당에는 견당사를 파견
- 내용 ┬ 불교 : 원효의 사상 전래, 심상에 의해 화엄 사상 전파 → 일본 화엄종 형성에 큰 영향
　　　　├ 유교 : 강수와 설총의 유학이 전래됨 → 율령과 정치 제도 형성에 기여
　　　　└ 예술 : 불상, 가람 배치, 탑 양식의 전래
- cf) 8c 말 일본의 변화 ┬ 계기 : 수도를 나라에서 헤이안으로 천도
　　　　　　　　　　　└ 특징 : 외국 문화의 영향에서 벗어나려는 움직임 발생

양류관음도

▶ 고려의 불화
▶ 일본 다이도쿠사 소장

3 조선

- 임란 전 : 15c 미술 → 무로마치 시대의 미술에 영향
- 임란 후 ┬ 문화 전파 ┬ 성리학 : 임란 당시 일본에 끌려간 강항에 의해 이황의 성리학이 전파
　　　　　│　　　　　└ 도자기 : 이삼평 등에 의해 조선의 도자기 문화가 전파
　　　　　└ 통신사 파견 ┬ 임란 후 첫 파견 : 여우길(1607, 선조)　　　　cf) 기유약조(1609)
　　　　　　　　　　　　├ 시기 : 막부의 쇼군이 새로이 집권할 때마다 → 총 12회 파견
　　　　　　　　　　　　├ 목적 : 도쿠가와 막부의 권위를 국제적으로 인정받고자 + 조선의 선진 문화를 수용
　　　　　　　　　　　　├ 역할 : 외교 사절 + 조선의 선진 문화를 일본에 전파
　　　　　　　　　　　　├ 비용 부담 : 일본 막부가 조달
　　　　　　　　　　　　└ 중단(1811) : 일본 내의 反한 감정의 등장으로 중단

몽유도원도

▶ 15c 도화서 화원 안견의 작품
▶ 일본 무로마치 막부 시대의 화풍에 큰 영향을 끼침
▶ 현재 일본 덴리대학 중앙도서관에 소장 중임

통신사 행렬

통신사의 이동 경로

◇ **확인해 둘까요!** ▶━ 한반도와 일본의 문화 교류 정리

- 신석기 시대 : 빗살무늬 토기 ⇄ 죠몬 토기, 흑요석기
- 청동기 시대 : 벼농사 문화, 금속기 문화 → 야요이 문화
- 삼국 시대 ┬ 삼국 ┬ 정치 : 6c 일본 야마토 조정의 성립
　　　　　　│　　　└ 문화 : 7c 나라 지방의 아스카 문화 형성에 기여
　　　　　　└ 가야의 토기 문화 → 스에키 문화
- 통일 신라 시대 : 신라의 문화 → 하쿠호 문화(7c 후반)
- 조선 시대 : 15c 회화 → 무로마치 막부 시대의 회화

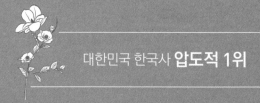
대한민국 한국사 **압도적 1위**

cafe.naver.com/kmshistory

PART

III

중세 사회

1 초기

(1) 태조 (연호 : 천수)

- 사회 ┬ 민심 수습 ┬ 조세 감면 → 취민유도(取民有度: 수확량의 1/10 징수)
- 　　　│　　　　　└ 빈민 구제 기관 설치 : 흑창(성종 이후 의창이라 불림)
- 　　　└ 호족 통합 ┬ 정책 ┬ 大호족 ┬ 혼인 정책 + 사성(賜姓) 정책 · 토성 분정 정책(본관제 ?)
- 　　　　　　　　　│　　　│　　　　└ 사심관 제도 : 우대(부호장 이하 임명 가능) + 견제(치안 책임 부과)
- 　　　　　　　　　│　　　└ 中小호족 : 향촌 사회에 대한 지배권을 부분적으로 인정　　　　　　cf) 견제 : 기인 제도
- 　　　　　　　　　└ 경제적 기반 마련 : 공훈에 따라 역분전 지급　　　　　　cf) 후삼국 통일 前 : 녹읍 지급
- 외교 ┬ 북진 정책 ┬ 서경 중시 : 개경과 같은 관제를 두는 분사 제도 실시　　　　cf) 분사 제도 완성은 예종 때
- 　　　│　　　　　└ 고구려 계승 의식 → 국경선 확장(청천강 ~ 영흥만)
- 　　　├ 발해 유민 수용 ex) 발해 왕자 대광현을 비롯한 10만여 명의 발해 유민들이 고려에 귀순
- 　　　└ 거란 : 강경 정책 ex) 만부교 사건
- 정치 ┬ 관제 정비 : 태봉의 관제를 중심으로 신라와 당의 제도를 참조하여 마련
- 　　　└ 규범 제시 : 관리를 대상으로 <정계>와 <계백료서>를, 후대 국왕을 대상으로 <훈요 10조>를 제시
- 문제점 ┬ 혜종 : 태조의 지나친 혼인 정책으로 왕권 불안정 ex) 왕규의 난
- 　　　　└ 정종 ┬ 과정 : 왕식렴의 도움으로 왕규의 난을 진압하고 집권
- 　　　　　　　├ 정치 : 서경 천도 시도 vs 개경 세력의 반발과 백성의 원성으로 실패
- 　　　　　　　└ 외교 : 거란의 침략에 대비해 광군 30만 설치(최광윤의 건의)

(2) 광종 (연호 : 준풍, 광덕)

- 정치 ┬ 제도 ┬ 노비안검법 실시 : 왕권 강화(호족의 기반 약화) + 재정 안정(조세 · 부역 부담하는 양인 증가)
- 　　　│　　　├ 과거제 실시(후주에서 귀화한 쌍기의 건의로 실시) → 신진 인사 등용, 신구 세력의 교체
- 　　　│　　　└ 백관을 대상으로 4색의 공복(자 · 단 · 비 · 녹) 제정 → 지배층 내의 위계질서 확립
- 　　　└ 사건 : 대상 준홍과 좌승 왕동의 난 → 호족 세력에 대한 숙청 단행
- 기타 ┬ 외교 : 송과의 통교(962) but 국왕을 황제로, 개경을 황도로, 서경을 서도로 칭하며 황제의 나라를 자처
- 　　　├ 경제 · 사회 : 주현 공부법 실시(국가 수입 증대), 제위보 설치(빈민 구제)
- 　　　└ 문화 : 승과 제도 도입, 중국에 제관 · 의통 파견, 균여(귀법사) 활동 지원
- 영향 ┬ 경종 : 시정 전시과 실시 ┐
- 　　　└ 성종 : 통치 체제 정비 ─┴→ 통치 체제 확립

(3) 성종 : 유교적 정치 질서의 강화

- 정치 ┬ 주도 : 6두품 출신 유학자　ex) 최승로 ┬ 5조 정적평 : 태조 ~ 경종에 이르는 5대 왕의 잘잘못을 평가
- 　　　│　　　　　　　　　　　　　　　　　　└ 시무 28조 : 유학 정치 사상으로 채택
- 　　　└ 제도 정비 ┬ 지방 ┬ 12목에 지방관 파견, 향리 제도 마련, 10도제 실시
- 　　　　　　　　　│　　　└ 3경 정비(개경, 서경 + 동경 설치), 서경의 분사 제도 정비
- 　　　　　　　　　├ 중앙 ┬ 품계 : 중앙 문 · 무관에 문산계를, 향리와 노병 등에게 무산계 지급
- 　　　　　　　　　│　　　└ 관청 ┬ 수용 : 2성 6부제(당의 영향), 중추원(송의 영향), 삼사(송의 영향)
- 　　　　　　　　　│　　　　　　　└ 독자적 관제 : 도병마사, 식목도감
- 　　　　　　　　　└ 제사 : 종묘 정비, 사직(社稷) 건립과 제사, 환구단 설립과 제사 거행
- 경제 : 최초의 화폐인 건원중보(철전) 주조

- 문화 ┬ 유학 교육 ┬ 국자감 정비, 지방에 경학박사 파견, 도서관으로 비서성(개경) · 수서원(서경) 설립
  │   └ 문신월과법(문신들에게 매월 시부를 지어 바치게 하는 제도) 실시, 과거 정비
  └ 불교 행사의 폐단 축소 : 연등회 · 팔관회 축소 → 폐지
- 사회 ┬ 흑창을 의창으로 개칭 + 상평창 설치, 재면법 한시적 실시(재해시 조세 면제)
  └ 노비환천(還賤)법 실시
- 외교 ┬ 내용 : 거란의 1차 침략을 서희의 외교 담판으로 격퇴 → 강동 6주 설치
  └ 영향 ┬ 목종 ┬ 정책 ┬ 개정전시과 실시 : 한외과 설치, 군인전 지급
  │   │   └ 화폐 정책의 변화 : 곡물 · 삼베의 사용 허가, 화폐는 다점 · 주점에서만 사용
  │   └ 한계 : 모후인 천추태후의 국정 농단(김치양의 공모) vs 강조의 변 발생(목종 폐위, 현종 즉위)

(4) 현종

- 외교 : 거란의 침략 ┬ 2차 : 나주 몽진, 양규의 항전(흥화진)
  │   └ 3차 : 강감찬의 귀주 대첩   cf) 방어책 : 나성 축조(현종), 천리장성 축조(덕종 ~ 정종)
- 정치 ┬ 지방 ┬ 경기 · 5도 · 양계 정비
  │   └ 향리의 정원규정 · 관등 · 공복 제도 마련, 주현 공거법 실시(향리 자제의 과거 응시, 관직 등용)
  └ 사건 : 김훈 · 최질(무신)의 난
- 문화 ┬ 인쇄 : <7대실록> 편찬 시작(덕종 때 완성), <초조대장경> 간행 시작
  └ 불교 : 연등회 · 팔관회 부활, 현화사 건립
- 사회 ┬ 주창수렴법(의창제 보완, 주 단위로 창고 설치)
  └ 면군급고법 : 80세 이상 부모 생존시 군역 면제, 70세 이상 생존시 관리에게 200일 휴가

핵심 | **자료 읽기**

최승로의 시무 28조

7조   우리 태조께서 외관(外官)을 두고자 하였으나, 초창기이므로 일이 번거로워 겨를이 없었습니다. 이제 보건대, 향호가 공무를 빙자하여 백성을 침해, 횡포를 부리므로 백성이 견뎌내지 못하니, 청컨대 외관을 두십시오. 일시에 다 보내지 못한다 하더라도 십수 주현을 아울러 한 사람의 관원을 두고, 관청에 두세 명의 관원을 두어 백성을 어루만지는 일을 맡기소서.

8조   예(禮)에 '천자는 집 높이를 9자로, 제후는 7자로 한다' 고 했습니다. 그런데 요즘 사람들이 신분을 가리지 않고 다투어 큰 집을 지으니 폐단이 이루 말할 수 없습니다.

11조 중국의 제도를 따르지 않을 수 없어, 예악 · 시서의 가르침과 군신부자의 도리는 마땅히 중국을 본받아 비루한 풍속을 고쳐야 하겠지만 그 밖에 거마(車馬) · 의복의 제도는 지방의 풍속대로 하여 사치함과 검소함을 알맞게 할 것이며 구태여 중국과 같이 할 필요는 없습니다.

13조 우리나라에서는 봄에 연등회를 열고 겨울에는 팔관회를 베풀어 사람을 많이 동원하고 노역이 심히 번거로우니, 원컨대 이를 감하여 백성이 힘을 펴게 하소서.

14조 만약 성상이 마음을 겸양하게 가지고 항상 경외하게 신하를 예우하시면, 신하는 반드시 마음과 힘을 다하여 나아가서는 죄를 구하고 물러가서는 바르게 보필하기를 생각할 것입니다. 이것이 이른바 임금이 신하를 예로써 쓰고, 신하는 임금을 충으로 섬긴다는 것입니다.

19조 이 국왕께서 말년에 조정의 신하를 죽이고 내쫓아 삼한 세가(世家)의 자손이 가계(家系)를 승계하지 못하였으니, 여러 차례 은혜로운 임금의 뜻에 의하여 공신의 등급에 따라 삼한 공신의 자손에게 벼슬을 주어 등용하소서.

20조 불교는 수신(修身)의 근본이요, 유교는 치국(治國)의 근원이니, 수신은 내생의 일이요, 치국은 금일의 일입니다.

2 통치 체제

(1) 중앙 조직

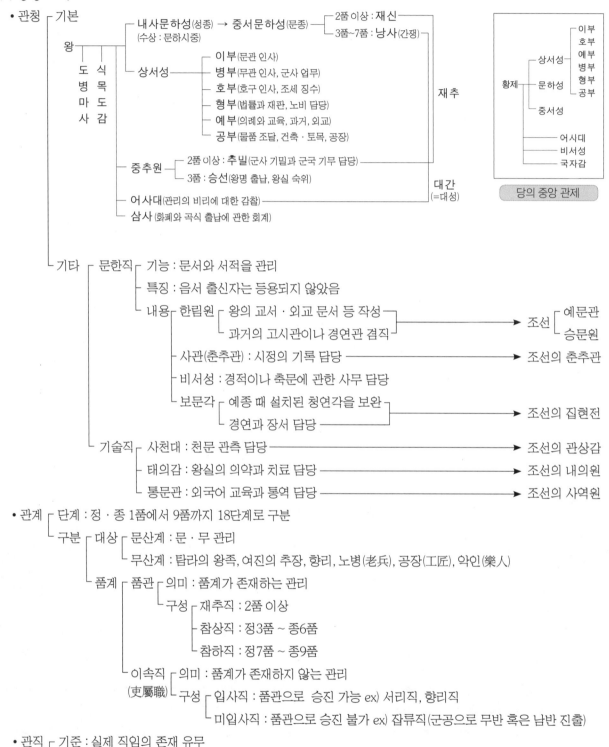

- 관청 ┬ 기본 ┬ 왕 ┬ 도병마사 · 식목도감
  │   │   │
  │   │   ├ 내사문하성(성종) → 중서문하성(문종) ┬ 2품 이상 : 재신
  │   │   │   (수상 : 문하시중)   └ 3품~7품 : 낭사(간쟁)
  │   │   │
  │   │   ├ 상서성 ┬ 이부(문관 인사)
  │   │   │   ├ 병부(무관 인사, 군사 업무)
  │   │   │   ├ 호부(호구 인사, 조세 징수)
  │   │   │   ├ 형부(법률과 재판, 노비 담당)   재추
  │   │   │   ├ 예부(의례와 교육, 과거, 외교)
  │   │   │   └ 공부(물품 조달, 건축 · 토목, 공장)
  │   │   │
  │   │   ├ 중추원 ┬ 2품 이상 : 추밀(군사 기밀과 군국 기무 담당)
  │   │   │   └ 3품 : 승선(왕명 출납, 왕실 숙위)   대간
  │   │   │   (=대성)
  │   │   ├ 어사대(관리의 비리에 대한 감찰)
  │   │   └ 삼사(화폐와 곡식 출납에 관한 회계)
  │   │
  │   └ 기타 ┬ 문한직 ┬ 기능 : 문서와 서적을 관리
  │   │   ├ 특징 : 음서 출신자는 등용되지 않았음
  │   │   └ 내용 ┬ 한림원 ┬ 왕의 교서 · 외교 문서 등 작성 ┐
  │   │   │   └ 과거의 고시관이나 경연관 겸직 ┘→ 조선 ┬ 예문관
  │   │   │   └ 승문원
  │   │   ├ 사관(춘추관) : 시정의 기록 담당 → 조선의 춘추관
  │   │   ├ 비서성 : 경적이나 축문에 관한 사무 담당
  │   │   └ 보문각 ┬ 예종 때 설치된 청연각을 보완 ┐
  │   │   └ 경연과 장서 담당   ┘→ 조선의 집현전
  │   └ 기술직 ┬ 사천대 : 천문 관측 담당 → 조선의 관상감
  │   ├ 태의감 : 왕실의 의약과 치료 담당 → 조선의 내의원
  │   └ 통문관 : 외국어 교육과 통역 담당 → 조선의 사역원
  │
- 관계 ┬ 단계 : 정 · 종 1품에서 9품까지 18단계로 구분
  │   └ 구분 ┬ 대상 ┬ 문산계 : 문 · 무 관리
  │   │   └ 무산계 : 탐라의 왕족, 여진의 추장, 향리, 노병(老兵), 공장(工匠), 악인(樂人)
  │   └ 품계 ┬ 품관 ┬ 의미 : 품계가 존재하는 관리
  │   │   └ 구성 ┬ 재추직 : 2품 이상
  │   │   ├ 참상직 : 정3품 ~ 종6품
  │   │   └ 참하직 : 정7품 ~ 종9품
  │   └ 이속직 ┬ 의미 : 품계가 존재하지 않는 관리
  │   (吏屬職) └ 구성 ┬ 입사직 : 품관으로 승진 가능 ex) 서리직, 향리직
  │   └ 미입사직 : 품관으로 승진 불가 ex) 잡류직(군공으로 무반 혹은 남반 진출)
  │
- 관직 ┬ 기준 : 실제 직임의 존재 유무
        └ 내용 ┬ 실직 ┬ 의미 : 실제 직임을 맡는 관직
                  │ (實職) └ 종류 ┬ 정직 : 정규직으로, 급료를 지급
                  │   └ 체아직 : 임시직으로, 업무 수행 시 급료를 지급
                  └ 산직 ┬ 의미 : 실제 직임은 없고 관계만 수여되는 관직
                    (散職) └ 종류 : 검교직, 동정직 cf) 첨설직 : 공민왕 때 홍건적 · 왜구 격퇴에 군공을 세운 자에게 포상

당의 중앙 관제

황제 ┬ 상서성 ┬ 이부
        │   ├ 호부
        │   ├ 예부
        ├ 문하성 ├ 병부
        │   ├ 형부
        ├ 중서성 └ 공부
        ├ 어사대
        ├ 비서성
        └ 국자감

꼭! 알아두기 · 고려의 핵심 중앙 기구

1. 재추 기구

- 구성 : 중서문하성의 재신 + 중추원의 추밀 → 첨의부의 고위직 + 밀직사의 고위직

  cf) 고려의 양부 : 중서문하성 + 중추원

- 기능 ┌ 도병마사 ┌ 서 · 동북면의 병마사 파견 ──────────→ 도평의사사 ┌ 기능 : 중대사 결정
  │   └ 국방에 대한 논의   (일명 '도당') │ 구성원 : 재추+삼사
  └ 식목도감 : 법 · 격식 담당 → 법제의 세칙 제정   └ 설치 : 충렬왕

- 분화 ┌ 시기 : 조선의 정종(실질적으로는 태종의 업적)
  └ 내용 ┌ 정치 : 의정부 ──────→ 비변사 ┌ 과정 : 설치(중종, 삼포왜란) → 상설기구화(명종, 을묘왜변)
        └ 군사 : 삼군부   └ 기능 ┌ 설립 초기 : 여진족 · 왜적 방어를 위한 기구
                                              └ 임진왜란 이후 : 국정 최고 합의 기구

2. 대간 제도

	고려		조선	

- 구성 ┌ 감찰(대관) →   어사대   ≒ 사헌부 (개칭 : 충렬왕 → 공민왕) ──────┐
  └ 간쟁(간관) → 중서문하성의 낭사 ≒ 사간원 (독립 : 태종) ──────────┤
          보문각   ≒ 홍문관(정립 : 성종, 왕에 대한 정책 자문) ──┘ ├→ 3사(언관, 淸要職)
                                                                              ┌ 임용 대상 : 문과 출신자만 가능
                                                                              └ 응시 제한 ┌ 재가녀의 자손(子孫)
                                                                                          ├ 서얼
                                                                                          └ 탐관오리의 자(子)

- 기능 ┌ 간쟁(諫諍) : 왕의 잘못에 대해 직언(直言)하는 것
  ├ 봉박(封駁) : 잘못된 왕명(= 부당한 조칙)을 시행하지 않고 돌려보내는 것
  └ 서경(署經) : 관리의 임명(= 고신서경)과 법령의 개정이나 폐지(= 의첩서경) 등에 동의하는 것
   cf) 서경 대상 : 고려(모든 관리를 대상으로) vs 조선(5품 이하 관리를 대상으로)

확인해 둘까요! · 고려의 관계와 관직의 구분

구분	실직			산직		
	명칭	품계		명칭	품계	
		문반	무반		문반	무반
품관	재추직	2품 이상		검교직	5품 이상	4품 이상
	참상직	정3품 ~ 종6품		동정직	6품 이하	5품 이하
	참하직	정7품 ~ 종9품				
이속직	서리직, 향리직	입사직				
	잡류직	미입사직				

고려 전기의 정치

(2) 지방 행정 조직

- 정비 과정
  - 태조 : 지방 호족에게 자치권 부여, 개경·서경 설치
  - 성종
    - 전국
      - 12목 설치(최승로의 건의) → 10도제 실시
      - 3경 정비 : 개경·서경 + 동경
    - 향리 : 제도 정비   cf) 5도호부 설치
  - 현종
    - 전국
      - 경기 ← 개성부를 경중(京中) 5부와 경기로 구획
      - 5도(道)·양계(界)
      - 4도호부(군사 요충지), 8목(행정 중심지)
    - 향리 : 정원 규정, 공복 제정
  - 문종
    - 한양을 남경으로 승격, 개성부 복구
    - 향리 : 9단계 승진 규정 마련
  - 예종 : 일부 속군과 속현에 감무(현령보다 낮은 지방관) 파견

- 구성

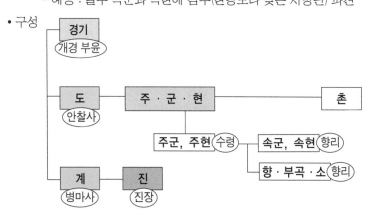

5도 양계

꼭! 알아두기 · 고려 지방 제도의 특징

1. 안찰사

- 명칭 : 안렴사, 제찰사
- 임기 : 6개월   cf) 우왕 때 1년으로 확대
- 기능 : 도내를 순찰하며 수령을 감찰하고 민생과 군사 업무를 담당
- 특징
  - 조선의 관찰사와 달리 상설 행정 기관(= 임소, 任所)이 없음   cf) 공양왕 때 도내에 관청 설치
  - 계에 파견된 병마사보다 지위가 낮음 ex) 안찰사(5품 내지 6품) < 병마사(3품)

2. 조선과의 차이

- 군사적 목적으로 구분되는 지역이 존재하였다. → 진은 도 아래의 지방 단위이다. (×)
- 지방관이 파견되지 않은 지역이 존재하였다. → 속군과 속현은 인근 주현 지방관의 통제를 받았다. (○)
- 군·현 아래 지방 행정 단위에 대한 정비가 미흡하였다. → 고려는 면·리제를 실시하지 않았다. (○)
- 천대받는 양민의 집단 거주지가 존재하였다. → 향·소·부곡에는 지방관이 파견되었다. (×)
- 일부 향리의 실질적 지위가 조선에 비해 높았다. → 행정의 책임자인 향리는 호장·부호장으로 불렸다. (○)
- 안찰사는 수령에 대한 감찰을 담당하였다. → 각 도에는 감영이라는 상설 행정 기구가 설치되었다. (×)

(3) 군역 제도와 군사 제도

- 중앙군 ─ 구성 ─ 2군(응양군, 용호군) : 국왕 친위 부대
  - 6위(좌우위, 신호위, 흥위위, 금오위, 천우위, 감문위) : 수도 경비, 국경 방어
  - 성격 ─ 신분 : 군반씨족인 중류층 → 군공을 세우면 무신으로 신분 상승 가능
    - 성격 : 직업 군인(직역을 세습하고, 직역에 대한 대가로 군인전을 지급받음)
  - 변화 : 군인전 미지급으로 인한 직업 군인의 몰락과 도망 → 일반 농민 군인으로 중앙군 보충
- 지방군 ─ 구성 ─ 주진군 : 양계에 주둔하며 국경 수비 ex) 좌군, 우군, 초군 등
  - 주현군 : 5도의 일반 군현에 주둔 ex) 정용군, 보승군, 일품군(노동력 징발의 성격이 강함)
  - 대상 : 군적에 오르지 못한 일반 농민
- 특수군 ─ 광군 : 정종 때 거란족을 방어할 목적으로 호족의 군대를 연합하여 편성 → 후에 지방군으로 편입
  - 별무반 ─ 계기 : 숙종 때 윤관이 여진 정벌을 위해 조직
    - 구성 : 신기군(기병), 신보군(보병), 항마군(승병 : 호국불교적 성격)
  - 삼별초 : 최우 집권 때 설치하여, 대몽 항쟁 전개
  - 연호군 : 고려 말 왜구의 침입에 대비하여 설치, 가호별로 징발한 일종의 노비 군대　　cf) 우왕 때 재설치
- 합의체 ─ 중방 ─ 구성 : 지휘관(정3품인 응양군의 상장군이 의장을 맡음), 부지휘관(종3품의 대장군)
  - 기능 : 3품에 해당하는 무관직 장군들의 합좌 기관으로 군사 문제에 관한 회의
  - 기타 : 장군방(정4품 무관직인 장군들의 회의 기관), 낭장방

(4) 관리 등용 제도

- 과거 ─ 종류 ─ 문과 : 제술과(문학적 재능과 정책 → 가장 중요시) + 명경과(유교 경전에 대한 이해 능력)
  - 잡과 : 실용 기술학(의학, 천문, 음양지리, 율학, 서학, 산학 등)
  - 승과 : 교종선 혹은 선종선 합격자에게 대선이라는 법계를 증여
    - cf) 무과 : 거의 시행되지 않음, 무신 집안의 자손과 직업 군인 中 능력 있는 자를 발탁하여 무신으로 삼음
  - 응시 대상 ─ 원칙 : 양인 이상
    - 실제 : 귀족과 향리의 자제(제술과, 명경과), 백정 농민(잡과)
  - 절차 ─ 예비시험 ─ 1단계 ─ 계수관시(향공시) : 계수관(경 · 도호부 · 목의 수령)이 향공을 선발
    - 개경시 + 서경시(유수관시)
    - 국자감시 ─ 대상 : 향공시 합격자 + 재학 3년동안 300일 출석한 국자감생과 사학12도생
      (2단계) ─ 특징 : 합격자를 진사라고 칭함
    - 본 시험 : 예부시 ─ 대상 ─ 진사(국자감시 합격자) + 현직 관리(권무관 ~ 7품 관원)
      (동당시) ─ 진사는 아니지만 성적이 우수하여 응시가 허락된 국자감생과 사학12도생
      - 단계(3장제) : 초장 → 중장 → 종장
  - 실시 시기 : 식년시(3년마다 실시)가 있었으나 격년시가 더 많음
  - 의의 : 유교적 소양을 갖춘 인재 등용 → 능력 중시 but 과거에 합격했으나 관직 진출이 안된 경우가 많음
- 음서 ─ 정의 : 과거를 거치지 않고도 관료가 될 수 있는 혜택
  - 대상 : 공신과 종실의 자손, 5품 이상 관리의 자손 ex) 아들, 손자, 사위, 동생, 조카 등
  - 특징 ─ 시행 : 과거보다 후대에 실시(성종? 목종?), 매년 정기적으로 시행하는 것이 보통
    - 연령 : 원칙적으로 18세 이상　　　　cf) 심지어 10세 미만이 음직을 제수받은 사례도 존재
    - 승진 : 제약이 없음 → 한직제가 적용되지 않음　　　cf) 단, 문한 · 학관직과 지공거는 취임 불허
  - 의미 : 고려 관료 체제의 귀족적 성격을 확인　　　cf) 과거와 음서를 모두 거친 관리도 존재

3 중기

(1) 문종

- 제도 정비 ┌ 중앙 : 내사문하성을 중서문하성으로 개칭, 판사겸직제 시행(상서 위에 판사를 설치하여 재상 겸임)
  └ 지방 : 개성부 복구(수도 개경 주위의 경기 통치), 향리의 9단계 승진 규정 마련
- 정치 : 경원이씨의 본격적 진출 ex) 문종이 이자연의 딸과 결혼
- 경제 : 공음전시 지급, 경정전시과 실시 → 한외과 폐지, 별사전 지급, 무산계 전시 지급, 무반의 지위 향상
- 사회 : 삼복제 실시(사형에 해당하는 자는 초복, 재복, 삼복의 심리를 거치도록 함)
- 문화 ┌ 한양길지설 유행 → 한양의 남경 승격
  ├ 최충의 9재학당(문헌공도) 설립
  └ 흥왕사 설립   cf) 4子 의천의 활동 ┌ 영통사에서 출가(문종), 중국 송(宋) 유학(순종? · 선종)
                                      └ 교장도감 설치(〈신편제종교장총록〉 간행, 선종), 화폐 주조 건의(숙종)

(2) 숙종

- 정치 ┌ 이자의(경원이씨)의 난 진압 → 조카 헌종으로부터 왕위를 찬탈하여 즉위
  └ 남경개창도감 설치(김위제의 건의)
- 경제 : 주전도감 설치(의천 건의) → 화폐 주조(활구 + 삼한통보, 해동통보, 해동중보)
- 문화 ┌ 유학 : 서적포 설치(관학 진흥 정책)   cf) 평양에 기자 무덤과 사당 설립
  └ 불교 : 국청사 완공(천태종 본찰) + 교장(속장경) 간행(의천)
- 외교 : 여진 정벌을 위해 별무반 설치(윤관)

(3) 예종

- 외교 : 윤관의 여진 정벌 → 동북 9성 축조 but 여진의 요청에 따라 동북 9성 반환
- 체제 정비 ┌ 지방 : 속현에 감무 파견 → 지방 통제 강화
  └ 사회 : 혜민국, 구제도감 설치
- 문화 ┌ 유학(관학 진흥) : 7재 설치, 양현고 설치, 청연각 · 보문각 설치
  └ 기타 사상 : 도교 사원(도관)으로 복원궁 설립, 풍수지리설을 정리한 〈해동비록〉 간행

> **꼭! 알아두기** │ **문벌 귀족**
>
> - 정의 : 성종 이후 여러 세대에 걸쳐 중앙에서 고위 관직자들을 배출한 가문
> - 대상 : 5품 이상의 관리
> - 기반 ┌ 정치 : 과거, 음서 ⇒ 중서문하성(재신)과 중추원(추밀)의 재상직 장악
>   ├ 경제 : 국가의 지급(과전, 공음전) + 개인적 소유(대토지, 상업 활동과 소금 생산으로 경제적 이익 확보)
>   └ 유지 방법 : 중첩된 혼인 관계
> - 대표 가문 ┌ 경원 이씨(왕의 외척으로 세력 강화) : 이자연(문종) → 이자겸(예종 · 인종)
>   └ 해주 최씨, 경주 김씨, 강릉 김씨, 청주 이씨, 남평 문씨, 파평 윤씨, 철원 최씨
> - 성격 변화   초기 ———————→ 중기
> | 개혁적, 자주적, 개방적 | ex) 최승로 | 보수적, 사대적, 폐쇄적 | ex) 김부식

(4) 인종

- 외교 : 금의 사대 요구 → 이자겸의 수용
- 정치 ┬ 사건 ┬ 이자겸의 난 vs 인종의 진압 → 15개조의 유신령 발표
  │   └ 묘청의 서경 천도 운동(국호 '대위', 연호 '천개') vs 1년 만에 김부식의 진압
  └ 영향 : 문벌 귀족 내부의 갈등 심화 but 문신의 무신 차별 심화 → 무신 정변(보현원 난, 경인 난) 발생(의종)
- 문화 ┬ 유학(관학 진흥) : 국자감의 전문 강좌인 7재를 경사 6학으로 변경 → 강예재(=무학재) 폐지
  ├ 출판 ┬ 최윤의가 의례서인 〈상정고금예문〉 제작   cf) 금속활자를 이용하여 추가 제작한 것은 최우 집권 때
  │   └ 김부식의 〈삼국사기〉 편찬
  └ 회화 : 이령의 〈예성강도〉 제작   cf) 송의 사신 서긍의 방문 : 〈고려도경〉 저술(청자 극찬)

◈ 확인해 둘까요! ▸ 문벌 귀족 내부의 갈등

1. 이자겸의 난 : 문벌 귀족 사회의 붕괴를 촉진하는 계기
- 배경 ┬ 이자겸의 득세 ┬ 과정 : 예종 때 활약했던 신진 관료들(한안인, 이영 등)을 숙청
  │   (경원 이씨) └ 내용 : 국공으로 자신의 생일을 인수절이라 호칭, 아들을 출가시켜 현화사 세력과 연대
  └ 이자겸의 十八子得國설 신뢰
- 과정 ┬ 인종 측근의 개혁적 신진 관료와 충돌 → 인종의 이자겸 제거 계획이 발각됨
  └ 이자겸과 척준경의 반란 → 인종이 척준경을 회유하여 이자겸을 제거 → 인종의 척준경 제거

2. 묘청의 난
- 배경 ┬ 정치 : 인종의 15개 유신령 발표 → 실추된 왕권 회복하기 위해 인종이 서경 출신의 개혁 관리를 등용
  ├ 외교 : 금의 사대 요구에 따라 이자겸의 난 이후에도 금에 대한 사대 관계 유지 → 묘청의 반발
  └ 사상 : 풍수지리설(서경길지설) 유행 → 서경에 대화궁 건설
- 내용 ┬ 구도 ┬ 묘청 ┬ 출신 : 서경 출신의 개혁적 신진 관료
  │   │ ↕   └ 주장 : 왕권 강화, 자주 혁신 정치(황제라 칭하며 금을 정벌) → 칭제건원 주장
  │   └ 김부식 ┬ 출신 : 개경 출신의 보수적 문벌 귀족
  │   └ 주장 : 유교적 사회 질서 확립, 금과의 사대 관계 유지
  └ 과정 : 묘청 등은 서경 천도를 통한 정권 장악이 어렵게 되자 난을 일으킴 → 국호 '대위', 연호 '천개'
- 결과 ┬ 개경파인 김부식에 의해 진압됨 → 김부식 등의 〈삼국사기〉 간행
  └ 서경의 분사 제도가 붕괴되기 시작   cf) 완전 붕괴는 조위총의 난을 진압한 이후임
- 평가 : 신채호 〈조선사연구초〉 – "조선 역사상 일천년래 제 일대 사건"

	서경파	개경파
대표적 인물	묘청, 정지상	김부식
'금'에 대한 입장	정벌	사대
배경 사상	불교 전통사상(낭가사상)	유교사상
계승 의식	고구려	신라

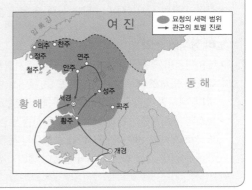

후삼국 통일

• 나주 확보 : 태조는 궁예의 명에 따라 나주 정복을 위해 출정하였다. 나주에 머물던 태조가 샘터에서 한 여인에게 물을 청하자 그녀는 체하지 않도록 바가지에 버들잎을 띄워 건넸다. 그녀가 바로 훗날 혜종의 어머니가 되는 장화왕후 오씨이다.

• 신라는 운이 끝나자 온갖 도적들이 일어났다. 가장 심한 자가 궁예와 견훤이다. 궁예는 신라의 왕자이면서 신라를 원수로 여겨 반란을 일으켰다. 견훤은 신라의 녹을 먹으면서 모반의 마음을 품고 도읍에 쳐들어가 임금과 신하 베기를 짐승 죽이 듯 하였다. 두 사람은 천하의 극악한 사람이다. 궁예는 신하에게 버림을 받았고, 견훤은 아들에게 화를 입었는데, 그것은 자초한 짓이다. 흉악한 두 사람이 왕건에게 항거할 수 있겠는가? 그들은 왕건을 위해 백성을 몰아다 준 사람일 뿐이었다.

훈요 10조

• 취지 : 짐은 평범한 가문으로 분에 넘치게 사람들의 추대를 받아 왕위에 올랐다. 재위 19년 만에 삼한을 통일하였고, 이제 왕위에 오른 지도 25년이 되었다. 후손들이 사사로운 인정과 욕심을 함부로 부려 나라의 기강을 어지럽게 할까 크게 걱정이 된다. 이에 후대의 왕들에게 전하고자 하니, 바라건대 아침 저녁으로 보아 영원토록 귀감으로 삼을지어다.

• 내용　1. 국가의 대업이 부처의 호위와 지덕에 힘입었으니, 불교를 숭상하라.
　　　　2. 사원은 도선 선사가 정한 곳 이외에는 함부로 짓지 마라.
　　　　3. 왕위 계승은 적자 적손을 원칙으로 하되 장자가 불초할 때는 인망있는 자가 대통을 이어라.
　　　　4. 중국의 문물, 예악을 준수해 왔으나 반드시 구차스럽게 같게 할 필요는 없다. 그러나 거란의 풍습은 따르지 마라.
　　　　5. 서경(西京 : 평양)은 지덕이 상서로우니 중시하라.
　　　　6. 연등회와 팔관회는 정성을 다해 개최하라.
　　　　7. 간언(諫言)을 따르고 요역과 부세를 가볍게 하여 민심을 얻으라.
　　　　8. 차령 이남은 산형지세가 배반하니 그 지방의 사람을 등용하지 마라.
　　　　9. 백관의 기록을 공평히 정하라.
　　　　10. 널리 경사를 보아 지금을 경계하라.

태조의 정책

• 취민 유도 : 태조가 즉위하여 신하들을 맞이하면서 '백성들에 대한 수탈이 가혹해 1결의 조세가 6석에 이르러 백성의 삶이 어려우니 나는 가련하게 여긴다. 지금부터 마땅히 10분의 1세로 하여 밭 1부의 조를 3되로 하여라' 고 한탄하여 말하였다.

• 사심관 제도 : 18년에 신라왕 김부가 항복하였다. 신라국을 없애고 김부를 경주 사심관으로 삼아 부호장 이하 관직자들의 일을 살피도록 하였다. 여러 공신에게도 이를 본받아 각각 출신 고을의 사심관으로 삼았다.

• 기인 제도 : 향리의 자제를 뽑아 서울에서 인질로 삼고 그 향사(鄕事)의 고문에 대비하니 이를 기인이라 하였다.

• 역분전 지급 : 조신, 군사들에게 관계는 논하지 아니하고 그들 성행의 선악과 공로의 대소를 보아 차등 지급하였다.

광종의 정책

• 과거제 실시 : 삼국 이전에는 과거법이 없었다. 쌍기의 건의를 받아들여 과거로 인재를 뽑게 하였다. 이 때부터 문풍(文風)이 일어났고 그 법은 대체로 당나라의 법을 따른 것이다.　　　　　　　　　　　　　　　　〈고려사〉

• 백관의 공복 제정 : 고려 태조가 나라를 세울 때 시작하는 것이 많아서 관복 제도는 우선 신라에서 물려받은 것을 그대로 두었다. 광종 때에 와서 비로소 백관의 공복을 제정하였다. 이 때부터 귀천과 상하의 구별이 명확해졌다.

• 주현 공부법 실시 : 즉위년 원보 식회, 원윤 신강 등에게 명령하여 주와 현이 해마다 바칠 공물 수량을 정하게 하였다.

노비 정책의 변화

• 노비안검법(광종) : 병신 7년에 노비를 조사해서 옳고 그름을 분명히 밝히도록 명령하였다. 이 때문에 주인을 배반하는 노비들을 도저히 억누를 수 없었으므로, 주인을 업신여기는 풍속이 크게 유행하였다. 사람들이 다 수치스럽게 여기고 원망하였다. 왕비가 간절히 말렸지만 받아들이지 않았다.

• 노비환천법(성종) : 천예(賤隷)들이 윗사람을 능욕하고 거짓말을 꾸며 본주인을 모함하는 자가 이루 헤아릴 수 없었습니다. … 전하께서는 천인이 윗사람을 능멸하지 못하게 하고, 종과 주인 사이의 명분을 공정하게 처리하십시오. … 전하께서 전대에 관결한 것을 캐고 따져서 분쟁이 열리지 않도록 해야 하겠습니다.

최승로의 5조 정적평

• 이제 앞서 가신 다섯 임금의 정치와 교화가 잘 되었거나 잘못된 것을 기록하여 조목별로 아뢰겠습니다.

• 태조께서 등극하실 때에는 어지러웠으나, …… 태봉과 삼한의 옛 땅을 열 아홉 해 만에 통일하였다. 거란은 우리와 경계가 닿아 화친을 청하였음에도 불구하고 그들이 바친 낙타도 버리고 기르지 않았다. 발해 세자 대광현 등에 대해 대우가 후해서 성명까지 하사하셨다. 이웃을 사귐에 도의로써 하였으며, 도덕을 귀중히 하고 절검을 숭상하였다.

• 혜종은 스승을 존경하고 요우에게 극진히 하였으므로 기뻐하였습니다. 그러나 덕치를 닦지 않고 늘 갑병을 따르게 하였으니, 장사들에게 편파적으로 상을 내려 내외가 원망하여 인심이 유리되었으며, 곧 심한 병을 얻어 침상에서 세월을 보냈던 것입니다.

• 정종은 혜종이 병으로 누워 재상 왕규가 난을 일으켰을 때 서도에 있는 충의로운 장수와 더불어 방비하였습니다. 날카롭게 다스림을 도모하여, 정치를 보살폈기에 처음에는 사람들이 경축하였다. 그러나 도참을 잘못 믿어서 천도의 일을 결의하였고, 원망은 이로부터 일어나고 미처 서쪽으로 옮기기 전에 임금의 자리를 길이 떠났다.

• 광종은 처음 8년 동안에 정치 교화가 맑고 상벌이 남발됨이 없고, 빈민을 구휼하고 유학을 중히 여기며 노비를 조사하여 풀어주었다. 쌍기가 등장한 이래로 문사를 높여 재주 없는 자가 많이 쓰이고, 정사를 게을리하고, 불법을 중시하여 재(齋)가 많음에도 불구하고 분향하는 일이 적지 않았습니다. 말년에 무고한 신하를 많이 죽였고 노비가 주인의 비행을 논하여 상하가 마음이 유리되고, 옛 신하와 장수는 하나하나 죽음을 당하였습니다.

• 경종은 위에 오르자 무고한 죄수를 내놓아, 원통하고 분울한 것이 다 사라져 조야가 경사를 일컬었습니다. 그러나 권력가에게 정사를 맡겨서 잘못의 조짐이 나타나자 뒤늦게 깨닫기는 하였으나, 책망을 면할 바 없었습니다.

시무 28조의 다른 내용들

1조 요지를 가려 국경을 정하고, 그 지방에서 활 잘 쏘고 말 잘 타는 사람을 골라 국방을 맡게 하소서

2조 불사를 많이 베풀어 백성의 고혈을 짜내는 일이 많고, 죄를 지은 자가 중으로 가장하고, 거지 무리들이 중들과 섞여 지내는 일이 많습니다. 원컨대 군왕으로서의 체통을 지켜 이로울 것이 없는 일은 하지 마소서

3조 우리 왕조의 시위하는 병사는 태조 때엔 그 수효가 많지 않았으나 뒤에 광종이 풍채 좋은 자를 뽑아 그 수가 많아졌습니다. 태조 때의 법을 따라 날쌔고 용맹스러운 자만 남기고 나머지는 모두 돌려보내 원망이 없도록 하소서

4조 왕께서 미음과 술과 두부국으로 길가는 행인에게 시주하나 작은 은혜는 두루 베풀어지지 못합니다. 상벌을 밝혀 악을 징계하고 선을 권장하면 복을 오게 할 수 있을 것이니 작은 일은 임금의 체통이 아니오니 폐지하소서.

5조 태조께서는 수년에 한번씩 사신을 보내어 사대의 예를 닦았는데, 지금은 사신뿐 아니라 무역으로 인해 사신의 왕래가 빈번하니 지금부턴 사신 편에 무역을 겸하고, 그 밖의 매매는 일체 금지하소서.

6조 불보(佛寶)의 돈과 곡식은 여러 절의 중들이 각기 사람을 시켜 관장하며 비싼 이자를 주어 백성을 괴롭히니 이를 모두 금지하소서

8조 중이 마음대로 궁궐에 출입하며 총애받는 것을 금하소서

9조 관료들이 조회할 때는 모두 중국 및 신라의 제도를 따라 공복을 입게 하고 높고 낮음을 구분하도록 하소서.

10조 중이 객관이나 역사에 숙박하면서 행패부리는 것을 금하소서

12조 공물과 요역을 공평하게 하소서

15조 궁궐의 노예와 말의 숫자를 줄이소서.

16조 중들이 다투어 절을 짓는데, 지방 수령들이 백성을 동원해 일을 시키니 백성들이 매우 고통스럽게 여기고 있습니다. 이를 엄히 금하소서.

18조 신라가 말기에 불경과 불상을 만드는데 금은을 사용하여 사치가 지나쳤으니 마침내 멸망하게 되었습니다. 근래에도 그 풍습이 없어지지 않았으니 엄중히 금하소서.

21조 우리 왕조는 종묘사직의 제사는 법대로 안 하면서 산악과 성수에 대한 제사는 많습니다. 그 제사들의 비용이 모두 백성들로부터 나오니 제사를 지내서는 안 됩니다.

핵심 자료 읽기

성종의 정책
- 지방관 파견 : 하늘은 말하지 않으나 많은 별들을 늘어 놓아 아래 세계를 비치며 임금은 교화를 베푸는데 착한 신하들을 각 지방에 파견한다. 나의 몸은 비록 구중궁궐에 있으나 나의 마음은 언제나 백성에게 가 있다. 현명하고 유능한 신하들을 지방관으로 파견하여 부세를 공평히 하고 사람들을 교양하며 청렴한 마음으로 풍속을 이루게 하려고 한다. …… 간곡한 교지를 내리노니 일체 지방관들은 재판 사무를 지체하지 말고, 창고들에 곡식이 충만하게 하며 곤궁한 백성들을 구제하고 농업과 잠업을 장려하며 부역과 조세를 가볍게 하고 처사는 공평하게 하라. 〈고려사〉
- 향리 정비 : 고려가 통일 후에 이들에게 직호를 내리고 그 고을 일을 맡게 하니, 주·부·군·현의 이직(吏職)을 개정하여 …… 당대등을 호장으로, 대등을 부호장으로, 낭중을 호정으로, 원외랑을 부호정으로 하였다. 나라에서 지방관을 보내 지방관으로 하여금 호장을 통제하게 하고 드디어 강등하여 향리로 만들었다.
- 국자감 설립 : 경치 좋은 장소를 택하여 서재와 학교를 크게 세우고 적당한 토지를 주어서 학교의 식량을 해결하며 또 국자감을 창설하라고 명하였다.

중앙 기구
- 도병마사 : 국초에 도병마사를 설치하여 시중·평장사·참지정사·정당문학·지문하성사로 판사(判事)를 삼고, 판추밀 이하로 사(使)를 삼아 일이 있을 때 모였으므로 합좌(合坐)라는 이름이 붙게 되었다. 그런데 한 해에 한 번 모이기도 하고 여러 해 동안 모이지 않기도 하였다. …… 이 기구의 합좌(合坐) 예식(禮式)은 먼저 온 사람이 자리를 떠나 북쪽을 향하여 서고, 뒤에 온 사람이 그 지위에 따라 한 줄로 서서 읍(揖)한 다음 함께 자리 앞에 이르러 남쪽을 향하여 두번 절하고, 자리를 떠나 북쪽을 향하여 엎드려서 서로 인사말을 주고받는다. 〈역옹패설〉
- 어사대 : 이 기구에서 대부경 왕희걸, 우사낭중 유백인, 예부낭중 최복규, 원외랑 이응년 등이 서경 분사(分司)에서 토지를 겸병하여 재물을 모으고 있음을 탄핵하고 그들을 관직에서 파면할 것을 요청하니 왕이 이 제의를 좇았다. 〈고려사〉
- 한림원 : 왕명을 받아 글을 짓는 기관으로, 태조 때 태봉의 제도에 따라 원봉성을 두었고, 뒤에 학사원으로 고쳤다. 문종 때 학사 승지 1인을 두고 정3품으로 삼았고, 학사는 2인을 두고 정4품으로 삼았다. 충렬왕 원년에 다시 문한서로 고쳤다.

합좌 기구 운영
- 도병마사 : 합좌(合坐) 예식(禮式)은 먼저 온 사람이 자리를 떠나 북쪽을 향하여 서고, 뒤에 온 사람이 그 지위에 따라 한 줄로 서서 읍(揖)한 다음 함께 자리 앞에 이르러 남쪽을 향하여 두번 절하고, 자리를 떠나 북쪽을 향하여 엎드려서 서로 인사말을 주고받는다. …… 녹사(錄事)가 논의할 일을 앞에 가서 알리면, 각기 자신의 의사대로 그 가부(可否)를 말한다. 녹사는 그 사이를 왔다 갔다 하면서 논의가 한 가지로 결정 되도록 하며, 그렇게 한 뒤에 시행한다. 〈역옹패설〉
- 중방 : 목종 5년(1002)에 6위의 직원을 갖추었는데, 뒤에 응양, 용호의 2군을 두어 6위의 상위에 두었으며, 뒤에 또 중방을 두어 2군 6위의 상·대장군으로 하여금 모두 모이게 하였다.

안찰사의 업무
수령의 잘잘못을 살펴 포상하거나 내쫓았다. 민생의 고통을 두루 묻고 농업과 양잠을 권장한다. 형벌과 송사가 제대로 되었는지 살피고 형옥을 다스린다. 공부와 방물을 수납하여 개경으로 수송하는 일을 관장한다. 군사를 통솔하는 군사적 기능도 갖고 있었다.

관리 등용 제도
과거 제도에는 제술, 명경 두 과가 있고, …… 잡과가 있다. …… 그 외에도 유일(遺逸)의 천거(薦擧)와 음서 제도에 의한 서용(敍用), 성중애마(成衆愛馬)의 서용, 남반(南班)·잡로(雜路)를 통한 승전(陞轉)등이 있어서, 관리로 진출하는 길이 하나만은 아니다.

강조의 정변 : 현종 즉위

목종의 모후(母后)인 천추태후와 김치양이 불륜 관계를 맺고 왕위를 엿보자, 서북면도순검사 강조가 군사를 일으켜 김치양 일파를 제거하고 현종을 즉위시켰다.

문종의 업적

• 문종은 고려의 성군(聖君)이었다. 국왕의 통치 기간 중에 여러 문물 제도가 완비되고 학문이 발달하였다.

• 내사문하성을 중서문하성으로 고쳐 부르게 되었고, 6부의 상서 위에 판사를 두고 2품 이상의 재상들이 이를 겸임하도록 하여 국정의 논의와 행정의 실무를 맡도록 한 '6부 판사제'를 본격적으로 시행하였다.

• 문종은 정비를 거듭해 온 관제를 좀 더 세밀하게 정리하여 백관들에 대한 반열의 차서까지 정하고 있으며, 또 관리들이 국가에 대한 복무의 대가로 현물을 주는 녹봉 제도를 재정비하였다.

• 지방 제도로는 개성부가 다시 복구되어 수도인 개성 주위의 경기를 통치하게 되었다.

• 국왕은 양반 공음전시법을 제정하고 향리의 9단계 승진 규정을 마련하는 등 제도를 정비하였다.

이자겸의 난

• 이자겸의 권세와 총애는 나날이 성하였으며, …… 그 족속을 요직에 앉히고, 관작을 팔았으며, 자기의 일당을 많이 배치하였다. 스스로 국공(國公)이 되어 자기에 대한 예우를 왕태자와 대등하게 하고, 자신의 생일을 인수절이라 불렀으며 …… 남의 토지를 강제로 빼앗고, 종들을 시켜 마차를 약탈하여 자기의 물건을 실어들였다.   〈고려사〉

• 왕이 어느 날 홀로 한참 동안 통곡하였다. 이자겸의 십팔자(十八字)가 왕이 된다는 비기(秘記)가 원인이 되어 왕위를 찬탈하려고 독약을 떡에 넣어 왕에게 드렸던 바, 왕비가 은밀히 왕에게 알리고 떡을 까마귀에게 던져주었더니 그 까마귀가 그 자리에서 죽었다.

• 척준경이 침전 좌측 문에 들어서니 별장 이작과 장군 송행충이 칼을 뽑아 들고 나왔다. 척준경이 물러나면서 외쳤다. "안으로부터 나오는 사람이 있으면 모두 죽여라!" 밤에 왕이 산호정에 갔는데 시종은 다 도망가고 근신 임경청 등 10여 명만 있었다. 왕이 해를 당하지나 않을까 하여 그에게 편지를 보내어 선위(禪位: 왕위를 물려줌)하겠다고 하였다. …… 척준신과 척준경의 아들 척순 등을 죽여 시체를 궁성 밖에 버렸다.

서경 천도에 대한 찬반 논쟁

• 천도 찬성 : "신(臣, 묘청) 등이 서경의 임원역 땅을 보니 이는 음양가가 말하는 대화세(大華勢)입니다. 만약 궁궐을 세워 옮겨 가시면 천하를 병합할 수 있을 것이요, 금(金)나라가 폐백을 가지고 항복할 것이며, 36국이 다 신하가 될 것입니다."

• 천도 찬성 : 정지상 또한 서경 사람이라 백수한 등의 말을 믿고 이르기를 "상경은 터전이 이미 쇠퇴하였고 이 사건으로 궁궐이 타서 남은 것이 없으나, 서경에는 왕기가 있으니 왕의 거처를 옮겨서 상경으로 삼아야 한다"라고 하였다.   〈고려사〉

• 천도 반대 : 금년 여름 서경 대화궁에 30여 개소나 벼락이 떨어졌습니다. 서경이 만일 좋은 땅이라면 하늘이 이렇게 하였을 리 없습니다. 또 서경은 아직 추수가 끝나지 않았습니다. 지금 거동하시면 농작물을 짓밟을 것이니 이는 백성을 사랑하고 물건을 아끼는 뜻과 어긋납니다.

묘청의 난

• 왕 13년, 그가 분사시랑 조광, 병부상서 유감, 사재 소경 조창언 · 안중영 등과 난을 일으켰다. 이들은 왕의 명령이라 속이고 부유수 최재, 감군사 이종림, 어사 안지종 등을 잡아 가두었다. 개경인으로서 이곳에 있던 자들은 그 귀천과 승속(僧俗)을 가리지 않고 모두 구속하였다. …… 이들은 국호를 대위(大爲)라 하고, 건원하여 연호를 천개(天開)라 하였다.

• 신채호의 평가 : 서경 전역(戰役)은 곧 낭불(郎佛) 양가 대 유가(儒家)의 싸움이며, 국풍파 대 한학파의 싸움이며, 진취 사상 대 보수 사상의 싸움이니, 묘청은 곧 전자의 대표요, 김부식은 곧 후자의 대표였던 것이다. 이 전역에 묘청 등이 패하고 김부식이 승리하였으므로 조선사가 사대적 · 보수적 · 속박적인 유교 사상에 정복되었으니, 이 전역을 어찌 1천년래 제 일대 사건이라 하지 아니하랴.
신채호, 〈조선사 연구초〉

02 SECTION 고려 후기의 정치

1 무신 정권

(1) 무신 정변

- 배경
  - 거란 등 대외 항쟁 과정에서 무신의 지위 향상 ex) 상장군의 지위 : 개정전시과(5과) → 경정전시과(3과)
  - 문신의 무신 차별
    - 운영
      - 무신의 승진 한계 : 2품 이상은 불가능, 정3품인 상장군이 무신의 최고 관직
      - 문신 중심의 정치 : 군사 문제 논의에서도 도병마사가 중방보다 우위
    - 제도 : 무과를 시행하지 않음 + 국자감의 7재 중에서 강예재(= 무학재) 폐지(인종)
  - 무신 생활의 고통 : 군인전의 미지급
- 집권 과정
  - 보현원의 난(= 경인의 난) 발생 : 정중부, 이의방 등이 의종을 폐위하고 김돈중 등 문신을 제거
  - 무신 정권 성립 : 무신의 권력 장악 → 관직 독점, 사병 확대, 토지와 노비 소유의 확대
- 권력 쟁탈

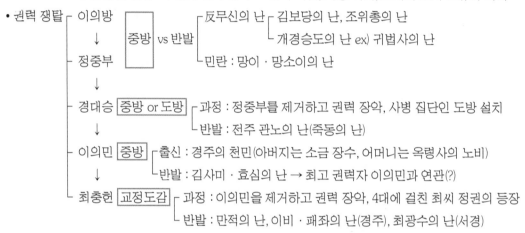

(2) 최씨 정권

- 최충헌 (진강후)
  - 기구
    - 재추회의 : 국가 중대사 논의
    - 교정도감 : 책임자 교정별감, 국가 중대사 결정
  - 군사 기구 : 도방의 부활
  - 과정

초기	→	후기
사회 개혁책 제시 ex) 봉사10조		개혁 추진이 아닌, 농장과 노비 소유 확대 진주를 식읍으로 받고, 토지 관리를 위해 흥녕부(진강부)를 설치

  - 정치 : 명종 · 희종을 폐위하고 신종 · 희종 · 강종 · 고종을 옹립
  - 문화
    - 교종 세력을 억압하고자 수선사 결사 운동(지눌)을 후원
    - 이규보를 등용하여 문학 진흥 노력   cf) 이규보 저술 : <백운소설>, <동국이상국집>, <동명왕편>
- 최우 (최이, 진양후)
  - 정치
    - 정방 설치 : 모든 인사권을 장악
    - 서방 설치 : 문학적인 소양과 함께 행정 실무 능력을 갖춘 문신 등용
  - 외교 : 몽골의 침략 → 대몽 항쟁을 위해 강화도로 천도
  - 군사 : 삼별초(좌별초, 우별초, 신의군) 설치, 마별초(기마 부대) 설치
  - 사회 : 이연년의 난(전라도 담양, 몽골 침략 이후 발생)
  - 문화
    - 활판 인쇄 : <상정고금예문>을 추가 제작   cf) 주자본 <남명천화상송증도가>의 목판 복각을 지시
    - 목판 인쇄 : <재조대장경> 편찬 시작   cf) <향약구급방> 편찬
- 최항
- 최의 : 김준, 임연 등에 의해 피살(무오정변, 1258) → 최씨 무신 정권 붕괴

(3) 사회적 동요

- 反무신의 난 ┬ 문신 ┬ 김보당 난 : 명종 때 동북면 병마사 김보당이 의종의 복위를 꾀하며 일으킨 난
  │   └ 조위총 난 : 의종이 죽고 난 뒤, 명종 때 서경 유수 조위총이 지방군과 농민을 모아 일으킨 난
  └ 승려 : 개경승도의 난(ex) 귀법사의 난(명종 때 문신들과 가깝던 교종 계열 승려들이 일으킨 난)
- 하층민 봉기 ┬ 천대받는 양민의 반란 ┬ 내용 : 남적이라 불리며 현(縣)으로 승격을 요구하며 발생(명종)
  │   (망이 · 망소이의 난) ├ 결과 : 정부는 (공주) 명학소를 충순현(忠順縣)으로 승격
  │   └ 의의 : 향 · 부곡 · 소가 소멸되고 현으로 승격되는 계기
  ├ 왕조 부흥 운동 ┬ 신라 ┬ 김사미 · 효심의 난(명종, 경상도 운문 · 초전) → 이의민과 연관(?)
  │ (삼국 유민 의식) │   └ 이비 · 패좌의 난(신종, 경주)
  │   ├ 고구려 : 최광수의 난(고종, 서경)
  │   └ 백제 : 이연년의 난(고종, 전라도 담양)
  └ 천민의 신분 해방 운동 : 만적의 난(신종, 개경)

◇ **확인해 둘까요!** ▸ ─ **무신정권 당시의 기타 정치**

1. 무오정변 이후 무신 싱권
- 집권자 : 김준 → 임연 → 임유무
- 붕괴 ┬ 배경 : 고종 때 세자(훗날 원종)의 몽골과의 강화 성립(1259)
  ├ 결과 : 원종이 주전파인 임유무를 제거 → 개경 환도(1270)
  └ 영향 : 삼별초의 난 발생

2. 주요 국왕
- 명종 ┬ 정치 ┬ 하극상 발생 : 정중부 → 경대승 → 이의민 → 최충헌
  │   │   └ 反무신의 난 : 김보당의 난(동북면 병마사), 조위총의 난(서경 유수), 귀법사의 난(교종 승려)
  │   ├ 사회 : 민란 발생 ex) 망이 · 망소이의 난(공주 명학소), 김사미 · 효심의 난(경상도 운문, 초전)
  │   └ 문화 : <권수정혜결사문> 발표(지눌)
- 신종 : 만적의 난(개경), 이비 · 패좌의 난(경주) 발생
- 희종 : 최충헌을 진강후에 봉하고 흥녕부 설치
- 강종
- 고종 ┬ 정치 ┬ 최충헌 : 사망
  │   │   └ 최우 ┬ 정방 · 서방 설치
  │   │   └ 강화 천도, 삼별초 · 마별초 설치
  │   ├ 사회 : 민란 발생 ex) 최광수의 난(서경), 이연년의 난(전라도 담양)
  │   ├ 문화 ┬ 목판 인쇄 : 대장도감 설치 → 팔만대장경(재조대장경), 향약구급방 간행
  │   │   ├ 활판 인쇄 : 금속 활자로 상정고금예문 제작
  │   │   └ 출판 : <동국이상국집>(이규보) 간행, <해동고승전>(각훈) 간행
  │   └ 대몽 항쟁 : 박서(서북면 병마사, 귀주), 지광수, 김윤후(처인부곡)
- 원종 : 개경 환도, 삼별초의 난 진압

02 SECTION
고려 후기의 정치

꼭! 알아두기 지배 세력과 대외 관계의 변화

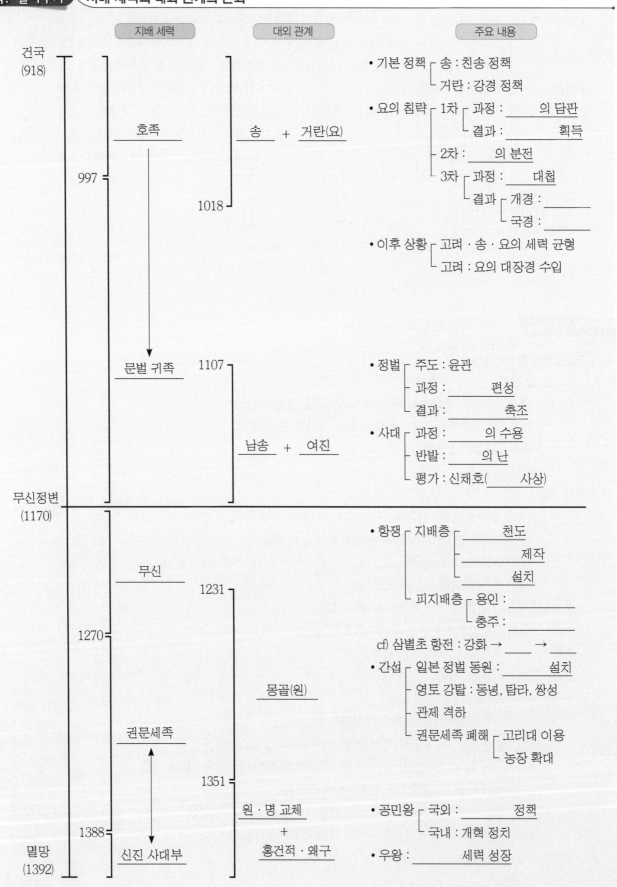

지배 세력	대외 관계	주요 내용

건국
(918)

호족

송 + 거란(요)

• 기본 정책 ┬ 송 : 친송 정책
         └ 거란 : 강경 정책
• 요의 침략 ┬ 1차 ┬ 과정 : _____의 담판
              └ 결과 : _____ 획득
         ├ 2차 : _____의 분전
         └ 3차 ┬ 과정 : _____ 대첩
              └ 결과 ┬ 개경 : _____
                   └ 국경 : _____
• 이후 상황 ┬ 고려 · 송 · 요의 세력 균형
         └ 고려 : 요의 대장경 수입

997

1018

문벌 귀족

1107

남송 + 여진

• 정벌 ┬ 주도 : 윤관
      ├ 과정 : _____ 편성
      └ 결과 : _____ 축조
• 사대 ┬ 과정 : _____의 수용
      ├ 반발 : _____의 난
      └ 평가 : 신채호(_____ 사상)

무신정변
(1170)

무신

1231

1270

몽골(원)

권문세족

1351

• 항쟁 ┬ 지배층 ┬ _____ 천도
              ├ _____ 제작
              └ _____ 설치
      └ 피지배층 ┬ 용인 : _____
              └ 충주 : _____
  cf) 삼별초 항전 : 강화 → _____ → _____
• 간섭 ┬ 일본 정벌 동원 : _____ 설치
      ├ 영토 강탈 : 동녕, 탐라, 쌍성
      ├ 관제 격하
      └ 권문세족 폐해 ┬ 고리대 이용
                   └ 농장 확대

원 · 명 교체
+
홍건적 · 왜구

1388

멸망
(1392)

신진 사대부

• 공민왕 ┬ 국외 : _____ 정책
       └ 국내 : 개혁 정치
• 우왕 : _____ 세력 성장

◇확인해 둘까요! • ─── 삼별초

1. 설치(고종) : 최우의 주도

• 구성 ┬ 야별초 : 좌별초 + 우별초 → 도둑을 방지하는 등의 치안을 위해 설치

     └ 신의군 : 몽골에 잡혔던 포로들로 구성

• 기능 : 무신 정권의 사병 + 국왕 시위 + 도적 체포

2. 항전(원종) : 1270~73

• 배경 : 원종의 개경 환도 단행에 대한 삼별초의 반발 → 원종이 삼별초에 해산 명령을 내림

• 과정 ┬ 강화도 : 장군 배중손, 야별초 노영희의 주도 → 왕족인 승화후 온을 새 왕으로 옹립

    ├ 진도 ┬ 내용 : 용장성 축조 · 행궁 미련 → 남해안의 30여 개 섬 장악 → 일본과 공동 전선 구축 시도

    │   └ 정부의 대응 : 전라 · 경상의 조운이 차단되자, 김방경이 몽골군과 함께 공격 → 온 · 배중손 사망

    └ 제주도 ┬ 내용 : 김통정의 지휘로 고려 본토를 공격

           └ 정부의 대응 : 김방경(고려)과 흔도(몽골)가 이끄는 여 · 몽 연합군에 의해 진압 당함(원종)

• 결과 : 원은 제주도에 탐라총관부 설치(원종) → 목마장 운영(충렬왕)

꼭! 알아두기 • 국경선의 변화

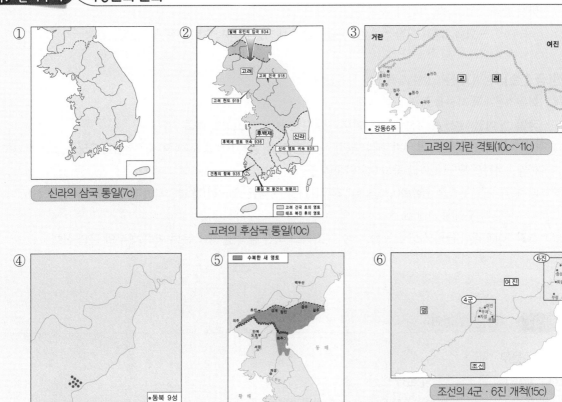

① 신라의 삼국 통일(7c)

② 고려의 후삼국 통일(10c)

③ 고려의 거란 격퇴(10c~11c)

④ 윤관의 여진 정벌(12c)

⑤ 고려의 쌍성총관부 수복(14c)

⑥ 조선의 4군 · 6진 개척(15c)

고려 후기의 정치

2 대외 관계의 변화

(1) 거란(요 : 遼) : 침입과 격퇴(10c ~ 11c 전반)

- 외교 ┬ 상황 ┬ 중국 : 당의 멸망 이후 5대10국의 혼란 → 송의 중국 통일(960)
  │   └ 북방 : 거란의 '요' 건국(916) → 거란의 침략으로 발해 멸망(926)
  └ 정책 ┬ 송 : 광종 ┬ 국교 수립 → 송과의 경제 · 문화적 교류 추진
       │   └ 외왕내제(外王內帝) 정책 : 국외적으로 왕이라 칭하지만, 국내적으로 황제라 칭함
       └ 거란 : 강경 정책 ┬ 태조 : 만부교 사건(거란이 친교 시도로써 선물로 보내온 낙타를 죽임)
                    └ 정종 ┬ 광군 30만 명을 조직
                         └ 압록강의 정안국과 통교하여 거란 견제 but 거란의 정안국 정복

- 침략 ┬ 1차(성종) : 서희의 담판 외교 ┬ 배경 : 대도수 · 유방이 안융진 전투에서 침략한 거란군을 격퇴
  │   (993)   ├ 내용 : 고려가 고구려를 계승했음을 확인
  │   └ 결과 : 거란으로부터 넘겨받아 강동 6주 설치 → 압록강 유역에 도달
  ├ 2차(현종) ┬ 배경 : 현종의 친조(親朝)와 강동 6주 반환을 요구하며 재침략
  │   (1010) ├ 과정 : 강조의 패배 → 현종이 나주로 몽진, 개경 함락 but 강동 6주인 흥화진 등에서 양규의 분전
  │   └ 결과 : 현종이 친조한다는 조건으로 강화를 맺고 거란이 철수
  └ 3차(현종) ┬ 배경 : 현종이 친조를 계속 미룬다는 이유로 재침략
      (1018) └ 결과 : 강감찬의 격퇴(귀주 대첩)

- 결과 ┬ 고려 ┬ 국방 강화 : 나성 축조(현종, 개경), 천리장성 축조(덕종, 국경 : 압록강 어귀 ~ 동해안 도련포)
  │   └ 초조대장경 간행 : 현종 때 부처의 힘을 빌려 거란의 침입을 물리치고자 제작   cf) <7대 실록> 편찬
  └ 국제 관계 ┬ 고려, 송, 거란의 세력 균형 유지
         └ 요와 교류 : 대장경 수입 → 송 · 요의 대장경을 바탕으로 의천의 <교장> 간행

(2) 여진(금 : 金) : 정벌과 동북 9성 개척(12c)

- 정책 ┬ 회유 : 경제적 지원을 통한 동화 정책
  │
  ├ 정벌 ┬ 배경 : 12c 초 여진족 中 완옌부가 여진족 통일 → 고려와 충돌
  │ (1107) └ 내용 : 윤관의 별무반 편성(숙종) → 여진 정벌, 동북 9성 축조(예종) cf) 척경입비도는 조선의 기록화
  └ 한계 : 여진의 요구에 따라 동북 9성 반환(예종)

- 변화 ┬ 배경 ┬ 여진 : 부족을 통합하여 '금(金)' 건국(1115) → 금은 요(거란)를 멸망시키고, 송 공격 → 송의 천도(남송)
  │   └ 금이 고려에 사대 요구
  └ 결과 : 이자겸이 금의 사대 요구를 수용 → 고려의 북진 정책 중단 + 문벌 귀족 내부의 분열 심화

◇확인해 둘까요! ▶ **여진의 변화**

- 초기 국가 : 읍루
- 고구려 : 숙신 ex) 광개토대왕의 정복 대상
- 발해 : 말갈 ex) 속말말갈(발해의 피지배층 ?) vs 흑수말갈(발해와 갈등 → 당과 친교)
- 고려 : 여진 ex) 처음에는 정벌의 대상 → 훗날 금을 건국하여 사대를 강요
- 조선 : 여진 · 만주 ex) 초기(교린의 대상) → 후기(후금 · 청을 건국 → 정묘 · 병자호란 발생)

(3) 몽골(원 : 元) : 침략과 항쟁(13c)

- 배경 : 몽골과 접촉 ┬ 상황 ┬ 몽골 : 칭기즈칸의 몽골족 통일(1206) → 만주로 진출하여 금(金) 공격
  │   └ 거란 : 몽골군의 공격으로 대요수국의 일부 거란족이 도망쳐 고려 강동성에 진입
  ├ 내용 : 고려 · 몽골 연합군이 강동성에 있던 거란족 소탕(강동의 역, 1219)
  └ 결과 : 몽골과의 수교 but 공물 요구를 위해 온 몽골 사신 저고여가 압록강에서 피살됨

- 침략 ┬ 1차 ┬ 침략 : 몽골 대원수 살리타의 침략 → 몽골군 일부가 개경을 거쳐 충주까지 남하
  (고종) │ (1231) ├ 항전 ┬ 박서(서북면 병마사) : 귀주성 전투에서 분전
  │   │   └ 지광수 : 다인철소(충주)의 노군(奴軍)과 잡류별초 중심으로 항전
  │   ├ 결과 : 몽골과의 강화 → 몽골은 서북 지방에 다루가치(개경까지 파견되어 고려 내정을 간섭) 파견
  │   └ 정부의 대응 ┬ 최우의 강화 천도
  │   └ 입보 정책 추진 : 내륙의 주민을 산성과 섬으로 이주시킴
  ├ 2차 ┬ 항전 : 김윤후(승려)는 농민들과 함께 처인부곡(용인)에서 적장 살리타 사살 → 처인현으로 승격
  │ (1232) └ 한계 : 대구 부인사에 보관한 초조대장경 소실
  ├ 3차 ┬ 항전 ┬ 민중 : 온수군(온양)과 죽주에서 항전
  │ (1235~39) │   └ 정부 : 야별초를 파견하고 방호별감을 보내 백성의 항전을 독려
  │   └ 한계 : 황룡사와 황룡사 9층 목탑 소실 but 대장도감 설치 → 재조대장경 조판 착수(1236)
  ├ 4차(1247) : 병안노와 황계도탑 침략 but 원의 정종이 죽자 곧 철수
  ├ 5차 ┬ 항전 ┬ 정부 : 충실도감 설치(전국의 한인, 백정을 점검하여 각 영의 군내글 보충)
  │ (1253) │   └ 김윤후 : 충주성에서 방호별감으로 민병과 관노, 잡류별초 등과 항전
  │   └ 입조 : 고종이 강화도 궁궐에서 몽골의 사자를 접견, 왕족 안경공 창을 몽골에 파견
  └ 6차 ┬ 항전 ┬ 정부 : 경상 · 전라의 별초군을 뽑아 강화도 경비를 강화
    (1254~59) │   └ 민중 : 다인철소(충주)에서 노비들의 활약 → 몽골군 침입 격파
         └ 한계 : 무오정변(1258)으로 최씨 무신 정권의 몰락 → 몽골과 강화(1259) 이후 개경 환도(1270)

- 강화(고종, 1259) : 원 세조와 고려 세자 사이의 강화 성립(세조구제)

(4) 홍건적과 왜구 : 침입과 격퇴(14c)

- 홍건적 ┬ 배경 : 홍건적(원에 대한 한족 반란군) 등장 → 원에 쫓겨 고려 침략
  └ 침략 ┬ 1차(1359) : 서경 침략 but 이방실 등이 격퇴
    (공민왕) └ 2차 ┬ 개경 침략 → 공민왕의 복주(= 안동) 몽진
           (1361) └ 정세운 · 최영 · 이성계 등이 격퇴   cf) 훗날 흥왕사의 변으로 정세운 · 이방실 살해됨

- 왜구 ┬ 침략 : 첫 침략(고종, 1223) → 본격적 침략(충정왕, 1350)
  ├ 전투 ┬ 홍산대첩(1376) : 홍산(부여)에서 최영의 활약
  │ (우왕) ├ 진포대첩(1380) : 금강 하구에서 최무선이 왜선을 화포로 격침
  │   ├ 황산대첩(1380) : 진포대첩 때 상륙한 왜구를 황산(남원, 운봉)에서 이성계가 섬멸
  │   │   cf) 황산대첩비 : 조선 선조 때 건립 but 일제의 파괴(1943)
  │   ├ 관음포대첩(1383) : 남해 앞바다에서 정지가 왜선을 섬멸
  │   └ cf) 쓰시마 정벌(창왕) : 박위의 활약
  └ 영향 ┬ 화포의 등장 : 최무선, 화통도감 설치
       └ 한양 천도론 제기 : 공민왕 · 우왕 · 공양왕   cf) 왜구의 침략으로 조운의 어려움

- 결과 : 신흥 무인 세력의 성장 ex) 최영, 이성계

3 원 간섭기

(1) 원의 내정 간섭

- 일본 정벌 동원 ┌ 과정 ┌ 1차(원종) : 둔전경략사 설치　　　　　　　　　　　　　　　cf) 충렬왕 때 폐지로 추정
　　　　　　　　 │　　　 └ 2차(충렬왕) : 탐라에 목마장 설치, 개경에 정동행중서성(= 정동행성) 설치
　　　　　　　　 └ 결과 : 김방경(고려) · 흔도(원) 주도의 정벌군이 합포(마산)에서 출발하였으나, 태풍을 만나 실패
- 영토 강탈 ┌ 환도 前 : 쌍성총관부(철령 이북의 영흥, 고종 때 설치) but 공민왕 때 유인우가 공격하여 수복
　　　　　　└ 환도 後 ┌ 탐라총관부(제주) : 원종 때 설치, 일본 원정을 위한 목마장 운영 but 충렬왕 때 원이 반환
　　　　　　　　　　　└ 동녕부(서경) : 원종 때 자비령 이북에 설치 but 충렬왕 때 원이 반환
- 간섭 제도 ┌ 정동행성 ┌ 기능 : 일본 원정에 고려의 인적 · 물적 자원 동원 → 원정 실패 후 고려와 원의 연락 업무
　　　　　　 │　　　　 ├ 수장(승상) : 고려 국왕
　　　　　　 │　　　　 └ 결과 : 부속 기구인 이문소가 불법적으로 사법권을 행사하자 공민왕 때 폐지
　　　　　　 ├ 다루가치 ┌ 의미 : '진압에 종사하는 사람' → 내정 간섭
　　　　　　 │　　　　　└ 변화 : 원의 1차 침략 때 처음 설치 → 개경 환도 이후 본격적 운영 but 충렬왕 때 폐지
　　　　　　 ├ 만호부 ┌ 기능 : 두 번째 일본 원정 실패 후 군사 동원을 위해 고려의 남해안 요충지에 설치
　　　　　　 │　　　　└ 변화 : 우왕 때 순군만호부로 개칭 → 조선의 의금부로 계승
　　　　　　 ├ 순마소 : 개경의 야간 경비 → 반원 인사와 반역자 색출까지 담당
　　　　　　 └ 반전도감 : 충숙왕이 원에 들어갈 때 그 비용을 마련하기 위해 임시로 설치
- 관제 격하 ┌ 배경 : 충렬왕 이후 고려가 원의 부마국으로서 제후국 지위로 격하됨
　　　　　　 ├ 왕명 : ○조(祖) · ○종(宗) → 忠○王, 짐 → 고, 폐하 → 전하, 태자 → 세자
　　　　　　 ├ 관제 ┌ 2성 → 첨의부 → 도첨의사사, 6부 → 4사(전리사, 전법사, 판도사, 군부사)
　　　　　　 │　　　└ 중추원 → 밀직사 → 광정원, 어사대 → 금오대(김훈, 최질의 난) → 감찰사 →사헌부
　　　　　　 └ 관직 : 문하시중(→ 첨의중찬), 상서(→ 판서)
- 수탈 ┌ 인적 ┌ 원의 공녀(貢女) 요구 ┌ 결혼도감 설치 : 처녀들을 뽑아 원에 보냄
　　　　│　　　│　　　　　　　　　　 └ 폐단 : 공녀 차출을 피하고자 고려에서는 조혼이 유행
　　　　│　　　└ 일본 원정을 위해 많은 군사와 노역병 징발
　　　　└ 물적 ┌ 특산물 징발 : 금 · 은 · 베 · 인삼 · 약재 등 특산물을 징발
　　　　　　　　└ 원의 보라매 진공(進貢) 요청 → 응방(鷹坊) 설치 but 응방은 원의 비호 아래 많은 폐해 유발
- 자주성 훼손 ┌ 제도 ┌ 심양왕(심왕) : 만주의 고려인을 통치하기 위해 고려 왕족을 심양왕에 임명 ex) 충선왕
　　　　　　　 │　　　└ 독로화 : 고려의 세자가 인질(독로화)이 되어 원의 수도 연경에 머물다가 왕위에 오르는 제도
　　　　　　　 └ 사건 ┌ 입성책동 ┌ 고려인이 고려를 폐하고 원의 행성을 설치하여 원의 직속령으로 만들고자 한 사건
　　　　　　　　　　　│　　　　　└ 충선왕 이후 4차례 발생 : 1차(충선왕), 2차(충숙왕), 3차(충혜왕), 4차(충혜왕)
　　　　　　　　　　　└ 중조 사건 ┌ 원에 의해 고려 국왕이 퇴위했다가 다시 왕위에 오르는 사건
　　　　　　　　　　　　　　　　　└ 사례 : 충렬왕 → 충선왕 → 충렬왕 → 충선왕, 충숙왕 → 충혜왕 → 충숙왕 → 충혜왕

◇확인해 둘까요! ► 고려와 몽골 간의 문화 교류

- 고려에서 몽골풍 유행 : 두발 · 의복(호복, 족두리, 변발), 언어(마마, 수라, ○○ 치), 음식(소주)
- 몽골에서 고려양 유행 : 의복(두루마기), 그릇, 음식(상추쌈, 고려병 = 떡)

(2) 충렬왕 (1274~1308)

- 제도 정비 ─ 원이 일본 정벌을 위해 정동행성 설치 → 원은 충렬왕을 승상에 임명
  └ 도병마사를 도평의사사로 개편
- 정치 개혁 ─ 건의 : 홍자번의 편민 18사 → 개혁 시도
  ├ 기구 ─ 필도치 : 국왕 직속의 비상 기구 → 국가 기무 담당, 도평의사사 견제
  │   └ 전민변정도감 : 권문세족의 농장 혁파 시도　　　　　　　　　　cf) 처음 설치는 원종 때
  └ 내용 ─ 둔전경략사(일본 원정을 위해 고려의 물자와 인력을 징발한 기구) 폐지
         └ 원의 반환으로 탐라총관부 · 동녕부 회복
- 사회 : 박유의 처첩제 실시 건의 but 실현되지 않음
- 문화 ┬ 유학 ┬ 사상 : 성리학 수용(안향의 소개)　　　　　　　　　　　　cf) 원찰로 '묘련사' 창건
  │   └ 교육 ┬ 국학을 (성균감 or 성균관)으로 개칭, 성균관에 문묘(공자의 사당) 설치
  │   ├ 섬학전 설치 : 안향의 건의로 양현고의 부실을 보충하기 위한 장학 재단 설치
  │   └ 경사교수도감 설치 : 7품 이하 관리들에게 경 · 사를 가르치던 관청
  └ 역사서(단군) : 일연의 <삼국유사> 간행, 이승휴의 <제왕운기> 간행

(3) 충선왕 (1298, 1308~13)

- 초기 ┬ 목적 : 충렬왕의 측근 제거, 유교 이념에 따른 왕권 강화와 관료 정치의 회복 시도
  │   ├ 내용 ┬ 관제(사의 축소) : 4사 → 6조, 밀직사 → 광정원 → 밀직사, 감찰사 → 사헌부
  │   │   └ 정방 폐지(후에 다시 부활)
  │   ├ 기구 : 사림원 ┬ 기능 : 왕명 출납(왕명과 외교 문서 담당)
  │   │   └ 변화 : 조비 무고 사건으로 충선왕이 폐위되면서 폐지
  │   └ 시련 ┬ 내용 : 조비 무고 사건으로 충선왕이 퇴위하고 충렬왕의 재즉위(중조 사건)
  │   ├ 반전 : 폐위된 충선왕이 원의 무종 즉위에 기여하여 심양왕에 즉위
  │   └ 결과 : 홍중희의 1차 입성책동(1309)이 발생 but 후에 고려 국왕에 재즉위
- 후기 ┬ 정치 : 전농사를 설치하여 농장과 노비 조사 → 권문세족의 폐해 시정 시도
  │   ├ 경제 : 각염법 실시 ┬ 내용 : 염전 국유화 → 의염창을 통한 소금 거래, 소금의 사적 거래 금지
  │   │   └ 목적 : 문란한 염정 시정, 국가 수입 증대
  │   └ 사회 · 문화 : 동성혼 금혼 조치, 역법으로 수시력(원) 채택(?)
- 퇴임 후 ┬ 내용 : 만권당 설치(충숙왕 1년) → 고려의 학자들(이제현, 박충좌)과 원의 학자(조맹부)의 교류
       └ 영향 : 성리학 연구 심화, 조맹부의 송설체를 고려에 소개　ex) 서예가 : 이암

꼭! 알아두기 · **권문세족**

- 구성 : 기존 문벌 귀족 가문 + 무신 집권기에 등장한 가문 + 원과의 관계를 통해 성장한 가문
- 출세 방법 : 전공(傳供, 공물을 진상), 몽골 귀족과의 혼인, 몽골어에 능숙
- 특징 : 가문의 권위보다는 현실적 관직을 통해 정치 권력을 행사
- 대표 가문 : 철원 최씨, 해주 최씨, 파평 윤씨, 청주 이씨, 공암 허씨, 평강 채씨, 당성 홍씨 등
- 폐해 : 농장 확대와 양민의 노비화로 인해 사회 모순이 격화 ↔ 국왕의 개혁 시도

(4) 공민왕 : 충숙왕의 둘째 아들 = 충혜왕의 동생

- 배경 : 원 · 명 교체기 + 권문세족의 폐해 심화
- 反원자주화 ┬ 정치 ┬ 친원 세력 숙청 : 기황후와 원을 배경으로 횡포를 부리던 기철 일파 숙청
  │   └ 연호 : 원의 연호 폐지 → 명의 연호 사용
  ├ 관제 변화 ┬ 폐지 : 정동행성 이문소(원의 고려 내정 간섭) 폐지
  │   └ 복구 : 1부 4사 → 2성 6부(문종대의 관제로 복구)
  ├ 사회 · 문화 : 변발 등의 몽골풍 금지, 수시력(원)이 아닌 대통력(명) 수용
  └ 영토 수복 ┬ 유인우의 쌍성총관부 공격과 수복   cf) 이성계의 나하추(원) 공격 격퇴
               └ 이성계 · 지용수의 요동(동녕부) 공략
- 개혁 ┬ 정방 폐지 + 내재추제 실시   cf) 정방의 완전 폐지 : 1388년(우왕 14, 창왕1)
  └ 전민변정도감 설치(신돈) : 농장 혁파, 노비의 양인화
- 문화 ┬ 유학(이색) : 성균관의 기술학부를 분리시켜 성균관을 순수 유학 교육 기관으로 확립
  ├ 역사서 : <사략>(이제현, 성리학적 사서) 편찬
  └ 회화 : 천산대렵도 제작
- 한계 ┬ 혼란 ┬ 국외 : 홍건적 · 왜구의 침략 ┬ 홍건적의 2차 침략 때 복주(경북 안동)로 몽진, 민생의 피폐화
  │   │   └ 군공을 세운 자를 포상하기 위해 첨설직 설치
  │   └ 국내 : 흥왕사의 변 ┬ 내용 : 김용이 공민왕을 시해하기 위해 흥왕사 행궁을 침범
  │   (1363)   └ 결과 : 홍건적 격퇴에 공을 세운 정세운 · 안우 · 이방실 등을 김용이 살해 ← 최영의 토벌
  └ 자제위 설치(향락, 문란) + 신진 사대부 세력의 미성숙 → 개혁 실패

◇ **확인해 둘까요!** ● **원간섭기의 정치 변화**

1. 기타 국왕

- 충숙왕 ┬ 정치 ┬ 개혁 : 찰리변위도감 설치 → 권문세족의 불법 농장과 노비에 대한 개혁 시도
  (1313~30,   │   └ 사심관 제도 폐지, 숭인전 건립(기자 사당, 평양), 반전도감 설치
  1332~39)   └ 시련 ┬ 2차 입성책동(1323) : 심양왕 왕고의 주도로 실시 but 이제현 등의 반대로 실패
                    └ 중조 사건 : 왕고의 참소로 퇴위하였으나 충혜왕의 실정으로 재즉위
- 충혜왕 ┬ 개혁 : 편민조례추변도감 설치 → 민생 안정을 위해 개혁 시도 but 기철 등의 반대로 실패
  (1330~32, └ 시련 ┬ 3차 입성책동(1330) : 정동행성의 낭중을 지낸 원의 장백상의 주도로 시도 but 실패
  1339~44)   └ 4차 입성책동(1343) : 기철 등 친원파의 주도로 실시 → 원이 충혜왕을 퇴위시킴
- 충목왕 ┬ 개혁 : 정치도감 설치 → 권문세족의 농장 혁파와 녹과전 부활을 시도
  (1344~48) └ 한계 : 기삼만(기황후의 일족) 등 친원파의 반대로 실패
- 충정왕(1348~51) : 12세에 즉위하여 외척의 횡포와 왜구의 침입 등으로 국정의 혼란을 겪음

2. 관제 변화

- 정방 ┬ 설치 : 고종 때 최우
  ├ 폐지 : 충선왕(충렬왕 24, 기능의 사림원 이전)
  ├ 재설치 : 충숙왕
  ├ 폐지 시도 : 충목왕 but 충목왕 2년 재설치
  └ 재폐지 : 공민왕 → 완전 폐지 : 우왕(창왕 1)
- 전민변정도감 ┬ 1차 설치 : 원종
  ├ 2~3차 설치 : 충렬왕
  ├ 4차 설치 : 공민왕
  └ 5~7차 설치 : 우왕

4 고려 멸망과 조선 건국

(1) 우왕

- 정세 ┬ 국외 : 명의 중국 통일 + 일본(왜구의 침략)
  └ 국내 ┬ 공민왕 사후 권문세족(이인임)의 재집권 but 최영이 이인임을 축출하고 권력 장악
    └ 신흥 무인 세력(이성계)과 신진 사대부(정도전)의 결탁
- 문화 : <직지심체요절> 간행(청주 흥덕사)
- 외교 ┬ 일본 : 왜구의 침략 격퇴
  └ 중국 ┬ 배경 : 명이 고려에 철령위(영흥) 설치 요구 → │최영│의 요동 정벌 시도(우왕)
    │   vs
    │   │이성계│ 일파의 정벌 반대론 ex) 4대 불가소
    ├ 결과 : 고려의 요동 정벌군 출병 but 이성계의 위화도 회군으로 중단
    └ 영향 ┬ 이성계의 최영(철원 최씨, 문벌 귀족부터 존재) 제거, 우왕 퇴위 → 창왕 즉위
      └ 신진 사대부의 권력 장악과 분화

(2) 창왕

- 외교 : 박위의 쓰시마 정벌
- 정치 : 폐가입진 ┬ 주도 : 신진 사대부(윤소종, 조인옥 등)
  (廢假立眞) ├ 명분 : 우왕과 창왕이 공민왕의 후손이 아닌, 신돈의 후손이라는 주장
    └ 결과 : 창왕 폐위 → 공양왕 즉위

(3) 공양왕

- 경제 : 전제 개혁으로 과전법 실시(1391), 저화(지폐) 발행
- 문화 : 서적원(인쇄) 설치
- 정치 ┬ 제도 : 무과 실시
  └ 멸망 ┬ 과정 ┬ 삼군도총제부 설치 : 도총제사에 이성계가 취임하여 군권 장악
    │   └ 이성계 일파의 온건파 사대부 정몽주 살해(1392)
    └ 결과 : 공양왕 퇴위, 이성계 즉위 → 조선 건국(1392)

꼭! 알아두기 ╲ 신진 사대부의 성장

- 출신 ┬ 정치 : 하급 관리 혹은 향리의 자제
  ├ 경제 : 대지주가 아닌 중소 지주
  └ 학문 : 성리학
- 성장 ┬ 등용 : 무신 정권 → 무신들의 부족한 학문과 행정 능력을 보완
  └ 본격적 활동 : 공민왕(고려)
- 실권 획득 ┬ 과정 : 신흥 무인 세력(고려 말 홍건적과 왜구의 침입을 격퇴하는 과정에서 성장)과 정치적 협력
  └ 계기 : 위화도 회군
- 분화 ┬ 혁명파 : 왕조 교체 주장 → 역성혁명(易姓革命) 추구 ex) 정도전, 조준, 남은, 윤소종
  └ 온건파 : 대다수 사대부, 고려 내의 점진적 개혁 주장 ex) 이색, 정몽주, 길재

핵심 자료 읽기

무신 정권
- 무관 중 일부가 말하기를 "정시중(정중부)이 문관들을 억눌러 무관의 위세를 펼쳤는데 시해당하다니, 누가 공을 시해한 경대승을 토벌할 것인가?"라고 하였다. 경대승은 이를 두려워 결사대 1백 수십명을 불러 자기 집에 머물게 하고 도방이라고 불렀다.
- 이의민은 경주 사람인데, 아비 이선은 소금과 채소를 팔았고, 어미는 연일현 옥령사 노비였다. …… 지방관 김자양이 …… 이의민의 사람됨을 장하게 여겨 경군(京軍)으로 선발하였다. …… 그리하여 이의민은 중랑장이 되었다가 장군으로 승진하였으며, 김보당의 난을 진압한 후에는 대장군이 되었다.
- 국가가 관직을 나눠 설치하였는데, 경(종3품 관직), 감(종3품과 종4품 관직)을 제외하고 무신은 문관을 겸할 수 없었다. 그런데 경인년 이래로 무신이 내성(臺省)에 자리하였고, 조정의 반열에 포진하였으며, 교위(정9품 무반직), 대정(교위의 하위직)이 복두(과거에 급제한 사람이 홍패를 받을 때 쓰는 관)를 착용하는 것이 허용되고, 서반의 산직이 외관에 임명되었다.

무신 정권에 대한 반발
- 김보당의 난 : 명종 3년 8월 동북면 병마사 김보당이 동계에서 군사를 일으켜 정중부, 이의방을 치고 전왕(의종)을 복위시키고자 하는데, 동북면 지병마사 한언국도 군사를 일으켜 이에 호응하고 장순석 등을 보내어 거제의 전왕을 받들고 계림에 나와 살게 하였다. 9월에 한언국은 잡혀 죽고 조금 뒤에 안북도호부에서 김보당을 잡아 보내니 이의방이 김보당을 저자에서 죽이고 무릇 문신은 모두 살해하였다. 〈고려사〉
- 조위총의 난 : 명종 4년에 조위총이 병사를 일으켜 중부 등을 토벌하기를 모의하여 드디어 동북 양계 여러 성의 군대에 격문을 보내어 호소하기를, "듣건대 상경의 중방이 의논하기를, 북계의 여러 성에는 대개 사납고 교만한 자가 많으므로 토벌하려고 하여 이미 대병력을 출동시켰다고 한다. 어찌 가만히 앉아서 스스로 죽음에 나아가리오. 마땅히 각자의 병마를 규합하여 빨리 서경(西京)에 집결하도록 하라."라고 하였다. 〈고려사〉
- 귀법사의 난 : 귀법사 중 100여 명이 성 북문을 침범하여 들어와 선유승록 언선을 죽였다. 이의방이 군사 1,000여 명을 거느리고 가서 중 수십 명을 쳐죽이니, 나머지는 다 흩어져 가버렸다. …… 귀법, 홍화 등 여러 절의 중 2,000여 명이 성 동문에 모이므로 문을 닫아 버리니, 성 밖의 민가를 불태워서 숭인문을 태우고 들어와 의방 형제를 죽이고자 하였다. 의방이 이것을 알고 부병(府兵)을 징집하여 쫓아버리고 중 100여 명을 목베어 죽였다. 〈고려사절요〉

최충헌
- 최충헌은 임금을 폐하고 세우는 것을 마음대로 하여, 조정 안에 있으면서 부하들과 정안(政案, 관리들의 근무성적을 매긴 것)을 가지고 벼슬을 내릴 후보자로 자기 당파에 속하는 자를 추천하는 문안을 작성하고, 승선이라는 벼슬아치에게 주어 임금께 아뢰게 하면 임금이 그대로 쫓았다. 그리하여 최충헌의 아들 우, 손자 항, 항의 아들 의의 4대가 정권을 잡았다.
- 사신(史臣)이 말하기를 "신종은 최충헌이 세웠다. 사람을 살리고 죽이고 왕을 폐하고 세우는 것이 다 최충헌의 손에서 나왔다. 신종은 한 갓 실권이 없는 왕으로서 신민(臣民) 위에 군림하였지만, 허수아비와 같았으니 애석한 일이다"라고 하였다. 〈고려사〉

최충헌의 봉사 10조
엎드려 보건대 적신(賊臣) 이의민은 성품이 사납고 잔인하여 윗사람을 업신여기고 아랫사람을 능멸하여 임금의 자리를 흔들고자 하였습니다. …… 원컨대 폐하께서는 옛 정치를 개혁하고 새로운 정치를 꾀하여서 태조의 바른 법을 한결같이 따라서 이를 행하여 빛나게 중흥하소서. 삼가 열 가지 일을 조목별로 아룁니다.

1조   새로 만든 궁궐에 길일을 정해 들어갈 것
2조   너무 많은 관직을 제수하여 녹봉이 부족하니 관리의 수를 줄일 것
3조   관리들이 백성의 토지를 뺏고 토지를 겸병하여 국가의 수입이 줄고 군사가 부족하니 토지 제도를 바로잡아 원주인에게 토지를 돌려줄 것
4조   수취에서 향리와 권세가의 횡포로 백성의 고통이 크니, 선량한 관리를 파견하여 세금을 적당히 걷을 것
5조   공물 진상을 금하고 안찰사의 업무를 명확히 할 것

6조 　승려가 매번 궁중에 출입하고 고리대를 함으로써 그 폐해가 크니, 승려의 왕궁 출입과 고리대업을 금할 것
7조 　수령 중 탐관오리를 징벌하고 잘한 지방관에게 상을 줄 것
8조 　관리의 사치를 금지할 것
9조 　비보 사찰 이외의 사찰을 없애고 함부로 사찰을 세우는 것을 금할 것
10조 신하의 간언을 용납하고 바른 말하는 관리를 등용할 것

정방

- 옛날에 평장사 금의, 수상 김창, 상서 박훤과 같은 명사들도 모두 정방을 통해서 진출하였으니, 최씨 무신 정권 시대에는 이것을 영광스럽게 여기고 부끄러워해야 할 것인 줄을 몰랐다. 문정공 유경이 김인준과 함께 최의를 죽이고 정권을 왕실에 돌려보낸 다음에도 정방은 그대로 혁파되지 않았다. 왕실의 중요한 직책을 권세가에서 사사롭게 부르던 대로 계속해 사용한 것은 탄식할 만한 일이다. 　　　　　　〈역옹패설〉
- 공민왕은 즉위 직후 정방을 폐지하였다.

거란과의 관계

- 북진 정책 : 즉위한 후 김부(경순왕)가 아직 복종하지 않고 견훤이 포로가 되기 전, 자주 서도(西都)에 행차하여 친히 북방의 변두리 땅을 둘러보았습니다. 그 뜻이 옛 땅을 …… 반드시 석권하여 이를 차지하려는 데 있었던 것입니다.
- 서희의 담판 외교(1차 침략) : "우리나라는 곧 고구려의 땅이오. 그러므로 국호를 고려라 하고 평양에 도읍하였으니 만일 영토의 경계로 따진다면 그대 나라의 동경이 모두 우리 경내에 있거늘 어찌 침식이라 하리오. 그리고 압록강의 내외도 또한 우리 경내인데 지금 여진이 가로막고 있어 바다를 건너는 것보다 더 심하오. …… 만일 여진을 내쫓고 우리 옛 땅을 돌려 보내어 도로를 통하게 하면 감히 조빙을 닦지 않으리오."
- 강감찬의 귀주대첩(3차 침략) : 거란의 군사가 귀주를 지나니 강감찬 등이 동쪽 들에서 맞아 싸웠는데, …… 죽은 적의 시체가 들판을 덮고 사로잡은 군사와 말, 낙타, 갑옷, 투구, 병기는 이루 다 헤아릴 수가 없었다.

여진 정벌

- 정벌(별무반 편성) : 윤관이 "신이 여진에게 패한 이유는 여진군은 기병인데 우리는 보병이라 대적할 수 없었기 때문입니다."라고 아뢰었다.
- 동북 9성 반환 : 여진의 추장들은 땅을 돌려달라고 떼를 쓰면서 해마다 와서 분쟁을 벌였다. …… 이에 왕은 신하들을 모아 의논한 후에 그들의 요구에 따라 9성을 돌려주었다.

금에 대한 외교 정책

- 사대 찬성: 인종 4년 대부분 신하들은 사대를 할 수 없다고 하였다. 그러나 이자겸과 척준경이 말하였다. "옛날의 금은 소국으로 거란과 우리를 섬겼다. 하지만 지금은 갑자기 강성해져서 거란과 송을 멸망시키고 정치적 기반을 굳건히 함과 동시에 군사력을 강화하였다. 또 우리와 영토가 맞닿아 있으므로 사대하지 않을 수 없게 되었다. 작은 나라가 큰나라를 섬기는 것은 선왕의 법도이다. 마땅히 먼저 사신을 보내어 예를 닦는 것이 옳다." 인종이 이 건의를 받아들였다.
- 정벌 주장 : 금나라 사람은 예전에 왕에게 신하로 복속하면서, 바닷가 모퉁이에 모여 살던 보잘것없는 종족이었다. 하늘을 배반하고 신(神)을 거역하여 거란을 멸망시키더니, 드디어 중국을 모욕하고 간사함과 횡포가 더욱 심해지고 있다. …… 장차 천하의 군사를 일으켜 작고 형편없는 족속들의 죄를 묻고자 하니, 왕은 군사를 통솔하고 우리 군대와 힘을 합쳐 적에게 천벌을 내리도록 하라.

02 고려 후기의 정치

SECTION

- 사대 반대 : 금나라가 전성기를 맞아 고려를 신하로 삼으려 하였다. 여러 사람이 어지럽게 논의하였는데, 이 공(公)이 홀로 따지며 아뢰기를 "임금이 환란을 당하면 신하는 욕을 보게 되는 것이니, 신하는 감히 죽음을 아끼지 않습니다. 여진은 본래 우리 나라 사람의 자손으로서 신하가 되어 차례로 우리 임금께 조공을 바쳐 왔고, 국경 근처에 사는 사람도 모두 오래 전부터 우리 나라의 호적에 올라 있습니다. 우리나라가 어찌 거꾸로 그들의 신하가 될 수 있겠습니까" 이 때에 권신이 이 국왕의 명령을 제멋대로 정하여 신하를 칭하면서 서약하는 글을 올렸다. 그러나 진정 이 국왕의 맑은 마음에서 나오는 것이 아니었으므로 공이 매우 부끄러워하고 슬퍼하였다. 〈윤언이 묘지명〉

몽골의 1차 침략

- 사신으로 온 저고여는 수달피 1만 령, 가는 명주 3천 필, 가는 모시 2천 필 등을 요구하였다. 저고여가 돌아가는 길에 압록 강 부근에서 피살되자 살리타가 대군을 이끌고 침입하였다.
- 박서 : 몽골군이 정예 기병을 뽑아 북문을 공격하므로 박서가 이를 물리쳤다. 몽골군이 군사를 감추어 성 밑으로 터널을 뚫자 박서가 성에 구멍을 내어 쇳물을 부어 누거를 불태웠다. …… 몽골군이 또 차에 풀을 싣고 이를 태우면서 초루(樓)를 공격하므로 박서는 미리 누상(樓上)에 저수하였다가 물을 쏟으니 불이 꺼졌다. 몽골군이 성을 포위하기를 30일, 백계(百計)로 이를 쳤으나 박서가 임기응변하여 굳게 지켰으므로 몽골군이 이기지 못하고 물러났다. 〈고려사〉
- 지광수 : 충주 부사 우종주가 판관 유홍익과 틈이 있었는데, 몽골병이 쳐들어온다는 말을 듣고 성을 지킬 것을 의논하였다. 그런데 의견 차이가 있어서 우종주는 양반 별초를 거느리고, 유홍익은 노군과 잡류 별초를 거느리고 서로 시기하였다. 몽골병이 오자 우종주와 유홍익은 양반 등과 함께 성을 버리고 도주하였고, 오직 노군과 잡류만이 힘을 합쳐서 이를 쫓았다.

강화 천도

- 긍정적 평가 : 천도(遷都)란 예로부터 하늘 오르기만큼 어려운 것인데 / 공 굴리듯 하루 아침에 옮겨 왔네.
  청하(淸河)의 계획 그토록 서둘지 않았더라면 / 삼한은 벌써 오랑캐 땅이 되었으리.
  크고 견고한 성곽을 한 줄기 강이 둘렀으니 / 공력(功力)을 비교하면 어느 것이 나은가?
  천만의 오랑캐가 새처럼 난다 해도 / 지척의 푸른 물결 건너지는 못하리.
- 부정적 평가 : 유승단이 "성곽을 버리며 종사를 버리고, 바다 가운데 있는 섬에 숨어 엎드려 구차히 세월을 보내면서, 변두리의 백성으로 하여금 장정은 칼날과 화살 끝에 다 없어지게 하고, 노약자들은 노예가 되게 함은 국가를 위한 좋은 계책이 아닙니다."라고 반대하였다.

몽골의 2차 침략

- 김윤후의 항쟁 : 김윤후는 중이 되어 백현원에 있었다. 몽골군이 이르자, 윤후가 처인성으로 난을 피하였는데, 몽골 원수 살리타가 와서 성을 치매 윤후가 이를 사살하였다. 상장군의 벼슬을 주었으나 이를 사양하고 받지 않았다. 〈고려사〉
- (고종 19년) 장산의 초적 괴수 2명이 스스로 항복하여 최우에게 나아가 "우리들이 정병 5천 명을 이끌고 몽골군의 격퇴를 돕고자 합니다"라고 하자 최우가 크게 기뻐하여 상을 매우 후하게 내리고 …… 〈고려사, 최우 열전〉
- (고종 19년) 3군이 비로소 집결하여 더불어 싸우니 몽골군이 잠시 물러났다가 다시 와 우리 우군(右軍)을 치거늘 산원(散員) 이지무, 이인식 등 4, 5인이 이를 맞아 싸우는데, 마산 초적(草賊)으로 종군한 자 2인이 몽골군을 쏘니 활 시 위줄을 따라 엎드러졌고 관군이 이 기세를 타 쳐서 패주시켰다. 〈고려사〉

몽골의 5차 침략

김윤후가 충주산성 방호별감으로 있을 때 몽골이 쳐들어와 충주성을 70여 일 동안 포위하자 비축해 둔 군량이 바닥나버렸다. 김윤후가 군사들에게 만약 힘을 다해 싸워 준다면 귀천을 불문하고 모두 관작을 줄 것이니 너희들은 나를 믿으라고 설득한 뒤 관노(官奴)문서를 가져다 불살라 버리고 노획한 마소를 나누어 주었다. 이에 사람들이 모두 죽음을 무릅 쓰고 적에게로 돌진하니 몽골은 조금씩 기세가 꺾여 더이상 남쪽으로 나아가지 못했다. 김윤후는 공으로 감문위 상장군에 임명되었으며, 그 나머지는 관노비나 백정에 이르기까지 군공에 따라 벼슬을 차등있게 주었다. 〈고려사〉

몽골 침략의 피해

• 고종 42년(1255) 3월, 여러 도의 고을이 난리를 겪어 황폐해지고 지쳐 조세, 공부, 요역 이외의 잡세를 면제하고, 산성과 섬에 들어갔던 자를 모두 나오게 하였다. 그 때 산성에 들어갔던 백성은 굶주려 죽은 자가 매우 많았고, 늙은이와 어린이가 길가에서 죽었다. 심지어는 아이를 나무에 잡아매어 놓고 가는 자도 있었다.

• 4월, 도로가 비로소 통하였다. 병란과 흉년이 든 이래로 해골이 들을 덮었고, 포로가 되었다가 도망하여 서울로 들어오는 백성이 줄을 이었다. 도병마사가 날마다 쌀 한 되씩을 주어 구제하였으나, 죽은 자를 헤아릴 수 없다.　　　　　〈고려사절요〉

삼별초

• 설치 : 최우가 나라 안에 도적이 많은 것을 염려하여, 용사를 모아 순찰을 돌며 막게 하였다. 그 까닭으로 이들을 야별초라 불렀다. 도적이 여러 도에서 일어났으므로 야별초를 나누어 파견하여 잡게 하니 군대의 수가 많아져 드디어 좌별초, 우별초로 나누었다. 또 몽골에 갔다가 도망해 온 고려인으로 한 부대를 만들어 신의군이라 불렀으니 이것이 삼별초이다.

• 활약 : 야별초가 지평현(경기도 양평) 사람과 함께 밤에 몽골 군사를 습격하여 죽이고 포로로 삼은 것이 매우 많았고 말과 노새를 빼앗아 바쳤다.　　　　　〈고려사절요〉

• 폐해 : 권신들이 정권을 잡으면 삼별초를 앞잡이로 만들기 위해 녹봉을 후하게 주고 사사로운 혜택을 베풀었고 죄인의 재산을 몰수하여 나눠 주었다. 김준이 최의를, 임연이 김준을, 송송례가 임유무를 제거하는데 삼별초의 힘을 빌렸다.

삼별초 항쟁

• 배경 : 원종 11년(1270) 개경으로 환도하게 되어 날짜를 정하고 모두 돌아가게 하였다. 삼별초는 다른 마음이 있어 따르지 않았다. 김지저가 이들의 명단을 가지고 개경으로 돌아왔다. 이들은 그 명단을 원나라 조정에 알릴까 두려워져 반역할 마음을 품었다. 6월 장군 배중손, 야별초 지유 노영희 등이 난을 일으키고 사람을 시켜 외쳤다. "오랑캐 군사가 크게 이르러 인민을 학살하고 있다. 나라를 돕고자 하는 사람들은 뜰에 모여라." 잠시 뒤 사람들이 많이 모였다.

• 항쟁 과정에서 적(삼별초)이 이미 제주에 들어가서 내성(內城)과 외성(外城)을 쌓고 그 성이 험준하고 견고한 것을 믿고 날로 더욱 창궐하여 수시로 나와 노략질하니 해안 지방이 숙연해졌다.　　　　　〈고려사〉

• 이전 문서는 몽고 연호를 사용했는데, 이번 문서는 연호를 사용하지 않았으며, 이전 문서는 몽고 덕에 귀의하여 군신 관계를 맺었다고 하였는데, 이번 문서는 강화로 도읍을 옮긴 지 40년에 가깝지만, 오랑캐를 미워하여 진도로 옮겼다고 한다.

• 일본에 대한 외교 활동 : 항전을 벌이고 있는 우리 삼별초에게 일본은 군량과 원병을 보내길 요청한다. 만약 이 제의를 따르지 않으면 일본과 몽골의 싸움이 벌어지게 될 것이고, 일본은 몽골의 부림을 당하게 될 것이다.

• 진압 : 적이 진도에 들어가 노략하므로 왕이 김방경에게 치게 하였다. 이듬해 방경이 몽고 원수와 함께 삼군을 거느리고 적을 격파하니 적이 도망하는지라, 적장 김통정이 남은 무리를 거느리고 탐라에 들어가 숨었다. 신하들이 아뢰기를, "상주·청주·해양은 진도 도적 우두머리의 고향이니, 주·현의 칭호를 강등하며, 적을 따라 탐라로 들어갔던 자는 금고하여야 합니다."하였는데, 왕이 금고(禁錮)*하는 것만을 허락하였다.　　　　　*금고(禁錮) : 벼슬에 쓰지 않거나 감옥에 가두어 둠

홍건적과 왜구

• 홍건적 : 국왕이 복주에 이르렀다. 정세운은 성품이 충성스럽고 청렴하였는데, 국왕의 파천(播遷) 이해 밤낮으로 근심하고 분하게 여겨서 홍건적을 물리치고 개경을 회복하는 것을 자신의 임무로 여겼다. …… 마침내 정세운을 총병관으로 임명하였다.　　　　　〈고려사절요〉

• 왜구 : 조령을 넘어 흥해라는 고을이 있는데, 어업, 염업이 발달하고 비옥한 토지가 있었다. 옛날 주민이 많았는데, 왜란 이후 점점 줄다가 경신년(1380) 맹렬한 공격을 받아 고을은 함락되고 불탔으며, 백성이 살해되고 약탈당해 주민이 거의 없어졌다. 그 중에서 겨우 벗어난 사람들은 사방으로 흩어져 마을과 거리는 빈 터가 되고 가시덤불이 길을 덮으니, 수령으로 온 사람들이 먼 고을에 가서 움츠리고 있고 감히 들어오지 못한 지 여러 해가 되었다.　　　　　〈양촌집〉

왜구 격퇴

- 진포대첩 : 왜구가 500여 척의 함선을 이끌고 진포로 쳐들어와 충청, 전라, 경상 3도 연해의 주군을 돌며 약탈과 살육을 일삼았다. 고려 조정에서는 최무선이 만든 화포로 왜선을 모두 불태워버렸다.
- 황산 대첩 : 운봉을 넘어온 …… 이 싸움에서 아군은 1,600여 필의 군마와 여러 병기를 노획하였고, 살아 도망간 자는 70여 명 밖에 없었다고 한다.

호기가(豪氣歌) : 최영

좋은 말 살지게 먹어 시냇물에 씻겨 타고
서릿발 같은 칼 잘 갈아 어깨에 둘러메고
대장부의 위국충절을 세워 볼까 하노라

충선왕

- 휘(諱)는 장(璋)이고, 몽고의 휘는 익지례보화(이지르부카)이다. 선왕의 맏아들이며 어머니는 제국대장공주이다. 성품이 총명하고 굳세며 결단력이 있었다. 이로운 것을 일으키고 폐단을 제거하였으나 부자(父子) 사이는 실로 부끄러운 일이 많았다. 오랫동안 상국(上國)에 있었는데, 스스로 귀양가는 욕을 당하였다. 왕위에 있은 지 5년이며, 수는 51세였다.
- 지금부터 만약 종친으로 동성과 혼인하는 자는 (원의 세조) 성지(聖旨)를 어긴 것으로 짐이 논죄할 터인즉, 마땅히 (종친은) 누대의 재상을 지낸 집안의 딸을 아내로 삼고, 재상 집안의 아들은 종실들의 딸에게 장가들 것이다. …… 짐이 보기에 경원 이씨, 안산 김씨, 철원 최씨, 해주 최씨, 공암 허씨, 평강 채씨, 청주 이씨, 당성 홍씨, 황려 민씨, 횡천 조씨, 파평 윤씨, 평양 조씨는 모두 누대의 공신이요, 재상지종이니 가히 대대로 혼을 하여 아들은 종실의 여자에게 장가들고 딸은 왕비로 삼을 만하다.

충혜왕 : 중조 사건

원(元)이 유수 보수와 전 이문낭중 장백상 등을 보내오자 왕이 교외에서 영접하였다. 장백상이 성지(聖旨)를 전하며 말하기를, "이미 정월 2일에 상왕(上王)에게 복위하라고 명하셨습니다."라고 하였다. 왕과 좌우 신하들이 모두 놀라서 얼굴빛이 달라졌다. 장백상이 국새를 회수하고 모든 창고를 봉하였으며, 왕은 드디어 원으로 갔다.

공민왕의 반원 자주화 정책

- 충숙왕의 둘째 아들로서 원나라 노국대장공주를 아내로 맞이하고 원에서 살다가 원의 후원으로 왕위에 올랐으나 고려인의 정체성을 결코 잃지 않았다.
- 왕이 변발을 하고 호복을 입고 전상(殿上)에 앉아 있었다. …… 이연종이 말하기를 "변발과 호복은 선왕의 제도가 아니오니 전하께서는 본받지 마소서"라고 하니, 왕이 기뻐하면서 즉시 변발을 풀어버리고 그에게 옷과 요를 하사하였다. <고려사>
- 원의 연호인 지정(至正)의 사용을 중단하고 교(敎)하기를, "나라의 풍속이 일변하여 권세만 추구하게 되어, 기철 등이 군주를 전율케하는 위험을 빙자하여 나라 법을 흔들어, 관리의 선발과 인명의 이동이 그의 뜻에 따르고, 사람이 토지를 가지면 이것을 뺏고 사람이 노비를 가지면 이를 탈취하니, …… 깊이 이 연고를 생각하니 슬프게 되노라" 하였다.
- 다행히 요사이 조상의 신령에 힘입어 기철은 죄를 지어 처형되었고, 정동행성과 반역자들이 거느린 사람들은 그 곁에 집을 짓게 하여 머무르는 데 편하게 하라. 아! 난을 다스려 정의에 돌렸으니 응당 관대한 은혜를 베풀 것이며, 어진 자에게 일을 맡기고 유능한 자를 부려서 거의 융성한 태평의 다스림을 이룩하도록 하라.

핵심 | 자료 읽기

공민왕의 개혁 정치

- 왕이 재상과 뜻이 맞지 않았다. 왕이 말하기를 "세신대족(世臣大族)은 친당이 뿌리처럼 이어져 있어 서로 허물을 가려주고, 초야신진(草野新進)은 감정을 감추고 행동을 꾸며 명망을 탐하다가 귀현해지면 집안이 한미한 것을 부끄럽게 여기고 대족과 혼인하여 처음 뜻을 버리며 …… 속세를 떠난 초연한 사람을 얻어 크게 써서 커다란 폐단을 개혁하려 한다."고 하였다.
- 신돈은 "근래에 기강이 크게 무너져서 탐오함이 풍속이 되어 종묘, 학교, 창고, 사사(불교 사찰), 녹전, 군수(軍須)의 토지와 개인이 대대로 가져온 민전을 부유하고 세력있는 자들이 강탈하였다. 그들은 앞서 주인에게 반환하라고 판결한 것도 그대로 가지고 있으며, 또 여전히 양인을 노예로 삼고 있다. 그러므로 백성들은 병들고, 나라의 창고는 비어있으니 큰 문제가 아닐 수 없다. 이제 관청을 만들고 이를 시정하고자 하니 …… "라고 하였다. 이 명령이 발표되어 세도 있는 많은 집들이 강제로 빼앗았던 토지와 노비를 돌려 주었으니, 나라 안이 모두 기뻐했다.

이성계의 요동 정벌 반대 : 4대 불가소 or 4불가론

태조(이성계)에게 말하였다. "내(우왕)가 요동을 공격하고자 하니, 경은 마땅히 힘을 다하라." 태조는 대답하기를 "지금 정벌하시는 것에 네 가지 불가한 점이 있습니다. 소국(小國)이 대국(大國)을 거역할 수 없음이 첫 번째 불가함이고, 여름철(농사철)에 군대를 일으킬 수 없음이 두 번째 불가함입니다. 거국적으로 원정하면 왜구가 그 틈을 노릴 것이 세 번째 출병할 수 없는 이유이고, 지금은 덥고 비가 많아 활이 눅고 대군은 질역에 시달릴 것인데, 이것이 네 번째 불가한 이유입니다."라고 하니, 우왕은 그 말을 옳다고 여겼다. 밤에 최영이 들어가 우왕을 뵙고 아뢰었다. "원하옵건대 다른 말은 듣지 마옵소서."

폐가입진

우와 창은 본래 왕씨가 아니기 때문에 종사를 받들 수 없으며, 또한 천자의 명이 있으니 마땅히 가를 폐하고 진을 세울 것이다. 정창군 왕요는 신종의 7대 손으로 그 족속이 가장 가까우니 마땅히 세울 것이다.

자료 보기

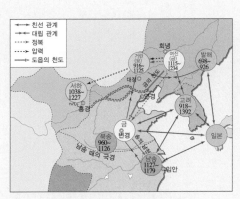

10~12c 동아시아의 외교 관계

고려 사회의 동요

홍건적과 왜구의 침입과 격퇴

03 SECTION 중세의 경제

1 토지 제도

(1) 전기의 정비 과정

	역분전	시정(始定)전시과	개정(改定)전시과	경정(更定)전시과
시기	태조	경종	목종	문종
대상	공신	실직(현직 관리) + 산직(전직 관리 등)		실직(현직 관리)
기준	공훈	관품의 고하 + 인품	관품의 고하	
지역	?	전국		
특징	논공행상	기준 : 4색 공복	한외과 설치, 군인전 지급 실직을 산직보다, 문관을 무관보다 우대 16과 이하는 시지를 지급 안함	한외과 폐지 무관 지위 향상 별사전 지급, 무산계 전시 지급

cf) 한외과(限外科) ┌ 대상 : 전시과의 18등급에 없었던 하층 신분으로 관청의 일을 맡아보던 잡색원리, 유외잡직
　　　　　　　　 └ 변화 : 경정 전시과(문종)부터는 전시과의 18등급 안에 포함하였기 때문에 별도의 지급 중단

(2) 경정 전시과의 내용

- 지급된 토지 : 전지(田地)와 시지(柴地)의 수조권
- 지급 기준 : 관품을 18등급으로 구분
- 운영 원칙 : 관리가 죽거나 퇴직하면 수조권을 국가에 반납
- 대상 ┬ 사전 ┬ 중앙 관리 : 과전
  　　　(私田)├ 지방 향리 : 외역전(향역 세습 → 토지 세습)
  　　　　　　├ 직업 군인 : 군인전(군역 세습 → 토지 세습)
  　　　　　　├ 유가족 : 구분전
  　　　　　　├ 하급 관리 자제 중 無관직자 : 한인전
  　　　　　　├ 귀족 : 공음전
  　　　　　　├ 사원 : 사원전
  　　　　　　└ 승려 · 지리업자 : 별사전
  　　　└ 공전 ┬ 왕실 경비 : 내장전
  　　　　(公田)└ 중앙과 지방의 관청 경비 : 공해전

> **확인해 둘까요!** 　민전
> - 의미 : 개인이 조상 대대로 물려 받은 토지
> - 특징 ┬ 소유권의 대상
> 　　　 └ 매매와 세습 가능

(3) 전시과의 붕괴

- 배경 ┬ 무신 정권 : 무신의 가렴주구
  　　　└ 사원 : 사원전 확대
- 결과 : 국가의 수조지 감소 → 신진 관료에게 녹봉 지급조차 불가능
- 대책 : 녹과전 ┬ 시기 : 원 간섭기(원종)　　　cf) 준비 : 무신 정권
  　　　　　　　├ 내용 ┬ 대상 : 신진 관료
  　　　　　　　│　　　 └ 녹봉 대신 경기 8현의 토지 지급
  　　　　　　　└ 한계 ┬ 원인 : 권문세족의 토지 겸병
  　　　　　　　　　　　└ 녹과전마저 겸병됨
- 결과 ┬ 권문세족 : 사패와 고리대를 통해 대농장 형성
  　　　└ 사원 : 고리대를 통해 농장 확대
  　　　　　→ 고려 말 국가 재정 파탄

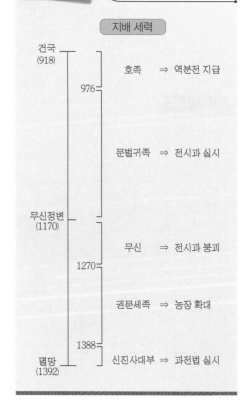

꼭! 알아두기 　토지 제도 변화

지배 세력	
건국(918)	
976	호족 ⇒ 역분전 지급
	문벌귀족 ⇒ 전시과 실시
무신정변(1170)	
1270	무신 ⇒ 전시과 붕괴
	권문세족 ⇒ 농장 확대
1388	
멸망(1392)	신진사대부 ⇒ 과전법 실시

2 수취 제도

- 조세
  - 부과 기준 : 토지
  - 내용 : 논과 밭을 비옥도에 따라 3등급 으로 구분하여 부과
  - 세율 : 생산량의 1/10 수취　　　　　　　　　　　　cf) 논 1결의 수확량 : 10~18석
  - 운반 : 조운 활용(군현 → 조창 → 조운 → 개경의 좌 · 우창)
- 공물
  - 부과 기준 : 가호
  - 내용 : 포 또는 토산물 수취
  - 특징
    - 조세보다 부담이 큼
    - 일부 군현에서 상공의 일부를 평포(平布)로 환산하여 징수
  - 징수 과정 : 중앙(필요한 공물을 주현에 부과) → 향리(집집마다 부과하여 수납)
  - 종류 : 상공(매년 징수) + 별공(필요에 따라 수시로 징수)
- 역
  - 내용 : 국가가 백성의 노동력을 무상으로 동원하는 제도
  - 대상 : 정남(16세 이상 60세 미만의 남자)
  - 종류
    - 군역 : 개인별로 부과
    - 요역
      - 내용 : 성 · 궁궐 · 도로 등을 축조하거나 조세를 운반하는 데 동원
      - 동원 기준 : 가호(인구의 다과에 따라 호를 9등분으로 구분, 후기에는 3등분으로 구분)
      - cf) 동원 기준의 변화 : 후기에는 토지의 많고 적음에 따라 동원하기도 함

◇ 확인해 둘까요! • 국가 재정의 운영

- 운영 관청
  - 호부 : 호적(호구 조사)과 양안(양전 사업) 작성 → 인구와 토지 파악
  - 삼사 : 재정 수입과 관련된 사무 → 단순 회계 · 출납 업무 종사　cf) 실제 수취와 집행은 각 관청이 담당
- 지출 내역
  - 관리의 녹봉, 일반 행사 비용(국가 제사, 연등회 · 팔관회 비용, 왕의 하사품 등), 국방비
  - 왕실 경비　　　cf) 일반 관청 : 국가가 토지(공해전)를 지급, 부족한 비용은 관청이 스스로 마련
- 운송 제도 : 조운
  (정비 : 성종)
  - 내용 : 전국의 조창에서 매년 2월부터 5월 사이에 개경의 경창으로 세곡 등을 운송
  - 경창 : 좌창(= 광흥창, 동강 위치, 녹봉 담당), 우창(= 풍저창, 서강 위치), 용문창, 운흥창 등
  - 운송 담당 : 판관(총책임자, 감독관) → 색전(향리, 실무 담당) → 조창민(실제 운송, 천역)
  - 예외 지역 : 북계, 동계 ← 국방상의 요새로 세곡을 군량으로 충당

자료 보기

시 기		등급	1	2	3	4	5	6	7	8	9	10	11	12	13	14	15	16	17	18
경 종 (976)	시 정 전시과	전지	110	105	100	95	90	85	80	75	70	65	60	55	53	45	42	39	36	33
		시지	110	105	100	95	90	85	80	75	70	65	60	55	50	45	40	35	30	25
목 종 (998)	개 정 전시과	전지	100	95	90	85	80	75	70	65	60	55	50	45	40	35	30	27	23	20
		시지	70	65	60	55	50	45	40	35	33	30	25	22	20	15	10			
문 종 (1076)	경 정 전시과	전지	100	90	85	80	75	70	65	60	55	50	45	40	35	30	25	22	20	17
		시지	50	45	40	35	30	27	24	21	18	15	12	10	8	5				

(단위 : 결)

전시과의 토지 지급 액수 변화

▶ 정비될 때마다 수조권 지급 액수가 점차 감소
▶ 전지보다 시지 지급 액수가 더 크게 감소

과	개정 전시과 수급자	경정 전시과 수급자
1	내사령, 시중	중서령, 상서령 문하시중
2	내사시랑 평장사 치사시중	문하시랑, 중서시랑
3	좌우복야, 검교태사	좌우복야, 상장군
4	6상서, 치사좌우복야	6상서, 대장군
5	비서감, 상장군	비서감, 국자좨주

(치사 : 전직 관리)

전시과의 지급 대상 변화

▶ 개정 전시과 : 산직을 실직에 비해 낮춰 수조권을 지급
▶ 경정 전시과 : 무반의 지위 향상을 확인할 수 있음

03 중세의 경제
SECTION

3 경제적 기반

(1) 귀족

- 기반

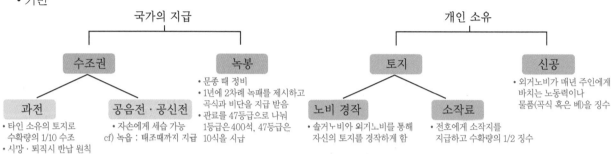

국가의 지급		개인 소유	

수조권 / **녹봉** / **토지** / **신공**

- **녹봉**
  - 문종 때 정비
  - 1년에 2차례 녹패를 제시하고 곡식과 비단을 지급 받음
  - 관료를 47등급으로 나눠 1등급은 400석, 47등급은 10식을 시급
- **신공**
  - 외거노비가 매년 주인에게 바치는 노동력이나 물품(곡식 혹은 베)을 징수

과전 / **공음전·공신전** / **노비 경작** / **소작료**

- **과전**
  - 타인 소유의 토지로 수확량의 1/10 수조
  - 사망·퇴직시 반납 원칙
- **공음전·공신전**
  - 자손에게 세습 가능
  - cf) 녹읍 : 태조때까지 지급
- **노비 경작**
  - 솔거노비아 외거노비를 통해 자신의 토지를 경작하게 함
- **소작료**
  - 전호에게 소작지를 지급하고 수확량의 1/2 징수

- 생활 ┬ 농장 ┬ 취득 : 고리대로 토지 탈취 or 헐값에 매수 or 대규모 개간에 참여 or 사패를 받아 토지 확대
  │   └ 경영 : 대리인을 보내 소작인 관리, 지대 징수
  └ 모습 ┬ 외출시 남녀 모두가 시종을 거느리며 말을 타고 다니고, 중국으로부터 수입한 차를 다점에서 즐김
         └ 지방에 별장 소유
- cf) 왕실·공신의 또 다른 경제적 기반 ┬ 장·처 : 국가가 왕실에 지급, 전국에 360여개가 존재
                                    └ 식읍 : 국가가 왕실 혹은 공신에게 지급, 조선 세조까지 존재

(2) 농민

- 기반 ┬ 토지 경작 ┬ 자작 : 자신 소유의 토지인 민전 경작
  │   └ 소작 : 타인의 토지 경작 → 지대 납부 ┬ 사유지 : 수확량의 1/2 납부
  │   └ 국·공유지 : 수확량의 1/4 납부
  └ 품팔이, 삼베·모시·비단짜기
- 삶의 개선 ┬ 경작지 확대 : 진전·황무지 개간 ┬ 12c 이후 연해안 저습지와 간척지 개간 활발
  │   │   └ 특히 강화도 피난 시기를 중심으로 해안 저습지 개간 활발
  │   ├ 농업 기술 ┬ 농기구 발달 + 소를 이용한 깊이갈이의 일반화
  │   │   └ 시비법 발달 : 녹비 + 퇴비 → 휴경 단축
  │   ├ 농법 ┬ 밭농사 : 2년 3작의 윤작법 보급   cf) 2년 3작의 윤작법이 널리 보급 : 조선 초
  │   │   └ 논농사 : 직파법 + 이앙법 이 고려 말 남부 지방 일부에 보급
  │   ├ 농서 : 고려 후기 이암이 원의 농서인 <농상집요>(중국 화북의 농사 경험 정리) 소개
  │   └ 의생활 : 문익점이 목화 전래(공민왕) → 목화 재배의 시작
- 몰락 : 후기 권문세족의 토지 약탈과 농장의 확대로 인해 농민의 토지 이탈 심화
- cf) 시비법의 변화 : 밭을 묵혀 그 밭에 자란 풀을 태우거나 갈아엎어 비료를 주던 방식 → 들의 풀이나 갈대를 베어 와 태우거나, 갈아엎은 녹비에 동물의 똥오줌을 섞어 풀이나 갈대와 함께 사용하는 퇴비 제작

> **꼭! 알아두기** 고려 경제 정책의 특징
>
> - 농업 : 중농 정책
> - 상업과 수공업 ┬ 고려 정부가 많은 관심을 기울임 but 자급자족 경제로 인해 실제로는 발전이 부진함
>   └ 후기에 인구 증가와 민간의 상품 수요 증가로 상공업에서도 약간의 발전이 존재

4 산업 활동

(1) 상업

- 전기 ┌ 도시 ┌ 시전 : 개경 · 서경에 설치(← 경시서 : 매점매석과 같은 상행위 감독)
    │   ├ 관영 상점 ┌ 설치 지역 : 개경 · 서경 · 동경 등 주요 대도시
    │   │   └ 거래 품목 : 왕실 · 관청의 수요품 + 귀족의 생활용품 ex) 서적점, 약점, 주점, 다점
    │   └ 비정기적 시장 형성 : 도시민의 일용품 거래
    └ 지방 ┌ 행상 : 베나 곡식을 받고 소금 · 일용품 · 사원 생산품 판매
           └ 상업의 중심지 : 관아 근처에 시장 형성
- 후기 ┌ 도시 ┌ 개경 : 시전의 규모 확대와 업종 전문화
    │   └ 예성강 하구의 항구 : 교통로와 산업 중심지로 발달 ex) 벽란도
    ├ 지방 ┌ 행상 : 조운로를 따라 미곡 · 생선 · 소금 · 도자기 등을 교역
    │   └ 상업의 중심지 : 새로운 육상로가 개척되면서 원(= 여관)이 발달
    ├ 특징 ┌ 관청 · 관리 · 사원 : 농민에게 물건을 판매하거나 구입하도록 강제함
    │   └ 상업 발달에 따라 부를 축적하여 관리가 되는 상인이나 수공업자의 등장
    └ 정책 : 각염법(소금 전매제, 충선왕) → 국가 재정 수입 증대

(2) 화폐 주조와 고리대의 유행

- 화폐 ┌ 성종 ┌ 내용 : 최초로 건원중보(철전) 제작
    │   ├ 목적 : 국가 재정의 안정 + 경제 생활에 대한 통제
    │   └ 한계 : 자급자족 경제 구조로 인해 유통 부진 + 귀족과 백성의 반발
    ├ 목종 : 정책 변화 ┌ 화폐는 주로 도시의 다점이나 주점에서만 사용
    │   └ 일반 생활에서는 곡식이나 삼베를 주로 사용
    ├ 숙종 ┌ 의천이 화폐의 필요성을 건의 → 주전도감 설치
    │   └ 화폐 ┌ 主화폐 : 우리나라 지형을 본딴 은병(= 활구, 고액 화폐) 제작
    │   └ 보조 화폐 : 동전인 삼한통보 · 해동통보 · 해동중보 제작
    └ 공양왕 : 지폐인 저화 제작 but 곧 폐기되고 조선 태종 때 다시 제작
          cf) 원 간섭기에는 원의 지폐인 지원보초가 고려 일부 지역에서 유통되기도 함
- 고리대 성행 : 왕실 · 귀족 · 사원의 재산 증식 → 농민 몰락 → 토지 상실, 노비로 전락
- 보 ┌ 목적 : 기금을 만들어 이자를 공적인 사업 경비로 충당
    ├ 종류 ┌ 교육 관련 : 학교 경비(학보)
    │   └ 불교 관련 : 불교 진흥(경보, 광학보), 팔관회 경비 마련(팔관보)
    └ 실제 : 이자 취득에 급급하여 농민 생활에 막대한 피해   cf) 예외 : 제위보(빈민 구제)

은병(= 활구)

삼한통보

해동통보

(3) 수공업

- 종류 ┌ 관청 수공업 ┌ 방식 : 공장안에 등록된 수공업자와 부역으로 동원된 농민이 생산
    │   └ 품목 : 국가에서 필요로 하는 무기류, 가구류, 금 · 은 세공품, 견직물, 마구류 생산
    ├ 소(所) 수공업 : 금 · 은 · 구리 · 철 · 실 · 옷감 · 종이 · 먹 · 차 · 생강 등을 생산하여 공물로 납부
    ├ 사원 수공업 : 기술 좋은 승려가 노비를 이용하여 운영, 베 · 모시 · 기와 · 술 · 소금 등을 생산
    └ 민간 수공업 : 농촌 가내 수공업을 중심으로 삼베 · 모시 · 명주 등을 생산하여 사용하거나 공물로 납부
- 변화 : 관청 · 소 수공업 중심(전기) → 유통 경제 발달 → 사원 · 민간 수공업 발달(후기)

03 SECTION 중세의 경제

(4) 무역

- 특징 ┌ 국가 체제가 정비됨에 따라 사무역보다는 공무역을 중심으로 전개
  └ 원 간섭기에는 공무역과 함께 사무역도 발달

- 지역 ┌ 무역항 : 벽란도, 금주(김해)
  └ 각장 ┌ 내용 : 거란·여진 등의 북방 민족과 교역하기 위해 설치한 시장
  (=각서) └ 장소 : 거란(보주=의주, 최초, 목종), 여진(의주·정주, 예종)

- 품목 ┌ 송 ┌ 특징 : 경제적·문화적 필요에 의해 교역 → 가장 큰 비중 차지 ex) 서긍의 <고려도경>에 잘 묘사됨
  │   └ 내용 : 수입(비단·자기·서적 → 왕실·귀족의 수요품) ↔ 수출(화문석·종이·먹·인삼·나전칠기)
  ├ 거란 : 수입(불경·수공업 기술·은·모피·말) ↔ 수출(농기구·곡식·문방구)
  ├ 여진 : 수입(은·모피·말) ↔ 수출(농기구·곡식·포목)
  ├ 일본 : 수입(수은·유황) ↔ 수출(곡식·서적·인삼)
  ├ 아라비아 ┌ 상인(색목인, 色目人)들이 수은·향료·산호·호박 등을 고려에 판매
  │ (大食國) └ 고려를 Corea로 서방에 알림
  └ 원 : 상인들이 독자적으로 원과 교역, 금·은·소·말이 지나치게 유출되어 사회적 문제가 되기도 함

◇ 확인해 둘까요! ▸ **사원 경제의 폐해**

- 기반 ┌ 국가의 특혜 : 비보사찰에 사원전과 노비 지급, 원(= 여관)에 대한 관리 운영 위임
  └ 귀족의 지원(사찰 건립과 노비 기부) + 고리대를 통한 농장 확대
- 상업 : 농민에게 물품 강매
- 수공업 : 승려와 노비를 이용하여 베·모시·기와·술·소금 생산

자료 보기

고려 후기 강화도 간척지

고려의 교통로와 산업 중심지

고려의 대외 무역

태조의 토지 정책

- 녹읍 지급 : 태조가 예산진에 행차하여 이르기를, "지난날 신라의 정치가 쇠하여 도적들이 일어나고 백성들은 난리 통에 그들의 폭골이 들판에 널렸다. 이전 임금이 온갖 혼란을 평정하고 국가 기초를 닦았으나 말년에 무고한 백성들에게 피해를 끼쳐 나라가 망하였다. 나는 그 위기를 이어 새 나라를 창건하였는데 …… 너희 공경장상은 국록을 먹는 사람들이므로 내가 백성을 자식처럼 사랑하는 마음을 헤아려서, 너희들 녹읍의 백성 등을 불쌍히 여겨야 할 것이다. 만약 무지한 가신들을 녹읍에 보낸다면, 오직 거두어들이는 데만 힘써 마음대로 약탈할 것이 너희 또한 어찌 알 수 있겠는가?"라고 하였다.
- 역분전 지급 : 처음으로 역분전을 정하였다. 후삼국을 통일할 때 조신(朝臣), 군사들에게 관계(官階)는 논하지 아니하고 그들의 성행(性行)의 선악과 공로의 대소를 보아 지급하였는데 차등이 있었다. 〈고려사〉

전시과의 정비

- 시정 전시과 : 경종 원년 11월 직관·산관의 각 품 전시과를 제정하였는데 관품의 높고 낮음은 논하지 않고 인품(人品)만으로 전시과의 등급을 결정하였다. 자삼(紫衫) 이상은 18품으로 나눈다. …… 전중·사천·연수·상선원 등 잡업(雜業)의 단삼 이상은 10품으로 나눈다. …… 녹삼 이상은 10품으로 한다. 무반의 단삼 이상은 5품으로 나눈다. …… 이하 잡직 관리들에게도 각각 인품에 따라 차이를 두고 나누어 주었다. 그리고 이 해 전시과 등급 사정에 미처들지 못한 이에게는 모두 전 15결을 준다. 〈고려사〉
- 개정 전시과: 목종 원년 3월에 군현들에 있는 안일호장에게는 원래 직전(職田)의 절반을 주기로 하였다. 12월에 문무 양반 및 군인들의 전시과를 개정하였다. 제1과는 전 100결과 시 70결, …… 제18과는 전 20결을 준다. …… 이 한(限)에 들지 못한 자에게는 모두 전 17결을 주기로 하였고 이것을 항구적으로 지켜야 할 법식으로 제정하였다.
- 경정 전시과 : 문종 30년에 양반 전시과를 또다시 개정하였다. 제1과 전지 100결과 시지 50결을 주었다.

전시과의 내용

- 공음전 : 문종 3년 5월에 양반의 공음전시법을 정하였다. 1품은 문하시랑 평장사 이상으로서 전지 25결과 시지15결을 …… 5품에게는 전지 15결과 시지 5결을 주어 자손에게 세습하게 하였다. 산관은 5결을 감하였다.
- 구분전 : 문무 백관에서부터 부병(府兵, 직업 군인), 한인(閑人)에게까지 과(科)에 따라 전지와 시지를 주었는데, 이를 전시과라 한다. 죽은 다음에는 모두 나라에 다시 바쳐야 했다. 그러나 부병(= 직업 군인)은 나이 20세가 되면 비로소 땅을 받고, 60세가 되면 반환하는데, 자손이나 친척이 있으면 전지를 물려받게 하고 …… 죽은 다음에 후계자가 없는 자와 전사한자의 아내에게 모두 구분전을 지급하였다.

농장의 확대

- 김준은 농장을 여러 곳에 설치하고, 가신 문성주와 자준에게 관할하게 하였는데, 두 사람이 백성에게 벼 종자 한 말을 주고는 으레 쌀 한 섬을 거두었다. 여러 이들이 이것을 본받아 권세를 믿고 횡포를 자행하며 전토를 빼앗으니 원성이 높았다.
- 말기에는 임금들이 덕을 잃고 토지와 호구 문건이 명확지 못하여 양민은 모두 세력있는 자들에게 소속되고, 전시과 제도는 폐지되어 그 토지들은 개인들의 땅으로 되었으며, 권세있는 유력한 자들의 토지는 이랑(밭 가운데 있는 길)을 잇대어 있고, 그 경계는 산과 강으로 표식하고 있었으며, 경작자들에 대한 조의 징수는 1년에 두 번 혹은 세 번이나 중첩되는 일까지 있었다. 한 땅의 주인이 5, 6명을 넘고 1년에 조세를 8, 9번씩 받아내고 있다. 이리하여 조종(역대의 왕)이 제정한 법제는 모조리 파괴되고 나라도 망하게 되었다. 〈고려사, 식화지〉

녹과전 지급

원종 12년 2월에 도병마사가 아뢰기를, "근래 병란이 일어남으로 인해 창고가 비어서 백관의 녹봉을 지급하지 못하여 사인(士人)을 권면할 수 없었습니다. 청컨대 경기 8현을 품등에 따라 녹과전으로 지급하소서."라고 하였다.

03 중세의 경제

SECTION

수취의 기준

- 토지 : 토지의 등급은 묵히지 않는 토지를 상으로 하고, 한 해 묵히는 토지를 중으로 하고, 두 해 묵히는 토지를 하로 한다.
- 가호 : 편성된 호는 인구와 장정이 많고 적음에 따라 9등급으로 나누어 부역을 시킨다.

전세 제도

- 전세의 세율 : 대사헌 조준 등이 상소를 올리기를 …… "(고려) 태조가 즉위한 지 34일 만에 여러 신하들을 맞이하면서 '최근 백성들에 대한 수탈이 가혹해서 1결의 조세가 6석에 이르러 백성의 삶이 너무 어려우니 나는 이를 매우 가련하게 여기다. 지금부터 마땅히 10분의 1세로 하여 밭 1부의 조를 3되로 하여라'고 한탄하여 말하였는데 ……"라고 하였다. 〈고려사〉
- 공전에 대한 지대 혹은 조세의 세율 : 공전의 조(租)는 4분의 1로 하되, 논은 상등 1결에 조 3석 11두, 중등 1결에 조 2석 11두, 하등 1결에 조 1석 11두로 하고, 밭은 1결에 조 1석 12두, 중등 1결에 조 1석 10두이며, …… (하등은 기록이 남아 있지 않다.) 〈고려사〉

공납 제도

여러 주현들에서 해마다 바치는 상공(공물 대장에 기록되어 해마다 거두어들이는 공물)의 일부인 소가죽, 힘줄, 뿔을 평포(平布)로 환산하여 대신 바치도록 하였다. 〈고려사〉

요역 제도

- 나라의 제도에 백성의 나이 16이면 장정이 되어 국역을 부담시키고, 60이면 늙은이가 되어 역을 면제한다. 주·군에서는 해마다 호구를 헤아려 호적을 정리하고 호부에 올려 보낸다. 징병과 부역의 동원은 호적에 의거하여 뽑는다. 〈고려사〉
- 도평의사사에서 아뢰기를, "…… 지금부터는 누구든지 집 있는 자는 다 장정을 내어 보내되, 대호(大戶)는 2명, 중호(中戶)는 1명, 소호(小戶)는 세 집이 합하여 1명씩 나오게 하고, 만약에 부역에 빠지거나 아이나 여자를 내어 보내는 자는 호주를 논죄하도록 하소서."하니, 임금이 그대로 따랐다.

수취의 폐단

- 전세 : 처음에 좌창(관리의 녹봉을 맡아 보던 관청)과 우창(왕실의 양곡을 맡아 보던 관청)에서는 곡식의 말을 재는 것을 법대로 하지 않고 쌀 10석을 받을 때 정액 이상으로 더 받는 것이 2되나 되었다. 지방 관리들은 이를 기회로 백성들을 거듭 수탈하여 오랫동안 폐단이 되었다. 요즈음 이를 고치려고 1석에 대하여 모미까지 합하여 17두를 넘지 못하게 하였더니, 군소 관리들이 이에 불만을 가지는 기색을 보였으므로 이에 이르러(1173년) 명령을 내려 옛날대로 하기로 하였다. 〈고려사〉
- 공납 : 왕이 명을 내리기를, "경기의 주현들에서는 상공 외에도 요역이 많고 무거워 백성들이 이에 고통을 받아 나날이 점점 더 도망하여 떠돌아다니고 있으니, 주관하는 관청에서는 계수관에 물어 보고, 그들의 공물과 역의 많고 적음을 참작하여 결정하고 시행하라."고 하였다. 〈고려사〉
- 요역 : 정종은 당초에 도참사상을 믿어 도읍을 서경으로 옮기고자 장정을 징발하여 시중(중서문하성의 우두머리) 관직에게 명하여 궁궐을 짓게 하니 부역이 끊이지 않았다. 또 개경의 민호를 뽑아 서경에 채우니, 여러 사람이 복종하지 않고 원망하였다. 왕이 세상을 떠나니, 부역을 하는 사람들이 기뻐 날뛰었다. 〈고려사절요〉

국가의 상업 활동 통제

신우(우왕) 7년(1381) 8월에 서울(= 개성)의 물가가 뛰어올랐는데, 장사하는 자들이 조그마한 이익을 가지고 서로 다투었다. 최영이 이를 미워하여 시장에 나오는 물건은 모두 경시서로 하여금 물가를 평정하고 세인(세금을 바쳤다는 도장)을 찍게 하고 난 뒤에 매매하게 하였고, 도장을 찍지 않은 물건을 매매하는 자는 …… 죽이겠다고 하였다. 이에 경시서에 큰 갈고리를 걸어 두고 사람들에게 보였더니 장사하는 자들이 벌벌 떨었다. 그러나 이 일은 마침내 시행되지 못하였다. 〈고려사〉

사원 경제의 폐해

승려들이 심부름꾼을 시켜 절의 돈과 곡식으로 각 주군에 장리를 놓아 백성을 괴롭히고 있다. 지금 부역을 피하려는 무리들이 부처의 이름을 걸고 돈놀이를 하거나 농사, 축산을 업으로 삼고 장사를 하는 것이 보통이 되었다. …… 어깨에 걸치는 가사는 술 항아리 덮개가 되고, 범패를 부르는 장소는 파밭, 마늘밭이 되었다. 장사꾼과 통하여 팔고 사기도 하며, 손님과 어울려 술 먹고 노래를 불러 절간이 떠들썩하다. 〈고려사〉

농민의 생활

큰 산과 깊은 계곡이 많아 험하고 평지가 적다. 그러므로 경작지가 산간에 많은데, 오르내리면서 경작하는 데 힘이 많이 들고 멀리서 보면 계단과 같다. 〈고려도경〉

화폐 정책의 변화

선대의 조정에서는 이전의 법도와 양식을 따라 조서를 반포하고 화폐를 주조하니, 수 년 만에 돈꿰미가 창고에 가득 차서 화폐를 통용할 수 있게 되었다. …… 이에 선대의 조정을 이어서 전폐(錢幣 : 돈)는 사용하고 추포(발이 굵고 바탕이 거친 베)를 쓰는 것을 금하게 함으로써 세상을 놀라게 하는 일은, 국가에 이익되는 것이 아니라 한갓 백성들의 원성을 일으키는 것이라 하였다. …… 문득 근본을 힘쓰는 마음을 지니고서 돈을 사용하는 길을 다시 정하니, 차와 술과 음식 등을 파는 점포들에서는 교역에 전과 같이 전폐를 사용하도록 하고, 그밖에 백성이 사사로이 교역하는 데에는 임의로 토산물을 쓰도록 하라.

숙종의 화폐 발행

- 7년 왕이 명하기를 "백성들을 부유하게 하고 나라의 이익이 되는 데 돈보다 중요한 것은 없다. 송과 요에서는 돈을 쓴 지가 이미 오랜데 우리만 아직 실행하지 않았다. 이제 금속을 녹여 돈을 만드는 법령을 제정한다. 돈 15,000꾸러미를 주조하여 재추와 문무 양반과 군인들에게 나누어 주어 돈 통용의 시초로 삼도록 하라"고 하였다.
- 왕이 옛 법제에 따라 조서를 내리어 삼한통보, 삼한중보, 해동중보를 주조하게 하였다. 수년동안 만든 돈꿰미가 창고에 가득 찼고 쓰기에 편리하였다. 그리하여 대신들에게 축하연을 베풀 것을 명령하고 놓은 날을 택하여 통용시켰다.
- 주전도감에서 왕에게 아뢰기를 "백성들이 화폐를 사용하는 유익함을 이해하고 그것을 편리하게 생각하고 있으니 이 사실을 종묘에 알리십시오."라고 하였다. 이 해에 또 은병을 만들어 화폐로 사용하였는데, 은 한 근으로 우리나라의 지형을 본떠서 만들었고 민간에서는 활구라고 불렀다.

국가의 소금 전매제 실시

이제 장차 내고(內庫) 등과 여러 궁·원과 중앙이나 지방의 사찰이 소유하고 있는 염분은 모두 관에서 접수하고 그 대가는 소금 4석에 은 1냥, 소금 2석에 베 1필로 한다. 소금을 쓰는 자는 모두 의염창에 가서 사게 하며 군현 사람들은 모두 본관 관사에서 베를 바치고 소금을 받아 가도록 하라. 〈동사강목〉

벽란도 중심의 무역

조수(潮水)가 들고 나매 오가는 배는 머리와 꼬리가 잇대었어라. 아침에 이 다락 밑을 떠나면 한낮이 채 못 되어 돛대는 남만 하늘에 들어가누나. 사람들은 배를 가리켜 물 위의 역마라 하나 나는 바람 쫓는 준마의 굽도 이에 비하면 더디다하리. 어찌 구구히 남만의 지경(地境)뿐이랴. 이 나뭇길(木道, 배)을 빌리면 어느 곳이고 오르내리지 못할 줄이 있으랴.

04 중세의 사회

SECTION

1 신분 제도

(1) 귀족

- 문벌 귀족
  - 구성 : 개국 공신 + 지방의 大호족 + 신라 6두품 계열의 유학자
  - 관직 : 5품 이상의 관리
  - 기반
    - 정치 : 과거와 음서를 통한 관직 진출 → 중서문하성과 중추원의 재상직 차지
    - 경제
      - 국가로부터 과전과 공음전을 지급받음
      - 개인적으로 토지와 노비를 소유하고 상업 활동과 소금 생산으로 이익을 확보하기도 함
    - 사상 : 훈고학적 유학 + 교종 불교
  - 대표 가문 : 경원 이씨, 해주 최씨, 경주 김씨, 강릉 김씨, 청주 이씨, 남평 문씨, 파평 윤씨, 철원 최씨
  - 권력 유지 방법 : 중첩된 혼인 관계 ex) 경원 이씨의 이자연과 이자겸
  - 예술 : 청자
    - 11c : 독자적 경지 개척
    - 12c 중엽(문벌 귀족) ~ 13c 중엽(무신 정권) : 상감 기법 도입
  - 신분 이동 : 개경에 거주하다가 죄를 지으면 형벌로 귀향(귀향형) → 귀향하여 향리로 전락
  - 몰락 : 무신 정변   cf) 일부는 무신 정권에서도 명맥을 유지
- 권문세족
  - 구성
    - 문벌 귀족 중의 잔존 세력 + 무신 정권에서 득세한 가문
    - 원을 배경으로 성장한 부원 세력 ← 방법 : 역관, 환관, 응방 관리, 원 황실 혹은 귀족과 혼인
  - 기반
    - 정치 : 주로 음서를 통해 관직 진출 → 첨의부나 밀직사의 고위직 장악, 정방을 통한 실권 장악
    - 경제
      - 사패와 고리대를 이용하여 대농장(국가에 세를 납부하지 않음)과 많은 노비 소유
      - 전시과 제도가 완전히 붕괴되어 국가 재정이 파탄나고 백성도 몰락
      - → 왕실 또는 귀족 상호 간의 중첩되는 혼인을 맺어 긴밀한 유대 관계
  - 사상 : 유교적 소양 부족, 불교 후원 → 사원 경제의 폐해 극심
  - 대표 가문 : 철원 최씨, 해주 최씨, 파평 윤씨, 청주 이씨, 공암 허씨, 평강 채씨, 당성 홍씨, 황천 조씨
  - 예술 : 청자의 쇠퇴
    - 배경 : 북방 자기 기술의 도입으로 청자의 화려한 빛깔을 상실
    - 결과 : 분청사기 등장
  - 몰락 : 위화도 회군
- cf) 신진 사대부
  - 출신 : 하급 관리나 향리의 자제
  - 기반
    - 정치 : 최우가 설치한 서방 또는 과거를 통해 등용됨
    - 경제 : 중소 지주
    - 사상 : 성리학
  - 성장 : 공민왕 때 중용되기 시작하여 고려 말 신흥 무인 세력과 협력하여 정치적 실권을 획득
  - 분화 : 위화도 회군 이후 대다수는 온건파 세력으로, 소수는 혁명파 세력으로 분화

(2) 중류층   cf) 군반, 남반 등과 같이 일정한 정치적 기능을 나타내는 몇 개의 반(班) 설정

- 구성
  - 중앙
    - 서리(= 잡류) : 중앙 관청의 말단 관리, 각 사에서 기록이나 문부(文簿) 관장 등 실무에 종사
    - 남반 : 궁중의 실무 관리(궁중의 잡일을 맡은 내료직)
    - 군반 : 직업 군인으로 하급 장교
  - 지방 : 향리(행정의 실무 담당) + 역리(역을 관리)
- 역할 : 고려의 지배 체제가 정비되는 과정에서 통치 체제의 하부 구조 담당
- 특징
  - 직역의 세습, 직역에 대한 대가로 국가에서 토지 수여
  - 신분 이동 : 향리의 자제 가운데 과거를 통해 신진 관료가 됨으로써 귀족 대열에 들기도 함

꼭! 알아두기 · 고려 지배 계층의 비교

	문벌 귀족	권문세족	신진 사대부
출신	개국 공신 + 6두품 호족	문벌귀족 · 무신 中 참여 세력 친원파	향리 ─────┐ 하급 관리 ─────┘ 자제
출세 방법	과거, 음서	원과의 관계 + 음서	과거
주요 관직	중서문하성과 중추원의 재상 → 도병마사와 식목도감의 구성원	첨의부와 밀직사의 고위직 → 도평의사사의 구성원	
경제 기반	과전 + 공음전, 사유지 소유	대농장 소유	과전, 중소지주
외교 노선	친송, 북진 정책 → 북진 정책 좌절	친원	친명
사상	유학(훈고학) + 불교	유학적 소양 부족 + 불교	성리학, 불교 비판
예술	청자, 한문학 발달	청자 쇠퇴, 분청사기 등장	경기체가
몰락의 계기	무신 정변	위화도 회군	

확인해 둘까요! · 고려의 향리

- 구성 ┬ 상층 향리 ┬ 출신 : 지방의 중소 호족   cf) 호장 : 지방관이 추천하여 상서성이 승인하여 임명
  - │   ├ 특징: 호장 · 부호장을 배출 → 지방의 실질적 지배층   cf) 부호장 이하 : 사심관의 감독
  - │   └ 출세 ┬ 중앙 관료 가문과 통혼 관계를 형성
  - │   └ 자손이 중앙 관리가 될 수 있는 향공진사 제도를 확립
  - │   → 응시 제한이 없어 과거를 통해 중앙 관료로 진출, 고위 관리 승진도 가능
  - └ 하층 향리 : 지방 행정의 말단 실무를 담당
- 기반 ┬ 사회 : 토성(土姓)을 분정받아 그 근거지를 본관으로 인정받음
  - ├ 정치 ┬ 과정 : 성종 때 정비되어, 현종 때 공복 · 정원을 제정, 문종 때 승진 규정 마련
  - │   └ 주현공거법 시행(현종) : 향리 자제의 과거 응시 자격 부여
  - └ 경제 : 전시과에서 수조권 지급 ex) 외역전
- 견제 : 기인 ┬ 기원 : 신라의 상수리 제도   cf) 소멸 : 조선 광해군
  -          ├ 목적 : 중앙 정부(호족 통제) vs 호족(자제를 서울에 보내 그 권위를 배경으로 지방에서 세력 확보)
  -          ├ 지위 변화 : 초기 서울에 머무를 당시 대우를 받았으나 성종 이후 중앙집권화에 따라 지위 하락
  -          └ 역할 : 중앙 관아의 이속으로 잡무 종사, 고향의 과거 응시자에 대한 신원 조사, 사심관 차출에 자문
- 변화 ┬ 무신 집권 이후 중앙 정계 진출이 활발
  - └ 일부는 신진 사대부로 성장 but 고려 말 이후 재지사족의 증가에 따라 향촌 주도권 약화
- 조선 향리와 비교

	고려	조선
직역의 세습	○	○
국가의 보수 지급	외역전 지급	×
과거 응시 제한	상층 향리는 제한이 없음	○
견제 제도	기인 제도	경저리 혹은 영저리
개혁 세력으로의 성장	신진 사대부로 성장	×

(3) 양민

- 일반 양민 ┬ 농민(백정, 白丁) : 권리(과거 응시 가능) + 의무(조세 · 공납 · 역 부담)
  └ 상 · 공업 종사자

- 차별받는 양민 ┬ 의미 : 신분적으로 양민에 해당 but 양민보다 더 규제
  └ 구성 : 향 · 부곡 · 소의 주민 + 역(육로 교통)의 주민 + 진(수로 교통)의 주민

(4) 천민(노비)

- 구성 ┬ 공노비 ┬ 종류 ┬ 공역노비 : 궁중 · 관청에서 잡역에 종사, 급료를 받아 생활 but 60세가 되면 역에서 제외
  │   │   └ 외거노비 ┬ 주로 지방에 거주
  │   │   (농경 노비) └ 농업에 종사(주로 국유지 경작) → 수확량 중 법정액의 조를 국가에 납부
  │   └ 변화(후기) : 공역노비도 외거 노비화되는 경향
  └ 사노비 ┬ 종류 ┬ 솔거노비 : 주인과 함께 거주
         │   └ 외거노비 : 주인과 따로 거주, 주인 혹은 타인의 토지를 경작, 신공 납부
         ├ 특징 ┬ 주인의 호적에 나이 · 전래 · 부모 신분 등을 등재, 성은 없고 이름만 존재
         │   └ 외거노비는 주인의 호적 외에 현거주지에 별도의 호적 존재 → 가족 · 재산 소유(○)
         └ 변화 ┬ 신분의 제약을 딛고 재산 증식을 통해 지위 향상 ex) 김영관의 외거 노비인 평량
                └ 후기 : 외거 노비의 지위 향상에 따라 양인 농민의 노비화 현상 증가

- 성격 ┬ 매매 · 상속 · 증여의 대상 → 재산으로 간주되어 엄격하게 관리 + 승려가 될 수도 없음
  └ 주인은 노비를 죽이는 것을 제외한 사형(私刑) 가능 but 노비는 반역을 제외하고 주인을 배반할 수 없음

- 형성 ┬ 원칙 : 부모 중 한 쪽이 노비일 경우 자식은 무조건 노비(= 일천즉천) → 노비 확대 목적
  ├ 예외 : 원 간섭기 ┬ 어머니가 양인이면 자식을 양인으로 하는 경우도 있었음
  │   └ 아버지가 양인이고 정상적인 결혼일 때에는 자식이 양인이 되는 경우도 있었음
  └ 소유권 결정 : 천자수모법 ┬ 해당 사항 : 주인이 서로 다른 노비 사이에 자식이 생겼을 경우
       (賤子隨母法)   └ 결정 : 노비인 자식의 소유권은 어머니의 주인에게 귀속

꼭! 알아두기 ▶ 향 · 부곡 · 소

- 등장 배경 ┬ 통일 과정에서 반항했던 지역의 주민에게 특수한 역을 부과
  ├ 국가의 지배권 행사에 반발하여 반역을 꾀했던 지역을 강등하여 설치
  └ 군 · 현을 설치하기에는 규모가 작았던 지역에 설치   cf) 통치 : 향리

- 생활 : 양민이지만 일반 양민보다 차별 ┬ 정치 : 국자감 입학(×) → 과거 응시 금지
  ├ 경제 : 타 지역보다 더 많은 공물 부담
  └ 사회 : 다른 지역으로의 이주 제한, 승려가 될 수 없음

- 경제 활동 : 향 · 부곡(농업) + 소(수공업 · 광업)

- 대몽 항쟁 시기 민중의 자력 항쟁 : 처인 부곡(용인), 다인 철소(충주)

- 연혁 ┬ 등장 : 신라
  ├ 소멸의 계기 ┬ 무신 정권 : 망이 · 망소이 난을 계기로 공주 명학소를 충순현으로 승격
  │   └ 원 간섭기 : 권문세족 유청신의 고향인 고이부곡을 고흥현으로 승격
  └ 완전 소멸(조선) : 중앙 집권화

1. 간척(干尺)

- 정의 ┬ 간 : 고려의 처간 · 직간에 기원을 두고, 노비가 아니면서도 특정 기관에 예속되어 정역을 바치던 자
  └ 척 : 그 사회적 지위와 정역(定役)을 세습해 온 자

    → 신분은 양인(良人)이나 천한 일에 종사하는 사람

- 구성 ┬ 간 ┬ 처간(處干) : 왕실이나 국가의 권력기관에 소속되어 부역을 바치는 사람
  │   ├ 직간(直干) : 국가의 특수한 기관에 소속되어 거주하면서 건조물을 관리 · 보호 · 수리하는 사람
  │   ├ 염간(鹽干) : 지방의 염소(鹽所)에서 소금을 굽는 사람
  │   ├ 생선간 : 어부
  │   ├ 목자간 : 목축을 담당
  │   ├ 철간(鐵干) : 철장(鐵場)에서 철물을 채굴하는 사람
  │   ├ 수참간(水站干) : 조운의 보조로 강물을 이용하기 위해 설치된 수참(水站)에 소속된 뱃사공
  │   └ 봉화간(烽火干) : 봉수에서 봉화불을 올리는 사람
  └ 척 ┬ 양수척 = 수척 = 화척 : 고려 태조 왕건이 후백제를 칠 때 제어하기 어려웠던 부류
      ├ 묵척(墨尺) : 국가에 묵(墨)을 납부하는 자
      ├ 도척(刀尺) : 지방 관아에 소속된 요리사
      └ 진척(津尺) : 진(津)에 소속된 뱃사공

- 변천 ┬ 신라 : 특이한 직역을 치르는 사람을 '척(尺)'이라고 부르는 관행이 등장
  ├ 후삼국 시대 : 양수척 · 수척 · 화척의 등장
  ├ 고려 : '척'의 지위를 일반 양인과 엄격히 구분 ┬ 강제로 특수한 지역에 거주
  │   └ 과거 응시와 관직의 기회를 박탈, 승려될 자격을 박탈
  └ 조선 ┬ 확대 : 잡기를 업으로 삼는 재인, 봉군, 수군(水軍) 등도 보통 '간' · '척'이라 호칭
      └ 지위 향상 ┬ 태종 : 척간 3천 인의 보충대 입속을 허락, 1천 일의 입역을 마치면 종9품 잡직에 임명
                   └ 세종 : 화척 등을 백정으로 개칭하여 양민화하려고 노력

2. 양수척(楊水尺)

- 명칭 : 수척(水尺) = 화척(禾尺) = 무자리
- 정의 : 후삼국으로부터 고려에 걸쳐 떠돌아다니면서 천업에 종사하던 무리
- 기원 ┬ 고려 태조가 후백제를 정벌할 때 굴복하지 않던 자들을 압록강 밖으로 쫓아 형성된 무리
  └ 여진 또는 거란 출신의 포로 혹은 북방 귀화인
- 생활 : 국경 지대에 주로 살며 수초를 따다가 고리(유기)를 만들어 팔거나 사냥에 종사

    → 도살, 고기 거래, 배우를 업으로 삼아 특수 부락 형성

- 특징 ┬ 국가의 부역과 호적에서도 제외된, 촌락의 변두리에서 생활하던 집단
  └ 기녀의 기원을 양수척의 유기장가로 보기도 함
- 한계 : 거란의 침략 때 앞잡이를 담당하기도 하고, 일부는 왜구를 가장하고 노략질을 하기도 함
- 지위 향상 노력 ┬ 조선 : 세종이 양민화하려 노력 → 백정(白丁)으로 개칭
  ├ 근대 : 갑오개혁으로 신분 제도 철폐
  └ 일제 강점기 : 1920년대 형평 운동 전개

2 사회 생활

(1) **공동체 조직** : 향도

- 기원 : 불교 신앙 조직으로 미륵(미륵 신앙)을 만나 구원받고자 하는 염원에서 바닷가에서 매향 행위 실시
- 활동 : 전국에 분포하며 불상·석탑·사찰 건립에 주도적 역할 담당 ex) 개심사 5층 석탑
- 특징 ┌ 일부 지역에서는 호장, 부호장 등 향리가 주도
       └ 불교 + 토속 신앙 or 풍수지리설의 융합
- 변화 ┌ 내용 : 고려 후기 마을 공동체를 주도하는 농민 조직으로 발전
       └ 사례 : 마을 노역, 혼인과 상·장례, 민속 신앙과 관련된 마을 제사 주도

(2) **혼인과 가족**

- 혼인 ┌ 연령 : 여자는 18세 전후, 남자는 20세 전후
       └ 특징 ┌ 일부일처제 → 변화 시도 : 박유의 처첩제 건의(충렬왕) but 실시되지 못함
              └ 친족 간의 혼인 성행 → 변화 : 충선왕의 동성혼·근친혼 금지 조치
- 가족 ┌ 내용 ┌ 상속 ┌ 제사 : 아들과 딸이 돌아가며 올림, 아들이 없는 경우에도 제사를 위해 양자를 들이지는 않음
       │   │   └ 재산 : 자녀들 사이에 유산 균분 상속
       │   ├ 호적 등재 : 아들과 딸 구분없이 연령순으로 기록
       │   ├ 결혼 ┌ 남귀여가혼 ┌ 남자가 여자 집에서 일정 기간 살다가 시댁으로 가는 경우가 일반적
       │   │   │ (서류부가혼) └ 사위가 처가의 호적에 기록됨
       │   │   └ 여성의 재가 : 이혼과 재가가 자유로움, 남편이 사망한 후 아내가 호주가 될 수 있음
       │   └ 관계 : 친가·처가·외가에 대한 차별 없음 ex) 사위나 외손자가 음서의 혜택을 받을 수 있음
       ├ 한계 : 여성의 사회적 진출에는 제한 있음
       └ 변화 ┌ 예서제 실시 : 공녀 선발을 피하기 위해 어린 신랑을 처가에서 양육하여 혼인시킴
              └ 성리학 도입에 따라 후기에는 여성의 재혼을 규제하려는 움직임도 존재(공양왕)
- 성씨 ┌ 일반화 ┌ 지배층(태조) : 사성 정책 + 토성 분정(본관제 실시)
       │   └ 피지배층 ┌ 전부터 써 오던 성씨가 있으면 이를 토성(土姓)으로 인정
       │   (평민)   └ 중국의 성씨를 받아들여 자신의 성으로 소유
       ├ 결과 : 성과 본관을 갖는 친족이라는 새로운 공동체 형성
       └ 한계 ┌ 귀족은 자신의 본관에 사심관으로 임명되기도 하였으나 꼭 부계만을 따른 것은 아님
              └ 무신정권 : 국가 통합과 부세 수취를 위한 본관제가 일부 붕괴됨에 따라 민란의 발생

(3) **풍속**

- 장례와 제사 : 유교적 의례가 아닌, 토착 신앙 or 불교의 전통 의식 or 도교 신앙의 풍속에 따라 치루어짐
- 명절 : 정월 초하루, 삼진날, 단오, 유두, 추석
- 행사

행사	연등회	팔관회
시발	신라 진흥왕(?)	신라 진흥왕
시기	처음에는 1월 15일, 나중에는 2월 15일	11월 15일(개경) 혹은 10월 15일(서경)
내용	부처의 공덕을 기리는 공양 행사	토속신(천령, 오악, 명산, 대천, 용신)에게 올리는 제사
성격	불교 행사	토속 신앙(제천 행사)과 불교 행사의 결합
특징		송·여진·대식국 상인이 진상을 하여 국제 교역이 이루어짐

3 사회 정책

(1) 사회 시책과 제도

- 목적 : 농민 생활의 안정 → 국가 재정 확보 → 국가 안정
- 시책 ┌ 농민 보호 : 농번기 잡역 면제, 재해 시 조세와 부역 감면, 이자율 규제
  └ 권농 정책 : 사직을 세워 토지신과 곡식신에게 제사, 황무지 개간 및 진전 경작시 일정 기간 면세 혜택
- 제도 ┌ 빈민 구제 ┌ 의창(성종) : 태조가 설치한 흑창으로, 평시에 곡물을 비치하였다가 흉년에 빈민을 구제
  │   └ 제위보(광종) : 기금을 마련한 뒤 이자로 빈민을 구제
  └ 기타 ┌ 상평창 ┌ 위치 : 개경과 서경, 12목에 설치
     │ (성종) └ 기능 : 물가 안정 도모 → 백성이 안심하고 생업에 종사할 수 있도록 조치
     ├ 동 · 서 대비원 : 개경에 설치되어, 가난한 백성에 대한 진료와 빈민 구휼 담당
     ├ 혜민국(예종) : 의약 전담
     └ 구제도감(예종) ┌ 전염병 등 각종 재해가 발생하였을 때 백성을 구제하는 임시 기관
        (≒ 구급도감) └ 질병 환자의 치료와 병사자의 매장을 담당

(2) 법률

- 운영 ┌ 법률 : 당률을 참작한 71개조 법률(법전 ×) but 대부분 관습법 적용
  └ 남냥 · 시방편에게 재랑권 부어
- 형벌 ┌ 특징 : 반역죄와 불효죄는 중죄로써 엄벌에 처함, 배상제보다는 실형주의 성격이 강함
  ├ 종류 ┌ 정형(5형) ┌ 태(회초리로 볼기를 침), 장(곤장형)
  │   │   └ 도(징역형, 강제 노역), 유(귀양형), 사(사형 : 교수형 or 참수형)
  │   └ 윤형 ┌ 의미 : 관리가 죄를 범하면 정형(5형)의 면제 조건으로 부과하는 명예 · 재산에 대한 형벌
  │   └ 내용 ┌ 명예형 : 관리의 관등을 깎아서 삭탈하여 형을 면제 받음
  │   └ 재산형 : 재화의 기부 등을 통해 형을 면제받음
  └ 예외 ┌ 귀양형을 받은 자가 부모상을 당하면 유형지 도착 전에 7일 휴가를 주어 상을 치를 수 있도록 함
     └ 70세 이상의 노부모를 봉양할 가족이 없는 경우 형벌의 집행을 보류
- 절차 : 삼복제를 실시하여 사형에 해당하는 죄는 초복, 재복, 삼복의 심리를 거치도록 함(문종)

자료 보기

지배층 ┤ 귀족 — 문벌 귀족(전기) + 권문세족(후기)
      ├ 중류 — 서리(= 잡류) + 남반 + 군반 + 향리 + 역리
피지배층 ┤ 양민 ┌ 일반 양민 : 농민(= 백정) + 상 · 공업 종사자
        │   └ 차별받는 양민 : 향 · 부곡 · 소의 주민 + 척간(尺干)
        └ 천민 — 노비 : 공노비 + 사노비

고려의 신분제

사천 흥사리 매향비

▶ 배경 : 1387년에 향나무를 묻고 세운 것
▶ 내용 : 내세의 행운과 국태민안(國泰民安) 기원
▶ 매향의 장소 : 바닷가

04 중세의 사회

SECTION

문벌 귀족

- 김돈중 등이 절의 북쪽 산은 민둥하여 초목이 없으므로 그 인근의 백성을 모아 소나무·잣나무·삼나무·전나무와 기이한 꽃과 이채로운 풀을 심고 단을 쌓아 임금의 방을 꾸몄는데, 아름다운 색채로 장식하고 대의 섬돌은 괴석을 사용하였다. 하루는 왕이 이 곳에 행차하니, 김돈중 등이 절의 서쪽 대에서 잔치를 베풀었다. 휘장, 장막과 그릇 등이 몹시 사치스럽고 음식이 진기하여 왕이 재상, 근신들과 더불어 매우 흡족하게 즐겼다. 〈고려사〉
- 감찰하는 관리 자신이 도적질하거나 감찰할 때에 재물을 받고 법을 어긴 자는 도형(徒刑)과 장형(杖刑)으로 논하지 말고 직전(職田)을 회수한 다음 귀향시킨다.

권문세족의 성장 배경

- 이세화는 한미한 집안 출신이었다. …… 충렬왕은 자신의 근위대를 창설하여 왕의 통치 행위 전반을 보좌하는 근시(近侍) 기구로 만들었다. 이런 까닭에 몽골 옷에 변발을 한 이세화는 순풍에 돛을 단 듯 세도가 당당해졌다. …… 출세한 이세화가 안현을 찾아와 "이제 문학 공부는 헛일이니 나와 함께 몽골 말이나 배우자."라고 권한 적이 있었다.
- (윤수의) 아비 양삼은 무뢰한으로 …… 충렬왕이 몽골에 있을 때 독로화였는데 윤수는 매와 사냥개로써 총애를 얻게 되었으며 즉위하자 윤수는 심양으로부터 가족을 데리고 귀국하여 응방을 관리하면서 권세를 믿고 제멋대로 행악하였으므로 사람들이 그를 금수로 여겼다. 〈고려사〉

권문세족

이제부터 만약 종친으로서 같은 성에 장가드는 자는 황제의 명령을 위배한 자로서 처리할 것이니 마땅히 여러 대를 내려오면서 재상을 지낸 집안의 딸을 취하여 부인을 삼을 것이며 재상의 아들은 왕족의 딸과 혼인함을 허락할 것이다. 만약 집안의 세력이 미비하면 반드시 그러할 필요는 없다 …… 철원 최씨, 해주 최씨, 공암 허씨, 평강 채씨, 청주 이씨, 당성 홍씨 …… 평양 조씨는 다 여러 대의 공신 재상의 종족이니 가히 대대로 혼인할 것이다.

성종의 향리 제도 정비

- 신라 말에는 고을의 토인(土人)이 지방관을 호령할 수 있었다. 고려가 통일 후 이들에게 직호를 내리고 그 고을 일을 맡아 보게 하니, 고을 백성을 다스리는 자들을 호장이라 불렀다. 그리고 그 자제는 서울에 머물게 하여 인질로 삼고 나라에서 지방관을 보내어 감독하였는데, 뒷날 지방관으로 하여금 호장을 통제하게 하고 드디어 강등하여 향리로 만들었다. 〈고려사〉
- 이들의 첫 벼슬은 후단사이며, 두 번째 오르면 병사·창사가 되고, 세 번째 오르면 주·부·군·현의 사가 되며, 네 번째 오르면 부병정·부창정이 되며, 다섯 번째 오르면 부호정이 되고, 여섯 번째 오르면 호정이 되며, 일곱 번째 오르면 병정·창정이 되고, 여덟 번째 오르면 부호장이 되고, 아홉 번째 오르면 호장이 된다. 〈고려사〉

향·부곡·소의 설치·운영

- 신라가 주·군을 설치할 때 전정과 호구가 현을 이룰 규모가 아니면 향이나 부곡을 설치하여 소재 읍에 소속하게 하였다. 고려 때 '소(所)'는 은소, 동소, 철소, 사소, 주소, 지소, 와소, 염소, 묵소 등 공납하는 물품에 따라 구별하였다. …… 위와 같은 곳에도 모두 토성의 아전과 백성이 있었다. 〈동국여지승람〉
- 운영 : 최사위가 아뢰기를 "향리의 칭호가 혼잡하니 지금부터 여러 주·군·현의 이(吏)는 그대로 호장이라 하고, 향·부곡·진·역의 이(吏)는 다만 장(長)이라 칭하소서"라고 하니 이를 따랐다.
- 삼사에서 말하기를 "지난 해 밀성 관내의 뇌산부곡 등 세 곳은 홍수로 논 밭 작물이 피해를 보았으므로 청컨대 1년치 조세를 면제하십시오."라고 하니, 이를 따랐다.

향·부곡·소에 대한 차별

- 정치적 차별 : 향·부곡·악공·잡류의 자손은 과거에 응시하는 것을 허락하지 않는다.
- 경제적 차별 : 예종 3년왕이 명을 내렸다. "경기 주현들은 공물 외에도 요역이 많고 무거워 백성들이 고통을 받아 나날이 도망쳐 떠돌아다니고 있다. …… 구리, 철, 자기, 종이, 먹 등 여러 소(所)에서 공납으로 바치는 물건들을 함부로 징수해 장인들이 살기 어려워 도망하고 있다. 해당 기관에 연락하여 각 소에서 공납으로 보내는 물건이 많고 적음을 참작하여 결정한 다음, 왕에게 아뢰어 재가를 받도록 하라." 〈고려사〉

향·부곡·소의 저항

망이·망소이의 난 : 망이·망소이 등이 홍경원을 불지르고 그곳에 있는 승려 10여 명을 죽였다. …… "나의 고향을 명학소에서 충순현으로 승격시키고, 또 원(수령)을 두어 무마하게 하고 나서 오히려 군대를 불러 우리를 토벌하고, 내 어머니와 아내를 잡아 가두는 것은 대체 무슨 짓인가? 내 싸우다 죽을지언정 결코 항복하여 포로가 되지는 않을 것이요, 반드시 개경에 가서 분풀이를 한 뒤에야 그치겠다." 〈고려사〉

향·부곡·소의 변화

- 최씨 정권에서 대몽 항쟁의 공로로 일반 군현으로 승격되는 경우 : 익안폐현은 충주의 다인철소 인데, 고려 고종 42년 토착인이 몽골병을 막는 데 공이 있어 현으로 승격시켜 그대로 충주의 현으로 삼았다. 〈신증동국여지승람〉
- 원 간섭기에 일반 군현으로 승격되는 경우 : 유청신은 처음 이름이 '비'이며, 장흥부 고이부곡 출신이다. 나라 제도에 부곡의 관리는 비록 공이 있어도 5품을 넘을 수 없다고 되어 있다. …… 청신은 몽골어를 익혀 여러 차례 원에 사신으로 가서 잘 대처하였기 때문에 충렬왕의 총애를 받았다. 충렬왕은 "유청신은 조인규를 따라 힘을 다해 국가에 공을 세웠으므로 원래는 5품을 넘지 못하나, 청신은 3품까지 허용하고 고이부곡을 고흥현으로 승격하라."고 하였다.

노비의 신분 상승

- 고종 45년, 최의가 집안 노비인 이공주를 낭장으로 삼았다. 옛 법제에 노비는 비록 큰 공이 있다 하더라도 돈과 비단으로 상을 주었을 뿐 관작을 제수하지는 않게 되어 있다. 그런데 최항이 집정해서는 인심을 얻고자 처음으로 집안 노비인 이공주와 최양백, 김인준을 별장으로 삼고, 섭장수는 교위로 삼았다. 〈고려사절요〉
- 평량은 평장사 김영관의 집안 노비로 경기도 양주에 살면서 농사에 힘써 부유하게 되었다. 그는 권세가 있는 중요한 길목에 뇌물을 바쳐 천인에서 벗어나 산원동정의 벼슬을 얻었다. 그의 아내는 소감 왕원지의 노비인데, 왕원지가 집안이 가난하여 가족을 데리고 평량의 집에 의탁하고 있었다. 평량이 처남과 함께 몰래 일을 꾸며 왕원지의 가족을 모두 죽이고 아들의 주인이 없어졌음을 다행으로 여겼다. 그리고 아들 예규로 하여금 대정 벼슬을 얻게 하였다. 〈고려사〉

향도

- 매향비 : 신묘한 결과를 얻고자 하면 행(行)과 원(願)이 서로 도와야 한다. 원이 없는 행은 외롭고, 행이 없는 원은 공허하다. 행이 외로우면 과(果)가 없고, 원이 공허하면 복이 없어지니, 행과 원을 함께 닦아야 한다. 천 명의 사람이 함께 대원(大願)을 발하여 향나무를 묻고 미륵불이 하생하기를 기다린다. …… 용화회(龍華會) 위에 세 번이나 모셔 이 매향불사(埋香佛事)로 공양을 올려 …… 미륵보살께서 우리의 동맹을 위하여 미리 이 나라에 나시고, …… 모두가 구족(具足)한 깨달음을 이루어 임금님의 만세와 나라의 융성, 그리고 중생의 안녕을 비옵니다. 발원한 사람 모두 도솔천에 왕생하기를 기원한다.
- 개심사 5층탑 건립에 향도가 동원된 기록 : (석탑 조성에) 승려와 속인(俗人) 1만 명이 투입되었는데 미륵 향도에서는 상지 염장, 장사 순정, …… 향덕 정승 등 36명이 참여하였다. 추향도에서는 상지 경성, 선랑 아지, 대사 향식과 금애, 위봉 양촌 등 40명과 …… 차의 등 50명이 참여하였다. …… 큰 소원을 마음에 새겨 부처님의 은혜에 보답하고 ……

중세의 사회

핵심 자료 읽기

고려의 법률
• 승인(僧人)으로 사원의 미곡을 훔친 자는 귀향시켜 호적에 편제한다.
• 관가의 물품을 무역한 자는 귀향형을 제외하고는 법에 따라 단죄한다.

사회 정책
• 개간 장려 : 진전을 개간해 경작하는 자는 사전의 경우는 첫 해에 수확의 전부를 가지고 2년 째부터는 농지의 주인과 반씩 나누어 가진다. 공전의 경우는 3년까지는 수확의 전부를 차지하고 4년 째부터는 법에 따라 조(지대)를 바친다.
• 농민 생활 안정 : 임금(태조)이 명령을 내리기를 "…… 몰락한 사람들에게 조세를 면제해 주고 농업을 권장하지 않으면 어찌 집집마다 넉넉하고 사람마다 풍족하게 될 수 있으랴. 백성에게 3년 동안의 조세와 부역을 면제해 주고, 사방으로 떠돌아다니는 자는 농토로 돌아가게 하며, 곧 대사면을 행하여 함께 휴식하게 하라."고 하였다.

사회 제도
• 상평창 : 성종이 개경과 서경과 12목에 상평창을 두고 명령하기를 "해마다 풍흉에 따라 조적(국가 기관이 쌀을 비축하고 배포하는 행위)을 행하되, 백성에게 여유가 있을 때 조금씩 거두고, 백성에게 부족함이 있을 때 많이 푼다고 하니, 법에 따라 행하라."라고 하였다.
• 동서대비원 : 동서대비원은 국초에 선왕이 백성들에게 은혜를 베풀기 위해 설치한 것으로 지금에 이르고 있다. 그런데 근년에 이를 주관하는 관리들이 마음을 다하지 않아서 가난하고 병들고 떠도는 사람들이 왕의 은혜를 받지 못하고 있으니 몹시 민망스럽다. 도평의사사는 늘 관찰하여 의약과 음식을 넉넉하게 갖추게 하라.
• 구제도감 : 왕이 명하기를 "도성 내의 백성들이 역질에 걸렸으니 구제도감을 설치하여 이들을 치료하고, 시신과 유골은 거두어 비바람에 드러나지 않게 매장하라."라고 하였다. <고려사>

고려의 가족 생활
• 어머니가 일찍이 재산을 나누어 줄 때 나익희에게는 따로 노비 40구를 물려주었다. 나익희는 "제가 6남매 가운데 외아들이라 해서 어찌 사소한 것을 더 차지하여 여러 자녀들로 하여금 화목하게 살게 하려 한 어머니의 거룩한 뜻을 더럽히겠습니까?"라며 사양하자 어머니가 옳게 여겨 그 말을 따랐다. <고려사>
• 남자가 장가들면 여자 집에 거주하여, 남자가 필요로 하는 것은 처가에서 해결하고 있습니다. 그리하여 장인과 장모의 은혜가 부모의 은혜와 똑같습니다. 장인께서 저를 보살펴 주셨는데 돌아가셨으니, 저는 누구를 의지해야 합니까?

원간섭기 혼인 제도의 변화
• 충렬왕 당시 박유의 처첩제 주장 : 박유가 왕에게 글을 올려 말하기를 "우리나라는 전쟁으로 인해 남자는 적고 여자가 많은데 지금 신분의 높고 낮음을 막론하고 처를 하나 두는 데 그치고 있어 많은 처자들이 원으로 흘러 들어가고 있으니 …… 청컨대 여러 신하, 관료들로 하여금 여러 처를 두게 하되 품위에 따라 그 수를 점차 줄이도록 하여 보통 사람에 이르러서는 1인 1첩을 둘수 있도록 하며 여러 처에게 낳은 아들들도 역시 본처가 낳은 아들처럼 벼슬을 할 수 있게 하기를 원합니다. 이렇게 한다면 나라 안에 원한을 품고 있는 남자와 여자들이 없어지고 인구도 늘게 될 것입니다."라고 하였다. …… 어떤 노파가 그를 손가락질하면서 "첩을 두고자 요청한 자가 저 놈의 늙은이다."라고 하니, 듣는 사람들이 서로 전하여 가리키니 거리마다 여자들이 무더기로 손가락질하였다. 당시 재상들 가운데 부인을 무서워하는 자들이 있었기 때문에 그 건의를 정지하고 결국 실행되지 못하였다. <고려사>
• 충선왕의 동성혼 금혼 조치 : 이제부터 만약 종친으로서 같은 성에 장가드는 자는 황제의 명령을 위배한 자로 처리할 것이

니, 마땅히 여러 대를 내려오며 재상을 지낸 집안의 딸을 취하여 부인을 삼을 것이며, 재상의 아들은 왕족의 딸과의 혼인을 허락할 것이다. 하지만 집안의 세력이 미미하면 반드시 그렇게 할 필요는 없다. 〈고려사〉

무신 집권기 사회적 동요

• 김사미 · 효심의 난 : 명종 23년 남적이 봉기하였다. 큰 도적인 김사미는 운문에 웅거하고 효심은 초전에 웅거하며 주현을 노략질하였다. 국왕이 듣고 근심하여 대장군 김존걸 등을 보내어 치게 하였으나 도리어 패퇴하였다. 24년 괴수 김사미가 스스로 투항하였고 그 후에 참수당하였다.

• 전주 관노의 난 : 전주의 향리 진대유는 형벌을 혹독하게 하여 백성들 중에 고통받는 자가 많았다. …… 무반인 죽동 등이 관노 및 불만을 가진 사람들을 모아 반란을 일으켰다. 진대유를 산속의 절간으로 쫓아내고 이택민 등 10여 명의 집에 불을 질렀다. …… 안찰사가 보낸 군대가 죽동 등 10여 명을 죽임으로써 평정되었다. 〈고려사〉

• 만적의 난 : 신종 원년 사노비인 만적 등 6인이 노비들을 불러 모아 음모를 꾸미며 말하였다. "경계의 난(무신 정변) 이래로 귀족 고관들이 천한 노예들 가운데서 많이 나왔다. 장수들과 재상들의 씨가 따로 있는 것이 아니다. 때가 오면 아무나 할 수 있는 것이다. 우리들은 힘드는 일에 시달리고 채찍질 아래에서 고생만 하고 지내겠는가." 이에 노비들이 모두 찬성하고 다음과 같이 약속하였다. "우리들은 성안에서 봉기하여 먼저 최충헌을 죽인 뒤 각각 상전들을 죽이고 삼한에 천인을 없애자. 그러면 공경장상을 모두 할 수 있을 것이다." 약속한 날 모였으나 수백 명도 되지 못하였다. 한충유 집 노비 순정이 겁을 먹고 충유에게 알렸다. 충유가 최충헌에게 알렸다. 만적 등 100여 명을 잡아 죽이고 나머지는 불문에 부쳤다.

• 이연년의 난 : 고종 23년 봄에 전라도 지휘사 김경손이 초적 이연년을 쳐서 평정하였다. 이때 이연년 형제가 원율 · 담양 등 여러 고을의 무뢰배들을 모아 해양 등의 주현을 공격하여 함락시켰다.

연등회와 팔관회

• 태조(훈요 10조) : 나의 소원은 연등과 팔관에 있는 바, 연등은 부처를 제사하고 팔관은 하늘과 5악, 명산, 대천, 용신 등을 봉사하는 것이니, 후세의 간사한 신하가 신위(神位)와 의식 절차를 늘리거나 줄이자고 건의하지 못하게 하라. 나도 마음 속에 행여 행사일이 황실의 제일(祭日)과 서로 마주치지 않기를 바라고 있으니, 군신이 동락하면서 제사를 경건히 행하라.

• 현종 : 예전에 성종이 팔관회시행에 따르는 잡기가 정도(正道)에 어긋나는데다가 번거롭고 요란스럽다 하여 이를 모두 폐지하였다. …… 이것을 폐지한 지가 거의 30년이나 되었는데, 이때에 와서 정당문학 최항이 청하여 이를 부활시켰다.

원간섭기의 상황

• 배경 : 몽골과의 강화 (세조구제) ┌ 옷과 머리에 쓰는 관은 고려의 풍속을 유지하고 바꿀 필요가 없다.
  ├ 압록강 둔전과 군대는 가을에 철수한다.
  └ 몽고에 자원해 머문 사람들은 조사하여 모두 돌려보낸다.

• 정동행성의 폐해 : 세조(世祖)께서 일본 정벌 후 이문소 등을 설립하였습니다. 그런데 행성의 관리들이 모두 궁중에서 일을 보던 여인과 환관들에 의탁하여 함부로 조정의 명령을 받고 관복을 마음대로 하는데 이를 어찌하지 못하고 있습니다.

• 결혼도감 : 원나라에서 사신을 보내 부녀자를 요구해 만자군(남송의 귀순 군대)의 아내로 삼게 하였다. 이에 결혼도감을 설치하고 촌가의 여자 140명을 잡아다가 만자군에게 나누어 주었다. 만자들이 데리고 돌아가니 곡성이 길에 가득하였다.

• 공녀 요구 : 온 세상이 갑자기 한 집이 되니 / 동쪽 땅에 명령하여 궁녀를 바치라 하네
  규중(閨中)에 거처하여 드러나지 않도록 조심하였더니 / 관청에서 선발함에 심사하는 많은 눈을 어찌 감당할까

• 공녀 요구 : 고려 풍속으로 말한다면 남자가 차라리 본가로부터 따로 살지언정 여자는 집을 떠나지 않았는데, 이는 마치 진(秦) 나라의 데릴사위와 같아서 부모를 부양하는 것은 여자의 임무였다. 그러므로 딸을 낳으면 애지중지하며 빨리 장성하기를 바랐다. 그런데 하루아침에 품 안에서 빼앗겨 4천 리 밖으로 보내져 한 번 문 밖을 나가 종신토록 돌아오지 못하게 된다면 인정상 그 부모의 마음이 어떠하겠는가? 〈고려사〉

05 중세의 문화

1 유학의 발달

(1) 초기 : 호족 집권기
- 학자 ┌ 태조 : 신라 6두품 출신의 유학자 ex) 최언위, 최응, 최지몽
  ├ 광종 : 과거제를 실시하여 호족 대신 유학에 능숙한 인재로 세대 교체 시도
  └ 성종 ┌ 김심언
         └ 최승로 ┌ 유교와 불교를 보완적 관계로 인식
                  └ 유교 사상을 치국의 근본으로 삼아 사회 개혁과 새로운 문화의 창조를 추구
- 성격 : 자주적, 주체적
- 문한 기구 ┌ 성종 : 도서관으로 비서성(개경, 경적이나 축문에 관한 사무 담당), 수서원(서경) 설립
           └ 현종(?) : 한림원 설립(왕의 교지 · 외교 문서 등을 작성)

(2) 중기 : 문벌 귀족 집권기
- 학자 ┌ 문종 : 최충 ┌ 훈고학적 유학에 철학적 경향을 불어 넣음, 해동 공자라고 불림   cf) 과거 급제는 목종
  │   └ 사학인 9재 학당(= 문헌공도) 설립
  └ 예종 · 인종 ┌ 이자겸
               └ 김부식   cf) 김부식은 영통사 대각국사비(의천의 업적을 기리는 기념비의 비문)를 작성
- 특징 : 사대적, 보수적, 현실적, 귀족적 성향
- 문한 기구(예종) : 청연각 · 보문각(경연과 장서 담당) 설치

(3) 무신 집권기
- 특징 : 무신 정변으로 인해 문신인 문벌 귀족이 몰락 → 유학이 쇠퇴함
- 변화 : 최씨 정권이 안정됨에 따라 행정 실무를 담당할 관리 선발 ex) 서방 설치 → 사대부 등장
- 학자 : 이규보 ┌ 유교 · 불교 · 도교 · 민간 신앙을 포용, 강좌 7현(이인로, 임춘 등)과 교류
  (백운) └ 문집 : 동국이상국집(동명왕편, 국선생전, 청강사자현부전, 백운소설 등 수록)

(4) 권문세족 집권기 : 성리학의 전래
- 내용 ┌ 우주의 원리와 인간의 심성을 철학적으로 탐구
       └ 종래 자구의 해석에 힘쓰던 한 · 당의 훈고학이나 사장 중심의 유학과는 다른 양상
- 학자 ┌ 안향 ┌ 충렬왕을 따라 원에 가서 공자와 주자의 화상(畫像)을 그려와 고려에 보급
  │   (충렬왕) └ 성리학을 우리나라에 처음 소개, 이제현과 박충좌에게 전수 → 문묘에 배향, 소수서원에서 제향
  ├ 김문정(충렬왕) : 원에서 선성10철(宣聖十哲)의 화상과 문묘의 제기와 악기, 육경 등을 가져와 고려에 보급
  ├ 이제현 ┌ 충선왕을 따라 만권당에서 원의 학자와 교류 → 성리학 이해 수준의 심화, 이색에게 전수
  │   (충선왕) └ 호는 익재 · 역옹   cf) <사략>을 저술한 것은 공민왕 대의 일
  ├ 백이정(충선왕) : 원의 연경에서 10년 간 머물며 성리학에 깊은 관심을 기울여 연구
  ├ 이색(공민왕) : 정몽주, 권근, 정도전에게 성리학 전수   cf) 호는 목은(고려 3은 中 한명)
  └ 정몽주 ┌ 개성에 5부 학당과 지방에 향교를 세워 유학 진흥 도모   cf) 호는 포은(고려 3은 中 한명)
     (공민왕 · 우왕) └ 추승 : 동방이학의 원조 → 문묘에 배향, 숭양서원에서 제향
- 특징 ┌ 성리학의 형이상학적 측면보다는 일상생활과 관계되는 실천적 기능을 강조
       ├ 불교 의식 대신 유교적 생활 관습인 <소학>과 <주자가례>를 중시, 가묘(= 사당) 설립
       └ 권문세족과 불교의 폐단을 비판

2 교육 기관

(1) 초기 : 교육 기관 설립

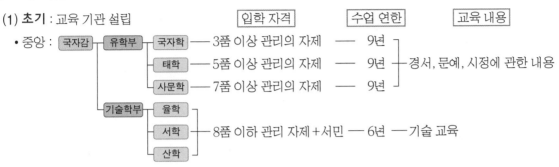

	입학 자격	수업 연한	교육 내용

- 중앙 : 국자감 ┌ 유학부 ┬ 국자학 ── 3품 이상 관리의 자제 ── 9년 ┐
  - 태학 ── 5품 이상 관리의 자제 ── 9년 ├ 경서, 문예, 시정에 관한 내용
  - 사문학 ── 7품 이상 관리의 자제 ── 9년 ┘
  - └ 기술학부 ┬ 율학
    - 서학 ── 8품 이하 관리 자제 + 서민 ── 6년 ── 기술 교육
    - 산학

- 지방(향학 ≒ 향교) : 지방 관리와 서민 자제에 대한 교육, 특히 인종이 주 · 현에 증설하여 유학 교육 확산

(2) 중기 : 문벌 귀족 집권기

- 사학 ┬ 특징 : 12도 융성 ex) 최충의 9재 학당(9경과 3사를 중심으로 교육)
  - 배경 : 과거에서 사학 출신이 합격자의 다수를 차지, 좌주(= 종백, 과거 주재)와 문생(과거 합격) 관계의 강화
  - 결과 : 문벌 귀족의 세력 강화 + 관학의 위축
- 관학 진흥 ┬ 숙종 : 서적포 설치 → 서적 간행 활성화
  - 예종 : 국자감에 7재(전문 강좌) · 양현고(장학 재단) 설치
  - 인종 : 진관 김부인 7재를 경사 6학으로 바꾸어 유학 교육 강화, 주 · 현에 향학을 증설
- cf) 7재 ┬ 유학재 : 여택재(주역), 대빙재(상서), 경덕재(모시), 구인재(주례), 복응재(대례), 양정재(춘수)
  - └ 무학재 : 강예재 → 문신을 우대하고 무신을 천대하는 과정에서 폐지되어 무신 정변의 원인이 되기도 함

(3) 후기 : 원 간섭기 → 관학의 부흥 시도   cf) 성균관으로 개칭 확정된 것은 충선왕

- 충렬왕 ┬ 국자감을 국학 → (성균감 or 성균관)으로 개칭하고 성균관에 문묘(공자 사당)를 새로 건립
  (안향) └ 섬학전(유학 재단 → 양현고의 부실을 보충)을 설치 + 경사교수도감 설치(경학과 사학 장려)
- 공민왕 ┬ 목적 : 신진 사대부 육성   cf) 공민왕 : 성균관을 국자감으로 환원 → 성균관으로 복구
  (이색) └ 내용 : 성균관의 기술학부 폐지 → 순수 유학 기관으로 전환   cf) 기술 교육 : 해당 관청에서 담당
- cf) 기자 제사 : 평양에 기자 사당을 건립하여 제사(숙종), 기자를 모시기 위해 숭인전 건립(충숙왕)

◇ **확인해 둘까요!** ▶ **성리학에 대한 이해**

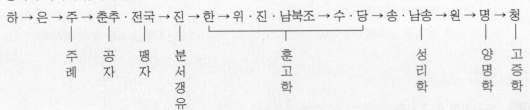

- 중국의 역사와 유학의 변화

하 → 은 → 주 → 춘추 · 전국 → 진 → 한 → 위 · 진 · 남북조 → 수 · 당 → 송 · 남송 → 원 → 명 → 청
      주례   공자   맹자   분서갱유   훈고학   성리학   양명학   고증학

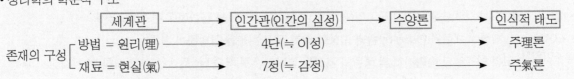

- 성리학의 학문적 구조

세계관	→	인간관(인간의 심성)	→	수양론	→	인식적 태도

존재의 구성 ┬ 방법 = 원리(理) ─────→ 4단(≒ 이성) ─────→ 주理론
         └ 재료 = 현실(氣) ─────→ 7정(≒ 감정) ─────→ 주氣론

3 사서의 변화

(1) 초기 : 호족 집권기

- **<7대실록>** ┌ 내용 : 왕조실록이 소실되자, 태조부터 목종까지의 내용을 편년체로 재편찬 but 現傳 (×)
  (현종~덕종) └ 특징 : 고구려 계승 의식 → 자주적 · 주체적 인식

- **<고려 실록>**

(2) 중기 : 문벌 귀족 집권기

- **<삼국사기>** ┌ 내용 ┌ 김부식 등이 국왕의 명을 받아 고려 초의 구삼국사를 바탕으로 편찬 → 현존하는 最古의 사서
  (인종) │   └ 연표 3권, 본기 28권, 지 9권, 열전 10권 등 총 50권으로 구성된 기전체 사서
         └ 특징 ┌ 합리적 유교 사관 → 근거가 불명확한 신화 · 전설 · 민담을 배제 ex) 단군 신화 (×)
                └ 신라 계승 의식 → 발해사 기록 (×)

- **기타** ┌ <편년통재> : 삼한부터 고려 초기까지를 서술한 것으로 추정 → <삼국사기>보다 먼저 편찬 but 現傳 (×)
         ├ <고금록>(중기) : 박인량이 편찬 but 現傳 (×)   cf) <고금록> 개수 : 충렬왕(허공 · 원부), 공민왕(이인복)
         ├ <속편년통재>(예종) : 홍관이 중국의 <편년통재>를 본떠 삼국 이후를 서술한 것으로 추정 but 現傳 (×)
         └ <편년통록>(의종) : 김관의가 태조 왕건에 대한 세계를 상세하게 서술 but 現傳 (×)

(3) 무신 집권기

- **<동명왕편>** ┌ 내용 : 이규보가 <구삼국사>를 참고하여, 건국 영웅인 동명왕의 업적을 칭송한 영웅 서사시(영사체)
  (명종) └ 국가 계승 의식 : 고구려 → 자주적 · 주체적 인식   cf) <삼국사기>의 신라 계승 의식을 비판

- **<해동고승전>** ┌ 각훈이 왕명으로 교종의 입장에서 삼국의 승려 30여 명의 전기 수록
  (고종) └ 삼국 ~ 고려의 승려를 기록했을 것으로 추정

(4) 권문세족 집권기 : 고조선 계승 의식 → 자주적 · 주체적 인식   cf) 군위 인각사 : 일연의 삼국유사 집필과 입적

- **<삼국유사>** ┌ 내용 ┌ 왕력(중국과 고조선~후삼국 연표), 기이(고조선~후삼국의 흥망과 신화 · 전설 · 신앙 등 서술)
  (충렬왕, 일연) │   ├ 흥법, 탑상, 의해, 신주, 감통, 피은 : 불교사를 중심으로 서술
                │   └ 효선 등
                └ 특징 ┌ <고기>를 인용하여 단군신화를 기록, 가락국기(가야사) 수록
                       └ 고대의 민간 설화와 기록을 수록(자유로운 야사체, 신이사관) + 신라 향가 14수를 수록

- **<제왕운기>** ┌ 내용 ┌ 상권 : 중국 역사를 신화와 삼황오제, 하 · 은 · 주를 거쳐 원까지를 서술
  (충렬왕, 이승휴) │   └ 하권 : 동국군왕개국연대(단군 ~ 고려 통일), 본조군왕세계연대(고려 태조 ~ 충렬왕)
                  └ 특징 ┌ 우리 역사를 중국과 대등하게 서술, 예맥 · 부여 · 옥저 · 삼한 · 삼국을 단군의 후손으로 인식
                         └ 최초로 발해를 우리 민족의 역사로 기록, 7언시와 5언시로 구성된 운문(영사체)

> **꼭! 알아두기** **성리학적 유교 사관** : 정통과 대의명분 중시
>
> - **<본국(조)편년강목>**(충숙왕) : 민지가 고려에 대해 편년체와 강목체를 결합하여 편찬 but 現傳 (×)
> - **<사략>** ┌ 이제현이 개혁을 단행하여 왕권 중심의 국가 질서 회복을 염원하며 편찬
>   (공민왕) └ 고려 태조부터 숙종까지 각 국왕의 업적을 편년체(?)로 서술 but 현재는 사론(사찬)만 전해짐

4 문학의 발달

(1) **전기** : 향가와 한문학 발달
- **향가** : 균여의 <보현십원가> 11수 but 향가는 한시에 밀려 사라지게 됨
- **한문학** ┌ 발달 배경 : 광종 때 과거제 시행 → 성종 이후 문치주의 성행
  ├ 작가 : 박인량 <오자서묘>, <수이전>, 정지상 <송인> cf) <소화집> : 송나라에서 박인량·김근의 시문을 모아 간행
  └ 특징 : 중국을 모방하는 단계를 벗어나 독자적인 모습 but 귀족화되면서 당의 시와 송의 산문을 숭상

(2) **후기** : 신진 사대부와 민중이 주축
- **경기체가** ┌ 주체 : 신진 사대부가 향가 형식을 계승하여 창작
  └ 작품 : 한림별곡, 관동별곡, 죽계별곡 → 유교 정신과 자연의 아름다움을 표현
- **설화 문학** ┌ <파한집>(이인로, 계림·평양·개성에 대한 비평), <보한집>(최자, 파한집을 보충하여 비평)
  (패관 문학) └ <백운소설>(이규보, 시화와 문답을 수집·비평), <역옹패설>(이제현, 시문과 고사를 수집·비평)
    cf) <동국이상국집> : 이규보의 시·가전체 소설 등 수록 ex) 동명왕편, 국선생전, 청강사자현부전 등
- **가전체 문학** ┌ 내용 : 사물을 의인화하여 일대기로 구성 → 현실을 합리적으로 파악
  ├ 작품 : <국순전>(임춘, 술), <공방전>(임춘, 돈), <청강사자현부전>(이규보, 거북)
  └ <국선생전>(이규보, 술), <죽부인전>(이곡, 대나무), <저생전>(이첨, 종이), <정시자전>(지팡이)
- **한시** : 이제현, 이곡, 정몽주 등 유학자 중심   cf) <서하집> : 임춘의 시문집, 이인로 편집
- **속요** ┌ 작품 : 청산별곡, 가시리, 쌍화점
  (장가) └ 특징 : 서민의 생활과 감정을 대담하고 자유분방한 형식으로 표현 → 시가의 새 경지 개척

> ◇ **확인해 둘까요!** • 역사 서술
>
> **1. 서술 체제**
> - **기전체** : 본기(황제의 기록), 세가(제후의 기록), 열전(유명 인물에 관한 기록), 지(사회·경제·지리 등), 연표 등 분야별로 기록 ex) <삼국사기>, <고려사>, <발해고>, <동사>, <해동역사>
> - **편년체** : 일기처럼 시간의 흐름에 따라 기록 ex) <왕조실록>, <고려사절요>, <동국통감>, <승정원 일기>
> - **강목체** : 줄거리 기사를 큰 글씨(綱, 강)로, 구체적 서술은 작은 글씨(目, 목)로 서술 ex) <본조편년강목>
> - **기사본말체** : 연대나 인물보다 사건의 전개 과정과 결과에 대한 서술을 중시 ex) <연려실기술>
>
> **2. 서술의 변화**
> - <고금록> ┌ 고려 중기 : 박인량의 편찬
>   ├ 충렬왕 : 원의 간섭으로 원부·허공·한강 등이 개수
>   └ 공민왕 : 반원자주화 정책에 따라 이인복이 수정 보완하여 편수
> - <금경록> ┌ 충렬왕 : 정가신이 <천추금경록>을 편찬
>   ├ 충렬왕 : 민지가 <천추금경록>을 증수 → <세대편년절요>라고 칭함
>   └ 공민왕 : 이인복·이색 등이 <본조금경록>(≒천추금경록 ?)을 증수
>
> **3. 실록 편찬** : 고려 실록 → 조선 초기 <고려사> 편찬에 참고
> - 내용 : 초기부터 역대 왕의 업적을 사관인 수찬관(훗날 실록 편수관)이 편년체로 편찬
> - 보관 ┌ 내사고 : 궁궐 내 사관 → 홍건적 침략 때 대부분 소실
>   └ 외사고 : 해인사(몇 차례 이동후 춘추관 사고에 보존) but 임진왜란 때 소실

05 중세의 문화

5 불교의 발달

(1) 초기 : 호족 집권기

- **특징** : 교종(화엄종, 법상종)의 융성 + 선종에 대한 관심
- **정책**
  - 태조 : 숭불 정책
    - 사찰 : 개경에 법왕사 · 왕륜사 등 10개 사찰 건립, 논산(옛 후백제)에 개태사 창건
    - 행사 : 연등회와 팔관회 개최, 후대에도 개최를 당부 ex) 훈요 10조
  - 광종
    - 제도
      - 승과 실시 → 합격자에게 승계 부여　　　　　　　　cf) 초기부터 왕사 · 국사 제도 실시
      - 특혜 부여 : 사원전 지급, 승려의 역을 면제　　　cf) 토지와 노비를 지키기 위해 승병 양성
    - 승려 : 통합 시도
      - 교종 : 균여 후원 → 귀법사 주지에 임명
      - 선종 : 법안종 중심, 중국에 36명의 승려를 파견하여 유학시킴
    - 천태학 : 남중국에 의통(중국 천태종 16대 교조), 제관(<천태사교의> 저술)을 파견
  - 성종 : 최승로의 건의로 연등회와 팔관회 축소 → 잠시 중단　　cf) 현종 : 연등회 · 팔관회 부활, 현화사 건립
- **승려 : 균여**
  - 불교 대중화 : 향가 <보현십원가> 창작, 보살의 실천행 강조
  - 화엄 사상 정비 : 북악의 법손으로 북악(고려의 화엄)을 중심으로 남악(후백제의 화엄)의 사상 융합
  - 화엄 사상 속에 법상종에 대한 통합 시도 : '성상융회' 사상 제시 → 광종의 전제 왕권 강화에 기여
  - 불교계와 세속과의 융회 시도 : '성속무애' 사상 제시

(2) 중기 : 문벌 귀족 집권기(의천의 천태종 운동)

- **종파**
  - 교종 통합 : 흥왕사를 근거지로 삼아 화엄종을 중심으로 교종 통합
  - 교 · 선 통합
    - 교단 통합 운동 : 선종을 통합하기 위해 국청사를 창건하여 천태종 창시
    - 사상 : 이론과 실천의 양면을 강조하는 교관겸수(敎觀兼修) · 내외겸전(內外兼全)을 주장
    → 원효의 통합 불교 사상 계승 but 균여의 화엄학에 대해 실천을 떠나 지나치게 관념화되어 있다고 비판
- **정치적 지지 세력** : 문벌 귀족
- **한계** : 불교의 사회 · 경제적 폐단에 대한 개혁 의지가 미흡하여 의천 사후 교단의 분열 → 귀족 중심의 불교 지속
- **기타**
  - 교장 간행 : 흥왕사에 교장도감을 설치하여 목록인 <신편제종교장총록>을 만들어 간행
  - 저술 : <원종문류>, <석원사림>
  - 화폐 주조 건의 : 숙종 때 주전도감을 설치하여 은병(= 활구) 발행

(3) 무신 집권기 : 선종 중심의 통합 운동과 결사 운동

- **지눌(목우자)**
  - 사상
    - 내용
      - 정혜쌍수
        - 수행의 두 요소인 참선(定: 정)과 교학(慧: 혜)을 함께 닦자
        - 정과 혜가 일심 위에 통일되어 늘 균형을 가져야 한다
      - 돈오점수
        - 인간의 마음이 부처의 마음이라는 것을 깨달은 후에도 수행을 해야 해탈
        - 내가 곧 부처라는 깨달음을 위한 노력과 꾸준한 수행으로 깨달음 확인
    - 계보 : 원효와 이통현(중국 화엄종의 방계)에게 영향 받음
  - 종파 : 선종과 교종의 통합 운동으로 조계종 창시
  - 정치 세력과 관계 : 무신 정권(교종을 탄압, 선종 불교를 후원)의 지원
  - 개혁 운동
    - 내용 : 승려 본연의 자세로 돌아가 예불 독경과 참선 노동에 힘쓰자는 수선사 결사 운동
    - 중심 사찰 : 송광사(전남 순천) → 개혁적 승려와 지방민의 적극적 호응
    - 영향 : 지눌이 수선사를 열면서 조계종 흥성 → 후기 불교계의 중심 종파로 성장
  - 저술 : <(목우자) 수심결>, <권수정혜결사문>, <원돈성불론>(화두를 바탕으로 수행하는 참선법 강조)
  - 의의 : 깨달음의 방법으로 화엄 사상까지 포용하는 선 · 교 일치 주장

- 요세 ┌ 활동 : 강진 만덕사에서 백련 결사를 제창(천태종)
  ├ 사상 ┌ 자신의 행동을 진정으로 참회하는 법화 신앙에 중점 + 염불을 통한 극락왕생 주장
  │   └ 정토 신앙을 적극적으로 수용 ┌ 돈오점수는 수행이 높은 사람을 위한 것
  │   (미타 신앙)   └ 수행이 낮은 백성에게는 구체적인 이론으로 제시된 천태선을 중시
  └ 결과 : 지방민의 적극적 호응 → 수선사와 양립하며 후기 불교계 주도
- 혜심 ┌ 사상 ┌ 유 · 불 일치설 ┌ 지눌의 제자로 유교와 불교의 타협을 시도
  │   │   └ '심성 도야' 강조 : "유교와 불교는 뿌리가 같고 심성 수양이 다를 바가 없다"
  └ 영향 : 성리학 수용의 사상적 터전 마련

(4) 권문세족 집권기 : 불교의 타락 → 불교 혁신 운동의 단절
- 사원 경제의 폐해 : 고리대를 이용한 농장 확대, 노비 소유, 사원 수공업 운영
- 개혁 운동 : 보우 ┌ 원으로부터 임제종을 수용하여 고려에 전파 → 불교계의 신주류로 성장
  └ 교단 통합을 통해 개혁 시도 → 실패
- cf) 신진 사대부 : 불교의 사회 · 경제적 폐단 비판 → 불교 교리까지 비판 ex) 정도전

6 도교와 풍수지리설

(1) 도교
- 특징 : 불로장생과 현세구복 추구 → 여러 신을 모시며 재앙을 물리치고 복을 빌며 나라와 왕실의 안녕을 기원
- 내용 ┌ 행사 : 궁중에서 하늘에 제사 지내는 초제 성행, 팔관회 개최
  └ 사원(도관) : 예종 때 복원궁을 처음 설립
- 한계 : 불교적 요소와 도참사상까지 수용하여 사상적 일관성 결여 → 교단은 성립되지 못함

(2) 풍수지리설 : 3경
- 초기 ┌ 송악 길지설 : 고려의 수도를 개경으로 확정
  └ 서경 길지설 : 북진 정책 추진의 이론적 근거, 묘청의 서경 천도 운동의 사상적 배경(중기)
- 중기 ┌ 한양 길지설 ┌ 문종 : 한양을 남경으로 승격하고 왕이 머물기도 함
  │   └ 숙종 : 김위제의 건의로 남경개창도감 설치
  └ <해동비록 > 편찬(예종) : 우리 나라 풍수지리서의 각종 비록을 수집하여 간행

◆ 확인해 둘까요! ▶ 승과 제도

- 고려 ┌ 실시 : 광종
  ├ 종류 : 교종선(왕륜사에서 실시, 과목 : 화엄경 · 십지경론) + 선종선(광명사에서 실시, 과목 : 전등록 · 점송)
  ├ 법계 ┌ 선종 ┐ 대선-대덕-대사-중대사-삼중대사 ┌ 선사-대선사 ┐ 국사 · 왕사(의례상 국왕보다 우위)
  │   └ 교종 ┘   └ 수좌-승통 ┘
  └ 관청 : 승록사(승적을 맡아 승려를 등록 · 정리 + 불교계의 주요 행사나 의식 담당 but 조선 세종 때 폐지)
- 조선 ┌ 종류 : 교종선(교과, 흥덕사에서 실시) + 선종선(선과, 흥천사에서 실시)
  └ 과정 : 고려를 이어받아 실시하였으나 중종 때 폐지 but 문정왕후의 주장으로 부활하였으나 명종 때 폐지

7 과학 기술

(1) 기술 교육

- 교육 기관 : 국자감의 기술학부 → 율학, 서학, 산학 등을 교육　　cf) 공민왕 이후 성균관에서 기술 교육을 하지 않음
- 과거 : 잡과 시행

고려의 첨성대

(2) 천문학 + 역법

- 발달 배경 : 농업의 발달과 관련되어 중요시됨
- 담당 관청 : 사천대(= 서운관) → 첨성대에서 관측 업무 시행
- 역법 ┌ 초기 : 신라부터 사용한 당의 선명력 사용
　　　└ 후기 ┌ 충선왕 : 이슬람의 역법까지 수용한 원의 수시력(최초로 1년을 365일로 계산) 도입
　　　　　　└ 공민왕 : 명의 대통력 도입

(3) 의학

- 의료 기관 ┌ 태의감 : 왕실의 질병 치료 담당, 의학 교육과 의원 양성 → 의과 시행
　　　　　└ 혜민국, 동 · 서 대비원 : 서민 치료 담당
- 기술 : 향약방 → 고려의 독자적 처방으로, 고려 중기에 당 · 송 의학에서 나아가 우리나라 실정에 맞는 자주적 의학
- 의서 ┌ <향약구급방> ┌ 13c 대장도감에서 편찬 → 현존하는 가장 오래된 의서
　　　│　　　　　　　└ 각종 질병에 대한 처방과 국산 약재 180여 종을 소개
　　　└ <삼화자 향약방> : 고려 후기에 실용되던 의학서로, 조선 초기의 <향약집성방> 등 여러 의서에 두루 인용됨

(4) 화약

- 원의 정책 : 화약 제조 기술을 군사 기밀로 하여 유출을 차단
- 최무선 : 벽란도를 왕래하는 중국 상인을 통해 화약 제조법 터득 → 진포(금강 하구)에서 왜구 격퇴

(5) 조선 기술

- 대형 범선 : 송과의 해상 무역 활발
- 조운선 ┌ 배경 : 조운 체계 확립
　　　　└ 내용 : 대형 조운선은 해안 지방의 조창에 배치, 소형 조운선은 한강 유역의 조창에 배치
- 전함 ┌ 13c 후반 : 원의 강요로 일본 원정에 필요한 전함 수백 척 건조
　　　└ 고려 말 : 전함에 화포를 설치하여 왜구 격퇴에 활용

(6) 제지술

- 정부의 노력 : 전국적으로 닥나무 재배 장려, 종이 제조 전담 관서를 설치하여 우수한 종이 제조
- 특징 : 고려의 종이는 품질이 좋아 중국에서 인기가 높았음 → 등피지라는 별명으로 무역의 거래나 조공품으로 사용

(7) 인쇄술　cf) 대장경 : 경(經, 부처의 근본 교리) + 율(律, 교단의 윤리 · 생활 규범) + 논(論, 경 · 율에 대한 승려 해석)

- 목판 인쇄 ┌ 장점 : 한 가지의 책을 다량으로 인쇄하는 데 적합
　　　　　　└ 단점 : 여러 가지 책을 소량으로 인쇄하는 데 부적합 → 극복 노력 : 활판 인쇄술 등장
- 활판 인쇄 : 금속활자 등장 + 밀납으로 활자를 활판에 접착

꼭! 알아두기 · **고려의 인쇄술과 문화 교류**

인쇄술

1. 목판 인쇄 : 대장경 조판

- 초조대장경 ┬ 제작 시기 : 거란 침략 이후(현종 ~ 선종, 1011~87)
  ├ 과정 : 북송대장경을 기초로 하여 문종 때 거란의 대장경까지 참고하여 완성 cf) 많은 판화의 수록
  └ 보존 : 대구 부인사에 보관되었으나 몽골 침략 때 소실 but 일부가 국내와 일본에 있음

- 교장 ┬ 주도 : 문종 ~ 숙종(1073~96) 대 의천
  (속장경) ├ 과정 ┬ 송 · 요의 대장경에 대한 주석서를 집합하여 교장의 목록인 <신편제종교장총록> 편찬
  │   └ 교장도감을 설치하여 간행   cf) 송광사와 일본에 신편제종교장총록과 일부 교장이 남아 있음
  └ 보존 : 대구 부인사에 초조대장경과 함께 보관되었다가 몽골 침략 때 소실됨

- 재조대장경 ┬ 제작 시기 : 몽골 침략 이후(고종, 1236~51 ?)
  (팔만대장경) ├ 과정 : 강화도에 대장도감을 설치(1236?)하고 진주에 분사대장도감을 두어 수기의 주도로 판각함
  └ 보존 : 합천 해인사 장경판전(유네스코 세계 문화 유산, 조선 초기의 건물)에 보관

2. 활판 인쇄   cf) 전문 인쇄 기관 : 공양왕 때 서적원을 설치하여 활자 제작과 인쇄를 담당

- 상정고금예문 ┬ 과정 : 인종 때 최윤의에 의해 제작된 의례서를 최우가 활판 인쇄로 28부를 다시 제작
  └ 보존 : 고종 때 제작한 기록만 있을 뿐 전하지 않음

- 직지심체요절 ┬ 내용 : 우왕 때 청주 흥덕사에서 백운(경한)화상 입적 후 제작
  └ 보존 : 개항 이후 프랑스 공사에 매각하여 현재 프랑스에 보관

문화 교류

1. 전기 : 선진 문화 수입을 위해 주로 송과 활발하게 교류   cf) 송은 거란(요)과 여진(금) 견제

- 송 ┬ 인쇄 : 송의 다양한 서적 수입 → <초조대장경>과 의천의 <신편제종교장총록> 제작에 영향
  ├ 공예 : 송의 자기가 고려청자에 영향, 금속 기술 수용 등   cf) 서긍(인종)
  ├ 음악 : 송의 대성악이 고려의 아악으로 발전, 송의 악기 전래
  └ 의학 : 의술과 약재 교류   cf) 송 : 고려에 귀화하여 관리로 등용되기도 함, 고려에서 서적 수입

- 거란 ┬ 불교 : 거란의 대장경이 유입되어 <초조대장경>과 의천의 <교장> 간행에 영향
  (요) └ 산업 : 고려에 포로로 들어온 거란 병사가 수공업에 종사   cf) 거란 : 고려의 불교 서적 수입

- 기타 : 여진, 일본, 아라비아 상인들과 무역을 통해 문물 교류

2. 후기 : 원의 내정 간섭을 받으며 활발하게 교류 → 다양한 문화를 수용하여 국제적 감각, 문화 역량 확대

- 사상 ┬ 성리학 : 수용(안향)과 연구(이제현, 이색)
  └ 불교 : 고려의 승려들이 원에 유학하며 임제종 수용

- 문화 ┬ 예술 ┬ 건축 · 탑 : 건축으로 다포 양식 유행(성불사 응진전), 개성 경천사지 10층 석탑 등을 제작
  │   └ 회화 · 서예 : 원의 회화 양식이 천산대렵도(공민왕)에 영향, 송설체(조맹부체) 유행 ex) 이암
  ├ 기술 ┬ 농업 : 이암이 원의 <농상집요> 전래, 문익점이 원으로부터 목화 전래
  │   └ 기술 : 원을 통해 이슬람의 천문학 · 역법(수시력) · 수학 등 수용, 화약 기술 전래
  └ 풍속 : 몽골풍(몽골 풍속) 유행 ex) 몽골어 사용, 몽골식 복식 · 머리, 몽골 음식 전래(만두, 설렁탕, 소주)

cf) 고려인들이 원에 사찰 창건, 보우 등의 승려들이 고려 불경을 원에 전파, 고려양(고려의 의복 · 그릇 · 음식) 전래

05
SECTION

중세의 문화

8 유물 · 유적 정리

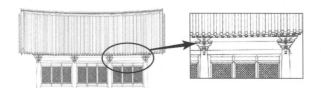

수덕사 대웅전(고려 후기) 실측도

▶ 주심포 양식 + 배흘림 기둥
▶ 지붕의 무게를 기둥에 전달하면서 건물을 치장하는 장치인 공포가 기둥 위에만 짜여져 있는 건축 양식
▶ 균형잡힌 외관과 잘 짜여진 각 부분의 치밀한 배치로 고려 건축의 단아하면서도 세련된 특성을 잘 표현

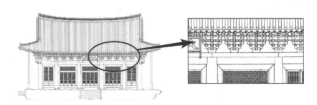

쌍계사 대웅전 실측도

▶ 고려 후기에 등장한 다포 양식
▶ 공포가 기둥 위 뿐만 아니라 기둥 사이에도 짜여져 있는 건물
▶ 웅장한 지붕이나 건물을 화려하게 꾸밀 때 쓰임 → 조선 건축물에 영향

안동 봉정사 극락전(경북)

▶ 주심포 양식
▶ 현존 최고(最古)의 목조 건물
▶ 맞배 지붕

예산 수덕사 대웅전(충남)

▶ 맞배 지붕
▶ 백제계 사찰의 전통 계승

영주 부석사 무량수전(경북)

▶ 팔작 지붕

▶ 주심포 양식 + 배흘림 기둥
▶ 주변 자연과 어우러진 외관과 잘 다듬은 각 부분의 배치가 만들어 내는 경건한 내부 공간으로 유명

성불사 응진전

▶ 고려 후기의 다포 양식 건물
▶ 같은 양식의 건물로 석왕사 응진전도 존재
▶ 맞배 지붕

전기의 건축

• 특징 ┌ 궁궐과 사원 건축 중심
　　　 └ 현재 거의 남아 있지 않음
　　　　cf) 후기 건물만 존재
• 사례 : 만월대, 현화사, 흥왕사

만월대

▶ 경사진 면에 축대를 높이 쌓고 경사진 면에 건물을 계단식으로 배치
　→ 건물이 중층으로 나타나게 되어 웅장하게 보임

탄연의 글씨

▶ 고려 전기의 서예
▶ 왕희지체에 능함
cf) 신품 4현 ┌ 신라 : 김생
　　　　　　 └ 고려 : 유신, 탄연, 최우

서예

• 전기 : 당의 구양순체 유행
• 후기 : 원의 송설체(조맹부체) 유행
　　　 └ 서예가로 이암 유명

음악

• 아악 : 송의 대성악이 궁중 음악으로 발전
• 속악 ┌ 특징 : 우리 음악(= 향악) + 당악의 영향
　　　 └ 내용 : 민중의 속요와 어울려 많은 곡 창작
　　　　　　　 ex) 동동, 한림별곡, 대동강

불교 예술

• 전기 ┌ 대형 불상 제작
　　　 │　 → 지역적 특색
　　　 └ 균형잡힌 불상 제작
　　　　　 → 신라 양식 계승
• 후기 : 왕실과 권문세족의 요구
　　　　 → 불화 제작

논산 관촉사 석조 미륵보살 입상

▶ 은진 미륵
▶ 고려 광종 때 제작

안동 이천동 마애여래 입상

▶ 자유분방한 미
▶ 대형 석불(나말여초의 시기)
▶ 지역적 특색을 반영

하남 하사창동 철조 석가여래 좌상

▶ 지방 호족 세력의 참여
▶ 대형 철불(나말여초의 시기)
▶ 명칭 변화 : 광주 춘궁리 철불
　→ 춘궁리 철조 석가여래 좌상

영주 부석사 소조여래좌상

▶ 신라 전통 양식 계승

회화

- 작가 : 전문 화원(도화원) + 문인 · 승려
- 작품 ┬ 전기 : 이령(예성강도), 이광필
  └ 후기 ┬ 사군자 중심의 문인화 유행
         ├ 공민왕의 천산대렵도
         └ 불화 유행

양류 관음도　　　수월 관음 보살도

▶ 고려 후기의 회화로 왕실과 권문세족의 구복적 성격을 반영
▶ 주로 극락왕생을 기원하는 아미타불과 지장보살, 관음보살을 그린 그림이 유행

부석사 조사당 벽화

▶ 보살상, 사천왕상

천산대렵도

▶ 원대 북화의 영향
▶ 공민왕 제작

청자

- 배경 : 신라와 발해의 전통 + 송의 자기 기술
- 과정 ┬ 11c : 독자적 경지 개척
       └ 12c 중엽 ~ 13c 중엽 : 상감기법 도입
- 쇠퇴 ┬ 계기 : 북방 기술의 도입(원 간섭기)
       └ 내용 : 청자 빛깔 퇴조 → 분청사기 등장
- 제작 ┬ 방법 : 1300도 이상의 가마에서 회백색의 고령토를 사용하여 제작
       └ 지역 : 전라도 강진과 부안

순수 청자　　　상감 청자

▶ 인종 때 방문한 송의 사신 서긍이 〈고려도경〉에서 아름다움을 극찬

청동 은입사 포류수금문 정병

▶ 공예에 있어서 은입사 기술의 발달
▶ 청동기 표면을 파내고 실처럼 은을 채워 넣어 무늬를 장식하는 기술

나전대모칠 국화넝쿨무늬모자합

▶ 나전 : 옻칠한 바탕에 자개를 붙여 무늬를 나타내는 공예
▶ 한가하고 푸근한 경치를 섬세하게 새겨 넣은 작품
▶ 조선으로 이어짐

개성 불일사 5층석탑

▶ 고려 초기
▶ 개성
▶ 고구려 탑 양식 계승

부여 무량사 5층석탑

▶ 고려 초기
▶ 부여
▶ 백제(정림사지 5층석탑) 양식 계승

개성 현화사 7층석탑

▶ 고려 현종
▶ 개성
▶ 탑신의 각 면에 불상 조각

평창 월정사 8각 9층석탑

▶ 고려 전기
▶ 다각 다층 석탑
▶ 안정감은 없으나 자연스러운 미

개성 경천사지 10층석탑

▶ 고려 후기(충목왕)
▶ 원(라마교)의 영향
▶ 조선의 원각사지 10층석탑에 영향

여주 고달사지 승탑

▶ 고려 초기
▶ 신라 양식을 계승한 팔각원당형

원주 법천사지 지광국사탑

▶ 고려 중기
▶ 탑신이 팔각원당형이 아닌 평면 사각형(= 방형)인 특이한 형태를 띠면서 조형미가 뛰어난 승탑
▶ 국권 침탈 이후 일본으로 반출되었다가 1915년 반환된 승탑

충주 정토사지 홍법국사탑

▶ 고려 중기
▶ 원구형의 탑신

여주 신륵사 보제존자 석종(승탑)

▶ 고려 말기
▶ 구조 : 높은 기단(탑신)으로 오르는 계단 + 종 모양의 탑신
▶ 영향 : 이후 기단을 생략한 소규모의 승탑 유행

05 중세의 문화

SECTION

신진 사대부의 인식

- 선비는 천하의 일을 내 일처럼 하고, 천자를 도와 그 뜻을 행하며 배운 것을 베풀어야 한다. 공자가 "만일 나를 써주는 자가 있다면 내가 동쪽의 주나라(유교적 이상국가)로 만들겠다."고 한 것이 바로 내가 할 일이다. 주나라의 도를 동방에서 일으키는 것이 오늘날 우리가 할 일이 아닌가? 사대부는 마음을 닦을 때나 정치에 나가거나 어디에서든지 삼가고 삼가야 한다. …… 따라서 유학자, 사대부는 어려서는 배움에 힘쓰고, 장년이 되어서는 집안뿐 아니라 천하에까지 배운 것을 펼쳐 백성을 잘 살게 하고 풍속을 바르게 하여야 한다. 〈목은집〉
- 성인의 도는 바로 현실 생활에서 윤리를 실천하는 것이다. 자식된 자는 효도하고, 신하된 자는 충성하고, 예의로 집안을 다스리고 …… 그런데 불교는 어떠한가. 부모를 버리고 집을 나서서 윤리를 파괴하니 이는 오랑캐 무리이다.

정몽주

정몽주는 1360년(공민왕 9)에 과거에서 제1인으로 뽑혔으며, 1367년에 예조 정랑으로 성균박사를 겸하였다. 이때 경서가 고려에 들어온 것이 〈주자집주〉뿐이었는데, 그의 강설함이 빠르고 사람들의 생각보다 뛰어나므로 듣는 자들이 자못 의심하였다. 그 후에 호병문의 〈사서통〉을 얻음에 미쳐 그의 말과 합치하지 않음이 없으므로 여러 선비들이 탄복하였다.

사학의 발달

- 사학의 발달 배경 → 좌주와 문생 관계 : 문생(門生)이 종백(宗伯: 과거를 맡아 합격자를 선발하는 시험관, 좌주(座主)라고도 함)을 대할 때는 아버지와 자식 사이의 예를 차린다. …… 평장사 임경숙은 4번 과거의 시험관이 되었는데 몇 해 지나지 않아 그의 문하에 벼슬을 한 사람이 10여 명이나 되었고, …… (유경이) 문생을 거느리고 들어가 뜰 아래에서 절하니 임경숙은 마루 위에 앉아 있고, 악공은 풍악을 울렸다. 보는 사람들마다 하례하고 찬탄하지 않는 이가 없었다.
- 9재 학당의 발달 : 선비와 평민의 자제가 그의 집과 마을에 가득하였다. 마침내 9재로 나누어 낙성 – 대중 – 성명 – 경업 – 조도 – 솔성 – 진덕 – 대화 – 대빙이라 하였다. 이를 일컬어 시중 최공도라 하였으며, 양반 자제들로 과거에 응시하려는 자는 도중(徒中)에 속하여 공부하는 것이 상례로 되었다.

중기 관학 진흥책

- 7재를 두었는데, 주역을 공부하는 것을 여택이라 하고, 상서를 공부하는 것을 대빙이라 하고, 모시를 공부하는 것을 경덕이라 하고, 주례를 공부하는 것을 구인이라 하고 …… 무학을 공부하는 것을 강예라고 하였다.
- 숙종 6년 비서성에 문적의 판본이 쌓이고 쌓여 훼손되므로 국자감에 서적포를 두어 문적을 옮겨 보관하게 하고 널리 간행하게 하였다. 〈고려사〉

후기 관학의 부흥

- 안향은 학교가 날로 쇠함을 근심하여 "지금 양현고가 메말라 선비를 기를 수 없으니 6품 이상은 각각 은 한 근을 내고 7품 이하는 포를 차등있게 내도록 하여 이를 양현고에 돌려 본전은 두고 이자만을 취하여 섬학전으로 삼자."고 하니 양부(중서문하성과 추밀원)가 이를 좇아 아뢰고 왕도 내고의 전곡을 내어 이를 도왔다.
- 왕 16년, 이색이 글을 올려 "옛날 사람들은 성인을 본받기 위해 공부하였는데 요즘 사람들은 벼슬을 하기 위해서만 공부합니다."라고 하였다. …… 성균관을 다시 짓고 이색을 판개성부사 겸 성균관 대사성으로 삼았다. 학생을 증치하고 김구용, 정몽주, 박상충, 박의중, 이숭인을 택하여 교관을 겸임시켰다. 이에 앞서서는 성균관에 학생이 수십 명에 불과하더니, 이색이 다시 학칙을 정하고 매일 명륜당에 앉아 경서를 수업하고 …… 정주 성리학이 왕성해졌다.

삼국사기

- 올리는 글 : 지금의 학사 대부가 중국 역사에 대하여는 자세히 알고 있으나, 우리나라 역사에 대하여는 도리어 아득하고 그 시말(始末)을 알지 못하니 매우 한탄스러운 일이다. …… 신라 · 고구려 · 백제의 삼국이 정립하여 능히 예로써 중국과 교통하였기 때문에 범엽의 한서라든지 송기의 당서에도 그 열전이 있지만 그 사서는 자기 국내에 관한 것을 상세히 하고 외국에 관한 것은 간략히 하여 자세히 실리지 아니하였고, 또한 그에 관한 옛 기록은 표현이 거칠고 졸렬하며, 사건의 기록이 빠진 것이 있으므로, 이로써 군주의 착하고 악함, 신하의 충성됨과 사특함, 나랏일의 안전함과 위태로움, 백성의 다스려짐과 어지러움을 모두 펴서 드러내어 권하거나 징계할 수 없다. 그러므로 마땅히 재능과 학문과 식견을 겸비한 인재를 찾아 권위있는 역사서를 완성하여 만대에 전하여 빛내기를 해와 별처럼 하고자 한다. …… 생각하옵건대 이 해동(海東)의 3국도 지나온 해가 길고 오래되므로 마땅히 그 사실을 방책에 기록해야 합니다. 이제 노신에게 명하여 편집하게 하였사오나, 스스로 부족함을 생각하여 할 바를 알지 못하겠습니다. …… 삼가 본기 28권, 연표 3권, 지 9권, 열전 10권을 지어 표와 함께 올리옵니다. 임금께서 보시게 되오니 부끄럽고 떨리고 땀나고 어리둥절함을 감당할 길이 없습니다.
- 신라에 대한 평가 : 신라에서 왕위에 오른 자들은 …… 지성으로 중국을 섬기어, 산 넘고 바다 건너 예방하는 사신이 끊이지 않았고, 항상 자제들을 보내 중국의 조정에 나아가 숙위하게 하였으며, 국학에 입학하여 학문을 닦게 하였으니, 여기에서 성현의 교화를 받았기 때문에 미개하고 거칠던 풍속을 바꾸어 예의가 있는 나라를 만들었다. 또한 신라는 중국 군사의 위세를 빌려 백제와 고구려를 평정하고 그 지역을 취하여 군현으로 만들었으니, 가히 성대를 이루었다고 할 수 있었다.
- 신채호의 비판 : 연개소문이 야심가이나 정치 사상의 가치로는 또한 천년에 드문 기이한 인물이거늘 …… 오직 구당서를 초록하여 개소문이라 칭할 뿐이다. 본국의 전설과 기록으로 쓴 것은 한 자도 볼 수 없을 뿐더러 또 그를 흉악하고 완고하다고 배척하였다.

동명왕편

- 김부식은 삼국사기를 편찬할 때, 국사란 세상을 바로 잡을 책이니, 크게 신이(神異)한 일로서 후세에 보여줌은 옳지 않다고 생각하여 동명왕의 사적을 매우 간략하게 다루었다. 그러나 동명왕의 사적은 변화 · 신이하여 사람의 눈을 현혹시키는 것이 아니라, 실로 나라를 창시한 신의 자취인 것이다.
- 계축년 4월에 <구삼국사>를 얻어 동명왕 본기를 보니 그 신이한 사적이 세상에 이야기되고 있던 바, 보다 더 자세하였다. 처음에는 믿지 못하여 귀신이나 환상 이야기로 여겼던데, 반복하여 읽어서 그 근원에 들어가니, 신기한 사적이니, 이것을 기술하지 않으면 후세 사람들이 앞으로 무엇을 보고 알 것인가? 이런 까닭에 시를 지어 이를 기념하고 천하 사람들로 하여금 우리나라의 근본이 성인의 나라임을 알게하려 할 뿐이다.

삼국유사

- 대저 옛 성인들은 예약(禮樂)으로 나라를 일으키고, 인의(仁義)로 가르쳤으며, 괴상한 힘이나 난잡한 귀신을 말하지 아니하였다. 그러나 제왕들이 일어날 때는 천명과 비기록을 받아서 반드시 보통 사람과 다른 일이 있은 뒤에 큰 변란이 일어나 대기를 잡고 대업을 이룰 수 있는 것이다. 그래야만 능히 큰 변화를 타고 대업을 이룰 수 있는 것이다. …… 그러니 삼국의 시조들이 모두 신기한 일로 태어났음이 어찌 괴이하겠는가. 이것이 신이(神異)로써 이 책의 앞 머리를 삼은 까닭이다.
- 곰과 호랑이가 찾아와 사람이 되기를 원하므로 환웅이 그들에게 쑥과 마늘을 주면서 "이것을 먹고 100일 동안 햇빛을 보지 않으면 사람이 될 것이다."라고 하였다. 곰은 이를 지켜 여자의 몸이 되었으나 호랑이는 사람이 되지 못하였다. 환웅이 사람으로 변신하여 웅녀와 결혼하였다. 아들을 낳으니 이가 단군왕검이다.

제왕운기

- 신이 지은 이 책을 정성스럽게 두 권으로 만들어 바칩니다. …… 옛날부터 지금까지 임금에서 임금으로 전한 역사를 완성하였습니다. 중국은 반고(중국 건국 설화의 신)부터 금나라까지이고, 우리나라는 단군부터 본조(고려)까지 이온데, 나라가 시작된 근원부터 참고 자료를 널리 탐색하여 흥망성쇠의 같고 다름을 비교하여 매우 중요한 점을 간추려 운(韻)을 넣어 읊고 거기에 비평의 글을 덧붙였나이다.

- 예로부터 제왕들이 서로 잇고 주고받으며 흥하고 망하던 사실들은 세상을 다스리는 군자들이 몰라서는 안 되는 일이다. 그러나 고금의 전적(典籍)들은 많고 많으며 앞뒤가 서로 엉클어져 복잡하다. 그러함으로 요긴한 것을 추려 능히 시로 읊조릴 수만 있다면 보기에 편하지 않겠는가. 이런 까닭에 옛 책에 의거하여 삼가 여러 자사(子史)에서 뽑아 밝힌 것이다. …… 때문에 이름을 제왕운기라고 하나니, 대개 충신 효자가 임금과 아비를 모시는 뜻이 들어 있다.

- 요하 동쪽에 별천지가 있으니, 중국과 확연히 구분되도다.
  큰 파도 삼면을 둘러싸고, 북쪽으로 대륙과 길게 이어졌네.
  가운데 사방 천리 땅, 여기가 조선이니, 강산의 형승은 천하에 이름 있도다.
  밭 갈고 우물 파며 평화로이 사는 예의의 집, 중국인들이 우리더러 소중화라 하네.

- 고구려의 옛 장수 대조영 태백산 남쪽 성에 근거하니, 주나라 측천무후 원년 갑신년에 나라를 열고 이름을 발해라 하였다네. 우리 태조 8년 을유년에 이르러 온 나라가 서로 이끌고 왕경에 찾아오니, 누가 능히 변고를 알아 미리 귀의하였는가 *예부경과 사정경이라. 역사가 이백사십이 년이나 그 사이 수성할 수 있었던 임금은 몇이었던가.

무신집권기의 문학

- 이인로, 오세재, 임춘, 조통, 황보항, 함순, 이담지 등이 스스로 이 시기의 준걸이라 하여 맺어 벗이 되어 칠현이라 일컫고 매양 모여서 술 마시고 시를 지어서 곁에 사람이 없는 것과 같았다. 오세재가 사망하자, 이담지가 이규보에게 이르기를 "자네가 빈 자리를 메울 수 있겠는가"하니, "칠현이 어디 조정의 관직이기에 그 결원을 메우는가"라고 하였다.   〈고려사〉

- 진화의 시 ┌ 서쪽 송나라는 이미 기울고 북쪽 오랑캐는 아직 잠자고 있네.
          └ 앉아서 문명의 아침을 기다려라, 하늘의 동쪽에서 태양이 떠오르네.

숭불 정책 : 훈요 10조

우리 국가의 왕업은 반드시 모든 부처의 도움을 받아야 한다. 그러므로 불교 사원들을 창건하고 주지들을 파견하여 불도를 닦음으로써 각각 자기 직책을 다하도록 하는 것이다. 그런데 후세에 간신이 권력을 잡으면 승려들의 청탁을 받아서 모든 사원들이 서로 쟁탈하게 될 것이니 이런 일을 엄격히 금지하여야 한다.

균여

- 보현십원가 ┌ 마음의 붓으로 그리옵는 부처 앞에 / 예배하는 몸은 법계의 끝까지 이르러라
  (예경제불가) ├ 곳곳마다 절이요, 절마다 뫼시온 / 법계에 가득한 부처님 / 구세 다하도록 예배하고져 /
             └ 아아 몸과 마음, 뜻의 업에 싫지 않게 / 부처님을 부지런히 경배하오리

- 우리 스님은 항상 남악과 북악 종문(宗門)의 취지가 모순인 체 분명하지 않음을 탄식하고 그것이 여러 갈래로 갈라짐을 막아 한길로 돌리고자 했다. …… 나라에서 왕륜사에 선석을 베풀고 승과를 시행할 때 우리 스님의 의리(義理)의 길을 정통으로 삼고 나머지는 방계로 했으니, 모든 재주와 명망있는 무리들이 어찌 이 길을 따르지 않으랴.

의천

- 나는 도를 구하는 데 뜻을 두어 덕이 높은 스승을 두루 찾아 다녔다. 그러다가 진수대법사 문하에서 교관을 대강 배웠다. 진수 대법사는 강의하다가 쉬는 시간에도 늘 "관(觀)"을 배우지 않고 경(經)만 배우면 비록 오주의 인과(因果)를 들었더라도 삼중(三重)의 덕을 통하지 못한다. 경을 배우지 않고 관만 배우면 비록 삼중의 덕을 깨우쳤으나 오주의 인과를 분별하지 못한

다. 따라서 관도 배우지 않을 수 없고 경도 배우지 않을 수 없다."라고 제자들에게 훈시하였다. 내가 교관에 마음을 다 쏟는 까닭은 이 말에 감복하였기 때문이다.

• 진리는 말이나 형상이 없지만 말과 형상을 떠나 있는 것도 아니다. 말과 형상을 떠나면 미혹에 빠지고 말과 형상에 집착하면 진실을 미혹케 된다. …… 교리를 배우는 이는 내적(마음)인 것을 버리고 외적인 것을 구하는 일이 많고, 참선하는 사람은 밖의 인연을 잊고 내적으로 밝히기를 좋아한다. 둘 다 편벽된 집착이고 양극단에 치우친 것이다.

• 내가 일찍이 가만히 생각해 보니, 경론(經論, 부처의 말씀을 적은 것과 그 해석서)이 갖추어졌다 하더라도 장소(章疏, 주석서)가 없으면 그것이 폐해져 널리 펼 길이 없다고 말할 수 있다. …… 새것이든 옛것이든 이미 나와있는 여러 종파의 저술을 얻게 되면, 감히 사사로이 감추어 두지 않고 간행하였으며, 처음 낸 후에 새로 발견된 것이 있으면 그 뒤에 계속해서 수록하고자 하였다.

• 평가(해동고승전) : 그는 선종 2년 4월에 불법을 구하기 위해 배를 타고 가서 백파(百派)를 도입하니, 대소(大小) · 시종(始終) · 원돈(圓頓) 등 5교가 각각 그 자리를 얻어 다시 제자리로 돌아갔다. 그런데 주나라에서 근원이 흘러 한나라에서 갈라졌으며, 진(晉) · 위(魏)에서 넓어지고 수(隨) · 당(唐) 대에 넘쳐 흘렀고, 송(宋)에서 물결쳐 해동에 깊이 고인 것이다.

지눌

• 통합 불교 : 한 마음(一心)을 깨닫지 못하고 한없는 번뇌를 일으키는 것이 중생인데, 부처는 이 한 마음을 깨달았다. 깨닫는 것과 깨닫지 못하는 것은 오직 한 마음에 달려 있으니 이 마음을 떠나서 따로 부처를 찾을 수 없다.

• 돈오점수 : 보통 사람이 깨치지 못하였을 때에는 자신이 바로 참된 부처인 줄을 모른다. 자기의 영지(靈知: 거울처럼 밝고 맑아 영묘하게 앎)가 곧 참된 부처인 줄을 몰라 마음 밖에서 부처를 찾아 헤매다가 문득 선지식의 지시를 받아 번뜩 자신의 본성을 보게 된다. 본성에는 원래 번뇌가 없고 완전한 지성이 스스로 갖추어져 부처와 조금도 다르지 않음을 깨닫게 되는 것이다(돈오). 이렇게 깨달은 다음에는 그것을 점차 닦아 나가는 종교적 실천이 뒤따라야 한다(점수). 비록 돈오하였다 하더라도 오랜 기간 동안에 걸쳐 젖어 온 습관이 모두 제거된 것은 아니기 때문이다. 망념에 흔들림이 없이 부처, 곧 성인의 위치로까지 나아가기 위해서는 꾸준한 수행이 있어야 한다.

• 돈오점수 : 먼저 깨치고 나서 후에 수행한다는 뜻은 못의 얼음이 전부 물인 줄 알지만 그것이 태양의 열을 받아 녹게 되는 것처럼 범부가 곧 부처임을 깨달았으나 불법의 힘으로 부처의 길을 닦게 되는 것과 같다.

• 정혜쌍수 : 깨달은 후에 행하는 점수는 어떻게 해야 하나? 그것이 선정(禪定)과 지혜(知慧)를 같이 닦아야 하는 정혜쌍수이다. 우리의 마음 상태는 공적(空寂: 허공처럼 비어서 고요함)과 영지(靈知)이다. 공적하려면 정을 닦아야 하며, 영지를 발하려면 혜를 닦아야 한다. 이와 같이 정과 혜는 체(體: 본체) · 용(用: 작용)의 관계에 있어서 서로 떨어질 수가 없다.

• 수선사 결사 : 불법을 만나기 어렵다는 마음가짐으로 지혜로써 관조하여 수행하고 스스로 불심을 닦고 불도를 이루어 불은에 보답하게 된다. 그러나 불법을 핑계로 나와 남을 구별하여 이익을 도모하기에 급급하고, 풍진의 세상사에 골몰하여 도덕을 닦지 않고 의식주만을 허비하였다. 마땅히 명예와 이익을 버리고 산림에 은둔하여 정혜(定慧)사를 결성하고 항상 선정(禪定)을 익히며 지혜를 고르게 하는 데 힘쓰자. 예불과 독경을 하고 나아가 노동에도 힘쓰자. 인연에 따라 심성을 수양하여 달사와 진인의 고행을 쫓는다면 어찌 통쾌하지 않겠는가. 〈권수정혜결사문〉

요세

• 임진년(1232년) 여름 4월 8일 처음 보현도량을 결성하고 법화삼매(法華三昧)를 수행하여, 극락정토에 왕생하기를 구하였는데, 모두 천태삼매의(天台三昧儀)를 그대로 따랐다. 오랫동안 법화참(法華懺)을 수행하고 전후에 권하여 발심시켜 이 경을 외우도록 하여 외운 자가 1000여 명이나 되었다.

• 그는 『묘종초』를 설법하기 좋아하여 언변과 지혜가 막힘이 없었고, 대중에게 참회를 닦기를 권하였다. …… 대중의 청을 받아 교화시키고 인연을 맺은 지 30년이며, 결사에 들어온 자들이 3백여 명이 되었다.

05 SECTION

중세의 문화

혜심

나는 옛날 공의 문하에 있었고, 공은 지금은 우리 사중에 들어왔으니 공은 불교의 유생이요, 나는 유교의 불자입니다. 서로 손과 주인이 되고 스승과 상좌가 되는 것은, 예부터 그러하였고 현재에서 비롯된 것은 아닙니다. 그 이름만을 생각한다면 불교와 유교가 아주 다르지만 그 실지를 알면 유교와 불교가 다르지 않습니다.

사대부의 불교 비판

- 농민은 농사에 힘쓰고, 상인은 상인대로, 관리는 관리대로 자기의 맡은 바 직업에 충실하고 있다. 그런데 중들은 농사와 길쌈도 하지 않고 또 사회를 위해서 인하는 것도 없다. …… 그 뿐인가. 지금은 화려한 전당에서 왕들처럼 좋은 음식을 먹고 광대한 농장과 수많은 노비를 거느려 문서 장부가 어느 관청보다 더 높이 쌓여 있다. 또 한 차례의 절 짓는 공사에 평민 열 집의 재산을 허비한다. 실로 인류의 적일 뿐 아니라 천지의 거대한 좀이다.
- 부처의 말에 "사람은 죽어도 정신은 멸하지 않으므로 태어남에 따라 다시 형체를 받는다."라고 하였으니, 이에 윤회설이 생겼다. …… 하늘과 땅 사이는 붉게 타는 화로와 같아서 비록 생물일지라도 모두 다 녹아 없어진다. 어찌 이미 흩어진 것이 다시 합하여지며, 이미 간 것이 다시 올 수 있으랴.

복원궁 건립

경인년에 천자께서 저 먼 변방에서 신묘한 도(道)를 듣고자 함을 돌보시어 신사(信使)를 보내시고 우류(羽流) 2인을 딸려 보내어 교법에 통달한 자를 골라 훈도하게 하였다. 왕은 신앙이 돈독하여 정화(政和) 연간에 비로소 복원관(福源觀)을 세워 도가 높은 참된 도사 10여 인을 받들었다. 그러나 그 도사들은 낮에는 재궁(齋宮)에 있다가 밤에는 집으로 돌아가곤 하였다. 그래서 후에 간관이 지적, 비판하여 다소간 법으로 금하는 조치를 취하게 되었다. 왕이 나라를 다스렸을 때는 늘 도가의 도록을 보급하는 데 뜻을 두어 도교로 호교(胡敎)를 바꿔 버릴 생각을 하고 있었으나 그 뜻을 이루지 못하였다고 한다.　　〈고려도경〉

풍수지리설

- 송악길지설 : 왕륭(왕건 아버지)이 송악의 옛집에서 살다가 그 남쪽에 새 집을 지으려고 했다. 그때 승려인 도선이 당에 들어가 지리법을 알아가지고 돌아왔는데 왕륭이 새 집을 보고서 말했다. "기장을 심어야 할 땅에 어째서 삼을 심었는가?" 왕륭이 이 말을 듣고 급히 그를 만났다. 도선은 "이 지맥이 백두산으로부터 내려온 명당이니 내 말대로 하면 내년에 귀한 아들을 낳게 되리라"고 예언하였다. 왕륭이 그의 말대로 하였더니 부인이 임신하여 왕건을 낳았다.
- 한양길지설 : 김위제가 남경으로 수도 옮기기를 청하여 말하였다. "도선기에서 이르기를 고려의 땅은 3경이 있는데 송악이 중경이고 목멱양이 남경이며 평양이 서경이 됩니다. 11~2월은 중경에 머물러야 합니다. 3~6월은 남경에 머물러야 합니다. 7~10월은 서경에 머물러야 합니다. 그러면 36개의 나라가 조공할 것입니다. 나라를 열고 160여 년 후에 목멱양에 도읍한다고 합니다. 신은 지금이 새 서울로 옮겨야 할 때라고 생각합니다."라고 하였다.　　〈고려사〉

초조대장경

- 조판 : 현종 2년에 거란 군사가 송악에 주둔하면서 물러가지 않자 여러 신하들과 함께 대장경을 완성할 것을 맹세하였습니다. 이 간절한 소원이 이루어지자 거란 군사는 스스로 물러갔습니다.
- 소실 : 심하도다. 몽골군이 환란을 일으킴이여! 그 잔인하고 흉포한 성품은 이미 말로 다할 수 없고, 심지어 어리석고 아둔하기는 또한 짐승보다 심하구나. (그들이) 어찌 천하에 (불상을) 공경하는 것을 알겠으며 이른바 불법(佛法)이란 것이 있겠습니까? 이 때문에 그들이 지나가는 곳에 있던 불상과 경전은 모두 불에 태워졌습니다. 이에 부인사에 소장되어 있던 대장경(초조대장경) 판본도 또한 남김없이 태워져 버렸습니다. 아, 여러 해를 걸려서 이룬 공적이 하루 아침에 재가 되어 버렸으니, 나라의 큰 보배를 잃어버렸습니다.

교장

비록 경(經)과 논(論)은 갖추어질 수 있게 되었으나, 그에 대한 소초는 빠졌습니다. 옛 것이나 지금 것을 가리지 않고 요나라와 송나라에 있는 여러 학승들의 가르침을 모아 하나의 장전으로 만들어 펴고자 합니다. 부처님이 가지신 지혜의 태양이 빛을 더하여 사악한 속박에서 벗어나게 하고 불법을 거듭 일으켜 나라를 두루 이롭게 하소서. 〈대각국사문집〉

재조대장경

• 배경 : 나라는 불법을 존중해 받드는 처지이므로 …… 이런 큰 보물이 없어졌는데, 감히 역사(役事)가 거대한 것을 염려하여 고쳐 만드는 일을 주저하겠습니까? …… 삼한의 국조가 오래도록 만세를 누리게 하옵소서. …… 그때나 지금이나 같은 대장경을 판각하였으며 간절한 소원도 다르지 않습니다. 거란 군사는 스스로 물러갔는데 달단(몽골)은 그렇지 않은 까닭은 무엇입니까? …… 여러 부처님과 성현 및 모든 신들은 이 소원을 깊이 헤아려 신통한 힘을 빌려 주십시오. 완강하고 추한 오랑캐가 멀리 도망가서 다시는 우리 땅을 밟지 못하게 하여 주십시오.

• 제작 : 역대로 전해 내려온 대장경 판각이 모두 적병(몽골)에 의해 불타버리고 나라에서는 사고가 많아 다시 만들 겨를이 없었다. 그런데 최우가 도감(都監)을 따로 세워 자기 재산을 바쳐서 판각 조각을 거의 절반이나 완료하여 …… 그 아들 최항은 가업을 이어 대장경에 대하여 재물을 내놓고 역사를 감독해 완성하였다.

상정고금예문

인종 때 평장사 최윤의 등의 신하에게 명하여 고금의 서로 다른 예문을 모아 참작하고 절충하여 50여 권의 책을 만들어 상정고금예문이라 이름하였다. 이 책을 세상에 선보인 뒤에는 예(禮)가 제자리를 잡아 사람들이 의심하지 않았다. …… 최우는 주자(鑄字)를 사용, 28본을 인출하여 제사(諸司)에 나누어 간수하게 하니, 모든 유사들은 잃어버리지 않게 삼가 전하니 나의 통절한 뜻을 저버리지 말지어다.

과학 기술

• 향약구급방 : 이 책은 효과가 좋고 신기한 효험이 있어 우리나라 백성에게 이로움이 크다. 수록한 약은 모두 우리나라 백성들이 쉽게 알고 얻을 수 있는 것이다. 약을 먹는 방법도 이미 잘 알려져 있다. 만약 서울같은 도시라면 의사라도 있지만 궁벽한 시골에서는 매우 급한 병이 나더라도 의사를 부르기 힘들다. 이 때 이 책이 있다면 편작이나 의완(춘추 전국 시대 명의)을 기다리지 않아도 치료할 수 있을 것이다. 이는 일은 쉽고 공은 배가 되는 것이니 그 혜택이 이것보다 큰 것이 없다.

• 화통도감 : 조정은 중국의 화약 제조 기술을 터득하여 이 기구를 두고, 대장군포를 비롯한 20여 종의 화기를 생산하였으며, 화약과 화포를 제작하였다.

순수 비색 청자에 대한 평가

도자기의 빛깔이 푸른 것을 고려 사람들은 비색(翡色)이라 부른다. 근년에 와 만드는 솜씨가 교묘하고 빛깔도 더욱 예뻐졌다. 술그릇의 모양은 오이 같은데, 위에 작은 뚜껑이 있어서 연꽃에 엎드린 오리 모양을 하고 있다. 또, 주발 · 접시 · 술잔 · 사발 · 꽃병 · 옥으로 만든 술잔 등도 만들 수 있지만, 일반적으로 도자기를 만드는 법을 따라 한 것들이므로 생략하고 그리지 않는다. 다만, 술그릇만은 다른 그릇과 다르기 때문에 특히 드러내 소개해둔다. 사자 모양을 한 도제 향로 역시 비색이다. …… 여러 그릇 중에서 이 물건이 가장 정밀하고 뛰어나다. 〈고려도경〉

05 탑의 역사

1 삼국 시대

고구려 탑의 특징
- 주로 목탑을 제작
- 현재 탑은 남아있지 않음

익산 미륵사지 석탑
▶ 백제 익산
▶ 현존 최고의 석탑 + 목탑 양식
▶ 중앙 목탑과 동 · 서 석탑 가운데 서쪽 석탑만 존재

부여 정림사지 5층석탑
▶ 백제 부여
▶ 수학적 지식 활용, 경쾌 + 안정감
▶ 탑신 4면에 당외 소정방이 백제를 평정한 후 새긴 글이 존재(평제탑)

경주 분황사 모전석탑
▶ 통일 前 신라, 선덕여왕
▶ 석재를 벽돌 모양으로 만든 전탑 양식의 석탑
▶ 분황사는 원효와도 관련됨

경주 황룡사 9층 목탑(복원도)
▶ 통일 前 신라, 선덕여왕
▶ 현존(×), 몽골 침략 때 소실
▶ 호국 불교의 전통 확인(자장)
▶ 백제의 아비지가 제작 주도

2 남북국 시대

통일 신라 석탑의 특징
- 특징 : 삼국 시대의 목탑과 전탑 양식을 계승
- 구조 : 이중 기단 위에 3층을 쌓는 전형적 석탑 양식 완성

경주 감은사지 동 · 서 3층석탑
▶ 신라 중대
▶ 삼국 통일의 기상 반영

구례 화엄사 4사자 3층 석탑
▶ 신라 중대
▶ 신라 유일의 사자탑

경주 불국사 3층석탑(석가탑)
▶ 신라 중대
▶ 수학적 지식 활용
▶ 날씬한 상승감 + 넓이와 높이의 아름다운 비례 → 부처가 항상 가까이 있음을 이상적으로 표현
▶ 무구정광 대다라니경이 발굴됨

▶ 상륜부
▶ 탑신부
▶ 기단부

경주 불국사 다보탑
▶ 신라 중대
▶ 귀족 예술의 성격

3 고려 시대

고려 석탑의 특징
- 신라 양식 계승 + 독자적 조형미
- 다각 다층탑이 많음
- 안정감은 부족하나 자연스러운 미
- 석탑의 몸체를 받치는 받침의 보편화
- 지역에 따라 고대 삼국의 전통을 계승한 석탑 조성

개성 불일사 5층석탑
▶ 고려 초기
▶ 개성
▶ 고구려 탑 양식 계승

부여 무량사 5층석탑
▶ 고려 초기
▶ 부여
▶ 백제 탑(정림사지 5층탑) 양식 계승

개성 현화사 7층석탑
▶ 고려 현종
▶ 개성
▶ 탑신의 각 면에 불상 조각

평창 월정사 8각 9층석탑
▶ 다각 다층 석탑(고려 전기)
▶ 안정감은 없으나 자연스러운 미

4 조선 시대

서울 원각사지 10층석탑
▶ 조선 초기, 세조
▶ 왕실의 비호를 받은 불교 관련 예술품

보은 법주사 팔상전
▶ 조선 후기(17c)
▶ 현존 유일의 목탑(5층)
▶ 불교의 상대적 지위 향상
▶ 양반 지주의 향상된 경제력을 반영

하동 쌍계사 진감선사탑비
- ▶ 신라 하대
- ▶ 선종의 유행을 확인
- ▶ 최치원이 비문을 제작

보은 법주사 쌍사자 석등
- ▶ 통일 신라

석등(발해)
- ▶ 발해
- ▶ 단(팔각) + 간석(중간이 약간 볼록) + 창문 + 지붕(기왓골)
  → 웅대한 느낌

발해의 영광탑
- ▶ 발해
- ▶ 당의 영향

경주 고선사지 3층석탑
- ▶ 신라 중대

양양 진전사지 3층석탑
- ▶ 신라 하대
- ▶ 기단과 탑신에 부조로 불상을 조각

경주 원원사지 동 · 서 3층석탑
- ▶ 신라 하대
- ▶ 기단에 12지신상을, 탑신에 사천왕상을 조각

화순 쌍봉사 철감선사탑
- ▶ 신라 하대
- ▶ 탑신이 팔각 원당형
- ▶ 지방 호족의 역량을 반영
- ▶ 고려 승탑에 영향

충주 탑평리 7층석탑
- ▶ 일명 중앙탑
- ▶ 현존 신라 最高 석탑
- ▶ 8c 후반(?) 제작

개성 경천사지 10층석탑
- ▶ 고려 후기(충목왕)
- ▶ 원의 영향
- ▶ 조선의 원각사지 10층석탑에 영향
- ▶ 1909년 일본에 반출되었다가 반환 받음

여주 고달사지 승탑
- ▶ 고려 초기
- ▶ 신라 양식을 계승한 팔각 원당형

원주 법천사지 지광국사탑
- ▶ 고려 중기
- ▶ 탑신이 팔각 원당형이 아닌 평면사각형
  (= 방형)인 특이한 형태를 띠면서 조형
  미가 뛰어난 승탑
- ▶ 국권 침탈 이후 일본으로 반출되었다가
  광복 이후 반환된 승탑

충주 정토사지 홍법국사탑
- ▶ 고려 중기
- ▶ 탑신이 원구형임

여주 신륵사 보제존자 석종
- ▶ 고려 말기
- ▶ 구조 : 높은 기단(탑신으로 오르는 계단)
  + 종모양의 탑신
- ▶ 영향 : 이후 기단을 생략한
  소규모의 승탑이 유행

신라 하대의 기타 승탑과 탑비

- **특징** : 지방 호족의 정치적 성장을 반영
- **승탑** ┌ 진전사지 도의선사탑 : 현존 최고(最古)
  │ → 정형화되지 않은 팔각 원당형
  └ (전)흥법사지 염거화상탑
- **탑비** : 실상사 증각대사 탑비(?), 쌍봉사 철감선사 탑비 등
  cf) 중대의 비라고도 볼 수 있는 유적 ┌ 무열왕릉비
  └ 성덕대왕릉비

▶ 대형 석불(나말여초 시기)

▶ 명칭변화 : 광주 춘궁리 철불

1 고대 3국

금동 연가 7년명 여래 입상

▶ 고구려
▶ 양식에 있어서 중국 북조의 영향을 받음
▶ 인상과 미소에서 고구려의 독자성 확인
▶ 광배에 '연가 7년명'이라는 글자 존재

서산 용현리 마애여래 삼존상

▶ 백제
▶ '백제의 미소'라 불림

경주 배동 석조 여래 삼존입상

▶ 신라
▶ 푸근한 자태와 부드럽고 은은한 미소
▶ 경주 역사 지구 중 남산 지구에 위치

고대 3국의 금동 미륵보살 반가 사유상

국보 118호

▶ 고구려의 불상
▶ 평양시 평천리에서 출토

국보 83호

▶ 백제 제작설과 신라 제작설이 대립
▶ 불상 양식의 일본 전파 확인
▶ 삼산관(三山冠)을 착용한 불상

국보 78호

▶ 신라의 불상
▶ 탑 모양의 관을 착용한 불상

2 남북국

석굴암 석굴 본존불

▶ 통일 신라
▶ 균형잡힌 몸매와 사실적인 조각
▶ 수학적 지식 활용

도피안사 철조비로자나불좌상

▶ 신라 하대
▶ 철원

동화사 석조비로자나불좌상

▶ 신라 하대
▶ 대구

사실과 균형감 저하, 다양한 표정의 불상

이불병좌상

▶ 발해(동경)
▶ 고구려의 영향을 받음

3 고려

논산 관촉사
석조 미륵 보살 입상

안동 이천동
마애여래 입상

파주 용미리
마애이불입상

▶ 자유분방한 미
▶ 대형 석불(나말여초 시기)
▶ 지역적 특색을 반영

하남 하사창동
철조 석가여래 좌상

▶ 호족 세력의 참여
▶ 나말여초 시기의 대형 철불
▶ 명칭변화 : 광주 춘궁리 철불
　→ 춘궁리 철조 석가여래 좌상

영주 부석사
소조 여래 좌상

▶ 신라 전통 양식 계승

- **황해도** ┬ 해주 – 광조사 : 수미산파 개창(이엄) → 왕건의 고려 건국 지원
  └ 사리원 – 성불사 : 도선의 창건, 응진전(다포 양식, 맞배 지붕)　cf) 평안북도 묘향산 – 보현사: 8각13층석탑(고려)
- **경기도** ┬ 개성 ┬ 흥왕사 : 고려 문종 때 창건, 의천의 교장도감 설치와 교종 통합 운동(화엄종), 흥왕사의 난(공민왕)
  │　　　├ 국청사 : 의천의 교선 통합 운동(천태종)
  │　　　├ 경천사 : 10층석탑(고려 후기, 원의 영향, 현재는 국립중앙박물관 보관)
  │　　　├ 귀법사 : 고려 광종 때 창건, 균여의 활약, 무신정권에 반발
  │　　　├ 현화사 : 7층 석탑(고려)
  │　　　└ 불일사 : 5층 석탑(고려, 고구려 탑 양식 계승)
  ├ 서울 – 원각사 : 조선 세조 때 창건, 10층 석탑(조선 세조, 현재 탑골 공원에 위치)
  ├ 여주 – 고달사 : 승탑(고려)
  └ 안성 – 석남사 : 18c, 부농·상인의 지원, 장식성이 강한 건물
- **충청도** ┬ 청주 – 흥덕사 : 직지심체요절 인쇄(고려 우왕)
  ├ 보은 – 법주사 : 쌍사자 석등(신라 중대, 성덕왕 ?), 팔상전(17c, 다층 건물, 목탑)
  ├ 예산 – 수덕사 : 대웅전(고려 후기, 주심포 양식)
  ├ 부여 ┬ 정림사 : 5층 석탑(백제, 평제탑)
  │　　　└ 무량사 : 5층 석탑(고려, 백제 탑 양식 계승)
  └ 논산 ┬ 관촉사 : 석조 미륵보살 입상
  　　　　└ 쌍계사 : 18c, 부농·상인의 지원, 장식성이 강한 건물
- **전라도** ┬ 익산 – 미륵사 : 백제 무왕 때(7c) 창건, 석탑(서탑, 현존 최고의 석탑)
  ├ 부안 – 개암사 : 18c, 부농·상인의 지원, 장식성이 강한 건물
  ├ 김제 – 금산사 : 진표의 법상종 개창(통일 신라, 미륵 신앙), 미륵전(17c, 3층 건물)
  ├ 강진 ┬ 만덕사 : 고려 원묘국사 요세의 백련사 결사 운동
  │　　　└ 무위사 : 극락전(조선 초)
  ├ 장흥 – 보림사 : 도의의 가지산파 개창, 철조 비로자나불
  ├ 화순 – 쌍봉사 : 철감선사 승탑(신라 하대, 팔각원당형), 철감선사 탑비(신라 하대)
  ├ 순천 – 송광사 : 고려 보조국사 지눌의 수선사 결사
  └ 구례 – 화엄사 : 4사자 3층 석탑(신라 중대, 사자탑), 각황전(17c, 다층 건물)
- **경상도** ┬ 하동 – 쌍계사 : 진감선사 대공탑비(신라 하대, 최치원)
  ├ 합천 – 해인사 : 장경판전(조선 초)
  ├ 양산 – 통도사 : 대국통 자장의 창건, 계율종 개창
  ├ 영주 – 부석사 : 의상의 창건(화엄종), 무량수전(고려 후기의 주심포 양식), 소조 여래 좌상, 조사당 벽화
  ├ 안동 – 봉정사 : 의상의 창건(?), 극락전(고려 후기, 현존 최고의 목조 건물)
  ├ 대구 – 부인사 : 초조대장경 보관 but 대부분 소실
  └ 경주 ┬ 황룡사 : 진흥왕(6c) 건립, 9층 목탑(선덕여왕(7c) 건립)
  　　　　├ 불국사 : 김대성의 창건(경덕왕), 3층석탑(석가탑), 다보탑
  　　　　├ 분황사 : 모전 석탑(신라), 원효의 법성종 개창
  　　　　├ 감은사 : 3층 석탑(신문왕)
  　　　　├ 흥륜사 : 신라 최초로 건립된 것으로 추정되는 사찰
  　　　　├ 백률사 : 이차돈의 목이 떨어진 곳에 세워진 사찰, 석당(헌덕왕 건립)
  　　　　└ 봉덕사 : 성덕대왕 신종(에밀레종)
- **강원도** ┬ 원주 – 법천사 : 지광국사 현묘탑(고려, 4각 평면탑, 현재 경복궁 소재)
  ├ 양양 ┬ 진전사 : 도의의 창건, 3층 석탑(신라 하대)
  │　　　└ 낙산사 : 의상의 창건
  └ 평창 ┬ 월정사 : 8각 9층탑(고려), 오대산 사고 설치(조선 후기)
  　　　　└ 상원사 : 동종(성덕왕 때 제작)

지도: 백두산, 의주, 함흥, 평양, 해주, 개성, 양양, 한성, 평창, 원주, 여주, 충주, 영주, 예산, 청주, 안동, 부여, 논산, 익산, 보은, 대구, 김제, 부안, 구례, 합천, 경주, 화순, 순천, 하동, 강진

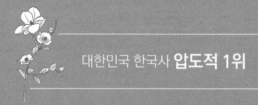

대한민국 한국사 **압도적 1위**

PART

IV

근세 사회

조선 초기의 정치

① 정치 과정

(1) 태조
cf) 천도 : 개경 → 한양(경복궁 건립)

- 정치 ┌ 주도 : 재상 중심의 정치 ex) 정도전 · 조준 · 권근 등이 재상으로서 도평의사사에서 국정을 총괄
  ├ 제도 정비 ┌ 군사 : 의흥삼군부 설치 → 도평의사사 약화
  │   └ 과거 정비 : 무과와 이(吏)과 설치
  ├ 법전 ┌ 정도전 : <조선경국전>, <경제문감> 편찬
  │   └ 조준 : <경제육전> 편찬
  └ 1차 왕자의 난 : 이방원이 왕세자인 방석과 정도전을 제거, 정종을 왕위에 즉위시킴
- 외교 : 명과의 갈등 ┌ 명의 시비 : 표전 문제, 종계변무에 대한 요구 묵살, 조선 왕호 문제(고려권지국사)
  │   └ 조선의 대응 : 요동 정벌 준비(정도전) but 제1차 왕자의 난으로 중단
- 문화 : <고려국사> 편찬(정도전, 역사서), <천상열차분야지도> 제작(천문도), 도첩제 실시

(2) 정종
cf) 천도 : 한양 → 개경

- 정치 ┌ 제도 정비 ┌ 도평의사사 폐지 → 의정부 설치(독자적 기구로 설치 : 태종)
  │   ├ 중추원 폐지 → (의흥) 삼군부로 개편(중추원의 군사 기능 흡수, 세조 때 5위도총부로 개편)
  │   └ 승정원 설치 + 집현전 설치(후에 보문각으로 개칭, 세종 때 재설치)
  └ 사건 : 2차 왕자의 난 ┌ 1차 왕자의 난에 대한 논공행상에 불만인 박포가 주도, 이방원이 방간 · 박포를 제거
    (박포의 난)   └ 방원이 왕세자로 책봉되어 왕위를 물려받음
- 문화 : <향약제생집성방> 편찬(태조 ~정종)

꼭! 알아두기 • 정도전

- 성장 ┌ 교육 : 이색 문하에서 공부 → 정몽주, 이숭인, 윤소종과 교유
  ├ 시련 : 이인임의 친원배명 정책에 반대하여 전라도 나주목 거평부곡에 유배 → 9년간의 유배 · 유랑
  └ 가계 : 부계는 향리 집안의 후예, 모계는 외예 얼속(노비 혈통이 섞임), 처가도 외예 얼속
- 정치 ┌ 민본 정치
  ├ 재상 중심의 정치
  ├ 법전 편찬 ┌ <조선경국전> : 조선 최초의 사찬 법전으로 국가의 기틀과 신권 정치의 기틀을 마련
  │   └ <경제문감> : 조선의 정치와 행정 제도를 정비 → <주례>의 재상 제도를 중시
  └ 한양 천도 주도 → 한양의 궁궐과 종묘의 위치 및 도성의 기지를 결정하고 궁 · 문의 모든 칭호를 결정
                ex) 흥인지문, 돈의문, 숭례문, 숙정문 등
- 경제 : <주례> 중시 → 전제 개혁 주도(원래 의도는 정전제 but 실제는 과전법 실시)
- 저술 ┌ 건국 전 ┌ 사회 개혁론 : <금남잡영>, <금남잡제> → 유배 시절의 시문을 정리
  │   └ 성리학 옹호, 불교 비판 : <학자지남도>, <심문천답>
  └ 건국 후 ┌ 불교 비판 : <불씨잡변> → 배불숭유의 이론적 기초 확립
            └ 역사서를 통한 조선 건국의 정당화 노력 : <고려국사>
- 외교 : 진법 훈련을 통한 요동 정벌과 사병 혁파 시도 but 제1차 왕자의 난으로 살해됨

(3) 태종   cf) 천도 : 개경 → 한양

- 정치 ┬ 집권 과정 : 1 · 2차 왕자의 난을 통해 권력 장악   cf) 창덕궁 건립
  ├ 왕권 강화 ─ 왕실 외척과 종친의 정치적 영향력 약화
  │   ├ 의금부 설치   cf) 상서사(정방의 후속 기구)의 인사권을 이조 · 병조에 귀속
  │   ├ 6조 직계제 실시 : 의정부를 대신하여 국왕이 6조를 직접 관장   cf) 의정부를 독자 기구로 개편
  │   ├ 낭사를 사간원으로 독립 : 대신에 대한 비판 강화 → 대신 견제
  │   └ 공신의 사병 혁파 : 의흥삼군부로 병력을 집중시키고 국왕이 병권을 장악
  └ 외교 : 여진족 회유를 위해 무역소 설치(경원, 경성)
- 경제 ┬ 재정 안정 ─ 양전 사업 실시(20년 주기) → 양안 작성, 호구 조사 실시(3년 주기) → 호적 작성
  │   ├ 호패법 실시 : 16세 이상 남자에게 호패 착용을 의무화
  │   ├ 사원 혁파 : 사원에 소속된 토지와 노비를 몰수
  │   └ 노비의 양민화 : 노비 가운데 억울하게 노비된 자를 조사하여 해방
  └ 사섬서 설치 : 고려 말의 지폐인 저화를 재발행
- 사회 ┬ 서얼금고법 시행 : 서얼의 문과 응시 금지, 무과나 잡과로 관직에 올라도 승진에 제약(한품서용)
  ├ 신문고(= 등문고) 설치 : 의금부 관할   cf) 신문고 : 연산군 때 폐지, 영조 때 재설치
  ├ 인보제 실시 : 가호를 10호씩 묶어서 통제
  └ 유향소 폐지
- 문화 ┬ 출판 : <동국사략> 간행(권근), <속육전> 편찬(하륜)
  ├ 인쇄 : 주자소 설치 → 활자로 계미자 주조 cf) 조지소 설치(태종) → 조지서 개칭(세조)(7차 국정교과서는 '세종'으로 표기)
  └ 지리 : <혼일강리역대국도지도>(세계 지도), 팔도도(전국 지도, 이회) 제작
- 군사 : 거북선과 비거도선 제작 + 최해산의 화포 발전 노력(세종 대까지 활약)

- 궁궐 ┬ 건립 ┬ 전기 ┬ 법궁 : 경복궁(태조) → 좌묘우사 : 경복궁의 왼쪽에 종묘, 오른쪽에 사직을 설치
  │   │   │   └ 이궁(동궐) : 창덕궁(태종), 창경궁(성종)
  │   │   └ 후기(서궐) : 경운궁(선조), 경희궁(광해군)
  │   └ 구조 ┬ 외전(정전, 편전) +내전(침전) + 후원(북원=금원 : 궁궐의 북쪽 위치)
  │   └ 동궁(세자의 처소)   cf) 조정 : 궁궐 외전 앞의 품계석 놓인 마당
- 성곽 : 1395년 이후 서울의 4개 산을 이어 축조
    ex) 낙산(동), 인왕산(서), 목멱산(남), 북악산(북)
- 성문 ┬ 구조 : 동서남북에 4대문, 그 사이에 4소문을 설치
  │   └ 명칭 : 4대문의 이름은 유교의 덕목에서 유래
  │   ex) 흥인지문, 돈의문, 숭례문, 숙정(지)문
- 거리 ┬ 육조 거리 : 경복궁 앞에 관청들을 배치 → 관청가 형성
  │   └ 종로 거리 : 동대문과 남대문을 잇는 시전을 형성
- 규제 : 도성 밖 10리 내에 개인의 무덤 사용 및 벌채 금지

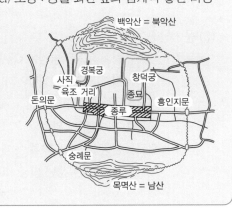

01 조선 초기의 정치
SECTION

(4) 세종

- 정치 ─ 운영 ─ 의정부 서사제 실시 : 의정부가 6조를 관장 ─┐
  - └ 인사권·군사권 : 국왕의 직접 장악 ────────┴→ 왕권과 신권의 조화
  - ├ 관청 ─ 집현전 개편 ─ 기능 : 학술 연구, 서적 편찬, 왕에 대한 자문, 경연과 서연 담당 → 왕도 정치 실시
    - └ 특권 : 사헌부의 감찰을 받지 않고, 사가독서(학문 연구를 위한 휴가, 최초) 가능
    - └ (수성)금화도감 설치 : 화재 진압   cf) 금화도감 폐지(세조) → 수성 금화사 설치(성종)
  - └ 외교 ─ 여진 : 국경선 확정 ex) 최윤덕의 4군, 김종서의 6진 설치
    - └ 일본 ─ 쓰시마 정벌(이종무, 기해동정)
      - └ 3포(부산포, 제포, 염포) 개항 → 계해약조 체결   cf) 신숙주를 일본에 파견
- 경세 ─ 수취 ─ 공법 실시 : 전국 17만 명에게 찬반 의견을 조사 → 연분 9등법과 전분 6등법 실시
  - └ 역대 양안에 가장 많은 토지가 수록된 시기
  - └ 화폐 : 조선통보 발행
- 사회 ─ 유교 윤리 : 사대부에게 <주자가례> 시행을 장려 + <삼강행실도>, <효행록> 편찬
  - ├ 향촌 사회 ─ 유향소 재설치 + 경재소 제도화
    - └ 향리 규제 : <부민고소금지법>, <원악향리처벌법> 실시(?)
  - └ 하층민 ─ 화척 : 양민화 → 신백정 등장
    - └ 노비 ─ 장영실(공노비)을 정4품 호군에 등용
      - └ 노비에게 출산 휴가 지급, 노비 사형(私刑) 금지
- 문화 ─ 불교 : 선종·교종의 36사만 남기고 모두 폐쇄 → 사원의 토지 정비 but 왕실에서 내불당 설치
  - ├ 과학 ─ 천문 ─ 기구 제작 : 혼천의, 간의, 자격루(물시계, 장영실 제작), 앙부일구(해시계), 측우기
    - └ 건립 : 경복궁에 보루각(자격루 설치)과 간의대(간의 설치)를 건립
    - └ 역법 : <칠정산> 내외편 제작
  - ├ 출판 ─ 농서 : <농사직설> 간행(정초)
    - ├ 의서 : <향약집성방> → <의방유취> 간행
    - ├ 병서 : <총통등록> 간행
    - └ 법서 : <육전등록>, <신주무원록> 간행
  - ├ 인쇄 : 활자로 경자자·갑인자 주조, 밀랍 대신 식자판 조립 방식 창안
  - ├ 음악 : 아악의 체계화(박연), <정간보> 간행, <여민락> 작곡
  - └ 지리 : <신찬팔도지리지> 간행 + <양계지도>(정척) 제작
- 한글 ─ 훈민정음 반포, 정음청 설치   cf) <동국정운>·<사성통고> 간행
  - └ <용비어천가>·<월인천강지곡>·<석보상절> 간행

(5) 문·단종

- 문종 ─ 문화 ─ 병서 : <동국병감>, <진법> 완성(영조 때 <병장도설>로 개칭하여 복간)
  - └ 역사 : <고려사>(정인지), <고려사절요>(김종서) 간행
  - └ 사회 : 사창제 실시(1451년 = 세종 33년 = 문종 1년)   cf) 사창제 : 성종 때 폐지
- 단종 ─ 문화 : <역대병요> 완성
  - └ 정치 ─ 상황 : 왕권의 약화 → 재상(김종서·황보인) 중심의 정치
    - └ 결과 : 계유정난 발생 ─ 내용 : 수양대군(진양대군, 세조)의 김종서·황보인·안평대군 살해
      - └ 반발 : 이징옥(함길도 도절제사)의 난

(6) 세조

- 정치 ┬ 사건 ┬ 사육신의 단종 복위 운동 : 난을 진압한 후 집현전 폐지　　　　　　　　cf) 관학파의 훈구화 현상
　　　　　└ 이시애(함경도 회령 부사 출신) 난 : 유향소를 중심으로 반란을 전개 → 난을 진압한 후 유향소 폐지
　　├ 운영 ┬ 제도 : 경연 폐지(← 집현전 폐지) + 6조 직계제 부활　　　　cf) 남이(이시애의 난 진압) 처형 : 예종
　　│　　　└ 세력 : 왕의 측근인 종친 세력 중용
　　├ 관청 : 장례원 설치(노비 문제 담당), 상평창 부활
　　└ 외교 : '토목의 변'을 계기로 요동 수복 운동 전개
- 군사 ┬ 제도 : 양인을 정군과 보인으로 구분하여 보법 실시
　　├ 편성 ┬ 중앙군 : 5위 설치(← 5위도총부 관할)
　　│　　　└ 지방군 : 진관 체제 실시
　　└ 재정 : 둔전을 증설 · 신설하여 지방 재정과 군자의 부족을 보충　ex) 역둔전의 평안도 설치, 관둔전 확대
- 경제 ┬ 토지 : 직전법 실시 → 현직 관리에게만 수조권 지급　　　　　　　　cf) 호적 사업 강화
　　└ 상업 ┬ 팔방통보(= 전폐, 유엽전) 제작
　　　　　└ 경시서를 평시서로 개칭
- 문화 ┬ 과학 : 토지 측량 기구 제작　ex) 인지의 · 규형
　　├ 지도 : <동국지도> 제작(정척, 양성지)　　　　　　　　cf) 정상기의 <동국지도>는 영조 때 제작
　　├ 법전 : <경국대전> 편찬 시작　ex) 육전상정소를 설치하여 호전 · 형전 완성
　　├ 사서 : <국조보감> 첫 간행　　　　　　　　cf) <국조보감> 편찬 지시는 세종
　　└ 불교 : 숭불 정책 ┬ 간경도감 설치(월인석보를 언해하고 간행)
　　　　　　　　　　　└ 원각사지 10층 석탑 제작

(7) 성종　　　　　　　　　　　　　　　　　　　　　　　　　　　　　　cf) 창경궁 건립

- 정치 ┬ 관청 : 홍문관 설치 ┬ 집현전을 계승하여 경연 담당
　　│　　　　　　　　　└ 왕의 학문 연마와 정책에 대한 토론 · 심의
　　└ 세력 : 사림 중용　ex) 김종직　　　　　　　　cf) 김종직의 관직 진출은 세조 때
- 경제 ┬ 토지 : 직전법의 변화(관수 관급제 실시)
　　├ 수취 : 요역의 변화　ex) 가호의 인정의 수를 헤아려 동원 → 토지 8결당 1명씩 동원
　　└ 상업 : 전라도 일대에 장문(= 장시) 등장
- 사회 ┬ 유향소 복설
　　└ 사장제 폐지
- 문화 ┬ 법전 : <경국대전> 편찬 완료　　　　　　　　cf) 재가녀 자손(子孫)의 문과 응시 금지
　　├ 의례서 : <국조오례의> 간행
　　├ 불교 : 억불 정책　ex) 도첩제 폐지, 간경도감 폐지
　　└ 출판 ┬ 문학 : <동문선>(서거정)
　　　　　├ 음악 : <악학궤범> 간행(성현)
　　　　　├ 사서 : <삼국사절요>, <동국통감> 간행(서거정)
　　　　　├ 농서 : <금양잡록> 간행(강희맹)
　　　　　├ 지리지 : <팔도지리지>, <동국여지승람> 간행
　　　　　└ 기행문 ┬ <해동제국기> 간행(신숙주, 일본)
　　　　　　　　　└ <표해록> 간행(최부, 중국)

> ✎ **확인해 둘까요!** ─ 서거정의 문물 정비
>
> - 사서 : <삼국사절요>, <동국통감>
> - 지리 : <동국여지승람>
> - 법전 : <경국대전>
> - 문학 : <동문선>, <필원잡기>

01 조선 초기의 정치

2 통치 체제 정비

(1) 중앙 정치 체제

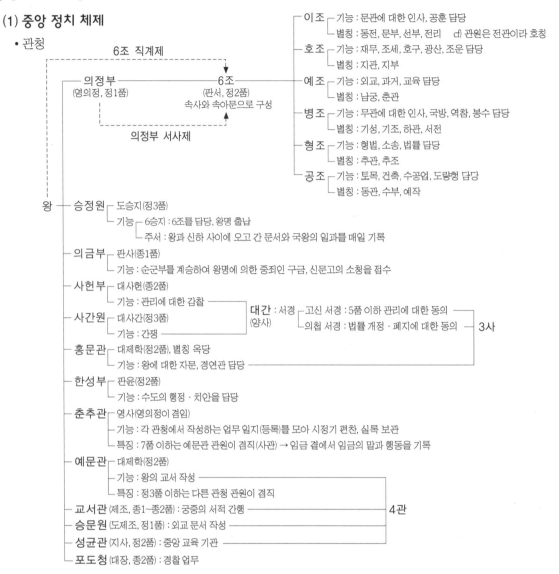

• 관청

- 6조 직계제
  - 의정부 (영의정, 정1품) — 6조 (판서, 정2품) 속사와 속아문으로 구성
  - 의정부 서사제
  - 이조 ┬ 기능 : 문관에 대한 인사, 공훈 담당
         └ 별칭 : 동전, 문부, 선부, 전리 cf) 관원은 전관이라 호칭
  - 호조 ┬ 기능 : 재무, 조세, 호구, 광산, 조운 담당
         └ 별칭 : 지관, 지부
  - 예조 ┬ 기능 : 외교, 과거, 교육 담당
         └ 별칭 : 남궁, 춘관
  - 병조 ┬ 기능 : 무관에 대한 인사, 국방, 역참, 봉수 담당
         └ 별칭 : 기성, 기조, 하관, 서전
  - 형조 ┬ 기능 : 형벌, 소송, 법률 담당
         └ 별칭 : 추관, 추조
  - 공조 ┬ 기능 : 토목, 건축, 수공업, 도량형 담당
         └ 별칭 : 동관, 수부, 예작

- 왕
  - 승정원 ┬ 도승지(정3품)
          ├ 기능 ┬ 6승지 : 6조를 담당, 왕명 출납
          │   └ 주서 : 왕과 신하 사이에 오고 간 문서와 국왕의 일과를 매일 기록
  - 의금부 ┬ 판사(종1품)
          └ 기능 : 순군부를 계승하여 왕명에 의한 중죄인 구금, 신문고의 소청을 접수
  - 사헌부 ┬ 대사헌(종2품)
          └ 기능 : 관리에 대한 감찰 ─┐ 대간 : 서경 ┬ 고신 서경 : 5품 이하 관리에 대한 동의 ─┐
  - 사간원 ┬ 대사간(정3품)   (양사)   └ 의첩 서경 : 법률 개정ㆍ폐지에 대한 동의 ─┴ 3사
          └ 기능 : 간쟁 ─┘
  - 홍문관 ┬ 대제학(정2품), 별칭 옥당
          └ 기능 : 왕에 대한 자문, 경연관 담당 ─┘
  - 한성부 ┬ 판윤(정2품)
          └ 기능 : 수도의 행정ㆍ치안을 담당
  - 춘추관 ┬ 영사(영의정이 겸임)
          ├ 기능 : 각 관청에서 작성하는 업무 일지(등록)를 모아 시정기 편찬, 실록 보관
          └ 특징 : 7품 이하는 예문관 관원이 겸직(사관) → 임금 곁에서 임금의 말과 행동을 기록
  - 예문관 ┬ 대제학(정2품)
          ├ 기능 : 왕의 교서 작성 ─┐
          └ 특징 : 정3품 이하는 다른 관청 관원이 겸직 ─┤ 4관
  - 교서관 (제조, 종1~종2품) : 궁중의 서적 간행 ─┤
  - 승문원 (도제조, 정1품) : 외교 문서 작성 ─┤
  - 성균관 (지사, 정2품) : 중앙 교육 기관 ─┘
  - 포도청 (대장, 종2품) : 경찰 업무

✎ **확인해 둘까요!** ▶ **역대 관제의 비교**

조선	고려	발해	신라
의정부	중서문하성	정당성	집사부(진덕여왕, 국정 총괄)
이조	이부	충부	위화부(진평왕, 관리 인사)
호조	호부	인부	조부(진평왕, 공물ㆍ부역), 창부(진덕여왕, 재정), 선부(문무왕, 해상 교통)
예조	예부	의부	예부(진평왕, 의례ㆍ교육), 영객부(진평왕, 외교ㆍ사신 접대)
병조	병부	지부	병부(법흥왕, 군사ㆍ국방), 승부(진평왕, 마정ㆍ육상 교통)
형조	형부	예부	좌이방부(진덕여왕, 형률ㆍ노비), 우이방부(문무왕, 형벌ㆍ노비)
공조	공부	신부	공장부(신문왕, 수공업), 예작부(신문왕, 토목ㆍ영선)
사헌부	어사대	중정대	사정부(무열왕, 중앙 관리 감찰)
관찰사	안찰사		외사정(문무왕, 지방관 감찰)

- 관등 ┬ 단계 ┬ 품계 : 18품(9품계가 정과 종으로 나뉘어 있어 총 18품계로 구분)
　　　　│　　　└ 등급 : 30등급 ┬ 참상관인 종6품 이상 : 정과 종마다 상하로 나뉘어 있음 → 24등급 ┐
　　　　│　　　　　　　　　　　└ 참하관인 정7품 이하 : 정과 종으로 나뉨(상하 단계 없음) → 6등급 ┘ 총 30등급
　　　　└ 구분 ┬ 절차 : 서경 여부 ┬ 4품 이상 : 왕이 교지를 내려 직접 임명
　　　　　　　　│　　　　　　　　└ 5품 이하 : 대간의 서경을 거쳐 임명
　　　　　　　　├ 조건 : 근무 일수 ┬ 당상관(정3품上(통정대부) 이상) : 근무 일수와 관계없이 왕명으로 임명 가능
　　　　　　　　│　　　　　　　　└ 당하관(정3품下(통훈대부) 이하) : 승진에 필요한 근무 일수가 존재
　　　　　　　　└ 관직 : 수령 임명 ┬ 참상관(종6품 이상) : 수령(지방관)에 임명 가능
　　　　　　　　　　　　　　　　　└ 참하관(정7품 이하) : 수령(지방관)에 임명 불가
- 관직 ┬ 원칙 : 관직에는 그에 맞는 품계가 정해져 있어, 그 품계에 해당되는 관리가 임명됨
　　　　└ 예외 : 행수법 ┬ 의미 : 품계에 맞는 관리가 부족 or 중요 사무에 특정인을 임명하고자 할 때 운영한 제도
　　　　　　　　　　　　└ 사례 ┬ 계고직비 : 품계가 높은 사람이 낮은 관직에 임명 ex) 행○○○○
　　　　　　　　　　　　　　　└ 계비직고 : 품계가 낮은 사람이 높은 관직에 임명 ex) 수○○○○
- 특별 제도 ┬ 대가제 ┬ 내용 : 정3품 당하관 이상 → 별도로 주어지는 품계를 아들·동생·사위·조카에게 지급
　　　　　　│　　　　├ 목적 ┬ 과거나 음서로 관직에 진출하지 못한 사대부의 자손을 배려
　　　　　　│　　　　　　　└ 정3품 당하관의 품계를 올리지 않음으로써 당상관의 수가 너무 많아지는 것을 방지
　　　　　　└ 한품서용 ┬ 의미 : 신분에 따른 품계를 제한하여 관직 진출의 한계 존재
　　　　　　　　　　　　└ 내용 ┬ 기술관, 서얼 : 정3품 당하관까지 진출 가능
　　　　　　　　　　　　　　　├ 토관, 향리 : 정5품까지 진출 가능
　　　　　　　　　　　　　　　└ 서리, 기타 출신 : 정7품까지 진출 가능

꼭! 알아두기 · 조선의 언론과 학술

1. 언론

- 구언 ┬ 의미 : 왕이 모든 관원과 백성에게 의견을 구하는 제도
　　　　└ 특혜 : 이에 답하는 응지상소는 어떤 내용을 쓰더라도 이에 대해 절대 처벌하지 않음
- 상소 : 정책 건의나 억울한 일을 글로 써서 올리는 것
- 순문 : 왕이 신하에게 묻는 것
- 윤대 : 왕이 매일 5명 이내의 6품 이상 문관과 4품 이상 무관을 만나서 의견 교환
- 차대 : 매월 여섯 차례씩 의정부의 의정, 삼사의 고급 관원과 전직 대신들을 만나 정책 건의를 듣는 회의
- 상언 : 임금에게 글을 올려 억울함을 호소
- 격쟁 : 국왕이 있는 곳 근처에서 징을 쳐 국왕의 이목을 끈 다음, 말로 억울함을 호소
- 권당 : 성균관 유생의 동맹 휴학　　　　　　　　　　　　　　　　　　　　　cf) 신문고
- cf) 조회 ┬ 상참 : 고려·조선에서 6품 이상의 관리가 매일 국왕을 배알하는 약식 조회
　　　　　└ 조참 : 신라(진덕여왕) 이후 중앙의 모든 관리가 정전에서 주기적으로 국왕에게 문안을 드리는 조회

2. 학술

- 경연(經筵) : 왕에게 유학의 경서와 사서를 강론 → 실제는 왕과 대신이 모여 정책과 학술을 토론
- 서연(書筵) : 왕세자에게 경사를 강론　　　　　　　　cf) 시강원 : 왕세자에 대한 교육 담당

01 조선 초기의 정치

SECTION

(2) 지방의 행정 조직

• 구조

도 ─── 부·목·군·현 ─── 면·리·통
(윤 사 수 령)   (권농 이정 통주)

```
관찰사 ─감찰→ 수령 ─┬─ 권한 : 행정(조세)·사법·군사권 행사
(종2품)    (종2품~종6품) └─ 제한 : 임기제, 상피제 운영
                ↑ 보좌        ↘ 통제
경재소 ─연락→ 유향소 ─규찰→ 향리  세습적 아전
          (풍속 교화)
```

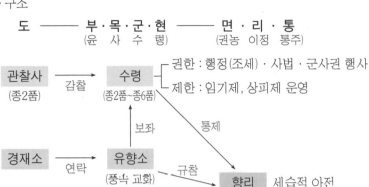

조선의 8도

• 특징 ─┬─ '속군·속현' 소멸 : 모든 군현에 수령을 파견
       │   → 중앙에서 직접 지방을 장악
       ├─ 현의 하위 단위 정비 : 읍을 중심으로 방위명을 붙인 면의 출현
       ├─ '향·부곡·소' 소멸 : 향·부곡·소민은 일반 군현민으로 지위 향상
       ├─ 관찰사의 권한 강화 : 상설 행정 기관인 감영에 상주, 수령 감찰
       └─ 향리의 지위 격하 : 수령을 보좌하는 역할로 전락

• 관리 ─┬─ 관찰사 ─┬─ 품계 : 종2품, 감사·방백·도백 등으로 불림
       │   ├─ 기능 ─┬─ 도의 감영에 상주하며, 행정·사법·군사권 장악 → 병마절도사와 수군절도사를 겸직
       │   │   └─ 도내 지역을 순찰, 수령에 대한 감찰권·포폄권 행사
       │   └─ 임기 : 1년(360일)
       │
       ├─ 수령 ─┬─ 품계 : 참상관 이상
       │   ├─ 종류 : 부윤(종2품), 부사(정3품), 목사(정3품), 군수(종4품), 현령(종5품), 현감(종6품)
       │   ├─ 기능(수령 7사) : 지방의 행정·사법·군사권 행사   cf) 건물 : 동헌(정무 집행), 내아(살림살이)
       │   └─ 임기 : 5년(1,800일)
       │
       ├─ 향리 ─┬─ 특징 : 중앙의 6조에 상응하는 6방의 조직을 갖춤   cf) 건물 : 작청(행정 업무 처리)
       │   ├─ 지위 : 수령의 행정 실무를 보조하는 세습적인 아전으로 격하   cf) 호장, 기관, 장교, 통인 등으로 분류
       │   ├─ 견제 : 경저리 ─┬─ 기원 : 고려의 기인 제도
       │   │   (경주인) ├─ 기능 ─┬─ 중앙과 지방의 연락 담당(문서 전달), 지방 공납물의 대납 책임
       │   │   │   └─ 서울에 있는 해당 지방 관리나 군인의 신변 책임
       │   │   └─ 유사 제도 : 영저리(영주인, 지방 감영에 파견)
       │   └─ 규제 ─┬─ 부민 고소금지법 ─┬─ 내용 : 향리가 수령을 고소하는 것을 금지
       │   │   (세종)   └─ 예외 : 모반대역죄와 살인죄를 고소하는 것은 허용
       │   └─ 원악향리 처벌법 : 수령을 기만하거나 백성을 침해하는 향리를 처벌

• 기타 ─┬─ 유수부 ─┬─ 설치 : 개성(세종), 강화(인조), 수원(정조 17), 광주(정조 19)
       │   ├─ 목적 : 국왕 직속의 특수 행정 구역 → 수도를 방어하는 행정·군사적 요충지
       │   └─ 지방관 : 정·종 2품의 유수관(경관직) → 비변사 회의에도 참석
       └─ 면·리·통 ─┬─ 책임자 : 면장(권농), 이정, 통주 → 향민 중에서 선임
                    ├─ 기능 : 권농과 이정은 수령의 명령을 받아 인구 파악과 부역 징발을 담당
                    └─ 5가작통법 : 5호(= 5가)를 하나의 통으로 조직 → 농민의 토지 이탈 방지

(3) 교통과 통신

- 역원제 ┬ 관할 : 병조
 (역참제) ├ 구성 ┬ 역 ┬ 기능 : 공문서 전달, 관물 운송
 │ │ ├ 설치 : 주요 도로에 30리 간격으로 500여 개를 설치
 │ │ └ 권한 : 상서원에서 발행한 마패를 보여야만 역마 이용이 가능
 │ └ 원 : 교통 요지에 둔 공공 여관으로 공무 수행 중인 관민이 이용, 원주전을 지급받아 경비로 사용
 └ 변화 : 파발제 ┬ 설치 : 임진왜란 이후 역원제가 무너지자 선조 때 마련
 └ 기능 : 병조의 관할하에 공문서 전달
- 봉수제 ┬ 관할 : 병조
 ├ 기능 : 국가 비상시 연기(낮)나 불(밤)을 사용하여 급한 일을 알리던 군사상의 통신 제도
 ├ 설치 : 서울의 남산(목멱산) 봉수대를 중심으로 전국에 600여 개를 설치
 └ 운영 : 수령(평상시에는 월 말마다 감사에게 상황을 보고, 유사시에는 즉시 보고)
- 조운제 : 하천이나 해안의 요지에 설치 → 징수한 세미를 보관 → 서울의 경창으로 수송

◇ **확인해 둘까요!** ▸ **사심관 제도와 유향소, 경재소**

1. 사심관 제도 : 고려

- 설치 ┬ 과정 : 설치(태조) → 정비(성종)
 ├ 최초 : 신라의 경순왕(김부) → 경주 사심관
 └ 정원 : 500정(丁) 이상의 주는 4인, 300정 이상의 주는 3인, 그 이하의 주는 2인 → 최소 2인 이상을 임명
- 임명 ┬ 범위 : 본향(本鄕)뿐만 아니라 처향(妻鄕), 모향(母鄕), 조모향, 증조모향 등 연고지의 사심관 겸직 가능
 └ 제한 : 아버지나 친형제가 호장인 사람(현종), 또는 자기 처의 친척이 향직에 있는 사람(인종)은 배제
- 분화 ┬ 향촌 사회에 대한 지배권 인정 → 유향소(향촌 자치)
 (조선) └ 치안 문제에 대한 철저한 책임 → 경재소(중앙 집권)

2. 유향소와 경재소 : 조선

- 유향소 ┬ 구성 : 향촌의 덕망 있는 인사(= 재지 사족)로 구성, 책임자는 향임(좌수, 별감)이라 칭함
 (향청) ├ 기능 : 수령 보좌, 향리 규찰, 풍속 교정 → 지방 행정에 참여
 ├ 설치 : 고려 말 유향품관(향촌에 거주하는, 품계만 있고 직사는 없는 자)이 사심관을 모방하여 조직
 └ 변화 ┬ 태종 : 수령의 권한 강화와 중앙집권화를 위해 유향소 혁파
 (조선) ├ 세종 : 유향소 복설, 경재소에서 유향소를 관할
 ├ 세조 : 이시애의 난을 계기로 유향소 혁파
 ├ 성종 : 유향소 복립 운동으로 유향소 복설   cf) 잠시 훈구가 유향소 장악 but 사림이 다시 장악
 └ 선조 : 경재소 혁파 → 유향소의 기능 강화 : 유향소를 향청(= 향소)으로 개칭
- 경재소 ┬ 설치 : 태종 → 세종(제도화)
 ├ 구성 : 각 지방 출신의 중앙 고관을 책임자로 임명
 ├ 기능 : 유향소와 정부 사이의 연락을 담당 → 중앙에서 유향소를 직접 통제
 └ 변화 : 임진왜란 이후(선조) 혁파됨

01 조선 초기의 정치

SECTION

(4) 관리 등용 제도

- 과거 ┬ 문과 ┬ 대상 ┬ 원칙 : 양인 이상 but 실제로 일반 백성이 과거에 합격하여 관리가 되기는 쉽지 않음
  │   │   └ 제약 : 탐관오리의 아들 + 재가한 여자의 아들과 손자 + 서얼
  │   └ 과정

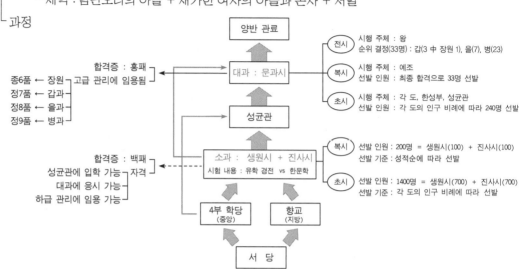

- ├ 무과 ┬ 대상 : 양인 이상이면 응시 가능하나 주로 서얼과 중인이 응시함
  │   ├ 내용 : 고려 말 공양왕 이후 무예와 무경을 시험   cf) 무과 교육 기관은 없음
  │   ├ 절차 : 문과와 같이 '초시 → 복시 → 전시'를 시행
  │   ├ 특징 ┬ 인원 ┬ 전기 : 최종적으로 28명을 선발하여, 합격자를 '선달'이라 하고 홍패를 지급
  │   │   │   └ 후기 : 재정 등의 이유로 합격자가 양산되어 만과(萬科)로 지칭됨
  │   │   └ 관리 임명 : 장원 구분없이 갑과(종7품), 을과(종8품), 병과(종9품)로 등용
  └ 잡과 ┬ 대상 : 양인 이상이면 응시 가능하나 주로 중인이 응시   cf) 승진 : 한품서용 적용(정3품까지 가능)
          ├ 절차 : 초시 → 복시를 시행하고, 각 분야별로 정원이 다름
          └ 종류 ┬ 역과 : 사역원 시행, 통역관 선발
                  ├ 율과 : 형조 시행, 율관 선발
                  ├ 의과 : 전의감 시행, 의관 선발
                  └ 음양과 : 관상감 시행   cf) 그 외에 기술 관리는 취재로 선발함

- 음서 ┬ 대상 ┬ 공신 및 2품 이상 관리의 자손 · 사위 · 동생 · 조카
  │   │   ├ 3품 관리의 자손
  │   │   └ 이조 · 병조 · 3사 관리의 아들
  │   └ 한계 : 한직제의 적용 → 승진에 제약이 있어 고관이 되기는 어려움
- 천거 ┬ 대상 : 주로 기존의 관리를 대상으로 실시(관리가 아닌 사람이 천거되는 경우는 거의 없음)
  │ (추천) ├ 행사의 주체 ┬ 문관 : 3품 이상의 고관
  │   │   ├ 무관 : 2품 이상의 고관
  │   │   └ 대간
  │   └ 운영 ┬ 천거된 뒤에 간단한 시험에 응시한 후 임용됨
  │   └ 거주 연좌제 : 천거되어 관리된 자가 죄를 지으면 천거한 거주에게도 죄를 물음
- 취재 : 특별 채용 시험을 통해 하급 실무직 등용   cf) 이과 : 취재에 병합된 서리 · 향리 · 아전을 뽑는 시험

※ 관리 선발 관련 용어 : 선거(고시 제도와 천거 제도를 합쳐 부르는 말), 관광(과거를 보러 가는 것)

◇ 확인해 둘까요! • 과거에 대한 기타 정리

1. 시행 주기

- 정기 시험 : 식년시 ┌ 3년 주기로 자(子) · 묘(卯) · 오(午) · 유(酉)년에 시행
　　　　　　　　└ 대상 시험 : 문과, 무과, 잡과 모두
- 비정기 시험 ┌ 별시 ┌ 증광시 : 국왕 즉위 등 큰 경사가 있을 때 시행하는 시험 → 문과, 무과, 잡과 모두 시행
　　　　　　　│　　├ 별시 : 국왕 즉위 이외의 경사가 있을 때 시행하는 시험
　　　　　　　│　　├ 정시(庭試) : 나라 안이나 중국에 경사가 있을 때 궁전 뜰에 불러 시행 → 선조 이후 확대 시행
　　　　　　　│　　└ 춘당대시 : 나라에 경사가 있을 때 왕이 창경궁 춘당대에 친림하여 시행하는 시험
　　　　　　　└ 알성시 : 왕이 성균관 문묘를 참배한 후 성균관 유생을 대상으로 시행하는 시험
- cf) 중시(重試) : 10년마다 당하관을 대상으로 시행하는 시험, 합격자에게 1~4등급 승진의 혜택을 줌

2. 문과와 무과의 비교

	문과	무과
응시 제한	탐관오리의 子, 재가녀의 子孫, 서얼	양인 이상이면 가능
선발 인원	33명 → 홍패 지급	28명 → 홍패 지급
예비 시험	○(소과 = 진사과 , 생원과)	×
시험 단계	초시 → 복시 → 전시	
장원	○	×
교육 기관	○(성균관, 4학, 향교 등)	×
임용	종 6품과 정 ○품	종 ○품

3. 고려와 조선의 비교

	고려	조선
문과 응시 제한	향 · 부곡 · 소의 주민 등	탐관오리의 子, 재가녀의 子孫, 서얼
무과 시행	고려 말 공양왕 때 처음 시행	시행
음서의 대상	大	小
시험 주기	처음은 3년, 후에는 2년 → 비정기적	식년시가 원칙 + 비정기적 시험의 존재
승과 시행	선종선과 교종선을 시행	중종 때 폐지 but 명종 때 일시적 부활

꼭! 알아두기 • 합리적인 인사 관리 제도

- 임기제(= 순자법) : 관직마다 정해진 임기만큼 근무해야만 승진 혹은 이직이 가능
- 상피제 : 친 · 인척과 같은 관서에 근무할 수 없거나 출신 지역의 지방관으로 임명되지 않음
- 서경 제도 : 5품 이하 관리 등용시 대간에서 동의하는 절차
- 인사 고과 제도 ┌ 주체 : 경관은 해당 관청의 당상관과 제조, 외관은 해당 관찰사와 병마절도사
　(= 포폄제) 　├ 절차 : 매년 2회(6월, 12월) 근무 성적을 평가 → 연말에 보고
　　　　　　　└ 영향 : 포폄에 따른 근무 성적을 토대로 승진 또는 좌천 시행

(5) 군역 제도와 군사 조직

- 군역 ┬ 원칙 : 양인개병(良人皆兵) → 16세 이상 60세 미만의 양인 장정이 대상
  - 운영 ┬ 방식 : 세조 이후 보법 실시에 따른 번상병 체제(번이 되는 차례에 따라 복무)
    - └ 구성 ┬ 정군 : 서울 · 국경에서 일정 기간 현역 복무 + 복무 기간에 따라 품계를 받기도 함
      - └ 보인 : 정군에게 한 달에 면포 1필씩을 군비로 지급
  - 실제 ┬ 현직 관료와 학생 : 면제
    - 종친 · 외척 · 공신 · 고관의 자제 : 고급 특수병에 편성, 군역 부담 대가로 녹봉과 품계를 받음
    - 노비 : 원칙적으로 군역 의무는 없음 but 필요에 따라 군제에 편제되는 경우는 있음 ex) 잡색군

- 편성 ┬ 중앙군 ┬ 5위 ┬ 기능 : 궁궐 · 서울 수비 ex) 의흥위(중앙), 용양위(좌), 호분위(우), 충좌위(전), 충무위(후)
    - │ ├ 구성 : 정군 + 갑사 + 특수병
    - │ └ 지휘 : 5위도총부를 설치(세조)하여 문반 관료가 지휘
    - └ 기타 ┬ 내삼청 : 왕의 친위군으로 내금위, 우림위, 겸사복으로 구성
      - └ 훈련원 : 군사 훈련이나 무과 시험을 관장하는 병조의 속아문
  - 지방군 : 영진군 ┬ 기능 : 해안과 국경의 요지에 영과 진을 설치하여 방어
    - └ 구성 : 농민병으로 평상시에 농업에 종사하다가 지방의 요지나 중앙에서 번상
  - 예비군(잡색군) : 서리, 잡학인, 신량역천인, 노비 등으로 구성되어 유사시를 대비

- cf) 갑사 ┬ 연혁 ┬ 태조 : 의흥친군위의 군사를 주축으로 구성된 왕실의 사병
    - └ 태종 : 사병 혁파 이후 왕실 · 중앙의 시위, 변경 방위 등을 담당하는 정예군
  - 선발 : 무예만을 평가하는 취재를 통해 선발
  - 특징 : 5위의 핵심을 이룬 상층의 직업 군인으로 품계를 가진 무반
  - 대우 ┬ 관직 ┬ 근무 기간에 따라 5품 ~ 8품의 관직에 제수, 임기를 마치면 종4품에 제수
    - │ └ 근무 중이라도 무예가 뛰어나거나 성적이 우수한 자는 수령, 군관, 만호 등으로 승진
    - └ 보수 : 근무 기간에 따라 급료를 지급
  - 구성 ┬ 초기 : 말, 군장, 종자(從者)를 스스로 부담하기 때문에 경제력에 따라 입대를 제한
    - └ 변화 : 세종 이후 병력 부족으로 인해 입대 범위를 확대하였으나 사족은 입대를 기피

🔖**확인해 둘까요!** ◀ **지방군의 방어 체제**

- 진관 체제 ┬ 실시 : 15c 세조 이후
  - 내용 : 지역 단위의 방위 체제로 각 지역의 지방관이 지휘
  - 구성 ┬ 각 도에 병영을 설치하여 병사가 관할 군대를 장악
    - └ 병영 밑에 주진과 그 아래에 거진, 제진을 설치하여 그 지역의 수령이 관할 군대를 통솔
  - 지휘 ┬ 주진 : 병마절도사 혹은 수군절도사 → 관찰사가 겸임
    - └ 거진(첨절제사, 목사가 겸임), 제진(동첨절제사로 군수가 겸임 or 절제도위로 현감 · 현령이 겸임)
  - 특징 : 소규모 적의 침략과 내륙 방어에 효과적 but 대규모 적의 침략에는 한계가 있음
  - 한계 : 군역의 문란(대립제, 방군수포제)으로 인해 병력 자원이 줄어들어 전투력 유지가 어려움
- 제승방략 체제 ┬ 실시 시기 : 16c 을묘왜변 이후
  - 특징 : 유사시 중요 방어처에 각 지역의 병력을 동원, 중앙에서 파견되는 장수가 지휘
  - 한계 : 한 번 무너지면 다른 방어 수단이 없음 → 임진왜란 초기 패전의 원인을 제공

정도전의 정치 사상과 활동

• 민본 통치 : 임금의 지위는 높기로 말하면 높다고 할 수 있고, 귀하기로 말하면 귀하다고 할 수 있다. 그러나 천하는 넓으며 만백성은 지극히 많다. …… 백성은 약하지만 힘으로 위협할 수 없고, 어리석지만 지혜로써 속일 수 없는 것이다. 그들의 마음을 얻으면 복종하게 되고, 그들의 마음을 얻지 못하면 떠나가게 된다. 군주는 천명의 대행자이지만 천명, 천심은 고정 불변의 것이 아니라, 민심에 의하여 바뀔 수도 있기 때문에 만약 군주가 자기의 의무와 책임인 어진 정치를 저버려 민심을 잃게 되면 천심, 천명이 바뀌고, 천심, 천명이 바뀌면 군주는 교체 될 수도 있다. 〈조선경국전〉

• 재상 중심의 정치 : 임금의 직책은 재상 하나를 잘 뽑는 데 있다. 재상은 위로는 임금을 받들고 아래로는 백관을 통솔하여 만인을 다스리는 것이니 그 직책이 매우 크다. 임금의 자질에는 어리석은 자질도 있고 현명한 자질도 있으며, 강력한 자질도 있고 유약한 자질도 있어서 한결같지 않으니, 임금의 아름다운 점은 순종하고 나쁜 점은 바로 잡으며, 옳은 일은 받들고 옳지 않은 것은 막아서, 임금으로 하여금 올바른 경지에 들게 하는 재상의 역할이다.

• 요동 정벌 계획 : 정도전은 남은과 깊이 결탁하여 남은으로 하여금 아뢰게 하기를, "사졸은 훈련되었고 군량도 갖추어졌으니, 때를 타서 동명왕의 옛 강토를 회복할 만합니다."하니, 태상왕은 그렇지 않다고 하였다. 남은이 여러 번 말하므로, 태상왕이 정도전에게 물으니, 그는 지나간 옛일에 외이(外夷)로서 중원(中原)에 들어가 왕이 되었던 일들을 차례로 들어 논함으로써 남은의 말이 믿을 만하다고 말하고, 도참(圖讖)을 인용하여 정도전의 말에 갖다 맞추기도 하였다. 〈조선왕조실록〉

정도전의 문화계 활동

• 〈고려국사〉 편찬 : 우리 국왕 선하는 성스럽고 슬기로운 자질과 높고 밝은 학식으로 전적(典籍)을 갈고 닦아 행동이 예전 현명한 군주를 본받으셨다. 비록 이 책이 불타고 잃어버린 나머지 엉성하게 간추린 속에서 뽑아낸 것으로서 임금과 신하의 어질고 어질지 못한 것과 정치 교화의 잘하고 잘하지 못한 것과 예악의 연혁과 풍속의 좋고 나쁜 것을 구비하여 모두 기록하지는 못하였으나 〈시경(詩經)〉에 "은나라를 비추는 거울은 멀리 있지 않다. 바로 하(夏)나라의 우(禹)임금 세대에 있다."라고 하였으니 그 귀와 눈으로 듣고 본 일이다.

• 불교 비판 : 부처의 말에 "사람은 죽어도 정신은 멸하지 않으므로 태어나 다시 형체를 받는다."라고 하였으니, 이에 윤회설이 생겼다. …… 하늘과 땅 사이는 화로와 같아서 비록 생물일지라도 모두 녹아 없어진다. 어찌 흩어진 것이 다시 합하여지며, 이미 간 것이 다시 올 수 있으랴. …… 과연 불씨(佛氏)의 설과 같다면 사람의 화복과 질병이 음양오행과는 관계없이 인과의 응보에서 나오는 것이 되는데, 우리 유가의 음양오행을 버리고 불씨의 인과응보설을 가지고서 사람의 화복을 정하고 사람의 질병을 진료하는 사람이 한 사람도 없느냐, 불씨의 설이 황당하고 오류에 가득 차 믿을 수 없다. 〈불씨잡변〉

정도전의 한양 도성 건설

• 내용 : 천자는 칠묘를 세우고 제후는 오묘를 세우며, 왼쪽에는 종묘(宗廟)를 세우고 오른쪽에는 사직(社稷)을 세우는 것은 옛날의 제도이다. 그것이 고려 왕조에서는 …… 법도에 합하지 아니하고, 또 성 밖에 있으며, 사직은 비록 오른쪽에 있으나 그 제도는 옛날의 것에 어긋남이 있으니, 예조에 부탁하여 상세히 규명하고 의논하여 일정한 제도로 삼게 할 것이다.

• 평가 : 대왕대비가 전교하기를, "경복궁의 궁궐들이 완성되었다. 궁궐의 이름을 정하고 송축한 문구를 생각해 보니 천 년의 뛰어난 문장으로서 격세지감을 느끼지 않을 수 없다. 특별히 훈봉을 회복시키고 시호를 내리도록 하라."

태종의 집권

• 참찬문하부사 하륜 등이 청하였다. "정몽주의 난에 만일 그가 없었다면, 큰일이 거의 이루어지지 못하였을 것이고, 정도전의 난에 만일 그가 없었다면, 또한 어찌 오늘이 있었겠습니까? …… 청하건대, 그를 세워 세자를 삼으소서." 임금이 말하기를, "경들의 말이 옳다."하고, 드디어 도승지에게 명하여 도당에 전지하였다.

• 왕세자를 세우는 것은 나라의 근본을 정하는 일이다. 정안군은 문무의 자질을 겸비하고 뛰어난 덕을 갖추었으며, 상왕께서 개국하던 때 대의를 주장하였다. 또한 형인 과인을 호위하여 큰 공을 세웠으므로 이에 정안군을 왕세자로 삼는다.

01 조선 초기의 정치

SECTION

태종

• 하륜에게 명하여 관제를 정하게 하였다. 도평의사사를 고쳐 의정부로 하고, …… 문하부의 이름을 혁파하고, 낭사를 고쳐 사간원으로 하고, …… 중추원을 고쳐 삼군부로 하여, …… 의정부에는 참여하지 못하게 하고, 좌복야 · 우복야를 고쳐 좌사 · 우사로 하였다.　　　　　　　　　　　　　　　　　　　　　(cf. 실시 시기는 정종 2년이지만, 태종의 업적으로 볼 수 있음)

• 내가 송도에 있을 때 의정부를 없애자는 의논이 있었으나, 겨를이 없었다. 대간에서 의정부를 없앨 것을 청하였으나 윤허하지 않았었다. 내가 생각해보니 모든 일이 내 한 몸에 모이면 결재가 힘들겠지만, 임금인 내가 고생스러움을 피하겠는가.

• 6조 직계제 실시 : 의정부의 서사를 나누어 6조에 귀속시켰다. …… 왕은 의정부의 권한이 막중함을 염려하여 혁파할 생각이 있었는데, 신중히 급작스럽지 않게 행하였다. 의정부가 관장하는 것은 사대 문서와 중죄수의 심의뿐이다.

• 호패법 실시 : 남자 장정으로서 16세 이상이면 호패를 찬다. 동반 · 서반과 내관 2품 이상인 자는 아패를 차고, 삼의사로서 잡과에 급제한 자는 각패를 차며, 생원과 진사는 황약목패, 유품 · 잡직 · 사(士) · 서인 · 서리 · 향리는 소목방패, 송사천 · 가리는 대목방패를 찬다. 서울에서는 한성부, 지방에서는 각 해당 관(官)에서 도장을 찍어 발급한다. 호패를 차지 않은 자는 처벌하고, …… 다른 사람에게 호패를 빌려준 사람은 장형 100대와 도형 3년에 처한다.

세종

• 의정부 서사제 실시 : "6조 직계제를 시행한 이후 일의 크고 작음이나 가볍고 무거움에 상관없이 모두 6조에붙여져 의정부와 관련을 맺지 않고, 의정부의 관여 사항은 오직 사형수를 논결하는 일뿐이므로 옛날부터 재상을 임명한 뜻에 어긋난다. …… 6조는 각기 모든 직무를 먼저 의정부에 품의하고, 의정부는 가부를 헤아린 뒤에 왕에게 아뢰어 (왕의) 전지를 받아 6조에 내려 보내어 시행한다. 오직 이조와 병조에서의 관리 제수나 병조에서 군사를 쓰는 일, 형조에서 사형수 이외의 형결은 해당 조(曹)로 하여금 직접 아뢰어 시행하게 하고 즉시 정부에 보고하여 만일 합당하지 못한 일이 있으면 정부에서 이에 따라 반대하고 다시 계문해서 시행하게 하라."고 하였다.

• 노비 출산 휴가 지급 : 관가의 노비는 아이를 낳은 지 7일 후에 입역(入役)하는데, 아이를 두고 입역하면 어린 아이에게 해로울 것이라 과인이 걱정하여 100일간의 휴가를 더 주게 하였다. …… 만일 산기에 임하여 1개월 간의 일을 면하여 주면 어떻겠는가. 상정소로 하여금 이에 대한 법을 제정하게 하라.

세조

• 사육신의 난 : 성삼문이 아버지 성승 및 박팽년 등과 함께 상왕의 복위를 모의하여 중국 사신에게 잔치를 베푸는 날에 거사하기로 기약하였다. … 일이 발각되어 체포되자, 세조가 친히 국문하면서 꾸짖기를 "그대들은 어찌하여 나를 배반하였는가?"하니 성삼문이 소리치며 말하기를 "상왕을 복위시키려 했을 뿐이오. … 하늘에 두 개의 해가 없듯이 백성에게도 두 임금이 있을 수 없기 때문이오."라고 하였다.

• 6조 직계제 부활 : 상왕(단종)이 어려서 무릇 조치하는 바는 모두 대신에게 맡겨 논의 시행하였다. 지금 내가 명을 받아 왕통을 계승하여 군국 서무를 아울러 모두 처리하며 조종의 옛 제도를 모두 복구한다. 지금부터 형조의 사형수를 제외한 모든 서무는 6조가 각각 그 직무를 담당하여 직계한다.

• 왕 6년, 경국대전 호전을 반포하고, 원속전 · 등록 내의 호전을 거두게 하였다.

• 왕 7년, 처음으로 간경도감을 설치하고, 도제조 · 제조 · 사 · 부사 · 관관을 두었다.

의정부

백관을 통솔하고 서정(庶政)을 고르게 하며, 음양을 다스리고 나라를 경륜한다. 영의정 · 좌의정 · 우의정(정1품, 각 1명), 좌찬성 · 우찬성(종1품, 각 1명), 좌참찬 · 우참찬(정2품, 각 1명), 사인(정4품, 2명), 검상(정5품, 1명), 사록(정7품, 2명)의 관원을 둔다. …… 정무는 3정승이 찬성 이하의 보좌를 받아 합의로 처리한다.

3사

- 사헌부 : 시정을 논평하고, 모든 관원을 감찰하며, 풍속을 바로 잡고, 원통하고 억울한 일을 밝히며, 외람된 행위와 허위의 언동을 금지하는 등의 일을 관장한다.
- 사간원 : 임금에게 간언하고 정사의 잘못을 논박하는 직무를 관장한다. 모두 문관을 임용한다.
- 홍문관 : 왕궁 서고에 보관된 도서를 관리하고 문한(文翰) 관계의 일을 전공하며 임금의 물음에 응한다. 모두 문관을 쓴다. 제학 이상은 다른 직무의 관리로 겸임시킨다. 모두 경연의 관직을 겸임한다. 부제학부터 부수찬까지는 지제교(국왕의 지시문을 짓던 관리)의 직무를 겸한다.

대간 제도

- 대간은 위엄과 명망이 우선되어야 하고 탄핵은 뒤에 하여야 한다. 왜냐하면 위엄과 명망이 있는 자는 말하지 않더라도 사람들이 두려워 복종할 것이요. 이것이 없는 자는 수많은 글을 올린다 하더라도 사람들은 더욱 두려워하지 않기 때문이다. 간관은 재상과 대등하다. 일정 직책에 얽매이지 않고 천하의 득실과 백성의 이해, 나라의 주요한 일에 관여하는 것은 재상만이 할 수 있는데, 간관은 이에 대해 말할 수 있으니, 그 지위는 낮지만 직무는 재상과 다를 바 없다. ⟨삼봉집⟩
- 대관은 비록 같은 언관이지만 그 직책은 달라 규찰을 맡아 백관의 비리를 다스린다. 그러므로 임금에게 잘못이 있으면 간관이 글을 올려 아뢰고, 신하가 법을 어기면 대관이 상소하여 탄핵한다. ⟨경제문감⟩

이조 전랑의 권한

- 무릇 내외의 관원을 선발하는 것은 3공에게 있지 않고 오로지 이조 판서에 속하였다. 또한 이조의 권한이 무거워질 것을 염려하여 3사 관원의 선발은 판서에게 돌리지 않고 오로지 전랑에게 맡겼다. 따라서 이조의 정랑과 좌랑이 또한 3사의 언론권을 주관하게 되었다. 3공과 6경의 벼슬이 비록 높고 크나, 조금이라도 마음에 차지 않는 일이 있으면 전랑이 3사의 신하들로 하여금 논박하게 하였다. …… 이 때문에 전랑의 권한이 3공과 견줄 만하였다.
- 정품 이하의 품계에 해당하는 문명(文名)과 높은 덕망이 있는 청백리의 임명이 모두 이조 전랑의 손에서 나옵니다. 이 때문에 이조 전랑의 권한이 지나치게 중하여 때때로 조정을 휩쓸고 매번 이조 전랑을 천거할 때가 되면 나이 젊은 명류들이 기염을 토하며 배격하여 반드시 다투니 이것이 바로 당론의 근원지입니다.

경연 실시

- 강의는 매일 아침에 실시하는 조강이 원칙이었으며, 주강(畫講)과 석강(夕講)을 포함하여, 세 번 강의하는 경우도 많았다. 조강에는 대신 2~3명, 승지 1명, 홍문관원 2명과 함께 사헌부, 사간원 각 1명, 사관이 교대로 참석하였으며, 주강과 석강에는 승지, 홍문관원, 사관만이 참석하였고, 왕은 매번 참석하였다. 교재는 4서 5경과 역사서, 성리학 서적이었다.
- 간관이 상소하였다. "군주의 학문은 한갓 외우고 설명하는 것만이 아닙니다. 날마다 이 제도에 나아가 선비를 맞이하여 좋은 말을 듣는 것은 첫째로 어진 사대부를 만나 덕으로써 감화받기 위함이며, 둘째로 환관과 궁첩(宮妾)을 멀리함으로써 태만한 마음을 떨쳐 일으키기 위한 것입니다. 창업한 임금은 자손의 모범이 되니, 전하께서 만일 이 제도를 서두르지 않으시면 후세에서 이를 구실로 삼아 학문을 등한시할 것이므로 어찌 작은 일이라 하겠습니까? 삼가 원하옵건대, 전하께서는 날마다 경연을 여시어 ⟨대학⟩을 가져와 강론하게 하소서." 임금이 이에 윤허하였다.

01

SECTION

조선 초기의 정치

조선 국왕의 하루 일과 : 경연 강화

새벽	4~5시경 기상
새벽 6시경	왕실 웃어른에게 아침 문안
7시경	아침 식사
<u>8시경</u>	<u>아침 공부(조강)</u>
10시경	아침 조회(조참 또는 상참)
11시경	오전 업무(보고받기, 신료 접견)
정오	점심 식사
<u>오후 2시경</u>	<u>낮 공부(주강)</u>
오후 3시경	신료 접견
오후 5시경	궁궐 내의 야간 숙직자 확인
<u>오후 6시경</u>	<u>저녁 공부(석강)</u>
오후 7시경	저녁 식사
오후 8시경	왕실 웃어른에게 저녁 문안
오후 10시경	상소문 읽기
오후 11시경	취침

관찰사의 역할

첫째, 관찰사는 마땅히 사람을 가려서 선발하여야 한다.

둘째, 관찰사는 직분을 다하여야 한다.

셋째, 관찰사는 마땅히 모두 들추어 탄핵하여야 한다.

넷째, 관찰사는 지나치게 관후해서는 안 된다. 안핵할 때를 당하여 …… 지나치게 관대해서는 안 된다.

다섯째, 관찰사는 <u>마땅히 몸소 먼 곳을 순시해야 한다</u>. 백성들은 궁벽한 시골이나 먼 고장에 살고 있는데 안찰이 드물게 이루어지고, <u>탐학한 수령을 알아내고</u> 민생의 어려움을 살펴 주기만을 고대하고 있으니, 어찌 살피지 않겠는가?

수령 7사(事)

첫째, 농업을 발전시킬 것

둘째, 유교 경전 등의 교육을 진흥할 것

셋째, <u>법을 잘 지켜 백성에게 올바름을 보일 것</u>

넷째, 간사하고 교활한 무리를 제거할 것

다섯째, <u>때 맞추어 군사 훈련을 실시할 것</u>

여섯째, 백성을 편히 하고 호구를 늘릴 것

일곱째, <u>부역을 공평하고 균등하게 부과할 것</u>

암행어사

암행어사는 왕의 특명 사신으로 수령의 잘잘못과 백성의 어려움을 탐문하고 보고하였다. 왕으로부터 도남대문외개탁(到南大門外開坼) 또는 도동대문외개탁(到東大門外開坼)이라 쓰인 봉서를 받고, 승정원 승지로부터 마패 등을 지급받았다. 군현에 들어가 수령의 탐학이나 향호(鄕豪)의 가렴주구를 정찰하였다.

조운제

- 여러 도의 조전은 기한 내에 배가 떠나 상납한다. 충청도 · 황해도는 2월 20일 이전에 떠나 3월 10일 이전에 상납한다. 전라도는 3월 15일 이전에 떠나 4월 10일 이전에 상납한다. 경상도는 3월 25일 이전에 떠나 5월 15일 이내에 상납한다.
- 조선 · 사선을 가리지 않고 적재량은 1,000석으로 한정하며(잡비조로 필요한 물품은 보태 실을 수 있다), 감관과 색리가 함께 타서 원산에서 점검을 받고, 연안의 읍진에서 이를 호송하여야 하며, 사사로운 물품을 더 실은 경우에는 몰수한다.

향리의 과거 응시 제한

- 만약 이들의 자제가 해당 관청의 허가를 받지 않고 과거에 응시하였을 경우 처벌한다. 〈태종실록〉
- 정조(正朝) 후에 나오는 자가 꽤 많더니, 지금은 여러 가지 방법으로 사고를 핑계하고 이역(吏役)을 면하고자 하여 어지러이 신소(申訴)하고 있습니다. 만일 고하는 대로 모두 좇아 그 역을 면제해 준다면, 향리가 날로 줄어들어 각 고을이 쇠잔하게 될 것이오니, 청컨대 임신년 개국 이래 잡과에 등과한 자와 삼정일자(三丁一子)는 전례에 의하여 면역해 주고, 그 이외에는 혹 3대, 혹 2대를 연달아 입역한 자와 비록 자신이 입역하였더라도 구속(求屬)을 자원하는 자는 면역을 허락하지 말아서 주군을 실하게 하소서.

인사 관리

- 천거제 : "내가 즉위한 이후로 매양 천거로 인하여 인재를 사용하였는데, 그 중에서 직책에 맞지 않는 사람이 많았다. 도평의사사 · 대간 · 육조에서는 각기 아는 사람을 추천하되 명수에 구애하지 말고 차례대로 서용하게 하며, 각기 그 반부에는 거주(추천인)의 성명도 아울러 기록하라. 만일 직책에 합당하지 않은 사람이 있으면 죄가 거주에게까지 미치게 하라."
- 인사 고과(포폄제) : 서울과 지방 관원은 3년마다 출신과 경력을 자세히 기록하여 이조에 제출하여 정안(인사 카드)에 기록하게 한다. ……10번 고과에 10번 다 上을 받은 자는 1품계를 올려주고, 두 번 中을 받으면 무록관(녹봉 없이 논밭만 받는 관원)에 서용하고, 세 번 中을 받으면 파직한다. …… 당상관인 수령은 한 번 中을 받으면 파직한다.

군사 제도

- 보법 실시 : 서울과 지방의 군사에 보인(保人)을 지급하는데 차등이 있다. 장정 2명을 1보로 하고, 갑사에게는 2보를 지급한다. 장기 복무하는 환관(宦官)에게도 2보를 지급한다. 기병과 수군에게는 1보 1정을 주고, 보병과 봉수군에게는 1보를 준다. 보인으로서 취재에 합격하면 군사가 될 수 있다. 보인에게 잡물을 함부로 거두거나, 법을 어기고 보인을 함부로 부리면 가까운 이웃까지 군령으로 다스리고 본인은 강등하여 보인으로 삼는다. 〈경국대전〉
- 잡색군 : 국가에서 도의 수륙 정군(正軍) 이외에 향리 · 역자 · 공사 노복 및 향교 생도를 역의 유무를 분간하지 아니하고 모두 다 판적에 이름을 올리고, 모두 패를 만들어 잡색군이라 이름하고, 만일 사변이 있으면 다 징발하게 하도록 이미 입법하였으나, 뽑아 정하는 절목이 다 되지 아니하였고, 또 점검하고 열병하지 아니하므로, 한갓 문구만이 되었을 뿐입니다.

지방군 방어 체제

- 진관 체제 : 각 도 군사들은 모두 진관에 분속시켰다. 이에 변란이 있으면 각 진관이 소속 군인들을 거느리고 정돈하여 주장(主將)의 호령을 기다렸다. 경상도를 예로 들어 말하면, 본도에는 김해, 대구, 상주, 경주, 안동, 진주 등 여섯개의 진관이 있었다.
- 제승방략 체제 : 을묘왜변 이후 김수문이 전라도에서 처음으로 도내의 여러 읍을 순변사 · 방어사 · 조방장 · 도원수와 본도 병사 · 수사에게 소속시키고 이름하기를 제승방략이라고 하니 여러 도에서 이를 본받았다. 이리하여 위급한 일이 있으면 반드시 멀고 가까운 곳의 군사를 모두 동원하여 빈 들에 모아 두고 1,000여 리 밖에서 오는 장수를 기다리게 하였다. 장수는 이르지 않았는데 적은 가까이 오니, 군대의 마음이 동요하여 궤멸하는 도리밖에 없다. 무리가 한 번 흩어지면 다시 모이기는 어려운 법이니, 이 때 비록 장수가 당도하여도 누구를 데리고 싸울 수 있겠는가?

02 사림과 붕당 정치

1 사림의 대두와 사화

(1) 사림의 성장

- 배경 : 관학파의 변질 ┬ 상황 : 세조 즉위(1455)를 계기로 공신 규모와 특권의 확대
  - ├ 변화 : 혁명파 사대부 → 관학파 → 훈구파
  - └ 폐단 : 대토지 소유 확대 + 방납의 이익 획득 → 특권 세력화
- 정계 진출 ┬ 시기 : 16c 전후
  - ├ 배경 : 성종이 훈구파 견제를 위해 영남 사림(김종직 등)을 중용   cf) 김종직의 관직 진출은 세조 때
  - └ 활동 ┬ 중앙 : 전랑 · 3사 등 언론 강화 → 훈구 세력의 비행과 대토지 소유 비판, 공납제 개혁을 주장
      - └ 지방 : 유향소 복설 운동 전개
- 변화 : 온건파 사대부 → 사학파 → 사림파

꼭! 알아두기 · 훈구와 사림

		관학파(官學派)	사학파(私學派)
고려 시대	연원	혁명파 사대부 : 역성혁명 추구	온건파 사대부 : 고려 안의 점진적 개혁 추구
	학자	정도전, 조준, 권근	이색, 정몽주, 길재
주도 시기		15c(조선 초기)	16c 중엽 이후(조선 중기)
정치	목표	부국강병 추구, 중앙 집권 체제 강화	왕도 정치, 향촌 자치 추구
	관련 제도	관찰사 · 수령 강화, 경재소, 교통 · 통신 발달	유향소 복설 운동, 서원 설립, 향약 보급
학문적 경향		사장 중시 → 문학 발달 <주례> 중시	경학 중시 → 문학 쇠퇴 but 女시인, 가사 문학 <소학> 중시
과학 기술	입장	우대	천시
	관련 내용	농서 · 의서 간행, 역법 발달	발달 저조
다른 사상에 대한 입장		성리학 이외의 사상도 포용 → 한 · 당 유학, 불교, 도교, 풍수지리도 포용	여타 사상을 이단, 음사로 몰아 배척
성리학에 대한 인식		사회 개혁의 원리로 이해	성리학 지상주의
문화에 대한 인식		민족 문화에 대한 자각	중국 중심의 세계관
교육 기관		성균관, 집현전	서원
경제 기반		大지주	中小지주
변 화		세조 집권 이후 변질 : 훈구파(勳舊派) → 대토지 소유 확대, 방납의 이익 획득	사림파(士林派) → 훈구의 농장 소유 비판, 공납 개혁 주장
세조에 대한 평가		긍정적	부정적
주요 관직		의정부, 6조	이조 전랑, 3사 언관
상호 대립		사화(士禍)의 발생 ex) 무오(연산), 갑자(연산), 기묘(중종), 을사(명종)	

(2) 사화의 발생

- 연산군 ┌ 정치 : 훈구와 사림을 억압하고 왕권 강화 시도 + 사림의 자유로운 언론 활동 억압 시도
  ├ 사건 ┌ 무오사화 ┌ 발단 : 훈구파(이극돈, 유자광·서얼)가 김일손(김종직의 제자)이 〈성종실록〉에 실은
  │   │   │   김종직의 〈조의제문〉을 세조를 비난한 글이라고 모함
  │   │   └ 결과 : 영남 사림들이 처형되고, 김종직은 부관참시를 당함
  │   └ 갑자사화 ┌ 내용 : 연산군의 생모인 폐비 윤씨 사건에 관련된 훈구파와 사림파를 제거
  │   ├ 결과 ┌ 관리에게 신언패(발언을 삼가해야 한다는 패)를 차게 하는 등 언론 억압
  │   │   └ 재정 낭비 → 폭압 정치
  │   └ 영향 : 박원종 등의 훈구파가 중종반정 단행
  └ 사회 : 홍길동의 난(충청도 일대에서 활약)
- 중종 ┌ 정치 ┌ 사림의 재등용 → 개혁 ┌ 현량과 실시(신진 세력 추천), 소격서 폐지, 공납제 개혁 요구
  │   │   (조광조)   └ 성리학적 질서 확립(향약 실시, 소학 보급), 경연 강화
  │   ├ 기묘사화 ┌ 발단 ┌ 조광조의 급진적 개혁 정치에 대한 중종의 피로감 증가
  │   │   │   └ 조광조가 중종반정에 공을 세운 일부 공신들의 위훈 삭제 요구 → 훈구 공신의 반발
  │   │   └ 과정 : 훈구파는 조광조가 직접 왕이 되고자 한다고 모함(주초위왕, 走肖爲王)
  │   │   → 조광조는 파직되어 유배를 가서 죽임을 당하고 다른 사림들도 많은 피해 입음
  │   └ 기구 ; 비변사를 임시 기구로 설치 ← 삼포왜란 이후
  ├ 외교 : 삼포왜란 → 임신약조 → 사량진왜변
  ├ 경제(군역) : 군적수포제 실시(정군과 보인 모두 포를 내는 것으로 군역을 대신함)
  ├ 사회 ┌ 향촌 : 백운동 서원 설립(주세붕, 최초의 서원)
  │   └ 정책 : 〈구황절요〉 간행(구황법 제시)   cf) 〈구황촬요〉 간행은 명종 때의 일
  └ 문화 ┌ 출판 : 〈이륜행실도〉 편찬, 〈신증동국여지승람〉 편찬   cf) 〈훈몽자회〉 간행(최세진)
         └ 사상 ┌ 유학 : 양명학 전래(서경덕 학파와 종친을 중심으로 수용)
                └ 불교 : 억불 정책 ex) 승과 폐지
- 명종 ┌ 정치 ┌ 을사사화 ┌ 배경 : 인종 사후 명종이 즉위하면서 생모인 문정왕후의 수렴청정 실시
  │   │   ├ 명분 : 윤임 일파가 명종 시해를 모의했다는 명목
  │   │   ├ 과정 : 윤원형 일파(명종의 외척, 소윤)가 윤임 일파(인종의 외척, 대윤)를 정계에서 축출
  │   │   │   하는 과정에서 윤임과 가까웠던 사림도 피해를 입음
  │   │   └ 영향 : 양재역 벽서 사건 발생
  │   └ 기구 : 비변사의 상설 기구화 ← 을묘왜변 이후
  ├ 외교 : 정미약조 → 을묘왜변   cf) 제승방략 체제 실시
  ├ 경제 ┌ 토지 : 직전법 폐지(녹봉만 지급) → 지주전호제 확산
  │   └ 폐해 : 척신과 권신들이 많은 노동력을 투입하여 해택지 개간
  ├ 사회 ┌ 향촌 : 백운동 서원을 소수 서원으로 사액(이황의 건의)
  │   └ 임꺽정의 난 ┌ 지역 : 황해도를 중심으로 경기·강원·평안·함경도 일대
  │   ├ 내용 ┌ 백정 거주지와 공물 운송과 사신 왕래가 많아 백성의 부담이 큰 곳에서 활동
  │   │   └ 조선 전기 도적 중 가장 큰 세력을 형성
  └ 문화 ┌ 불교 : 숭불 정책(문정왕후) ex) 승려 보우 중용, 승과의 일시적 부활, 선교 양종의 재설치
         └ 출판 ┌ 지리 : 〈조선방역지도〉 간행(만주와 쓰시마를 표시)
                └ 유서 : 〈고사촬요〉 간행(어숙권)   cf) 서명응 : 〈고사신서〉라는 이름으로 증보(영조)

02 SECTION 사림과 붕당 정치

2 붕당 정치

(1) 붕당의 출현

- 배경 ┌ 정치에 참여하려는 양반의 수 증가 but 관직·토지는 한정 → 관직·토지를 둘러싼 양반 간의 대립과 반목
　　　 └ 초기에 비해 16c 이후 상대적으로 왕권 약화
- 쟁점 : 기존 척신 세력에 대한 처리 문제 + 선조 때 인사권을 가진 이조 전랑 자리를 둘러싼 대립
- 전개 ┌ 기성 사림 ┌ 구성 : 명종 때부터 정권에 참여해온 사림 ex) 심의겸
　　　 │　　　　 ├ 특징 : 척신 정치 청산에 소극적 → 외척인 심충겸을 이조 전랑에 임명해도 된다는 입장
　　　 │　　　　 └ 붕당 : 서인 → 이이·성혼의 학문을 계승
　　　 └ 신진 사림 ┌ 구성 : 새롭게 정계에 등장한 사림 ex) 김효원
　　　 　　　　　 ├ 특징 : 척신 정치 청산에 적극적 → 외척인 심충겸을 이조 전랑에 절대 임명해서는 안된다는 입장
　　　 　　　　　 └ 붕당 : 동인 → 이황·조식·서경덕의 학문을 계승
- 성격 : 정치적 이념에 따른 정파적 성격뿐 아니라 학문적 이념에 따른 학파적 성격도 띠게 됨

(2) 붕당 정치의 성격

- 전제 ┌ 정치 이념과 학문에 따라 조직된 붕당들이 서로의 존재를 인정
　　　 └ 공론에 따라 상호 견제와 비판, 협력을 유지하는 정치 형태
- 과정 : 공론 중시 ┌ 지방 : 서원과 향교를 통해 여론 수렴 → 공론을 주도하는 산림의 출현
　　　 　　　　　 │　　 → 산림의 주장이 자신의 학파를 통해 중앙 정치에 반영됨
　　　 　　　　　 └ 중앙 ┌ 비변사를 통해 의견 수렴
　　　 　　　　　 　　　 └ 언론을 중시 : 3사 언관과 이조 전랑의 정치적 비중 확대
- 한계 : 공론은 백성의 의견을 반영하는 것이 아니라 지배층의 의견을 수렴하는 것에 불과

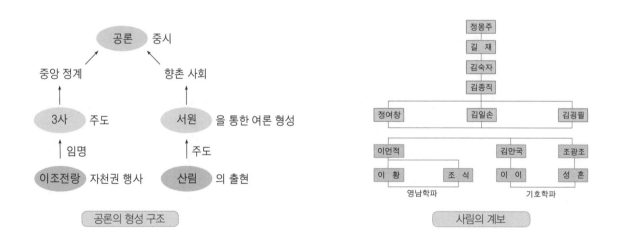

공론의 형성 구조　　　　　　　　　사림의 계보

◇확인해 둘까요! ● 붕당 정치를 제대로 배워야 하는 이유

일제는 식민지 지배를 정당화하기 위해 여러 논거를 바탕으로 식민사관을 주장했다. 식민사관 중에서 가장 대표적인 것이 당파성론이다. 당파성론은 조선의 정치가 역사의 발전과는 아무 관련도 없는 당파 싸움으로 얼룩져서 조선은 패망할 수밖에 없었다는 논리로, 조선에 대한 일본의 강제 합병을 정당화하는 근거로 이용되고 있다.

(3) 중기의 국왕

- 선조 ─ 정치 ┬ 사림의 분당 ┬ 계기 : 척신(심충겸)의 이조 전랑에 대한 임명 문제
    │   │   ├ 내용 : 동인 (신진사림, 학파를 일찍 형성) vs 서인 (기성사림, 학파를 후에 형성)
    │   │   └ 결과 : 동인의 정국 주도
    │   ├ 동인의 분당 ┬ 계기 : 기축옥사(정여립(대동계) 모반 사건) + 건저의 문제(정철 논죄)
    │   │   ├ 내용 : 북인 (정철 처리 문제에 강경) vs 남인 (정철 처리 문제에 온건)
    │   │   └ 결과 : 남인의 정국 주도
    │   └ 왜란 이후 : 전란 과정에서 의병장으로 활약한 북인 의 정국 주도   cf) 북인이 소북과 대북으로 분화
    ├ 외교 ┬ 여진 : 니탕개의 난 vs 신립이 제승방략 체제로 격퇴
    │   └ 일본 : 임진왜란 · 정유재란 → 탐적사(승려 유정), 회답겸쇄환사 · 조선통신사 파견
    ├ 군사 : 훈련도감 설치 + 속오군 편성(충주 탄금대 전투 패배 이후 진관 체제로 복귀)
    ├ 사회 : 경재소 혁파
    └ 문화 ┬ 출판 : <성학십도>(이황), <성학집요>(이이), <기자실기>(이이), <대동운부군옥> 간행   cf) 사고 설치
          └ 지리 : <곤여만국전도>(세계지도) 전래

- 광해군 ┬ 정치 : 북인 의 주도 ┬ 남인 · 서인 배제 시도   cf) 5현(김굉필, 정여창, 조광조, 이언적, 이황) 문묘종사
    │   └ 회퇴변척 시도 : 이언적(회재) · 이황(퇴계)을 문묘에서 삭제 시도 but 실패
    ├ 외교 ┬ 중국 : 중립 외교 ex) 강홍립 사건
    │   └ 일본 : 기유약조 체결
    └ 전후 복구 : 양안 · 호적 재작성, 대동법 실시(경기), <동의보감> 편찬, 사고 재정비, 화기도감 설치

- 인조 ┬ 정치 ┬ 인조반정 ┬ 명분 : 중립 외교 + 폐모살제(광해군이 인목대비 유폐, 영창대군 살해)
    │   │ (서인) ├ 결과 ┬ 서인 의 정국 주도 + 명에 대한 의리명분론 강화 ┐→ 정묘 · 병자 호란 발생
    │   │   └ 이괄의 난 발생(반정의 논공행상에 대한 불만) ┘
    │   └ 관직 : 시강원에 산림직 설치 → 산림 등용
    ├ 군사 : 어영청, 총융청, 수어청 설치 + 박연(벨테브레이)이 훈련도감에 소속됨
    └ 경제 ┬ 수취 : 영정법 실시
          └ 산업 : 동전 주조 ex) (팔분체) 조선통보, 상평통보(?)

- 효종 ┬ 정치 : 북벌론을 주도한 서인 의 정국 주도 + 남인 참여 → 북벌 준비(송시열, 송준길, 이완)
    ├ 군사 : 청의 요청으로 2차에 걸친 나선 정벌 + 하멜이 훈련도감에 소속됨
    ├ 경제 ┬ 수취 : 양척동일법 실시
    │   └ 산업 : 동전(십전통보)을 개성을 중심으로 널리 유통 + 설점수세제 첫 실시
    └ 문화 : 시헌력 도입(← 김육의 노력)

- 현종 ┬ 정치 ┬ 서인 의 정국 주도 + 남인 공존(남인 → 서인이 주도한 북벌론을 비판)
    │   └ 예송 ┬ 1차 ┬ 발단 : 효종 사후 자의대비(인조의 계비)의 복제 문제에 대한 논쟁
    │   │ (기해) ├ 내용 ┬ 서인 : 體而不正(왕위를 승계했으나 적통은 아님) → 1년복(기년복) 주장
    │   │   │   └ 남인 : 3년복 주장
    │   │   └ 결과 : 서인 승리(송시열 · 송준길 등)
    │   └ 2차 ┬ 발단 : 효종비 사후 자의대비(조대비)의 복제 문제에 대한 논쟁
    │   (갑인) ├ 내용 : 서인(9개월복 = 대공복) vs 남인(1년복 = 기년복)
    │   └ 결과 : 남인 승리(윤휴 · 허목 · 윤선도) → 남인 의 정국 주도, 서인 참여
    └ 경제 · 사회 : 제언사 설치

02 사림과 붕당 정치

SECTION

(4) 전개 과정

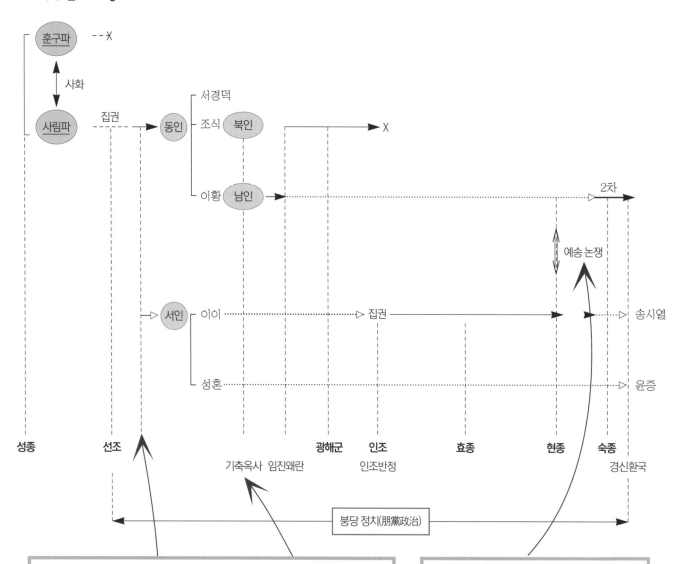

1. 사림의 분당 : 동인 vs 서인

- 정파 ┬ 계기 : 척신(심충겸)의 이조전랑 임명에 대한 입장 차이
  └ 입장 : 동인(김효원, 부정적 = 강경) vs 서인(심충겸, 온건)
- 학파 ┬ 동인 ┬ 서경덕·조식·이황의 학문 계승
  │   └ 사족의 수기(修己) 강조, 지배층의 도덕성 중시
  └ 서인 ┬ 이이·성혼의 학문 계승
          └ 치인(治人) 강조, 개혁을 통한 부국안민 중시

3. 예송 논쟁

	남인 (南人)	서인 (西人)
논리의 근거	국조오례의	주자가례
1차 (기해)예송	3년설	1년복 → 승리
2차 (갑인)예송	1년복 → 승리	9개월복
효종의 정통성	인정	體而不正
정치의 중심	왕권(王權)	신권(臣權)

2. 동인의 분당 : 북인 vs 남인

- 정파 ┬ 계기(기축옥사) : 정여립(대동계 조직) 모반 사건을 서인 정철이 혹독히 조사하여 동인의 막대한 피해
  ├ 쟁점 : 건저의 사건(왕세자를 세우는 논쟁)으로 선조의 미움을 받은 서인 정철 처벌에 대한 입장 차이
  └ 입장 : 북인(정철에 대해 강경) vs 남인(정철에 대해 온건)
- 학파 : 북인(서경덕·조식의 학문 계승, 정인홍·이이첨) vs 남인(이황의 학문 계승, 유성룡)

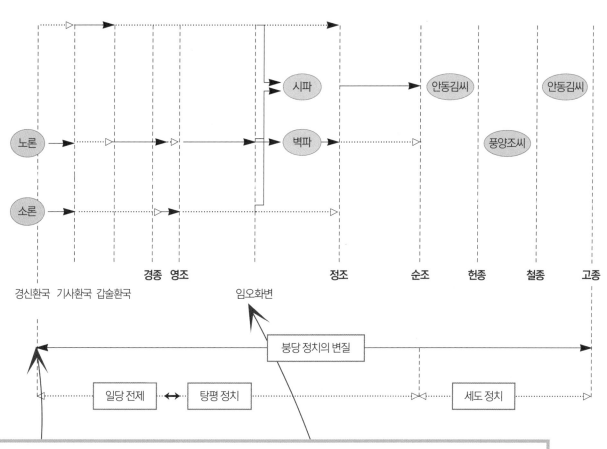

4. 서인의 분당 : 노론 vs 소론

- 정파 ┌ 쟁점 : 경신환국 이후 남인 처벌에 대한 입장 차이
  └ 입장 : 노론(남인에 대해 강경, 송시열 · 송준길 등) vs 소론(남인에 대해 온건, 윤증 · 박세채 등)
  cf) 갈등 심화 : 갑술환국 이후 '희빈 장씨'에 대한 처벌 문제(무고의 옥) + 숙종 이후 왕위 계승 문제
- 학파 ┌ 배경 : 사제지간인 송시열(회덕, 스승)과 윤증(니성, 제자)의 사상적 갈등 → 회니시비 발생
  └ 입장 : 노론(이이 → 송시열의 학문 계승) vs 소론(성혼 → 윤증의 학문 계승)

5. 정계의 재편 : 벽파 vs 시파

- 원인 : 사도세자의 죽음(임오화변)에 대한 입장 차이
- 입장 ┌ 벽파 : 사도세자의 죽음을 당연시함 ex) 대다수의 노론(심환지 등)
  └ 시파 : 사도세자의 죽음을 측은시함 ex) 남인(채제공, 이가환, 정약용), 일부 노론(안동 김씨), 일부 소론

02 사림과 붕당 정치

SECTION

◇ 확인해 둘까요! • 산림(山林)

1. 정의 : 산림지사(山林之士), 산림숙덕지사(山林宿德之士), 산림독서지사(山林讀書之士)
- 조선 시대에 산곡임하(山谷林下)에 은거해 있으면서 학문적 권위와 세력을 바탕으로 정치에 참여한 인물
- 조선 중기 과거를 거치지 않고 향촌에 은거하면서 유림의 추앙을 받는 존재
- 정계를 떠나 있어도 정치에 무관심하지 않고, 정계에 진출했어도 항상 산림에 본거지를 가진 존재

2. 활동
- 등장(선조, 16c 말) : 성혼, 정인홍(광해군 때 이이첨의 국정 주도의 유력한 배경된 인물)
- 제도화 ┬ 산림직 ┬ 배경 : 반정 이후 많은 사림들의 지지 획득 필요
  │   ├ 내용 ┬ 인조 : 성균관에 사업(종4품) 설치, 시강원에 찬선(정3품), 익선(종4품), 자의(정7품) 설치
  │   │   └ 효종 : 성균관에 제주(좨주, 정3품) 설치
  │   └ 특징 ┬ 마땅한 인물이 없으면, 자리를 비워둘 망정 산림이 아닌 인물은 임명되지 않는 관직
  │   ├ 실직을 가진 자가 임명될 때는 겸직이 되고, 그렇지 못한 자가 임명될 때는 실직
  │   └ 관계의 승전에도 파격적인 대우, 징소 과정에서도 특별한 예우
  └ 등용 : 송시열, 송준길, 윤선거, 허목, 윤휴, 박세채, 윤증, 권상하 등
- 기능 ┬ 정치 ┬ 인조~효종 때 의리명분론과 북벌론을 적극 지지 → 국왕에 정국 안정을 위한 명분 제공
  │   └ 강한 학연을 바탕으로 각 당의 영수가 되어 각 당의 집권 정당성과 예송 등의 논쟁을 직접 주도
  └ 교육 : 경연·서연에서 강의, 성균관 유생의 훈도 및 향촌에서의 문도 배양에 역할

3. 한계 : 사족의 주도권을 강화해 가는 정치를 운영 but 군주제 하에서 점차 위상이 격하
- 숙종 : 사족 간의 대립 심화로 인해 붕당의 지도자로서 정쟁의 전면에 나섬 → 본래의 의미가 약화
- 영조·정조 : 탕평책 실시로 사족을 억압한 국왕에 의해 위상이 크게 격하 → 상징적 존재에 불과
- 세도 정치 : 지위가 더욱 격하되어 많이 등용되지 않고 외척의 사인(私人)으로 전락 ex) 홍직필(안동 김씨와 연관)

핵심 | 자료 읽기

김종직
- 김종직은 경상도 사람이다. 학문이 뛰어나고 문장을 잘 지으며 가르치기를 즐겼다. 그에게 배워 과거에 급제한 사람이 많았다. 경상도 선비로 조정에 벼슬하는 사람들이 그를 우두머리로 모셨다. 스승은 자기 제자를 칭찬하고 제자는 자기 스승을 칭찬하는 것이 정도에 지나쳤다. 조정에 새로이 진출한 무리는 그것을 알지 못하고 함께 어울리는 자가 많았다. 그 때 사림들이 이를 비판하여 '경상도 선비의 무리' 라고 하였다.   〈성종실록〉
- 조의제문 : (세조 2년) 그날 밤 꿈에 키가 크며 화려하게 무늬를 놓은 옷을 입어 품위가 있어 보이는 신인이 나타나 말했다. "나는 초 회왕의 손자 심이다. 서초패왕(항우)에게 죽음을 당하여 빈강에 빠져 잠겨있다." 말을 마치자 갑자기 사라졌다. 깜짝 놀라 잠을 깨어 생각해 보았다. '회왕은 남방 초나라 사람이고 나는 동이인이다. 땅이 서로 만 리나 떨어져 있고 시대가 또한 천여 년이나 떨어져 있는데 내 꿈에 나타나는 것은 무슨 징조일까. 아마 항우가 사람을 시켜 몰래 쳐죽여 시체를 물에 던졌던 것인지 알 수 없는 일이다.' 하고, 드디어 문(文)을 지어 조(弔)한다.

핵심 자료 읽기

무오사화

- 이극돈 : (능청맞게) 여보게, 계운(김일손의 호) 자네가 이번 사초에 내가 정희왕후 국상 중에 관기를 불러 주연을 베푼 사실
을 썼다던데, 그것 좀 빼주면 안되겠나?

  김일손 : (단호한 어조로) 그건 불가하오.

- 임금이 교지를 내렸다. "지금 그의 제자 김일손이 찬수한 사초 내에 부도덕한 말로 선왕의 일을 터무니없이 기록하였다.
'조룡이 어금니와 뿔을 휘두른다'고 한 것은 세조를 가리켜 시황제에 비긴 것이요, '희황을 찾아내어 민망(民望)에 따랐
다'고 한 것은 노산군을 가리켜 의제에 비긴 것이고, '그 인의를 볼 수 있다'고 한 것은 노산을 가리킨 것이니 의제의 마음
에 비추어 말한 것이다. …… 성덕을 속이고 논평하여 김일손으로 하여금 역사에 거짓을 쓰는 지경에까지 이르렀다."

갑자사화

국왕은 다음과 같이 사건을 처리하였다. "이파의 자손은 폐하여 서인으로 하고, 한명회, 심회, 정창손, 정인지, 김승경 등은 만
일 종묘에 배향된 자가 있으면 내치라. 또 이세좌의 아들, 사위, 아우로서 부처된 자는 폐하여 서인으로 하여 영구히 사판(仕
版)에 오르지 못하게 하라."

조광조의 개혁

- 현량과 실시 : 과거는 여러 장점이 있습니다. 그러나 한계도 있습니다. 과거를 통해 기능적 인간은 선발할 수 있지만 도
학 정치를 펴기 위한 도덕적 인간은 제대로 선발할 수 없습니다. …… 대현(大賢)이 있다면 어찌 과거에 구애되겠습니까?
…… 대신이 잡류를 사절하고 선하게 일하는 사람을 구해보고 선을 즐기고 악을 ㅠ산하나면 ㅇ하기 일제기 되어 어진 정
치로 백성들을 잘 다스릴 수 있을 것입니다. 〈중종실록〉

- 현량과 옹호 : 지난번에 아뢰었던 천거로 인재를 뽑는 일은 여럿이 의논한 일입니다. …… 대체로 좋은 일이니, 한 두 사람
이 천거에 빠진다 하더라도 주저할 것 없이 시행해야 합니다. 공론이 없는 때라면 그만이겠지만, 공론이 있으니 한 두 사람
에게 잘못이 있을것을 염려하여 좋은 일을 폐지하겠습니까? 〈중종실록〉

- 소격서 폐지 : 대신과 대간들도 소격서 폐지를 극론하였으며 승정원과 홍문관도 건의하기에 이르렀습니다. 이 나라의 신료
들이 모두 대도를 생각하며 발돋움을 바라고 있는데 왕께서 망설이고 계십니다. 소격서는 이단이며 예에 어긋나는 것이니,
소비가 많고 민폐도 커서 나라의 근본을 손상시키니 어찌 애석하지 않겠습니까. 〈중종실록〉

- 왕도 정치 : 하늘과 사람은 근본이 하나이기 때문에 하늘의 천리가 사람에게도 있기 마련이며, 군주와 백성도 근본이 하나
이기 때문에 군주의 도(道)가 백성에게 있기 마련이다. 성현들은 천지가 백성과 하나이기 때문에 도(道)로써 백성을 대하였
다. …… 군주와 대신이란 것은 위민 때문에 있는 것이니, 상하가 백성들로 자기 마음을 삼을 때 정치의 도는 이뤄진다.

- 소학 보급 : 전하께서도 교화를 일으키고 뜻을 날카롭게 하시어 저희를 친애하고 믿으셔서 자신의 허물을 듣기 좋아하고
간함이 있으면 반드시 고치셨고, 그 계책 듣기를 좋아하여 건의하는 것이 있으면 따르셨습니다. …… 옛적에는 사람이 태
어난 지 8세가 되면 모두 소학에 들어간다 하여, 대체로 처음으로 배우는 선비는 반드시 소학을 익히게 하였습니다. 그리
고 여씨 향약의 법이 있다 하여 그 법이 온 나라에 유행하게 하였으며 ……

- 위훈 삭제 : 정국공신을 개정하는 일로 전지하기를. "충신이 힘을 합쳐 나를 후사(後嗣)로 추대하여 선왕의 유업을 잇게 하
니, 그 공이 적다 할 수 없으므로 훈적(勳籍)에게 기록하여 영구히 남기도록 명하였다. 그러나 초기에 일이 황급하여 바르
게 결단하지 못하고 녹공(錄功)을 분수에 넘치게 하여 뚜렷한 공신까지 흐리게 하였으니 …… 이 때문에 여론이 거세게 일
어나 갈수록 울분이 더해 가니 …… 내 어찌 공훈 없이 헛되이 기록된 것을 국시(國是)로 결단하지 않을 수 있겠는가? ……
추가로 바로 잡아서 공권(功券 : 공신에게 지급하던 포상 문서)을 맑게 하라."라고 하였다.

기묘사화

- 배경 : 대사간 이성동 등이 아뢰기를 …… "정국공신은 10년이 지난 일이지만 허위가 많습니다. ……" 정언 이부가 아뢰기
를, "자신이 1등 공신이 되고 그 자제는 4등에 기록되었으니, 여기서 그 허위를 알 수 있습니다." 임금이 이르기를, "공이
있는지 없는지는 모르겠으나, 작은공이라도 이미 공을 정하고서 뒤에 개정하는 것은 매우 옳지 않다. ……" 하였다.

사림과 붕당 정치

핵심 자료 읽기

- 과정 : 남곤은 나뭇잎의 감즙을 갉아먹는 벌레를 잡아 모으고 꿀로 나뭇잎에 '주초위왕(走肖爲王)' 네 글자를 쓰고 벌레를 놓아 갉아먹게 하였다. …… 이를 중종에게 보여 화(禍)를 조성하였다.
- "왕께서 이상적 유교 정치를 이루기 위해 천거한 선비들을 중용하였습니다. 이들은 소학으로써 인재를 기르고 여씨 향약을 시행하여 백성들을 감화시켰습니다. 그러나 젊은 사람들이 태평 정치를 이루기에 급급하여 서두른 폐단이 없지 않았습니다. 이에 배척당한 구신(舊臣)들이 불만을 품고 기묘년의 화를 만들어 많은 선비들이 유배되거나 죽임을 당하였습니다."
- 정암(조광조)은 자질이 참으로 아름다웠으나 실행한 바가 지나침을 면치 못하고 실패를 초래하고 말았다. 만일 덕기(德器)가 이뤄진 뒤에 나와 나라 일을 담당했던들 그 성취를 이루 헤아리기 어려웠을 것이다. 군민이 요순의 군민과 같고 군자의 뜻이 있다 하더라도 때와 힘을 헤아려야 된다. 기묘의 실패는 여기에 있었다.   〈퇴계집〉
- 절명시 ┌ 임금 사랑하기를 아비이 사랑하듯이 하고 / 나라를 내 집안 근심하듯이 했노라.
  (조광조) └ 밝은 해가 이 땅을 비치고 있으니 / 내 붉은 충정을 밝혀 비추리라.

을사사화

- 정유년 이후 신하들 사이에 대윤·소윤의 설이 있어 말이 많았다. 이기 등은 윤원형 형제와 은밀히 결탁하였다. 인종이 승하한 뒤에 윤원형이 기회를 얻었음을 기뻐하여 보복할 생각을 품고 말을 꾸며 다른 사람들을 두렵게 하니 소문이 위에까지 들리고 자전(왕의 어머니)은 밀지를 윤원형에게 내렸다. 이에 이기 등이 변을 고하여 큰 화를 만들어냈다.   〈명종실록〉
- 이덕응이 자백하기를 "평소 대윤·소윤에 휘말리지 않으려고 조심하였는데, 그들과 함께 모반을 꾸민다는 것은 말도 안 됩니다."라고 하였다. 계속 추궁하자 그는 "윤임이 제게 이르되 경원대군이 왕위에 올라 윤원로가 권력을 잡게 되면 자신의 집안은 멸족될 것이니 봉성군을 옹립하자고 하였습니다."라고 실토하였다.
- 왕에게 다음과 같이 말하였다. "윤임은 화심(禍心)을 품고 오래도록 흉계를 쌓아 왔다. 처음에는 동궁(東宮)이 외롭다는 말을 주창하여 사림들 사이에 의심을 일으켰고, 중간에는 정유삼흉(丁酉三兇)의 무리와 결탁하여 국모를 해치려고 꾀하였고, 동궁에 불이 난 뒤에는 부도(不道)한 말을 많이 발설하여 사람들을 현란시켜 걱정과 의심을 만들었다. …… 이에 윤임·유관·유인숙 세 사람에게는 사사(賜死)만 명한다."
- 양재역 벽서 사건 : 사신은 논한다. 전대의 권간(權奸)으로 죄악이 하늘까지 닿기로는 윤원형 같은 자가 드물 것이다. …… 인종이 승하함에 따라, 윤임을 핍박해 몰아내고 끝내 윤임이 다른 마음을 가졌다 하였으니, 실은 윤원형 등이 빚어낸 말이었다. 이후로 사림들 가운데 당시 명망이 있던 사람들을 일체 배척해 모두 역적의 무리로 몰아 죽는 자가 계속되었다.

임꺽정의 난

- 사신은 논한다. …… 이 도적이 생겨나는 것은 도적질하기를 좋아해서가 아니다. 굶주림과 추위에 시달리다가 하루라도 먹고 살기 위해 이 도적이 되는 자가 많기 때문이다. 그렇다면 백성을 도적으로 만든 자가 누구인가? 권세가의 집은 공공연히 벼슬을 사려는 자들로 시장을 이루고 무뢰배들이 백성을 약탈한다. 백성이 어찌 이 도적이 되지 않겠는가?
- 임꺽정은 양주의 백성으로 성품이 교활하고 또 날래고 용맹했으며 그 무리 10여 명이 모두 날래고 빨랐다. 도적이 되어 민가를 불사르고 소와 말을 빼앗고 만약 이에 항거하면 살을 베고 사지를 찢어 몹시 잔인하게 죽였다.

당파성론

- 타율적 권위에 의존하여 자기를 주장하는 정신은 독립성이 없고, 사람들이 의존하는 당파적 성격이 길러지는 것은 자연스런 일이다. 유력한 권위 아래 모이고, 당파를 맺는 것은 조선의 두드러진 국민성으로서 붕당의 다툼은 생활 의식의 대립에서부터 일어나는 것이 아니다. 주자학의 원리, 특히 예론에 따른 의존적 대립인 까닭에 언제까지나 의미없는 대립으로서 성과 없는 항쟁을 계속한다. 그 항쟁의 길이에 있어서는 세계적 기록이라고 하여도 과언이 아니다.   〈조선사편수회〉
- 조선 민족이 이처럼 쇠퇴한 원인을 찾아봅시다. …… 국왕과 양반, 한 사람의 국왕과 혹은 동·서인 혹은 노·소론 하는, 전 민중의 몇 백분지 일에 불과한 소수 계급이 세습적으로 정치와 교화를 분담하여 왔으니, 전 민족을 쇠퇴케 한 직접의 잘못이 그들에게 있는 것은 사실입니다. …… 곧 정치를 행함에 국가의 이익과 민생을 위하지 아니하고 자기 한 개인 또는 자기와 이해관계를 같이 하는 한 당파의 이익을 위하여 하는 악정입니다.   〈민족개조론, 이광수〉

핵심 자료 읽기

붕당정치론

• 구양수의 「붕당론」이 변화의 전기를 마련했다. 여기서 정치에서 붕당의 존재를 부인할 수 없는 점을 주지시키고, 붕당을 공도(公道)의 실현을 추구하는 자들의 '군자의 당'과 개인적 이익의 도모를 일삼는 '소인의 당'으로 구분했다.

• 정당으로 인하여 정치가 발달하였다 함은 여론과 당의가 절충적으로 진행한 것이었다. 당파가 싸움으로 인하여 정치는 엄청난 파도에 휩쓸려 흔들림이 많았다. 그러나 정치 운영은 가부를 상토하는 가운데서 중정의 도를 얻어 초월적 진보를 이룩했다. 영조·정조같은 왕은 각 당의 중정을 찾고 조화를 구하는데 노력하여 치우침을 면하고자 했으니   〈조선문명사〉

붕당의 분화

• 동인과 서인의 분화 : 김효원이 알성 과거에 장원으로 합격하여 (이조)전랑의 물망에 올랐으나, 그가 윤원형의 문객이었다 하여 심의겸이 반대하였다. 그 후에 (심의겸의 동생) 심충겸이 장원 급제하여 전랑으로 천거되었으나, 외척이라 하여 효원이 반대하였다. 이 때, 양편 친지들이 각기 다른 주장을 내세우면서 서로 배척하여 동인, 서인의 말이 여기서 비롯하였다. 효원의 집이 동쪽 건천동에 있고 의겸의 집이 서쪽 정동에 있기 때문이었다. 동인의 생각은 결코 외척을 등용할 수 없다는 것이었고, 서인의 생각은 의겸이 공로가 많을 뿐더러 선비인데 어찌 앞길을 막느냐는 것이었다.   〈연려실기술〉

• 정여립 모반 사건 : 그는 "세상은 모든 사람의 것이니 일정한 주인이 없다. 누구를 섬기든지 임금이 아니겠는가."라는 글을 남겼다고 한다. 또 이씨가 망하고 정씨가 흥한다는 설을 퍼뜨렸다고도 한다. 그가 일으킨 모반 사건에 연루되어 1천여 명이 처벌되는대옥사가 진행되었다. 이 옥사에서 피해를 입은 정치 세력은 이 사건 수사를 담당했던 상대 당 주요 인물을 응징하는 문제를 놓고 온건파와 급진파로 나누어졌다. 그가 죽고 나서 이 사건을 둘러싸고 모반설과 조작설이 맞서 왔다.

• 북인과 남인의 분화 : 홍문관에서 아뢰기를, "윤국형은 우성전과 유성룡의 심복이며 또한 이성중과 한 집안 사람입니다. 당초 신묘 연간에 양사에서 정철을 탄핵할 때에 옥당은 여러 날 동안이나 거론하지 않았습니다. …… 유성룡이 다시 재상이 되자 윤국형 등이 선비들을 구별하여 자기들에게 붙는 자를 이 붕당이라 하고, 뜻을 달리하는 자를 북인이라 하여 결국 당쟁의 실마리를 크게 열어 놓았습니다. 이처럼 유성룡이 사당(私黨)을 키우고 사류(士類)를 배척하는 데에 모두 윤국형 등이 도왔던 것입니다."라고 하였다.

인조반정의 원인

• 적신 이이첨과 정인홍 등이 또 그의 악행을 종용하여 임해군과 영창대군을 해도에 안치하여 죽이고 …… 대비를 서궁(西宮)에 유폐하고 대비의 존호를 삭제하는 등 그 화를 헤아릴 수 없었다. 선왕조의 구신들로서 이의를 두는 자는 모두 추방하여 당시 어진 선비가 죄에 걸리지 않으면 초야로 숨어버림으로써 사람들이 모두 불안해하였다. 또 토목공사를 크게 일으켜 해마다 쉴 새가 없었고, 간신배가 조정에 가득 차고 임금이 윤리와 기강이 이미 무너져 종묘사직이 망해가는 것을 보고 개연히 난을 제거하고 반정(反正)할 뜻을 두었다.   〈조선왕조실록〉

• 내가 부덕하더라도 일국의 국모 노릇을 한 지 여러 해가 되었다. 광해군은 선왕의 아들이다. 나를 어미로 여기지 않을 수 없는데도 나의 부모를 형살하고 나의 종족은 어육으로 만들고 품 안의 어린 자식을 빼앗아 죽이고 나를 유폐하여 곤욕을 주는 등 인륜의 도리라곤 없었다. …… 이것뿐이 아니다. …… 광해는 배은망덕하여 천명을 두려워하지 않고 속으로 다른 뜻을 품고 오랑캐에게 성의를 베풀었으며, 기미년 오랑캐를 정벌할 때에는 은밀히 수신을 시켜 동태를 보아 행동하게 하여 끝내 전군이 오랑캐에게 투항함으로써 추한 소문이 사해에 퍼지게 하였다.   〈계축일기〉

예송 논쟁

• 서인의 입장 : 효종이 인조의 적장자라면 어머니인 자의대비가 아들을 위해 3년복을 입어야 한다. 그러나 효종은 인조의 둘째 아들로 왕위에 올랐기 때문에 한 등급 내려 중자복인 1년복의 상복을 입어야 한다.

• 남인의 입장 : 기해년 일은 생각할수록 망극합니다. 효종 대왕이 장수를 누리지 못하고 세상을 떠나자, 온 나라 백성들이 어쩔 줄 몰라 했습니다. …… 송시열 등은 효종 대왕을 서자(庶子)처럼 여겨 대왕대비의 상복(喪服)을 기년복(1년 상복)으로 낮추어 입도록 정했으니, 아! 어찌 된 일입니까. 지금이라도 잘못된 일은 바로잡아야 하지 않겠습니까?

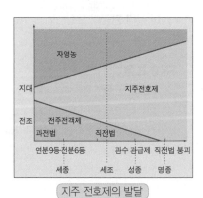

03 SECTION

IV. 근세 사회

근세의 경제

1 토지 제도의 변화

(1) 과전법 : 공양왕, 1391

- 배경 : 고려 말 권문세족의 농장 확대와 수조권 남용 → 국가 재정의 악화, 농민의 몰락
- 내용 ┬ 지역 ┬ 내용 : 수조권을 전국이 아닌, 경기를 대상으로 지급
  │ └ 결과 : 사전 축소 + 공전 확대 → 국가 재정의 기반 확보   cf) 병작제 금지
  ├ 대상 : 사대부를 중심으로 지급, 현직 · 전직 관리 모두에게 지급 → 양반 관료층의 경제 기반 확보
  ├ 원칙 ┬ 관원의 품계에 따라 과전 지급(18품계에 따라 최고 150결 ~ 최저 10결)
  │ └ 관리가 사망하거나 반역하면 과전을 국가에 반납
  ├ 세율 ┬ 수확량의 1/10 징수 → 백성의 생활 안정 도모
  │ └ 1결의 최대 생산량을 300두로 정하여 30두 이상 징수할 수 없게 함
  └ 종류 ┬ 관리 ┬ 본인 – 과전 : 품계에 따라 관리에게 지급, 죽거나 반역을 하면 국가에 반납
      │ └ 유가족 ┬ 수신전 : 과전을 지급받은 관리가 죽은 뒤, 재혼하지 않은 처에게 지급
      │   └ 휼양전 : 관리 부부가 다 죽고 그 자식이 어릴 경우, 이를 휼양하기 위하여 지급
      ├ 공신 : 공신전(공신에게 지급, 세습 가능), 별사전(준공신에게 지급, 세습이 되는 경우도 존재)
      ├ 경비 조달 ┬ 공해전(중앙 관청 경비), 늠전(지방 관청 경비)
      │   └ 학전(각급 학교 경비), 둔전(관청 혹은 군대 비용, 증설 · 신설은 세조)
      └ 군전 : 5도의 한량 및 전직 관원에게 지급
- 한계 ┬ 내용 : 과전 중 일부가 수신전 · 휼양전으로 세습, 공신전으로 세습 → 신진 관리에게 줄 토지 부족
  └ 대책 ┬ 과전 지급을 下3도로 확대 ┬ 실시 : 태종
     │   └ 중지 : 사전을 경기 지역으로 환원(세종)
     └ 직전법 실시

(2) 직전법 : 세조, 1466

- 배경 : 과전의 세습화, 공신전의 증가 → 신진 관리에게 줄 토지 부족
- 내용 : 현직 관리에게만 수조권 지급, 수신전과 휼양전 폐지
- 변화 : 관수 관급제 ┬ 배경 : 수조권자(전주)인 관리의 수조권 남용으로 조세를 과다 징수
  (성종, 1470) ├ 내용 : 국가(지방 관청)가 전객으로부터 직접 수취
  │   → 현직 관리에게 직전세를 지급
  └ 결과 : 국가의 토지 지배권 강화

(3) 직전법 폐지 : 명종, 1556

- 배경 ┬ 직전의 부족과 국가 재정 고갈의 만성화
  └ 국가가 직전세를 관리에 지급하지 않고 국가 재정으로 전용
- 내용 : 수조권 지급 제도 소멸 ┬ 전주전객제 소멸 → 녹봉만 지급
  └ 사전 소멸, 공전 존재
- 영향 ┬ 국가의 토지 지배권 강화
  └ 관리들의 토지에 대한 '사유화' 관념 확대
- 폐해 : 지주전호제 확산 ┬ 계기 : 직전법 이후
  ├ 방법 : 토지 매입, 개간, 겸병
  └ 결과 : 병작반수제의 일반화

지주 전호제의 발달

2 수취 체제의 확립

(1) 전세(= 조세) : 지세(地稅)

- 납부 대상 : 원칙은 모든 토지 소유자가 국가에 조세 납부 but 실제는 지주가 소작농에게 조세 납부를 강요
- 제도 ┬ 과전법 ┬ 세율 : 수확량의 1/10이지만, 1결당 최대 생산량을 300두로 확정 → 1결당 최대 30두를 징수
  │ └ 세액 산정(답험손실법) : 수조권자(전주)가 매년 풍흉을 조사하여(= 답험) 납부액을 조정
  └ 공법 ┬ 배경 : 답험손실법에서의 관리의 극심한 부정
  (세종) ├ 제도 ┬ 연분 9등법 : 풍흉의 정도에 따라 1결당 최고 20두에서 최저 4두를 납부
  │ └ 전분 6등법 ┬ 토지의 비옥도에 따라 6등급으로 나눠, 1결의 실제 면적을 등급에 따라 달리함
  │ └ 수등이척법 : 토지의 등급에 따라 길이가 다른 자를 이용하여 측량
  ├ 한계 : 총 54등급의 과세 단위를 설정하여 그 판정이 복잡하고, 현실적으로 운영이 어려움
  └ 실제 : 풍흉에 관계없이 최저 세율인 1결당 4두로 부과하는 것이 보편적 → 제도화 : 영정법(인조)

◇ 확인해 둘까요!

전분 6등법의 결

- 구분

전부	면적(평방적)
1등전	2,753.1평
2등전	3,246.7평
3등전	3,931.9평
4등전	4,723.5평
5등전	6,897.3평
6등전	11,035.5평

- 내용 ┬ 1결 = 100부, 1부 = 10속 , 1속 = 10파, 1파 = 1줌
  └ 수확량 300두를 기준으로 하여 1결의 넓이를 확정
- 특징 : 연분이 같다면 각 등급의 1결의 조세 부과량도 동일함

연분 9등법

연분	1결당 조세
상상년	20두
상중년	18두
상하년	16두
중상년	14두
중중년	12두
중하년	10두
하상년	8두
하중년	6두
하하년	4두

조운제 : 지방에서 거둔 조세를 수로를 통해 조창을 거쳐 서울 경창으로 운반

- 보관 ┬ 조창 : 강가 혹은 바닷가에 설치한 창고, 지방의 조세를 임시 보관
  (창고) ├ 경창 ┬ 본창 : 도성 내 설치 ex) 군자감(군량), 풍저창(정부 경비), 광흥창(녹봉)
  │ └ 강창 : 용산강과 서강에 설치
- 경로 ┬ 전라 · 충청 · 황해 : 서해의 바닷길 → 경창
  ├ 경상 : 낙동강 상류 → 남한강 → 경창
  └ 강원 : 남한강 or 북한강 → 경창   cf) 제주 : 잉류 지역
- 예외(잉류 지역) : 현지 지출 ex) 평안도(사신접대비, 군사비) + 함경도(군사비)
- 변화 ┬ 대동법 → 조운량 증가로 훈국선(훈련도감의 배), 경강사선(경강상인의 배),
  (후기) │   지토선(지방민의 배), 주교선(주교사의 배) 등을 이용하여 운송
  └ 금납화의 일반화 → 조운제는 서서히 폐지

범례:
─── 조운 수로
↗ 조창까지의 육·수운
○ 조창
☐ 잉류 지역

백두산
경성
길주
의주
안주
함흥
영흥
동 해
평양
신천·조읍포창
양양
강릉·소양강창
황 해
한성·춘천흥원창
원주
울릉도
개성
여주
충주·가흥창
공진창
아산·충주·안동
덕성창
홍주·전주
대구
법성포창
영광·남원
경주
나주
진주
영산창
제주·제주도

근세의 경제

(2) 공납
- 내용 ┌ 종류 ┌ 정기적 징수 : 상공
  │   └ 부정기적 징수 : 별공, 진상(왕이나 왕실 개인에게 바침)
  ├ 과정 ┌ 중앙 ┌ 각 지방의 토산물을 조사하여, 공물의 물품과 액수를 적은 공안을 군현에 보냄
  │   │   └ 품목과 액수는 군현의 토지와 호구의 다과를 기준으로 할당
  │   └ 지방 : 부과된 공물을 가호에 할당하여 백성에게 직접 징수
  └ 방식 : 각종 수공업 제품, 광물, 수산물, 모피, 과실, 약재 등을 현물(現物)로 납부
- 문제점 ┌ 원인 ┌ 전세보다 부담이 더 큼
  │   │   ├ 현물 납부로 인한 납부의 어려움 : 생산지에서의 공물 생산량 감소 혹은 공물 생산지의 변화
  │   │   └ → 납부 기준에 맞는 품질과 수량 확보가 어려우면 공물을 다른 곳에서 구입하여 납부
  │   └ 내용 ┌ 폐해 : 공물을 납부하는 백성의 의사와 관계없이 방납업자들이 중앙 관청의 서리와 짜고
  │   (방납) │   공물을 미리 관청에 납부 후 수령과 결탁하여 나중에 지방민에게 높은 대가를 받음
  │   ├ 정부의 입장 : 금지   cf) 세조 때 잠시 허용
  │   └ 결과 : 공물을 감당하지 못한 백성의 토지 이탈 → 남은 인척과 이웃에게 부담 전가
  │   → 농민들의 토지 이탈 가속화
- 개혁 논의 ┌ 일부 수령의 사대동(私大同) 실시 : 명종 이후 일부 지역에서 현물 대신 쌀과 포로 징수
  └ 일부 사림들이 현물 대신 쌀로 징수하는 수미법을 주장 ex) 조광조, 이이, 유성룡

(3) 역 : 16세 이상 60세 미만의 정남 대상
- 군역 ┌ 부과 기준 : 정남 개개인에게 부과 → 신역(身役)
  │   ├ 면제 : 직역을 담당하는 양반·서리·향리, 각종 학교의 학생
  │   ├ 종류 ┌ 정군(일정 기간 현역으로 병역 복무) + 보인(= 봉족, 정군이 복무하는 데 드는 비용인 조역가 부담)
  │   │   └ 세조 때 정남 2명을 1보로 하는 보법 실시, 정군과 갑사에게 보인의 수를 달리하여 지급
  │   └ 변질 ┌ 배경 : 보법으로 인해 요역 담당자 수의 감소 → 군역의 요역화
  │   ├ 내용 ┌ 대립제 : 군인이 보인에게 받은 포로 다른 사람을 고용, 대신 군역에 나가게 함
  │   │   └ 방군수포제 : 수령 혹은 군사 지휘관이 포를 받고 군역을 면제시킴
  │   ├ 제도화 : 중종 때 군적수포제 실시(군적의 정군과 보인 모두가 국가에 포를 내는 것으로 군역을 대신)
  │   └ 폐해 : 과중한 군포 부담과 군역 기피로 인한 농민의 토지 이탈 → 군적의 부실화
  │   → 군포 충당을 위해 남아 있는 농민에게 군포 부담 전가(인징, 족징) → 농민의 토지 이탈 가속화
- 요역 ┌ 부과 기준 : 가호에 부과 → 정남의 수를 고려한 호역(戶役)
  └ 변화 ┌ 시기 : 성종
        └ 내용 : 토지 8결당 1인씩 동원, 1년 중 6일만 동원 but 실제는 임의적 징발

◇확인해 둘까요! ▶ **국가의 재정 운영**

- 수입 ┌ 主수입 : 전세, 공물, 역
  │   └ 보조 수입 : 국가에서 경영하는 염전, 광산, 어장 등의 수입과 상인세, 장인세 등
- 지출 : 왕실 경비, 행사비, 관리의 녹봉, 군량미, 빈민 구제비 등   cf) 일부 수입은 비축함
- 관련 문서 : 공안(국가의 세입 계획서), 횡간(국가의 세출 계획표, 세조 이후 실시)

3 양반과 평민의 경제 활동

(1) 양반 지주의 생활

- 국가 지급 ┌ 과전
  - └ 녹봉 : 곡식 97석 · 삼베 21필 · 저화 10장(정1품) ~ 곡식 12석 · 삼베 2필 · 저화 1장(종9품)
- 개인 소유 ┬ 토지 : 농장 확대 ┬ 경영 ┬ 직접경영 : 노비에게 직접 경작을 시킴
  - (15c 후반) │ └ 소작 : 전호에게 병작반수의 형태로 시킴
  - │ └ 감독 ┬ 자기 토지가 있는 지역에 집과 창고를 지어놓고 직접 감독
  - │ └ 농장 인근에 친족을 거주시켜 관리, 노비를 파견하여 관리
  - └ 노비 ┬ 증식 방법 : 노비 구매, 노비의 출산, 양인과의 혼인을 통한 출산
    - └ 종류 ┬ 솔거노비 : 주인집에 기거하면서 노동력을 제공하며 가사 · 농경 · 직조에 종사
      - └ 외거노비 ┬ 역할 ┬ 주인에 신공 제공 ex) 奴(면포1필, 저화20장), 婢(면포1필, 저화10장)
        - │ └ 주인과 따로 살며 주인 땅을 경작 · 관리
        - └ 경작 ┬ 작개지 : 경작한 토지의 생산물을 주인에게 모두 바침
          - └ 사경지 : 토지 수확물을 노비가 전부 차지(작개지를 경작한 대가)

(2) 농민의 생활

- 정부 정책 ┬ 세력가의 토지 겸병 금지 → 농민 생활의 안정
  - └ 개간 장려, 수리 시설을 보수 · 확충, 수차 보급 → 경지 면적이 160여만 결로 증가(세종)
- 농서 간행 ┬ 〈농사직설〉 ┬ 제작 ┬ 참고 : 중국의 농서 〈제민요술〉과 〈농상집요〉, 〈사시찬요〉
  - │ │ └ 주도 : 정초(세종) → 우리나라 최초의 농서
  - │ ├ 내용 : 씨앗 저장, 토지 개량, 모내기법 등 농민의 실제 경험을 종합 · 편찬
  - │ └ 의의 : 중국 농법을 수용하면서 우리 실정에 맞는 독자적 농법 정리
  - ├ 〈양화소록〉 ┬ 제작 : 강희안(세조)
  - │ └ 내용 : 꽃과 나무 재배법 및 의미와 상징성 소개(원예서)
  - └ 〈금양잡록〉 ┬ 제작 : 강희맹(성종)
    - └ 내용 : 경기 금양(= 시흥) 지방의 농법 정리
- 농업 기술 ┬ 시비법 발달 : 밑거름 + 덧거름 → 휴경을 극복한 연작 상경이 가능
  - ├ 농기구 개량 ex) 쟁기, 낫, 호미
  - ├ 농법의 발달 ┬ 논농사 ┬ 직파법
  - │ │ └ 이앙법 봄 가뭄에 따른 수리 문제로 인해 남부 일부 지역으로 제한
  - │ └ 밭농사 : 조 · 보리 · 콩의 2년 3작이 널리 행해짐
  - ├ 가을갈이 농사법 보급 : 가을에 작물을 수확한 후 빈 농지를 갈아엎어 내년의 농사를 준비
  - ├ 의생활 개선 ┬ 목화 재배의 전국적 확대 → 무명을 화폐 대용으로 사용
  - │ └ 삼베 · 모시 재배 성행 + 누에치기의 전국적 보급 → 양잠 농서 간행
  - └ 약초 · 과수 재배의 확대
- 생활 악화 ┬ 배경 : 지주제 확산에 따라 자영 농민이 소작농으로 전락하는 현상이 증가
  - │ └ → 전호 농민은 수확량의 1/2 이상을 지주에게 납부 → 농민의 토지 이탈 증가
  - └ 대책 ┬ 정부 ┬ 잡곡, 도토리, 나무껍질을 가공하여 먹는 구황 방법 제시 ex) ┬ 〈구황절요〉(중종)
    - │ │ └ 〈구황촬요〉(명종)
    - │ └ 호패법 · 5가작통법 강화
    - └ 양반 사족 : 향약 보급, 사창 제도 실시

(3) 상업 : 상업 활동에 대한 철저한 통제

- 시전 ┬ 설치 : 한양 종로에 상점가를 설치하고 개경의 시전 상인을 이주시켜 국가에서 점포세·상세 징수
  - 종류 : 육의전 ex) 선전(비단), 면주전(명주), 저포전(모시), 면포전(무명), 지전(종이), 어물전(어물)
  - 내용 ┬ 국역 : 왕실과 관청에 특정 물품 공급
    - 특혜 : 특정 상품에 대한 독점 판매권 부여(금난전권)   cf) 금난전권 제도화는 17c 이후가 다수설
  - 감독 : 경시서 ┬ 역할 : 시전의 불법적 상행위 통제, 물가의 조정, 국역의 부과, 도량형 단속, 물가 억제
    - → 시전은 경시서에서 가격에 대한 평가를 받고 세인을 찍은 다음 상품을 판매
    - 변화 : 세조 때 평시서로 개칭
- 장시 ┬ 발전 과정 ┬ 등장 ┬ 시기 : 15c 후반
  (장문) │   │   └ 지역 : 전라도 일부 지역에서 농민들이 생산품을 들고 읍에서 판매
  │   └ 전국 확대 ┬ 시기 : 16c 중엽 but 정부는 농업 침체를 우려하여 정책적으로 장시 억제 시도
  │   └ 지역 : 농업 생산력의 발달에 따라 서울 근교와 지방에서 증가
  └ 상인 : 보부상 ┬ 구성 ┬ 보상 : 보자기에 싸거나 질빵에 걸머지고 다니며 판매
                │   └ 부상 : 지게에 지고 다니면서 판매
                └ 활동 : 각 지역의 장시를 육로로 이동 → 농산물, 수공업 제품, 수산물, 약재 등을 판매·유통
- 화폐 ┬ 종류 : 저화(지폐, 태종), 조선통보(세종), 팔방통보(전폐, 세조) 제작
  └ 한계 ┬ 상공업의 미발달로 화폐 유통 부진
        └ 농민은 화폐 대신 주로 쌀과 무명(포화, 布貨)을 사용하여 거래
- 무역 ┬ 특징 : 철저한 통제 → 국경 부근의 사무역을 엄격히 감시
  └ 내용 ┬ 명 : 사신 왕래 때 공·사무역 허용, 역관은 이를 이용하여 부를 축적
        ├ 여진 ┬ 방식 : 두만강 유역의 경성, 경원에 설치한 무역소를 통하여 교역
        │   └ 품목 : 수입(말, 해동청, 모피) vs 수출(베·모시 등 옷감, 농기구, 종이, 쌀, 콩, 소금 등)
        └ 일본 : 왜관을 중심으로 주로 무명과 식량을 거래

(4) 수공업

- 종류 ┬ 관영 수공업 ┬ 내용 : 공장안에 등록된 기술자(= 공장)들이 관청에 소속되어 필요 물품을 제작·공급
  │   └ 생활 ┬ 부역 기간 : 책임량을 초과한 생산품은 판매 가능, 세금 납부
  │   └ 부역 기간 외 : 사적 판매 가능
  └ 민영 수공업(농기구, 양반의 사치품 생산) + 가내 수공업(의류 생산, 무명 생산이 점차 증가)
- 16c 이후 변화 : 부역제의 해이, 상업의 발전 → 관영 수공업의 쇠퇴

꼭! 알아두기 ▶ **조선 전기의 경제 정책**

- 농업 : 중농 정책 ex) 토지 개간 장려와 농서의 간행 등으로 농업 생산력 증가
- 상공업 ┬ 철저한 통제 정책 ┬ 배경 ┬ 성리학적 경제관에 따라 소비 억제 + 사·농·공·상의 직업적 차별
  │   │   └ 농촌 사회 안정을 위해 빈부 격차의 확대를 억제
  │   └ 내용 : 상업(관허 상인 중심), 수공업(관영 수공업 중심), 무역(공무역 중심)
  └ 변화 : 16c 이후 통제의 해이로 상공업과 무역에서의 변화 발생

꼭! 알아두기 \ 조선 중기 수취의 문란

- 배경 ┌ 지주 전호제 확산 → 몰락 농민 증가 → 농민의 토지 이탈
  └ 정부의 대책 : 농촌 사회 안정책 실시(유화 정책, 강경 정책) + 수취 체제의 강화
- 내용 ┌ 공납 ┌ 폐단 : 방납 발생 ┌ 주도 세력 : 지방의 수령 − 방납업자 − 중앙 관청의 서리
  │   │   └ 비호 세력 : 훈구파
  │   ├ 결과 : 지나친 부담으로 백성이 도망가면 주변인에게 인징·족징 실시 → 유망 농민 급증
  │   └ 개혁 방안 : 수미법 주장 ex) 조광조, 이이, 유성룡
  ├ 군역 ┌ 배경 : 농민들의 요역 기피 → 요역에 군인을 동원
  │   └ 폐단 : 군역 기피 현상 발생(대립제, 방군수포제) → 군적 수포제(군포징수제 확산)
  │   → 군역 부담 과중과 군역 기피 현상으로 도망자 속출 → 군적의 부실화
  │   → 남아 있는 주변인에게 부족한 군포를 부담시키는 인징·족징 시행
  └ 환곡 : 빌려준 모곡에 대한 이자(1/10) 수취를 수령과 향리가 축재 수단으로 악용 → 고리대화
  cf) 전세 : 세금 부과 때 판정과 운영의 어려움으로 인해 최저 세율화 현상
- 결과 : 농민 생활의 악화로 인한 유민의 증가, 도적의 출몰 ex) 명종 때 황해도·경기도 일대의 임꺽정

자료 보기

호패

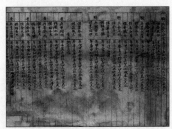
군적

농사직설

왜관도

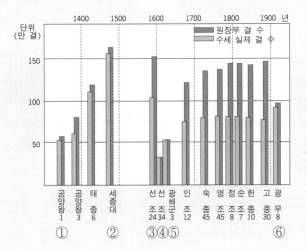

토지 결 수의 증감표 분석

- ┌ ①~② ┌ 양전 사업의 실시
- │   ├ 개간 사업의 실시
- │   └ 영토의 확장
- ├ ②~③ : 면세지의 증가
- ├ ③~④ : 양안의 소실
- ├ ④~⑤ : 양전 사업의 실시
- └ ⑥ : 지계의 발행

03 근세의 경제

SECTION

과전법 실시

• **내용** : 공양왕 3년, 도평의사사가 글을 올려 과전을 지급하는 법을 정할 것을 요청하니 왕이 따랐다. …… 경기(京畿)는 사방의 근본이니 마땅히 과전(科田)을 설치하여 사대부를 우대한다. 경성에 거주하여 왕실을 시위하는 자는 현직과 산직을 막론하고 등급에 따라 토지를 받는다. …… 토지를 받은 자가 죽은 후, 그의 아내가 자식이 있고 수신(守信 : 절개를 지키는)하는 자는 남편의 과전을 모두 물려 받고, 자식이 없이 수신하는 경우는 반을 물려 받는다. 부모가 모두 사망하고 그 자식이 어리면 가엾게 여겨 휼양전으로 아버지의 과전을 전부 물려 받고, 20세가 되면 남자는 본인의 과에 따라 받고, 여자는 남편의 과에 따라 받게 한다. …… 공신전은 특별히 자손들에게 상속시키는 것을 허락한다. 모든 공사전의 조는 논 1결에 현미 30두, 밭 1결에 30두로 한다. 이 밖에 불법적으로 징수한 자는 장물로 취급하여 처벌한다. 토지를 몰아 차지하지 못하게 하고 토지로 말미암아 싸우고 송사하는 일을 없애버림으로써 영원토록 계속될 법전을 제정하고자 한다. 〈태조실록〉

• **농민의 생활 안정 대책** : 수조권자인 전주(田主)는 수조권을 설정 당한 민전 소유 농민, 곧 전객(佃客)에 대하여 수조권을 빙자하여 민전을 빼앗지 못한다고 규정하였다. 수조권자가 수조권을 설정 당한 농민의 소유지를 빼앗을 경우 1부(負)~5부를 빼앗으면 태(笞) 20대에 처하며, 5부를 빼앗을 때마다 1등을 더하여 장(杖) 80대에 이르면 직첩을 회수하고, 1결 이상을 빼앗으면 그 수조지를 빼앗아 다른 사람에게 주도록 하였다.

과전법의 한계과 극복노력

• **한계** : 사전에는 관리들에게 주는 과전, 공신에게 주는 공신전, 중앙 관부와 지방 관아에게 지급하는 공해전과 늠전이 있었으며, 이밖에도 성균관, 4학, 향교에 소속된 학전, 사원에 소속된 사원전 등이 있었다. 이 가운데 공신전은 자손에게 세습되었다. 한편, 과전은 경기 지방의 토지에 한하여 지급되었는데, 받은 사람이 죽으면 국가에 반환하는 것이 원칙이었으나, 그 중 일부가 수신전, 휼양전이라는 이름으로 세습되었다.

• **극복 노력** : 호조에게 계(啓)하기를 "전일에 각품 과전(科田), 별사전(別賜田)은 그 3분의 1을 덜어 군자(軍資)에 붙여 하삼도(下三道)에 옮겨 줄 때에 본궁과전(本宮科田)과 별사전도 역시 하삼도에 옮겨 주었사오나 상왕전 본궁의 예에 의하여 다시 전대로 하기를 청하나이다."하니 그리하라고 하였다.

직전법 실시에 대한 비판

대사헌 양성지가 상소하였다. "과전은 사대부를 기르는 것입니다. 신이 듣건대, 장차 직전을 두려고 한다는데, 조정의 신하는 직전을 받게 되지만, 벼슬에서 물러난 신하와 무릇 공경 대부의 자손들은 장차 1결의 토지도 가질 수 없게 되니, 이는 대대로 국록(國祿)을 주는 뜻에 어긋나는 것입니다." …… 만약 봉록을 먹지 않고 조세(租稅)를 먹지 않는다면 서민과 다름이 없을 것입니다. 서민과 다름이 없게 된다면 나라에 세신(世臣)이 없을 것이니, 이것을 염려하지 않을 수 없는 것입니다. 〈세조실록〉

직전법의 변화

• **관수관급제** : 대비께서 하교하시기를, "직전은 사람들이 폐단이 있다고 말한다. 특히 주인이 지나치게 거둘 뿐아니라 바치기를 독촉하는 노복들이 갖가지 방법으로 징색(徵索)하니 백성들이 고통스럽게 여긴다. …… 의논하여 혁파함이 어떠하겠는가." 도승지가 대답하기를, "전에 과전은 아버지가 사망하여 아들이 이어받은 것을 휼양전이라 하고, 남편이 사망하여 아내가 이어받은 것을 수신전이라 하였습니다. 이를 혁파하여 직전으로 삼았는데, 지나치게 거두어 원망하는 사람들이 있습니다. 만약 관이 직접 직전세를 거두어 전주(田主)에게 준다면 그 폐단이 없어지게 될 것입니다."라고 하였다. 〈성종실록〉

• **직전법 폐지** : 백관의 직전을 모두 폐지하였다. …… "근래 흉년이 잇달은 데다가 변경에 일까지 생겨 국고가 고갈되었습니다. 그리하여 대전에 기록되어 있는 관리들의 직전까지 주지 않고 있습니다." 여러 고을에 민정(民情)의 원하는 바를 물었더니 모두 경창에 스스로 바치고자 하였는데, 호조가 아뢰기를 "모든 농지의 세를 백성들로 하여금 초가(草價)까지 아울러 경창에 스스로 바치도록 하고 그것을 녹봉(祿俸)의 예에 따라 나누어 주도록 하소서."하니 그대로 따랐다.

지주 전호제의 일반화

- 근래 가난한 자들이 세금과 빚에 쫓겨 급한 나머지 집과 땅을 부잣집에 팔아 버린다. 부잣집에서는 급한 사정을 알고 값을 깎아서 산 뒤 15일이 지나면 물러 주지 않으니 토지가 부잣집으로 들어간다. 부자는 날로 겸병을 더하고 가난한 자는 송곳 꽂을 땅도 없다. 그리하여 모두 도망하여 흩어지니 민호는 줄어들고 군액이 감소하니 이는 작은 일이 아니다. 〈성종실록〉
- 백성으로 농지를 가진 자가 없고 농지를 가진 자는 오직 부유한 상인들과 사족(士族)들의 집뿐입니다.

답험손실법

- 내용 : 수확이 10분의 1 줄면 전조의 10분의 1을 줄이고, 수확이 10분의 2 줄면 10분의 2를 줄인다. 이런 식으로 줄이다가 수확의 10분의 8 이상이 줄면 조 전액을 면제한다. 수확량의 조사는, 각 주와 군의 수령이 면밀히 행하여 감사(관찰사)에게 보고하면 감사가 담당관을 보내어 다시 심사하고 감사와 수령이 3심을 하되, 수확량 조사를 부실하게 하는 자가 있으면 처벌한다. 각 등급의 과전의 손실은 그 과전의 전주가 스스로 심사하여 위의 비율에 따라 조를 거둔다. 〈고려사〉
- 문제점 : 하교해서 말하기를, "고려 말기 토지 제도가 허물어져서, 태조께서 즉위하여 조세받는 수량을 정하셨다. 논 1결마다 조미 30두(斗), 밭 1결마다 잡곡 30두로 하니, 옛날 10분의 1을 받던 수량이다. 가을철에 손실의 제도를 세웠는데, …… 태종도 조관을 보내서 심검하는 법을 세워서, 제도가 아름다운 법이었다. 그러나 봉행하는 관리들이 그 뜻을 체득해서 지당하게 행하는 자가 적었다. 답험할 때 향곡(鄕曲)에 거주하는 사람을 위관으로 삼는데, 허실을 요망스럽게 헤아리고, 사정을 끼고 더 하고 감하며, 하인의 접대도 민간에서 나오고, 논밭의 두둑에 함부로 급히 다니고 여염을 시끄럽게 한다."
- 해결책 모색 : 국왕이 말했다. "나는 일찍부터 이 제도를 시행해 여러 해의 평균을 파악하고 답험의 폐단을 없애려 해왔다. 신하부터 백성까지 물어보니 반대하는 사람은 적고 찬성하는 사람이 많았으므로 백성의 뜻도 알 수 있다."

연분 9등법

- 각 도의 수전(水田)·한전(旱田)의 소출을 자세히 알 수가 없으니 공법(貢法)에서의 수세액을 규정하기가 어렵습니다. 지금부터 전척(田尺)으로 측량한 매 1결에 대하여 상상(上上)의 수전에는 몇 석을 파종하고 한전에서는 무슨 곡종 몇 두를 파종하며, 상상년에는 수전은 몇 석, 한전은 몇 석을 수확하며, 하하년에는 수전은 몇 석, 한전은 몇석을 수확하는지, 하하(下下)의 수전에서는 역시 몇 두를 파종하고 한전에서는 무슨 곡종을 몇 두를 파종하여 상상년에는 수·한전 각기의 수확이 얼마이며, 하하년에는 수·한전 각기의 수확이 얼마인지를 …… 위와 같이 조사하여 보고토록 합니다. 〈세종실록〉
- 토지는 매년 9월 보름 이전 수령이 그 해의 농사 형편을 살펴 등급을 정한다. 읍내와 사면(四面)을 나누어 등급을 정한다. 소출이 10분의 10이면 상상년으로 결정해 1결당 20두, …… 3분이면 하중년으로 6두, 2분이면 하하년으로 4두씩 거두며, 1분이면 면세한다. 〈경국대전 호전 수세(收稅)〉
- 경차관 정성근이 말하였다. "모든 고을의 수령들이 친히 살피지 않고 권농이나 서원의 말만 듣고 연분의 등급을 매기고 있으니, 옳지 못한 일입니다. 가난한 촌락을 드나들며 살펴보니 문벌이 있는 집안이나 부유한 백성의 농토는 등급을 낮게 매기고, 가난한 백성의 농토는 재해를 당했더라도 상상(上上)에 두는 등 술책이 많았습니다. 하중(下中)의 토지를 하하(下下)로 내린다면 오히려 옳다고 하겠지만 전혀 수확도 못한 것을 상상에 둔다면 어찌 옳다고 하겠습니까?" 〈성종실록〉

전분 6등법

모든 토지는 6등급으로 나누며 20년마다 측량을 하여 대장을 만들어 본조, 본도, 본고을에 보관한다. 1등전을 재는 자의 길이는 주척으로 4자 7치 7푼 5리, …… 6등전을 재는 자의 길이는 9자 5치 5푼에 해당한다. …… 토지의 사방 1척을 파(把)라 하고, 10파를 1속(束), 10속을 1부(負), 100부를 1결(結)이라고 한다. …… 경작하는 토지를 정전(正田)이라 하고, 경작하다 휴경하는 토지는 속전(續田)이라 부른다. 정전으로 기록되었더라도 토질이 좋지 못하여 곡식이 잘되지 않는 토지나, 속전으로 기록되어도 토질이 비옥하여 소출이 많은 경우에는 수령이 관찰사에게 보고하여 개정한다. …… 1등전 1결은 38묘, 2등전 1결은 44묘 7푼, …… 6등전 1결은 152묘이다.

핵심 자료 읽기

방납

- 등장 배경 : 호조에서 아뢰기를, "초피(담비 가죽)의 공납은 영안도의 오진(五鎭, 경원·회령·종성·경흥·온성)에서 하는 것이 많고, 공안(貢案)에도 이미 적혀 있는데 내지(內地)의 여러 고을에서는 담비가 많이 나지 않으므로 오진에서 공납하던 것을 내지에 옮겨 배정하면, 백성이 폐해를 받을 것이고 백성에게서 값을 거두어 사서 바치는 것도 그 땅에서 나는 것에 따라 공물로 삼는 뜻에 어그러지니, 공안에 따라서 상납하고 옮겨 배정하지 말게 하소서."하니, 그대로 따랐다. 〈성종실록〉
- 내용 : 공물은 백성과 대납하는 자 양쪽이 희망할 경우 대납을 허용하고, 그 대납가는 수령이 정하여 수납해 준다.

방납의 폐해

- 각 도에서 중앙의 관청에 납부하는 공물을 해당 관리들이 매우 정밀하게 살피면서 모두 품질이 나쁘다하여 받아들이지 않고 대신 도성 안에서 사들인 물품을 납부할 때라야만 이를 받아들입니다. 따라서 각 관청 아전들이 이 과정에서 이득을 노려 다투어 대납을 하면서 원래 공물 가격의 몇 배를 요구하고 있습니다.
- 지금 대소 관리들과 승려들이 각 군현으로부터 공물 관련 문서를 발급받아 중앙 관청에 바칠 공물을 자기들이 준비한 것으로 미리 납부하고, 중앙에서 확인 문서를 받아 해당 군현으로 내려가 그 가격의 배를 징수하니 이로인한 백성들의 고통이 매우 큽니다.
- (선조 원년) 조식이 상소를 올렸다. "…… 예로부터 권신, 외척, 환관으로서 나라를 마음대로 했던 자는 있었지만, 서리가 나라를 마음대로 했던 것은 들어보지 못했습니다. …… 토산물의 공납을 막아 한 물건도 상납하지 못하게 합니다. 공물을 바치는 사람이 구족(九族)의 것을 모아 관사에는 내지 않고 개인에게 냅니다. 본래 값의 백 배가 아니면 받지도 않습니다. 나중에는 계속할 수가 없어서 빚을 지고 도망하는 자가 줄을 잇고 있습니다." 〈선조실록〉
- 인징과 족징 : 공물은 인구가 한창 번창할 때에 정한 수량 그대로 지금까지 받아내고 있습니다. 굶주리면서 겨우 살아가는 집들에서 떠나간 민호(民戶)들의 공물까지 물고 있는 것은 대단히 큰 폐단이 되고 있습니다.
- 극복 노력(수미법) : 내가 해주의 공물법을 보니 논 1결마다 쌀 한 말씩을 징수한다. 관이 비축해 두었던 물건을 서울에 바치기 때문에 백성들은 쌀만 내는 것을 알고 농간하는 폐단은 전혀 모르고 있으니 이것이 정말 백성을 구제하는 좋은 법이다.

역의 징발

- 군역 : 첫째, 2정을 1보로 한다. 둘째, 토지 5결을 1정에 준하도록 한다. 셋째, 노자(奴子)도 봉족수로 계산한다. 넷째, 각 병종별 급보 단위는 갑사(甲士) 4보, 기병 정병·취라적(吹螺赤, 나팔수) 3보, 평노위 …… 보병 정병 2보, 봉수군·방패·섭육십 1보이다. 다섯째, 누락된 장정과 누락된 가호에 대한 벌칙을 강화한다.
- 요역 : 무릇 전지(田地) 8결에서 인부 1명을 내되, 1년 부역 일수는 6일을 넘지 못한다. 만약 길이 멀어서 6일 이상 걸리면 다음 해의 부역 일수를 그만큼 줄여 주고, 만약 한 해에 두 번 부역을 시켜야 할 경우에는 반드시 왕에게 아뢰고서 시행한다. 수령이 징발을 균등하게 하지 않거나, 영역관(거느리고 사역하는 관리)이 일을 지체해서 기한을 넘기게 하는 경우에는 법률에 따라 죄를 준다. 서울 부근 10리 이내에는 모두 경역(京役)에 동원시킨다.

군역의 폐해

- 국가에서 하도(남부지방)의 쌀을 육지로 운반하기 어렵기 때문에 바다로 수운(水運)하고자 하여, 도체찰사로 하여금 배 만드는 것을 감독하게 하니, 어떤 이는 상수리 열매로 양식을 하며, 10월에 역사(役事)에 나가 물에서 나무를 운반하여 몸에는 살이 붙어 있지 않습니다. 어떤 군인 한 사람이 오랫동안 물 가운데 서 있어서 허리 아래가 다 얼었으므로, 강변에 얼마 동안 누워 있었으나 거의 죽게 되었습니다. 어떤 중이 이를 보고 불쌍히 여겨 쌀미음을 주었더니, 그 사람이 말하기를 "내가 이 물을 마시고 연명하여 다시 이 역사를 하란 말이냐?"하며 땅바닥에 버리고는 곧 물에 빠져 죽었다고 합니다.
- 남치명은 전에 성을 쌓는 감역으로 있을 때 거느리고 있는 방내군으로 사사로이 자기 집 짓는 데 일을 시켰고, 조사와 사대부 집에서 침탈을 견디기 어려워 혹 음식물을 제공하고 혹은 면포를 주면 태연히 이를 받았으며, 또 가평 태실의 돌난간 만드는 일을 감독할 때도 면포를 거두어들이고 군인들을 많이 내보냈습니다. 〈중종실록〉

역에 대한 기피 현상

• 각 관청의 조례와 나장은 1년에 넉 달은 직접 역을 지고 또 두 달은 역을 도와주게 되니, 서민 중에도 가장 힘든 자들입니다. 그들이 역을 질 때 가까운 도에서는 기한에 당도할 수 있으나, 5~6일 걸리는 길에 만약 그 기한에 미치지 못하면 채찍이 따르게 되고, 대립(代立)한 사람에게는 그 대가를 함부로 징수하므로, 재산을 팔아 넣어도 오히려 지탱하지 못합니다. 그리고 도망하여 흩어지면 그 일족과 이웃에 죄가 미치게 되니, 그 폐단은 헤아릴 수 없습니다.

• 한 장정의 한 달 대가가 면포 3필이니 1년의 대가는 30여 필이나 됩니다. 대립을 하고서도 대가를 받지 못한 자는 증명서를 받아 그 사람에게 독촉을 하게 됩니다. 독촉을 받은 사람은 전토, 우마를 팔게 되어 몰락하게 됩니다. 직접 군에 가면 비용이 훨씬 줄어들텐데 우선 한때의 편한 것만 생각하고 후일의 폐해를 염두에 두지 않고 대립을 시키는 것이 풍속이 되었는데, 그 폐단을 금하기가 어렵습니다. 〈세종실록〉

농사직설

농사는 천하의 대본(大本)이다. …… 오방(五方)의 기후와 토질이 같지 아니하여 곡식을 심고 가꾸는 법이 각기 적성(適性)이 있어, 옛 글(중국의 농법서)과 다 같을 수 없다 하여, 대왕께서 일찍이 유신(儒臣)들에게 명하시어 옛 농서에서 꼭 소용되는 말들을 거두어 모아서 우리말로 주를 붙이고, 판본으로 간행해서 …… 여러 도의 지방관에게 명하여 주현의 늙은 농부들을 방문하게 하여, 농토를 이미 시험한 증거와 경험에 따라 갖추어 아뢰게 하시고, …… 신 정초에게 명하시어 말의 순서를 보충케 하시고, 신 종부소윤 변효문 등이 검토해 살피고 참고하게 하여, 그 중복된 것은 버리고 절실하고 중요한 것은 취해서 한 편의 책을 만들었다. 농사 외에는 다른 설(說)은 섞지 아니하고 간략하고 바른 것에 힘을 써서, 산야(山野)의 백성들에게도 환히 쉽사리 알도록 하였다. …… 이 책이 비록 작더라도 그 이익됨은 이루 말할 수 있겠는가.

조선 전기의 경제 정책

• 중농 정책 : 성세창이 아뢰기를 "임금이 나라를 다스리는 데 백성을 교화시키는 것이 중요합니다. 그러나 살게한 뒤 교화시키는 것이 옳습니다. 세종 임금이 농상에 힘쓴 까닭에 수령들이 농상을 권하였으므로 경작하지 않는 땅이 없었습니다. 특별히 지방에 타일러 농상에 힘쓰도록 하소서."라고 아뢰었다. 왕이 관찰사에게 농상을 권하는 글을 내렸다. 〈중종실록〉

• 중앙 집권적 경제관 : 검소한 것은 덕(德)이 함께 하는 것이며, 사치는 악(惡)이 큰 것이니 사치스럽게 사는 것보다는 차라리 검소해야 할 것이다. 농사와 양잠은 의식(依食)의 근본이니, 왕도 정치에서 우선이 되는 것이다. 우리나라에는 이전에 공상(工商)에 관한 제도가 없어, 백성 중 게으르고 놀기 좋아하는 자들이 수공업과 상업에 종사하였기 때문에 농사를 짓는 백성들이 줄어들었으며, 말작(末作: 상업)이 발달하고 본실(本實: 농업)이 피폐하였다. 이것을 염려하지 않을 수 없다.

조선 전기의 상업 활동

• 시전 : 국가가 필요한 물품을 시전에서 사들이기 때문에 폐단이 적지 않습니다. 국가에 쓰이는 물품은 반드시 부족하지 않을텐데 담당 관리가 관리를 온전히 하지 않아서 매번 필요한 물품을 시전에서 사들입니다.

• 행상에게는 상업허가증을 발급하고 조세를 거두어 들인다. 육상은 달마다 저화 8장을 납부하게 하고, 수상의 경우 큰배는 100장, 중간배는 50장, 작은배는 30장을 각각 납부하게 한다.

• 장시 등장 : 경인년(1470) 흉년 때 전라도 백성이 서로 모여들어 점포를 열어 장문(場門, 시장)이라 칭하고, 사람들이 이에 의지하여 목숨을 유지하였다. 〈성종실록〉

• 장시 등장 : (성종 3년) 호조에서 아뢰었다. "전에 전라도 무안 등에서 이익을 탐하는 무리들이 장문이라 일컬으며 모여, 백장문을 금지하는 문제에 대해 논의하라고 하셨습니다. 신들이 전라도 감사 김지경에게 공문을 보냈더니 다음과 같이 보고하였습니다." '도내 여러 고을에서 장문이라 하며 매달 거리에 모여듭니다. 있는 것으로 없는 것을 바꾼다 하나, 본업(농사)을 버리고 말업(상업)을 좇는 것이며, 물가가 뛰어 오릅니다. 이익이 적고 해가 많아 이미 금지하였습니다.' 〈성종실록〉

04 SECTION 근세의 사회

1 신분 제도

법제적	실제적	내용

양인	양반
	(사족)
		• 개념 ┬ 원래 : 문반(= 동반) + 무반(= 서반) → 관직자만을 의미
		 └ 변화 : 문·무반 + 가족·가문 포함 → 사족(士族)이라 불림
		• 특권 ┬ 내용 ┬ 실질적으로 각종 국역을 면제받음 → 각종 법률과 제도로써 특권을 제도화
		  └ 일부 고위직은 음서, 대가제의 혜택을 받기도 함
		 └ 독점을 위해 양반 수 제한 ┬ 관리 : 기술관·서리·향리·군교 등 하급 관리를 중인으로 격하
		  └ 가족 : 서얼을 중인으로 격하, 문과 응시 제한

	중인	• 좁은 의미 : 기술관 ← 문·무과 합격자(양반) 아닌, 잡과 합격자
		• 넓은 의미 ┬ 서리(경아전) : 중앙·지방의 관청에서 행정 실무 혹은 보조 업무를 담당
		  ├ 토관 : 초기에 영토 확장을 위해 그 지역의 유력자에게 부여한 특수 관직
		  ├ 군교 : 하급 장교 혹은 지방 관아에 속하는 군속
		  ├ 향리 ┬ 지위 : 6방 소속으로 '단안'(명부)에 등재, 호장이 수석향리를 담당
		  │(외아전) ├ 기능 : 수취 등 수령에 대해 행정적 보조 but 정부는 녹봉을 지급안함
		  │ └ 억압 ┬ 법 제정 : 부민 고소금지법(세종), 원악향리 처벌법
		  │ └ 과거 응시 제한 : 소과 응시 때 소속 군현의 허가 필요 cf) 잡색군 편제
		  └ 서얼 ┬ 억압 : 서얼금고법으로 문과 응시에 제한(태종), 한품서용(정3품) 적용
		   (중서) └ 활동 : 간혹 무반직에 등용되고 기술직에 진출하기도 함
		• 특징 ┬ 직역 세습 → 같은 신분 내의 혼인, 관청과 가까운 곳에 거주
		 └ 한품서용 적용 : 기술관·서얼은 정3품까지, 토관·향리는 정5품까지, 서리는 정7품까지

	상민
	(평민,
	양민)
		• 일반 양민 ┬ 농민 : 과거 응시 가능 but 조세·공납·역 담당 → 국역 과중
		  ├ 수공업자 : 부역으로 관영 수공업 종사, 민영 수공업을 운영하면 공장세를 부과
		  └ 상인 ┬ 구성 : 시전상인, 보부상
		    └ 특징 : 국가의 통제를 받고 상인세를 납부, 농민보다 낮은 대우
		• 신량역천 ┬ 의미 : 양인 중에 천역을 담당하는 계층 → 칠반천역
		  └ 구성 ┬ 봉수군(봉수 업무), 역졸(역에 근무), 조졸(조운 업무)
		    └ 조례(관청의 잡역 담당), 나장(형사 업무 담당), 일수(지방 고을 잡역), 수군

천인	천민
	(노비)
		• 지위 ┬ 내용 ┬ 재산(매매·상속·증여의 대상)으로 취급되어 역을 부담하지 않음
		 │ └ 주인은 노비에게 死刑을 제외한 私刑을 가할 수 있음 cf) 死刑은 관청 허가 필요
		 └ 예외 ┬ 토지를 소유할 경우 전세 등을 부담
		   └ 공노비의 경우 관직(하급기술직)을 제수받기도 함 ex) 6품을 한계로 유외잡직에 종사
		• 원칙 ┬ 신분 결정 : 일천즉천(一賤卽賤)의 원칙 적용 cf) 노비종부법 실시(태종, 양민 확대 시도)
		 └ 소유권 결정 : 노비 부모의 소유자가 다를 경우 천자수모법을 적용
		• 구성 ┬ 공노비 ┬ 선상 노비 : 각 관청에서 노역에 동원
		  │ └ 납공 노비 : 관청의 밖에 거주하면서 농업에 종사, 신공 납부
		  └ 사노비 ┬ 솔거 노비 : 주인집에 거주하면서 잡일을 담당 cf) 솔거노비 수 < 외거노비 수
		     └ 외거 노비 : 주인과 독립된 생활 유지 → 주인·타인의 토지 경작, 신공 납부

• 사회적 천시 ┬ 백정 ┬ 등장 : 세종 때 고려의 양수척·화척 등을 양인화하는 과정에서 부여된 칭호
 │ └ 특징 : 직업(도살업·피혁제조·유기제조업) 세습, 집단 촌락 형성
 └ 기타 : 광대 + 무당 + 창기 + 사당 + 악공 + 뱃사공

2 사회 정책과 사회 제도

(1) 목적과 한계

- 목적 ┬ 성리학적 명분론에 따른 사회 신분 질서 유지 → 양반 중심의 봉건적 지배 체제 유지와 농민의 생활 안정
  └ 농민층의 몰락 방지를 통한 국가의 재정과 질서 안정 추구
- 한계 : 농민의 최소 생활을 보장하여 농촌 이탈 방지를 위한 미봉책 cf) 호패법, 5가작통법, 도첩제 등 강경책도 시행

(2) 사회 정책

- 농민 보호 ┬ 양반 지주들의 농민 토지에 대한 겸병 억제
  └ 농번기에 농민에 대한 잡역 동원 금지 + 재해를 당한 농민에 대한 조세 감면
- 권농 정책 ┬ 사직을 세워 토지신(사, 社)과 곡식신(직, 稷)에게 제사, 선농단에서 신농 · 후직에게 제사
  └ 국왕이 적전(籍田)을 설치하여 농사의 모범을 보이고, 왕비는 양잠을 함

(3) 사회 제도

- 빈민 구제 ┬ 환곡 ┬ 의미 : 흉년이나 춘궁기에 빈민에게 곡식을 대여, 추수기에 이를 환수하는 국가의 진휼 제도
  │   ├ 기관 ┬ 의창 ┬ 춘궁기에 빈민들에게 양식과 종자를 대여, 가을에 원곡만 회수
  │   │   │   └ 원곡만 회수하였더니 원곡이 부족하여 1/10의 이자를 징수하기 시작
  │   │   └ 상평창 · 평상시에는 물가 조절 담당, 16c 이후 의창을 대신해 환곡을 담당
  │   └ 변화 : 일분모회록(이자의 1/10을 호조 회록에 편입) 실시
  │   → 환곡의 이자가 재정의 중요 부분 담당, 각종 수수료까지 부과되어 고리대처럼 운영
  └ 사창 : 향촌 자치적으로 운영되는 구휼 제도 → 양반 중심의 향촌 질서 유지 목적
      cf) 국가의 통제를 받는 사창 ┬ 과정 : 실시(세종 ? 문종 ?) → 폐지(성종) → 부활(고종 때 흥선대원군)
                               └ 결과 : 사족이 자치적으로 운영하는 사창만 운영됨
- 의료 시설 ┬ 혜민국(=혜민서) ─────────┐
  │   ├ 동서대비원(=동서활인원=활인서) ┤ 한양과 경기의 환자 구제와 유랑자의 구휼 담당
  │   └ 제생원 : 지방민의 진휼 담당
  cf) 구황법 제시 ┬ 서적 간행 : <구황절요>(중종), <구황촬요>(명종)
              └ 작물 도입 : 고구마(18c, 일본), 감자(19c, 청)

꼭! 알아두기 · 사회 통제 정책

- 정부 ┬ 호적 ┬ 목적 : 3년마다 국가에 필요한 인적 자원 파악 → 군 · 현의 인구수를 근거로 공물 · 군역 등 부과
  │   │   ├ 내용 ┬ 호주의 주소 · 직역 · 성명 · 나이 · 본관 · 사조(四祖 : 부, 조부, 증조부, 외조부)
  │   │   │   ├ 호주의 처 및 처의 나이 · 본관 · 사조(四祖) + 솔거자녀(率居子女)
  │   │   │   └ 소유 노비의 성명 · 나이
  │   │   └ 한계 : 성인 남성을 기준으로 작성하였기 때문에 실제 인구수와는 많은 차이가 존재
  │   ├ 호패법 : 태종 이후 16세 이상의 모든 남성에게 채우는 신분증, 신분에 따라 기재 내용과 재료가 다름
  │   ├ 5가작통법
  │   └ 도첩제 : 도첩을 소지한 자만이 승려가 될 수 있도록 함
  └ 사족 : 향약 실시

04 근세의 사회

SECTION

3 법률 제도

(1) 법률

- 형법 ┬ 기본 법전 ┬ 대명률(주로 적용)
  │   └ 경국대전 형전(대명률에 없거나 실정에 맞지 않는 것을 따로 규정)
  ├ 중대 범죄 ┬ 종류 ┬ 반역죄
  │   │   └ 강상죄 : 3강5륜을 어긴 죄, 노비로서 주인을 죽인 죄, 관노로서 관리를 죽인 죄 등
  │   └ 처벌 : 연좌제를 적용하여 엄벌 ex) 범죄가 발생한 고을의 호칭 강등 or 고을의 수령을 파면
  ├ 형벌 : 태(회초리로 볼기를 침), 장(곤장형), 도(징역형, 강제 노역), 유(귀양형), 사(사형 : 교수형 or 참수형)
  └ 운영 : 동일한 범죄에 대해 신분에 따라 처벌의 내용이 다름
- 민법 ┬ 운영 ┬ 관찰사와 수령이 관습법에 따라 처리
  │   └ 특히 제사와 노비 상속은 종법(가족 관계를 규정하는 규범)에 의거하여 결정
  └ 소송 : 초기(노비 소유권에 대한 소송이 중심) → 후기(조상의 묘지 사용에 대한 산송이 중심)

(2) 사법 기관

- 중앙 ┬ 의금부 : 왕명에 따라 중대 범죄나 강상죄, 반역죄 처벌, 사형죄 등 중대 범죄에 대한 삼심 기관도 담당
  │   ├ 사헌부 : 관리에 대한 규찰 및 비리 감찰 담당, 그 비리에 대한 사법권을 행사, 양반에 대한 재판을 담당
  │   ├ 형조 : 사법 행정의 감독 관청, 형사 사건에 대한 재심 담당
  │   ├ 장례원(세조) : 노비 문서와 노비에 관한 소송 담당
  │   └ 포도청 : 평민의 범죄를 처리
  ├ 지방 ┬ 한성부(서울) : 수도의 치안을 담당, 토지와 가옥에 관한 소송 처리
  │   └ 관찰사 · 수령 : 각각 관할 구역 내의 사법권을 행사   cf) 행정 · 사법 기관이 분화 안됨
  │ cf) 조선의 3법사 : 사헌부+한성부+형조 or 사헌부+한성부+장례원 or 한성부+형조+의금부
  └ 백성의 억울함 해소 ┬ 항고 : 재판에 불만이 있을 때 다른 관청이나 상부 관청에 소송을 제기
                      ├ 신문고 : 신문고를 쳐서 임금에게 직접 호소 but 일반적으로 시행되지는 않음
                      └ 격쟁 : 징이나 북을 쳐서 왕에게 억울함을 직접 호소

◇확인해 둘까요! — 향촌의 행정 조직

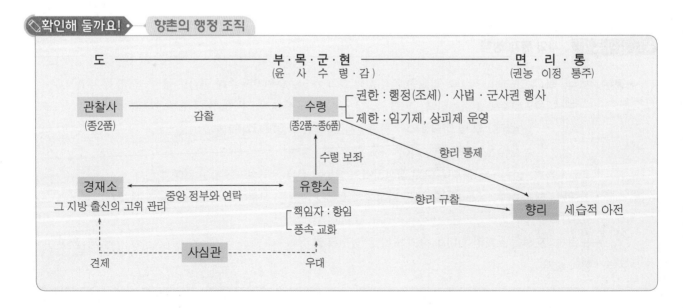

4 향촌 사회의 조직과 운영

(1) 향촌 사회의 사족 기반

- (유)향소 ┬ 기능 강화 : 경재소 혁파(선조, 1603) 이후
  (향청) ├ 운영 : 향임(좌수, 별감) → 지방 행정에도 참여
        └ 기능 ┬ 향안 작성 : 지방 사족의 명부 → 결속 강화, 각 군현마다 보편적으로 작성
             ├ 향회 개최 : 사족의 총회 → 사족의 이익 대변, 향촌의 수취 운영에도 관여
             └ 향규 제정 : 향회의 운영 규칙

- 서원 ┬ 역할 ┬ 사족 자제에 대한 교육 → 학맥을 통한 가문과 붕당의 결속 강화 → 붕당 정치의 기반
     │   ├ 성리학에 대한 연구와 보급 → 지방 문화의 발전
     │   └ 선현(학문적으로 명망있는 선비, 충절의 공신)에 대한 제사 → 사족의 학문적 전통과 사회적 지위 강화
     ├ 공간 구성 : 강당(교육) + 사당(선현 제사) + 동재 · 서재(기숙 시설) → 가람 배치 양식과 주택 양식의 결합
     ├ 입학 자격 : 양반 자제만 가능(출입명부 : 청금록) → 사족의 결속력 강화
     ├ 행사 ┬ 향음주례 : 유생이 봄 · 가을에 학덕과 연륜이 높은 이를 모시고 술을 마시며 잔치를 하는 의례
     │   └ 향사례
     ├ 설립 ┬ 최초 : 백운동 서원(중종, 1543) → 풍기 군수 주세붕이 안향을 제사하기 위해 설립
     │   └ 사액 ┬ 내용 : 왕이 서원 이름을 지어 현판(=편액)을 하사, 토지와 노비도 하사
     │   ├ 특권 : 국가로부터 공식적으로 면세와 면역의 특권을 부여받음 → 국가 재정 악화 초래
     │   └ 사례 : 백운동 서원 → 소수 서원(명종 때 이황의 건의로 사액됨)
     └ 연혁 : 발달(임진왜란 이후) → 시련(영조, 고종)

- 향약 ┬ 성격 ┬ 기존의 전통적 공동 조직과 상부상조의 미풍 양속을 계승
     │   └ 삼강오륜을 중심으로 유교 윤리를 더한 향촌 교화적 자치 규약
     ├ 규약 : 덕업상권(德業相勸), 예속상교(禮俗相交), 과실상규(過失相規), 환난상휼(患難相恤)
     ├ 과정 ┬ 시도 : 16c 전반 조광조가 중국의 여씨 향약을 도입해 유교 윤리의 보급을 시도 → 기묘사화로 실패
     │   └ 전국적 보급 : 16c 후반(선조 이후) 이황(예안향약)과 이이(서원향약, 해주향약)가 주도
     ├ 조직 ┬ 실시 초기 : 사족만이 참여, 군현 단위로 실시
     │   ├ 변화 ┬ 참여의 확대 : 사족의 동계와 농민의 향도계가 같이 참여(상하합계) → 양반 + 농민 + 노비
     │   │   └ 참여 단위 : 향약(군현 단위) > 동약=동계(촌락 단위)
     │   └ 간부 : 도약정(회장), 부약정(부회장), 직월(간사), 사화
     ├ 기능 ┬ 상민층에 대한 유교 윤리 보급으로 향촌의 풍속 교화 + 향촌의 질서 유지와 치안까지 담당
     │   └ 농민에 대한 사족의 통제력 강화 + 수령의 권한 약화
     └ 한계 : 사족의 봉건적 질서와 신분 질서 유지를 위한 수단 → 농민에 대한 억압과 수탈의 도구

(2) 성리학적 질서 강화 : 보학과 예학의 보급

- 보학 ┬ 의미 : 가족의 내력을 기록 → 종족의 종적인 내력과 횡적인 종족 관계의 확인
     ├ 기능 : 사족의 신분적 우위성 확보(양반 문벌 제도 강화) + 결혼 상대자를 구하거나 붕당을 구별하는 기준
     └ 최초 : 성화보(성종 때 제작된 안동 권씨 족보)   cf) 이전까지 최고의 족보 : 가정보(명종, 문화 유씨)

- 예학 ┬ 주장 : 삼강오륜을 기본 덕목으로 강조
     ├ 노력 ┬ 향약 시행, <소학>(성리학적 일상생활 윤리서) 보급
     │   └ 가묘와 사당 건립 : 4대조인 고조 이하 조상의 위패를 모셔 놓고 제사를 지냄
     ├ 기능 : 성리학적 명분론에 따라 도덕 윤리 강조, 사족 중심의 신분 질서 추구 → 사족의 향촌 지배력 강화
     └ 변화 : 17c 이후 발달 ex) 김장생의 <가례집람> 간행 but 사림 간 정쟁의 구실로 이용

핵심 | 자료 읽기

중인 차별
성종 13년 4월, 신해 사헌부 대사헌 채수가 아뢰었다. "어제 전지를 보니 역자(譯者), 의자(醫者)를 권장하고 장려하고자 능통하고 재주가 있는 자는 동서 양반에 발탁하여 쓰라고 특별히 명령하셨다니 듣고 놀랐습니다. 무릇 벼슬에는 높고 낮은 것이 있고 직책에는 가볍고 무거운 것이 있습니다. 무당·의관·약사·통역관은 사대부의 반열에 낄 수 없습니다. 의관, 역관 무리는 모두 미천한 계급 출신으로 사족(士族)이 아닙니다. 동서 양반은 모두 삼한세족(三韓世族)입니다. 간혹 변변치 않은 가문 출신도 있지만 모두 과거를 거쳐 오른 자입니다. 어찌 통역관과 의관을 그 사이에 섞여 있게 하여 조정을 낮추고 군자를 욕되게 할 수 있겠습니까? 삼가 바라건대 속히 전지를 거두시면 매우 다행이겠습니다."

향리에 대한 규제
• 이천부 관아에 소속된 이들이 뇌물을 받고 역을 함부로 부과하여 장(杖) 1백대를 친 후 역졸로 보내버렸다. 그리고 그 책임을 물어 부사 이세보를 파직하였다. ⟨세종실록⟩
• 원악향리 처벌법 : 수령을 농락하여 권력을 제 마음대로 부려 폐단을 일으키는 자, 뒤로 뇌물을 받고 불공평하게 하는 자, 세를 거두어 들일 때 법보다 더 거두어 남용하는 자, 양인을 불법으로 끌어다 남몰래 부려 먹는 자, 개인 논밭을 많이 장만하여 두고 백성에게 경작시키는 자, …… 세력가에 붙어서 신분 본래의 역을 피하는 자는 일반인의 고발을 허락하며 또한 당해 관청 경재소에서도 사헌부에 고발하여 심리하고 처벌받게 하는 것을 허락한다.
• 부민고소 금지법 : 신 등이 상소하여 높고 낮은 자의 명분을 엄중하게 하여 서로 참람되게 능모(陵侮)하는 일이 없게 하기를 청하였으나 윤허를 얻지 못하였더니, 요사이 역리가 조관(朝官)을 능욕하고, …… 옛 관장(官長)의 아들이 향리에게 굴욕을 당하였습니다. 이것은 작은 사고가 아니고 풍속에 관계되는 일입니다. 지금부터 윗사람을 업신여기는 죄를 범한 자가 있으면 죄의 등급을 가중(加重)하여 시행함으로써 명분을 엄정하게 하고 풍속을 순후하게 하소서. ⟨세종실록⟩

신량역천 : 조졸
신이 보건대, 이들은 본래 양인이지만 역이 아주 가혹하니 조운할 때가 되면 필요한 여러 도구와 양식까지 스스로 마련하여 배를 운행해야 합니다. 더욱이 조세를 상납할 때에는 경창의 하인배들조차 이들에게 온갖 횡포를 부린다고 합니다.

노비 : 사회적 지위
무릇 노비의 매매는 관청에 신고해야 하며 사사로이 몰래 사고 팔았을 때는 관청에서 노비와 그 대가로 받은 물건을 모두 몰수한다. 나이 16세 이상 50세 이하는 값이 저화 4천 장이고, 15세 이하 50세 이상은 3천 장이다. ⟨경국대전⟩

백정에 대한 양인화 노력
재인과 화척(禾尺)은 본시 양인으로서, 업이 천하고 칭호가 특수하여 백성들이 다른 종류의 사람으로 보고 그와 혼인하기를 부끄러워하니, 불쌍하고 민망합니다. 비옵건대, 칭호를 백정(白丁)이라 고쳐 평민과 서로 혼인하고 섞여서 살게 하며, 그 호구를 적에 올리고, 경작하지 않는 밭과 묵은 땅을 많이 점령한 사람의 밭을 나누어 주어 농사를 본업으로 하게 하고, 사냥하는 부역과 버들그릇[柳器]과 피물과 말갈기와 말총, 힘줄과 뿔 등의 공물을 면제하여 그 생활을 안정하게 하고, 그 가계가 풍족하고 무재가 있는 자는 시위패로 삼고, 그 다음은 수성군을 삼으며, 그 가운데에도 무재가 특이한 자는 도절제사로 하여금 재능을 시험하여 본조에 통보하여 다시 시험케 한 후 갑사직에 서용하고, 만약 그대로 옛 업을 가지고서 농상에 종사하지 않고 이리저리 유이하는 자는 법률에 의하여 죄를 논단하고 호적을 상고하여 즉시 본거지로 돌아가게 하소서. ⟨세종실록⟩

의창의 문제점
• 의창은 환곡·구휼을 위해 설치한 것이며, 국고는 군국의 수요에 쓰기 위한 것입니다. 근래 몇 년 사이에 흉년이 여러 번

닥쳐 일반 백성들이 오로지 환자·진제만 바라보고 살아갑니다. 이러한 까닭으로 의창곡이 모자라 부득이 국고로 환자·진제를 지급하여 구휼하게 되었습니다. 이에 군수(軍需)가 점차 줄어들어 거의 없어질 지경이 되었으니, 진실로 염려스럽습니다. 〈세종실록〉

• 모든 도의 여러 읍에 있는 의창곡 수량이 적어 매번 구황할 때마다 군자미를 쓰고 있습니다. …… 청컨대 이제부터는 군자곡을 진대(賑貸)하였다가 환수할 때는 매 10두에 4두씩 이자를 붙여 받으시고, 연초(年初)에 그 수량을 글로 올리도록 하십시오. 〈세조실록〉

환곡의 고리대화

• 중종 31년 검토관 임열이 아뢰었다. "각 고을의 욕심 많은 수령들이 국가의 환곡을 거두어들일 때에 모곡(耗穀)이라는 이름으로 으레 1석(石)에 2~3두(斗)씩 더 받아 별도로 쌓아 놓고 사사로이 사용하고 있습니다. 이 때문에 어사가 말로 되어 보아도 그 실정을 모릅니다." 〈중종실록〉

• 처음에는 굶주린 사람 중 나이가 많거나 병이 들어 관아에서 환곡을 직접 받을 수 없는 경우는 곡식을 가져다주기도 하였다. 그런데 근래에는 시골 백성이 받아 가는 것을 본 일이 없다. 한 톨의 곡식도 받아 온 일이 없는데도 겨울이되면 집마다 곡식 5~7석을 관아에 바치고 있으니, 그러고도 환곡이라고 하는 것이 부끄럽지 않은가.

• 이 법을 만든 본뜻은 백성의 양식을 위함이요, 나라의 경비를 위한 것이었다. 지금은 폐단이 거듭되어 나라 경비에 보탬이 되는 것은 열 가운데 하나요, 여러 아문에서 관장하여 자기들 몫으로 삼는 것이 열 가운데 둘이다. 아전들이 농간질하고 이득을 취하는 것이 열 가운데 일곱이다. 백성은 쌀 한 톨도 만져보지 못했는데 해마다 바쳐야하는 쌀이 천이나 만이 되니 이것은 부렴*이지 어찌 진대라 하겠으며, 늑탈(勒奪,강제로 빼앗음)이지 어찌 부렴賦斂, 조세를 거둠)이라 할수 있겠는가.

사창 제도

• 목적 : 사창에는 여러 가지 이익이 있으니, 백성들이 대여곡을 받거나 납부할 때 멀리 관아에 들어가지 않아도 되는 것이 첫째 이익이요, 받을 때 감축이 없는 것이 둘째 이익이며, 납부할 때 이자 외에 따로 더 보태는 수량이 없는 것이 셋째 이익이며, 백성들로부터 대여곡의 이자를 받아 원곡을 갚고 나면 그 여분은 백성에게 길이 도움이 되는 것이 넷째 이익이다.

• 내용 : 본 사창에는 관장할 사람이 없어서는 안되니 본면 중 근면하고 여유있는 사람을 택하여 면(面)에서 천거하여 관에 보고한 후 뽑는다. 또한 관에서 무리하게 강제로 정하지 말고 그를 일러 사수라고 하고 환곡을 분급하고 수납하는 일을 맡아서 검사한다.

• 폐단 : 이 제도는 마을마다 설치하여 사장(社長)에게 맡겼기 때문에 곡식을 대여할 때, 사장과의 관계가 멀고 가까움에 따라 혹은 은혜를 입었는가 원한이 있는가에 따라 많이 주기도 하고 적게 주기도 하여 환과고독*은 받지 못하는 수가 있다. …… 곡식을 보관할 때도 국가 곡식을 자기 소유물인 것처럼 취급하여 마음대로 출납하고, 또는 곡식을 바꾸기도 하고, 사사로이 도둑질을 하기도 한다. *환과고독 : 홀아비, 과부, 고아, 늙어서 자식이 없는 사람

사회 통제 정책

• 호적 : 3년에 한 번씩 호적을 새로 만들어 호조, 한성부, 해당 도, 해당 고을에 보관한다. 호적에는 호주의 거주지, 관직이나 신분, 성명, 나이, 본관, 4대조 및 처의 성씨, 나이, 4대조 및 거느리고 있는 자녀의 이름, 나이를 기록한다. 그리고 노비의 이름, 나이 등도 기록한다. 〈경국대전〉

• 호패법 : 남자 장정으로서 16세 이상이면 호패를 착용한다. 2품 이상인 자는 상아로 된 것을 차고, 3품 이하 및 삼의사(의약 담당 관청)로서 잡과에 합격한 자는 뿔로 된 것을 차게 하고, 그 외 생원·진사·선비·서인·서리·향리·천민은 신분에 따라 다르게 나무로 된 것을 찬다.

• 면리제 : 1리(里) 마다 5통 이상에서 10통까지는 소리(小里)를 삼고, … (중략) … 리(里) 안에서 또 이정(里正)을 임명한다.

04
SECTION

근세의 사회

5가작통법

- 왕의 명에 따라 서울과 지방의 양반들을 빼고 상민으로서 5호를 1통으로 하고 그 통 내에 도적을 감추어 주는 것은 물론이고 강도·절도를 하는 자가 있을 경우에는 통 내의 모든 가구를 변방으로 옮기게 하였다. 그런데 옮긴 뒤 각기 살고 있는 여러 고을에서 엄하게 감시하지 않고 한가롭게 손을 놀리게 하니 자주 흩어져 달아나 버린다. 앞으로는 더욱 엄하게 감시하여야 한다. ⟨세조실록⟩
- 을묘년(1675년, 숙종 1년)에 비변사에서 오가작통의 사목을 올렸다. 대략 대호, 중호, 소호를 막론하고 5가를 1통으로 하여 통에서 1인을 통수로 삼고 5가를 이웃으로 만들어 각기 밭 갈고 김매는 것을 서로 돕고, …… 질병이 있을 때 서로 구해주도록 하였다. ⟨홍재전서⟩

강상죄

- 종묘사직과 관련된 문제나 불법적인 살인 사건을 제외하고는 아전이나 하인이 소속 관청의 관리를 고발하거나 품관, 아전, 백성이 관찰사나 고을 수령을 고발하는 경우는 모두 받아들이지 않고 장 100대에 징역 3년에 처한다.
- 가장이 모반, 반역을 꾀했을 경우를 빼고 노비가 가장을 고소하면 모두 교수형에 처한다. 사내종의 처(奴妻), 계집종의 지아비(婢夫)로서 가장을 고소하는 자는 장(杖) 1백대에 귀양 3천리에 처한다. ⟨경국대전⟩

신문고 제도

원통하고 억울한 일을 호소하려면, 서울은 주장관(主掌官)에게 올리고, 지방은 관찰사에게 올린다. 그렇게 한 뒤에도 억울한 일이 있으면 사헌부에 신고하고, 그러고도 억울한 일이 있으면 신문고를 친다. 신문고는 의금부 당직청에 있다. 모든 상언(上言)은 당직원이 사헌부의 퇴장을 살펴보고 나서 수리하여 아뢴다. 의금부·사헌부에서 처리한 것은 퇴장을 살피지 않는다. …… 종묘사직과 비법 살인에 관계되는 것 말고, 아전과 사내종으로서 자기 관원을 고소하는 자, 품관·이(吏)·민(民)으로서 자기 관찰사·수령을 고소하는 자는 모두 받아들이지 아니하고 장(杖) 100대, 도(徒) 3년에 처한다. ⟨경국대전⟩

경재소 설치

- 이조에 전지하기를, "함길도(= 함경도)의 경원과 경흥은 조종께서 임금이 되신 지방인데, 지금은 …… 오로지 방어하는 데에만 중하게 여기고 있다. 그곳 백성들도 서울에 올라와 벼슬하지 못한 까닭으로 조정의 전장(朝章)에 익숙하지 못하고 큰 체통도 알지 못하므로, 풍속도 후하지 못하다. 그 곳의 자제들을 뽑아 서울로 오게 해서 벼슬을 주고, 경재소를 설치하여 풍속을 살피게 할 것을 명한다." 하였다. ⟨세종실록⟩
- 고을에는 각 토박이 성씨가 있는데 서울에 살면서 벼슬하는 사람 중에서 경재소가 구성됩니다. 경재소에서는 그 고향에 살고 있는 토박이 성씨 중에서 강직하고 두뇌가 명석한 자를 선택하여 유향소에 두어 사무를 보도록 하거나 간사한 향리의 범법 행위를 서로 규찰하여 풍속을 유지시키는데 그 유래가 오래 되었습니다.

경재소 기능

중앙 정부와 지방 군현의 문서 연락 / 지방 군현의 공납에 대한 책임
상경하는 지방민 및 하급 관리 등에게 잠자리와 식사의 편의 제공 / 해당 지방 유향소에 대한 통제
공무 또는 군역을 위해 서울에 오는 관리와 군인들이 각 관청에 배치되어 종사할 때 신변을 보호할 책임

경재소 혁파

비변사가 아뢰기를, "각 고을의 경재소는 처음 향풍을 바로잡기 위하여 설치한 것인데, 그 폐해가 향리를 침학하는 데로 귀결

되어 사람들이 대부분 괴로움을 당했습니다. 지금 10읍이 모두 재물이 다 없어진 상태인데 다시 경재소를 만들어 폐단을 회복시키려는 것은 매우 불가합니다. 다시 설치하지 못하게 해야 합니다."라고 하니, 아뢴 대로 하라고 전교하였다. 〈선조실록〉

유향소의 설립

- 목적 : 국가가 향소(유향소)를 설치하고 향임을 둔 것은 수령을 중히 생각해서였다. 수령이란 임금의 나랏일에 대한 걱정을 나누어 어떤 지역의 사람을 다스리는 자이다. 그러나 수령은 임기가 정해져 있어 늘 바뀌고 있다. 늘 새 사람이라는 것은 일을 함에 잘못을 저지르기 쉽다. 비록 백성의 일에 뜻을 둔다 하여도 먼 곳까지 상세히 살필 겨를이 없다. 따라서 각 고을에 명령을 내려 충성스럽고 부지런하며 일을 잘 처리할 수 있는 사람을 골라 한 고을의 기강을 바르게 하고 일정한 임무를 주어 일을 하도록 한다. 〈여헌선생 문집, 향사당기〉
- 기능 : 부모에게 불효하는 자, 형에게 불경하는 자, 친족 간에 불복하는 자, 인척 간에 불화하는 자, 남에게 신의가 없고 남을 구휼해 주지 않는 자가 있으면 유향소에서 그에 대한 징계를 의논할 수 있으며, 아전으로 백성의 재물을 침탈하는 자가 있으면 징계를 의논할 수 있다. 〈경국대전〉

유향소의 재설치

- 새설치 주장 : '유향소를 혁파하여 없앤 뒤로부터 향풍·습속들이 날로 경박해지는 듯하니, 유향소를 다시 설립하는 것이 좋을 듯합니다. 다만 유향소의 사람들이 혹은 사사로움을 끼고서 작폐하므로, 세조 때 혁파하였으니, 이와 같은 무리들은 징계하지 아니할 수 없습니다.' 하자, 그 일을 해당 관사로 하여금 절목을 마련하여 아뢰도록 하였습니다. …… 여러 군읍의 경재소로 하여금 향리에 거주하는 자로서 일찍이 현직을 지냈고 사리를 잘 아는 사람을 뽑아서 맡기도록 하고, 부(府) 이상은 정원을 4인으로 하고, 군(郡) 이하는 3인으로 정하여 유향소의 좌수와 색장을 삼아 향풍을 규찰하게 하며, 만일 사사로움을 끼고 작폐하는 자가 있으면 관찰사 및 경재소에서 탄핵하여 철저히 징계하게 하소서. 〈성종실록〉
- 재설치 반대 : 이 기구의 사람들이 향중(鄕中)에서 권위를 남용하여 불의한 짓을 행하니, 그 폐단이 많았습니다. 그래서 선왕께서 폐지하였던 것입니다. 간사한 아전을 견제하고 풍속을 바로잡는 것은 수령이 해야 할 일인데, 모두 이 기구에 위임한다면 수령은 할 일이 없지 않겠습니까? 〈성종실록〉
- 재설치 : 지금까지 고을에서 백성을 예속(禮俗)으로 이끈 사람이 몇이나 되는가. 수령은 장부 처리에 바빠서 그럴 틈이 없었고, 선비들은 풍속을 교화시킬 방법은 있었으나 지위가 없어서 사람들이 따르지 않았다. 성종께서 무신년 성종 19년 읍 소재지에 다시 유향소를 세우고 좌수(座首)와 별감(別監)을 두었는데 나이가 많고 덕망이 높은 자를 추대하여 좌수라 일컫고 그 다음을 별감이라 하며 이들로 하여금 한 고을을 규찰하고 관리하게 하였다.

향안 작성

- 고을에 향안을 두는 이유는 무엇인가? 세족(世族)을 밝히기 위함이다. 밝히는 이유는 무엇인가? 장차 그렇게 함으로써 한 고을의 기강을 잡고 풍속을 바르게 할 수 있기 때문이다. 〈우복집〉
- 본가와 외가가 모두 사족(士族)인 자로 허물이 없는 사람을 향안에 올리는데, 올릴 때는 먼저 초안을 작성한 후 고을의 사족을 모아 의논하여 모두 좋다고 하고 또 고을의 노인 가운데 고관을 지낸 향선생에게 아뢰어 이의가 없어야 정식으로 올린다.
- 서얼은 허통하더라도 반드시 4~5세대에 걸쳐 청족(淸族, 대대로 양반 신분이 확인된 그 지방의 유력한 사족 가문)과 혼인한 이후에야 향안에 참여하는 것을 허락한다.
- 향리와 혈연·혼인 관계가 있는 자는 반드시 4~5세대 동안 청족과 혼인한 후에 향안에 참여하는 것을 허락한다.
- 다른 지방 출신으로 본부에 장가든 자와 본부 출신으로 다른 지역에 장가든 자는 뛰어난 문벌로 사람들이 다 아는 자가 아니면 향안에 참여하는 것을 허락하지 않는다.

04 SECTION

근세의 사회

향약의 보급과 조직

- 목적 : 이제부터 우리 고을 선비들이 하늘이 부여한 본성을 근본으로 하고 국가의 법을 준수하며 집에서나 고을에서나 각기 질서를 바로 잡으면 나라에 좋은 선비가 될 것이요, 출세하든지 가난하게 살든지 서로 의지가 될 것이다. …… 진실로 이를 알지 못하고 올바른 것을 어기고 예의를 해침으로써 우리 고을 풍속을 무너뜨리는 자는 바로 하늘의 뜻을 거역하는 백성이다. …… 이것이 바로 향약을 만들어 운영하는 까닭이다.   〈퇴계 선생 문집〉
- 조직 : 가입하기를 원하는 자에게는 반드시 먼저 규약문을 보여주고, 몇 달 동안 실행할 수 있는가를 스스로 헤아려 본 뒤에 가입하기를 청하게 한다. 가입을 청하는 자는 반드시 단자에 참가하기를 원하는 뜻을 자세히 적어 모임이 있을 때에 진술하고, 사람을 시켜 약정(約正)에게 바치면 약정은 여러 사람에게 물어서 좋다고 한 다음에야 글로 답하고, 다음 모임에 참여하게 한다.   〈율곡전서〉

향약의 운영

- 처음 향약을 정할 때 뜻이 같은 사람들에게 규약문을 두루 알려서, 마음을 바로잡고 몸가짐을 단속하여 허물을 고쳐 착한 행동을 하려는 마음을 갖고, 향약에 참여하기를 원하는 자 중에서 몇 사람을 선택하여 서원에 모여 약법을 논의하여 정하고, 도약정 · 부약정 · 직월 · 사화를 선정한다. 모인 사람들은 나이와 덕망과 학술이 높은 자 한 사람을 추대하여 도약정으로 삼고, 학문과 덕행이 투철한 자 두 사람을 뽑아 부약정으로 삼으며, 구성원 중에서 직월과 사화를 교대로 뽑되, 직월은 반드시 심부름을 시킬 만한 노복이 있는 자를 뽑고 사화는 서원의 유생 중에서 뽑는다. 도약정과 부약정은 사고가 있지 않으면 바꾸지 않으며, 직월은 모임이 있을 때마다 바꾸고, 사화는 1년에 한 번씩 바꾼다.
- 동네에 상사(喪事)가 있으면 향약에 가입한 사람들이 쌀 1되, 빈 가마니 1장씩을 낸다. 향약의 30세 이하의 문반도 무반도 아닌 자들은 소학, 효경, 동자습 등의 서적을 읽어야 한다. 소송이 있을 때는 계장, 유사가 잘잘못을 가리되 시비를 가리기가 곤란하면 향약의 사족들이 회의하여 결정한다. 죄 없는 사람이 누명을 쓰면 향약의 사람들이 연명으로 관청에 보고하여 억울한 죄명을 벗도록 노력한다.   〈율곡전서〉

향약의 기능 : 이상은 중벌에 처함

친척과 화목하지 않은 자 / 본처를 박대하는 자 / 이웃과 화합하지 않는 자
동무들과 치고 싸우는 자강함을 믿고 약한 이를 능멸하고 침탈하여 다투는 자
무뢰배와 무리를 지어 횡포한 일을 많이 행하는 자 / 말을 만들고 거짓으로 사람을 죄에 빠뜨리게 하는 자
환난을 보고 힘이 미치는 데도 앉아서 보고 구하지 않는 자 / 혼인, 상제를 연고 없이 때를 지나는 자
향론에 굴복하지 않고 도리어 원망을 품는 자

향약의 폐해

향약을 만들어서 시행하는 일은 실로 좋은 법이요 아름다운 뜻이다. 시행한 지 얼마 되지 않아 느슨해지는 것은 이유가 있다. 관청에서 해야 할 일을 향약의 직임을 맡은 자에게 요구하는데 처음에는 아주 해로운 일이 아니었다. 그러나 길이 열리면서 폐단이 점차 확대되어 마침내는 모든 일을 맡겨 버리는 것이 관례가 되어 버렸다. 심지어는 부세를 감독하여 거두는 것이나 군역을 징발하는 것에 이르기까지 간섭하지 않는 것이 없게 되었다. 지금 직월에게 맡겨진 일은 글을 읽는 선비로서 마땅히 해야 할 일이 아니다.

서원

- 설립 : 우리나라 교육 방법은 중국 제도를 따라 중앙에는 성균관과 사학(四學)이 있고, 지방에는 향교가 있습니다. 진실로 좋은 일이지만 서원이 설치되었다는 말은 들은 바가 없습니다. 이것은 우리 동방의 큰 결점입니다. 주세붕이 처음 서원을 세울 때 세상에서는 의심하였습니다. 주세붕은 뜻을 더욱 가다듬어 많은 비웃음을 무릅쓰고 비방을 물리쳐 지금까지 누구

도 하지 못했던 장한 일을 이루었습니다. 아마도 하늘이 서원을 세우는 가르침을 동방에 일으켜 우리나라가 중국과 같게 되도록 하는 것인가 합니다. …… 사방에서 기뻐하고 사모하여 서로 다투어서 이를 본받게 될 것입니다. 진실로 선왕의 자취가 남고 향기가 뿌려져 있는 곳, 최충, 우탁, 정몽주, 길재, 김종직, 김굉필 같은 이가 살던 곳, 이런 곳은 모두 서원이 세워질 것입니다.

• 사액 : 이 고을에 백운동 서원이 있는데, 전 군수 주세붕이 창건한 것입니다. 이것은 다만 한 군수나 방백(方伯)의 업적일 뿐이니, 일이 임금의 명령을 거치지 않고 이름이 국가 문서에 실리지 아니하면, 세상의 여론을 불러 일으키고 한 나라의 본받을 만한 제도가 되지 못하여 영구히 전하지 못할까 두렵습니다.

향음주례 시행

국가에서 옛 법도에 따라 예교를 숭상해 지금 향음주례를 거행하노니 마시고 먹는 자리로만 베푼 것이 아니다. 무릇 우리 어른과 젊은이는 각기 나라에 충성하고 어버이에게 효도할 것이며 안으로는 가정을 화목하게 하고 밖으로는 마을 사람들과 잘 어울려 서로 가르치고 깨우칠 것이요, 조금이라도 허물을 짓거나 게을러서 삶을 욕되게 하지 않을 것이다.

족보의 의미

• 안동권씨 성화보 : 우리나라는 자고로 종법이 없고 보첩(譜牒)도 없어서 비록 거가대족(巨家大族)이라도 가승(家乘)이 전혀 없어서 겨우 몇 대를 전할 뿐이므로 고조나 증조의 이름도 호(號)도 기억하지 못하는 이가 있다.

• 내가 생각건대 옛날에는 종법이 있어 대수(代數)의 차례가 잡히고 적자와 서자의 자손이 구별지어져 영원히 알 수 있었다. 종법이 없어지고서는 족보가 생겨났는데 무릇 족보를 만듦에 있어 반드시 그 근본은 거슬러 어디서부터 나왔는가를 따지고 그 이유를 자세히 적어 그 계통을 밝히고 친함과 친하지 아니함을 구별하게 된다. 이로써 종족 간의 의리를 두터이 하고 윤리를 바르게 할 수 있었다.

• 족보는 대개 다음과 같은 순서로 기록한다. 그 일족 가운데 학식이 뛰어난 사람이 기록한 서문이 권두에 있다. 다음에는 시조나 중시조의 사전(史傳)을 기록한 문장이 들어가고, 다음에는 시조의 분묘(墳墓)도와 시조 발상지에 해당하는 향리 지도 등을 나타낸 도표가 들어가며, 그 밑에 범례가 있다. 끝으로 계보도가 있다. …… 자녀에 대해서는 입양 관계, 적서의 구별, 남녀의 구별 등을 명백하게 한다.

주자가례 서문

예에는 본(本)과 문(文)이 있다. 가정에서 시행되는 것 가운데 명분을 지키고 애경(愛敬)을 행함은 근본이고 관혼상제(冠婚喪祭)에 대한 의식 절차는 문식이다. 이 책은 근본과 문식을 함께 이루기 위한 것이다.

향도

• 향도는 대체로 이웃 사람끼리 모임을 갖는데 적으면 7~9인이요, 많으면 100여 인이 되며, 매월 돌아가면서 술을 마신다. 상을 당한 자가 있으면 회원들끼리 상복을 마련하거나 관을 준비하고 음식을 마련하며, 혹은 상여줄을 잡아주거나 무덤을 만들어주니 이는 참으로 좋은 풍속이다. 〈용재총화〉

• 우리나라의 소위 향도는 서울은 물론이고 시골의 어느 곳에나 있다. 무릇 축성 등의 공가(公家) 여러 일에 불려 다니기도 하고 마을의 길흉대소사, 예컨대 상여매는 일, 분묘조성, 제언 쌓는 일, 수레끄는 일, 집짓기, 측간 청소, 우물파는 일, 가마 매는 일, 이엉매는 일, 담 고치는 일, 모내는 일, 북치는 일, 기와나 벽돌 굽는 일, 눈쓸기, 물장사 등등 잡다한 일들이 모두 이들로부터 나온다.

08 가족 제도의 변화

1 전기

cf) 제사 : 계층에 따라 봉사(奉祀)할 수 있는 범위(4대, 3대, 2대, 부모)를 법제화

- 내용 ┬ 부계와 모계가 함께 가족 생활에 영향
  ├ 혼인 후 남자가 여자 집에서 생활 : 남귀여가혼(男歸女家婚) = 처가살이 = 서류부가혼(壻留婦家婚)
  ├ 형제들이 돌아가면서 제사를 지내거나 책임을 분담 : 윤회봉사, 외손봉사 ex) 율곡선생 남매 분재기
  ├ 집안의 대를 잇는 자식에게 1/5의 상속분을 주는 것 외에는 재산을 자녀에게 균분 상속
  └ 족보 ┬ 사위와 외손도 함께 기재 → 만성보(萬姓譜)의 성격
         ├ 딸이 재혼하였을 경우, 후부(後夫)라고 하여 재혼한 남편의 성명을 기재
         └ 자녀가 없는 사람은 무후(無後)라고 기재하고 양자를 들인 사례가 거의 없음
- 변화 ┬ 태종 : 서얼금고법(서얼차대법) 실시
       └ 성종 : 재가녀 자손에 대한 문과 응시 금지 → 과부의 재가 금지

2 후기

- 배경 ┬ 주자가례 보급에 따른 성리학적 의식과 예절의 발달 → 종법적 질서의 확립
       └ 17c 이후 부계 중심 가족 제도 강화 → 효와 정절 강조 ex) 과부의 재가 금지, 효자 · 열녀 표창
- 내용 ┬ 결혼 ┬ 친영 제도 정착 : 남자가 여자를 집으로 데려와 혼례를 올리고 남자 집에서 생활 → 신행의 보편화
       │   └ 일부일처제(연령 : 법적으로 남자는 15세, 여자는 14세) but 축첩제 허용 → 부인과 첩의 구분
       └ 상속 ┬ 장자 : 제사는 반드시 장남이 지내야 한다는 의식의 확산 → 재산 상속에서 장남에 대한 우대
              ├ 딸, 장자 외의 아들 : 상속에서 권리를 상실
              └ 아들이 없으면 무후(無後)라고 족보에 기재하고 양자를 들이는 풍속 확대
- 결과 ┬ 문중 형성 ┬ 배경 : 직계 · 부계 친족과의 유대 강화 vs 처가 · 외가와의 유대 약화
       │ (門中)   ├ 내용 : 자신을 개인이 아닌, 종중(宗中)이라고 하는 친족 집단의 일원으로 인식이 변화
       │   └ 결과 ┬ 족보 편찬 : 17c 이후 발간 확대, 외손의 수록 범위 축소 + 선남후녀의 순서로 기록
       │   └ 사우 건립 ┬ 배경 : 서원에 문중의 인물을 경쟁적으로 배향하면서 서원 남설 문제 발생
       │   └ 내용 : 가문의 이름있는 선조에 대한 제사 → 문중의 지위 유지 · 확대
       └ 동성 촌락(동족 마을) 형성

자료 보기

시기 / 재산 상속 형태	1500 ~ 1649년	1650 ~ 1749년
자녀 균분 상속	20	19
장남 우대	1	5
남녀 차별(남자 우대)	–	5
남자 균분 · 여자 차별	–	4
남자 우대 · 여자 차별	–	2
장남 아닌 자 우대(여자 차별)	–	1
장남 아닌 자 우대	3	7
계	24	43

조선의 재산 상속 실태

신행

율곡선생 남매 분재기

꼭! 알아두기 · 가족생활의 변화

	고려	조선 초기	조선 후기(17c 후반 이후)
종법적 질서의 확립	×	×	○
제사 상속	자녀 윤회 봉사	자녀 윤회 봉사	장자 상속
재산 상속	자녀 균분 상속	자녀 균분 상속	장자 우대
봉사조(= 제사 비용) 존재	○	○	×
결혼 후 거주 형태	남귀여가혼	남귀여가혼	친영 제도
戶主(호주)	여자가 호주인 경우도 있음	여자가 호주인 경우도 있음	오로지 남자만 호주
족보에 자녀 기록 순서	자녀 모두 연령순으로	자녀 모두 연령순으로	선남(先男) 후녀(後女)
족보의 외손 존재	○	○	×
족보의 양자 입양 기록	×	×	○
적서 차별	×	○	○
과부의 재혼 규정	제한 없음	자손의 문과 응시 제한	금지
여성의 사회적 진출	×	×	×

핵심 자료 읽기

조선 전기의 가족 생활

- 제사의 윤회 봉사 : 딸들에게 유서를 작성해 준다. …… 처 김씨에게 양자를 들여 가계를 계승하자고 간곡히 말하였으나 내 말을 소홀히 여겨 따르지 않는구나. …… 내가 사망한 후에도 끝내 양자를 세우지 않거든 너희들이 비록 딸이라도 나와는 골육으로 정리가 매우 중하니, 죽은 아들 몫으로 준 노비와 전답을 혈손 외에 다른 사람에게 주지말고 너희들이 가지고, 우리의 제사를 거행하라.

- 남귀여가혼 : 중국의 예의가 비롯되는 것은 혼인의 예입니다. 음이 양을 쫓아 여자가 남자의 집으로 가서 아들과 손자를 낳아 내가(아버지의 집)에서 자라게 하니, 본종의 중요함을 알게 되고 아버지가 양인이면 자식은 모두 양인이 됩니다. 그러나 우리나라는 많은 것을 중국을 본받으면서 오로지 혼인례는 굳이 옛 습속을 따라 양이 음을 쫓아 남자가 여자의 집으로 가서 아들과 손자를 낳고 외가에서 자라게 하니, 사람들이 본종(本宗)의 중함을 알지 못합니다.

- 재가 금지 : 경전에 이르기를 '믿음은 부인의 덕이다. 한번 남편과 혼인하면 종신토록 고치지 않는다.'라고 하였다. 이 때문에 삼종의 의가 있고, 한 번이라도 어기는 예가 없는 것이다. 세상의 도덕이 날로 나빠진 뒤로부터 여자의 덕이 정숙하지 못하여 사족(士族)의 딸이 예의를 생각지 아니해서 혹은 부모 때문에 절개를 잃고, 혹은 자진해서 재가하니, 한갓 자기의 가풍을 파괴할 뿐만 아니라, 실로 성현의 가르침에 누를 끼친다. 만일, 엄하게 금령을 세우지 않는다면, 음란한 행동을 막기 어렵다. 이제부터 재가한 여자의 자손은 관료가 되지 못하게 하여 풍속을 바르게 하라. 〈성종실록〉

조선 후기의 가족 생활

딸은 출가한 후에는 다른 집안 사람이 되어서 남편을 따르는 의리가 중하기 때문에, 성인(聖人)들이 예법을 만들 때 차등을 두었다. 그런데 요즘 사대부집에서는 사위에게 제사를 윤행시키는 자들이 많지만, 사위와 외손은 제사를 빠뜨리는 경우가 많고, 제사를 지내더라도 제물이 정갈하지 못하고 정성이 부족하여 제사를 지내지 않는 것만 못하다. 사위나 외손에게 제사를 윤행시키지 말라. 〈현종10년(1669), 부안 김씨가 분재문서 서문〉

05 조선 초기의 문화
SECTION

1 사상

조선건국 1392 **초기** / 선조즉위 1567 **중기** / 경신환국 1680 **후기** / 고종즉위 1863

15C 16C / 17C / 18C 19C

연산군즉위 1494 / 임진왜란 1592 병자호란 1636

(1) 기본 인식
- 목표 : 왕조 교체에 따른 문물의 재정비 → 부국강병, 민생안정과 중앙집권 추구
- 다른 사상에 대한 태도 ┌ 입장 : 성리학 이외의 여타 사상을 포용 ex) 한ㆍ당 유학과 불교, 도교도 포용
　　　　　　　　　　　└ 사례 : 소격서 설치(초제 거행)

(2) 유학
- 특징 ┌ 제도적 성격이 강한 〈주례〉(주나라 제도를 기록) 중시
　　　 └ 성리학에 대한 입장 : 사회 개혁의 원리로 인식
- 학자 ┌ 정도전(〈학자지남도〉), 조준
　　　 └ 권근 : 〈오경천견록〉ㆍ〈입학도설〉 저술, 표전문제 수습을 위해 명에 사신으로 왕래
- 서적 ┌ 윤리서 ┌ 〈삼강행실도〉(세종) : 충신, 효자, 열녀 등의 행적을 그림으로 그리고 설명을 붙여 편찬
　　　 │　　　 └ 〈효행록〉(세종), 〈오륜록〉(세조)　　　　　　　　　　cf) 〈이륜행실도〉는 중종 때 편찬
　　　 └ 의례서 : 〈국조오례의〉 ┌ 시기 : 세종 때 시작 ~ 성종 때 완성
　　　　　　　　　　　　　　　 ├ 내용 ┌ 길례(제사), 가례(혼례 등), 빈례(사신 접대), 군례(군사), 흉례(상례)를 정리
　　　　　　　　　　　　　　　 　　　 └ 국가와 왕실의 행사에 대한 의식과 절차를 규범화해서 편찬

(3) 기타 사상
- 불교 ┌ 억불 ┌ 태조 : 도첩제(승려가 될 수 있도록 국가가 증명서를 발행해주는 제도) 실시
　　　 │　　　 ├ 태종 : 사원의 토지와 노비 몰수
　　　 │　　　 ├ 세종 : 불교 교단 정비 → 교종과 선종 중 36사를 제외하고 모두 폐쇄, 승록사 폐지
　　　 │　　　 ├ 성종 : 도첩제 폐지 → 승려로의 출가 금지, 사림의 비판으로 산간 불교화 됨
　　　 │　　　 └ 중종 : 승과 폐지
　　　 └ 숭불 ┌ 세조 : 원각사지 10층 석탑 건립, 간경도감을 통해 〈월인석보〉 등의 불경을 한글로 번역하여 간행
　　　　　　　 └ 명종 : 문정왕후의 후원으로 승과 부활, 승려 보우를 중용 → 왕실과 민간을 중심으로 적극 수용
- 도교 ┌ 내용 : 소격서 주관으로 초제 거행(강화도 마니산 참성단) + 사대부 사회에 은둔 사상과 신선 사상을 심어줌
　　　 └ 한계 : 조광조의 주장으로 소격서 혁파
- 풍수지리설 ┌ 한양 천도 : 태조, 태종
　　　　　　　└ 영향 : 양반 사대부의 묘지 선정에 작용 → 산송(山訟) 문제가 사회 문제로 대두

◇확인해 둘까요! ▶ **훈민정음 창제**

- 과정 : 중국ㆍ몽골ㆍ일본 등의 문자를 연구하여 창제, 연구를 위해 정음청 설치
- 보급 ┌ 세종 : 악장 문학(용비어천가, 월인천강지곡, 석보상절), 한글 서적 간행　　　cf) 세조 : 〈월인석보〉 간행
　　　 └ 국왕이 언문 교지를 내림, 행정 실무에 이용하기 위해 서리에게 한글을 가르치고 시험을 통해 채용
- 연구 서적 ┌ 〈동국정운〉 : 최초의 운서
　　　　　　 ├ 〈사성통고〉 : 세종 때 신숙주 등이 편찬한 한자음 발음 사전
　　　　　　 └ cf) 〈훈몽자회〉 : 중종 때 최세진이 제작한 한자 교습서, 한자음을 한글 자모로 표기

2 문물 정비

(1) 지도

- 세계 : 혼일강리역대국도지도 ┬ 제작 : 태종 때 이회 · 김사형 · 이무 등
  - 내용 ┬ 원의 세계 지도(성교광피도, 혼일강리도)를 참고 + 이슬람의 영향
    - └ 한반도(이회의 팔도도 참고)와 일본을 덧붙인 지도
  - 특징 ┬ 중심에 중국이 위치 + 중국과 조선을 실제보다 크게 묘사
    - └ 유럽과 아프리카를 표시 but 아메리카는 표시되어 있지 않음
  - 의의 : 현존하는 동양 최고의 세계 지도   cf) 필사본이 일본에 보관
- 국내 ┬ 팔도도(태종) : 이회가 작성한 조선 최초의 전국 지도
  - ├ 양계지도(세종) : 정척이 북방 영토를 실측하여 만든 지도
  - └ 동국지도 ┬ 제작 : 양성지, 정척
    - (문종~세조) ├ 내용 : 지역별로 만든 후 이를 모아 제작 + 만주 · 요하 등 압록강 이북의 영토를 상세히 기록
    - └ 의의 : 영조 때 정상기의 <동국지도>의 바탕

(2) 지리지

- <신찬팔도지리지>(세종) : 8도의 지리, 역사, 산업, 교통 등을 수록한 인문 지리지
- <세종실록지리지>(단종) : <신찬팔도지리지>를 요약하여 <세종실록>의 일부로 수록
- <팔도지리지>(세조~성종) : 부국강병을 목적으로 군사적 내용을 상세히 수록
- <동국여지승람>(성종) ┬ <팔도지리지>에 <동문선>의 시문을 합해 간행
  - └ 군현의 연혁, 지세, 인물, 풍속, 산물, 교통 등을 수록   cf) <신증동국여지승람>(중종)
- ➡ 조선 초기 지도와 지리서의 제작 목적 : 중앙 집권과 국방 강화를 위해 국가 주도로 편찬

(3) 법전 편찬

- 태조 ┬ 정도전 : <조선경국전>(조선 최초의 법전), <경제문감>(정치 체제와 조직 정리)
  - └ 조준 : <경제육전>(조선 최초의 공식적 통일 법전)
- 태종 : <속육전>(하륜이 교지 · 조례 등을 모아 <경제육전>을 수정 · 보완)
- 세종 : <육전등록>(집현전에서 정리한 법전)
- <경국대전> ┬ 제작 : 육전 상정소 설치 → 조선 초의 법전과 명의 <대명회전>을 참조하여 최항 · 노사신 등이 주도
  - (세조~성종) ├ 의의 : 이 · 호 · 예 · 병 · 형 · 공의 6전 체제로 조선의 유교 통치 질서와 문물 제도의 완성
    - ├ 원칙 : 조종성헌(祖宗成憲)으로 존중된 만세불변의 헌전(憲典)
    - └ 구성 : 전(典, 영구불변의 법률, 수정하지 않는 내용) + 록(錄, 그때그때 상황에 맞추어 시행할 규칙)

◇확인해 둘까요!   조선 후기의 법전 정리

- <속대전>(영조) : 김재로, <경국대전>을 보완 cf) 영조 : 가혹한 형벌 폐지 + 사형수에 대한 삼심제를 엄격히 실시
- <대전통편>(정조) : 김치인, <경국대전>과 <속대전>을 통합 → 왕조의 통치 규범을 재정비
- <대전회통>(고종) : 조두순, <대전통편>을 보완 ┐
- <육전조례>(고종) : 조두순, <대전회통>에 누락된 행정 법규와 사례 보완 ┘ 통치 체제의 재정비

3 역사 인식과 교육

(1) 역사 인식 : 단군 숭배 → 자주적, 주체적 역사 인식

- 건국 초 ┌ <고려국사> ┬ 주도 : 정도전
  - (태조) └ 내용 : 편년체로 고려 역사를 정리하고 조선 건국을 정당화
  └ <동국사략> ┬ 주도 : 권근, 하륜
    - (태종) └ 내용 ┬ 고려 이전의 역사를 서술, 불교 비판
      └ 신라를 중심으로 신라의 왕호와 관제를 성리학적 명분론에 맞게 서술

- 15c ┌ <고려사> ┬ 주도 : 김종서, 정인지 등
  - (세종~문종) └ 내용 : 기전체로 <고려국사>를 개편해 고려 역사를 자주적 입장에서 정리
  ├ <고려사절요> ┬ 주도 : 김종서 등
    - (문종) └ 내용 : 편년체로 <고려사>를 정리 · 보완하여 제작
  ├ <삼국사절요> ┬ 주도 : 서거정, 노사신 등
    - (세조~성종) └ 내용 : 편년체로 고조선부터 통일 신라까지를 서술
  └ <동국통감> ┬ 주도 : 서거정
    - (성종) ├ 서술 방식 : 편년체 ex) 외기(단군~삼한) – 삼국기 – 신라기 – 고려기
      ├ 내용 ┬ <삼국사절요>와 <고려사절요>를 합해 고조선부터 고려까지를 정리한 통사
        └ 단군을 우리 민족의 시조로 인식
      └ 특징 : 강상 윤리 강조 → 사림의 정치 의식도 일부 반영
    - cf) <동국세년가> : 세종 대 편찬된 조선 최초의 영사시(詠史詩), 단군조선부터 고려 말까지를 노래로 기록

(2) 교육 기관
                   cf) 시강원 : 왕세자에 대한 교육 담당

- 중앙 ┌ 대학 교육 : 성균관 ┬ 입학 자격 : 생원, 진사(소과인 생원시, 진사시에 합격한 자)가 원칙
  - │ ├ 정원 ┬ 상재생(상사생) : 생원 · 진사로 입학한 정규생
    - (200) └ 하재생(기재생) : 유학 중에 선발 ┬ 소정의 시험에 합격하여 입학한 승보 기재
      └ 조상의 공덕으로 입학한 문음 기재
  - │ ├ 구조 ┬ 제사 공간(문묘) : 대성전(공자) + 동무(공자의 제자) + 서무(우리의 18 선현)
    - │ ├ 학습 공간(명륜당)   cf) 도서관(성종) : 존경각, 반궁제
    - └ 기숙 공간(동재 + 서재)
  - │ ├ 특혜 : 성적 우수자는 대과의 초시를 거치지 않고 바로 복시에 응시할 수 있음
  - │ └ 활동 : 국가 정책에 대한 비판과 견제 ex) 유소(집단 상소), 권당(단식), 공관(집단 퇴소)
  └ 중등 교육 : 4학 ┬ 구성 : 중학 + 동학 + 서학 + 남학   cf) 정원은 각 100명
    - ├ 운영 : 국가에서 교수와 훈도를 파견하여 국비로 교육
    - ├ 입학 : 8세 이상의 양인 남자 → 교생
    - └ 특혜 : 졸업 후 유학(幼學)이라 불리우며, 성적 우수자는 생원시 · 진사시의 초시를 면제 받음

- 지방 ┌ 중등 교육 ┬ 기능 : 성현 · 선현에 대한 제사 + 유생의 교육 + 지방민의 교화
  - (향교) ├ 운영 ┬ 모든 부 · 목(정원 90인), 군(정원 50인), 현(정원 30인)에 하나씩 설립
    - └ 규모와 지역에 따라 중앙에서 교관인 교수 또는 훈도를 파견하여 국비로 교육
  - ├ 입학 : 8세 이상의 양인 남자 → 교생(시험 성적이 나쁜 사람은 군역에 충정됨)
  - └ 특혜 : 졸업 후 유학(幼學)이라 불리우며, 성적 우수자는 생원시 · 진사시의 초시를 면제 받음
  └ 초등 교육 : 서당 → 4학이나 향교에 입학하지 못한 선비나 평민의 자제를 가르치는 사립 학교

꼭! 알아두기 **조선왕조실록** : 유네스코에 등재된 세계 기록 유산

- 주도 ┬ 관청 : 실록청(국왕 사후 춘추관에 설치)
  └ 관리 : 총재관은 재상이 담당, 대제학 등이 도청 및 각방 당상으로 임명
- 자료 ┬ 기본 ┬ 시정기(각사의 등록을 바탕으로 춘추관이 작성), 조보(朝報, 승정원에서 배포한 관보 ?)
  │   └ 사초 ┬ 사관(춘추관 관원 = 예문관 한림)이 자신의 주관적 의견도 넣어 개인적으로 작성
  │   └ 특히 가장사초(家藏史草)는 국왕도 절대 봐서는 안되는 자료
  ├ 추가 : <승정원일기>, <비변사등록>, <일성록>(정조가 세손 때부터 작성)
  └ 기타 : 개인 문집, 일기, 야사류 등
- 편찬 ┬ 방식 : 편년체로 서술
  └ 과정 ┬ 초초(初草) : 각방의 당상과 낭청이 자료를 분류하고 중요 사료를 뽑아 작성한 초안
         ├ 중초(中草) : 도청에서 초초의 내용을 수정·보완
         ├ 정초(正草) : 총재관과 도청 당상이 잘못을 재수정하는 동시에 체제와 문장을 통일하여 완성
         └ 정초본을 인쇄, 사고(史庫)에 봉안, 편찬에 이용된 시정기·사초 및 초·중·정초는 모두 세초(洗草)
- 목록 ┬ <태조실록>(태종 때 시작) ~ <철종실록>   cf) 폐위된 왕은 <광해군일기>, <연산군일기>로 표시
  └ 수정 실록 : 선조(수정), 현종(개수), 숙종(보궐 정오), 경종(개수)
- 보관 ┬ 장소 : 사고(史庫) 설치 + 포쇄(책의 습기를 제거하기 위해 바람을 쐬는 행위)를 3년마다 실시
  └ 원칙 : 국가의 주요 행사에 전례(前例)를 참고하고자 사관이 내용을 확인하는 경우를 제외한 열람 금지

세종 이후	임란	임란 이후	일제 강점기	현재 보존
춘추관	소실	춘추관 → 소실		전하지 않음
충주	소실	오대산 → 오대산	일본 도쿄대 보관	일부 소실 → 국내 반환(2006)
성주	소실	태백산 → 태백산	경성제대 이관	부산 국가기록보관소에 보관 중
		마니산 → 정족산	경성제대 이관	서울대 규장각에 보관 중
전주	보존	묘향산 → 적상산	장서각 이관	6·25 전쟁 이후 북한에 보관 중

cf) <국조보감> ┬ 실록 중 후대 왕에게 모범이 될 만한 국왕의 행적을 추려 간행
           └ 제작 : 편찬 지시(세종) → 실제 첫 편찬(세조)

확인해 둘까요! ─ 향교와 서원의 비교

	향 교	서 원
설립 주체	국가	지방 사족
설립 시기	고려 이후	조선 중종 cf) 사액은 명종
건물 구조	문묘 + 명륜당 + 재	사당 + 강당 + 재
제사 대상	성현 + 선현	선현
교육 주체	중앙에서 파견한 교수 혹은 훈도	지방의 사족
입학 대상	양인	사족의 자제
주요 행사	향음주례, 향사례	

4 과학 기술

(1) 천문학 : 농업과 관련하여 발달

- 기구 제작 : 혼천의(세종, 천체 위치 측정), 간의(세종, 혼천의를 간소화) → 간의대(천문대) 건축
- 천문도 제작 : <천상열차분야지도>(태조) → 고구려의 천문도를 바탕으로 돌에 새김
- 역법 : 칠정산 ┬ 내용 ┬ 중국의 수시력과 아라비아의 회회력을 참고하여 만든 역법서
  (이순지 주도) │   └ 해, 달, 화성, 수성, 목성, 금성, 토성 등 7개 천체의 위치를 계산하는 방법 서술
              ├ 특징 : 우리나라 역사상 최초로 서울(한양)을 기준으로 천체 운동 계산
              └ 구성 ┬ 내편 : 원의 수시력과 명의 대통력을 참고하여 최초로 서울(한양)을 기준으로 천체 운동 계산
                     └ 외편 : 아라비아의 회회력을 참고로 계산하여 만든 것
  cf) 이순지의 저술 : <제가역상집>(천문학 문헌·이론 체계화), <교식추보법>(일·월식 계산법 정리)
- 기타 측정 기구 ┬ 세종 : 시간 측정(앙부일구(해시계), 자격루(물시계)) + 강우량 측정(측우기)
                └ 세조 : 토지 측량 ex) 규형, 인지의

(2) 의학

- 의서 ┬ <향약제생집성방>(태조~정종)
      ├ <향약채취월령>(세종) : 우리나라에서 생산되는 약재 수백 종을 정리
      ├ <향약집성방>(세종) : <향약제생집성방>을 기본으로, 우리 풍토에 알맞은 약재와 치료 방법을 개발·정리
      └ <의방유취>(세종) : <향약집성방> 편찬 이후 중국과 우리의 의학 서적을 망라한 백과사전
- 법의학서 : <신주무원록>(세종) → <무원록>(원의 왕여)에 주해를 붙여 시체 검안 등 수사의 기초가 된 법의학서
- 관청 ┬ 내의원 : 궁중에 설치, 국왕을 비롯한 왕족을 치료 + 종친 및 2품 이상의 고관도 치료
      └ 전의감 : 국가 의료의 중추 기관 → 의료 정책 시행, 약재 구입·관리, 의서 편찬, 의료 교육 담당

(3) 인쇄술 : 이천 주도

- 활자 ┬ 주자소 설치(태종) → 계미자(태종), 경자자·갑인자(세종) 주조
      └ 방식의 발전 : 밀랍 접착 → 식자판 조립 방법 창안(세종)
- 제지술 : 조지서 설치(세종?) → 다양한 종이의 다량 생산, 서적의 다량 인쇄

(4) 수학

- 저술 : <상명산법>, <산학계몽>
- 특징 : 아라비아 수학의 영향을 받음

◇ 확인해 둘까요! ▶ **조선 초 과학 기술의 특징과 교육**

- 특징 : 국가 지원으로 발전 ┬ 배경 : 관학파가 부국강병과 민생 안정을 위해 과학 기술이 중요하다고 인식
                          └ 사례 : 잡과 출신자도 관직에 중용, 노비 출신을 관직에 등용(장영실)
- 교육 ┬ 기관 : 해당 관청이 담당 ex) 의학(혜민서, 전의감), 산학(호조), 천문학(관상감)
      │   cf) 역학(사역원), 율학(형조), 도학(도교, 관상감), 화학(그림, 도화서)
      ├ 대상 : 대부분은 중인 혹은 평민 자제   cf) 초기에는 양반 자제도 의학·역학을 배움
      └ 출세 : 대부분의 기술관은 잡과를 통해 관직 진출   cf)기타의 기술관 : 취재를 통해 관직 진출

(5) 병서

- <진법>(태조) : 정도전, 요동 정벌을 계획하며 군사를 조련하기 위한 전술과 부대 편성 방법을 기록
- <총통등록>(세종) : 화약 무기의 제작과 사용법을 정리
- <역대병요>(세종 or 단종) : 고대부터의 역대 전쟁과 이에 대한 학자들의 평을 정리
- <동국병감>(문종) : 김종서, 고조선부터 고려말까지의 전쟁사를 정리
- <진법>(문종 or 성종) : 수양대군, 군사 훈련 지침서, 5위제 확립   cf) 후에 <병장도설>이라는 이름으로 재간행(영조)

(6) 무기

- 화약 ┬ 주도 : 태종 때 최무선의 아들 최해산이 특채되어 담당(세종 때까지 활약)
  └ 내용 ┬ 태종 : 화약 무기를 다루는 화통군 편성
         ├ 세종 : 신기전(로켓 추진 화살) 개발
         └ 문종 : 화차(신기전 100개를 설치하여 불을 붙여 발사하는 로켓포) 개발
- 병선 : 거북선 개발(태종), 비거도선(작고 빠른 전투선) 제작

5 문학과 음악

(1) 문학   cf) 관학파는 경학이 아닌, 사장(詞章)을 중시하여 문학이 발달

- 한문학 : <동문선> ┬ 삼국 시대부터 조선 초기까지의 문학 작품 중에서 뛰어난 것을 편찬
  (서거정, 성종) └ 서문에서 자주적 의식 표현
- 시조 ┬ 관학파 : 건국 초의 패기 표현 ex) 김종서 · 남이
       └ 사림파 : 유교적 충절 표현 ex) 길재 · 원천석
- 악장 ┬ 의미 : 궁중 종묘 제향 때 부르던 노래의 가사로, 조선의 등장과 국왕의 업적을 찬양, 자주 의식 표현
       └ 작품 ┬ 세종 : <용비어천가>, <월인천강지곡>, <석보상절>(석가모니의 일대기를 서술)
              └ 세조 : <월인석보>
- 설화 ┬ 특징 ┬ 일정한 격식 없이 이야기를 기록한 문학
       │   └ 민담 속에 관리의 행적, 서민 신앙 · 감정, 전설, 풍속 등을 기록
       └ 작품 ┬ <금오신화> ┬ 최초의 한문 소설로서 설화에 허구를 가미하여 소설로 발전
              │ (김시습)   └ 남원 · 평양 · 개성 · 경주를 배경으로 남녀의 애정 등 민중 생활과 역사 의식을 표현
              └ <용재총화>(성현), <필원잡기>(서거정), <청파극담>(이륙)

(2) 음악

- 특징 : 음악을 백성 교화의 수단으로 인식 + 국가의 각종 의례에 사용
- 관청 ┬ 전악서, 아악서 : 장악서로 개편(세조)
       ├ 악학(음악 이론 담당), 관습도감(실기 교육 담당) : 악학도감으로 개편 → 장악서로 흡수
       └ 봉상시(제사 주관)
- 내용 ┬ 세종 ┬ 아악 : 체계화(박연, 악곡과 악보 정리) → 궁중 음악으로 발전
       │   └ <정간보>(소리의 장단과 높낮이를 표현한 악보) 발간, 여민락 창작
       └ 성종 : <악학궤범>(성현) 편찬 → 음악의 원리와 역사, 악기, 무용, 의상 및 소도구까지 정리
  cf) 무용 ┬ 궁중과 관청 : 의례와 사신 접대에 나례춤과 처용무 등을 사용
           └ 민간 : 전통춤(농악무, 무당춤, 승무) + 탈춤(산대놀이) + 인형극(꼭두각시)

05 조선 초기의 문화

SECTION

6 예술적 특징

평양 보통문

개성 남대문

▶ 고려 시대 건축의 단정하고 우아한 모습을 간직하면서도
　조선 시대 건축으로 발전해 가는 모습을 보임

서울 숭례문

▶ 당시의 위엄있는 모습 간직
▶ 고려의 건축 기법과는 다른 방식을 채택
　→ 발전된 조선 전기 건축을 대표

강진 무위사 극락보전

▶ 주심포 양식 + 맞배 지붕
▶ 단정하고 김빅한 특성

합천 해인사 장경판전

▶ 당시의 과학과 기술을 집약
▶ 고려의 재조대장경 보관
▶ 유네스코 지정 세계 문화 유산

회암사 무학대사탑

▶ 조선 태종 때 제작
▶ 태조의 스승인 무학대사 자초의 유골 봉안

서울 원각사지 10층석탑

▶ 세조 때 제작
▶ 고려의 경천사지 10층 석탑 계승
▶ 대리석으로 제작

상원사 문수동자상

▶ 세조가 문수보살에 의해 피부병을 치료했다
　하여 제작
▶ 세조는 상원사를 중창하고 쌀과 베를 하사

몽유도원도

▶ 도화서 화원 출신인 안견의 그림
▶ 자연스러운 현실과 환상적 이상 세계를 능숙하게 처리하여 표현
▶ 역대 화가들의 기법을 체득 + 독자적 경지를 개척
▶ 일본 덴리 대학 중앙도서관에 소장
▶ 일본 무로마치 시대에 영향을 줌

고사관수도

▶ 문인 화가(강희안)
▶ 간결하고 과감한 필치로 인물의
　내면 세계를 표현

안평대군의 글씨

▶ 조맹부체로 유명

분청사기 철화 어문병

분청사기 음각어문 편병

▶ 회색 또는 회백색의 태토 위에 백토로 표면을 바르고 긁어내어 무늬를 새긴 후 유약을 바르고 구운 자기
▶ 전국의 도기소와 자기소에서 제작
▶ 안정된 그릇 모양과 소박하고 천진스러운 무늬 ex) 모란, 연꽃, 물고기, 나비, 매화, 빗방울

조선의 기타 공예

- 목공예 ┬ 특징 : 실용성, 나뭇결을 살려 자연미 구현
　　　　├ 작품 : 일상용품 ex) 경상, 소반, 문갑, 장롱 등
　　　　└ 방식 ┬ 화각공예 : 쇠뿔을 펴서 채색
　　　　　　　 └ 자개공예 : 자개로 무늬 제작 → 나전칠기
- 석공예(石工藝) : 궁궐의 장식, 능묘의 조각을 제작
- 금속 공예 : 15c 보신각종 제작
- 자수 공예 : 수와 매듭에서 부녀자의 섬세하고 부드러운 정취를 살려 제작

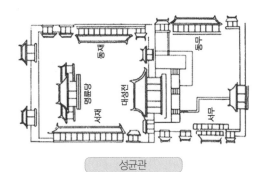

성균관

삼강행실도

갑인자로 찍은 책

훈민정음

▶ 조선 초기의 주체적 문화 인식 반영

▶ 입학 자격 : 생원, 진사(소과인 생원시·진사시에 합격한 자)가 원칙
▶ 정원 : 생원과 진사 각각 100명씩
▶ 구조 ┌ 제사 공간(문묘) : 대성전(공자) + 동무(공자의 제자) + 서무(우리의 선현)
       ├ 학습 공간(명륜당)
       └ 기숙 공간(동재 + 서재)   cf) 도서관 : 존경각·반궁제(성종)

천상열차분야지도

▶ 태조 때 제작
▶ 고구려의 천문도를 바탕으로 제작

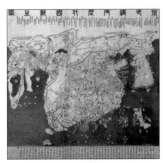

혼일강리역대국도지도

▶ 제작 : 태종 때 이회·김사형·이무 등
▶ 내용 ┌ 원의 세계 지도(이슬람의 영향)를 참고
       └ 한반도(이회의 팔도도 참고)와 일본을 덧붙인 지도
▶ 특징 : 유럽과 아프리카를 표시 but 아메리카는 표시되어 있지 않음
▶ 의의 : 현존하는 동양 최고의 세계 지도   cf) 필사본이 일본에 보관

혼천의

▶ 혼의 (세종)
▶ 천체의 운행과 그 위치를 측정하던 천문 기구

간의

앙부일구

창경궁 자격루

측우기

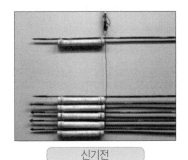

신기전

▶ 세종 때 제작

화차

▶ 문종 때 제작
▶ 문종 이전에도 화차를 제작

비격진천뢰

▶ 선조 때 이장손이 제작
▶ 임진왜란 당시 큰 활약

조선 초기의 문화

핵심 자료 읽기

<조선 왕조 실록>

- 가장 사초 : 국왕 옆에는 항상 정7품 2명, 정8품 2명, 정9품 4명으로 구성된 이른바 한림 팔원이 있어 모든 일을 기록하였다. …… 이들은 현장에서 작성한 사초를 매일 춘추관에 제출했다. 집에 돌아와서 자신의 판단과 평가가 담긴 비공개 사초를 다시 작성했다. 이 기록을 '가장사초'라 했는데, 이를 고이 집에 보관했다가 임금이 숨진 뒤 편찬할 때 제출했다.

- 사초의 원칙 : "사관의 사초(史草)는 임금의 잘잘못과 재상들의 어질고 어질지 않음과 정치의 아름다운 것과 악한 것을 기록하는 것입니다. 당대에서 그 사초를 거두어들인다면 착하고 밝으신 임금의 시대에 있어 비록 의심할 만한 것은 없을지라도, 펴 보실 때 사초 때문에 죄를 받을 것을 두려워하여 사관이 직필(直筆)로 일을 기술하는 자가 없을 것이니, 당대에서 수납하는 일이 없게 하소서. 그리고 징은금고(徵銀禁錮)의 법은 청컨대 다시 의논하게 하소서."하니, 곧 상정소에 내렸다.

- 실록의 원칙 : 임금이 말하기를, "전대의 제왕들이 선왕의 실록을 보지 않은 자가 없는데, 태종께서 <태조실록>을 보지 않으시매, 하륜 등은 이를 보시는 것이 옳다고 하고, 변계량은 보시지 않는 것이 옳다고 하여, 태종께서는 계량의 논의를 따랐던 것이나, <태종실록>을 편찬을 마쳤으니, 내가 이를 보려고 하는데 어떤가."하니, 맹사성·윤회·신장 등이 아뢰기를, "…… 전하께서 이를 보신다면 후세의 임금이 이를 본받아서 고칠 것이며, 사관도 군왕이 볼 것을 의심하여 그 사실을 다 기록하지 않을 것이니 후세에 진실함을 전하겠습니까."하매, 임금이 말하기를 "그럴 것이다."라고 하였다.   <세종실록>

- 수정 실록 간행 : 신하들이 다음과 같이 아뢰었다. "이이첨, 박건 등 간사한 무리들이 실록을 거짓으로 꾸몄습니다. 폐조(廢朝)때에 만들어진 실록을 수정하는 것이 마땅합니다." 이에 인조가 아래와 같이 답하였다. "선조실록 수정에 착수하시오"

<고려사>

- 정도전·정총 등이 전조(前朝)의 역사를 편수함에 …… 종(宗)이라고 일컬은 것을 왕이라 쓰고, 조(詔)를 교(敎)라 쓰고, 태자를 세자로 하고, 태자비를 세자빈(世子嬪)으로 하며, 제칙(制則)을 교로 하며 …… 당시의 사실을 잃었던 것이다. …… 그 종(宗)을 고쳐서 왕으로 일컬은 것도 사실에 좇아 기록할 것이며, 묘호·시호도 그 사실을 인멸하지 않고, 다른 예를 들어 고친 것도 이에 준하여야 할 것이다.

- 대개 지난 시기 흥망이 앞날의 교훈이 되기에 이 역사책을 편찬하여 올리는 바입니다. …… 이 책을 편찬하면서 범례는 사마천의 사기에 따랐고, 기본 방향은 직접 왕에게 물어 결정했습니다. '본기'라고 하지 않고, '세가'라고 한 것은 대의명분의 중요함을 보이기 위한 것이었습니다. 신우, 신창을 세가에 넣지 않고 열전에 내려 놓은 것은 왕위를 도적질한 사실을 엄히 밝히려 한 것입니다. 충신과 간신, 부정한 자와 공정한 자를 다 열전을 달리해 서술했습니다. 또한 제도, 문물을 종류에 따라 나눠 놓았습니다.

<고려사절요> 서문

편년체는 좌씨(左氏)에서 시작되고 기전체는 사마천의 사기에서 시작되었는데, 반고 이후부터 역사를 찬술한 사람들이 모두 사마천의 사기를 조술(祖述)하여 어기지 않은 것은 그 규모가 크고 넓어서 저술이 잘 갖추어져 있기 때문입니다. 그러나 글이 번잡하고 읽기 어려운 결점을 면할 수 없으니, 이것이 서로 장·단점이 있어 사가(史家)가 한쪽만을 버릴 수 없는 것입니다.

<동국통감>

- 일찍이 세조께서 말씀하셨다. "우리 동방은 비록 역사책이 있으나 자치통감처럼 장편으로 된 통감이 없다." 글 잘하는 관리들에게 편찬을 명하셨지만 제대로 이루어지지 못하였습니다. 주상(성종)께서 선왕의 계획을 받들어 서거정 등에게 동국통감을 편찬하여 올리라 하였습니다. …… 이 책을 지음에 명분과 인륜을 중시하고 절의를 숭상하여 난신을 성토하고 간사한 자를 비난하는 것을 엄격히 하였습니다.

- 삼국부터 여러 역사책에서 사실을 뽑고 중국의 역사 서적들을 모아 편년체와 기사본말체를 사용하였습니다. 범례는 자치통감에 따랐습니다. …… <강목>의 취지에 따라 쓸모없는 것은 삭제해서 요령만 남겨 두려고 힘썼습니다. 삼국이 병립했을 때를 삼국기라 하였고, 신라가 통일했을 때는 신라기라 하였으며, 고려 때는 고려기라 하였고 삼한 이상은 외기(外紀)라 하고는 천사백년 동안 국세의 이합과 국운의 장단 및 임금의 잘잘못과 정치의 성쇠를 모두 거짓없이 적었습니다.

- 경연에 나아갔다. 강(講)하기를 마치자, 지사 서거정이 아뢰기를 "신이 문신 두어 사람과 더불어 연주시격을 주해(註解)하니, 겸하여 역사서를 편찬하게 하소서. 우리나라 사람이 비록 선비라고 일컬을지라도 본국의 역사적 사실에는 아득하게 알지 못하니, 만약 이를 편찬하여 완성하면 사람들이 모두 알 것입니다." 하니 임금이 이를 허락하였다.

조선 초기의 역사 인식 : 단군 숭배
신이 또 들으니, 기자 사당에는 제전이 있고 단군을 위해서는 없기 때문에, 기자에게는 매달 초하루와 보름마다 제물을 올리되, 단군에게는 봄, 가을에만 제사한다 하옵니다. 현재 단군 신위를 기자 사당에 배향하게 되어 한 방에 함께 계신데, 단군에게는 초하루, 보름 제물을 올리지 아니한다는 것은 또한 미안하지 않을까 합니다. 〈세종실록〉

대학 교육 : 성균관
- 태조가 도읍을 세우고 묘학(廟學) 지을터를 도읍의 동북쪽 모퉁이에 정하니 산은 멈추고 물을 둘러싸고 자리는 남향이다. 정축년(1397) 공사를 시작하여 무인년(1398) 7월에 준공하였다. 성인(聖人)과 철인(哲人)은 높은 집에, 종사(從祀)는 곁집에, 학교인 명륜당은 묘(廟) 뒤에 있는데, 집의 크기는 칸으로 세면 96칸이니 묘학의 일은 이것으로 갖추어다.
- 성균관은 경국대전에 정원이 200명으로 정해져 있었다. 성균관은 생원·진사인 상재생과 상재생이 모자랄 때 유학(幼學)으로 보충하는 기재생으로 구분되었다. 이들에게는 원점(圓點) 300을 얻으면 문과 초시에 응시할 수 있는 자격을 주었는데, 아침·저녁 식당에 출석하는 것을 원점 하나로 계산해 주었다. 재학 연한은 제한되어 있지 않았다.

중등 교육 : 4부 학당과 향교
- 4부학당 : 예조에서 계를 올렸다. "…… 이제 학당을 빌건대, 성균관으로 하여금 사(司)를 나누어 가르치게 하고 6품 두 사람으로 교수관을 삼고, 7품 이하 5인으로 훈도를 삼아 …… 10세 이상으로서 학당에 나오게 하고 15세가 되어 소학(小學)의 공부가 성취되면 차례로 성균관에 승진시키고, 성균관에는 항상 1백 사람을 양성하여, 만일 궐석(闕席)이 있으면 본조관(本曹官)이 성균 관원과 함께 학당에 나가서 읽은 것을 강하여 세 곳을 통하는 자는 승진 보충하게 하소서."
- 향교 : 제주 경재소에서 상언하기를, "대정·정의 두 고을에 비로소 향교를 두게 되어서, 두 고을 생도가 각각 50여 인이 되니, 청컨대, 그 고을 사람으로서 경서에도 밝고 행실이 뛰어난 자를 뽑아서 훈도로 삼아 가르치게 하여 주소서." 하였다.
- 향교 : 향교를 역을 피하는 곳으로 삼거니와, 글을 아는 자가 있어도 향교에 이름을 두는 것을 부끄럽게 여겨 온갖 방법으로 교묘히 피하므로, 훈도·교수가 되는 자가 초동·목수의 나머지를 몰아다가 그 부족한 수를 채워 살아갈 길을 도모하고 있습니다.

훈민정음 창제
이달에 임금이 친히 언문(諺文) 28자를 지었는데, 그 글자가 옛 전자(篆字)를 모방하고, 초성·중성·종성으로 나누어 합한 연후에야 글자를 이루었다. 무릇 한자에 관한 것과 우리말에 관한 것을 모두 쓸 수 있고, 글자는 비록 간단하고 요약지만 전환(轉換)하는 것이 무궁하니, 이것을 훈민정음이라 일렀다. 〈세종실록〉

훈민정음에 대한 논쟁
- 창제 찬성 : 풍토가 구별되매 소리도 또한 다르게 된다. 대개 외국의 말은 그 소리는 있어도 그 글자는 없으므로, 중국의 글자를 빌려 그 일용에 통하게 하니, 이것이 둥근 장부가 네모진 구멍에 들어가 서로 어긋남과 같은데, 어찌 능히 통하여 막힘이 없겠는가. …… 계해년 겨울에 우리 전하께서 정음 28자를 만들어 훈민정음이라 하였다. …… 지혜로운 사람은 아침 나절이 되기 전에 이를 이해하고, 어리석은 사람도 열흘 만에 배울 수 있게 된다. 〈훈민정음 해례 후서〉

05 조선 초기의 문화

SECTION

핵심 자료 읽기

- 창제 반대 : 신 등의 좁은 소견으로는 의심되는 것이 있습니다. 우리 조선은 조종 때부터 지성으로 대국을 섬겨 한결같이 중화의 제도를 따랐는데 지금 글을 같이 하고 법도를 같이 하는 때를 당하여 언문을 만들었다는 것은 남의 이목에 해괴합니다. …… 따로 언문을 만드는 것은 스스로 중국을 버리고 오랑캐와 같아지려는 것입니다. 어찌 문명의 큰 잘못이 아니오리까. 〈최만리〉

지도 · 지리지

- 신찬팔도지리지 : 왕이 말하기를, "전에 그려놓은 본국 지도는 틀린 곳이 많아 지금 고쳐 그리려고 하니, 수령에게 명하여 각기 관할 경내의 관사의 배치와 향배한 곳, 산천 내맥과 도로의 원근, 그 이수(里數), 사면을 이웃하고 있는 고을들과의 사표를 자세히 그려서 감사에게 보고하고, 감사는 이들을 종합해서 맞추어 올리도록 하여 참고하게 하라."고 하였다.

- 혼일강리역대국도지도 : 천하는 아주 넓다. 안으로 중국에, 밖으로 사해에 이르기까지 몇천만 리인지를 알 수 없다. 줄여서 이것을 수척(數尺)의 폭으로 된 지도를 만들면 상세히 하기가 어렵다. 그러므로 지도로 만들면 대부분 소략하게 된다. …… 여름에 좌정승 상락 김사형과 우정승 이무가 국정의 여가에 지도들을 참구(參究)하고, 검상 이회에게 명하여 자세한 교정을 가해 합쳐서 1도(圖)를 만들게 하였다. …… 정연하고 보기에 좋아 문호(門戶)를 나가지 않아도 천하를 알 수 있게 되었다. 도적(圖籍)을 보고 지역의 원근을 아는 것은 다스림에 도움이 된다.

<경국대전>

- 편찬 배경 : (세조께서) 일찍이 말씀하시기를 "우리 조종의 심후하신 인덕과 크고 아름다운 규범이 훌륭한 전장에 펴져 있고, 또 여러 번 내린 교지가 있어, 법이 아름답지 않은 것이 아니지만, 관리들이 용렬하고 어리석어 제대로 받들어 행하지 못한다. 이는 진실로 법의 과목이 너무 번잡하고 앞뒤가 서로 모순되어 하나로 크게 정해지지 않았기 때문이다. 이제 손익을 헤아리고 회통할 것을 산정하여 만대의 성법을 만들고자 한다."고 하였다.

- 서문 : 천지가 광대하여 만물이 덮여 있고 실려 있지 않은 것이 없으며, 사시의 운행으로 만물이 생육되지 않은 것이 없으며, 성인이 제도를 만드심에 만물이 기쁘게 보이지 않은 것이 없으니, 진실로 성인이 제도를 만드심은 천지 · 사시와 같은 것이다.

윤리서와 의례서

- 삼강행실도 : 인륜의 도는 진실로 삼강 밖에서 나오는 것이 없고, 천성의 참됨은 진실로 만대에 같은 것입니다. 마땅히 앞선 사람의 행실에 대한 기록을 모아 오늘의 모범을 삼아야 할 것입니다. 남달리 뛰어난 것을 뽑아서 그림과 칭찬의 말을 만들어 중앙과 지방에 나누어 주고 우매한 남녀들까지 다 쉽게 보고 느껴서 분발하게 되기를 바란다. 그렇게 하면 백성을 교화하여 풍속을 이루는 한 길이 될 것이다. 왕께서 집현전 부제학 신 설순에게 명하여 …… 중국에서 우리나라에 이르기까지 동서고금의 서적에 기록되어 있는 것을 모두 모았습니다. 그 중에서 효자, 충신, 열녀로 우뚝 높아서 기록으로 남길 만한 사람을 각각 110명씩 찾아 내었습니다. 앞에는 그림으로 그리고 뒤에는 사실을 기록하였으며, 모두 시를 붙였습니다. …… 편찬을 마치니, 삼강행실도라고 이름을 하사하시고, 주자소로 하여금 인쇄하여 길이 전하게 하였습니다.

- 국조오례의 : 왕의 명으로 이 책을 완성하였다. 그 내용은 제사에 대한 길례, 왕실의 관례와 혼례에 대한 가례, 사신접대에 대한 빈례, 군사 의식에 대한 군례, 상례의식에 대한 흉례이다.

<동국병감>

"지금 중국에 전쟁의 징조가 있어 우리나라도 변방을 지키는 일을 걱정하지 않을 수 없다. 중국 역대의 일은 역사책을 상고하여 알지만 우리나라는 거의 아는 것이 없다. 원컨대 삼국으로부터 고려에 이르기까지 적의 내침과 방비책과 이해득실을 상세히 고증하고 채집, 편찬하여 널리 볼 수 있도록 하라."는 의정부의 건의가 있었고, 문종이 따랐다.

<향약집성방(鄕藥集成方)>

- 예전에 권중화가 여러 책을 뽑아 모아 향약간이방을 짓고 또 동인(東人)의 경험을 취하여 분류 편찬하고 목판으로 간행하니, 이로부터 약을 구하기 쉽고 병을 치료하기 쉬우므로, 사람들이 모두 편하게 여겼다. 그러나 방서(方書)가 중국에서 나온 것이 아직 적고, 약명이 중국과 다른 것이 많은 까닭에 의술을 업으로 하는 자도 미비하다는 탄식을 면치 못하였다. 우리 주상 전하께서 특히 이에 유의하여 의관을 골라서 매양 사신을 따라 북경에 가서 방서를 널리 구하게 하고 신해년 가을에 유호통·전의(典醫) 노중례 등에게 명하여 다시 향약방(鄕藥方)에 대하여 여러 책에서 빠짐없이 찾아내고 종류를 나누고 더 보태어 한 해가 지나 완성하였다.

- 유명한 의사가 병을 진찰하고 약을 쓰는 데는 모두 기질에 따라 방문을 내는 것이요, 처음부터 한 방문에만 매달리는 것은 아니다. 대개 백 리나 천 리쯤 서로 떨어져 있으면 풍속이 다르다. 초목이 자라는 것도 각각 적당한 곳이 있고 사람이 좋아하는 음식도 습성에 달린 것이다. 그러므로 옛 성인(聖人)이 많은 초목의 맛을 보고 그 지방의 성질에 맞춰 병을 고친 것이다. 우리나라는 하늘이 한 구역을 만들어 대동(大東)을 차지하였다. 다만 옛날부터 의학이 발달되지 못하여 제때 약을 채취하지 못하였다. 가까운 것을 소홀히 하고 먼 것을 구하여 사람이 병들면 반드시 중국의 얻기 어려운 약을 구하였다. 민간의 옛 늙은이가 한 가지 약초로 한 병을 치료하여 신통한 효력을 보는 것은 그 땅의 성질에 적당한 약과 병이 서로 맞아서 그런 것이 아닐까.

과학 기술 발달

- 천상열차분야지도 : 예전에 평양성에 천문도 석각본이 있었다. 그것이 전란으로 강물 속에 가라 앉아버리고 세월이 흘러 그 인쇄본마저 매우 희귀해져서 찾아볼 수 없었다. 그런데 태조가 즉위한 지 얼마 안되어 그 천문도의 인쇄본을 바친 사람이 있었다. 태조는 그것을 매우 귀중히 여겨 돌에 다시 새겨두도록 서운관에 명하였다. 서운관에서는 그 연대가 오래되어 이미 성도에 오차가 생겼으므로 새로운 관측에 따라 그 오차를 고쳐 새 천문도를 작성하도록 청했다.

- 앙부일구 : 이것을 혜정교와 종묘 앞에 처음으로 설치하여 해 그림자를 관측하였다. 집현전 직제학 김돈이 명을 짓기를, "…… 구리를 부어서 그릇을 만들었는데, 모양이 가마솥과 같다. 지름에는 둥근 송곳을 설치하여 북에서 남으로 마주 대하게 했고, 움푹 파인 곳에서 (선이) 휘어서 돌게 했으며, 점을 깨알같이 찍었는데, 그 속에 도(度)를 새겨서 반주천(半周天)을 그렸다. …… 길가에 설치한 것은 보는 사람이 모이기 때문이다. 이로부터 백성도 이것을 만들 줄 알게 되었다."라고 하였다.

- 자격루 : 오늘부터 새로운 기구를 시동하였다. 물을 공급하는 항아리는 4개이며 크고 작은 차이가 있고 물 받는 항아리는 2개이며 물을 바꿀 때 번갈아 쓴다. …… 시간을 알리는 사람이 틀리게 됨을 면치 못할 것을 염려하여 임금께서 호군 장씨에게 명하여 시간을 맡을 나무인형을 만들어 시각에 따라 스스로 알리게 하여 사람의 힘을 빌리지 않게 하였다.

칠정산

- 편찬 배경 : 제왕의 정치는 역법과 천문으로 때를 맞추는 것보다 더 큰 것이 없는데, 우리나라 일관(日官)들이 그 방법에 소홀하게 된 지가 오래인지라, 우리 전하께서 거룩하신 생각으로 모든 의상과 구루의 기계며, 천문과 역법의 책을 연구하지 않은 것이 없어서, 모두 극히 정묘하고 치밀하시었다. …… 역법에서는 선명력, 수시력, 회회력, 통궤, 통경 등 여러 책을 받아 모두 비교하고 정하여 새로 책을 편찬하였다.

- 내편 서문 : 왕께서 정흠지, 정초, 정인지 등에게 명하여 중국 역법을 연구하여 묘리를 터득하게 하였다. 자세히 규명되지 않는 것은 왕께서 몸소 판단을 내리시어 모두가 분명히 밝혀지게 되었다. 또 태음통궤(달의 운행 도수를 추산하는 법을 기록한 책)와 태양통궤(태양의 운행 도수를 추산하는 법을 기록한 책)를 중국에서 얻었는데 그 법이 이것과 약간 달랐다. 이를 바로잡아 내편을 만들었다.

- (칠정산의) 내편법(內篇法)에 식분(食分, 일식·월식)이 있으면, 내편법으로 경·외관(京外官)에게 알려 주고, 기타의 역법(曆法)은 곧 아뢰게 하며, 만약 내편법에 식분이 없는데 다른 역법 중에 비록 한 역법이라도 식분이 있으면, 외관(外官)은 제외하고 서울 각 아문(衙門)에만 알려 주게 하고, 수시력(授時曆)과 회회력법(回回曆法)은 이미 내·외편(內外篇)에 갖추어

있으니 반드시 다시 추산(推算)할 것이 없사옵고, 선명력은 누락된 부분이 있고 그 방법도 역시 어긋나고 그릇되었고, *경오원력은 이차(里差)의 법이 실로 근거로 삼기 어렵사오니, 예전 네 가지 역법은 취재(取才)할 때에 쓰지 말도록 하십시오.

*경오원력 : 세종 원년에 수시력을 연구하여 간행한 역법

<동문선> 서문

• 전하께서는 …… 신 서거정 등에게 명해 제가(諸家)의 작품을 뽑아 한 질을 만들게 하셨습니다. 저희들은 전하의 위촉을 받아 삼국 시대로부터 지금에 이르기까지 사(辭), 부(賦), 시(詩), 문(文) 등 여러 문체를 수집하여 이 중 문장과 이치가 순정하여 교화에 도움이 되는 것을 취하고 분류하여 130권을 편찬해 올립니다.

• 이것은 우리 동방의 글이니, 송 · 원의 글도 아니고, 또 한 · 당의 글도 아니며, 바로 우리나라의 글인 것입니다. 마땅히 중국 역대의 글과 나란히 천지 사이에 행하게 하여야 합니다. 우리 동방의 문은 삼국 시대에서 비롯하여 고려에서 번성하였고, 조선에 와서 극에 이르렀습니다. 천지 기운의 성쇠와 관계된 것을 또한 알 수 있습니다. 어찌 사라져 전함이 없게 하겠습니까 …… 저희들은 높으신 위촉을 받자와 삼국 시대로부터 우리 대에 이르기까지의 사, 부, 시, 문 등 여러 가지 문제를 수집하여 이 가운데 문장과 이치가 아주 바르고 교화에 도움이 될 만한 것을 취하여 분류하고 정리하였습니다.

시조

• 김종서 : 삭풍은 나무 끝에 불고 명월은 눈 속에 찬데 / 만리변성에 일장검 짚고 서서 / 긴파람 큰 한 소리에 거칠 것이 없어라.

• 길재 : 오백 년 도읍지를 필마로 돌아드니 / 산천은 의구한데 인걸은 간 데 없네 / 어즈버 태평연월이 꿈인가 하노라.

<악학궤범>

악(樂)은 하늘이 내어 사람에게 보낸 것이니, 허(虛)에서 나와 자연히 이루어진 것이다. 이 때문에 사람 마음을 움직이고 맥박을 뛰게 하여 정신을 막힘없이 흐르게 한다. …… 다른 소리를 합하여 하나로 하는 것은 임금이 위에서 어떻게 이끄느냐에 달려 있다. 바르게 이끄는 것과 거짓되게 이끄는 것에 따라 커다란 차이가 나며, 풍속이 번영하고 쇠퇴하는 것도 모두 여기에 달려 있다. 따라서, 악이야말로 백성을 다스리고 교화하는 큰 문이라고 할 수 있다.

해동 제국기

전하께서 신(臣) 신숙주에게 명하여 해동 여러 나라에 대한 조빙으로 왕래한 연고를 찬술하라 하셨다. …… 신 신숙주는 오래 예관의 관직을 맡았고 또 일찍이 바다를 건너 그 땅을 답사해 보니, 여러 섬이 별처럼 분포되어 풍속이 전혀 다르다. …… 삼가 보건대 동해의 가운데 자리 잡은 나라가 하나만이 아니나, 그 중 일본이 가장 오래되고 또 크다. 그 지역이 흑룡강 북쪽에서 비롯하여 우리 제주 남쪽에까지 이르고, 유구와 더불어 서로 맞대어 그 지형이 매우 길다.

산송 문제의 발생

아래로는 지맥(地脈)을 살피고 위로는 천심(天心)을 헤아려 묘지를 써야 하니, 이는 천만대 후손에게 미칠 경사(慶事)를 보전하는 것이요, 자연의 이치이다. 불법(佛法)은 머무르는 모양이 없고, 장례식에는 때가 있으니 땅을 가리어 자리 잡는 것이 하늘의 이치를 따르는 것이다.

<숭복사비문>

꼭! 알아두기 ˙ 조선의 궁궐

1. 개요

- 의미 : 궁(왕의 정무 처리, 거처) + 궐(궁성, 성루, 성문)
- 원칙 : 좌묘우사(좌―종묘, 우―사직), 전조후침(전―조정, 후―침전)
- 구성 ┌ 외전 : 정전(왕이 중국 사신을 맞거나 조회를 베푸는 곳) + 편전(왕이 평상시 거처하면서 정사를 보는 곳)
  ├ 내전(침전) : 왕 · 비 · 대비가 거처하는 곳 ex) 대전, 중궁전, 대비전
  └ 동궁전 : 세자 · 세자비가 거처하는 곳   cf) 기타 : 후원, 궐내각사
- 조선 ┌ 법궁―북궐(태조, 최초의 궁궐) : 경복궁
  (양궐) ├ 이궁 ┌ 동궐 : 창덕궁(태종), 창경궁(성종) → 동궐도 제작(순조 때 효명세자의 주도)
  └   └ 서궐 ┌ 경운궁(선조) : 고종 퇴위 이후 덕수궁으로 개칭
                └ 경희궁(= 경덕궁, 광해군) → 서궐도(순조 때 효명세자의 주도)

2. 내용

- 경복궁 ┌ 의미(정도전의 명명) : 경복궁 = '새 왕조가 큰 복을 누려 번영할 것'
  ├ 연혁 ┌ 창건 : 1395년 태조 이성계   cf) 기하학적 질서에 따라 대칭적으로 건축
  │   ├ 소실 : 1592년 임진왜란
  │   ├ 중건 : 1867년 고종
  │   ├ 훼손 : 일제 강점기, 조선 총독부 건립
  │   └ 복원 : 1994년 이후 사업 추진
  └ 구조 ┌ 외전 : 정전(근정전) + 편전(사정전)   cf) 정문 : 광화문(다포, 우진각 지붕)
          ├ 내전(침전) : 대전(강녕전, 국왕), 중궁전(교태전, 왕비), 대비전(자경전, 대비)
          ├ 동궁전 : 자선당(세자 · 비의 거처), 비현각(세자의 정무 처리)
          ├ 후원 : 향원정   cf) 건청궁 : 민씨 시해(을미사변, 장충단)
          └ 궐내각사
- 창덕궁 : '유네스코 세계 유산' 편에 기록
- 창경궁 ┌ 연혁 ┌ 창건 : 성종(창덕궁이 비좁아 건축)   cf) 정문 : 홍화문(다포, 우진각 지붕)
  │   ├ 소실 : 임진왜란, 이괄의 난
  │   ├ 격하 : 동물원 · 식물원 개설(순종, 1907~9) → 창경원으로 격하(1911)
  │   └ 복원 : 1983년 이후 복원 공사 → 창경궁으로 환원
  └ 특징 ┌ 경복궁과 창덕궁의 보조 궁궐로 사용 but 공간 구성은 경복궁보다는 창덕궁에 더 가까운 배치
          ├ 영조 : 군포 개혁을 위해 홍화문(정문)에 나아가 백성들의 의견 청취
          └ 왕실의 많은 뒷 이야기 존재(자경전 : 정조의 혜경궁 홍씨를 위한 건축)
- 경운궁 ┌ 연혁 ┌ 선조 : 임란 때 환궁한 임시 거처   cf) 정문 : 대한문(다포, 우진각 지붕)
  (덕수궁) │   ├ 광해군 : 정릉동 행궁을 경운궁이라 호칭
  │   ├ 고종 ┌ 아관파천 이후 환궁후 궁궐로 사용(러시아 공사관 근처), 을사늑약 체결(중명전)
  │   │   └ 강제 퇴위(중화전) 이후 덕수궁으로 개칭   cf) 순종 : 창덕궁으로 옮겨 정사 처리
  └ 서양 건물 ┌ 최초 : 중명전(1901, 순종의 가례, 을사조약 체결), 정관헌(로마네스크 양식, 사바틴 설계)
              └ 석조전(1900~1910) : 신고전주의 양식, 1차 미소공동위원회 개최
- 경덕궁(경희궁) : 광해군 12년(1620) 건축

조선 중기의 문화

1 성리학적 명분론

(1) 사림의 인식

- 특징 ┌ 사회의 모순을 성리학적 제도와 이념의 실천으로 극복하려 노력
        └ 인간의 도덕성 함양과 수양을 강조하는 심성론에 대한 관심
- 결과 ┌ 성리학 이외 여타의 사상을 이단과 음사로 몰아 배척 ex) 소격서 폐지(조광조), 불교의 산간화
        ├ 신분 정당화 : 보학 연구 + 예학 발달
        ├ 가족 제도의 변화 : 적·서 차별과 남성 중심의 가부장적 가족 제도를 정당화
        └ 화이론적 세계관 형성 ┌ 사서 ┌ 〈동국사략〉(박상) : 정몽주 등의 온건파 사대부를 긍정적으로 재평가
                                   │   └ 〈기자실기〉(이이) : 우리 민족의 문화적 기원을 기자에서 확인
                                   └ 인식 : 기자 중시 → 소중화 의식 = 존화주의적 인식

(2) 성리학의 융성 : 16c 이후

- 분화 ┌ 이언적 : 주리론(이(理) 중심의 이론) 전개, 후대 이황에 영향
        ├ 서경덕 ┌ 주기론 : 우주를 무한하고 영원한 기(氣)로 인식(태허설)
        │   └ 불교와 노장사상에 개방적
        └ 조식 ┌ 인식 ┌ 경(敬, 밝은 마음 → 마음을 곧게 하는 기본)과 의(義, 과단성)를 중시
                │   └ "경"으로 마음을 수양하고 "의"로써 외부 생활을 처리해 나간다는 생활 철학을 표방
                └ 특징 ┌ 노장사상 포용
                       └ 학문의 실천성 강조 ┌ 서리망국론(서리의 폐단 비판)
                                              └ 왜란 당시 영남 지역의 많은 의병장 배출 : 정인홍, 곽재우

- 발전 : 이황 vs 이이

理·氣의 관계	이황 (이 > 기)	이이 (이 ≒ 기)
	이기이원론 : 이와 기는 섞이지 않음 　cf) 기대승(〈주자문록〉 저술)과 4단7정 논쟁	일원적 이기이원론 ┌ 이와 기는 분리될 수 없음 　　　　　　　　　　└ 기 속에 이는 내재되어 있음
	이기호발설 ┌ 이 → 4단(순선) (理氣互發) └ 기 → 7정(선+악)	기발이승일도설 ┌ 기 : 능동적으로 발함 (氣發理乘) 　　└ 이 : 기에 올라탑
	이존기비(理尊氣卑) : 이는 귀하고 기는 천함	이통기국(理通氣局) : 이는 통하고 기는 국한됨
관심	도덕적 원리 문제 → 인간의 심성을 중시	도덕적 원리 문제 + 경험적 현실 세계
성격	근본적, 이상주의적 → 신분 질서와 윤리 확립을 중시	현실적, 개혁적 → 제도 개혁을 중시
저서	〈성학십도〉 : 성학을 도식으로 설명 〈주자서절요〉 : 〈주자대전〉의 요약서 〈전습록변〉(양명학 비판) 〈이학통록〉, 〈심경후론〉	〈성학집요〉 : 신하가 군주에게 성학을 가르침 〈동호문답〉 : 왕도 정치와 수미법 시행을 주장 〈만언봉사〉 : 10만 양병설 제시 〈격몽요결〉 : 소학 장려
향약	예안 향약	서원 향약, 해주 향약
붕당·학파	남인 → 영남학파 ex) 유성룡, 김성일	서인(노론) → 기호학파 ex) 조헌, 김장생
영향	일본 성리학에 영향	조선을 중쇠기로 인식 → 사회 개혁론 제시
기타	명종에게 백운동서원에 대한 사액 건의	9도 장원(9회의 과거에 모두 장원 급제) 신사임당 사후 한때 불교 귀의

2 성학과 예학

(1) 성학 : 군주의 학문

- 성학십도 ┬ 내용 : 군주 스스로가 성학을 따를 것을 제시 → 도식(○)
  (이황) └ 구성 ┬ 진차 : 서문+통설
  └ 병도 : 태극도, 서명도, 소학도, 대학도, 백록동규도, 심통성정도, 인설도, 심학도, 경재잠도, 숙흥야매잠도
- 성학집요 ┬ 내용 : 현명한 신하가 군주에게 성학을 가르쳐 기질을 변화시킬 것을 주장 → 도식(×)
  (이이) └ 구성 ┬ 진차 : 서문+통설
  └ 수기편(수신), 정가편(제가), 위정편(치국평천하), 성현도통(<대학>의 맥락 설명)

(2) 예학

- 배경 : 양난 이후 유교적 질서의 회복 강조
- 인식 : "예 = 사회를 이끌어 가는 하나의 방도" → "예치" 강조
- 영향 ┬ 윤리서 편찬 : <이륜행실도>(중종, 연장자와 연소자, 친구 간에 지켜야 할 윤리 강조)
  ├ 아동서 편찬 ┬ 중국-<동몽수지> : 주자가 아동의 기본 예절 기록
  │ └ 조선 ┬ <동몽선습>(중종) : 박세무가 중국과 우리의 역사를 소개한 아동교육서
  │ └ <격몽요결>(선조) : 이이가 소학 교육을 장려한 아동 교육서
  └ 예학서 편찬 : <가례집람>(심상생=도임시인, 예하을 주서의 현실에 맞게 정리)
- 한계 : 학파 간 예학의 차이로 전례 논쟁 발생 ex) 예송 논쟁

꼭! 알아두기 붕당과 학파의 관계

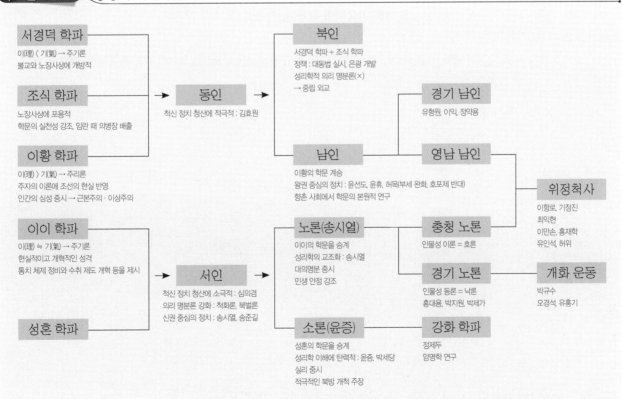

06 SECTION
조선 중기의 문화

3 문학 · 음악 그리고 문물 정비

(1) 문학

- 특징 ┌ 사림들은 사장을 경시하고 경학을 중시 → 한문학의 저조
  └ 여류 문인 활동 활발 ex) 신사임당, 허난설헌, 황진이

- 내용 ┌ 가사 ┌ 연혁 : 15c에 등장 → 16c에 발전
  │   └ 작품 : 송순의 <면앙정가>, 정철의 <관동별곡>·<사미인곡>·<속미인곡>
  ├ 설화 : <패관잡기>(어숙권, 서얼) → 문벌 제도와 적서 차별을 비판
  ├ 소설 : <원생몽유록>(임제) → 사육신과 단종의 사후 생활을 그려 은연중에 세조의 왕위 찬탈을 비판
  └ 시조 : 임제 → 풍자적인 시를 통해 사회 모순과 유학자의 존화 의식 비판

(2) 음악 : 속악 발달

- 배경 : 당악과 향악을 바탕으로 발전
- 내용 : 가사와 시조, 가곡을 우리말로 된 노래로 연주하는 음악이나 민요에 활용

(3) 문물 정비

- 지리 ┌ 지도 : <조선방역지도>(명종) → 전국 8도의 군현과 병영·수영을 표시, 만주·대마도를 우리 영토로 표기
  └ 지리지 ┌ <신증동국여지승람>(중종) : <동국여지승람>을 보충하여 간행
           └ <읍지> : 16c 사림들의 향토 문화에 대한 관심이 반영되어 편찬
- 백과사전 ┌ <고사촬요>(어숙권, 명종)
  (유서)   └ <대동운부군옥>(권문해, 선조)

(4) 과학 · 무기

- 과학 기술 : 과학 기술에 대한 천시로 인해 기술학이 점차 침체
- 무기 ┌ 비격진천뢰 개발(이장손, 선조)
  └ 불랑기포 도입·제작 : 서양식 화포를 명군을 통해 조선에 전래, 특히 임진왜란 당시 평양성 탈환에 사용

4 예술

초충도

포도도

▶ 여류 화가(신사임당)에 의한 여성 정서 표현

묵죽도

월매도

▶ 선비들의 정신세계를 사군자로 표현
▶ 조선 중기의 3절 : 이정(대나무), 어몽룡(매화), 황집중(포도)

송하보월도

▶ 노비 출신의 화원 이상좌의 작품
▶ 늙은 소나무를 통해 강인한 정신과 굳센 기개를 표현

모견도

▶ 이암은 한국적 정취가 넘치는 새, 꽃, 강아지 등을 그린 영모도로 유명

중기의 회화

• 산수화 : 짧은 선과 점으로 산수를 표현하는 독창적 기법의 등장
• 문인화 : 선비의 정신세계를 표현하는 사군자의 유행
• 한국적 정취의 회화 : 영모도, 초충도
• 여류 화가의 활동

백자 병

▶ 고려 백자의 전통과 명 백자의 영향으로 등장
▶ 깨끗하고 담백한 순백의 고상함 → 선비의 취향
▶ 규산(석영)과 산화알루미늄을 주 성분으로 하는 태토로 모양을 제작 → 그 위에 유약을 발라 1300~1350℃에서 구워 제작

한호의 글씨

▶ 왕희지체에 능함
▶ 서체는 석봉체라 불리움
cf) 양사언은 초서에 능함

조선방역지도(명종)

▶ 동국지도 참조 → 만주와 쓰시마를 표시
▶ 조선 전기의 지도 중 유일하게 현존하는 원본 지도

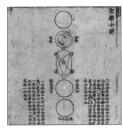

성학십도

▶ 국왕의 도에 관한 핵심 내용을 도식으로 설명한 상소문

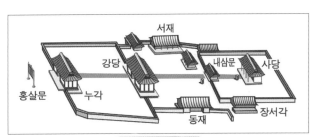

서원의 구조

영주 소수서원

▶ 주세붕이 건립한 최초의 서원(백운동 서원)
▶ 왕으로부터 사액받은 최초의 서원

안동 도산서원

산청 덕천서원

▶ 가람 배치 양식과 주택 양식의 실용적 결합

06 조선 중기의 문화

핵심 자료 읽기

사림의 태도

- **소격서 혁파** : 김응기가 아뢰기를 "이것은 제사의 법도와 합치되지 않습니다. 상단에 노자를, 중단에 별들을, 하단에 염라를 제사드리며, 심지어 축문을 읽을 때에는 도사가 임금의 이름을 크게 외치니 그 무례하고 방자하기가 심합니다. 이것을 혁파함이 마땅합니다."고 하였다.
- **소학 보급** : 이 책에 담긴 글은 종신토록 배워야 하는 것이다. 비록 어린이가 배우는 책이라 하지만, 어른이라도 그 글에 전심해야 할 것이다. 그 중에서도 「경신편」은 더욱 간절한 학문이다. 사람이 마음을 쓸 때는 일마다 모두 공경해야 한다.
- **소학 보급** : 옛날 이 책에서는 물 뿌리고 쓸며, 응대하고 대답하며, 나아가고 물러가고 예절과 어버이를 사랑하고 어른을 공경하며, 스승을 존경하고 벗과 친하게 지내는 도리를 가르쳤다. …… 반드시 어릴 직에 배우고 익히도록 한 것은 배움은 지혜와 함께 자라고, 교화는 마음과 함께 이루어지게 해서 그 배운 것과 실천이 서로 어그러져 감당하지 못하게 되는 근심을 없게 하고자 해서이다. …… 어린 아이들에게 주어서 배우고 익히는 데 도움이 되게 하고자 하니, 풍속과 교화에 조금이라도 보탬이 되길 바란다.

조식의 사상

- **을묘사직소** : 전하의 나라 일이 잘못되어 나라의 근본이 망하였고, 하늘의 뜻이 가버렸으며, 인심도 떠났습니다. 비유하면 큰 나무가 백년동안 벌레가 속을 먹어 진액이 말라버렸는데 회오리 바람과 사나운 비가 닥쳐올지 까마득하게 알지 못하는 것과 같으니, 이 지경에 이른지 오래됩니다.
- **조식의 학문**은 수양과 실천의 중요성을 강조하였다. 경(敬)을 통한 수양을 바탕으로, 외부의 모순에 대해 과감하게 실천하는 개념인 의(義)를 신념화하였다. 그는 '경'의 상징으로 성성자(惺惺子)라는 방울을, '의'의 상징으로 칼을 찼다. 그 칼에는 "안으로 밝히는 것은 경이요, 밖으로 결단하는 것은 의이다[內明者敬外斷者義]."라고 새겨 놓았다.

이황의 사상

- **이·기에 대한 인식(이원론)** : 이(理)는 원리적인 것으로 절대적으로 선(善)한 것이고, 기(氣)는 현상적인 개념으로 선과 악이 섞여 있는 것이다. '이'가 작용하여 '기'가 이에 따르기도 하고, '기'가 작용하여 '이'가 그 위에 타기도 한다. 사단의 발은 순리이므로 선하지 않음이 없고, 칠정의 발은 이기를 겸하였기 때문에 선악이 있다.
- **4단·7정론** ┌ 원래 : 4단과 7정은 다 같이 하나의 정감이지만 4단은 인의예지라는 본성에서 발동해 나오고, 7정은 기질에서 발동해 나온다.
  └ 변화 : 4단은 이치가 발동하여 기운이 따라오는 것이고, 7정은 기운이 발하여 이치가 타고 올라오는 것이다.

이이의 사상

- **이·기에 대한 인식(일원론)** : 이(理)가 아니면 기(氣)가 근거할 데가 없으며 기가 아니면 이가 의거할 데가 없다. 이미 두 개 물건이 아닌즉, 또한 하나의 물건도 아니다. 하나의 물건이 아니니 하나이면서도 둘이고, 두 개의 물건이 아니니 둘이면서도 하나이다. 하나의 물건이 아니라는 것은 무엇을 말하는가? 이와 기는 서로 떨어지지 않을 수 없으나 묘하게 결합된 가운데 있다. 이는 이고 기는 기이지만 혼돈 상태여서 틈이 없고 선후가 없으며 떨어졌다 붙었다 하는 일이 없으니 두 개의 물건이라고 볼 수 없다. 따라서 두 개의 물건이 아니다.
- **기발이승론** : '이'는 스스로 활동, 작용하는 것이 아니라 다만 '기'가 활동, 작용하는 원인이 될 뿐이므로 스스로 활동하는 것은 '기'이다. 이는 작용이 없고 기는 작용이 있기 때문에 기가 발하며 이가 타는 것이다.
- **이통기국론** : 이(理)와 기(氣)는 서로 떨어지지 아니하여 한 사물인 것 같지만 다른 점은 이는 형체가 없고, 기는 형체가 있으며 이는 작용이 없고 기는 작용이 있는 것으로 구별된다. '이'란 보편적인 것이고, '기'는 특수한 작용으로 보아 '이'는 통하고, '기'는 국한[理通氣局, 이통기국]하는 개념이다.
- **사회 경장론** : 예로부터 나라의 역사가 중기에 이르면 인심이 반드시 편안만 탐해 나라가 점점 쇠퇴한다. 그때 현명한 임금이 떨치고 일어나 천명을 연속시켜야만 국운이 영원할 수 있다. 우리나라도 200여 년을 지내 지금 중쇠(中衰)에 이미 이르렀으니, 바로 천명을 연속시킬 때이다.

핵심 자료 읽기

<성학십도>

- 후세 임금들은 천명을 받아 임금의 자리에 오른 만큼 그 책임이 지극히 무겁고 크지만, 자신을 다스리는 도구는 하나도 갖추어지지 않았습니다. … 바라옵건데 밝으신 임금께서는 이러한 이치를 깊이 살피시어, 먼저 뜻을 세워 "순임금은 어떤 사람이고 나는 어떤 사람인가? 노력하면 나도 순임금처럼 될 수 있다."라고 생각하십시오.

- 성학(聖學)은 큰 단서가 있고 심법(心法)은 지극한 요령이 있습니다. 그것을 그림으로 만들고 해설로 가리켜 사람에게 입도(入道)의 문과 덕을 쌓는 기초를 보여 주는 것은 후현(後賢)들이 해야만 하는 일입니다. …… 이제 이 도와 해설을 만들어 겨우 열 폭밖에 되지 않는 종이에 풀어 놓았습니다만, 이것을 생각하고 익혀서 평소에 조용히 혼자 계실 때에 공부하소서. 도가 이룩되고 성인이 되는 요체와 근본을 바로잡아 나라를 다스리는 근원이 모두 여기에 갖춰져 있사오니, 오직 전하께서는 이에 유의하시어 여러 번 반복하여 공부하소서 …… 그런데 후세의 최고 통치자들이 천명을 받아 최고 통치자의 직책을 맡게 되면 그 책임이 지극히 크고 막중합니다. 그럼에도 불구하고 (통치자는) 어찌하여 몸과 마음을 스스로 올바르게 다스리는 일은 하나도 엄격하게 실천하지 않고 있는 것입니까. …… 나라가 혼란한 지금 신하된 사람이라면 최고 통치자를 인도하여 도리에 합당하도록 여러 방면으로 마음을 쓰지 않을 수 없습니다. 신(臣)이 감히 이러한 그림과 설명을 전하께 드리어 옛 왕들이 음악으로 듣고 그릇에 새겨서 반성했던 뜻을 대신하고자 합니다. 이를 위해서 옛 것 중에서 탁월한 것들을 선택한 것이 일곱 가지 그림입니다. …… 이 외에 세 개의 그림은 제가 만든 것이지만, 그 글의 세부 항목과 정리는 옛 현인들이 쓴 것이지 제가 새로 만든 것은 아닙니다. 이러한 것들을 하나로 합쳐서 이 책을 만들었으며, 그림 아래에는 각각 저의 생각을 덧붙여 놓았습니다. 조심스럽게 글로 써서 전하께 바치옵니다.

- 새로 즉위한 국왕에게 군주 스스로가 성학을 따라야 할 것을 건의한 것, 성학의 뜻을 10폭의 도식(圖式)으로 그렸다. 제1~5도는 천도(天道)에 근본하여 인륜을 밝혔고, 제6~10도는 심성에 근원하여 일용에 힘쓸 것을 건의하였다.

<성학집요>

- 제왕의 학문은 기질을 바꾸는 것보다 절실한 것이 없고, 제왕의 정치는 정성을 다해 어진 이를 등용하는 것보다 우선하는 것이 없을 것입니다. 기질을 바꾸는 데는 병을 살펴 약을 쓰는 것이 효과를 거두고, 어진 이를 쓰는 데는 상하가 틈이 없는 것이 성과를 얻습니다.

- 무릇 왕이 공부하는 내용과 방법, 정치하는 방법, 덕을 쌓아 실천하는 방법과 백성을 새롭게 하는 방법을 싣고 있습니다. 작은 것을 미루어 큰 것을 알게 하고 이것을 미루어 저것을 밝혔습니다. 천하의 이치가 여기에서 벗어나지 않을 것 입니다. 이것은 제가 지은 글이 아니라 성현의 글입니다. …… 그런데도 전하께서는 어찌 뜻을 군건히 하여 착한 일을 널리 구하지 않습니까. …… 앞서 드린 교훈을 음미하시고 더욱 넓고 끊임없는 광명을 받으셔서 넓고 두터운 경지에 이르시면 곧 신의 충정으로 바라는 뜻도 또한 약간이라도 펼 수가 있겠습니다.

<기자실기>

우리도 백성이 있어 살아온 지 중국에 뒤지지 않는데 아직 예지를 지닌 성인이 나오시어 군사(君師)의 구실을 다하였다는 말을 듣지 못하였다. 단군께서 먼저 나시기는 하였으나 문헌으로 상고할 수 없다. 생각하건대, 기자께서 우리 조선에 들어오시어 백성을 후하게 양육하고 힘써 가르쳐 주시어 오랑캐의 풍습을 변화시켜 문화가 융성하였던 제나라와 노나라 같은 나라로 만들어 주셨다. …… 우리는 기자의 발자취에 대하여 집집마다 읽고 사람마다 익혀야 할 것이다.

관동별곡(정철, 서인)
江湖(강호)애 病(병)이 깁퍼 竹林(듁님)의 누엇더니,
關東(관동) 八百里(팔빅니)에 方面(방면)을 맛디시니,
어와 聖恩(셩은)이야 가디록 罔極(망극)ᄒ다.

09 조선의 대외 관계

1 초기 : 사대 교린 정책

(1) 명

- 특징 ┬ 형식적 관계 : 事大외교
  └ 실질적 관계 ┬ 예속적 관계가 아닌, 양국 간 서로의 독립성을 인정하는 관계
              └ 목적 ┬ 왕권의 안정과 국제적 지위 확보를 위한 자주적 실리 외교
                    └ 선진 문물 흡수를 위한 문화 외교

- 내용 ┬ 태조 : 갈등 ┬ 원인 : 북방 안정을 위해 조선의 여진족 회유 + 정도전의 진법 훈련을 통한 요동 정벌 준비
     │   └ 내용 ┬ 명은 조선이 회유한 여진인을 자국으로 송환하라고 요구
     │   ├ 명은 정도전이 작성한 외교 문서(= 표전)의 내용을 문제 삼아 정도전의 압송을 요구
     │   ├ 명은 정도전의 사병 혁파와 군사 훈련을 구실로 정도전의 해임을 요구
     │   ├ 명이 이성계의 국왕 승인을 지연하자 태조는 '고려 권지국사'라는 칭호를 사용
     │   │   cf) 정식으로 국왕 책봉을 받은 것은 태종
     │   └ 명의 실록과 대명회전에 이성계의 가계(종계)가 권신 이인임의 아들로 잘못 실려 있어
     │   이를 바로잡고자 하였으나(변무), 명은 이를 외면   cf) 선조 때 종계변무가 이루어짐
     └ 태종 ┬ 내용 : 관계가 호전되어 문화 교류가 활발
           └ 계기 : 정도전 사후 요동 정벌 중단 + 갈등을 빚었던 명 태조의 사망

- 교역 : 조공 무역 ┬ 품목 : 수출(종이, 인삼, 화문석) ↔ 수입(견직물, 서적, 약재)
              └ 사행 횟수를 둘러싼 논쟁 ┬ 조선 : 사행의 횟수 확대 주장 → 1년 3공
                                    └ 명 : 사행의 횟수 축소 주장 → 3년 1공

> **◆확인해 둘까요!** ▸ **조천사** : 명에 간 조선의 사신
>
> - 의미 : 천조(天朝)인 명에 조근(朝覲 : 신하가 조정에 나아가 임금을 뵘)하는 사행
> - 내용 ┬ 정기적 사절 ┬ 하정사 : 정월 1일에 방문
>   │   ├ 성절사 : 황제의 생일을 축하하기 위해 방문
>   │   ├ 천추사 : 황후 · 태자의 생일을 축하하기 위해 방문
>   │   └ 동지사 : 12월(동지)에 방문
>   └ 비정기적 사절 ┬ 사은사 : 명나라의 고마운 처사에 대한 인사 사절
>   ├ 주청사(진주사 = 주문사) : 외교상 청할 일 또는 알려야 할 사항이 있을 때 파견하는 사절
>   ├ 진하사 : 중국 황실에 축하할 일이 있을 때 파견하던 사절
>   └ 진위사 · 진향사 : 중국 황실에 상고(喪故)가 있을 때 파견하던 조문 사절
> - 일행 ┬ 구성 : 정사 1원, 부사 1원, 서장관 1원, 통사 3원, 의원 · 서자관 · 화원 · 압마관 · 수행원 등 40여인
>   ├ 비용 부담 : 호조와 선혜청에서 담당   cf) 국내 경유지 : 해당 도에서 부담
>   └ 소지한 외교 문서 : 표전(表箋), 주문(奏文), 자문(咨文), 방물표(方物表), 도강장(渡江狀) 등
> - 경로 ┬ 육로 : 서울 – 평양 – 의주 – 압록강 – 구련성 – 봉황성 – 성경(심양) – 산해관 – 북경
>   └ 수로 : 서울 – 선천 – 선사포 또는 안주 노강진 – 철산 – 가도 – 등주(덩저우) – 북경
> - 기행문 : 조천록
>   cf) 연행사 : 청에 파견한 조선의 사신 = 청의 수도 연경(燕京)인 북경에 간 사행, 기행문으로 연행록 작성

(2) 여진 : 교린 정책

- 회유 ┬ 토관 제도 실시 : 함경 · 평안의 토착민 중 유력자를 대상으로 관리로 임명, 5품까지 한품서용
  ├ 여진족의 귀순 장려
  └ 무역소(함경도의 경원, 경성)와 북평관(서울의 동대문 근처)을 통한 무역 허용
- 강경 ┬ 세종 : 4군(압록강, 최윤덕) · 6진(두만강, 김종서) 설치
  ├ 사민 정책 실시 : 3남 주민을 북방으로 이주 → 국경 안정, 국토의 균형 발전
  └ 선조 : 신립이 제승방략 체제를 이용하여 니탕개의 난을 진압

(3) 일본 : 교린 정책　　　　　　　　　　　　　　　cf) 일본 : 코끼리 제공과 팔만대장경에 대한 요구

- 강경 ┬ 배경 : 고려 말부터 조선 초까지 계속된 왜구의 침략
  └ 내용 : 이종무의 쓰시마 섬 정벌(= 기해동정) → 왜구의 근절을 약속받음
- 회유 ┬ 제한된 무역 ┬ 3포 개항 : 부산포, 제포(진해), 염포(울산) → 왜관 설치　　　cf) 한양 왜관 = 동평관
  │　　　　　　　└ 계해약조 체결 ┬ 과정 : 조선의 '변효문'과 쓰시마 도주 '소' 사이에 체결
  │　　　　　　　　　(세종, 1443)　└ 내용 : 수출(쌀 · 서적) ↔ 수입(구리 · 황)
  └ 관직 수여
- 한계 : 계해약조 이후 ┬ 계속된 왜란 · 왜변의 발생
  　　　　　　　　　　└ 정부 대응 ┬ 일시적으로 일본과 국교 단절
  　　　　　　　　　　　　　　　　└ 비변사 설치 + 사신을 파견하여 일본 정세 파악

해동제국기

▶ 성종 때 간행
▶ 세종의 명을 받고 파견된 신숙주가 일본, 류큐, 쓰시마 등의 지세와 외교, 문물, 풍습을 기록

(4) 동남아시아 : 류큐, 시암, 자바 등

- 교역 방식 : 조공 혹은 진상
- 교역 품목 : 수입(각종 토산품) ↔ 수출(옷 · 옷감 · 문방구)
  　　　　cf) 류큐와의 교역 활발 : 우리의 불경 · 유교 경전 · 범종 · 부채 등을 수출 → 류큐 문화 발전에 기여

◇ **확인해 둘까요!** •─── **임진왜란 이전 일본과의 관계**

┌─ 기해동정 ┬ 세종(1419)　　　　　　　　삼포개항 : 세종(1426), 부산포(동래) · 제포(진해) · 염포(울산)
│　　　　　　└ 이종무의 쓰시마 섬 정벌　　계해약조 : 세종(1443), 세사미두 200석 하사, 세견선 50척 인정
│
├─ 삼포왜란 ┬ 중종(1510)　　　　　　　　임신약조 ┬ 중종(1512)
│　　　　　　└ 교역 중단, 임시 기구로 비변사 설치　　├ 3포에 왜인 거주 금지, 제포만 개항
│　　　　　　　　　　　　　　　　　　　　　　　　　└ 교역 재개 : 세사미두 100석, 세견선 25척으로 감축
│
├─ 사량진왜변 ┬ 중종(1544)　　　　　　　정미약조 ┬ 명종(1547)
│　　　　　　　└ 교역 중단　　　　　　　　　　　　└ 교역 재개 : 세견선의 규칙 · 인원 제한, 위반시 벌칙
│
└─ 을묘왜변 ┬ 명종(1555)　　　　　　　　임진왜란
　　　　　　　└ 국교 단절, 비변사의 상설 기구화

2 중기 : 양 난의 극복과 대청 관계

(1) 왜란 : 1592~98

- 전란의 배경 ┬ 조선 : 국방력 약화 *ex)* 군역의 문란(대립제, 방군수포제, 군적수포제 실시)에 따른 병력의 질적 저하
  └ 일본 ┬ 도요토미 히데요시의 전국 통일 + 통일에서 기득권이 제한된 다이묘와 무사의 불만 해소
        ├ 조선 · 명과의 단절된 교역을 재개할 목적
        └ 전쟁 명분 : 정명가도(명을 치러 가는데 조선의 길을 빌려달라)

- 초기의 전황 ┬ 일본의 수륙 병진 작전 전개 : 육군(육로로 북상) + 수군(남해와 서해를 돌아 물자 조달)
  ├ 육군의 패배 ┬ 정발(부산진)과 송상현(동래성)의 분전 but 패배
  │   └ 이일(상주) · 신립(충주 탄금대)의 분전 but 패배 → 선조의 몽진(의주)과 명에 원군 요청
  ├ 수군의 승리 ┬ 주도 : 이순신(전라 좌수사)이 일본의 수륙 병진 작전을 좌절시킴
  │   └ 전투 ┬ 옥포 해전 : 이순신의 첫 출전, 원균의 경상 우수영군과 합세 후 거제에서 승리
  │   ├ 사천 · 당포 · 당항포 · 율포 해전 : 승리   *cf)* 사천 해전에서 거북선의 첫 출전
  │   ├ 한산도 대첩 : 왜군을 한산도 앞바다로 유인한 후 학익진을 펼쳐 승리
  │   └ 부산포 해전 : 왜군의 본거지인 부산포에서 승리 → 왜군의 보급로 차단
  └ 의병의 활약 ┬ 내용 : 전직 관리와 양반, 승려 등이 농민들을 이끌고 관군과 협동 작전을 전개
              └ 사례 : 진주 대첩(1592.10, 1차 진주성 전투, 김시민 주도로 승리), 평양성 전투

- 전황의 역전 ┬ 계기 : 명군의 참전 *ex)* 이여송의 5만 명군이 지원군으로 파병됨
  (1593.1~93.5) ├ 전투 ┬ 평양성 전투 : 이여송의 명군과 유성룡의 조선군이 평양성 탈환
            │   └ 벽제관 전투 : 평양성 전투 승리 이후 이여송의 명군이 벽제관에서 왜군에게 패배하고 후퇴
            ├ 행주 대첩 ┬ 벽제관 전투 패배 후 명군이 후퇴하여 한양 탈환을 준비하던 권율 군대가 고립됨
            │   └ 행주산성에서 수적 열세에도 불구하고 권율의 관군과 백성이 승리
            └ 영향 : 조선의 한양 수복(1593. 4) vs 왜군은 후퇴하여 경상도 해안에 성을 쌓고 장기전에 대비

- 휴전 회담 ┬ 배경 : 일본의 명에 대한 화의 요청   *cf)* 2차 진주성 전투 ┬ 최경회 · 김천일 분전 but 패배
  (1593.5~97.1) ├ 결과 : 도요토미 히데요시의 지나친 요구로 결렬   (1593.6)   └ 논개의 순절(남강 촉석루)
            └ 조선의 정비 ┬ 내용 ┬ 중앙군 : 훈련도감 설치(포수(砲手, 총기)+사수(射手, 활)+살수(殺手, 칼 · 창))
                              ├ 지방군 : 속오군 조직 → 양 · 천 혼성군으로 진관 체제에 따라 편성됨
                              └ 무기 개발 : 화포 개량, 조총 제작
                        └ 반발 : 이몽학(왕실의 서얼)의 난 발생(충청도 홍산)

- 정유재란 ┬ 배경 : 명과 일본 사이의 휴전 회담 결렬
  (1597.1~98.11) └ 전투 ┬ 직산 전투 : 조 · 명 연합군이 왜군의 북상을 직산에서 격퇴
            ├ 명량 대첩 ┬ 배경 : 원균의 칠천량 해전 패배로 이순신의 원대 복귀
            │   └ 내용 : 이순신은 왜 수군을 진도 앞바다 명량에서 대파, 왜군은 남해안으로 후퇴
            └ 노량 대첩 : 도요토미 히데요시의 사망으로 철수하는 왜군을 이순신이 격퇴 but 이순신 사망

- 영향 ┬ 국내 ┬ 정치 : 비변사의 기능 강화 → 국정 최고 합의 기구로 성장
  │   ├ 경제 ┬ 인구 감소, 농촌의 황폐화
  │   │   └ 양안과 호적의 소실 → 국가 재정의 궁핍화 → 공명첩의 대량 발행(→ 신분제 동요)
  │   └ 문화 : 문화재 소실 *ex)* 3대 사고 소실 → 조선왕조실록 소실, 경복궁 · 불국사의 소실
  └ 국외 ┬ 일본 : 문화 발전 ┬ 서적 · 활자 · 그림을 약탈, 도자기 기술자 납치(이삼평, 아리타 · 이마리 도자기)
        │   └ 성리학 전래 : 이황의 성리학이 전파됨
        └ 명 : 국력 약화 → 여진족의 성장(후금 건국) → 명 · 청 교체

(2) **광해군의 정치**(북인 정권)

- 대내 : 전후 복구 ┬ 경제 ┬ 양안과 호적을 새롭게 작성 → 국가 수입의 증대
- │ ├ 경기도에서 대동법을 실시 → 국가 재정의 안정 + 농촌 경제의 일시적 안정
- │ └ 산업의 복구 : 은광 개발
- ├ 국방 : 남한산성 등의 성곽을 수리, 병사 훈련 + 화기도감 설치(화포 개발, 총포 제작)
- ├ 사회 : 〈동의보감〉 편찬
- └ 문화 ┬ 사고(史庫) 정비
- ├ 서적 재간행 : 〈동국여지승람〉, 〈경국대전〉, 〈고려사〉, 〈삼강행실도〉
- └ 궁궐 수리 : 창덕궁 수리, 경덕궁(경희궁) 건립
- 대외 : 중립 외교 ┬ 배경 : 여진족은 후금(後金)을 건국하고(1616) 명에 대한 전쟁 선포
- │ → 명의 대응 : 후금을 공격하고, 조선에 원군을 요청
- └ 내용 : 명의 요청에 따라 도원수 강홍립을 중심으로 조선군 출병
- → 강홍립 사건 발생 : 강홍립이 후금에 항복하여 조선의 출병이 불가피했음을 설득
- → 광해군은 이후에도 계속된 명의 원병 요청을 거절 → 중립 외교를 지속
- 반발 : 인조반정 ┬ 구실 ┬ 광해군의 중립 외교로 인한 사림과의 정치적 갈등 발생
- │ └ 정권 안정을 위해 계모인 인목대비를 유폐하고 이복동생인 영창대군을 살해(廢母殺弟)
- └ 결과 : 서인(西人)이 주도한 반정 발생 → 인조 즉위

◇**확인해 둘까요!** ▸ **왜란 당시 의병장과 전투**

1. 주요 의병장

- 승병장 ┬ 서산대사(휴정) : 왕명에 따라 격문을 돌려 승병을 모집하여 평양 탈환에 크게 기여
- ├ 사명대사(유정) ┬ 휴정의 제자로 승병을 이끌고 평양 탈환에 기여
- │ └ 왜란 종전 후 탐적사로 일본에 가서 포로 3,500명을 송환
- └ 영규 : 조헌의 의병과 함께 청주성 수복, 금산 전투에서 조헌의 의병 부대와 함께 전사
- 의병장 ┬ 정문부 : 함경도의 조선 반란군을 격퇴하고, 길주에서 가토 기요마사의 왜군을 대파함 ex) 북관대첩비
- ├ 조헌 : 승려 영규의 승군과 함께 청주성 수복, 금산 전투에서 모두 전사
- ├ 정인홍 : 성주, 합천, 고령, 함안에서 왜군 격퇴, 전쟁 이후 북인 정권 수립에 참여, 광해군 지지(대북)
- ├ 곽재우(홍의장군) : 의령, 삼가, 합천 등을 수복, 경상우도 보호, 정암진에서 왜군의 호남 진출 저지
- ├ 김덕령 : 곽재우와 함께 권율 막하에서 활동, 경남 서부 지역 방어
- └ 김천일 : 금령 전투와 행주 대첩에 참가, 2차 진주성 전투 패배 후 진주 남강에 투신하여 전사

2. 주요 대첩

- 왜란 3 대첩 ┬ 한산도 대첩(이순신, 1592.7) : 조선 수군이 제해권 완전 장악 → 왜군의 수륙 병진 작전 좌절
- ├ 진주 대첩(김시민, 1592.10) ┬ 조선의 관군과 영 · 호남의 의병이 왜군을 물리친 전투
- │ └ 왜군으로부터 전라도 보호 → 전란을 치를 수 있는 기반 마련
- └ 행주 대첩(권율, 1593.2) : 왜군이 한양을 포기하고 남으로 후퇴
- 육전 3 대첩 : 행주 대첩, 진주 대첩, 연안 대첩(의병장 이정암, 1592.8~9)
- 해전 3 대첩 : 한산도 대첩(이순신, 1592.7), 명량 대첩(이순신, 1597.9), 노량 대첩(이순신, 1598.11)

(3) 호란

- 상황 : 서인의 친명 배금 정책 추진 ex) 명의 장수 모문룡이 평안도의 가도에 주둔하자 이를 지원(가도 사건)
- 과정 ┌ 정묘호란 ┌ 배경 : 인조반정 이후 논공행상에 불만을 품은 이괄이 난(인조의 공주 몽진)을 일으켰으나 실패
  (1627)│   └ → 이괄의 난의 잔당이 후금에 투항하여 조선 정벌을 요청
  │   ├ 과정 ┌ 후금의 황해 평산 침입 vs 정봉수(용골 산성)와 이립의 의병 활동 → 보급로 차단
  │   │   └ 인조의 강화도 몽진
  │   └ 결과 : 후금의 강화 제의 → 후금과 형제 관계 체결과 조공을 조건으로 강화
  └ 병자호란 ┌ 배경 ┌ 후금 : 청으로 국호를 변경하고 조선에 군신 관계 요구
    (1636)│   └ 조선 : 척화 주전론과 주화론의 대립 → 주전론이 우세하여 청의 요구를 거부
    │   ├ 항전 ┌ 백마산성 수비(임경업), 김화 전투(홍명구), 광교산 전투(김준룡), 강화도 순절(김상용)
    │   │   └ 인조의 남한산성 농성   cf) 강화 반대(김상헌) vs 강화 찬성(최명길)
    │   ├ 결과 ┌ 인조 : 삼전도에서 항복(3배 9고두) → 청과의 군신 관계 체결
    │   │   ├ 소현세자 : 청 인질로 생활 ┌ 심양관 설치(조선과 청의 연락, 외교 업무)
    │   │   │ (심양 → 북경)   └ 아담 샬과 교류 → 서양 문물(천문·수학·천주교 서적) 수용
    │   │   └ 봉림대군 : 청 인질로 생활 → 훗날 효종(1차 북벌 운동)
    │   │   cf) 3학사(오달제, 윤집, 홍익한) : 청과의 강화에 반대하여 심양으로 압송되어 처형됨
    │   └ 영향 ┌ 인적·물적 피해보다 정신적 피해가 더 컸음   cf) 여성 : 환향녀 문제 발생
    │   (사족)└ 일부 사림들이 숭정처사(崇禎處士), 대명거사(大明居士)로 자처하며 출사를 거부

(4) 북벌론과 나선 정벌

- 1차 북벌 운동 ┌ 배경 ┌ 청에 대한 적개심과 문화적 우월감 but 청과의 형식적 외교 관계는 사대
  (효종)   │   └ "청에 당한 수치를 씻고 명에 대한 의리를 지키자" → 복수설치(復讐雪恥)
  │   ├ 과정 ┌ 주도 : 송시열(효종에게 명에 대한 의리명분을 강조한 기축봉사를 올림), 송준길, 이완
  │   │   └ 어영청을 중심으로 군대 양성과 신무기 개발 추진
  │   ├ 결과 : 효종 때 가장 왕성 but 효종 사후 점차 쇠퇴
  │   └ 목적 : 호란으로 인한 전쟁 패배의 책임을 회피하고 정권을 유지하기 위한 서인의 수단
- 2차 북벌 운동 ┌ 주도 : 윤휴 → 무과에 18,000명을 합격시키고 도체찰사부라는 군정 기관을 설치하여 군비를 확장
  (숙종, 1675)├ 배경 : 청의 정세 변화(청에 항복했던 오삼계 등 한족들이 삼번의 난을 일으킴)
  │   └ 결과 : 청의 정세 안정과 남인의 실각으로 중단
- 나선 정벌 ┌ 배경 : 조선의 북벌 계획 추진 중 러시아가 극동에 진출하여 청과의 대립 → 청은 조선에 원병 요청
  (효종)   └ 결과 : 청의 요청으로 2차에 걸쳐 지린성(영고탑)에 변급·신류의 군대를 파견하여 러시아군을 정벌

> **◇확인해 둘까요! ▸ 조선의 숭명(崇明) 정책**
>
> - 만동묘 ┌ 기능 : 화양동 서원에 권상하가 명의 신종·의종에게 제사지내기 위해 설립   cf) 현재 복구되어 존재
>   │   └ 변화 : 설립(숙종) → 중수(영조) → 혁파(고종, 흥선대원군) → 재설립(고종 친정 이후) → 철거(총독부)
> - 대보단 ┌ 기능 : 창덕궁에 명의 신종의 은혜를 기리기 위해 설립 → 명의 태조·신종·의종에게 제사
>   │   └ 변화 : 설립(숙종) → 갑신정변 이후 왕의 친제를 중단
> - 동묘 ┌ 기능 : 동대문 옆에 중국의 관우(동관왕 = 관왕)의 제사를 지내기 위해 설립
>   (관왕묘)└ 변화 : 설립(선조)   cf) 원래는 동관왕묘, 남관왕묘, 북묘, 서묘가 있었으나 현재는 동묘만 존재

3 후기 : 북학 운동과 통신사 파견

(1) 청과의 관계

- 호락 논쟁 ┬ 주체 : 심성론을 둘러싼 노론 내부의 논쟁
  └ 내용 :

호론		낙론

• 내용 ┬ 인물성 이(異)론(人 ≠ 物)
       └ 기(氣)의 차별성 강조
 • 정치 세력 : 충청 노론
 • 대표적 인물 : 한원진, 윤봉구
 • 세계관 : 화이론 → 존화양이론
 • 영향 : 근대 위정척사 운동
	⟺	• 내용 ┬ 인물성 동(同)론(人 ≒ 物)
		       └ 이(理)의 보편성 강조
		 • 정치 세력 : 경기 노론
		 • 대표적 인물 : 이간, 김창협
		 • 세계관 : 화이론적 세계관을 부정
		 • 영향 : 18c 북학 운동 → 근대 개화 운동

- 북학 운동 ┬ 배경 ┬ 청 : 문화적 발전
  │ └ 조선 ┬ 사신에 의한 문물 전래 : 천리경, 자명종 등
  │ └ 세계관 변화 ┬ <곤여만국전도> 전래(선조) : 이광정
  │ ├ 호락논쟁 전개(숙종) : 이간의 낙론 전개
  │ └ 지전설 등장 : 김석문, 홍대용
  ├ 주장 : 조선의 발전을 위해서 청의 문물을 수용하자는 입장
  └ 학자 : 경기 노론을 중심으로 한 중상학파 ex) 홍대용, 박지원, 박제가

- 영토 분쟁 ┬ 배경 ┬ 청 : 만주 지역에 대한 성역화(봉금 정책) → 청 · 조선 사람 모두의 출입을 금지
  │ └ 조선 : 일부 주민의 만주 왕래 → 조선 백성과 청 주민 사이의 갈등 발생
  ├ 대책 : 백두산 정계비 ┬ 설치 시기 : 숙종
  │ (1712) ├ 주체 : 청의 오라총관 목극등과 조선의 박권
  │ ├ 내용 : "국경선은 서로는 압록강을, 동으로는 토문강을 경계로 한다"
  │ └ 문제점 : 청과 조선의 간도 귀속 문제 발생
  └ 영유권 ┬ 수호 노력(대한제국) : 이범윤을 (북변) 간도 관리사로 파견 → 함경도의 일부 관리
    └ 상실 : 청과 일본 사이에 맺어진 간도협약(1909)을 계기로 상실

꼭! 알아두기 ▶ **중국과의 관계 변화**

시기	태조	태종 이후	16c 이후	광해군	인조 집권초기	인조 정묘호란 이후	효종 이후	18c 이후
실리론 ↕ 의리 명분론	갈등	관계 개선	친명 사대	중립 외교	친명배금	주화론 / (척화)주전론	북벌론	북학 운동
정책 변화의 계기	정도전의 죽음	사림 집권	북인 정권	서인 정권	후금의 사대 강요	명의 멸망		호락 논쟁

조선의 대외 관계

(2) 일본과의 관계

- 관계 변화 ┬ 임진왜란 이후 외교 단절
  └ 국교 재개 ┬ 배경 : 일본의 국교 재개 요청 + 북방에서 여진족의 성장
           ├ 과정 : 조선은 유정을 탐적사로 파견하여 강화를 맺고 포로 송환을 하게 됨
           └ 결과 ┬ 제한된 교역 허용 : 부산 두모포에 왜관 설치(후에 초량으로 이동)
                 └ 기유약조 체결(1609, 광해군) : 세견선 20척, 세사미두 100석으로 한정

- 조선 통신사 ┬ 파견 시기 : 1607년 이후 여우길을 시작으로 파견
            ├ 일본의 목적 : 조선의 선진 문화를 수용 + 도쿠가와 막부의 권위를 국제적으로 인정받기 위함
            ├ 초청 시기 : 막부의 쇼군이 새로이 집권할 때마다 총 12회 파견
            ├ 비용 : 일본 막부의 부담 → 막부는 지방의 영주(= 다이묘)에게 분담시킴
            ├ 역할 : 외교 사절 + 조선의 선진 문화를 일본에 전파
            └ 한계 : 서구 열강의 접근과 일본 내 국학 운동으로 反韓감정이 등장하여 중단(1811, 순조)

- 영토 분쟁 ┬ 배경 : 울릉도 · 독도 인근의 어업권이 발달함에 따라 일본 어민의 어업권 침해 행위가 빈발
          └ 수호 노력 ┬ 안용복 : 숙종 때 울릉도에 출몰하는 일본 어민을 내쫓고,
                            일본을 2차례 방문하여 울릉도와 독도가 우리 영토임을 확인받음(1693~96)
                    └ 정부 ┬ 조선 : 울릉도 개척령 발표 → 주민 이주 장려
                          └ 대한제국 : 칙령 41호 발표 → 독도에 대한 관리 강화

◇ 확인해 둘까요! ▶ 왜란과 호란 비교

	왜란	호란
배경	• 임란 : 조선의 국방력 약화 + 일본의 전국 통일 • 재란 : 명과 일본의 강화 협상 결렬	• 정묘 : 서인의 친명 배금 정책 • 병자 : 조선의 척화주전론 채택
의병장	• 승병장 : 휴정, 유정, 영규 • 양반 : 정인홍, 곽재우 등 주로 북인 출신	• 정묘 : 정봉수, 이립 • 병자 : ×
피해	• 경제 : 양안 · 호적 소실 + 국토의 황폐화 • 문화 : 왕조실록 소실, 불국사 · 궁궐 소실	• 경제적 피해보다 정신적 충격이 더 큼

▣ 자료 보기

통신사의 이동 경로

조선 통신사

핵심 자료 읽기

명과 조선의 외교적 갈등

- 생흔 3조(명의 요구) : 조선은 부랑민(여진족)을 통해 중국의 정보를 입수하여 침략 준비를 하고 있다. 조선이 요동변장에 예물을 보내고 요동 태수를 회유하려 하였다. 조선에서 요동에 사람을 몰래 보내어, 여진인 500명을 조선에 데려왔다.
- 명의 요구에 대한 조선의 반응 : 임금(이성계)이 황제(주원장)의 명령에 따라 이성(泥城)·강계(江界) 등지에서 와서 의탁한 여진(女眞)의 인물을 찾아 돌려보내기를 명하였다. 임금이 좌우(左右)에게 이르기를, "황제는 군사가 많고…… 작은 나라를 자주 책망하면서, 강제로 청구함이 한량이 없었다. 지금 또 나에게 죄가 아닌 것을 책망하면서, 군대를 일으키겠다고 위협하니, 이것이 어린아이에게 공갈하는 것과 무엇이 다르겠는가?" 하였다. 〈태조실록〉
- 요동 정벌 준비 : 처음에 정도전과 남은은 임금을 날마다 뵙고 요동을 공격하기를 권고하고 진도를 익히게 하는 고로 그 급함이 이와 같았다. 이에 앞서 좌정승 조준이 휴가를 청하여 집에 돌아가 있으니, 정도전과 남은은 조준의 집에 찾아가서 말하기를 "요동을 공격하는 일은 이미 결정되었으니 공은 다시 말하지 마십시오"라고 하였다.

여진에 대한 강경책

- 4군 설치 : 성상의 방책이 신묘하시어 수만이나 되는 군중이 한 달이 지나자마자 새 땅에 다 모이어 대사(大事)가 쉽게 성취되고 새 고을이 영구하게 세워졌으니, 이것은 곧 성공하였다가 곧 실패한 것과는 같다고 말할 수 없습니다. …… 오늘날 네 고을을 설치하는 것은 오로지 북방을 수호하려는 것이며, 오늘날 성곽을 쌓는 것은 오로지 변방의 방벽을 공고히 하려 함이며, 오늘날 변방을 지키는 것도 역시 저들 적을 방어하여 우리 백성을 편하게 하려는 것입니다. 그런즉 오늘날의 일은 아니하여도 될 일인데도 경솔하게 백성의 힘을 사용하는 것이 아니며, 대사와 공훈을 좋아하여 병력을 남용하는 것도 아닙니다. …… 열 명의 백성들이 신과 더불어 말하기를, "회령과 경원은 지금 이미 성을 쌓았으나, 마땅히 쌓아야 할 곳은 종성과 용성입니다. 오직 이 두 성을 쌓으면 저들 적에 대한 우리들은 걱정이 없을 것입니다."라고 하였습니다.
- 6진의 설치와 사민 정책 실시 : (경원 도호부는) 본래 고려 땅이었는데 중간에 호인(여진족)에게 점거되었다. …… 세종 16년 옛 땅을 되찾기로 하였다. 적들이 오가는 요충지이기 때문에 옛 터전 북쪽인 회질가에 성을 설치하였다. 남도 백성을 이주시켜 채우고 부를 옮기고 판관과 토관을 두었다. 그 뒤에 석성으로 고쳐 쌓았다. 〈세종실록지리지〉

여진에 대한 유화책

- 토관 제도와 사민 정책 : 병조에서 아뢰기를, "지금 경원, 영북에 진을 설치하기 위해서는 성벽을 쌓고 토관을 설치하되 본도민을 추쇄하여 1,100호는 영북진으로, 1,100호는 경원부로 옮기도록 하여야 합니다. 이들로 하여금 농사를 짓고 외적의 방어에 임하게 하며, 요역과 부세를 가볍게 하여 그들의 생활을 풍족하게 만들어 …… 부족하다면 충청, 강원, 경상, 전라도 등지에서 자원하여 들어가 살 사람을 모집하여 양민은 토관직에 임명하고 향리, 역리는 영구히 그 역을 면제하며, 천인은 양인으로 만들어 주십시오."라고 하니 국왕이 이를 따랐다. 〈세종실록〉
- 교역의 허용 : 태종6년, 동북면 도순문사 박신이 아뢰었다. "경성, 경원 지방에 여진이 출입하는 것을 금하지 아니하면 떼지어 몰려들 우려가 있고, 일절 끊고 금하면 야인이 소금과 쇠를 얻지 못하여서 노략질을 할 것입니다. 두 고을에 무역소를 설치하여 무역을 하게 하소서." 임금이 그대로 따랐다. 다만 쇠는 무쇠만 사고 팔게 하였다. 〈태종실록〉

일본에 대한 교린 정책

- 쓰시마 정벌 : 대마도란 본래 우리나라 땅인데 …… 병자년에 동래에서 우리 병선 20여 척을 약탈하고 군민을 살해하였다. 내(세종)가 즉위한 후에도 전라도에서, 충청도에서, 배에 실은 양곡을 빼앗아 가기도 하고 병선을 불사르며 만호까지 죽였다. …… 그래도 정벌하지 않는다면 나라에 사람이 있다고 하겠는가. 〈동문선, 정대마도교서〉
- 교역의 허용 : 대마도의 좌위문대랑이 예조에 글을 올리기를, "우리 섬에는 토지가 없사오니 거제도의 농토 한 자리를 주어 사람들이 농사를 짓게 주시고, 상선이 마음대로 다니며 무역할 수 있도록 허가하여 주소서." 하였다. 이에 답서를 보내기를, "거제도 농토를 요청한 건에 대해, 거주민이 다 개간했기 때문에 요청을 들어줄 수 없고, 상선이 정박하는 장소에 대해, 과거에 지정되었던 내이포와 부산포 외에 울산의 염포에도 무역을 허가하기로 하였으니, 그리 알라." 하였다. 〈세종실록〉

핵심 자료 읽기

계해약조

세견선은 1년에 50척으로 하고, 선원 수는 대선 40명, 중선 30명, 소선 20명으로 정한다.

3포에 머무르는 날은 20일로 한하고, 상경한 자의 배를 지키는 간수인은 50일로 정한다.

조선에서 왜인에게 주는 세사미두는 쌀과 콩 200섬으로 한한다.

임진왜란

- 왜적의 침략 : 적선이 바다를 덮어오니 부산 첨사 정발은 절영도에서 사냥을 하다가, 조공하러 오는 왜라 여기고 대비하지 않았는데, 진에 돌아오기도 전에 적이 이미 성에 올랐다. 이튿날 동래부가 함락되고 부사 송상현이 죽었다.

- 의병 : 오늘의 나라 운수가 비색하여 섬 오랑캐가 쳐들어 왔다. …… 왜적에게 임금과 내 가족의 목숨을 내주는 것이 우리가 할 짓이냐? 임금으로 하여금 사직을 근심하시게 하면 네 마음이 편안하냐? …… 이에 의병을 규합하여 서울로 치달기로 하고서 군중과 맹세하였도다. 　　　　　　　　고경명, 〈마상격문〉

- 한산도 대첩 : 적은 본래 수군과 육군이 합세하여 서쪽으로 내려오려고 하였던 것이다. 그런데 이 싸움에 힘입어 드디어는 한 팔이 끊어져 버렸다. 그래서 소서행장은 비록 평양성을 빼앗았다고 하더라도 그 형세가 외롭게 되어 감히 더 전진하지 못하였다. 이로 인하여 나라에서는 전라도와 충청도를 확보할 수 있었다.

- 벽제관 전투 : 이여송이 휘하의 병사들을 거느리고 말을 몰아 급히 진격하였다. 왜적은 벽제관 부근에서 거짓으로 패하는 척하면서 명군을 진흙 수렁으로 유인하였다. 명군이 함부로 전진하다가 여기에 빠지자 왜적들이 갑자기 달려들어 명군을 마구 척살하였다. 겨우 죽음을 면한 이여송은 나머지 부하들을 이끌고 파주, 개성을 거쳐 평양으로 후퇴하였다.

- 강화 교섭 실패 : 명의 사신이 배에 오르자 우리 사신 일행도 배에 올랐다. 앞서 사카이에 도착했을 때, 우리나라에서 잡혀 온 사람들이 찾아왔다. … 왜장들도 말하기를 화친이 이루어지면 사신과 함께 포로들을 돌려보내겠다고 하더니 … 이때 화친이 성사되지 못해 다시 죽이려 한다는 말을 듣자 목 놓아 우는 포로들이 얼마인지 알 수 없었다. 　〈일본왕환일기〉

- 명량 대첩 : 이순신이 명량 전투에 이르러 다음과 같이 말하였다. "병법에 이르기를 '꼭 죽으리라 결심하고 싸우면 살 것이요, 꼭 살리라 마음먹고 싸우면 죽을 것이다.' 라고 하였다. '한 사람이 길목을 지켜 내면 넉넉히 천 사람도 두렵게 할 수 있다.' 라고 하였다. 이것은 바로 오늘의 우리를 두고 이른 말이다. 너희들 모든 장병들은 조금이라도 영(令)을 어기는 일이 있으면 군법으로 다스려 작은 일 일지라도 용서치 아니할 것이다."

- 명량 대첩 : 진도에 도착해 보니 남아 있는 배가 10여 척에 불과하였다. …… 적장 마다시가 200여 척의 배를 거느리고 진도 벽파정 아래에서 이순신과 마주치게 된 것이다. 12척의 배에 대포를 실은 이순신은 조류의 흐름을 이용해 공격에 나서자 그 많은 적도 당하질 못하고 도망치기 시작하였다. 　　　　　　　　〈징비록〉

광해군의 중립 외교

- 이시언이 아뢰기를, "오랑캐의 실정을 들자니 누르하치가 홀적(忽賊)을 크게 이긴 뒤로부터 형세가 나날이 강성해져 우리의 서북 지역에 좋지 않을 듯합니다."라고 국왕에게 답하였다. …… 국왕이 "명이 만일 토벌을 나간다면 누르하치를 정벌할 수 있겠는가?"라고 물으니, 이시언이 다음과 같이 아뢰었다. "신이 일찍이 여진이 행군하는 것을 보았는데, 호령이 엄숙하고 기개가 날카로웠습니다. 지금 만일 명이 그들의 소굴로 깊이 들어간다면 주객의 형세가 아주 다를 것이니, 신은 크게 염려됩니다."

- 국왕이 도원수 강홍립에게 지시하였다. "원정군 가운데 1만은 조선의 정예병만을 선발하여 훈련했다. 그러니 그대는 명군 장수의 명령을 그대로 따르지만 말고 신중히 처신하여 오직 패하지 않는 전투가 되도록 최선을 다하라."

- 경들은 오랑캐를 어찌할 것인가. 우리의 병력으로 막을 만한 형세가 된다고 생각하는가. 지난 청병의 요구가 적힌 글이 명나라에서 왔을 적에 내가 걱정하는 바는 …… 군사가 교련이 되어 있지 않아 싸움에 도움을 주지 못함을 알리는 것이었다. …… 경들이 우리 군사가 투항한 사정을 명나라에 알리려고만 드니 이런 어그러진 사리가 있는가.

- 당초에 강홍립 등이 압록강을 건너게 된 것은, 상이 명나라 조정의 징병 독촉을 어기기 어려워 억지로 출사(出師)시킨 것이었지, 우리나라는 애초부터 그들을 원수로 적대하지 않아 실로 상대하여 싸울 뜻이 없었다. 그래서 강홍립에게 비밀리에 하유하여 노혈(虜穴)과 몰래 통하게 하였던 것인데 이 때문에 심하(深河)의 싸움에서 오랑캐의 진중에서 먼저 통사를 부르자 강홍립이 때를 맞추어 투항한 것이다. 　　　　　　　　〈광해군 일기〉

주화론 : 최명길

주화(主和) 두 글자는 신의 일평생에 누가 될 줄로 압니다. …… 화친을 맺어 국가를 보존하는 것보다 의를 지켜 망하는 것이 옳다고 하나 이것은 신하가 절개를 지키는데 쓰는 말입니다. …… 자기의 힘을 헤아리지 아니하고 경망하게 큰소리를 쳐서 오랑캐들의 노여움을 도발, 백성이 도탄에 빠지고 종묘와 사직에 제사 지내지 못하게 된다면 허물이 이보다 클 수 있겠습니까. …… 우리의 국력은 현재 바닥나 있고 오랑캐의 병력은 강성합니다. 정묘년의 맹약을 아직 지켜서 몇년이라도 화를 늦추시고, 그 동안을 이용하여 …… 적의 허점을 노리는 것이 우리로서는 최상의 계책일 것입니다.

척화주전론

- 윤집 : 화의로 백성과 나라를 망치기가 …… 오늘날과 같이 심한 적은 없습니다. 중국은 우리나라에 있어서 부모요, 오랑캐는 우리나라에 있어서 부모의 원수입니다. 신하된 자로서 부모의 원수와 형제가 되어서 부모를 저버리겠습니까. 하물며 임진왜란의 일은 터럭만한 것도 황제의 힘이어서 우리나라가 살아 숨쉬는 한 은혜를 잊기 어렵습니다. 선왕이 40년 동안 지성으로 사대하여 평생 등을 서쪽(중국쪽)으로 대고 앉은 적이 없었습니다. 광해군은 배은망덕하여 천명의 두려움을 모르고, 음흉하게 두 마음을 품어 오랑캐를 칠 싸움에 장수에게 "정세를 보아 향배를 정하라."고 일렀습니다. 우리로 하여금 오랑캐와 짐승의 지경이 되게 하였으니 통탄해 본들 어찌 하겠습니까? …… 차라리 나라가 없어질지라도 의리는 저버릴 수가 없습니다. …… 어찌 이런 시기에 다시 화의를 주장할 수 있겠습니까. 〈인조실록〉
- 정온 : 상소를 올려 "예로부터 지금까지 천하 국가에 어찌 영원히 존속하며 망하지 않은 나라가 있겠습니까마는, 남에게 무릎을 꿇고 사는 것이 어찌 바른 도리를 지키면서 사직을 위해 죽는 것보다 낫겠습니까"라고 하였다.

정묘호란

- 배경 : 정주목사 김진이 아뢰기를, "금나라 군대가 이미 선천 · 정주의 중간에 육박하였으니 장차 얼마 후에 안주에 도착할 것입니다."라고 하였다. 임금께서 묻기를, "이들이 명나라 장수 모문룡을 잡아가려고 온 것인가, 아니면 전적으로 우리나라를 침략하기 위하여 온 것인가?" 하니, 장만이 아뢰기를, "듣건대 홍태시란 자가 매번 우리나라를 침략하고자 했다고 합니다."라고 하였다.
- 결과 : 대금국(大金國) 한(汗)은 조선국왕(朝鮮國王) 제(弟)에게 글을 전한다. 〈인조실록〉

병자호란

- 배경 : 과인이 덕이 부족하여 불운을 만나 오랑캐의 침략을 받았다. 지난 정묘년에는 변란이 생겼을 때에 임시방편으로 강화를 허락하여 치욕을 감수하였다. 지금 오랑캐가 황제를 참칭(僭稱)하고 우리나라를 업신여기므로 천하의 대의를 위해 그 사신을 배척하였다가 이 같은 환란을 만났다. 이제 화의는 이미 끊어졌고 오로지 결전이 있을 뿐이다. …… 저 오랑캐가 외로운 형세로 깊숙이 들어왔으니, 사방의 원병이 이어 달려오고 하늘이 돕는다면 우리는 이길 것이다.
- 과정 : 최명길이 아뢰기를, "종묘사직의 존망이 호흡하는 사이에 달려 있어 해볼 만한 일이 없으니, 청컨대 혼자 말을 타고 달려가서 적장을 보고 까닭없이 군사를 발동하여 몰래 깊이 쳐들어온 뜻을 묻겠습니다. 오랑캐가 만일 다시 신의 말을 듣지 않고 신을 죽인다면 신은 마땅히 말발굽 아래에서 죽을 것이요, 다행히 서로 이야기가 되면 잠시라도 오랑캐의 칼날을 멈추게 할 것이니, 한성 가까운 곳에서 방어할 만한 땅은 남한산성만 한 데가 없으니, 청컨대 전하께서는 [도성의] 수구문을 통해 나가신 후 서둘러 산성으로 옮기시어 일의 추이를 보소서."라고 하였다.
- 결과 : 용골대와 마부대가 성 밖에 와서 왕에게 빨리 나오라고 재촉하였다. 왕이 남색 옷에 백마를 타고 의장도 없이 시종 50여 명을 거느리고 서문으로 나갔다. 뒤따르던 백관들이 가슴을 치고 울면서 통곡을 하였다. …… 삼전도에 나아갔다. 멀리 바라보니 황제가 황옥을 펼치고 앉아 있고 갑옷과 투구 차림에 활과 칼을 가진자가 방진을 치고 좌우에 서 있었다. …… 용골대가 들어가 보고하고 나와 황제의 말을 전하였다. "지난 날의 일을 말하려면 길다. 이에 용단을 내려 왔으니 매우 다행스럽고 기쁘다." …… 왕이 3배 9고두의 예를 행하였다.

핵심 자료 읽기

- 영향(심양관 설치) : 전일 세자가 심양에 있을 때 집을 지어 고운 빨간 빛의 흙을 발라서 단장하고, 또 포로로 잡혀간 조선 사람들을 모집하여 둔전을 경작해서 곡식을 쌓아 두고는 그것으로 진기한 물품과 무역을 하느라 관소의 문이 마치 시장 같았으므로, 임금이 그 사실을 듣고 불평스럽게 여겼다.

청과의 강화

- 논쟁 : 최명길이 마침내 국서를 가지고 비변사에서 다시 수정하였다. 예조판서 김상헌이 밖에서 들어와 그 글을 보고는 통곡하면서 찢어 버리고, 왕께 아뢰기를 "명분이 일단 정해진 뒤에는 적이 반드시 우리에게 군신의 의리를 요구할 것이니 성을 나가는 일을 면하지 못할 것입니다…(중략)… 깊이 생각하소서."라고 하였다.
- 내용 : 청나라에 군신의 예를 지킬 것, 명나라의 연호를 폐하고 관계를 끊으며, 명나라에서 받은 고명, 책인을 내놓을 것, 조선의 큰아들과 둘째 아들 및 여러 대신의 큰아들을 심양에 인질로 보낼 것, 청 황제의 생일, 중국 황후, 황태자의 생일, 정조, 동지, 경조 등의 사절 파견은 명나라 예에 따를 것, 명나라를 칠 때 출병을 요구하면 어기지 말 것

북벌 운동

- 명 태조는 우리 조선 태조와 더불어 동시에 창업하여 '군신의 의'와 작은 나라를 사랑하는 은혜와 충정의 절개를 정하여 거의 300년 동안 바꾸지 않았습니다. …… 갑신의 변(1644)에 천하에 임금이 없어졌습니다. …… 우리나라는 실로 명 신종 황제의 은혜를 입어 임진왜란 때에 나라가 이미 폐허가 되었다가 다시 보존되고 백성들이 거의 죽었다가 다시 소생하였으니, 우리나라의 나무 한 그루, 풀 한 포기와 백성들의 모발 하나하나에도 황제의 은혜가 미치는 바 아님이 없습니다. 그런즉 오늘날에 있어 원통, 통분하는 자 천하를 들어도 누가 우리만 하겠습니까?　〈송자대전〉
- 저 오랑캐는 반드시 망할 형세다. …… 정예한 포수병 10만을 양성하여 사랑하기를 자식과 같이 하면 모두 용감히 죽을 수 있는 병사로 만들 수 있다. 그런 뒤에 곧장 쳐들어 가면 그다지 어렵지 않다. 요동, 심양 천리에 활 잡고 말 탄 자가 없어서 무인지경에 들어가는 것 같을 것이고, 오랑캐가 우리의 세폐를 요동과 심양에 쌓아 두었으니 도로 우리가 쓰라는 것 같고, 포로로 끌려온 우리나라 사람들이 몇 만 명인지 모르나 어찌 호응하는 자가 없겠소?　〈효종실록〉
- 병자년 일이 완연히 어제와 같은데, …… 사람들은 그것을 점점 당연한 일처럼 잊어가고 있고 대의(大義)에 대한 관심도 점점 희미해져 북녘 오랑캐를 가죽과 비단으로 섬겼던 일을 부끄럽게 생각하지 않고 있으니 과인이 그것을 생각한다면 그 아니 가슴 아픈 일인가.

기유약조

1. 대마도주(對馬島主)의 세사미두(歲賜米豆)는 100석으로 한다. 대마도주의 세견선(歲遣船)은 20척으로 한다.
1. 왜관의 체류일은 대마도주가 특별히 보낸 사람은 110일, 세견선은 85일이고, 표류인을 송환할 때는 55일로 한다.
1. 조선에 오는 왜선은 대마도주의 징표를 소지한다. 징표가 없는 자와 부산포 외에 배를 대는 자는 적으로 논한다.

왜란 후 일본에 파견한 사절단

- 탐적사 : 백성들이 오랑캐에게 잡혀 예의 지방의 백성으로서 오랑캐의 백성이 되게 되었으니, 슬프지 않을 수 있겠는가? …… 이제 우리의 포로를 쇄환시켜 두 나라의 우호를 다지게 하라고 하여 그들의 뜻을 떠 보는 것이 마땅하다.
- 조선 통신사 : 시도를 떠나 5리 정도 나아가 전도를 지났다. 배들이 노 저어 앞으로 나아가니, 소리가 산과 바다를 울렸다. 날씨가 따뜻하여 노 젓는 사공들이 땀을 흘릴 정도였다. 바람이 거슬려서 더 나아가기 힘들므로 다전에서 정박했다. 바람이 자고 물살이 순해졌다. 이어 그들의 청으로 앞으로 나아가, 고기를 지나 삼경쯤에 겸예에 이르렀다.　〈동사록〉
- 조선 통신사 : 일본 사람이 우리나라의 시문을 구하여 얻은 자는 귀천현우(貴賤賢愚)를 막론하고 우러러 보기를 신선처럼 하고 보배로 여기기를 주옥처럼 하지 않음이 없어, 비록 가마를 메고 말을 모는 천한 사람이라도 조선 사람의 해서(楷書)나 초서(草書)를 두어 글자만 얻으면 모두 손으로 이마를 받치고 감사의 성의를 표시한다.

자료 보기

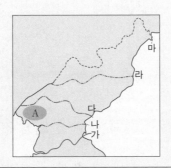

4군과 6진 개척

조선 초기의 대외 관계

국경선 변화 정리

가 : 7c 신라의 삼국 통일, 대동강 ~ 원산만
나 : 10c 고려 태조의 후삼국 통일, 청천강 ~ 영흥만
다 : 11c 거란의 침략 격퇴 : A(강동6주) 확보
　┌ 천리 장성 축조 : 압록강 어귀 ~ 도련포
라 : 14c 공민왕의 영토 회복, 쌍성총관부 수복
마 : 15c 세종의 국경 확정 ┌ 4군과 6진 설치
　　　　　　　　　　　　 └ 압록강과 두만강 확보

임진왜란 해전도

의병과 관군의 활동

정묘 · 병자호란

조선의 대외 활동

간도의 위치

백두산 정계비

백두산 정계비문

- 烏喇摠官穆克登
  오라총관 목극등이
- 奉旨査邊至比審視
  성지를 받들어 변경을 답사하여 이곳에 와서 살펴보니
- 西爲鴨綠東爲土門
  서쪽은 압록이 되고 동쪽은 토문이 되므로
- 故於分水嶺上勒石爲記
  분수령 위에 돌에 새겨 기록한다.

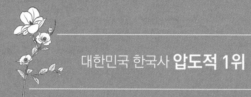

대한민국 한국사 **압도적 1위**

cafe.naver.com/kmshistory

01
SECTION

근대 태동기의 정치

1 통치 체제의 변화

(1) 군사 제도

- 중앙군 ┬ 구성 ┬ 훈련도감 ┬ 설치 : 임진왜란(선조) 中 전래된 명의 병법서 <기효신서>의 영향과 유성룡의 건의
  (5군영) │   │   ├ 성격 ┬ 살수(창·칼), 사수(활), 포수(총)의 삼수병으로 구성된 직업 군인(= 장번급료병)
  │   │   │   └ 토지 1결당 2.2두의 삼수미세를 거두어 훈련도감군에게 지급
  │   │   ├ 기능 : 수도 방어
  │   │   └ 변질 : 군졸들이 급료로 받은 면포와 수공업 제품을 행상으로 판매 → 난전으로 활동
  │   ├ 어영청 ┬ 설치 : 인조반정 이후 후금의 침입에 대비하여 설치(1623)
  │   │   ├ 성격 : 번상병, 주로 기병과 총포병으로 구성 → 서인 정권의 군사적 기반
  │   │   └ 기능 : 수도 방어, 이괄의 난 당시 인조를 공주로 호송, 효종 때 북벌 준비의 핵심 군영
  │   ├ 총융청 ┬ 설치 : 이괄의 난을 진압한 직후 후금의 침입에 대비하여 설치(1624)
  │   │   ├ 성격 : 경기도 속오군, 경비는 스스로 부담
  │   │   └ 기능 : 북한산성 및 경기 북부의 수비 담당
  │   ├ 수어청 ┬ 설치 : 이괄의 난 진압 이후 설치, 정묘호란 이후 독립 부대로 강화(1626)
  │   │   ├ 성격 : 경기도 속오군, 경비는 스스로 부담
  │   │   └ 기능 : 남한산성 및 경기 남부의 수비 담당
  │   └ 금위영 ┬ 설치 : 숙종 때 정초군과 훈련도감의 별대(총포병)를 통합하여 설치(1682)
  │   ├ 성격 : 번상병, 비용은 보인으로 충당
  │   └ 기능 : 주로 기병으로 국왕 호위와 궁궐 수비 담당
  └ 특징 ┬ 과정 : 대외 관계와 국내 정세에 따라 임기응변으로 설치
         ├ 성격 : 서인 정권의 군사적 기반
         └ 영향 : 훈련도감의 삼수병 등 직업 군인의 등장으로 양인개병의 원칙이 붕괴됨

- 지방군 ┬ 설치 배경 : 임진왜란 중 전래된 명의 병법서 <기효신서>의 영향과 유성룡의 건의
  (속오군) └ 구성 ┬ 원칙 : 양반부터 노비까지 진관 체제로 편성 → 양천 혼성군
         ├ 실제 : 양반의 기피로 상민과 노비만 남음 → 영조 이후 양인도 기피하여 천예군으로 운용
         ├ 기능 : 평상시에는 생업에 종사, 적이 침략했을 때 전투에 동원, 훈련 비용은 스스로 부담
         └ 지휘관 : 영장(지방 수령이 겸임)

cf) 순무영 ┬ 내용 : 전쟁 혹은 반란이 일어날 때 순무사를 임명하여 임시로 설치되어 군무를 담당
         └ 시기 : 영조(이인좌의 난) → 순조(홍경래의 난) → 고종(병인양요, 동학농민운동)

◈ 확인해 둘까요! ◈

지방 방어 체제의 변화

영진군 ← 진관 체제(15c)
              ↓
        제승방략 체제(16c)
              ↓
속오군 ← 진관 체제(임란 이후)

중앙군과 지방군

	중앙군	지방군
통일신라	9서당	10정
발 해	10위	농병일치의 군사 조직
고 려	2군 6위	주현군, 주진군
조선 전기	5위	영진군
조선 후기	5군영	속오군

(2) 수취 제도

- 목적 : 수취 제도 개혁을 통해 농민의 부담 감소, 지주의 부담 증가 → 국가 재정의 안정, 사회 안정 도모
- 내용 : 전세(영정법, 인조), 공납(대동법, 광해군 → 숙종), 군역(균역법, 영조)
- 한계 : 실제 운영에 있어서 농민의 부담은 별로 줄어들지 않음

(3) 정치 구조

- 비변사 ┬ 첫 설치 ┬ 목적 : 삼포왜란을 계기로 왜구와 여진족의 침입에 대비하여 임시로 설치
　　　　　│　　　　├ 성격 : 군사 문제에 정통한 지변사재상을 중심으로 운영된 임시 기구
　　　　　│　　　　└ 시기 : 중종
　　　　　├ 상설기구화 : 명종 때 을묘왜변이 계기가 됨
　　　　　├ 기능 강화 ┬ 계기 : 임진왜란을 계기로 국가 최고 합의 기구로 승격
　　　　　│　　　　　├ 구성 : 전 · 현직 정승 + 5조의 판서 · 참판(공조 제외) + 각 군영 대장 + 대제학 + 강화 유수
　　　　　│　　　　　└ 영향 ┬ 의정부와 6조의 기능 약화 → 왕권의 약화
　　　　　│　　　　　　　　 └ 19c 세도 정치의 중심 기구(← 왕실 외척 + 산림 + 관료 가문 등 유력 가문의 주도)
　　　　　└ 축소 → 폐지 ┬ 시기 : 고종 때 흥선대원군의 개혁
　　　　　　　　　　　　└ 변화 : 정무는 의정부가 담당, 군무는 삼군부가 담당하면서 폐지됨
- 3사 · 전랑 ┬ 변질 ┬ 3사 : 자기 붕당의 이해만을 대변, 상대 당에 대한 비판 · 견제를 통한 세력 유지
　　　　　　 │　　　│　　 → 정치적 비중의 축소
　　　　　　 │　　　└ 이조 · 병조의 전랑 : 중하급 관리에 대한 인사권과 후임자 추천권 행사를 통한 세력 확대
　　　　　　 └ 혁파 ┬ 시기 : 영 · 정조 때 3사의 언론 기능과 전랑의 권한 혁파
　　　　　　　　　　└ 문제점 : 세도 정치의 폐해 ┬ 2품 이상의 고위직만이 정치적 기능 수행
　　　　　　　　　　　　　　　　　　　　　　　└ 3품 이하의 관리는 언론과 같은 정치 기능 상실, 단순 행정 담당

(4) 향촌 지배

- 내용 : 사족의 향촌 지배(향촌 자치) → 수령과 향리 중심의 지배 체제
- 문제점 : 향리와 향임을 이용한 수령의 농민 수탈 심화

꼭! 알아두기 · 이조 전랑

- 구성 : 정랑(정5품, 3명) + 좌랑(정6품, 3명)
- 권한 ┬ 부천권 : 신규 관원에 대한 천거권
　　　 ├ 통청권 : 3사에 대한 인사권
　　　 └ 천대법(= 자대권) : 자신의 후임자에 대한 추천권
- 특권 : 대역죄와 같은 중죄가 아니면 탄핵으로부터 면책, 정승으로의 승진 보장
- 기능 변화 ┬ 붕당 정치 시기 : 3사에 대한 임명권 행사 → 언관 주도
　　　　　　├ 붕당 정치의 변질 시기 : 특정 당론에 따른 인사 활동 → 정치적 비중의 약화
　　　　　　└ 탕평 정치 시기 ┬ 영조 : 이조 전랑의 핵심 기능(후임자 추천권 + 3사 임명권) 혁파
　　　　　　　　　　　　　　└ 정조 : 후임자 추천권 완전 폐지

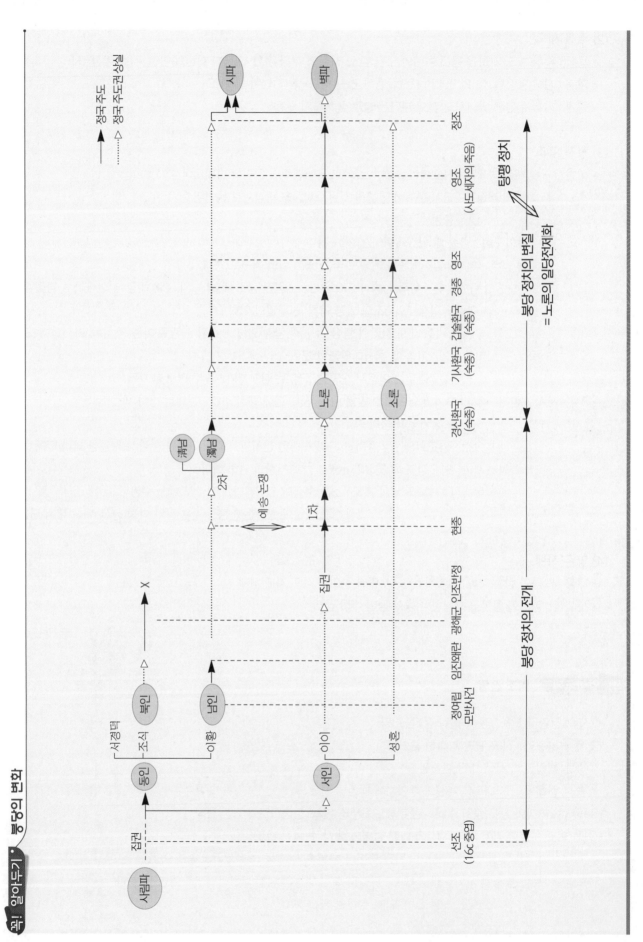

2 정쟁의 격화와 붕당 정치의 변질

(1) 붕당 정치의 변질

- 배경 ┌ 향촌 변화 : 농업 · 상공업의 발달 → 지주제 · 신분제의 동요 → 사족 중심의 지배 체제 붕괴
  └ 17c 후반의 경제적 변화 : 붕당 사이의 상업적 이익에 대한 관심 고조 → 상업적 이익 독점 시도
- 과정 ┌ 정치적 쟁점 : 예론(사상적 측면) → 군영 장악(군사력과 경제력 확보에 필수 요소)
  └ 계속된 환국의 발생 : 경신환국 → 기사환국 → 갑술환국
- 결과 ┌ 일당 전제화
  ├ 정치 기구의 변화 ┌ 3사, 이조 전랑 : 자기 당의 이익을 직접 대변 → 정치적 비중 축소
  │ └ 비변사 : 정치 권력이 고위 관직에 집중 → 정치적 기능 강화
  └ 정치 구조의 변화 ┌ 국왕이 정국을 주도 → 왕실 외척이나 종실 등 왕과 직접 관련된 집단의 비중 강화
    └ 언론이나 재야 사족의 정치 참여 기회는 점차 축소

(2) 탕평론의 대두

- 배경 : 붕당 정치의 변질 ex) 극단적인 정쟁, 일당 전제화 추세, 왕권의 불안정
- 본질 : 붕당 간의 균형을 통한 왕권의 안정 추구

3 탕평 정치

(1) 숙종 : 명목상의 탕평론(국왕 스스로가 편파적인 인사 정책 시행)

- 정치 ┌ 환국 ┌ 경신환국 ┌ 배경 ┌ 남인(윤휴)이 북벌론을 주장하며 도체찰사부를 설치하고 군영 장악을 시도
  │ │ (1680) │ └ 남인의 영수 허적이 국왕의 유악을 사적으로 사용 → 숙종의 경계심 자극
  │ │ └ 결과 : 남인 실각(파직, 유배), 윤휴의 사망 → 서인 득세
  │ ├ 기사환국 ┌ 배경 : 숙종이 장희빈의 아들을 세자로 책봉하려 하자 서인이 반대
  │ │ (1689) └ 결과 : 서인에 대한 대규모 숙청, 송시열의 사망 → 남인 재집권
  │ └ 갑술환국 ┌ 배경 : 서인의 폐비 민씨 복위 운동에 대한 남인의 탄압 시도
  │ (1694) └ 결과 ┌ 남인의 몰락 → 서인 재집권
  │ └ 무고의 옥 발생 ┌ 장희빈 사사
  │ (1701, 신사환국) └ 장희빈에 대한 용서를 주장하는 소론 처벌
  └ 서인의 분당 ┌ 계기 : 경신환국 이후 남인 처벌 문제 + 송시열(회덕)과 윤증(니성)의 대립 → 회니시비 발생
    ├ 분화 ┌ 노론 : 남인에 대한 강경론, 송시열 추종 → 이이의 학문 계승
    │ └ 소론 : 남인에 대한 온건론, 윤증 추종 → 성혼의 학문 계승
    └ 심화 : 숙종 이후 왕위 계승 문제로 갈등 ┌ 노론 : 연잉군(영조) 지지
      └ 소론 : 경종 지지
- 군사 : 금위영 설치 → 5군영 완성　　　　　　　　　cf) 세종 대 설치되었다가 폐지된 '폐4군'의 일부를 복설
- 외교 : 2차 북벌 운동(1675, 윤휴), 안용복의 독도 수호 노력(1693~96), 백두산 정계비 건립(1712)
- 경제 : 대동법을 전국적으로 시행(황해도), 양역이정청 설치, 상평통보를 전국적으로 유통
- 사회 : 장길산의 난 발생(광대 출신, 평안도 · 황해도 활동, 승려 운부 그리고 서얼 이영창과 함께 서울 공격도 계획)
- 문화 ┌ 추숭 ┌ 노산군 묘호를 단종으로 추숭　　　　　　　　　cf) 대보단 건립(명 황제 제사, 창덕궁)
  │ └ 충무공 이순신의 사우에 '현충'이라는 호를 하사, 강감찬 사당 건립
  └ 사상 : 호락논쟁(이간 · 낙론 vs 한원진 · 호론), 강화학파 형성(정제두, 양명학)

(2) **영조** : 완론 탕평

- 초기의 정치 ┌ 방식 : 탕평의 교서를 발표하고 노론과 소론을 번갈아 등용
  └ 한계 ┌ 내용 : 정국의 혼란 → 소론과 남인의 강경파는 영조의 정통성을 부정하고 노론 정권에 반대
         └ 사례 : 이인좌의 난 ┌ 내용 : 경종의 사인에 대한 의혹을 제기하며 청주성에서 봉기
                            └ 한계 : 정부의 진압으로 중단

- 완론 탕평 ┌ 내용 : 왕과 신하 사이의 의리 확립을 통해 탕평파 중심으로 정국 운영
         ├ 붕당의 기반 약화 ┌ 내용 ┌ 공론의 주재자인 산림의 존재를 인정하지 않음
         │   │   ├ 붕당의 기반인 서원을 대폭 정리
         │   │   └ 이조 전랑의 권한 약화 : 자신의 후임자 추천권과 3사 관리의 선빌권 폐지
         │   └ 결과 : 왕의 영향력 확대, 붕당의 약화 → 왕과 탕평파를 중심으로 권력 집중
         └ 한계 ┌ 근본적 해결책이 아닌, 강력한 왕권으로 붕당의 다툼을 일시적으로 억누른 미봉책
               └ 사도세자의 죽음 ┌ 결과 ┌ 노론의 정국 장악, 소론의 정계 축출
                  (= 임오화변)   │   └ 붕당 구조의 변화
                              └ 영향 ┌ 벽파 ┌ 세력 : 노론 대다수
                                    │   └ 내용 : 사도세자의 죽음을 당연시 함
                                    └ 시파 ┌ 세력 : 남인 + 노론 · 소론의 일부 세력
                                          └ 내용 : 사도세자의 죽음을 측은시 함

- 체제 정비 ┌ 법률 : <속대전> 편찬 → <경국대전> 이후의 교령 · 조례를 모아 재정리
         └ 군사 ┌ 군영 정비 : <수성 윤음> 발표 → 3군문(훈련도감, 어영청, 금위영)으로 하여금 도성을 방위케 함
               └ <속병장도설> : <병장도설>(=<진법>)의 무예를 재정리

- 경제 ┌ 군포 개혁 : 세제 개혁을 위해 창경궁 홍화문에서 여론 청취, 균역법 시행
     └ 청계천 준설 사업 ┌ 토양 유실을 막기 위해 제방에 버드나무 식수, 내4산의 벌목 금지
                      └ 준천사 설치

- 사회 ┌ 노비 정책 : 노비종모법 확정 → 국가 재정의 안정, 외거 노비의 신공 감면
     ├ 금주령 반포, 사치 규제
     ├ 사형수에 대한 엄격한 삼심제 운영 + 압슬형 · 낙형 등의 가혹한 형벌 폐지, 신문고 부활
     └ <속오례의> : <국조오례의>를 보완

- 문화 ┌ 지도 · 지리지 ┌ <동국지도>(정상기) → <동국대지도>(정상기의 동국지도를 바탕으로 만주 일부를 포함)
     │   └ <여지도서>(전국 읍지를 정리), <동국여지도>(신경준), <택리지>(이중환)
     ├ 서적 간행 ┌ <증수무원록>(= 무원록) : 중국의 <무원록>을 재정리한 법의학서
     │   └ <동국문헌비고> : 우리나라의 제도 · 문물을 총망라한 한국학 백과사전
     └ 진경 산수화 제작 : 정선의 '금강전도', '인왕제색도'

◇ **확인해 둘까요!** ▸ **경종의 정치**

- 초기 : 노론의 정국 주도
- 변화 ┌ 계기 : 왕세제(연잉군=영조)의 대리청정 문제로 신임사화 발생(1721~22)
       └ 결과 : 노론 축출 → 소론의 정국 주도
- 한계 : 경종의 갑작스러운 죽음으로 중단

(3) 정조 : 준론 탕평(= 적극적 탕평)

- 준론 탕평 ┬ 방식 ┬ 각 붕당의 주장이 옳은지 그른지를 명백히 가려내어 반영
　　　　　　└ 각 붕당의 입장을 떠나 의리와 명분에 합치되고 능력이 있는 사람을 중용
　　　　└ 세력 개편 ┬ 영조 때의 탕평파 비판 + 영조 때 세력을 키운 척신·환관 제거　　cf) 〈빈흥록〉 간행
　　　　　　　　　└ 권력에서 배제되었던 소론과 남인 계열(→ 시파) 중용 ex) 채제공, 이가환, 정약용 등
- 정치 ┬ 규장각 설치 ┬ 기능 ┬ 본래 : 역대 왕의 글과 책을 수집·보관하는 왕실 도서관
　　　　　　　　　　　　└ 확대 : 비서실 역할 + 문한 기능 + 과거 주관 + 문신 교육
　　　　　　　　└ 결과 : 강력한 정치 기구로 붕당의 비대화 방지, 국왕의 권력과 정책을 뒷받침
　　　├ 초계문신제 실시 ┬ 의도 : 국왕 스스로 초월적 군주로 군림하면서 스승의 입장에서 신하를 양성
　　　　　　　　　　　└ 내용 : 신진 인물이나 중·하급 관리 가운데 능력있는 자를 재교육
　　　├ 친위 부대인 장용영 설치 → 5군영의 독립성 약화 + 국왕의 병권 장악
　　　└ 〈대전통편〉 간행 : 왕조의 통치 규범 재정리　　cf) 이조전랑의 후임자 추천권 완전 폐지
- 경제 ┬ 상업 : 육의전을 제외한 나머지 시전이 소유한 금난전권 폐지(= 신해통공) → 사상의 성장
　　　└ 수공업 : 공장안 폐지 → 자유 수공업의 성장 유도
- 사회 ┬ 사족 : 수령이 향약을 주관하게 함으로써 향촌 사회에 대한 수령의 권한 강화 → 사족의 권한 약화
　　　├ 중인 : 정유절목 발표, 서얼을 규장각 검서관으로 중용 ex) 박제가, 유득공, 이덕무
　　　├ 상민 : 부농의 사회적 성장 유도, 화성 행차시 격쟁을 통해 일반 백성과의 접촉 확대
　　　├ 노비 : 공노비 해방 시도 → 순조 때 실시
　　　└ 〈자휼전칙〉 반포 : 흉년에 걸식하거나 버려진 아이들 구휼
- 사상 ┬ 서학 : 신해 박해 ┬ 내용 : 윤지충의 모친 신주 소실 사건을 계기로 윤지충·권상연 처형, 이승훈 유배
　　　│　(= 윤지충 사건) └ 특징 : 천주교 신자에 대한 처벌을 최소화 → 서학에 대한 온건 정책
　　　└ 유학 : 주례 중시 ┬ 6경 강조
　　　　　　　　　　　└ 문체반정 ┬ 계기 ┬ 윤지충 사건을 계기로 노론 벽파가 남인에 대한 공세 강화
　　　　　　　　　　　　　　　　　└ 박지원(노론)이 현실을 표현하기 위해 패사소품체의 글을 저술
　　　　　　　　　　　　　　└ 내용 : 전통적 고문(古文)의 바른 문체로 돌아갈 것을 주장
- 문화 ┬ 실학과 국학 연구의 심화
　　　├ 과학 기술 발달 : 한강 주교 건립, 화성 건립에 거중기 사용(정약용)
　　　└ 예술 : 풍속화 유행(김홍도, 신윤복) + 중인 시사 등장 ex) 옥계시사
- 서적 ┬ 수입 : 〈고금도서집성〉(중국의 백과 사전) → 학문 정치의 기초 마련
　　　├ 간행 ┬ 정부 기능 ┬ 〈동문휘고〉 : 외교 문서 정리　　cf) 한구자·정리자 주조
　　　│　　　　　　　　├ 〈추관지〉 : 형조의 소관 사무에 관한 법례 및 판례 모음
　　　│　　　　　　　　└ 〈탁지지〉 : 호조의 소관 사무에 관한 정리　　cf) 〈만기요람〉은 순조 때 간행
　　　└ 기타 ┬ 〈내각일력〉 : 규장각 일기, 1883년까지 제작
　　　　　　├ 〈규장전운〉 : 조선의 한자음과 중국의 본토 자음을 함께 표시한 음운서
　　　　　　├ 〈무예도보통지〉 : 이덕무, 박제가, 백동수 등이 24반 무예를 정리
　　　　　　└ 〈해동농서〉 : 서호수 주도　　cf) 문집으로 〈홍재전서〉 간행
- 화성 건립 ┬ 과정 ┬ 사도세자 묘의 이장　　cf) 세계관개시설유산 : 김제 벽골제, 수원 축만제·만석거, 당진 합덕제
　　　　　　　　└ 경비 조달을 위해 수리 시설(만석거·만년제 등)을 정비하여 국영 농장(대유둔전) 설치
　　　　　└ 목적 ┬ 정치·군사적 기능 부여 → 한양 주변의 4유수부 체제 구축 ex) 개성, 강화, 광주, 수원
　　　　　　　　└ 상공업자 유치 → 이상 실현을 위한 도시로의 육성 시도

01 근대 태동기의 정치

SECTION

4 세도 정치 : 순조(안동 김씨) → 헌종(풍양 조씨) → 철종(안동 김씨)

(1) 특징

- 정치
  - 구조
    - 붕당은 물론, 탕평파와 反탕평파와 같은 정치 집단의 대립 구도 소멸
    - 유력 가문의 정국 주도 : 왕실 외척 + 산림 + 관료 가문
  - 관직
    - 2품 이상의 고위직 : 정치적 기능 발휘
    - 3품 이하의 관리 : 언론과 같은 정치적 기능 상실 → 단순한 행정 실무적 기능만 수행
  - 중요 기구 : 비변사(→ 의정부와 6조의 기능이 유명무실화) + 훈련도감(→ 군영 장악)
  - 정치 세력
    - 집권 세력
      - 인식 : 19c 상업과 서울의 도시적 번영에 만족 + 고증학에 치우쳐 개혁 의지 상실
      - 한계 : 개혁 의지 상실 + 지방 사회의 어려움에 대한 인식 부족
    - 소외 세력
      - 정조가 숭용한 재야 세력(남인, 소론, 지방 선비) 배제
      - 상인, 부농 : 정치 참여의 대상이 아닌, 수탈의 대상으로 전락

→ 정치 참여층이 경화벌열로 압축, 중앙 관인과 재지사족 사이 경향(京鄕) 연계 단절, 전통적 사림의 공론 형성 불가

- 폐단
  - 정치 : 과거제 문란 → 세도 가문이 지방 수령 관직을 상품화 → 매관매직 자행
  - 경제 : 수령이 향촌을 주도하며 향리와 향임을 이용하여 백성 수탈 → 극심한 3정(전정, 군정, 환곡) 문란
  - 사회
    - 불안
      - 계속된 자연재해 + 기근과 질병 확산(→ 인구 감소) + 농민의 토지 이탈 → 화적 · 수적 횡행
      - 이양선 출몰
    - 변혁의 움직임
      - 예언 사상의 유행 : 정감록, 미륵 신앙
      - 새로운 종교의 유행과 등장 : 서학의 교세 확장 + 동학의 등장

(2) 내용

- 순조
  - 정치
    - 벽파 주도 : 신유박해(주문모 · 이승훈 · 정약종 처형, 정약전 · 정약용 유배) → 황사영 백서 사건
    - 시파 주도 : 안동 김씨 집권기에 서학의 교세 확장   cf) 효명세자의 대리청정 → 개혁 시도
  - 사회 : 공노비 해방, 홍경래의 난
- 헌종
  - 정치 : 풍양 조씨 주도
  - 사회 : 기해박해(프랑스 선교사 처형, 정하상의 <상재상서>), 병오박해(김대건 신부 순교)
- 철종
  - 정치 : 안동 김씨 주도   cf) 일명 '강화 도령'
  - 사회
    - 동학 창시(최제우, 1860)
    - 단성 · 진주민란 → 1862년 농민 항쟁 vs 정부 대책 : 안핵사 파견, 3정이정청 설치

◇ 확인해 둘까요! ▸ 조선의 정치 과정

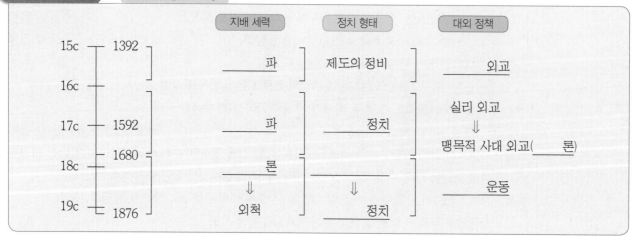

		지배 세력	정치 형태	대외 정책
15c	1392	___파	제도의 정비	___ 외교
16c				
17c	1592	___파	___ 정치	실리 외교 ⇓ 맹목적 사대 외교(___론)
18c	1680	___론 ⇓		
19c	1876	외척	⇓ ___ 정치	___ 운동

훈련도감 설치

- 비망기로 전교하였다. "오늘의 적세가 매우 염려되는데 전부터 일을 처리하는 것이 이완되어 적의 난리를 겪는 2년 동안 군사 한 명을 훈련시키거나 기계 하나를 수리한 것이 없이, 중국군만을 바라보며 적이 제 발로 물러가기만을 기다렸으니 불가하지 않겠는가. 이제 따로 도감을 설치하여 합당한 인원을 차출해서 장정을 뽑아 날마다 칼과 창을 익히기도 하고 활을 익히기도 하고 포를 쏘기도 하여 모든 무예를 훈련시키도록 하고 싶으니, 의논하여 처리하라."

- 선조 26년 굶주림에 시달린 이들은 인육을 먹기도 하고, 외방 곳곳에서는 도적들이 일어났다. 상께서 도감을 설치하여 군사를 훈련시키라고 명하시고 나를 도제조로 삼으셨다. 나는 청하기를 "당초미 1,000석을 군량으로 하되 한 사람당 하루에 2승씩 준다 하여 군인을 모집하면 응하는 이가 사방에서 모여들 것입니다."라고 하였다. …… 얼마 안 되어 수천 명을 얻어 조총(鳥銃) 쏘는 법과 창칼 쓰는 기술을 가르치고, 당번을 정하여 궁중을 숙직하게 하고, 국왕 행차가 있을 때 이들로써 호위하게 하니 민심이 점점 안정되었다. 〈서애집〉

- 비변사가 아뢰기를 "당초 도감에서 포수들을 교련시키는 일을 이일과 조경에 좌우영으로 나누어 담당하게 하려 하였습니다. 1영은 군사 수효가 이미 찼으므로 조경이 바야흐로 교련시키고 있습니다마는, 1영은 군사 수효가 아직 미비합니다. 어제 인견하셨을 때에 내리신 분부대로 이일로 하여금 말을 타고 활 쏘는 법을 전적으로 관장하게 하소서."라고 하니, 왕이 따랐다.

속오군 설치

- 당시 서울에는 훈련도감을 설치하고 군사를 모집해서 훈련시켰고 외방 또한 초군이나 이 군대를 배치했는데, 양민이나 공천(公賤) · 사천(私賤)을 막론하고 장정을 선발하여 정원을 채운 다음 척계광의 기효신서의 제도로써 결속시켜 삼수를 교련하고, 어사를 나눠 파견하여 시험케 하니, 이로부터 군액이 상당히 증가되었다. 상(上)이 하교하였다. "내수사 노비 중에서 3분의 1을 뽑아 이 군대에 충당하여 위급한 일이 있을 때에 징용할 자원으로 삼고, 요동이 평정된 뒤에 도로 폐지하도록 하라." 〈선조수정실록〉

- 비변사가 아뢰기를, "각 도의 속오군이란 신역의 유무와 공사천을 막론하고 조련을 감당할 만한 자로만 단결하여 대오를 편성한 것으로, 그 본뜻은 위급할 때 일에 쓰려는 것이지 병조가 교체 번상시켜서 부역군으로 쓰게 하자는 것은 아니었는데, 천인뿐만 아니라 양반 · 유생 · 아전의 무리로서 토목의 역사를 견디지 못하는 자까지도 섞여 있습니다. …… 이는 모두 속오군이 화의 근본이 된 것으로 차마 들을 수가 없습니다."라고 하니, 아뢴 대로 하라고 전교하였다. 〈선조실록〉

- 지금 속오군이라는 것은 사노 등 천인들로 구차하게 숫자만을 채웠으며, 어린아이와 늙은이들로 대오를 편성하였다. 전립은 깨지고 전복은 다 찢어졌으며, 100년 묵은 칼은 녹슬어 자루만 있고 날은 없으며, 3대를 내려오도록 정비하지 않은 총은 화약을 넣어도 소리가 나지 않는다. 장부에는 산 사람과 죽은 사람의 이름이 서로 섞여 기록되어 있어 훈련 시에는 임시로 사람을 사서 병역에 응하도록 하니 설립한 시초부터 어그러진 것이 이와 같았다. 〈목민심서〉

비변사

- 설치 : 중종 12년 6월 경술 정광필, 김응기, 신용개가 말하였다. '여진에 대비하여 성을 쌓는 것은 중요한 일입니다. 정승 가운데 한 사람이나 모두 함께 의논해서 조치하도록 하시고, 이름은 비변사라 하십시오.'

- 기능 강화 : 비변사를 설치한 처음 이유는 알 수 없으나 이름으로 뜻을 생각해 보면 변방 방비에 대한 긴급한 일 등이 있을 때 대신과 변방 일을 잘 아는 재신(宰臣)들이 한 자리에 모여 계책을 세우기 위하여 설치한 것입니다. 그런데 오늘날은 8도와 6조의 공사가 거의 비변사로 들어갑니다. …… 육조 해당 관원은 비변사의 명령을 받느라 제때 결단할 수가 없으니, 문서가 쌓여 통하지 않는 것은 이 때문입니다. 〈선조실록〉

- 폐해 : 김익희가 상소하였다. "요즈음에는 이 기구가 큰 일이건 작은 일이건 모두 취급합니다. 의정부는 한갓 걸이름만 지니고 6조는 할 일을 모두 빼앗기고 말았습니다. 이름은 '변방 방비를 담당하는 것'이라고 하면서 과거에 대한 관정이나 비빈 간택까지도 모두 여기서 합니다."

01 SECTION

근대 태동기의 정치

핵심 자료 읽기

비변사의 구성

자격		구성원				
		명종	선조	인조	숙종	영조, 정조
도제조	정승	도제조				
제조	재신 중 지변사	제조				
	판서	이·호·예·병조 판서			형조 판서	
	유수	강화유수			개성유수	수원, 광주
	대장		훈련대장		어영대장	수어사, 총융사, 금위대장
	대제학			대제학		
부제조	통정 중 지군사		부제조			
유사당상	제조 중 지군사	유사 3명				

환국

- 경신환국 : 인평 대군의 아들 여러 복(복창군·복선군·복평군)이 본래 교만하고 억세었는데, 임금이 초년에 자주 병을 앓아서 그들이 몰래 못된 생각을 품고 바라서는 안 될 자리를 넘보았다. …… 남인에 붙어서 윤휴와 허목을 스승으로 삼고 …… 그들이 허적의 서자 허견을 보고 말하기를, "임금에게 만약 불행한 일이 생기면 너는 우리를 후사로 삼게 하라. 우리는 너에게 병조 판서를 시킬 것이다."라고 하였다. …… 이 때 김석주가 남몰래 그 기미를 알고 경신년 옥사를 일으켰다.
- 기사환국 : 이항 등이 "지금 왕자의 명호를 원자(元子)로 정하는 것은 간사한 마음을 품은 자가 아니라면 다른 말이 없어야 마땅합니다. 송시열은 방자하게도 상소를 올려 민심을 어지럽혔으니, 멀리 유배 보내소서."라고 상소하였다.
- 갑술환국 : 임금이 "기사년 송시열의 상소는 한때의 실수였을 뿐 그가 어찌 다른 뜻을 가졌겠는가. 이제 그동안 잘못된 일이 다 해결되었으니 특별히 그의 관직을 회복하고 제사를 지내게 하라."라고 하교하였다.

숙종의 명목상 탕평

- 당파의 습성이 고질화되어 손 쓸 방법이 없었기에 당시 성상께서는 이쪽이 낫다고 생각되면 이쪽만을 등용하였고, 저쪽이 낫다고 생각되면 다시 저쪽만을 등용하였다. 그렇지만 우리 선왕(先王) 초기까지도 당파가 여전히 싸움을 일삼아 엉킨 감정을 풀기 어려웠다. 이에 선왕이 탕평책을 행하여 후손을 위한 좋은 계책을 나에게 남겨주었다. 〈조선왕조실록〉
- 전교하기를 "이처럼 국가가 위태한 때일수록 모든 신하가 사정을 버리고 공무를 따라 서로 공경하고 협조하는 것이 신하 된 자의 도리인데, 요사이 조정에 화협을 하는 기풍이 조금도 없구나. 한쪽을 너무 미워하다가 지난날 붕당의 피해를 보게 되었는데, 또 한쪽이 둘로 갈라져 오직 붕당을 두둔하는 것만 능사로 여기고 나라 일은 도외로 제쳐두어서, 마침내 정승이 제자리를 지키지 못하고 갈팡질팡 서울을 떠나게 하였으니, 내 실로 통탄스럽다. …… 서로 대립하여 이기기에만 힘쓰고 사사로이 붕당을 두둔하는 자가 있으면 중률로써 다스려 용서하지 않으리라."고 하였다.

이인좌의 난

적이 청주성을 함락시키니, 절도사 이봉상과 토포사 남연년이 죽었다. 처음에 적 권서봉 등이 양성에서 군사를 모아 청주의 적괴 이인좌와 군사 합치기를 약속하고 청주 경내로 몰래 들어와 거짓으로 행상(行喪)하여 장례를 지낸다고 하면서 상여에다 병기(兵器)를 실어다 고을 성 앞 숲 속에다 몰래 숨겨 놓았다. …… 이인좌가 자칭 대원수라 위서(僞書)하여 적당 권서봉을 목사로, 신천영을 병사로, 박종원을 영장으로 삼고, 열읍(列邑)에 흉격(凶檄)을 전해 병마(兵馬)를 불러 모았다. 영부(營府)의 재물과 곡식을 흩어 호궤(犒饋)하고 그의 도당 및 병민(兵民)으로 협종(脅從)한 자에게 상을 주었다. 〈조선왕조실록〉

영조의 완론 탕평

- 붕당의 폐해가 요즈음보다 심한 적이 없었다. 처음에는 사문(斯文, 성리학) 문제에서 분쟁이 일어나더니 이제는 한쪽 편 사

핵심 | 자료 읽기

람들을 모두 역적의 무리로 몰아 붙였다. 조신들이 서로 공격하니 공론이 막히고, 역당으로 지목하게 되니 선악을 분변할수가 없다. …… 근래에 와서 인재의 임용이 붕당의 명단에 들어있는 사람만으로 이루어지니 …… 이러한 상태가 그치지않는다면 조정에 버슬할 사람이 몇 명이나 되겠는가. …… 지금 새롭게 중창할 시기를 맞이하여 어찌 구악을 고치고 신정에 힘쓸 생각이 없겠는가. 유배된 사람들은 금오(金吾, 의금부)로 하여금 그 경중을 헤아려 대신과 함께 임금을 직접 대할수 있도록 하고, 이조는 탕평의 정신으로 수용토록 하라. 지금 나의 이 말은 위로는 종사를 위하고 아래로 조정을 진정하려는 것이니 이를 어기면 종신토록 금고하여 국가의 정사에 함께 할 뜻이 없는 것으로 알겠다. 〈영조실록〉

• 신의가 있고 아첨하지 않는 것은 군자의 마음이요, 아첨하고 신의가 없는 것은 소인의 사사로운 마음이다.
• 왕은 봄 2월에 새로운 법규를 세웠는데 …… 이것은 곧 인물을 전형하고 선발하여 관직을 제수함에 4당 출신을 골고루 등용하는 것인데, 소론 판서 조문명, 송인명 등에게 그 일을 주관하게 하였다. 이로부터 각 당이 협의하여 비록 그 의론이 각각 다르더라도 서로 해치는 것에는 이르지 않았고, 다만 서로 혼인만 하지 않았을 뿐이다.
• 탕평비 건립 : 周而不比乃君子之公心(두루 하면서 무리 짓지 않는 것이 곧 군자의 공심이고)
比而不周寔小人之私意(무리 짓고 두루 하지 않는 것은 바로 소인의 사심이다.)

영조의 개혁

• 산림의 존재 부정 : 임금이 전교(傳敎)를 쓰라고 명하셨다. …… 산림이 또 하나의 세력을 이루고 있어 만약 근원을 없애지않으면 그 피해가 매우 심할 것으로 예상하였기 때문이다.
• 서원 철폐 : 임금이 "이미 법으로 정했는데도 조정에 알리지 않고 사사로이 건립한 서원과 사우는 모두 철거하도록하라."고 하교하였다. "이후 사사로이 건립하는 경우 수령은 관직을 박탈하고, 유생은 멀리 귀양을 보내도록 하라."
• 이조 전랑 권한 혁파 : 이조 전랑의 선발을 개혁하는 조치가 이루어졌다. 모두 9가지 내용인데, 그 첫째는 이조 전랑이 후임자를 천거하는 관례를 혁파한다는 것이었다. 영조는 늘 조정의 붕당을 근심하였는데 이조 전랑을 선발할 때가 되면 두 당에서 서로 싸우기를 그치지 않으니 영조는 그들이 하는 짓을 싫어하고 미워하며 이미 개혁할 뜻을 가지고 있었다.
• 가혹한 형벌 폐지 : 적전(籍田)을 가는 쟁기를 잡으시니 근본을 중시하는 거동이 아름답고, 혹독한 형벌을 없애라는 명을내리시니 살리기를 좋아하는 덕이 성대하였습니다.
• 균역법 실시 : 정포(丁布)를 고루 줄이신 은혜로 말하면 천명을 받아 백성을 보전할 기회에 크게 부합되었거니와 위를 덜어아래를 더하며 어염세도 아울러 감면되고, 여자·남자가 기뻐하여 양잠·농경이 제자리를 얻었습니다.
• 속대전 편찬 : 임금이 말하기를, "빨리 망한 나라는 늘 가혹한 법으로 말미암았으니, 지금 법전을 편찬하는 자는 이를 생각해야 한다." …… 친히 속대전의 서문을 쓰고 인쇄를 명하였다.

완론 탕평의 한계

신축·임인년(1721·22) 이래로 조정에서 노론, 소론, 남인의 삼색(三色)이 날이 갈수록 더욱 사이가 나빠져 서로 역적이란이름으로 모함하니 이 영향이 시골에까지 미치게 되어 하나의 싸움터를 만들었다. …… 국왕은 붕당을 없애자는 논의에 동의하는 사람들을 중심으로 정국을 운영하고 있을 뿐만 아니라, 이조 전랑이 삼사의 관리를 선발할 수 있게 하던 관행마저 없애버렸다. 그 결과 근래에 와서는 사색(四色)이 모두 진출하여 오직 벼슬만 할 뿐, 예부터 저마다 지켜온 의리는 쓸모없는 물건처럼 되었고, 사문(斯文 : 유학)을 위한 시비와 국가에 대한 충역은 모두 과거의 일로 돌려버리니 …… 그러다 보니 왕성한 기운으로 피나게 싸우던 버릇은 예전보다 적어졌지만, 예전의 습속에다 약하고 게으르고 부드럽고 매끄러운 새 병폐가 보태졌다. 〈택리지〉

정조의 즉위

"아! 나는 사도세자의 아들이다. 영조께서 종통(宗統)의 중요함을 위하여 나에게 효장세자(孝章世子)를 이어받도록 명하신것이다. 아! 전일에 영조께 올린 글에서 '근본을 둘로 하지 않는 것(不貳本)'에 관한 나의 뜻을 볼 수 있을 것이다. …… 이미이런 분부를 내리고 나서 괴귀(怪鬼)와 같은 나쁜 무리들이 이를 빙자하여 추숭(追崇)하자는 의논을 한다면 영조께서 유언하신 분부가 있으니, 마땅히 해당 형률로 논죄하고 영조의 영령(英靈)께도 고하겠다."

핵심 자료 읽기

정조의 준론 탕평

- 진실로 균평함으로 마음을 지키고 공정함으로 도리를 살피며, 죄가 나에게 있으면 자책하고 죄가 남에게 있으면 용서한다. 훈계하여 경고하고 가르치어 깨우침으로써 그 직분을 삼가 받들게 하면 이것이 곧 황극의 도이니 이와 같이 할지면 당이 어디에 존재하겠는가? 내가 이 같은 말로써 경계하여 이른 것이 여러 번이다.

- 국왕은 행차 때면 길에 나온 백성들을 불러 직접 의견을 들었다. 또한 척신 세력을 제거하여 정치의 기강을 바로 잡았고, 당색을 가리지 않고 어진 이들을 모아 학문을 장려하였다. 침전에는 '탕탕평평실(蕩蕩平平室)'이라는 편액을 달았으며, "하나의 달빛이 땅위의 모든 강물에 비치니 강물은 세상 사람들이요, 달은 태극이며 그 태극은 바로 나다."라고 하였다.

규장각 설치

- 왕이 내원에 이 기구를 설치하여 선왕의 문장과 한묵(翰墨 : 글을 짓거나 쓰는 것)을 받들고, 다른 서적들도 저장하게 하였으며, 대제학·대교 등의 관리를 두고 문신 가운데 벌열 출신을 뽑아서 임명하였다. 왕이 시도 때도 없이 관리를 불러서 경사를 논하게 하시니, 사람들이 뽑힌 자들을 부러워하며 신선과 같다고 하였다.

- 궁궐 안에 규장각을 세우고 하교하기를, "우리나라가 송의 제도를 그대로 준용하고 있으면서도 왕이 쓴 글과 책을 모셔 두는 곳은 없다. …… 내가 여러 대 선왕들의 어제(御製)를 모두 모으고 후원에 규장각을 지어 선왕들의 귀감이 될 만한 좋은 말씀들을 그곳에 모시도록 하겠다."라고 하였다.

- 신하들을 만나 하교하기를, "내가 어진(왕의 초상화) 1본을 모사하려 한다. …… 송나라의 천장각 등에 어제(御製)·어용(御容)을 봉안한 데 대한 글이 있으니, 이번에 그림을 그린 뒤에 규장각에 봉안하면 비용을 덜 수 있을 것이다."라고 하였다. 이어 화사(畫師) 한종유, 신한평, 김홍도에게 각기 1본씩 모사하라고 명하였다.

- 국왕께서 왕위에 즉위한 첫 해에 맨 먼저 도서집성 5천여 권을 연경의 시장에서 사오고, 또 옛날 홍문관에 간직했던 책과 강화부 행궁에 소장했던 책과 명에서 보내온 책들을 모았다. …… 창덕궁 안 규장각 서남쪽에 열고관을 건립하여 중국본을 저장하고, 북쪽에는 국내본을 저장하니, 총 3만권 이상이 되었다.

정조의 왕권 강화

- 장용영 설치 : 장용영의 기병 1초와 초군 7초를 좌우로 나누어 춘당대 아래 배치하고 장용위는 어가의 전후에 시위하고 깃대와 북을 벌여 놓았다. 어가가 나아갈 때 포성을 울리고 천아성을 불며 배치된 군사는 다 같이 3번 탄환을 쏘았는데, 포성이 3번 나자 요란하게 취타를 울렸다. …… 군사를 거느린 장수가 차례로 알현하고 나서 호적을 거두고 관기를 모으고 포성을 들고 나서는 각각 본래의 위치로 돌아갔다.

- 화성 행차 : 임금이 혜경궁을 모시고 현륭원에 나아가 참배하는 예식을 행하고, 돌아오는 길에 화성 서쪽의 장대에 올라 성조와 야조를 살펴보았다. 어제로 오언의 4운 율시를 내리고 신하들에게 화답하는 시를 지어 바치게 하였다.

- 국왕은 행차 때면 길에 나온 백성들을 불러 직접 의견을 들었다. 또한 척신 세력을 제거하여 정치의 기강을 바로 잡았고, 당색을 가리지 않고 어진 이들을 모아 학문을 장려하였다.

정조의 사상 정책

- 서학에 대한 온건 정책 : 오늘날 사설(邪說)의 폐단을 바로 잡는 길은 더욱 정학(正學)을 밝히는 길밖에 없다. …… 연전에 서학(西學) 서적을 구입해 온 이승훈은 어떤 속셈이든지간에 죄를 묻지 않을 수 없다. 이에 전 현감 이승훈을 예산련으로 귀양을 보내고, 이외 시골 백성에게도 상줄 만한 백성은 상주어야 할 관서가 있어야 하니 묘당(廟堂)에서는 소관 관서를 철저히 감독하라. …… 이렇게 교시한 뒤에도 다시 서학(西學) 때문에 문제가 생긴다면 어찌 정부가 있다고 말할 수 있는가?　　　　　　　　　　　　　　　　　　　　　　　　　　　　　　　　　　　〈척사학교〉

- 문체 반정 : 임금께서 동지 정사 박종악에게 전교하기를, "근래 선비들의 취향이 점점 저하되어 문풍(文風)도 날로 비속해지고 있다. 과문(科文)을 놓고 보더라도 패관소품의 문제를 사람들이 모두 모방하여 경전 가운데 늘상 접하여 빠뜨릴 수 없는 의미들은 소용없는 것으로 전락하였다. …… 성균관 시험의 시험지 중에 만일 조금이라도 패관잡기에 관련되는 답이 있으면 비록 전편이 주옥같을지라도 하고(下考)로 처리하고 이어 그 사람의 이름을 확인하여 과거를 보지 못하도록 하여

조금도 용서가 없어야 할 것이다. …… 이러한 폐단의 근원을 아주 뽑아서 없애 버리려면 애당초 잡서들을 중국에서 사오지 못하게 하는 것이 제일이다.”라고 하였다. 〈정조실록〉

<무예도보통지>

이 책이 완성되었다. …… 곤봉 등 6가지 기예는 척계광의 <기효신서>에 나왔는데 …… 장헌세자가 정사를 대리하던 중 기묘년에 명하여 죽장창 등 12가지 기예를 더 넣어 도해(圖解)로 엮어 새로 신보를 만들었고, 상(上)이 즉위하자 명하여 기창 등 4가지 기예를 더 넣고 또 격구, 마상재를 덧붙여 모두 24가지 기예가 되었는데, 검서관 이덕무·박제가에게 명하여 …… 주해를 붙이게 했다.

세도 정치

- 그 때에 임금이 외척에게 농락당하고, 붕당은 혼란에 빠질 것이다. 거실세족(巨室世族)이 장차 잔멸(殘滅)을 당하여 보전할 자가 열에 두서넛도 안 될 것이다. …… 늙은 왕비가 문발을 걷고 정사를 돌려보내고 어린 아이가 왕이라 일컫는다. 어린 임금 원년에 옥사가 크게 일어나서 피가 성곽에 흐를 것이다.
- 조선에서는 정권을 세도라고 하며 어떤 사람이나 집안이 가지는데, 왕이 세도의 책임을 명하면 지니고 있는 관직에 관계없이 의정·판서에게 명령을 내릴 수 있고, 국가 중대사와 모든 관료의 보고를 왕보다 먼저 들을 수 있었다. 〈근세조선정감〉
- 박종경은 과연 어떤 인물이기에 관직을 홀로 거머쥐고, 맑고 화려한 관직들을 주무르기를 내가 아니면 아무도 안된다고 하며, 일이 권한에 관계된 것이면 자기의 물건으로 여기고, 사방에 근거를 굳혀 한 몸으로 모두 담당하려 합니까? 세간에서 칭하는 바 문관, 무관, 인사, 비변사, 군사, 재정, 토지세, 주교사, 시장 운영의 권한을 모두 손안에 잡아 득의양양하게 하며 왼손에 칼자루를, 오른손에는 저울대를 쥐어 거리낌이 없습니다. 〈순조실록〉

세도 정치의 폐해

- 과장(科場)의 폐단은 예전에도 가끔 있었으나, 그 때는 고시(考試)를 명백히 하기 어렵고 정식(程式)을 정밀히 하지 못하는 데에 있었을 뿐이었다. 지금 과장의 폐단은 고시·정식 외에 또 있다. 물색(物色)으로 뽑고 서찰(書札)로 꾀하여 법을 업신여기고 사(私)를 꾀하는 버릇을 예사로 행하며, 심하면 막중한 국가 시험을 마음대로 하여 자신의 재물로 삼기까지 한다. …… 이를 막지 않으면 나라가 어떻게 나라답겠는가? 한 마디로 말하여 잘되고 못되는 것은 오직 고시를 맡은 자에게 달려 있다.
- 펑펑거리는 수십 집안이 / 대를 이어 국록을 먹는다
  서로들 돌아가며 싸우고 죽이면서 / 약한 이를 고기삼아 힘센 놈이 먹어 치우네
  세력을 휘두르는 대여섯 집안 / 재상자리 대감자리 모두 다 차지하고 / 관찰사 절제사도 완전히 차지하네
  도승지 부승지는 모두가 이들이며 / 사헌부, 사간원도 전부가 이들이라
  이들이 모두 다 벼슬아치 노릇하며 / 이들이 오로지 소송판결하네 〈여유당전서〉
- 가을에 한 늙은 아전이 대궐에서 돌아와서 처와 자식에게 “요즘 이름 있는 관리들이 모여서 하루 종일 이야기를 하여도 나랏일에 대한 계획이나 백성을 위한 걱정은 전혀 하지 않는다. 오로지 각 고을에서 보내오는 뇌물의 많고 적음과 좋고 나쁨만에 관심을 가지고, 어느 고을의 수령이 보낸 물건은 극히 정묘하고 또 어느 수령이 보낸 물건은 매우 넉넉하다고 말한다. 이름 있는 관리들이 말하는 것이 이러하다면 지방에서 거둬들이는 것이 반드시 늘어날 것이다. 나라가 어찌 망하지 않겠는가?”하고 한탄하면서 눈물을 흘려 마지않았다.

순조 때의 민란 : 홍경래의 난(1811)

보잘 것 없는 나, 소자가 어린 나이로 어렵고 큰 유업을 계승하여 지금 12년이나 되었다. 그러나 나는 덕이 부족하여 위로는 천명(天命)을 두려워하지 못하고 아래로는 민심에 답하지 못하였으므로, 밤낮으로 잊지 못하고 근심하며 혹시라도 선대왕께서 물려주신 소중한 유업이 잘못되지 않을까 걱정하였다. 그런데 지난번 가산(嘉山)의 토적(土賊)이 변란을 일으켜 청천강 이북의 수 많은 생령이 도탄에 빠지고 어육(魚肉)이 되었으니 나의 죄이다. 〈비변사등록〉

10 수취 제도의 역사

1 전세

(1) 변화 과정

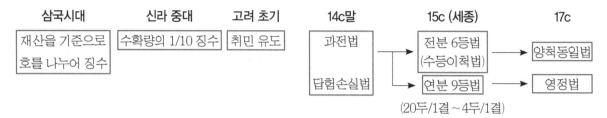

삼국시대	신라 중대	고려 초기	14c말	15c (세종)	17c
재산을 기준으로 호를 나누어 징수	수확량의 1/10 징수	취민 유도	과전법 답험손실법	전분 6등법 (수등이척법) 연분 9등법 (20두/1결 ~ 4두/1결)	양척동일법 영정법

(2) 영정법 : 인조, 1635

- 실시 배경 : 연분 9등법이 유명무실화 되어 16c에는 일반적으로 최저 세율이 적용됨
- 내용 : 풍흉에 관계없이 전세를 토지 1결당 미곡 4두로 고정 → 전세의 비율 하락
- 정부의 전세 확보 노력 ┌ 배경 : 왜란 전후 경작지의 황폐화 + 양안의 소실로 토지 결수 급감
  ├ 대책 ┌ 개간 장려 : 신분에 관계없이 개간 허용, 개간자에게 소유권 보장과 3년간 면세
  │   └ 양전 사업(= 토지 조사 사업) 실시 : 은결(양안에서 빠진 토지) 색출
  └ 결과 : 토지 결수의 증가 ex) 광해군(54만여 결) → 정조(145만여 결)
- 결과 : 양반 지주 부담 경감 vs 전호 농민 실질적 혜택 없음
- 한계 : 수수료, 운송료, 자연 소모에 대한 보충비 등 각종 부가세로 인해 농민 부담이 오히려 증가
  ex) 부가세의 종류 : 가승미, 선가미, 공인역가미, 창역가미, 창작지미 등
- cf) 양척동일법 ┌ 양난 이후 양전 사업을 할 때 예전에 적용한 전분 6등법의 수등이척법과 달리 자를 통일하여 측량
    (효종)   ├ 종래 1등전의 자인 주척 4자 7치 7푼을 1자(尺)로 정하여 토지의 비옥도와 상관없이 측량
            └ 수확량에 따라 6등급으로 1결의 면적을 달리함 ex) 1등전 1결(3,200여 평) ~ 6등전 1결(13,000평)

2 공납

(1) 변화 과정

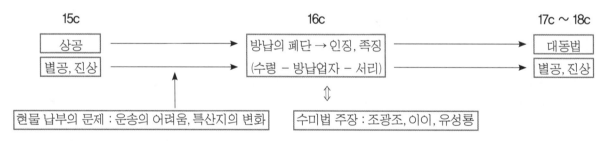

15c	16c	17c ~ 18c
상공 별공, 진상	방납의 폐단 → 인징, 족징 (수령 – 방납업자 – 서리)	대동법 별공, 진상

현물 납부의 문제 : 운송의 어려움, 특산지의 변화　　　수미법 주장 : 조광조, 이이, 유성룡

(2) 대동법 : 광해군, 1608 ~ 숙종, 1708

- 내용 : 토산물 대신 토지 결 수에 따라 쌀, 삼베 · 무명, 동전으로 납부
- 세율 : 12두/1결 → 결과 ┌ 양반 지주 : 부담 증가 → 대동법 시행을 극렬히 반대
                       └ 전호 농민 : 부담 감소 → 농촌 경제의 일시적 안정
- 과정 ┌ 광해군(이원익 · 한백겸의 건의로 경기도에 시범적 시행) → 인조(조익의 건의로 강원도에 실시)
       └ 효종(김육의 건의로 충청도 · 전라도에 실시) → 숙종(허적의 건의로 전국 확대)　　cf) 함경 · 평안도 제외
- 한계 ┌ 별공, 진상은 여전히 존재 → 현물 납부의 관행은 완전히 사라짐(×)
       └ 중앙 정부에 올리는 상납미의 비율이 높아지고 지방 관아에서 사용하는 유치미의 비율이 낮아짐
         → 지방 관아의 재정 악화 → 수령 및 향리의 농민 수탈 심화

- 영향 ┌ 공인의 등장(상인, 수공업자, 경주인 등) → 화폐 사용의 증가(이유 : 운송비 절감)
  ├ 상품에 대한 수요 · 공급 증가 → 민영 수공업의 발달, 관영 수공업의 쇠퇴
  ├ 상품 화폐 경제의 발전 → 대동미 집산지를 중심으로 포구의 성장 ex) 원산, 강경, 삼랑진
  └ 운송 : 관선 주도 → 사선 주도 ex) 경강상인
- 폐지 : 갑오개혁(1894)의 세제 개혁으로 지세에 통합되어 완전 폐지

3 군역

(1) 변화 과정

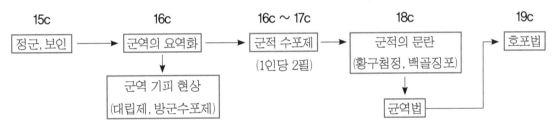

(2) 균역법 : 영조, 1750

- 배경 ┌ 군사 ┌ 5군영의 성립으로 모병제의 제도화 → 군영의 경비를 위한 수포군 증가
  │   └ 5군영뿐 아니라 지방의 감영과 병영까지 독자적 군포 징수
  └ 사회 ┌ 상황 : 납속 · 공명첩 등으로 양반이 된 면역자의 증가 + 국가가 군역 담당자를 파악하기 어려움
        └ 내용 ┌ 국가의 군포 수입 감소 + 상민의 군포 부담 증가 → 농민의 토지 이탈
              └ 부족한 군포 충당을 위해 남아 있는 상민에게 군포 부담 전가 ex) 인징, 족징, 군적 문란
- 개혁 논의 ┌ 양역이정청 설치(숙종)
  ├ 양역변통론 : 호포론(가호에 군포 부과) vs 결포론(소유 토지에 군포 부과) vs 유포론 vs 구전론
  └ 호포제 시행을 위해 창경궁 홍화문에 나아가 의견 청취(영조)
- 내용 ┌ 세율 : 1년에 군포 1필 부담
  └ 부족한 재정의 해결 ┌ 결작 : 1결당 미곡 2두 혹은 전(錢) 5전 징수 → 군역이 일부 전세화
                    ├ 선무군관포 : 일부 상류층에 군포 1필 부과
                    └ 궁중에서 거두던 잡세를 직접 징수 ex) 어장세 · 선박세 · 염전세
- 결과 : 균역청 설치(후에 선혜청에 통합), 농민 부담의 일시적 경감
- 한계 : 결작 부담이 소작농에게 전가, 군적 문란으로 농민 부담이 다시 가중

꼭! 알아두기 · 조선 후기 수취의 특징과 한계

- 특징 ┌ 징수 방식 : 수취의 금납화 진전
  └ 징수 기준 : 수취의 전세화 경향 ┌ 내용 : 대동세, 결작
                              └ 정부 의도 : 지주의 부담 증가(→ 국가 재정 안정), 전호의 생활 안정
- 한계 : 농촌 경제의 일시적 안정 but 지주들이 대동세와 결작 부담을 전호에게 전가 → 농민의 농촌 이탈 가속화
- 결과 ┌ 마을 단위의 총액제로 부과 → 공동납 현상의 등장 ex) 전세(비총제), 군역(군총제), 환곡(환총제 = 이환제)
  └ 3정 문란의 발생 : 전정, 군정, 환정 ex) 늑대(勒貸), 반작(半作), 허류(虛留), 반백 · 분백

10 수취 제도의 역사
부　록

◇확인해 둘까요! ◆

도결(都結)

• 내용 ┌ 서리가 관청의 공전(公錢), 군포를 사적으로 사용하고, 이를 보충하기 위해
　　　　│　징세를 할 때 전결세율을 정액 이상으로 기입하여 화폐로 징수
　　　　└ 고을에서 여러 명목의 세(군역, 환곡, 잡역 등)를 논밭의 결수 단위로 부과
　　　　　　→ 수령과 아전이 횡령한 관곡을 민의 토지에 부과하는 수단

• 조건 : 금납화 실시, 전세화 추세, 공동납 실시

• 결과 ┌ 양반의 반발 : 부과의 기준이 신분이 아니라 토지
　　　　│　　　　　　　 → 신분에 따른 수취 차별이 거의 남아 있지 않게 됨
　　　　└ 삼정 문란 중에서 전정의 폐해 → 임술 농민 봉기의 주요 원인

대동법의 확대 실시 과정

부역의 변화

• 대상의 변화 ┌ 고대 삼국 : 15세 이상 남자 동원
　　　　　　　└ 통일 신라 ~ 조선 : 16세 이상 60세 미만의 남자 동원 → 정남(丁男)

• 기준의 변화 ┌ 고려 ~ 조선 초기 : 가호를 기준으로 정남의 수를 고려하여 동원
　　　　　　　└ 조선 성종 이후 ┌ 토지 8결을 기준으로 1명 동원
　　　　　　　　　　　　　　　　└ 1년에 총 6일 동원

• 조선 후기 : 관청 수공업 ┌ 배경 : 부역제의 해이
　　　　　　　　　　　　　└ 내용 : 고용제 형태로 노동력 확보

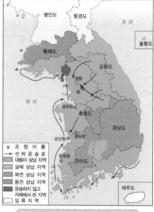

대동세의 징수와 운송

핵심 ┃ 자료 읽기

영정법

• 배경(연분9등법의 한계) ; 백성의 근심은 재해를 살피는 것이 밝지 않고 등분을 정하는 것이 공평하지 않은 데 있습니다.
　…… 힘있는 자에게는 곡식이 여물어도 재해를 입은 것으로 하고, 가난한 자에게는 재해를 입어도 여문 것으로 합니다. 수
　령은 많이 거두어들이는 데에 힘쓰므로 흉년이 들어도 흉년이 아니라고 하고 곡식이 조금만 잘 되어도 아주 잘 되었다고
　하여 그 등급을 높입니다. 애달픈 백성들은 어디에 호소하겠습니까?　〈중종실록〉

• 내용 : 인조 갑술(1635) 양전 뒤에 마침내 연분 9등법을 파하였다. 삼남 지방은 각 등급으로 결수를 정해 조안(租案: 조세 대
　장)에 기록하였다. 영남은 상지하(上之下)까지만 있게 하고, 호남과 호서 지방은 중지중(中之中)까지만 있게 하였다. 나머
　지 5도는 모두 하지하(下之下)로 정하여 세금을 징수하였다.

방납의 폐단

• 공물을 상납하여야 할 때 각 관청의 사주인들이 여러 가지로 농간을 부려 좋은 것도 불합격 처리하기 때문에 바칠 수가 없
　었다. 이리하여 사주인은 자기가 갖고 있는 물품으로 관청에 대신 내고 농민들에게는 자기가 낸 물건값을 턱없이 높게 쳐
　서 10배의 이득을 취하니 백성들의 피땀을 짜내는 것이라.

• 지금 호조에서 한 나라의 살림을 맡아 보면서 어느 지방의 어떤 물건의 대납인지, 대납의 이익이 얼마나 되는지 살피지 않은
　채 모두 부상들에게 이 일을 맡기고 있습니다. 세금도 정해진 것보다 지나치게 많이 거두는 경우가 많습니다.

대동법 시행을 둘러싼 찬반 논쟁

- 반대 : 땅이 많은 사람들은 한꺼번에 내기 어려울 터이니 차라리 공안(貢案)을 잘 다듬는 편이 낫다.
- 찬성 : 이것의 필요성은 다음과 같다. 호(戶)에 부과하던 세를 토지에 부과하게 되어 땅이 많은 대가와 거족(巨族)이 토지 소유에 비례하여 많은 액수의 세금을 한 번에 내기 어렵다고 불평하지만, 그렇지 않다. 첫째, …… 무릇 부자는 수확이 많고 노동력이 많은데 가난한 사람들도 여태껏 그럭저럭 납부해 온 것을 왜 못 내겠습니까? 둘째, 세력 있는 자는 역에 응하지 않고 방납인은 자신의 이익만 돌본 지 오래되었습니다.

대동법 실시

- 우의정 김육이 아뢰다. "대동법은 역을 고르게 하여 백성을 편안케 하니 좋은 계책입니다. …… 교활한 아전은 명목이 간단함을 싫어하고 모리배들은 방납하기 어려움을 원망하여 헛소문을 퍼뜨려 어지럽게 할 것입니다. 삼남에는 부호가 많은데 이 법의 시행을 부호들이 좋아하지 않으나 국가에서 법령을 시행할 때에는 마땅히 소민들이 원하는 대로 해야 합니다."
- 선조 41년 5월 임신, 선혜청을 설치하였다. 처음에 영의정 이원익이 아뢰었다. "각 고을의 진상과 공물이 각 관청의 방납인에 막혀 물건값이 3 ~ 4배에서 수십 ~ 수백 배가 되어 폐해가 큽니다. 특히 경기도가 심합니다. 지금 따로 담당 관청을 설치하여 해마다 봄·가을에 백성들에게 토지 1결마다 2번에 걸쳐 각각 8두씩 거두어 들이게 하고, 담당 관청은 때에 따라 물가와 시세를 보아 쌀을 방납인에게 지급하여 수시로 물건을 조달하도록 해야겠습니다." …… 왕이 이를 받아들였다. 왕의 교지 가운데 선혜라는 말이 있어 담당 관청의 이름으로 삼았다.
- 각 도의 공물은 이제 미포(米布)로 상납한다. 공인으로 삼은 사람에게 그 가격을 넉넉히 계산해 주어 관청 수요에 미리 준비하게 한다. 그러나 본래 정해진 공물 그대로를 상납하는 이는 제때 내야 한다.

대동법 시행에 대한 반응

- 대동의 법은 호세가는 불편하다 하고, 가난한 백성들은 편하다고 한다.
- 강원도에 땅이 험준하여 대동법을 싫어하는 이가 없는데, 충청도·전라도에는 평야가 많아 좋아하는 이와 싫어하는 이가 있습니다. 왜 그러겠습니까? 강원도에는 토호가 없으나 충청·전라도에는 토호가 있기 때문입니다. 특히 전라도에 싫어하는 이가 더 많은데 이는 토호가 더 많은 까닭입니다. 토호들만 싫어할 뿐 백성들은 대동법을 보고 기뻐합니다. 〈포저집〉
- 이 제도가 처음 경기도에서 실시되자 토호와 방납인들은 얻었던 이익을 모두 잃게 되었다. 그래서 온갖 수단을 동원하여 왕에게 폐지할 것을 건의했으나, 백성들이 이 제도가 편리하다고 하였기 때문에 계속 실시하기로 하였다. 〈열조통기〉

대동법 확대 실시

- 선혜법이 경기에 시행된 지 근 20년이 되는데, 백성들이 매우 편리하게 여기고 있습니다. …… 광해군 때 각 관청의 하급 관리들과 모리배들이 갖가지 훼방해서 편리함을 알고도 시행하지 못함이 오래되었습니다. 그래서 일시에 못하더라도 2, 3도에라도 먼저 시행하여 봄과 가을에 1결당 10두씩 쌀을 거두면 60만 석이 될 것입니다. 〈인조실록〉
- 현물로 바칠 벌꿀 한 말의 값은 목면 3필이지만, 모리배들은 먼저 대납하고 4필 이상을 거두어 갑니다. 이런 폐단을 없애기 위해 이 법을 시행하면 부유한 양반 지주가 원망하고 시행하지 않으면 가난한 농민이 원망한다는데, 농민의 원망이 훨씬 더 큽니다. 경기와 강원에서 이미 시행하고 있으니 충청과 호남에도 빨리 시행해야 합니다.
- 좌의정 박세채가 상소를 올려, "해서(= 황해도)는 부역이 번다하고 무거워 백성들이 제대로 살아가지 못합니다. …… 신이 다른 여러 도에서 실시하는 대동법을 시행하지 못하는 것을 한탄하는 말을 많이 들었습니다. 그 법의 기원은 율곡 이이에게서 시작된 것인데, 선혜청을 두었으며, 먼저 관동(강원도)과 경기에 시행했는데, 명칭은 달랐지만 실속은 같았습니다. 그 뒤에 호남과 영남에도 시행하였으니, 백성들이 모두 신뢰하였습니다."라고 하였다.

요역의 폐단

호조에서 아뢰기를, "우리나라에서 백성을 요역하는 법도에는 8결에 1인의 역군(役軍)을 내게 하고 1년 동안에 백성을 요역하는 것이 6일에 지나지 않게 하였지만, 수령들이 …… 수시로 백성을 사역시켜 자기의 사정에 따라 마음대로 씁니다. …… 가난한 백성은 토지 1결을 가지고 권세가의 7결의 요역까지 합쳐서 떠맡다 보니 농사철에 농사를 못 짓게 되어 가을에는 수확할 수 없습니다. …… 부유하고 세력있는 집에 붙어서 얻어먹으며 고용살이를 감수하다가 마침내 노비가 되는 지경에 이르게 되니 몹시 슬퍼할 일입니다."

군역의 폐단

• 황해노 병영은 포를 2필 거두는데, 감영은 1필을 거둔다. 그래서 감영군은 서로 들어오려고 하고, 병영군은 모두 달아나려고 한다. …… 평안도에서 신역이 무겁고 가벼움이 불공평하게 이루어졌다. 병영군은 정군으로서 2필을 거두는데, 감영군은 정군이 아닌 자를 끌어들였으므로 1필만을 거둔다. ⟨비변사등록⟩

• 백성 가운데 양역에 응하는 자를 보면 모두 경기도와 삼남, 황해도, 강원도에 있습니다. …… 그 가운데 양역을 부과할 수 있는 자가 5분의 4가 되니, 양역에 응하는 자는 10여 만의 호로서, 50만 호가 져야 할 양역을 감당하니 …… 백골징포, 황구첨정의 폐단이 생겨납니다. ⟨영조실록⟩

• 나라의 100여 년에 걸친 고질 병폐로 가장 심한 것은 양역(良役)이다. …… 백성은 날로 곤란해지고 폐해는 갈수록 심해지니, 혹 한 집안에 부(父)·자(子)·조(祖)·손(孫)이 군적에 한꺼번에 기록되어 있거나 혹은 3, 4명의 형제가 한꺼번에 군포를 납부해야 하며, 또한 이웃이 견책을 당하고 친척의 친척이 징수를 당하고, 황구(黃口)는 젖 밑에서 군정으로 편성되고 백골(白骨)은 지하에서 징수를 당하며, ……

균역법 실시 전, 호포론에 대한 입장

• 이단하가 상소를 올렸다. …… 만물이 고르지 못한 것은 사물의 성질입니다. 귀천, 후박, 대소, 경중으로 나뉘어 …… 그러므로 성왕이 천하를 다스릴 때 성질에 따라 귀한 자는 귀하게 하고, 천한 것은 천하게 하며, …… 그러나 선비들의 입장에서 평생 힘들여 독서한 선비가 상놈들과 똑같이 취급당하여 포를 바쳐야 하니 억울하지 않겠습니까. ⟨숙종실록⟩

• 영조는 재위 26년 5월 홍화문에 나가 일반 백성에게서 군역의 고통에 대해 직접 들은 후 "호(戶)가 있으면 역(役)이 있는 것은 상례"라며, "내가 만일 잠저(潛邸: 즉위 전에 살던 사저)에 있다면 나도 의당 호전(戶錢)을 내야 하는것"이라고 반론을 폈으나 현실의 벽을 못 넘고 절충안으로 물러섰다.

• 백성의 뜻을 알고 싶어 재차 대궐문에 나아갔더니, 몇몇 유생이 '전하께서는 백성을 해친 일이 없는데 이 일을 하는 것을 신들은 마음 아프게 여깁니다.'라고 말하고, 방민들은 불평하고 있다고 말하니, …… 군포(軍布)는 나라의 반쪽이 원망하고 호포는 한 나라가 원망할 것이다. 지금 내가 어탑에 앉지 않는 것은 마음에 미안한 바가 있어서 그러한 것이다. 경 등은 알겠는가? 호포나 결포나 모두 구애되는 단서가 있기 마련이다. …… 경 등은 대안을 잘 강구하라.

균역법

• 주장 : 8도 군포는 수량이 90만 필(疋)에 지나지 않는데, 절반인 45만 필의 돈을 내어놓고 군포 1필을 감해 준다면, 2필을 바치던 무리들이 반드시 힘을 펼 수 있을 것입니다.

• 실시 : 영조 26년 7월 기유 양역을 절반으로 줄이라고 명하였다. "구전은 한 집안에서 거둘 때 주인과 노비의 명분이 문란해진다. 결포는 정해진 세율이 있어 더 부과하기가 어렵다. …… 호포나 결포는 모두 문제되는 바가 있다. 이제는 1필로 줄이도록 그 대책을 강구하라."

• 내용 : 감면한 것을 계산하면 모두 50여 만 필에 이른다. 돈으로 계산하면 1백여 만 냥이다. 아문과 군대의 비용을 줄인 것이 50여 만 냥이다. 부족한 부분은 어세·염세·선세와 선무군관에게 받는 것, 결작으로 채운다. 이것을 합하면 십수 만 냥이다. …… 평안·함경도를 제외한 지역의 토지 1결마다 쌀 두 되씩이나 혹은 돈 5전씩을 거두기도 하였다. 이렇게 징수하면 대략 30여 만 냥이 되는데, 모두 합하면 이는 부족한 액수의 숫자와 대략 서로 같다.

- 한계 : 이 법이 시행된 후 바닷가 백성의 원성이 들끓었기 때문에 신이 상소하여 말씀드렸습니다. 이 법은 백성에게서 골고루 취하여 고생하는 백성을 구원하는 것이니, 여러 임금께서 양역의 폐단을 강구하면서 호전(戶田) · 구전(口錢) · 유포(流布)의 범위를 벗어나지 않은 것이 이 뜻이었습니다. …… 이 법의 시행으로 부족해진 경비를 여기저기에서 긁어모아 충당하느라 오히려 그 폐단이 심하니, 신의 생각에는 가호별로 세금을 거두거나 토지에 세금을 부과하는 것만 못합니다.

정약용의 애절양

갈밭마을 젊은 아낙네 곡(哭)소리가 길기도 해라 / 곡소리 동헌을 향해 울다 하늘에 울부짖네
군대 나간 지아비 돌아오지 못함은 있다 해도 / 자고로 사내가 제 양물 잘랐단 소린 못들었네
시아버지 죽어서 벌써 상복을 벗었으며 / 갓난아기 배냇물도 안 말랐는데
이 집 3대 이름이 모두 두 군적에 올랐네 / 하소연하려 해도 관청 문지기는 호랑이와 같고
이정은 으르렁대며 외양간 소마저 끌고 갔다네 / 남편이 칼 들어 방에 드니 흘린 피가 방에 흥건하고
스스로 한탄하기를 아이 낳은 죄로구나 / 누에치던 방에서의 불알까던 형벌도 억울한데
민나라 사내아이 거세도 가엾은 것이거늘 / 자식 낳고 사는 것은 하늘이 내린 이치거늘
하늘과 땅의 도리로 남자되고 여자가 되거늘 / 말이나 돼지 거세도 가엾다 말하거늘

호포법

- 주장 : 호역(戶役)으로써 군역(軍役)을 대신하고 …… 호수(戶數)에 따라 귀천과 존비(尊卑)를 물론하고 일체로 부역을 균평하게 한다면 내는 자는 심히 가볍고 거두는 자도 손실이 없을 것입니다.
- 실시 : 나라 제도로서 인정(人丁)에 대한 세를 신포라 하였는데, 충신과 공신의 자손에게는 모두 신포가 면제되었다. 대원군은 이를 수정하고자 동포법이라는 법을 제정하였다. 이 때문에 예전에는 면제되던 자라도 신포를 바치지 않을 수 없게 되었다. 조정 관리들이 동포법을 시행하지 못하게 하려고 이렇게 말하였다. "만약 이와 같이 하면 국가에서 충신과 공신을 포상 · 장려하려는 두터운 뜻이 자연히 사라지게 됩니다." 그러나 대원군은 이렇게 대답하며 단호히 법을 시행하였다. …… "충신과 공신이 이룩한 사업도 종사와 백성을 위한 것이었다. 지금 그 후손이 면세를 받기 때문에 일반 평민이 법에 정한 세금보다 무거운 부담을 지게 된다면 충신의 본뜻이 아닐 것이다."라며 그 법을 시행하였다. 〈근세조선정감〉
- 효과 : 전교하기를 "근자에 각 고을 군정(軍政)의 폐단이 매우 심하다고 한다. 작년부터 대원군의 분부가 있었기 때문에 반호(班戶)는 노명(奴名)으로 포를 내게 하였고 소민(小民)은 신포로 내게 하였다. 지금은 황구(黃口)의 원성이 없으니, 이것은 상서롭고 화기로운 기운을 끌어오는 일이다. 의정부에서 각 도에 전달하여 시행 방법을 논의하게 하여 장구한 법식으로 삼는 것이 좋겠다."라고 하였다.

호포법에 대한 반발

- 가난하게 사는 사족과 유학에 대해 군포를 물리지 않고 시골의 우두머리 관리나 장정들의 위에 놓았던 것인데, 지금 일반 백성과 마찬가지로 군적에 올리고 똑같이 취급한다면 백성들은 이 때가 기회를 틈탈 시기라고 생각할 것입니다. 그리하여 대뜸 '나도 이미 군포를 냈고 그들도 군포를 내는 이상 상민이나 천인이기는 마찬가지인데 그들은 무엇 때문에 우리를 멸시하는가?'라고 한다면, 폐해를 수습하는 본의가 어찌 그와 같은 것이겠습니까? 〈고종실록〉
- 영의정 이최응이 아뢰기를 "지방 고을에 호포법을 실시한 것은 대개 균일하게 하고자 한 것이었습니다. 백성들은 동등하다고 말하면서 사족을 업신여기고, 반호(班戶)는 스스로 특별하다고 생각하여 포의 납부를 거절하고 있으니, 분수를 어기고 명령을 어기는 것이 어찌 이와 같을 수 있겠습니까?"라고 하였다.

02 SECTION 근대 태동기의 경제

[조선 후기 산업의 변화]

(1) 농업의 변화

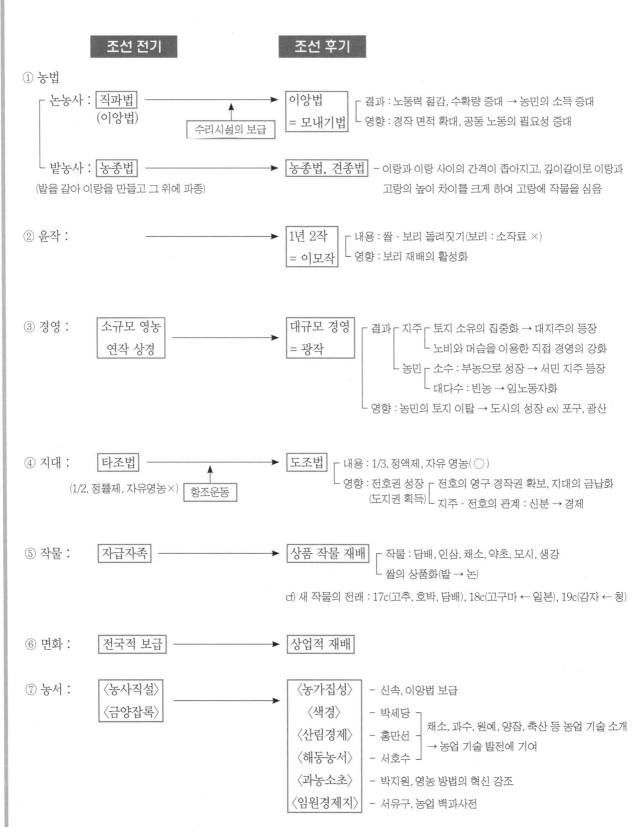

	조선 전기	조선 후기

① 농법
- 논농사 : 직파법 (이앙법) ——(수리시설의 보급)——▶ 이앙법 = 모내기법
  - 결과 : 노동력 절감, 수확량 증대 → 농민의 소득 증대
  - 영향 : 경작 면적 확대, 공동 노동의 필요성 증대
- 밭농사 : 농종법 ————▶ 농종법, 견종법 – 이랑과 이랑 사이의 간격이 좁아지고, 깊이갈이로 이랑과 고랑의 높이 차이를 크게 하여 고랑에 작물을 심음
  (밭을 갈아 이랑을 만들고 그 위에 파종)

② 윤작 : ————▶ 1년 2작 = 이모작
- 내용 : 쌀 · 보리 돌려짓기(보리 : 소작료 ×)
- 영향 : 보리 재배의 활성화

③ 경영 : 소규모 영농 연작 상경 ————▶ 대규모 경영 = 광작
- 결과 ┬ 지주 ┬ 토지 소유의 집중화 → 대지주의 등장
  │   └ 노비와 머슴을 이용한 직접 경영의 강화
  └ 농민 ┬ 소수 : 부농으로 성장 → 서민 지주 등장
         └ 대다수 : 빈농 → 임노동자화
- 영향 : 농민의 토지 이탈 → 도시의 성장 ex) 포구, 광산

④ 지대 : 타조법 ——(항조운동)——▶ 도조법
  (1/2, 정률제, 자유영농×)
- 내용 : 1/3, 정액제, 자유 영농(○)
- 영향 : 전호권 성장 ┬ 전호의 영구 경작권 확보, 지대의 금납화
  (도지권 획득)   └ 지주 · 전호의 관계 : 신분 → 경제

⑤ 작물 : 자급자족 ————▶ 상품 작물 재배
- 작물 : 담배, 인삼, 채소, 약초, 모시, 생강
- 쌀의 상품화(밭 → 논)

cf) 새 작물의 전래 : 17c(고추, 호박, 담배), 18c(고구마 ← 일본), 19c(감자 ← 청)

⑥ 면화 : 전국적 보급 ————▶ 상업적 재배

⑦ 농서 : 〈농사직설〉 〈금양잡록〉 ————▶
- 〈농가집성〉 – 신속, 이앙법 보급
- 〈색경〉 – 박세당
- 〈산림경제〉 – 홍만선 ┐ 채소, 과수, 원예, 양잠, 축산 등 농업 기술 소개
- 〈해동농서〉 – 서호수 ┘ → 농업 기술 발전에 기여
- 〈과농소초〉 – 박지원, 영농 방법의 혁신 강조
- 〈임원경제지〉 – 서유구, 농업 백과사전

(2) 상업의 변화

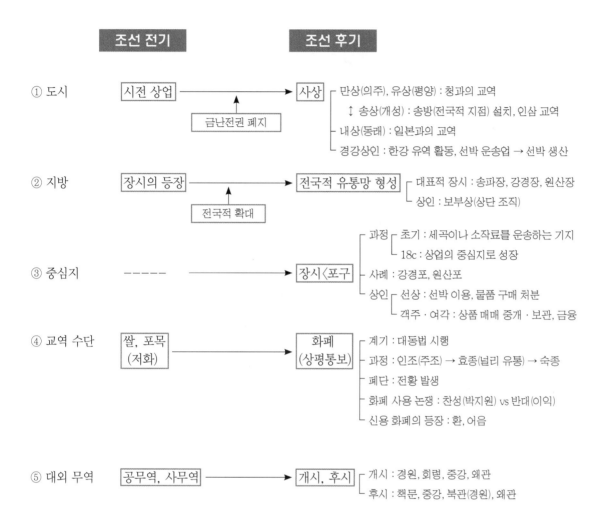

	조선 전기	조선 후기

① 도시 　시전 상업 → 사상
　만상(의주), 유상(평양) : 청과의 교역
　↕ 송상(개성) : 송방(전국적 지점) 설치, 인삼 교역
　내상(동래) : 일본과의 교역
　경강상인 : 한강 유역 활동, 선박 운송업 → 선박 생산

（금난전권 폐지）

② 지방 　장시의 등장 → 전국적 유통망 형성
　대표적 장시 : 송파장, 강경장, 원산장
　상인 : 보부상(상단 조직)

（전국적 확대）

③ 중심지 　----- → 장시〈포구
　과정 ┌ 초기 : 세곡이나 소작료를 운송하는 기지
　　　　└ 18c : 상업의 중심지로 성장
　사례 : 강경포, 원산포
　상인 ┌ 선상 : 선박 이용, 물품 구매 처분
　　　　└ 객주 · 여각 : 상품 매매 중개 · 보관, 금융

④ 교역 수단 　쌀, 포목 (저화) → 화폐 (상평통보)
　계기 : 대동법 시행
　과정 : 인조(주조) → 효종(널리 유통) → 숙종
　폐단 : 전황 발생
　화폐 사용 논쟁 : 찬성(박지원) vs 반대(이익)
　신용 화폐의 등장 : 환, 어음

⑤ 대외 무역 　공무역, 사무역 → 개시, 후시
　개시 : 경원, 회령, 중강, 왜관
　후시 : 책문, 중강, 북관(경원), 왜관

(3) 공업의 변화

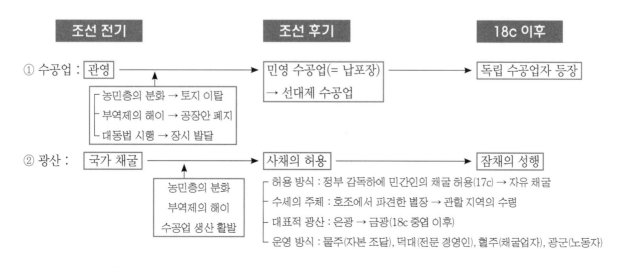

	조선 전기	조선 후기	18c 이후

① 수공업 : 관영 → 민영 수공업(= 납포장) → 선대제 수공업 → 독립 수공업자 등장
　┌ 농민층의 분화 → 토지 이탈
　├ 부역제의 해이 → 공장안 폐지
　└ 대동법 시행 → 장시 발달

② 광산 : 국가 채굴 → 사채의 허용 → 잠채의 성행
　농민층의 분화
　부역제의 해이
　수공업 생산 활발

　허용 방식 : 정부 감독하에 민간인의 채굴 허용(17c) → 자유 채굴
　수세의 주체 : 호조에서 파견한 별장 → 관할 지역의 수령
　대표적 광산 : 은광 → 금광(18c 중엽 이후)
　운영 방식 : 물주(자본 조달), 덕대(전문 경영인), 혈주(채굴업자), 광군(노동자)

02 SECTION 근대 태동기의 경제

1 서민 경제의 발전

(1) 양반 지주의 경영

- 기반 ┬ 지주로서 소작료 징수 ──────┬ 배경 : 양난 이후 토지 개간·매입을 통한 양반의 토지 소유 확대
  ├ 소작료인 미곡의 판매 대금 ──────┤
  ├ 물주로서 상인에게 자금 대여 └ 결과 ┬ 지주 전호제의 일반화(18c 말)
  └ 고리대를 통한 이자 취득 └ 일부 대지주의 등장 ex) 천석꾼, 만석꾼
- 전호와의 관계 ┬ 기존 : 양반 지주는 우월적 지위를 이용하여 전호 농민에게 소작료 이외의 부담 강요
  └ 변화 ┬ 계기 : 소작인의 저항 → 항조 운동(= 소작 쟁의)
        └ 내용 : 전호 농민의 소작권 인정, 소작료 인하, 소작료의 정액화
              → 신분적 관계보다는 경제적 관계로 변화
- 변화 : 경제적 변동에 적응하지 못하는 몰락 양반 출현 ex) 잔반

(2) 농민 경제의 변화

- 농업 기술 ┬ 황폐한 농토를 다시 개간, 농기구와 시비법 개량
  ├ 모내기 확대 ┬ 배경 : 수리 시설의 확충 ┬ 목적 : 봄 가뭄에 대한 우려 극복
  │   │   ├ 정부 ┬ 제언사 설치(현종) : 저수지 관리
  │   │   │   └ 제언절목 반포(정조) : 저수지의 사적 소유 금지
  │   │   └ 한계 : 수리답이 천수답보다 많아진 것은 1930년대 이후
  │   ├ 정부의 태도 : 초기(금지) → 후기(금지)
  │   └ 영향 ┬ 이모작(벼·보리) 보편화 → 농민의 소득 증대(보리는 소작료의 대상이 아님)
  │   └ 경작 면적 확대 + 공동 노력의 필요성 증대 → 두레 조직 강화
  └ 견종법 보급 : 이랑과 이랑의 간격이 좁고, 깊이갈로 이랑과 고랑의 높이 차이를 크게 하는 방법
- 농업 경영 : 광작 실시 ┬ 배경 : 모내기로 인한 제초 노동력 절감
  └ 결과 ┬ 자작농과 일부 소작농의 경작지 규모 확대 → 농가 소득 증대, 부농 출현
        └ 지주가 직접 경작하는 토지 규모도 확대
- 작물 재배 ┬ 상품 작물 재배 ┬ 배경 : 장시의 증가에 따른 상품 유통의 활발
  │   └ 대표적 작물 ┬ 목화, 채소, 담배, 약초, 고추, 모시, 생강 등
  │   └ 쌀 : 상품화에 따라 밭을 논으로 바꾸는 현상이 활발해짐
  ├ 구황 작물 전래 : 고구마(18c, 일본, 조선통신사의 전래), 감자(19c, 청)
  └ 기타 작물 전래 : 고추, 호박, 담배(17c)
- 농민 지위 ┬ 향상 ┬ 기존 관계 : 타조법(정률 지대, 종자·농기구를 전호가 부담, 전호의 자유 영농 불가)
  │   └ 변화 ┬ 배경 : 소작 쟁의 발생
  │   ├ 내용 : 도조법 ┬ 소작료의 정액화와 금납화 진행 : 소작료는 수확량의 1/3
  │   │   └ 도지권 획득 : 전호의 영구 소작권 획득과 자유 영농 가능
  │   └ 결과 : 일부 농민이 토지의 개간과 매입을 통해 지주로 성장
  └ 몰락 ┬ 배경 ┬ 부세, 고리채, 관혼상제 등의 비용 때문에 헐값에 토지 판매
        │   ├ → 양반 관료, 토호 상인들이 토지를 매입하여 농민이 토지를 상실
        │   └ 광작의 유행으로 지주들이 소작지를 회수 → 노비와 머슴을 이용한 직접 경영
        └ 결과 : 일부 농민은 농촌을 떠나 도시로 옮겨 가 상공업에 종사, 광산·포구의 임노동자화
              → 광산·포구에 새로운 도시 형성 ex) 충청도 강경, 함경도 원산, 황해도 수안

- 농서 편찬 ┬ 17c ┬ 〈농가집성〉(신속, 효종) : 벼농사 중심의 농법 소개, 이앙법 보급에 기여
  │   └ 〈색경〉 ┬ 농사에 관한 경서라는 뜻으로 지방의 농경법을 연구하여 꾸민 농법기술서
  │   (박세당, 숙종) └ 농업의 총론적 내용과 양잠, 농가의 필수적인 지식과 상식들을 서술
  │   ┌ 18c ┬ 〈산림경제〉 ┬ 농업과 일상 생활에 관한 광범위한 사항을 기술한 소백과사전적인 책
  │   │   (홍만선, 숙종) └ 농림축잠업 망라, 농촌의 주택 · 건강 · 의료 · 취미 · 흉년 대비 등을 서술
  │   ├ 〈해동농서〉 ┬ 우리 농학의 전통 위에 중국의 농업 기술까지 수용
  │   │ (서호수, 정조) ├ 전제 · 수리 · 농기에 관한 문제들을 포함하는 새로운 농학의 체계화 시도
  │   │   └ 우리에게 맞는 적절한 농법을 선택하여 농법을 개량할 것을 주장
  │   ├ 〈과농소초〉(박지원, 정조) : 조선의 농업 기술과 농업 정책을 서술
  │   └ 〈감저보〉(강필리) · 〈감저신보〉(김장순) : 고구마 재배법 기술   cf) 〈종저보〉(서유구, 19c)
  └ 19c : 〈임원경제지〉(서유구, 헌종) → 농업과 농촌 생활에 필요한 것을 종합한 농촌 생활 백과사전
  cf) 둔전론 ┬ 목적 : 국가 재정의 안정 + 소작 농민의 생활 안전
     (서유구) └ 내용 : 국가시범농장(둔전) 설치, 부농층이 토지에서 배제된 농민 고용 → 혁신 경영으로 수익 증대

(3) 민영 수공업의 발달

- 배경 ┬ 16c 이후 부역제의 해이로 인한 관영 수공업 쇠퇴 → 경공장 · 외공장의 감소
  ├ 상품 화폐 경제의 진전과 농민의 토지 이탈로 도시 인구 급증 → 제품에 대한 수요 증가
  ├ 대동법 실시 → 관수품 수요 증가
  └ 공장안 폐지(정조) → 관영 수공업도 민간 수공업자를 고용하여 생산
- 활동 ┬ 장인세 부담 후 자유로운 생산 활동 전개 → 납포장(장인세를 포로 납부하는 수공업자) 증가
  └ 제품의 품질과 가격에서 관영 수공업의 제품보다 경쟁력이 뛰어남
- 운영 ┬ 선대제 성행 ┬ 배경 : 작업장과 자본이 소규모여서 원료 구입과 제품 처분이 어려움
  │   ├ 내용 : 공인 혹은 상인에게서 주문을 받고 자금과 원료를 미리 받아 생산
  │   └ 결과 : 상업 자본의 지배
  └ 변화 : 독립 수공업자 출현 ┬ 내용 : 독자적으로 제품을 생산하여 직접 판매
       (18c 후반)   └ 분야 : 놋그릇(안성), 칠기(통영), 먹(해주), 부채(전주)
  cf) ┬ 관영 수공업 : 부역제가 아닌, 고용제 형태로 무기와 화폐 제작
     └ 농촌 수공업 ┬ 기존 : 자급자족적 부업의 형태
                └ 변화 : 시장 판매를 위한 상품 생산 활동 ex) 옷감, 그릇

대장간

(4) 민영 광산의 증가

- 정책 ┬ 배경 ┬ 농민의 계층 분화에 따른 토지 이탈
  │   └ 부역제의 해이 → 국가 직영 광산의 어려움
  └ 내용 ┬ 17c 중엽 : 정부 감독 아래 민간인 채굴 허용 + 호조의 별장이 세금 징수 → 설점수세(設店收稅, 효종)
        └ 18c 후반 : 호조의 허가를 받아 자유 채굴 + 관할 수령이 세금 징수 → 수령과 결탁한 잠채 성행
- 발달 ┬ 17c 말 : 은광 개발 ┬ 배경 : 은을 제련하는 획기적 기술인 연은분리법 개발(회취법, 연산군) + 대청 무역
  │   (70여 개)   └ 사례 : 단천 은광
  └ 18c 말 : 상업 자본 유입으로 금광 개발 활발
- 경영 ┬ 운영 ┬ 상인 물주의 자본 조달
  │   └ 전문 경영자(덕대)가 채굴업자(혈주)와 채굴 노동자 · 제련 노동자 고용 → 광물을 채굴하고 제련
  └ 제작 : 분업에 토대를 둔 협업의 방식으로 진행

02 근대 태동기의 경제

2 상품 화폐 경제의 발달

(1) 발달 배경과 공인의 활동

- 배경 ┬ 농업 생산력 증대 + 수공업 생산 활발 → 상품 유통의 활성화
  ├ 부세의 금납화(토지세와 각종 역을 돈으로 환산하여 납부) 및 소작료의 금납화 → 상품 화폐 경제 발달 촉진
  └ 인구의 자연 증가 + 농촌에서 유리된 인구의 도시 유입(농민의 계층 분화)

- 공인 ┬ 시기 : 17c 이후
  ├ 출신 : 대동법 시행 후 등장한 시전, 장인, 경저리 출신의 어용 상인
  ├ 역할 : 선혜청으로부터 공가를 받아 관수품 납부, 관청별 · 종목별로 계를 조직하여 상권 독점
  └ 영향 : 장시와 민영 수공업(선대제) 발달에 기여 → 일부가 도고로 성장

(2) 사상의 활약 : 18c 이후

- 시전 ┬ 상황 ┬ 배경 : 훈련도감 군인의 생계를 위한 상업 활동 + 농민의 토지 이탈과 한양 유입
  │   │   → 시전의 물건을 떼다 파는 중도아(중간 상인)로 활동
  │   └ 결과 : 난전의 번창 ex) 이현(동대문 밖), 칠패(남대문 밖) 등
  └ 대응 ┬ 조치 : 금난전권(한양 도성 안과 도성 밖 10리 내에서 난전의 활동 규제) 적용 → 난전 탄압
        └ 폐해 : 생산자와 소비자의 피해 극심, 도성 물가의 폭등

  cf) 정부의 정책 변화 : 신해통공 ┬ 내용 : 육의전을 제외한 시전의 금난전권 폐지
       (정조)   └ 결과 ┬ 난전의 자유 상업이 보장됨으로써 사상으로 성장, 일부는 도고로 성장
                                 └ 시전과 결탁한 노론의 기반 약화

- 사상 ┬ 도성 주변 : 이현, 칠패, 송파   cf) 김만덕(정조) : 제주 상인(여성), 제주 빈민 구휼
  ├ 지방 도시 ┬ 상인 ┬ 만상(의주, 대청 무역), 유상(평양, 대청 무역), 내상(동래, 대일 무역)
  │   │   └ 송상 : 개성, 전국에 지점 설치(송방, 송도부기), 인삼 재배 · 판매, 만상과 내상을 중계
  │   └ 활동 : 각 지방의 장시 연결, 물품 교역, 지점 설치 → 상권 확대
  └ 한강 유역 : 경강상인 ┬ 활동 ┬ 선박 운송업 종사 → 선박 건조 등의 생산 분야 진출
                        │   └ 서남 연해안을 오가며 미곡, 소금, 어물 등을 거래, 한강 나루터의 증가
                        └ 폐해 : 19c 도고 행위로 인한 서울 백성들의 쌀 폭동 발생

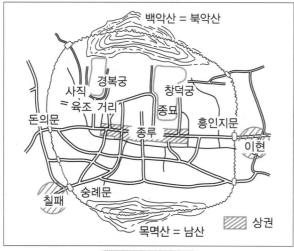

조선의 한양도

조선후기의 상업과 무역 활동

(3) 장시의 발달

- 과정 ┬ 15c 후반 : 남부 지방에서 개설되기 시작
  ├ 16c 중엽 : 전국적으로 확대
  ├ 18c ┬ 중엽 ┬ 내용 : 전국에 1,000개소 설치
  │   │   └ 형태 ┬ 정기 시장화(5일장) → 인근 장시와 연계하여 지역 시장권 형성
  │   │   └ 일부 장시의 상설 시장화
  │   ├ 말엽 : 전국적 유통망을 연결하는 상업 중심지로 성장
  │   └ 장소 : 광주 송파장, 은진 강경장, 덕원 원산장, 창원 마산포장

장터 길

- 기능 ┬ 교역 장소 → 인근의 농민, 수공업자, 상인이 일정한 날짜에 모여 물건 교환
  └ 오락 장소(사당패들의 놀이판) + 정보 교환 장소(장꾼들을 통해 전국적으로 정보 유통)

- 보부상 ┬ 구성 : 봇짐장수 + 등짐장수
  ├ 기능 ┬ 생산자와 소비자를 이어주는 행상
  │   └ 장시를 하나의 유통망으로 연계 → 장날의 차이를 이용하여 전국 장시를 무대로 활동
  ├ 특징 : 자신의 이익을 지키고 단결을 굳게 하기 위한 상단 조합 조직
  └ 변화 ┬ 정부 기구 : 혜상공국 설립(1883) → 상리국(1885) → 상무사(1899)
  (근대) └ 단체 : 황국협회(1898)

등짐장수

(4) 포구에서의 상업 활동

- 기능 ┬ 초기 : 세곡이나 소작료를 운송하는 기지
  └ 18c : 상업의 중심지로 성장 ┬ 선상의 활동으로 유통권 형성 ex) 은진 강경포, 덕원 원산포
                               ├ 인근 포구나 장시와 연계하여 상권 형성 → 상거래 규모가 장시보다 큼
                               └ 전국 각지의 포구가 하나의 유통망 형성
- 상인 ┬ 선상 : 선박을 이용해 물품을 구입하여 포구에서 처분하는 운송 상인 ex) 경강상인
  └ 객주 · 여각 ┬ 활동 : 선상이 상품을 싣고 들어오면 상품 매매 · 중개 + 상품의 운송 · 보관, 숙박, 금융 등 영업
               └ 지역 : 포구뿐만 아니라 지방의 큰 장시에도 존재

(5) 화폐의 유통

- 배경 : 상공업 발달 + 부세와 소작료의 금납화 → 동전 유통의 활성화
- 내용 ┬ 동전 ┬ 종류 : (팔분서) 조선통보, 상평통보
  │   ├ 발행 기관 : 원칙(호조, 상평청) → 확대(훈련도감, 어영청, 수어청 등 + 지방 관청)
  │   └ 과정 ┬ 인조 : 동전 주조, 개성을 중심으로 유통시켜 그 쓰임새를 확인
  │   ├ 효종(김육) : 동전을 널리 유통
  │   └ 숙종(허적, 권대운) : 전국적 유통 → 18c 후반 세금과 지대도 동전으로 대납 가능(법화 = 상평통보)
  └ 신용 화폐 : 대규모 거래에 동전 사용이 불편하여 환 · 어음 등을 보급

상평통보

- 문제점 ┬ 전황 발생 ┬ 배경 : 지주 · 대상인이 화폐를 고리대나 재산 축적에 이용 → 화폐 유통량의 부족 현상 초래
  │   │   └ 정부의 대응 : 18c 후반 동광 개발 활발 → 공급 용이 → 각 기관의 동전 발행 권장
  │   └ 사주전(국가의 허가를 받지 않고 독자적으로 제작된 화폐)의 등장
  │   → 이익 등은 화폐를 없애자는 폐전론을 제기
  └ cf) '은' 유통 ┬ 배경 : 임진왜란 당시 명군이 참전하면서 유통이 활발해짐
               └ 내용 : 17c 후반 후금(청), 일본과 교역이 확대되면서 유통이 더욱 활발해짐

근대 태동기의 경제

(6) 중계 무역의 발달

- 청 ┌ 시기 : 17c 중엽부터 활발
  ├ 형태 : 국경을 중심으로 개시(공적으로 허용된 무역)와 후시(사적인 무역)를 전개
  ├ 물품 : 수입(비단, 약재, 문방구) ⇔ 수출(은, 종이, 무명, 인삼)
  └ 장소 : 개시(중강), 후시(중강, 책문)

   cf) 경원 개시, 회령 개시, 북관(경원) 후시 : 여진 등 북방 민족과의 무역

- 일본 ┌ 시기 : 17c 일본과의 관계 정상화 이후
  ├ 형태 : 왜관에서의 개시 · 후시 무역
  └ 중계 무역 : 수입(은, 구리, 황, 후추) ⇔ 수출(인삼 · 쌀 · 무명 + 청으로부터의 수입품)

- 상인 ┌ 만상 : 의주, 대청 무역 주도
  ├ 내상 : 동래, 대일 무역 주도
  └ 송상(개성) : 만상과 내상을 중계, 전국적 지점인 송방 설치 but 인삼 판매시에는 직접 교역에 참여

   cf) 중계 무역(8포 무역 : 인삼 8포 = 80근 반출 허용) 과정에서 일부 역관이 부를 축적

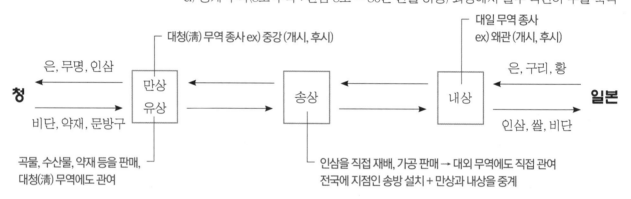

무역 장소 정리

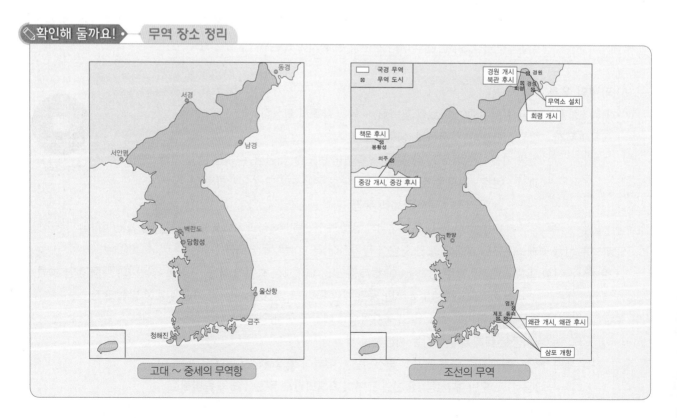

고대 ～ 중세의 무역항   조선의 무역

이앙법

- 가물 때도 마르지 않는 무논을 가려 2월 하순에서 3월 상순까지에 갈아야 한다. 그 무논의 10분의 1에 모를 기르고 나머지 9분에는 모를 심을 수 있게 준비한다. 먼저, 모를 기를 자리를 갈아 법대로 잘 다듬고 물을 빼고서 부드러운 버드나무 가지를 꺾어다 두껍게 덮은 다음 밟아 주며, 바닥을 볕에 말린 뒤 물을 댄다. …… 모가 4촌(寸) 이상 자라면 옮겨 심을 수 있다.
- 이 법은 제초에 편하나 만일 한 번만 큰 가뭄을 만나면 실수하니 농가에 위험한 일이다. 〈농사직설〉
- 물이 있는 곳을 택하여 모를 기르고 4월을 기다려 옮겨 심는데 그 유래가 오래 되었다. … 경상도, 강원도의 백성들이 묘종하는 것을 금지하는 법이 [육전]에 실려 있다. 〈금양잡록〉
- 근년에 농사가 특히 가뭄을 입은 것은 모내기 때문입니다. 옛날에는 모내기가 없었는데, 우리나라 중고(中古) 이후 남쪽에서 시작하여 서로 모방하게 되었습니다.
- 이앙이라는 것은 봄보리를 갈아 먹고 물을 모아 모내기를 하여 벼를 수확하니 1년에 두 번 농사지음이 그것이다.
- 부종(직파법)은 양곡의 소출이 적고 주앙(이앙법)은 양곡의 소출이 배이며, 공력(功力)은 반인데 부종은 공력이 배가 된다.
- 이앙법을 하는 것은 세 가지 이유가 있다. 김매기(제초)의 노력을 더는 것이 첫째요, 두 땅의 힘으로 하나의 모를 서로 기르는 것이 둘째이며, 좋지 않은 것은 솎아 내고 싱싱하고 튼튼한 것을 고를 수 있는 것이 셋째이다. 어떤 사람들은 큰 가뭄을 만나면 모든 노력이 헛되어 버리니 위험하다고 한다. 허나 그렇지 않다. 벼를 심는 논은 반드시 하천이 있어 물을 끌어들일 수가 있으며 하천이 없다면 논이 아니다. 논이 아니라도 가뭄을 우려하는데 어찌 이앙만 그렇다고 하는가? 〈임원경제지〉

이앙법 관련 농요

- 어라디야 저라디야 상사로세 / 이 농사를 어서 지어 나라 봉양을 하고 보세
  앞산은 점점 멀어지고 뒷산은 점점 가까온다 / 이 배미 저 배미 다 심겼으니 장구 배미로 넘어 가세
  다 되었네 다 되었어 상사 소리가 다 되었네 〈진도 지산 농요〉
- 비단 논배미마다 빗물이 넘실 / 올해 우리 고장 풍년 징조일세 / 아하요 에헤요 빗물이 넘실 / 손발을 맞추어 심어나가세
  메나리 한가락에 흥을 돋구니 / 어느덧 천리벌이 푸르러가네 / 아하에 에헤요 흥을 돋구고 / 손발을 맞추어 심어나가세

견종법

만전(골이 없는 밭 : 농종)은 씨앗을 밭이랑에 뿌린다. 밭두둑은 물기가 빨리 마르고 햇볕을 쬔다. 일주일 정도 심한 가뭄이 들면 싹이 나지 못한다. 대전(골이 있는 밭 : 견종)은 고랑에 씨를 뿌린다. 그늘지고 촉촉해 씨앗이 쉽게 싹튼다. …… 대전은 고랑에 거름을 주기 때문에 뿌리에만 작용을 한다. 대전은 고랑이 두껍고 뿌리가 깊어 바람과 가뭄에 잘 견딘다.

광작의 유행과 영향

- 정조 22년 5월이 병모가 말하였다. "직파법으로 10두락 농사짓던 자가 이앙법으로 하면 1~2 석락(20~40두락)을 지을 수 있으니 광작하는 자가 이미 많습니다. 가난하고 힘없는 무리가 매양 토지를 얻기가 어려워 근심합니다."
- 남부 지역에는 모두 이앙을 한다. 그 노동력이 직파에 비해 5분의 4가 절약되므로 노비나 고공이 많은 사람들은 경작을 끝없이 하며 토지가 없는 자는 조금도 경작할 수가 없다.
- 직파를 할 때는 역농자라도 많아야 3~4 섬지기의 땅을 경작하는 데 그쳤다. 때문에 전토가 많은 자는 병작을 주어야만 했다. 그런데 이앙이 실시된 후에는 농사를 많이 지으려 하기 때문에 토지가 없는 자는 병작조차 얻을 수 없어 그 폐가 크다.
- 계층 분화 : 부농층은 땅이 넓어서 빈민을 농업 노동에 고용함으로써 직접 농사를 짓지 않고서도 향락을 누릴 수 있으며, 빈농층 중의 어떤 농민은 지주의 농지를 빌려 경작함으로써 살아갈 수 있으며, 그들 가운데 어떤 자는 농지를 얻을 수 없으므로 임노동자가 되어 타인에게 고용됨으로써 생계를 유지한다. 그것도 할 수 없는 농민은 농촌을 떠나 유리걸식하게 된다.

근대 태동기의 경제

핵심 **자료 읽기**

도조법 실시

이른바 도조법의 예는 진재(陳災)에 구애되지 않는다. 비록 큰 풍년이 든 해라 할지라도 한 홉이라도 더하는 경우가 없으며, 또 크게 흉년이 든 해에도 한 홉이라도 줄여 내는 경우가 없으니, 이것은 바꿀 수 없는 규칙이다.

상업적 농업의 발달

- 서울 근교와 각 지방의 대도시 주변의 파 밭, 마늘 밭, 배추 밭, 오이 밭에서는 10무(4두락)의 땅으로 수만 전(수백 냥)의 수입을 올린다. 서북 지방의 담배 밭, 관북 지방의 삼 밭, 한산의 모시 밭, 전주의 생강 밭, 강진의 고구마 밭, 황주의 지황 밭은 논농사가 가장 잘 되었을 때 수입과 비교하더라도 이익이 열 배나 된다. 요즘은 인삼도 모두 밭에서 재배하는데 이익이 천만 전이나 된다고 하니 토지의 질로써 말할 수 없다.

- 이른 새벽 보슬비에 담배 심기 참 좋다네 / 담배 모종 옮겨다가 울 밑 밭에 심어 보세
  금년 봄엔 가꾸는 법 영양법을 배워 들여 / 황금 같은 잎담배를 팔아 일 년 살아보세

관영 수공업의 변화

- 경국대전에는 각 도 각읍의 공장이 있었다. 지금은 외공장에 등록하여 그 장적을 본도에 보관하는 법이 없어져서 지방 관청들에서는 일이 있으면 품삯을 주고 사공(私工)을 고용한다. 그러므로 <속대전>을 편찬할 때 외공장에 대해서는 말하지 않았다. 　　　　　　　　　　　　　　　　　　　　　　　　　　　　　　　　　　　　　<대전통편>

- 대전통편에 따르면, 30여 개의 관영 수공업 가운데서 사섬시, 전함사, 소격서, 사온서, 귀후서 등의 관아 자체가 없어졌습니다. …… 여러 관청 중에서 내자시, 사도시, 예빈시, 제용감 등은 소속 장인이 없어졌습니다. …… 장인을 공조에 등록하던 규정은 점차 폐지되어 시행되지 않고 있다. 지금은 외공장에 등록하여 장적을 본도에 보관해 두는 법이 없어졌다. 지방 관청들은 일이 있으면 품삯을 주고 사공(私工)을 고용한다. 　　　　　　　　　　　　　　　　　　　<대전통편>

방짜 유기를 생산하는 제조장의 노동자 구성 : 분업을 바탕으로 한 협업

- 주물 공정 : 겉대장(鑄物夫)1명, 발풍구 1명
- 압연 공정 : 대장 1명, 앞망치(제1망치군) 1명, 겉망치(제2망치군) 1명, 제망치(제3망치군) 1명, 네핌가질(압연 선반군) 1명, 네핌앞망치(연연망치군) 1명, 안풍구(숙련 풍구 책임자) 1명

민영 수공업의 발달

- 지금 각 지방에는 무쇠점, 옹점, 침점 등 여러 가지 점촌들이 생겨나 그 수를 헤아릴 수 없다. 군역을 도피하여 적지않은 사람들이 점촌으로 밀려들고 있어 일반 부역 대상자들과 군역 대상자들이 날로 줄어들고 있다. 지방관들은 오히려 이들을 비호하고 점촌들에서 바치는 물건들로 자기 욕심을 채우고 있다. 　　　　　　　　　　　　　　　　　　<승정원일기>

- 동국의 풍속으로 유기(놋그릇)를 가장 귀하게 여겨 아침ㆍ저녁으로 밥상에 올리는 그릇으로 모두 유기를 쓰고 있다. …… 옛날에는 오직 권세있는 집이나 부유한 집에서만 유기를 사용했다. 오늘날은 두메산골 오두막집에서도 유기를 쓰지 않는 곳이 없고 대개 3, 4벌씩은 다 갖고 있다. 이에 따라 곳곳에서 장인들이 작업장을 만들어 유기를 주조한다. 호남 구례 유기가 나라 안에 이름이 나 있다. 근년에는 송도인이 만드는 유기도 좋다고 한다. 　　　　　　　　　　　<임원경제지>

- 3월에 삼씨 뿌려 7월에 삼을 쪄서 / 닷새 동안 실 잇고 이어 열흘 동안 씻고 씻어
  가는 손에 북을 들고 가는 베 짜냈더니 / 잠자리 날개 같아 한줌 안에 담뿍 들 듯
  아깝게도 저 모시, 남쪽 장사치에 다 주고 / 베 값이라 미리 받은 돈은 관청 빚에 다 털렸는데
  베 짜는 저 아가씬 언제 보나 석새 삼베 / 그나마 너무 짧아 정강이도 채 못 가리누나 　　　　　　<이계집>

핵심 자료 읽기

사채의 허용

- 황해도 관찰사의 보고에 의하면 수안에는 본래 금광이 다섯 곳이 있었다. 두 곳은 금맥이 다하였고 세 곳만 금맥이 풍성하였다. 지난해 장마가 심해 광군들 대부분이 흩어졌다. 올해 여름 새로이 39곳의 금혈을 팠는데, 550여 명의 광군이 모집되었다. 일부는 도내 무뢰배들이었지만, 대부분은 사방에서 이득을 좇아 몰려온 무리이다. 금점을 설치한 지 이미 여러 해가 된 곳에는 촌락이 즐비하고 상인들이 물품을 유통시켜 큰 도회지를 이루고 있다.　〈비변사등록〉

- 조정에서 은이 나는 곳에 은점 설치를 허가만 해주면 돈 많은 장사꾼은 재물을 내어 일꾼을 모집할 것입니다. 땅이 없어 농사짓지 못하는 백성들은 점민이 되기를 원하게 될 것입니다. 그곳에 모여 살며 은을 캐어 호조와 각 영, 고을에 세를 바치고, 남는 대로 물주에게 돌릴 것입니다. 땅 없는 백성들도 의지해서 살아갈 수 있으니 유익한 일입니다. 어찌 백성들에게 폐단이 되겠습니까?　〈경제야언〉

시전의 폐해

- 금난전권은 …… 강제 매입을 하되 물건 주인이 팔지 않으려고 하면 난전이라 하여 잡아 형조나 한성부에 넘기기 때문에 밑지더라도 팔 수밖에 없습니다. 내가 어릴 때와 비교하면 물가가 3배 내지 5배가 올랐을 뿐만 아니라 ……

- 서울에서 놀고먹는 무리들 가운데 평시서에 출원하여 시전을 새로 낸 자가 매우 많아졌다. 이들은 상품을 판매하는 일보다 난전 잡는 일을 주로 한다. 심지어 채소와 젓갈 같은 것도 새로 생긴 시전 때문에 마음대로 거래할 수 없을 정도이다. 이 때문에 …… 서울의 영세민들은 금난전권의 피해를 입어 장차 거래가 끊어질 형편이다.　〈비변사등록〉

신해통공

- 좌의정 채제공이 아뢰기를, "우리나라의 금난전권은 국역을 지는 육의전으로 하여금 이익을 독점케 하기 위하여 설치한 것입니다. 그러나 근래에는 무뢰배들이 삼삼오오로 시전을 만들어 일용품을 매점하지 않는 것이 없고, …… 값이 날로 오르기만 합니다. …… 마땅히 평시서에 명하여 20~30년 이내에 설립된 작은 시전을 조사해 모조리 혁파하도록 하고 형조와 한성부에 명하여 육의전 이외에는 난전을 금할 수 없게 할 뿐만 아니라 이를 어기는 자는 벌을 주게 해야 합니다."라고 임금이 신하에게 물으니 모두 옳다고 하여 따랐다.　〈정조실록〉

- 금난전권은 시전이 이익을 독점하도록 하였으나 근래 시전배가 사상을 침해하는 것이 한 줌의 채소, 누룩에까지 이르러, …… 이 때문에 물건의 등귀함이 심하다. …… 면포 상인의 왕래가 끊이지 않은 것을 보았는데, 길 가는 사람들이 통공 발매의 효과라 했습니다. 작년 한양의 면포 가격이 이 때문에 등귀하지 않아 서울 사람들이 생업을 즐길 수 있게 되었습니다.

보부상

- 장사꾼이 의복 등속을 판매하며, 심지어는 신, 갓끈, 빗, 바늘, 분(粉) 같은 물품을 가지고 무지한 백성에게 교묘하게 말하여 미리 그 값을 정하고 주었다가 가을이 되면 그 값을 독촉해서 받는다.　〈세종실록〉

- 소위 부상(負商) 무리는 각처를 부평같이 떠돌아다니면서 그 삶을 도모하는 자이다. 두목을 선택하여 뽑고, 공원과 집사를 뽑아 술 주정을 하거나 잡기에 물드는 폐를 막는다. 또 부상 중 도중에서 질병을 얻거나 상을 당하는 자가 있으면 서로 구호하기를 형제와 같이 한다.　〈임홍청금록〉

- 짚신에 감발차고 패랭이 쓰고 / 꽁무니에 짚신 차고 이고 지고 / 이 장 저 장 뛰어가서
  장돌뱅이들 동무들 만나 반기며 / 이 소식 저 소식 묻고 듣고 / 목소리 높여 고래고래 지르며 ……
  손잡고 인사하고 돌아서네 / 다음 날 저 장에서 다시 보세

장시의 발달

- 임진왜란 이후 백성은 정해진 곳 없이 교역으로 생활하는 것이 마침내 풍속이 되었다. …… 각 읍에서 장시가 서는 것이 적어도 3, 4곳이 되어 …… 한 달 30일 이내에 시장이 열리지 않는 날이 없다.　〈선조실록〉

02 근대 태동기의 경제

SECTION

핵심 자료 읽기

• 향리 밖에서 장을 여는 것은 한 달에 6장인데 1·6일, 2·7일, 3·8일, 4·9일, 5·10일을 이용하고, 송도는 서울과 같다. …… 경기의 광주 사평장·송파장·안성 읍내장·교하 공릉장, 충청의 은진 강경장·직산 덕평장, 전라의 전주 읍내장·남원 읍내장, 강원의 평창 대화장, 황해의 토산 비천장·황주 읍내장·봉산 은파장, 경상의 창원 마산포장, 평안의 박천 진두장, 함경의 덕원 원산장이 가장 큰 장들이다.

사상의 발달

• 송파를 근거로 활동하고 있는 상인들은 시전에서 물건을 떼어다 파는 중간 상인인 중도아들이나 난전 무리들과 결탁하여 삼남과 북도 영동의 상인들을 모두 이곳에 모이도록 유인하고 서울의 난진 상인도 여기에 모입니다. 명목상으로는 비록 달차례지만 실은 서울 시전의 각종 물종을 쌓아 놓고 날마다 매매합니다.   〈비변사등록〉

• 양주 누원의 점막은 어막으로서 어상(魚商)이 오가는 요충지입니다. 어물전에 들어오는 어물을 모아 건방(乾方)이라 칭하고 서울 시전에서 물건을 떼어다 파는 중간상인인 중도아와 손잡고 송파장과 나누어 보냄으로써 유통로를 이룹니다.

도고의 성장

• 이현(梨峴)과 칠패(七牌)는 모두 난전(亂廛)이다. 도고 행위는 물론 집방(執房)하여 매매하는 것이 어물전의 10배에 이르렀다. 또 이들은 누원점의 도고 최경윤, 이성노, 엄차기 등과 체결하여 동서 어물이 서울로 들어오는 것을 모두 사들여 쌓아 두었다가 이현과 칠패에 보내서 난매(亂賣)하였다.   〈각전기사〉

• 만금을 얻은 허생이 집에도 가지 않고, '안성은 경기도와 호남의 갈림길이고 삼남의 요충이렸다.' 하면서 그 길로 내려가 안성에 거처를 마련하였다. 다음날부터 그는 시장에 나가서 대추, 밤, 감, 배, 석류, 귤, 유자 따위 과일이란 과일은 모두 거두어 샀다. …… 이렇게 되자 나라 안의 과일은 모두 바닥이 났다. 과일 장수들은 허생에게 달려와서 과일을 겨우 얻을 형편이 되었고, 허생은 저장해 두었던 과일들을 10배 이상으로 팔았다. "겨우 만 냥으로 이 나라를 기울게 할 수 있다니, 국가의 허약함을 알 만하구나!" 허생은 이렇게 탄식하였다. 이어서 그는 호미, 삼베, 명주 등을 사 가지고 제주도로 들어가 말총을 모두 사들였다. 얼마 되지 않아 망건 값이 10배나 올랐다. 이렇게 그는 50만 냥에 이르는 큰 돈을 벌었다.   〈허생전〉

도고의 폐해

• 형조에서 아뢰기를 "이번 난민의 무리가 불을 지르고 집을 들이부수며 파괴한 일은 하나의 변괴이니, 그 날의 도당을 다 베어 죽인다 하여도 지나침은 없을 것입니다.…… (이번 민란의 근본 원인은) 강상(江上)에 곡식을 모아둔 것이 올해와 같이 많은 적이 없었던 까닭으로, 쌀값이 조금 헐해져서 백성이 이에 힘입어 편안히 살 수 있었습니다. 그런데 강가의 상인들은 쌓아둔 곡식 값이 뛰어오르지 않는 것을 안타깝게 여겨 여각과 객주들을 지휘하여 곡식을 감추게 하고, 저잣거리의 백성들과 호응하여 값을 올리게 하였던 것입니다."라고 하였다.

• 근래 소민이 견디기 힘든 폐단은 도고입니다. 도고라는 것은 물화를 모두 모아 그 이익을 독점하는 것으로, 백 가지 물종이 다 한 곳으로 귀속되니, 다른 사람들은 손을 쓸 수가 없습니다.   〈영조실록〉

• 마포에 사는 오세만, 이동석 등이 감히 염치도 없이 3강(마포, 서강, 용산)의 무뢰배 70여 명을 거느리고 …… 생선 파는 시전을 강가에 설치하여 여러 곳 상인들의 물건을 모조리 차지하였다.

• 광주 삼전도에 사는 손도강은 서울에 사는 부호로 경강 근처에 살면서 서울에 나타나 양주와 광주의 부민과 체결하여 수천 만 금을 마련하여 …… 양주, 포천 등 중간에서 기다리다가 북어상들에게 (북어를) 사서 마음대로 팔고 있다.

포구의 발달

• 우리나라는 산이 많고 들이 적어서 다니기에 불편하므로 온 나라의 장사치는 모두 말에다 화물을 싣는다. 그러나 목적한 곳이 멀면 노자는 많이 허비되면서 소득이 적다. 그러므로 배에 물자를 실어 옮겨서 교역하는 이익보다 못하다. …… 배로

내왕하는 장사꾼은 반드시 강과 바닷가 서로 통하는 곳에서 이득을 얻고 외상 거래를 한다.

• 우리나라는 동·서·남의 3면이 모두 바다이므로, 배가 통하지 않는 곳이 거의 없다. 배에 물건을 싣고 오가면서 장사하는 장사꾼은 반드시 강과 바다가 이어지는 곳에서 이득을 얻는다. 전라도 나주의 영산포, 영광의 법성포, 흥덕의 사진포, 전주의 사탄은 비록 작은 강이나, 모두 바닷물이 통하므로 장삿배가 모인다. 충청도 은진의 강경포는 육지와 바다 사이에 위치하여 바닷가 사람과 내륙 사람이 모두 여기에서 서로의 물건을 교역한다. 매년 봄, 여름에 생선을 잡고 해초를 뜯을 때에는 비린내가 마을에 넘치고, 큰 배와 작은 배가 밤낮으로 포구에 줄을 서고 있다.

• 객주와 여각은 배가 닿는 곳마다 점포를 차려놓고 상선이 도착하면 화물을 주관하면서 이동하지 못하게 한다. 스스로 거간꾼이 되어 마음대로 조종해서 그 값을 올렸다 내렸다 하고, 혹은 은밀히 상인을 도와 생색을 내면서 자기의 묵은 빚을 탕감하게 한다. 배가 떠나는 날에 장부를 놓고 계산하면 상인의 이익 절반은 객주와 여각에게 돌아간다.

무역의 발달

• 선조 26년(1592) 나라의 기근에 재상 유성룡의 건의로 요동에 공문을 보내어 압록 중강(中江)에 시(市)를 열어 교역하게 되었다. …… 단지 관에서 판매하는 소와 소금을 규정에 따라 교역하는 것이었고, 사상이 따라가는 것을 일체 허락하지 않았다. 그런데 나라의 법으로 금지하는 것이 점점 해이해져 사상들이 함부로 따라가서 저희 마음대로 교역하였다. 이를 중강 후시라 한다. 〈만기요람〉

• 숙종 경진(1700)에 …… 사행(使行)이 책문을 출입할 때에는 만상과 송상 등이 은·인삼을 몰래 가지고 인부나 마필 속에 섞여들어 물건을 팔아 이익을 꾀한다. 돌아올 때에는 걸음을 일부러 늦게 하여 사신을 먼저 책문을 나가게 한 후에 저희 마음대로 매매하고 돌아오는데 이것을 책문 후시라 한다. 〈만기요람〉

• 부상대고들은 물화를 거래하는데 남쪽으로는 왜국과 통하고 북쪽으로는 연경과 통한다. 천하의 물자를 실어 들여서 수백만 금의 재물을 모은 자도 있다. 이런 자는 한양에 제일 많고, 다음은 개성, 또 다음은 평양과 안주에 있다. 〈택리지〉

• 대저 인삼은 비록 우리나라에서 생산되지만 송도의 상인들이 강계에서 인삼을 모아 기회를 보아 동래로 직접 달려가서 무역으로 떼돈을 번다. 〈비변사등록〉

화폐의 보급

숙종 4년 1월 을미, 대신과 비변사의 여러 신하들을 접견하고 비로소 돈을 사용하는 일을 정하였다. 돈은 천하에 통행하는 재화인데 오직 우리나라에서는 옛부터 누차 행하려고 하였으나 행할 수 없었다. 동전이 토산이 아닌데다 풍속이 중국과 달라서 막히고 방해되어 행하기 어려운 폐단이 있었기 때문이었다. …… 임금이 그대로 따르고 해당 관청에 명하여 상평통보를 주조하여 돈 4백문을 은 1냥 값으로 정하여 시중에 유통하게 하였다.

전황의 발생

• 전화(錢貨)가 유통된 후부터 풍속이 날로 변해 …… 심지어 채소를 파는 늙은이나 소금을 파는 아이들까지도 모두 곡식을 버리고 돈을 찾는다. 농민들은 곡물을 가지고도 필요한 물품을 바꿀 수 없어서 부득이 곡물을 헐하게 팔아서 돈을 확보하게 된다. 〈숙종실록〉

• 근년에 이르러 동전이 매우 귀해지고 물건이 천해지니 농민과 상인이 함께 곤란해져 견디지 못한다.

• 정조 6년 11월 7일 종전에 동전을 주조하여도 돌지 않고 작년과 금년에 전황이 몹시 심한 것은 부상대고(富商大賈)들이 돈을 감추고 그것이 귀해지기를 기다려 폭리를 바라기 때문이다.

• 요즘 곡물 값이 싼 것은 대풍년 때문이 아니라 민간에 돈이 귀해서 나타난 것이다. 남부, 중부 지방에 대하여 말해보면, 대흉년이 아니라도 가을이나 겨울에 돈 한 냥의 값이 거의 쌀 10두에 이른다. 군포 두 필의 값이 쌀로 계산하면 40~50두를 내려가지 않는다. 백성들이 이를 어찌 감당하겠는가? 〈비변사등록〉

1 신분제 동요

(1) 양반 : 절대적 숫자의 증가

- 배경 : 붕당 정치의 변질 → 다수의 양반이 중앙 권력으로부터 배제
- 변화 : 계층 분화 ┬ 권반
  - ├ 향반 : 중앙의 벼슬을 하지 않는 향촌의 양반
  - └ 잔반 ┬ 이름만 양반일 뿐 사회적 · 경제적 처지는 평민과 거의 동일
    - ├ 반란을 꾀하거나 농민 항쟁의 지도자로 등장 ex) 홍경래(홍경래의 난), 유계춘(진주 민란)
    - └ 신분 제도에 대한 비판 및 평등 사회 추구 ex) 최제우 : 동학 창시
- 영향 ┬ 양반의 지위 유지 노력 ┬ 반촌(여러 성씨가 혼재되어 생활) → 동족 마을(= 동성 촌락) 형성
  - │ ├ 서원 설립(선현 봉사) → 사우 설립(조상 봉사)
  - │ └ 향약 실시(군현 단위) → 동약 실시(면리 단위 = 촌락 단위)
  - └ 신분 제도에 대한 개혁적 주장 : 홍대용, 박지원

(2) 중인 : 신분 상승 운동

- 서얼 ┬ 처지 : 성리학적 명분론에 의한 제한 ex) ┬ 사회 : 적 · 서 차별
  - │ └ 정치 : 문과 응시 제한, 정3품까지 한품서용
  - ├ 차별 완화 : 임진왜란 이후 납속책 · 공명첩 이용 → 관직 진출
  - └ 통청 운동 ┬ 내용 : 청요직 진출 요구
    - ├ 시기 : 숙종 ~ 정조
    - └ 정부 ┬ 영조 : 통청윤음 → 청요직 진출 허용, 호부 호형 허용
      - ├ 정조 ┬ 정유절목 : 서얼의 허통 범위 확정 ┬ 문관 참상관 이상 : 청요직 허통
        - │ └ 한품서용을 완화
        - └ 유득공 · 이덕무 · 박제가 · 서이수를 규장각 검서관(5품)에 등용
      - ├ 순조 : 계미절목 → 서얼 허통의 폭 확대
      - └ 철종 : 신해허통 → 서얼 차별 폐지
- 기술관 ┬ 배경 ┬ 서얼의 신분 상승 운동에 자극받음
  - │ └ 기술직에 종사하며 부를 축적하고 실무 능력을 겸비 but 고급 관료로의 진출 제한에 불만
  - └ 활동 ┬ 철종 때 신분 상승을 위한 소청 운동을 전개하였으나 실패 but 전문직으로 역할 부각의 계기가 됨
    - └ 평민 시사와 더불어 시사를 결성 ex) 옥계시사
  - cf) 역관 ┬ 무역을 통해 부를 축적 ex) 변승업
    - └ 청을 왕래하며 외래 문화(서양의 과학기술) 수용을 통해 성리학적 체계에 도전 → 개화사상 주장

(3) 상민

- 배경 : 양 난을 겪으면서 정부는 신분 상승의 기회를 합법화
- 방법 ┬ 합법적 : 납속 시행 → 공명첩 발행 ex) 고신첩(관직 증여), 면역첩(양역 면제), 면천첩(천역 면제)
  - └ 불법적 : 족보 위조, 족보 매입 ex) ┬ 환부역조(換父易祖)
    - └ 모칭유학(冒稱幼學)
- 영향 ┬ 신분제의 이완 → 신분 간 상하 이동이 가능해짐
  - └ 상민이 양반 신분을 획득하여 자신과 자손의 군역 면제 → 상민 수 감소로 국가 재정 · 국방상의 문제 발생

(4) 노비 : 절대적 숫자의 감소

- 배경 ┌ 합법적 신분 상승 ex) 군공(전투에서 공을 세운 경우), 납속(흉년 · 전란 때 곡식을 바침)
  └ 도망 ┌ 배경 : 과중한 신공이나 고된 역을 기피 + 도망 후 임노동자, 머슴, 행상 등으로 생계 유지
          └ 영향 : 노비 비총제 실시(영조, 도망 노비의 신공을 다른 노비에게 전가) → 노비의 도망 증가
- 정책 변화 ┌ 노비종모법 ┌ 시기 : 현종 때 처음 실시 → 영조 때 확정
            │   ├ 붕당의 입장 차이 : 찬성(서인) vs 반대(남인)
            │   └ 영향 : 국가 재정의 안정 + 노비의 신분 상승 추세 촉진
            ├ 노비 추쇄 금지 : 노비 추쇄관 혁파(정조)
            └ 공노비 ┌ 국가 재정 악화를 이유로 선상 노비를 납공 노비로 전환
                     └ 해방(1801, 순조) : 내수사 · 각 궁방 · 각 사의 노비안 소각   cf) 사노비와 일부 관노비 존재

◇확인해 둘까요! •

역관

- 호칭 : 역어지인(譯語之人), 역어인, 역인, 설인(舌人), 상서(象胥)
- 신분 : 양반과 상민의 중간에 위치하는 중인
- 기능 ┌ 행정 실무와 기술을 전담하고 이를 바탕으로 양반 못지않은 지식과 경제력을 가지고 있었음
       └ 중국과의 사대(事大), 왜 · 몽골 · 여진과의 교린(交隣) 등 외교에서 통역 업무 담당
- 양성기관 : 사역원   cf) 승문원 : 외교 문서 작성 담당
- 등용 ┌ 시험 : 잡과 中 역과 ┌ 한학 : 13명 선발
       │   └ 몽학 · 왜학 · 여진학(청학) : 2명씩 선발
       └ 품계 : 합격자에게 종7품 ~ 종9품 지급
- 한계 ┌ 정치 : 한품서용의 대상(정3품 당하관이 승진의 한계)
       └ 사회 : 차별의 대상
- 성장 ┌ 사행을 따라 외국에 자주 드나들면서 밀무역을 부업으로 하여 상당한 부를 축적 ex) 변승업
       └ 근대화의 과정에서 선도적 역할 수행 → 개화파의 선구적 역할 ex) 오경석

위항 문학

- 발달 배경 : 중인층과 서민층의 문학 창작 활동이 활발 → 시사 조직 ex) 옥계시사, 직하시사, 육교시사
- 활동 ┌ 시집 간행 ex) 〈육가잡영〉, 〈해동유주〉, 〈소대풍요〉, 〈풍요속선〉
       └ 전기 · 사적 정리 ┌ 〈연조귀감〉 ┌ 저자 : 이진흥
                          │   (정조)   └ 내용 : 향리들의 사적을 집약하여 기록
                          ├ 〈호산외사〉 ┌ 저자 : 조희룡(중인 출신, 김정희의 문인)
                          │   (헌종)   └ 내용 : 중인 · 화가 · 잔반 · 승려의 특이한 행적을 기록
                          ├ 〈이향견문록〉 ┌ 저자 : 유재건(서리 출신)
                          │   (철종)   └ 내용 : 하층 계급의 뛰어난 인물의 행적을 기록
                          ├ 〈규사〉(철종) : 서얼과 관련된 내용을 기록
                          ├ 〈희조일사〉(고종) : 80여명의 전기를 수록
                          └ 〈일사유사〉 : 뛰어난 중인 · 하층민의 구체적 활동을 기록

② 향촌 질서의 변화

(1) 양반의 향촌 지배 약화

- 배경 ┬ 상민 ┬ 배경 : 경제적 변동 + 신분제 동요
-          └ 내용 : 부농층(= 요호부민)의 도전   cf) 농민의 자발적 생활 조직 : 향도계, 동린계
-      └ 양반 ┬ 배경 : 계층 분화(몰락 양반이 전호 혹은 임노동자로 전락)
-               └ 결과 : 양반의 권위 약화
- 양반 ┬ 군 · 현 단위의 농민 지배 대신 촌락 단위의 동약 실시 ─────────┐
-      └ 가문 내부의 족적 결합 강화 ┬ 전국에 많은 동족 마을 형성 ─────────┼→ 사족의 지위 유지 노력
-                             └ 문중을 중심으로 많은 서원과 사우를 건립 ┘

(2) 농민층의 분화

- 부농 ┬ 성장 ┬ 경제 ┬ 농지의 확대 ────────────┐
- (= 요호부민)   └ 영농 방법의 개선(광작)으로 부를 축적 ┘→ 지주로 성장
-          └ 사회 : 신분 상승 노력 ┬ 목적 : 군역 면제, 양반의 수탈 회피
-                       └ 방법 : 납속, 공명첩 매입, 족보 위조 · 매입
-      └ 결과 ┬ 관권(수령 중심)과 결탁하여 사족 중심의 향촌 지배권에 도전 → 향전 발생
-              └ 새로운 향촌 질서 추구
- 임노동자 ┬ 배경 : 광작으로 인해 대다수 농민들이 소작지를 확보하지 못해 토지에서 이탈
-         └ 내용 : 도시 · 광산으로 이주 → 임노동자화
-            cf) 임노동자에 대한 고용 주체 ┬ 부역제 해이로 어려운 관청
-                             └ 추가 노동력이 필요한 부농

(3) 관권의 강화

- 배경 ┬ 종래의 재지 사족(= 구향)의 약화
-      └ 향전 발생 ┬ 대립의 구도 : 기존의 향촌 세력인 구향(= 사족) vs 새로운 향촌 세력인 신향
-                 └ 내용 : 향권을 둘러싸고 갈등
- 과정 : 부농층과 관권의 결탁 ┬ 배경 ┬ 부농층의 사회적 성장 욕구
-                          └ 정부의 재정적 위기
-                     ├ 내용 ┬ 정부는 부농 성장의 합법적 길을 마련 : 향직 매매(향안 등록, 향임 임명)
-                               └ 수령은 부세 수취에 협조적인 신향층을 옹호함으로써 사족을 약화시킴
-                         └ 한계 : 부농이 사족 권력을 대체할 만큼 충분히 강하지 않음 → 관권의 강화 초래
- 결과 ┬ 관권 강화 ┬ 수령을 중심으로 한 관권 강화
-              └ 관권을 맡아 보던 향리의 역할 확대
-      └ 사족의 약화 ┬ 향회 : 변질 ┬ 재지 사족의 이익 대변 → 수령이 세금을 부과시 자문 기구로 전락
-                          └ 수령 중심의 권력이 향촌에 깊이 침투하여 재지 사족이 지배하던 영역을 장악
-                  └ 향약 : 주관권의 변화 ┬ 시기 : 정조
-                               └ 내용 : 재지 사족 → 수령
- 폐해 ┬ 시기 : 세도 정치기
-      ├ 내용 : 수령과 향리의 농민에 대한 자의적 수탈 심화 → 농민의 궁핍화
-      └ 결과 : 농민의 불만 고조 → 사회 변혁의 움직임

꼭! 알아두기 · 향촌 질서의 변화

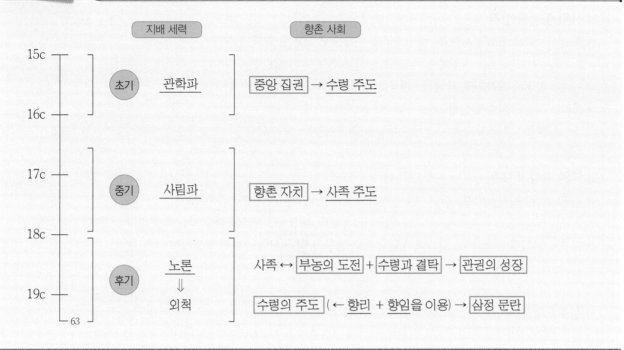

확인해 둘까요! · **촌락과 인구의 변화**

1. 촌락의 구성과 운영
- 국가의 지배 ┌ 면리제 : 자연촌 단위의 리를 묶어 면으로 하는 제도
          └ 5가작통법 : 다섯 집을 통으로 묶어 통수로 하여금 관할하게 하는 제도, 17c 중엽 이후 강화
- 촌락 변화 ┌ 구성 ┌ 반촌 ┌ 전기 : 주로 양반의 친족 · 외족 · 처족 등 다양한 성씨가 존재
        │   │   └ 후기 : 18c 이후 동성 촌락으로 발전
        │   └ 민촌 ┌ 전기 : 주로 평민들이 거주
        │   └ 후기 : 18c 이후 평민의 신분 상승이 두드러짐
        └ 실제 : 일반적으로 2~3개의 씨족이 인척을 맺고, 양반 · 상민 · 천민이 섞여 살았음
- 농민 조직 ┌ 두레 : 공동 노동의 작업 조직
        └ 향도 ┌ 성격 : 불교와 민간 신앙 등의 신앙적 기반 + 공동체 조직
              └ 기능 : 상을 당하였을 때나 어려운 일이 생겼을 때 서로 도움 ex) 장례의 상두꾼

2. 인구의 변동
- 분포 ┌ 하삼도(경상도, 전라도, 충청도) : 전 인구의 50% 정도가 거주
     ├ 경기도, 강원도 : 전 인구의 20% 정도가 거주
     └ 평안도, 황해도, 함경도 : 전 인구의 30% 정도가 거주
- 증가 ┌ 전국 : 15c(550만~750만 명) → 16c(1,000만 명 돌파) → 19c 말(1,700만 명)
     └ 한성 : 세종 때(10만 명 이상 거주) → 18c(20만 명 돌파)

03 근대 태동기의 사회

SECTION

③ 사회 변혁의 움직임

(1) 사회 불안의 심화

- 배경 ┌ 사회의 변화 ┌ 지배층 : 탐관오리의 수탈로 인한 농촌 경제의 파탄
  │   └ 피지배층 : 농민의 성장과 그로 인한 비판 의식 확대
  └ 전국적 재해와 질병 발생 : 전국적 수해(1820), 콜레라의 만연(1821)
- 상황 ┌ 서양의 이양선 출몰
  └ 화적·수적의 극성 → 토호·부상 공격, 조운선·상선 약탈

(2) 예언 사상의 대두

- 비기·도참 유행 ┌ 배경 : 사회·경제적 변동에 따른 성리학적 명분론의 약화
  └ 내용 : 말세 도래, 왕조 교체, 변란 예고 ex) 정감록(풍수 사상까지 결합 → 왕조 교체 예언)
- 미륵 신앙의 확장 ┌ 목적 : 현세에서 얻지 못한 행복을 미륵 신앙을 통해 해결하려 시도
  └ 내용 : 미륵불을 자처하며 백성을 현혹하는 무리도 등장   cf) 무격 신앙도 확장

(3) 천주교의 전파

- 전파 과정 ┌ 학문적 전래 (17c) : 사신들에 의해 서학으로 소개 → 종교가 아닌, 서양 문물로 이해
  └ 신앙적 수용 (18c 후반) : 남인 계열의 일부 실학자에 의해 수용
                    → 이승훈(이벽의 제자)이 베이징에서 영세 받음(최초, 정조)
  cf) 성호학파 분화 : 좌파(정약용 등 : 천주교 수용) vs 우파(안정복 <천학문답>, <천학고> → 천주교 비판)
- 정부 ┌ 인식 ┌ 초기 : 천주교 유포를 내버려 두면 저절로 사라질 것으로 판단
  │   └ 변화 : 유교 제사 거부를 신분 질서 부정과 국왕 권위에 대한 도전으로 인식
  │   → 사교로 규정하여 탄압 ex) 을사추조 적발 사건(1785) : 김범우(중인) 희생
  └ 박해 ┌ 정조 ┌ 신해박해 ┌ 배경 : 윤지충의 모친 신주 소실 사건
     │   │   (1791, 진산 사건) └ 내용 : 윤지충과 권상연 처형 but 이승훈 유배
     │   │   └ 태도 : 집권 세력인 시파(남인)는 천주교에 호의적 → 처벌에도 비교적 관대
     │   ├ 순조 ┌ 신유박해 ┌ 배경 : 벽파가 집권하여 남인 시파 제거
     │   │   (1801) └ 내용 ┌ 처형 ┌ 주문모 신부(중국인, 1795 입국 → 조선 입국한 최초 외국인 신부)
     │   │   │   └ 이승훈, 정약종(정약용의 3형), 이가환
     │   │   └ 유배 : 정약전(정약용의 2형, 흑산도에서 <자산어보> 저술), 정약용
     │   │   └ 영향 : 황사영(정약용의 조카 사위) 백서 사건 발생 but 사전에 발각되어 실패
     │   └ 헌종 ┌ 기해박해 ┌ 배경 : 풍양 조씨가 벽파와 연계하여 천주교에 관대한 안동 김씨 세력을 공격
     │   │   (1839) └ 내용 ┌ 척사 윤음 발표, 프랑스 선교사 3인 처형
     │   │   └ 정하상(정약종의 아들) : <상재상서> 발표(천주교 변호와 신앙의 자유 호소)
     │   └ 병오박해(1846) : 김대건(한국인 최초의 신부) 순교
     │   cf) 고종 : 병인박해(1866) → 병인양요 발생
  - 교세 확장 ┌ 배경 ┌ 사상 : 신 앞에 모든 인간은 평등하다는 논리 + 내세 신앙 → 백성들의 공감 형성
     (19c)   │   └ 정치 : 시파 출신인 안동 김씨의 집권 → 탄압 완화
          ├ 내용 : 조선 교구 설정 ← 서양인 신부의 잠입 포교
          └ 특징 ┌ 박해로 인한 신도 수의 감소
              └ 신도 계층의 다양화 : 상민과 여자의 비율 확대 vs 양반과 남자의 비율 축소

(4) 동학의 발생 : 철종(1860)

- 창시 : 서학의 교세 확장에 반대하는 최제우(경주 출신의 잔반)
- 사상 ┌ 배경 : 유 · 불 · 선의 주요 내용을 바탕 + 민간 신앙 요소
  └ 내용 ┌ 사람은 평등하다는 시천주 · 인내천 사상 → 노비제 폐지, 여성 · 어린이가 존중받는 사회 추구
  └ 후천개벽(사회 모순 극복), 보국안민(일본과 서양의 침략 저지)
- 정부의 대응 : 혹세무민을 이유로 최제우 처형
- 교세 확장 ┌ 경전 ┌ <동경대전> : 최제우가 지은 한문 경전, 포덕문 · 논학문 · 수덕문 · 불연기연 등으로 구성
  (최시형) │ └ <용담유사> : 최제우가 한글로 지은 포교 가사집, 후천개벽 사상을 전파
  └ 교단 조직 정비 : 포접제를 바탕으로 경상도, 충청도, 전라도는 물론 강원도와 경기도 일대로 확산

(5) 농민의 항거

- 배경 ┌ 정치 ┌ 상황 : 세도 정치기에 탐관오리에 의한 삼정의 문란이 극심 → 농민의 피해가 극심
  │ └ 대책 : 정부의 암행어사 파견 but 중앙 세도가와 연결된 수령의 부정을 막기에는 역부족
  └ 농민 : 의식 성장 → 저항 ┌ 소극적 방식 : 소청 · 벽서(= 괘서) → 정부 · 탐관오리를 비판
  └ 적극적 방식 : 거세 · 항조 → 민란
- 홍경래의 난 ┌ 지역 : 평안도(서북 지방 중 청천강 이북)
  (1811, 순조) ├ 배경 ┌ 서북 지역에 대한 차별 대우
  │ └ 발달한 상공업에 대한 세도 정권의 수탈이 극심 + 특권 어용 상인(서울)에 대한 불만
  ├ 구성원 : 몰락 양반(홍경래) + 농민 · 중소 상인 · 광산 노동자 → 광산 경영과 교역으로 자금 마련
  ├ 과정 : 가산 다복동에서 난을 일으켜 선천, 정주 등을 점거 → 청천강 이북을 장악
  └ 한계 : 정주성 패배로 5개월 만에 평정
- 진주민란 ┌ 배경 : 경상우도 병마절도사 백낙신의 학정(도결의 폐해) + 단성 민란
  (1862, 철종) ├ 과정 : 진주의 잔반 유계춘이 봉기를 주도 → 농민의 진주성 점령, 향리와 부호를 습격하여 재물 약탈
  ├ 정부의 대책 ┌ 안핵사 파견 : 박규수를 안핵사로 파견하여 농민을 회유
  │ └ 삼정이정청 설치 : 3정의 문란에 대한 개혁 시도 but 부실한 개혁으로 실패
  └ 영향 : 농민 봉기의 전국적 확대 → 1862년 농민 항쟁(= 임술 농민 봉기)

꼭! 알아두기 ● 평안도에 대한 이해

- 고대 ┌ 고조선 : 후기 중심지(왕검성)
  └ 고구려 : 3번째 도읍 ex) 안학궁 · 대성산성 → 장안성(평양성) vs 당의 안동도호부 설치 시도
- 고려 ┌ 북진 정책의 기지 : 서경 설치(태조) → 분사 제도 실시
  ├ 천도 시도 : 정종(서경 출신 왕식렴의 후원), 인종(대화궁 설립, 묘청의 천도 운동)
  └ 반란 : 묘청의 난(인종), 조위총의 난(명종), 최광수의 난(고종)
- 조선 ┌ 지역 차별의 대상(홍경래의 난 , 순조) vs 완화(영 · 정조때 문과 합격자 증가)
  └ 상공업 발달 ┌ 상업 : 만상(의주), 유상(평양) → 중국과의 무역 증가에 따라 상인들의 부 축적
  └ 공업 : 광산 개발 활발 + 민영 수공업 발달 → 후기 인구의 급격한 증가
- 근대 ┌ 개신교의 중심지 : 대부흥 운동(영적 각성 운동, 평양 장대현교회) + 신민회 결성
  └ 물산장려운동의 시발지

03 SECTION

근대 태동기의 사회

핵심 | 자료 읽기

합법적 신분 상승

• 납속 시행 : 이 때 (선조 25년 11월 무오) 적의 목을 벤 자, 납속을 한 자, 작은 공이 있는 자에게는 모두 관리 임명장 또는 천인 신분, 국역을 면하는 증서를 주었다. 병사를 모집하고 납속을 모집하는 담당 관리가 이것을 가지고 지방에 내려갈 때 이름을 쓰는 데만 비워 두었다가 응모자가 있으면 수시로 이름을 써서 주었다. …… 국가에는 보탬이 되지 않아 무식하고 천한 촌부(村夫)들이 모두 직명을 띠게 되었다. 〈선조실록〉

• 공명첩 발급 : 진휼청에서 아뢰기를, "관직을 주는 일과 관직을 높여 주는 일 등의 문서를 올봄 각 도에 보내 1만여 석의 곡식을 모아 흉년이 든 백성들을 도와주는 데 보탰습니다. 금년 충청, 경상, 전라도의 흉년은 작년보다 심하니 관직에 임명하는 값을 낮추지 않으면 응할 사람이 줄어들 것입니다. 신등이 여러 번 상의하여 각 항목별로 공명첩의 가격을 줄였습니다."라고 하였다. 진휼을 위해 가선 · 통정 · 동지 · 첨지 · 판관 · 별좌 · 첨사 · 찰방 · 주부 · 만호 · 호군 · 사직과 가선 · 통정 등 공명첩(空名帖) 2만 장을 팔도에 나누어 보내 팔게 하였다. 〈숙종실록〉

• 군공 : 공 · 사 노비로 적 1명의 목을 베면 천역을 면제하고, 2명의 목을 베면 우림위(羽林衛), 3명의 목을 베면 허통(許通), 4명의 목을 베면 수문장에 제수하는 것이 규칙으로 되어 있다. 공 · 사노비뿐만 아니라 재인 · 백정 · 산척 등의 비천한 신분도 관직으로 나가는 자가 있다. 〈숙종실록〉

불법적 신분 상승

• 호적 위조 : 근래 세상의 도리가 점점 썩어 가서 돈 있고 힘 있는 모든 백성이 군역을 피하고자 간사한 아전, 호적 담당 관리와 한 통속이 되어 뇌물을 쓰고 호적을 위조하여 유학(幼學 : 벼슬하지 않은 선비)이라고 거짓으로 올리고 면역하거나 다른 고을로 옮겨가서 스스로 양반 행세를 한다. 호적이 밝지 못하고 명분이 문란함이 이토록 심한 적이 없었다. 〈일성록〉

• 족보 위조 : 역관 김경희라는 이가 사사로이 활자를 주조한 다음 다른 사람들의 보첩(譜牒, 족보)을 많이 모아 놓고 시골에서 군정(軍丁)을 면하려는 무리들을 꼬여다가 그들의 이름을 기록하고 책장을 바꾸어 주는 것으로 생계를 삼고 있습니다. 형조로 하여금 엄히 조사하여 무겁게 다스리도록 하십시오. 〈영조실록〉

신분제의 동요 양상

• 옷차림은 신분의 귀천을 나타내는 것이다. 그런데 어찌된 까닭인지 근래 이것이 문란해져 상민 · 천민들이 갓을 쓰고 도포를 입는 것이 마치 조정의 관리나 선비와 같이 한다. 진실로 한심스럽기 짝이 없다. 심지어 시전 상인들이나 군역을 지는 상민들까지도 서로 양반이라 부른다. 〈일성록〉

• 근래 아전의 풍속이 나날이 변하여 하찮은 아전이 길에서 양반을 만나도 절을 하지 않으려 한다. 요즘 아전의 자손들이 고을 양반을 친구처럼 대하고 너나들이 하면서 자(字)를 부르고 예를 차리지 않는다. 〈목민심서〉

• 윗사람은 아랫사람을 업신여기고, 아랫사람은 윗사람을 대수롭지 않게 보아 명분이 바로 잡히지 않습니다. 비천한 사람까지 외람된 호칭과 사치스러운 복식을 꼭 존귀한 사람들이 하는 대로 봅니다. 심지어 양반의 보첩까지 돈을 주고서 첨간(자기의 이름을 덧붙여서 발행함)하고 관직의 계급까지 뇌물을 주고서 첩지(임명장)를 빌립니다. 그 결과 백성의 생활이 궁핍해지고, 군사 액수(額數)가 줄어들어 큰 문제가 아닐 수 없습니다. 〈정조실록〉

사족의 약화

유향소 인원이 큰 고을에는 천여 명이요. 작은 곳도 700~800명이나 됩니다. 이들의 가세로 말하면 일반 백성과 다를 바 없고, 한 번도 과거 보러 서울 땅을 밟아 보지도 않았으면서 자칭 양반이라 일컬으니 국가에 아무런 보탬이 없고 백성을 해침이 심합니다. 〈승정원일기〉

서얼의 상황

서얼 출신이라 하여 그 현명함을 버리고 어머니가 개가(改嫁)했다고 하여 그 재주를 쓰지 않는 것은 듣지 못하였다. 그러나 우리나라는 그렇지 아니하여 어머니가 천한 출신이고 개가한 자손은 모두 관직에 나아갈 수 없다. 나라가 양 오랑캐에 끼어 있어 모든 인재가 국가의 쓰임이 되지 않을까 염려해야 할 판에 도리어 인재 등용을 막고 '인재가 없다, 인재가 없다'고 하니, 이것이 남으로 가면서 수레를 북쪽으로 돌리는 것과 무엇이 다르겠는가?   〈허균〉

서얼의 통청 운동

• 아! 슬프다! 이미 재능과 덕성이 어떠한가를 묻지 않고, 적자면 곧 등용하면서 우리는 재덕의 유무를 묻지 않고 금고하니, 이 제도는 수백 년 이어져 왔다. 집집마다 자자손손 대대로 금고의 죄를 받은 자가 무슨 죄로 이렇게 극한적 가혹함에 이르렀는가? 이미 그 죄 있음을 밝히지 못했음에도 이 금고 처분을 받은 자는 쓸모없는 인재로 여기고 등용하지 않았으니, 금고하지 않았는데도 스스로를 금고하였던가?

• 영조 45년, 상소에 이르기를, "옛날에는 융숭한 예와 많은 폐백으로 이웃 나라의 어진 선비들을 대우하여 오직 그들이 오지 않을까 걱정하였는데, 지금은 법으로 제한하여 나라 안의 인재를 금고(禁錮)하여 혹시라도 그들이 등용될까 염려합니다. 그러다가 사변이라도 갑자기 닥치게 되면 늘 훌륭한 인재를 얻지 못한 것을 걱정하니 어찌 참으로 인재가 없기 때문이겠습니까? …… 신하가 되어서도 임금을 가까이 모실 수 없으니 군신의 의리가 멀어지고 자식이 되어서도 감히 아버지를 아버지라 부르지 못하니 부자의 인륜이 어그러지게 됩니다. ……"   〈규사〉

• 유자광 이후 서얼 통청을 허락하지 않았는데 이 때에 이르러 여러 서얼들이 통청을 스스로 청하니 조정의 기강이 날로 무너짐을 알 수 있다.

기술관의 신분 상승 운동

• 이들은 본시 모두 사대부였는데 또는 의료직에 들어가고 또는 통역에 들어가 그 역할을 7~8대나 10여 대로 전하니 사람들이 서울 중촌(中村)의 오래된 집안이라고 불렀다. 문장과 대대로 쌓아 내려오는 미덕은 비록 사대부에 비길 수 없으나 유명한 재상, 지체 높고 번창한 집안 외에 이들 보다 나은 자는 없다. 비록 나라의 법전에 금지한 바 없으나 자연히 명예롭고 좋은 관직으로의 진출은 막히거나 걸려 수백 년 원한이 쌓여 펴지 못한 한이 있고 이를 호소할 기약조차 없으니 이는 무슨 죄악이며 무슨 업보인가?   〈상원과방〉

• 오래도록 막혀 있으면 반드시 터놓아야 하고, 원한은 쌓이면 반드시 풀어야 하는 것이 하늘의 이치다. 기술관을 가로막는 것은 우리나라의 편벽된 일로 이제 몇백 년이 되었다. 서얼은 다행히 조정의 큰 성덕을 입어 문관은 승문원, 무관은 선전관에 임용되고 있다. 그런데도 우리들 기술관은 홀로 이 은혜를 함께 입지 못하니 어찌 탄식조차 없겠는가? 이제 바야흐로 의논을 모아 글을 써서 원통함을 호소하고자 먼저 통문을 띄운다. 이달 29일 마동에 있는 홍현보의 집에 모여 상의하고자 한다.   〈상원과방〉

노비의 변화

• 노비의 양반 행세 : 사족(士族)인 송씨 가문의 종 막동이란 이가 …… 도망쳐 대가 끊긴 집안의 후손 행세를 하였다. 가짜 최씨로 행세하면서 서울에서 큰돈을 벌었다. …… 한편 서울의 한량들에게 말과 노복을 화려하게 꾸며서 자주 왕래하게 하되 모두 유명한 집안의 자제를 사칭하게 하였다. 그리고 4, 5년 후 철원으로 이사를 하였고, 거기서도 영평에서처럼 행실을 닦아 사람들로부터 일향의 사족으로 대접받았다. 다음에는 사족 중에서 처지는 집안의 딸과 혼인하여 아들딸 낳고 살다가 다시 회양으로, 고성으로 이사하였다. …… 회양 사람들은 철원 사람에게, 고성 사람들은 회양 사람에게 자신의 행실이나 처지를 듣게 되면서 사족의 반열에 끼게 되었다.   〈청구야담〉

• 노비의 감소 : "어제 장례원에서 조사해 보고한 것을 보니 경기도 노비가 어린아이까지 모두 300명뿐이었다. 어찌 그동안 태어난 자가 없단 말이냐?" 호조판서가 아뢰었다. "각 관청의 노비안에 등록된 자는 19만 명인데 실제 신공(身貢)을 거두는 수는 27,000명뿐입니다."   〈효종실록〉

03 근대 태동기의 사회

SECTION

노비종모법

- **시행** : 판부사 송시열이 아뢰었다. "이경억이 충청 감사로 있을 때 상소하여 공·사노비가 양인 처를 맞이하여 낳은 자식은 남녀를 가리지 않고 한결같이 어미의 역을 따르도록 하였습니다. 이는 일찍이 이이가 주장한 것인데, 당시 조정에서 막아 이를 시행하지 못하였습니다. 지금 양민이 날로 줄어드는 것은 이 법을 시행하지 않았기 때문입니다. 속히 제도를 만들어 변통하소서." 이에 왕은 공·사 노비의 양인 처 소생은 한결같이 어미의 역을 따르게 법을 세우라고 명하였다. 〈현종실록〉

- **확정** : 경기도 암행어사 김상성이 군역의 폐해를 통절히 아뢰고 이어 금년 이후로는 모든 노비의 양처(良妻) 소생은 공천(公賤)·사천(私賤)을 막론하고 모역(母役)에 따르게 할 것을 청하므로, 임금이 대신들에게 물으니 우의정 조문명이 힘주어 찬성하였다. 전교하기를, "어사가 전달한 바를 들으니, 양민이 날로 줄어든 폐단이 오로지 여기에 연유한 것이다. 사소한 폐단 때문에 대체(大體)를 소홀히 할 수는 없는 일이니, 금년부터 태어난 사람은 율령의 첫 번째로 정하여 공천·사천을 막론하고 모역(母役)에 따르게 하라."고 하였다. 〈영조실록〉

흥부전 : 조선 후기 신분제의 동요와 가족 제도의 변화

- 놀부네 갔던 흥부가 몽둥이로 실컷 맞고 돌아오니 그것을 본 흥부아내, 바깥으로 뛰어나가선 덜컥 주저앉으며, "어떤 사람 팔자 좋아 장손으로 태어나서 선영(先塋 : 죽은 조상) 제사 모신다고 호의호식 잘사는데, 누구는 버둥대도 이리 살기 어려울까. 차라리 나가서 콱 죽고 싶소."하니 흥부가 말하길 "여보 마누라, 슬퍼 마오. 가난 구제는 나라에서도 못한다 하니 형님인들 어찌 하시겠소? 우리 부부가 품이나 팔아 살아 갑시다."

- "이 놈 놀보야. 옛날 상전을 모르느냐? 네 할아비 떨렁쇠, 네 할미 허튼댁, 네 아비 껄덕놈이, 네 어미 허천네, 모두 다 내 집 종이라. 병자년 8월에 과거 보러 서울 가고 사랑채가 비었을 제, 흉악하고 사나운 네 아비놈, 가산(家産) 모두 도둑하여 간 곳을 모르게 도망했으니, ……" 놀보가 엎드려 애걸한다. "여보시오. 상전님. 이 동네가 반촌(班村)이요, 이 고을 일대 모모한 양반 댁이 모두 사돈이요. 이 소문만 나게 되면 소인은 고사하고 그 양반들 우세오니 속전(贖錢)으로 바치옵게 속량(贖良)하여 주옵소서."

사족의 지위 유지 노력

- **동성 촌락 형성** : 사대부 가문에서 수백 년 동안 관료를 배출하지 못해도 존부(尊富)를 잃지 않는 까닭은, 그 풍속이 집집마다 한 조상을 떠받들고 넓은 농지를 점하여 종족이 흩어져 살지 않으므로 견고하게 유지되고 근본이 뽑히지 않았기 때문이다. 〈여유당전서〉

- **사우 건립** : 요즘 영남 선비들이 다투어 사묘를 짓고 문집을 찍어낸다. 이 계책은 사대부의 명칭을 잃지 않으려는 데에서 나온 것이다. …… 이에 조상 가운데 조금이라도 언행을 삼가고 돼지 해(亥)와 돼지 시(豕)를 겨우 분별할 만한 선조가 있으면 평일의 시구나 편지를 묶어 찍어내고는 아무개 선생이 남긴 글이라고 한다. …… 서로 더불어 같은 고을과 이웃 고을의 선비들을 불러 모아 독서하던 곳이라 하여 재물을 모아 건물을 짓고 서로 모방하여 모 성씨의 사당이라 하는데 그렇게 하지 않는 고을이 거의 없다. 〈지수점필〉

새로운 향촌 세력의 대두

- **부농의 등장** : 부유한 백성들은 토지를 겸병(兼併)하고, 적게는 3·4석씩, 많게는 6·7석씩 모를 일시에 붓고 모내기를 하여 노동력을 절약하고 수고를 줄입니다. 〈정조실록〉

- **부농의 활동** : 근래 국역을 부담할 양민 백성이 부족한 것은 모두 부유한 평민의 무리 때문이다. 이들은 유학(幼學, 벼슬하지 아니한 유생)을 칭하거나 장교를 칭하는 등 온갖 꾀를 부려 역을 피하고, 심지어는 그 자식과 조카까지도 첨정(簽丁, 병역 의무)에서 면제된다. 〈일성록〉

향직 매매

- 주·부·군의 좌수나 별감은 공적인 일을 수행하는 자리이다. …… 가문이 미천하거나 역(役)을 면하려는 자 등이 서로 다투어 들어간다. 위백규, 〈존재전서〉

- 매향(賣鄕 : 향직을 돈받고 파는 것)에는 여러 방법이 있습니다. 돈 받고 향임(유향소의 직임)이나 군임, 면임에 임명하는가 하면, 향안(양반 명부), 교안(향교 교생 명부)에 올려줍니다. 여기에 응하는 자는 국가의 군역을 진 상민입니다. 이 때 한 사람이 내는 액수가 많게는 백여 냥을 넘고 적어도 수십 냥 아래로 내려 가지 않습니다. 그런데도 대개 스스로 원해서 하기 때문에 원망하지 않습니다. …… 한번 향임이나 군임을 지낸 자나 향안, 교안에 오른 자는 대개 군역과 요역에서 벗어납니다.
- 우리 고을에서 매향하는 법은 흉년의 진휼과 관청의 수리를 위해 부민들에게 허락한데서 비롯되었다. …… 그러나 이렇게 상놈 중에 돈푼이나 있는 자로서 별감에 나아가려는 자가 헤아릴 수 없게 되었다.
- 전국의 각 고을에는 향안이 있어서 한 고을의 기강이 되었다. 그런데 몇몇 탐학한 수령이 매향에 방해되는 것을 꺼려, 향전을 빌미삼아 향안을 불살라버렸다. 이로 말미암아 고을의 기강이 문란해지고 위아래의 구별이 없게 되었다.

향전의 전개

- 지방 고을의 향전(鄕戰)은 마땅히 금지해야 할 것이다. 금지할 겨를도 없이 수령이란 자가 일에 따라 한쪽을 올리고 내리는 일이 없지 않은데, 어찌 한심한 일이 아니겠는가. …… 반드시 가볍고 무거움에 따라 양쪽의 주동자를 먼저 다스려 진정시키고 향전을 없애는 것을 위주로 하는 것이 옳다. 일부 아전들이 한쪽으로 쏠리는 일이 있으니 또한 반드시 아전의 우두머리에게 엄하게 타일러야 한다. 향임을 임명할 때 한쪽 사람을 치우치게 쓰지 않는 것이 좋다.
- 경상도 영덕의 오래되고 유력한 가문(구향 舊鄕)은 사족으로 모두 남인이고, 이른바 신향(新鄕)은 향리와 서리의 자식으로 서인이라고 자칭하는 자들입니다. 요즘 신향(서인, 향리 · 서리의 자식)이 향교를 장악하면서 구향(남인, 사족)과 마찰을 빚고 있던 중, 주자의 초상화가 비에 젖자 신향은 자신들이 비난을 받을까봐 책임을 전가시킬 계획을 꾸몄습니다. 그래서 주자의 초상화와 함께 송시열의 초상화도 숨기고 구향(남인)이 훔쳐 갔다는 말을 퍼트렸습니다. 〈승정원일기〉

수령권의 강화

- 순조 28년 7월 25일, 장단 수령 이경순이 상놈을 좌수로 삼았다. 온 고을에서 향약에 어긋난다고 연명으로 정소하였다. 이경순은 참가한 사람을 곤장으로 치며, "관청의 분부가 율곡 향약만 못하단 말인가?"라고 말하였다. 장날에 향약과 향안을 꺼내오라고 하여 한꺼번에 불태워 버렸다.
- 요사이 수령들은 한 고을을 제멋대로 다스려 다른 사람이 그 잘못을 고칠 수가 없습니다. 수령이 옳다고 하면 좌수 이하 모두 그렇다고 합니다. 〈비변사등록〉
- 탐학한 수령이 매향(賣鄕)에 방해되는 것을 꺼려, 향전(鄕戰)을 빌미로 향안(鄕案)을 불살라 버렸다. 이로 말미암아 고을의 기강이 문란해지고 위아래의 구별이 없어지게 되었다. 〈일성록〉
- 향회의 변질 : 향회라는 것이 한 마을 사민(士民)의 공론에 따른 것이 아니고, 수령의 손 아래 놀아나는 좌수 · 별감들이 통문을 돌려 불러 모은 것에 불과합니다. 그 향회에서는 관의 비용이 부족하다는 핑계로 제멋대로 돈을 거두고 법을 만드니, 일의 원통함이 이보다 심한 것이 없습니다.

천주교에 대한 정부의 태도

- 신해박해 : 오늘날 사설(邪說)의 폐단을 바로 잡는 길은 더욱 정학(正學)을 밝히는 길밖에 없다. …… 연전에 서학(西學) 서적을 구입해 온 이승훈은 어떤 속셈이든지간에 죄를 묻지 않을 수 없다. 이에 전 현감 이승훈을 예산현으로 귀양을 보내고, 이외 시골 백성에게도 상줄 만한 백성은 상주어야 할 관서가 있어야 하니 묘당(廟堂)에서는 소관 관서를 철저히 감독하라. 〈척사학교〉
- 이후 입장 변화 : 아랫사람들은 남녀가 같이 섞여 지내어 풍속을 어지럽히고 있다. …… 만약 그 가르침이 광명정대하다면 하필 어두운 밤중에 비밀스런 방에서 가르쳐야 하며 깊은 산이나 험한 골짝에 불러 모아 살아야 하는가. 잘못된 집안 자손이나 벼슬길이 막힌 첩 자손이나 뜻을 잃고 나라를 원망하는 무리들, 아래로는 어리석은 백성, 그릇된 행위를 하는 무리들이 서로 교우라 부르며, 사실을 두루 숨기고 한편이 되었다. …… 우리나라 풍속은 사단을 넓히고 오륜을 키우는 데 있으며 …… 넓은 길을 버리고 수만 리 밖 오랑캐의 그릇된 가르침에 빠져 스스로 나라의 벌을 받는가.

03 근대 태동기의 사회

SECTION

핵심 자료 읽기

천주교 박해

• 신해박해 : 형조에서 아뢰기를 "…… 이제 윤지충과 권상연 등을 보면 요서(妖書)의 사특한 술수를 몰래 서로 전해 익히고, 심지어는 부모의 신주를 직접 태워 버렸으니, 흉악하고 패륜함이 이를 데 없어 사람의 도리가 완전히 끊어졌습니다. 위의 율에 따라 시행하소서."라고 하니, 윤허하였다. 〈정조실록〉

• 신유박해 : 사헌부에서 아뢰기를 "아! 통분스럽습니다. 이가환, 이승훈, 정약용의 죄가 무거우니 이를 어찌 다 처벌할 수 있겠습니까? 사학(邪學)이란 것은 반드시 나라에 흉악한 화를 가져오고야 말 것입니다."라고 하였다.

• 병인박해 : 의금부에서, "죄인 남종삼은 명백한 근거도 없이, 러시아에 변란이 있을 것이고, 프랑스와 조약을 맺을 계책이 있다면서 사람들을 현혹하였습니다. 감히 나라를 팔고자 몰래 외적을 끌어들이려 하였으니, 그 죄는 만 번을 죽여도 모자랍니다. 죄인이 자백하였습니다."라고 아뢰었다.

정부의 박해에 대한 천주교인의 반박

• 윤지충 : 천주교를 믿음으로써 양반 칭호를 빼앗긴다 해도 저는 천주께 죄를 짓기는 원치 않습니다. 그리고 신주를 모시지 않는 서민들이 정부를 반대하는 것이 아니라는 것과 가난하기 때문에 제사를 규정대로 지내지 못하는 양반들도 엄한 책망을 당하지 않는다는 점을 고려하여 주십시오. 〈정조실록〉

• 정하상 : 죽은 사람 앞에 술과 음식을 차려 놓는 것은 천주교에서 금하는 바입니다. 살아 있을 동안에도 영혼은 술과 밥을 받아먹을 수 없거늘, 하물며 죽은 뒤에 영혼이 어떻게 하겠습니까? …… 사람의 자식이 되어 어찌 허위와 가식의 예로써 이미 돌아간 부모를 섬기겠습니까? 우리나라에서 서학을 금하시는 것은 그 뜻이 정녕 어디에 있습니까? 먼저 그 뜻과 이치가 어떠한지 물어보지도 않고 죄악이라는 말로 사교(邪敎)라 하여 반역의 법률로 다스려 신유년 앞뒤로 인명이 크게 손상하였으나 한 사람도 그 원인을 알아보지 않았습니다. …… 이 도는 천자로부터 서민에 이르기까지 날마다 사용하고 늘 실행해야할 도리이니 가히 해가 되고 난(亂)으로 된다고 할 수 없습니다. 〈상재상서〉

동학

• 창시 배경 : 원래 경주 사람인 최제우는 …… 천주교(天主敎)가 점점 성해지자, "천주교는 우리의 옛 풍속과 오랜 습관을 파괴하므로 만일 그것이 퍼지도록 내버려 둔다면 장차 나라를 잃고 백성이 장차 망하게 될 것이다. 이것을 빨리 막아야 하겠는데 유교는 힘이 약하니 임무를 감당할 수 있는 것은 우리 교이다."라고 하였다.

• 내용 : 서도(西道)로써 사람들을 가르쳐야 하겠는가 하니 아니다. …… 영부의 모양은 태극의 그림과 같고 혹은 활 궁(弓)자를 겹쳐 놓은 것과 같다. 이 부적을 받아가지고 사람들의 병을 고치며 또 내 주문을 받아가지고 모든 사람으로 하여금 나를 위하게 하라. 그러면 너도 역시 오래 살아서 온 세상을 이롭게 할 것이다.

• 활동 : 어린아이도 한울님을 모셨으니 아이 치는 것이 곧 한울님을 치는 것이오니, 천리를 모르고 일행 아이를 치면 그 아이가 곧 죽을 것이니 부디 집 안에 큰 소리를 내지 말고 화순하기만 힘쓰옵소서. 이같이 한울님을 공경하고 효성하오면 한울님이 좋아하시고 복을 주시나니, 부디 한울님을 극진히 공경하옵소서.

• 탄압 : 철종 때에 최제우를 체포하여 대구부 옥에 가두었다가 저자에서 목을 베었다. …… 이때에 고을에서 동학을 금지한다고 하면서 때때로 그들을 박해하고 못살게 구니 교도들이 분노하여 모여 글을 올려 교조가 억울하게 죽은 일을 하소연하였는데 여기서 그들은 더욱 굳게 단합되고 신도가 더욱 많아져서 곳곳에서 소동을 피웠다.

동학 사상

• 인내천 : 사람이 곧 하늘이라. 그러므로 사람은 평등하며 차별이 없나니, 사람이 마음대로 귀천을 나눔은 하늘을 거스르는 것이다. 우리 도인은 차별을 없애고 선사의 뜻을 받들어 생활하기를 바라노라.

• 보국안민 : 서양은 싸우면 이기고 치면 빼앗아 이루지 못하는 일이 없으니 천하가 멸망하면 또한 입술이 떨어지는 탄식이 없지 않을 것이니 보국안민의 계책이 장차 어디서 나올 것인가. 〈동경대전〉

• 후천개벽 : 가련하다 가련하다 아국운수(我國運數) 가련하다. / 전세임진(前歲壬辰) 몇해런고 이백 사십 아닐런가.
　　　　　십이제국(十二諸國) 괴질운수 다시 개벽 아닐런가. / 요순성세(堯舜聖世) 다시와서 국태민안 되지만은
　　　　　기험(崎險)하다 기험하다 아국운수 기험하다. 〈용담유사〉

홍경래의 난

평서 대원수는 급히 격문을 띄우노니 관서의 부로자제(父老子第)와 공사천민(公私賤民)들은 모두 이 격문을 들으시라. 무릇 관서는 기자와 단군 시조의 옛터로서 벼슬아치가 많이 나오고 많은 이가 급제하고 문물이 발전한 곳이다. …… 그러나, 조정에서는 서쪽 땅을 버림이 더러운 흙과 다름없다. 심지어 권문의 노비들도 서쪽 땅 사람을 보면 반드시 평안도 놈이라 일컫는다. …… 지금 나이 어린 임금이 위에 있어서 권세 있는 간신배가 날로 치성하니 …… 흉년에 굶어 부황 든 무리가 길에 널려 늙은이와 어린이가 구렁에 빠져 산 사람이 거의 죽음에 다다르게 되었다. …… 지금 나이 어린 임금이 위에 있어서 권신들의 간악한 짓은 날이 갈수록 더 심해지고 김조순, 박종경의 무리가 국가의 권력을 제멋대로 하니 …… 이제 격문을 띄워 먼저 각 주, 군, 현에게 보내니 성문을 활짝 열어 우리 군대를 맞으라.

진주민란

- 배경 : 금번 진주 양민이 소동을 일으킨 것은 오로지 우병사 백낙신이 탐욕하고 고약한 까닭으로 말미암은 것이다. 그가 부임한 이래 한 짓은 법에 어긋나고 인정에 거스르지 않는 것이 없고 오로지 자기 이익만을 추구하였다. …… 게다가 병영의 아전들이 먹어치워 부족하게 된 환곡을 걷어들이기 위하여 고을 안의 우두머리급 백성을 초청하여다가 잔치를 벌여 꾀기도 하고 잡아 가두는 등 위협도 하면서 6만여 냥을 집집마다 이유 없이 징수하였다. 이에 군중들의 감정은 크게 비등하고, 많은 사람들의 노여움이 일시에 폭발하였다.

- 과정 : 임술년 2월 19일, 진주 백성 수만 명이 머리에 흰 수건을 두르고 손에는 나무 몽둥이를 들고 무리를 지어 진주 읍내에 모여 서리들의 가옥 수십 호를 불사르고 부수어, 그 움직임이 결코 가볍지 않았다. 병사(백낙신)가 해산시키고자하여 장시에 나가니 흰 수건을 두른 백성들이 땅 위에서 그를 빙 둘러싸고는 …… 이방 권준범과 포리 김희순을 곤장으로 수십 대 힘껏 때리니 여러 백성들이 두 아전을 그대로 불 속에 던져 넣어 태워버렸다.

- 안핵사 파견 : 무절제한 수탈이 없었더라면 어찌 여기까지 이르렀을까. 목사와 병사를 잡아들인 후 엄중하게 처벌하여 남쪽 백성들을 위무하라. 그러나 진주 백성들로 말하자면 이미 죄를 저지른 즉 용서할 수 없으니, 마땅히 주모자와 추종자를 구분하여 법대로 처리하라.

- 삼정이정청 설치 : 군정, 환정, 전정의 폐단에 대하여 물으셨다. 이에 각지의 인사들이 대책을 바쳤다. 이어 청(廳)을 설치하도록 명하고 대신으로 하여금 맡아 다스리게 하되, 대책 중에서 그 시행할 만한 것을 채택하여 이정*하는 거조*로 삼도록 하였다.　　*이정(釐正) : 문서나 글을 정리하여 바로잡음　　*거조(擧條) : 신하가 임금께 조목조목 아뢰는 조항

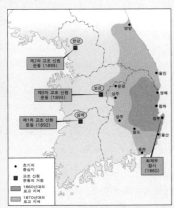

동학 사상의 등장과 활동

홍경래군의 진로

조선 후기 농민 걸기

04 근대 태동기의 문화

SECTION

1 서인의 동향

(1) 성리학의 교조화 : 서인

- 과정 ┬ 숙종 때 이이와 성혼에 대한 문묘 종사를 성취 → 이이의 학문이 이황과 같은 반열에 위치
- └ 의리 명분론 강화 → 주자 중심의 성리학 절대화
- 의도 : 주자의 본뜻에 충실함으로써 당시 조선 사회의 모순 해결을 기대
- 주도 : 송시열 ┬ 활동 ┬ 인조 : 산림직 진출
    (노론) │   ├ 효종 : 복수설치(復讐雪恥)를 역설하며 북벌 계획 주도
           │   ├ 현종 : 예송 논쟁 주도, 낙향 but 정치적 영향력 행사
           │   ├ 숙종 ┬ 경신환국 이후 : 정계 복귀
           │   │   ├ 회니시비로 제자 윤증과 결별 → 노론 · 소론의 분화
           │   │   ├ 기사환국 이후 : 경종의 세자 책봉에 반대하다가 사망
           │   │   └ 갑술환국 이후 : 정치적 복권 → 관작 회복
           │   └ 영조 : 문묘에 배향됨으로써 정당성이 공인됨
           └ 저술 ┬ <주자대전차의>, <주자어류소분>
                  └ 문집 : <우암집>(숙종 때 간행) → <송자대전>(정조)

강한사(대로사)

- 반발 : 소론 ┬ 사상 ┬ 계통 : 성혼의 사상 계승, 양명학과 노장사상 수용
             │   └ 내용 : 성리학에 대한 탄력적 이해
             └ 주도 : 윤증 ┬ 스승인 송시열과 회니시비를 거치면서 결별
                          └ 주자에 대한 노론의 경직된 태도를 비판

(2) 호락논쟁 : 노론 내부의 논쟁(숙종)

- 배경 : 이기론을 둘러싼 논쟁 → 심성론에 대한 관심 고조
- 내용

호론(한원진)	낙론(이간)
• 내용 : 인물성 이(異)론(人 ≠ 物)	• 내용 : 인물성 동(同)론(人 ≒ 物)
• 특징 : 기(氣)의 차별성 강조	• 특징 : 이(理)의 보편성 강조
• 정치 세력 : 충청 노론	• 정치 세력 : 경기 노론
• 영향 : 근대 위정척사 운동	• 영향 : 18c 북학 운동 → 근대 개화 운동

⇔ (사이)

확인해 둘까요! ▶ **문묘 종사**

- 문묘 ┬ 기능 : 조선 성균관의 묘당, 공자와 중국의 성현과 우리의 선현을 함께 제사
        └ 동국 18현(종사의 대상인 선현) ┬ 신라 : 설총, 최치원
                                      ├ 고려 : 안유(= 안향), 정몽주
                                      └ 조선 ┬ 임란 이전 : 김굉필, 정여창, 조광조, 이언적, 이황, 이이, 조헌, 김인후
                                             └ 임란 이후 : 성혼, 김장생, 송시열, 송준길, 박세채, 김집
- 종사 과정 ┬ 중종 : 조광조 등 기묘사림은 정몽주와 김굉필의 문묘 종사를 주장 → 정몽주의 문묘 종사를 성취
           ├ 광해군 : 남인은 김굉필, 정여창, 조광조, 이언적, 이황의 문묘 종사를 성취 → 정치적 권위 획득
           └ 숙종 : 서인이 이이와 성혼의 문묘 종사를 성취

2 성리학 교조화에 대한 비판

(1) 성리학의 상대화 : 서인으로부터 탄압 받음

- 특징 ┬ 주자 중심의 성리학을 상대화
  └ 6경과 제자백가 등에서 사회 모순 해결을 위한 사상적 기반 추구
- 학자 ┬ 조익 : 주자 중심의 성리학 비판 *ex)* <중용주해>, <대학주해> 저술
  └ 사문난적 ┬ 윤휴 ┬ 사상 : <중용>, <대학>에 대한 독자적 해석 → 주자 학설 비판
  ┊ (남인) ├ 활동 ┬ 송시열과 예송 논쟁 전개(현종), 북벌론 주장(숙종)
  ┊ ┊ └ 경신환국으로 사망
  └ 박세당 ┬ 활동 : 주자의 학설을 비판 → 송시열의 경직성 비판, 노장사상에 대한 개방적 태도
  (소론) └ 저술 : <사변록>, <색경>(상업적 농서)

(2) 양명학

- 과정 ┬ 전래 : 중종
  └ 발전 ┬ 중기 : 서경덕 학파와 종친들 중심 *ex)* 남언경
  ├ 17c 이후 : 소론에 의한 수용 *ex)* 장유
  └ 18c 초 : 정제두에 의해 강화학파로 발전
- 학자 : 정제두 ┬ 저술 : <존언>, <학변>, <만물 일체설>, <변퇴계전습록변>
  (하곡) ├ 사상 ┬ 생리(生理)와 실리를 강조
  ┊ ┊ └ 친민설(왕양명) 지지 : 일반민을 도덕 실천의 주체로 상정
  ┊ ┊ → 양반 중심의 신분제 폐지를 주장
  ┊ └ 승계 : 정계에서 소외 → 집안의 인척과 후손을 중심으로 계승
- 영향 ┬ 새 학문 개척 : 이광사의 동국진체 확립, 이긍익의 <연려실기술>
  └ 실학(특히 북학파)에 영향
- 근대 ┬ 역사서 : 김택영 <역사집략>, 이건창 <당의통략>, 황현 <매천야록>
  └ 학자 ┬ 박은식 ┬ 유교구신론 제창
  ┊ ┊ └ <한국통사>, <한국독립운동지혈사> 저술 → 민족의 '혼' 강조
  └ 정인보 ┬ 강화학파 성과 정리 : <양명학연론>, <담원국학산고> 저술
  └ <조선사 연구> 저술 : 조선의 '얼' 강조

강화학파 계보

◈**확인해 둘까요!** ▸ **양명학의 사상적 구조**

- 등장 : 육상산, 왕수인(= 양명)에 의해 정리 → 육왕의 학문
- 내용 ┬ 심즉리설 : 인간의 마음이 곧 이(理) → 인간의 마음에 선천적으로 갖추어진 천리(天理)라는 도덕성이 존재
  ├ 치양지설 : 인간에게 차별없이 본래 타고난 옳고 그름을 바르게 깨달을 수 있는 천리로서의 양지가 존재
  ┊ → 그 양지를 실현하여 사물을 바로 교정
  └ 지행합일설 : 앎은 곧 행함을 통해 성립
- 영향 : 성리학의 절대화와 형식화를 비판
- 비판 : 이황이 양명학을 정통 주자학에 어긋난다고 비판하면서 이단으로 간주 *ex)* 이황의 <전습록변>

04 근대 태동기의 문화

SECTION

3 실학의 발달

(1) 지주전호제에 대한 개혁

유형원
(반계, 17c) ─ 균전론
(均田論) ┬ 관리, 선비, 농민에게 차등을 두어 토지를 재분배 → 자영농 육성을 주장
└ 토지 개혁을 바탕으로 조세와 병역 제도 재조정
→ 조세ㆍ공납ㆍ군역을 토지를 대상으로 일률적으로 부과할 것을 주장, 병농일치제

─ 사회 : 양반 세습제, 과거 제도, 노비 제도의 모순 비판
─ 경제 : 조세 개혁 주장 → 결부제 폐지, 경무법(경=밭의 면적, 무=밭의 이랑) 실시 주장
─ 저술 ┬ <반계수록>
└ <동국여지지>(효종) : 개인이 편찬한 최초의 전국지리지
─ 붕당 : 북인(?) or 북인과 관련된 남인(?)

이 익
(성호,
18c 전반) ─ 한전론
(限田論) ┬ 가정마다 영업전을 주고, 그 밖의 토지는 매매를 허용
└ 영업전은 매매 불가 → 토지 소유의 평등 주장

─ 계보 : 유형원의 실학 사상을 계승ㆍ발전, 이중환의 재종조부
─ 정치 ┬ 인식 : 관직은 적은데 과거 응시자가 많아 붕당이 출현한다고 인식
└ 내용 ┬ 붕당의 폐해 극복 주장 : 문벌ㆍ당파 중심의 정치 타파, 선비도 농사를 지을 것을 주장
├ 관료 기구의 개편 : 의정부 기능의 복원, 언로 확대
└ 인재 등용 방법의 개혁 ┬ 과거제 개혁 : 과거 주기를 3년이 아닌 5년으로 연장
└ 공거제 실시 : 훌륭한 인재를 천거

─ 경제 : 폐전론 주장
─ 사회 ┬ 6좀(노비, 과거, 양반, 게으름, 승려, 사치) 비판
└ 사창제 주장 : 환곡제 폐단 비판
─ 역사 인식 ┬ 실증적ㆍ비판적 역사관
├ 중국이 아닌 우리나라 중심의 역사 인식 강조
└ 국제관계 재인식 : 흥망을 시세(時勢) > 행불행(幸不幸) > 시비(是非)의 순으로 인식
─ 과학 기술 : 서양의 천문학에 큰 관심
─ 학파 : 성호학파 형성 ┬ 우파 : 안정복 → <천학문답>을 저술하여 천주교를 비판
└ 좌파 : 권철신, 이벽 → 정약용
─ 저술 ┬ <성호사설> ┬ 천지, 만물, 인사, 경사, 시문의 5부문으로 나눠 서술
│ └ 우리와 중국의 문화를 백과사전식으로 소개, 비판
└ <곽우록> : 국가적 문제에 대한 해결책 제시 → 한전론 주장

꼭! 알아두기 ▸ 중농학파

- 사상 ┬ 농민 생활 안정을 위한 토지 제도 개혁 주장 → 수취ㆍ군사ㆍ행정 등의 영역에서 국가 개혁을 주장
└ 농업 기술의 개발과 농기구 개량도 적극적으로 주장
- 명칭 : 중농학파(重農學派), 경세치용학파(經世致用學派)
- 붕당 : 경기 남인
- 한계 : 정치적 권력과는 거리가 있어서 그 주장이 실제 정책에 반영되기는 어려움

정 약 용 ─ 여전론 ─ 30가구의 공동 농장을 1여로 하고, 1여를 단위로 공동 소유, 공동 경작
(다산, 여유당 (閭田論) └ 노동량에 따른 수확 분배를 주장
18c 후반~
19c 전반) ─ 정전론 ─ 토지를 9등분하여 공동 경작하고 1/9의 수확량은 조세로 납부
　　　　　└ 후에 정전(井田)제를 현실에 맞게 실시할 것을 주장

　　　├ 정치 ┬ 민권 정치 : 통치자는 백성을 위해 존재한다고 역설
　　　│　　　└ 활동 : 남인 시파 → 정조 정치에 기여, 신유박해 이후 전라도 강진으로 유배

　　　├ 기술 ┬ 입장 : 기예론(인간과 사물의 차이가 기예이며, 기술 발달이 인간을 풍요롭게 한다고 인식)
　　　│　　　└ 활동 ┬ <마과회통> 저술 : 마진(홍역) 연구, 박제가와 더불어 종두법 연구
　　　│　　　　　　├ 정조의 화성 행차 때 한강에 배다리(= 주교)를 설계하여 가설
　　　│　　　　　　└ 서양 선교사가 펴낸 <기기도설>을 참고하여 거중기 제작 → 수원 화성 건축에 사용

　　　└ 저술 ┬ 3부작 ┬ <경세유표> : 주례를 모범으로, 중앙 · 지방 제도 개혁과 정전제 주장
　　　　　　　│　　　├ <목민심서> : 지방 행정 개혁, 수령(목민관)의 지켜야할 규범 제시
　　　　　　　│　　　└ <흠흠신서> : 백성들이 억울한 벌을 받지 않도록 신중한 형벌 · 형옥 제도 제시
　　　　　　　├ 개혁론 ┬ <전론> : 여전론 주장
　　　　　　　│　　　　└ <탕론>(역성혁명의 정당성 옹호), <원목>(통치론, 민(民) 협의체 주장)
　　　　　　　├ 국학 연구 ┬ 역사 지리지 : <아방강역고> → 우리나라의 역대 강역을 정리
　　　　　　　│　　　　　└ 어문 연구 : <아언각비>
　　　　　　　├ 한시 : <애절양> → 수취의 문란으로 인한 백성의 비참한 현실 고발
　　　　　　　└ 문집 : <여유당전서>(1934년 이후 조선학 운동으로 간행)

◇확인해 둘까요! ·─ 실학의 등장

1. 배경과 목표
- 배경 : 17 · 18c 사회 · 경제적 변화에 따른 모순에 대한 해결책이 필요 + 청의 고증학과 서양 과학의 영향
- 목표 : 민생 안정과 부국강병 추구 → 비판적 · 실증적 논리로 사회 개혁론 제시

2. 초기 학자(17c)
- 이수광 ┬ <지봉유설> ┬ 천문 · 지리 · 역사 · 정치 · 경제 · 인물 · 시문 · 언어 등 백과사전적 지식을 망라
　　　　│　　　　　　├ 예수회 선교사인 마테오 리치와 함께 천주교 교리서인 <천주실의>를 최초로 소개
　　　　│　　　　　　└ 2권 : 제국부 中 <외국>조에 안남(베트남), 진랍국(캄보디아), 회회국(아라비아)뿐 아니라
　　　　│　　　　　　　　　　불랑기국(포르투갈), 대서국(이탈리아) 등 유럽 정보 소개 → 문화 인식의 폭 확대
　　　　└ 활동 : 명 수도 연경에서 동남아 사신들과 더불어 서양 선교사들과 교류
- 한백겸 ┬ <동국지리지> ┬ 중국 사서에 기록된 초기 국가를 서술, 삼국 · 고려를 서술
　　　　│　　　　　　　└ 역사 지리 연구의 효시 → 우리의 역사 지리를 고증하여 고대 지명을 새롭게 증명
　　　　└ 토지 개혁론 : 기자의 정전(井田)에 주목
- 김육 : 효종 때 대동법 확대와 시헌력 도입을 주장 + 동전을 널리 사용할 것을 주장
- 허목 ┬ 정치 : 붕당 정치 비판, 송시열과 예송 논쟁 but 호포법 반대, 서얼 허통 반대
　(미수) └ 영향 : 남인 실학자의 선구 → 저서 ┬ <기언>, <청사열전>(도가 사상 서술)
　　　　　　　　　　　　　　　　　　　　　　└ <동사> : 풍토 사관 제시(조선의 자연, 풍속, 인성의 독자성 강조)

04 SECTION 근대 태동기의 문화

(2) 상공업 중심의 개혁 사상

유수원
(농암,
18c 전반)
- 특징 : 중국과 우리나라의 문물을 비교, 여러 분야에서 개혁안 제시
- 사회 : 사 · 농 · 공 · 상의 직업 평등화와 전문화 강조
- 경제 ┬ 상공업 진흥 강조 ┬ 경영 방식 ┬ 상인이 생산자를 고용하여 생산과 판매를 주관
  │   │   └ 상인 간의 합자를 통한 경영 규모 확대
  │   └ 사회 기여 : 대상인이 지역 사회 발전에 공헌할 것을 주장
  ├ 기술 혁신 강조
  └ 농업에 대한 인식 : 토지 개혁보다는 농업의 기술 혁신을 통한 생산성 향상에 관심
- 저술 : <우서>
- 붕당 : 소론

홍대용
(담헌,
18c 후반)
- 주장 ┬ 기술 문화 장려
  ├ 신분 제도 철폐 → 신분이 아닌, 능력과 학식으로 사람을 평가
  └ 성리학 극복을 통한 부국강병 추구
- 세계관 ┬ <의산문답>에서의 '실옹'과 '허자'의 대화를 통해 당시의 고정 관념을 상대주의적 관점에서 비판
  └ '중국이 세계의 중심'이라는 생각을 비판
- 과학 ┬ 천문학 ┬ 주장 ┬ 지전설 → 성리학적 세계관 비판
  │   │   └ 무한 우주론 : 지구가 우주의 중심이 아니라는 근대적 우주관
  │   └ 제작 : 혼천의 제작
  └ 수학 : <주해수용> → 우리나라와 중국, 서양의 수학 연구 성과를 정리
- 토지 개혁론 : 균전제 ┬ 성인 남자에게 2결의 토지를 나눠 줄 것을 주장
  (均田制)   └ 수확량의 1/10을 조세로 징수
- 저술 : <담헌서> ┬ <임하경륜> : 국가적 문제에 대한 해결책 제시 → 균전제 주장
  │   ├ <의산문답> : 홍대용의 자연관과 과학 사상관 제시 → 화이론적 인식에서 탈피
  │   └ <연기> : 청을 다녀온 뒤 작성한 견문록
  └ 계보 : 박지원과 교류

꼭! 알아두기 ▶ 중상학파

- 내용 ┬ 주장 ┬ 상공업의 진흥, 기술 혁신 등 물질 문화에 관심
  │   └ 호락 논쟁에 대한 입장 ┬ 낙론(= 인물성 동론)
  │   └ 화이론적 세계관을 극복하고 청의 문물 수용을 주장
  └ 목표 : 사회 안정과 부국강병 추구
- 명칭 : 이용후생학파(利用厚生學派), 북학파(北學派)
- 평가 ┬ 의의 : 농업에 치우친 이상적 유교 국가론에서 벗어나 부국 강병을 위한 적극적 방안 제시
  └ 한계 : 정책을 실현할 수 있는 사회적 토대가 미약 → 국가 정책에 반영되지 못함
- 영향 ┬ 붕당 : 경기 노론
  └ 근대 : 개화 사상으로 계승

박 지 원
(연암,
18c 후반)
├ 경제 ┬ 상공업 ┬ 상공업 진흥과 수레 · 선박의 이용 강조
│   │   └ 화폐 유통의 중요성 강조
│   ├ 농업 : <과농소초> 저술 ┬ 내용 : 영농 방법 혁신, 수리 시설 확충, 상업적 농업 장려
│   │   └ 목표 : 농업 생산력 증대 추구
│   └ 토지 개혁 : 한전제 ┬ 내용 ┬ 개인의 토지에 대한 '소유의 상한'을 제시
│   │   └ 점진적 토지 균등화
│   └ 영향 : 해방 후 농지개혁법으로 구체화
├ 사회 : 양반 문벌 제도의 비생산성 비판 ex) <양반전>, <호질>, <민옹전>, <허생전>
├ 저술 ┬ <열하일기> ┬ 내용 : 청을 다녀오면서 쓴 기행문
│   │   ├ 서술 방식 : 현실을 올바르게 표현하기 위해 자유로운 문체 시도(문체혁신)
│   │   └ 비판 : 정조의 문체반정
│   ├ <한민명전의> : 토지 개혁론 제시 → 한전론 제시
│   └ <방경각외전> : 9편의 한문 소설로 당시 사회를 통렬히 풍자
└ 계보 : 제자(박제가) + 손자(박규수, 개화 사상의 효시)

박 제 가
(초정,
18c 후반)
├ 계보 : 박지원의 제자, 김정희의 스승
├ 경제 ┬ 청(淸)과 통상 강화를 통한 문물 수용 강조
│   ├ 상공업 진흥과 수레 · 선박의 이용 강조 → 무역선 파견을 통해 국제 무역 참여를 주장
│   └ 소비의 중요성 강조 → 소비를 우물에 비유
├ 과학 ┬ 서양 선교사를 초빙하여 서양의 과학 · 기술을 배우자고 제안
│   └ 정약용과 함께 종두법 연구 ex) <마과회통>의 부록인 <종두방서>
├ 사회 : 서얼 출신으로 정조 때 규장각 검서관으로 중용
└ 저술 : <북학의> → 청을 다녀와서 쓴 견문록

◇**확인해 둘까요!** ● **최한기**(1803~77) : 조선 말의 학자

1. 사상
- 경험주의적 인식 ┬ 인간의 모든 앎이란 선천적인 것이 아니라 후천적 경험을 통하여 배워 얻어지는 것
                  └ 추측법(귀납법과 연역법을 함께 포함)을 통해 인간의 사고를 확장
- 주장 : 서양의 역산(曆算)과 기학(氣學)을 중요시하여 적극 소개 → 서양의 과학기술 도입에 적극적
- 의의 : 19c 개화 사상의 선구적 역할

2. 저술
- <기측체의> : 유학사상을 실증적 · 과학적 방법으로 분석
- <지구전요> : <해국도지>와 <영환지략>을 바탕으로 세계의 지리 · 역사 · 물산 · 학문 등을 상세히 소개
- <성기운화> ┬ 영국 천문학자 허셜의 <답천>을 번안
            ├ 코페르니쿠스의 지동설을 비롯한 서양 과학을 소개
            └ 뉴턴의 만유인력설을 비롯한 서양 과학과 기술을 소개
- <신기천험> : 영국 의사 홉슨의 의학 서적을 바탕으로 서양 의학의 대강을 소개
- <명남루총서> : 최한기의 저편서를 하나로 묶어 간행한 총서

04 근대 태동기의 문화
SECTION

4 국학 연구의 확대 : 실학의 발달 + 민족의 전통과 현실에 대한 관심 고조

(1) 역사 연구

학 자	저 서	내 용
이익		실증적이며 비판적인 역사관 제시, 도덕주의 사관 비판
		중국 중심의 역사관을 벗어나 우리 역사를 체계화할 것을 주장 : 삼한(마한) 정통론
안정복	동사강목	고조선부터 고려 말까지의 역사를 강목체로 서술　　cf) 발해를 말갈족의 국가로 인식
		이익을 계승 ┌ 고증 사학의 토대 확립
		└ 독자적 정통론 체계화 : 마한 중시, 삼국을 무통(無統) 시대로 인식
		ex) 삼한 정통론 : 고조선(단군, 기자)　→ 마한 → 신라 문무왕 → 고려 태조
	열조통기	조선 태조부터 영조 52년까지를 편년체로 서술
유득공	발해고	발해사를 기전체로 서술
		통일신라와 발해를 '남북국 시대'로 표현 ┐
이종휘	동사	고조선부터 고려까지를 기전체로 서술　　　　│ 한반도 중심의
		고구려 강조 : 발해를 고구려 계승 국가로 인식(만주 회복 희구) ┘ 협소한 사관 극복
이긍익	연려실기술	조선의 정치와 문화를 기사본말체로 서술
		실증적, 객관적으로 서술(주관을 개입하지 않음)
한치윤	해동역사	고조선부터 고려까지를 기전체로 서술
		→ '열전'은 없고, '세가'·'지'·'고'의 구성으로 서술
		외국(중국, 일본 등) 자료까지 인용 → 민족사에 대한 인식의 폭 확대
김정희	금석과안록	금석학 연구 : 북한산비가 진흥왕 순수비임을 확인, 황초령비 판독

◈ 확인해 둘까요! ▸ **조선 후기의 기타 역사서**

1. 17c
- <동사찬요>(선조·광해, 오운) : 신라·고려의 역사를 기전체로 서술, 절의를 지킨 인물 강조
- <여사제강>(현종, 유계·서인) : <동국통감제강>의 영향, 고려의 역사를 강목체로 정리 → 북벌론 정당화 시도
- <동사>(현종) ┌ 단군 조선부터 고대 삼국까지의 역사를 기전체로 서술, 북벌론에 대한 비판적 입장
　(허목·남인) └ 풍토사관 : 조선의 자연 환경·풍속·인성의 독자성 강조
- 홍여하 ┌ <휘찬여사>(인조) : 고려사를 기전체로 서술
　(남인) └ <동국통감제강>┌ 고조선부터 신라까지를 강목체로 서술
　　　　　(현종) └ 정통론을 처음 제기, 기자 – 마한 – 신라를 정통으로 인식　cf) 단군은 정통에서 제외

2. 18c
- <동사회강>(숙종) ┌ <여사제강>의 영향을 받아, 단군조선부터 고려까지를 강목체로 서술
　(임상덕·소론) └ 정통론 : 기자조선 – 통일신라로 인식　　　　cf) 단군·마한·삼국은 정통에서 제외
- <동국역대총목>(숙종) ┌ 역대총목이라고도 부르며, 단군부터 조선까지를 편년체로 서술
　(홍만종·소론) └ 정통론 : 단군 – 기자 – 마한 – 신라(?) – 통일신라 – 고려로 인식

(2) 지도 연구

- 지리지 ┬ 역사 ┬ <동국지리지> ┬ 고대 지명 고증 : 고구려의 발상지 = 만주 지역, 삼한의 위치
  │   │   (17c, 한백겸) └ 의의 : 지리에 기초한 역사 연구 분야 개척
  │   │
  │   ├ <강계고>(18c, 신경준)
  │   │
  │   └ <아방강역고>(19c, 정약용) : 우리 고대 국가의 강역을 고증
  │
  └ 인문 ┬ <동국여지지>(17c, 유형원) : 지역 특산물, 마을의 형세, 하천, 농지를 조사한 국가 재정 보조 자료
        │
        ├ <택리지> ┬ 내용 : 자연 환경과 물산, 풍속과 인심 등을 서술, 살기 좋은 곳을 기록
        │ (18c, 이중환)├ 구성 ┬ 팔도총론 ┬ 전국을 평안 · 함경 · 황해 · 강원 · 경상 · 전라 · 충청 · 경기로 구분
        │   │   │   └ 지리를 논하고 그 지방의 지역성을 출신 인물과 결부시켜서 서술
        │   │   └ 복거총론 ┬ 살기 좋은 곳을 택하여 그곳의 입지 조건이 타당함을 설명
        │   │   └ 살기 좋은 곳의 입지 조건 : 지리 · 생리(生利) · 인심(人心) · 산수
        │
        └ <여지도서>(영조) : 각 읍에서 편찬한 읍지를 모은 전국 읍지, 각 읍의 채색지도 부착

- 지도 ┬ 회화식 ─ <해동지도>(영조) : 군현지도 모음집으로, 조선전도 · 군현전도 · 세계지도 · 관방지도 등을 포함
  │
  ├ 방안식 ┬ 내용 : 방안 격자(모눈종이) 위에 그려진 지도
  │   └ 사례 : <비변사지도>, <조선지도>, <팔도군현지도>, <해동여지도>
  │
  └ 대축척 ┬ 정상기(영조) : <동국지도> → 최초로 100리척을 사용하여 지도 제작의 과학화에 기여
          └ 김정호 ┬ <대동여지도> : 10리마다 눈금으로 거리를 표시하고, 산맥 · 하천 · 포구의 표시가 정확
             (19c) └ 지도(<청구도>(순조, 1834), <동여도>(철종, 1857)), 지리지(<동여도지>, <대동지지>)

- 세계 지도 ┬ 도입 : <곤여만국전도> ┬ 내용 : 선교사 마테오리치와 명의 이지조가 목판으로 제작한 타원형 지도
  │   ├ 도입 : 임란 직후(선조) 이광정과 권희가 전래 → 관상감에서 목판으로 인쇄
  │   └ 영향 : 과학적이고 정밀한 지리학 지식 습득, 조선인의 세계관 확대
  │
  └ 제작 ┬ <요계관방지도> ┬ 이이명이 숙종의 국토 방위 시책에 의해 제작한 군사 목적의 관방 지도
        │   (숙종)   └ 우리의 북방 지역과 중국의 군사 요새지를 상세히 묘사
        │
        ├ <동국대지도>(영조) : <동국지도>(정상기)에 만주 일부를 첨가하여 100리척을 사용하여 제작
        │
        └ <천하도지도>(정조 ?) : 서구식 세계 지도

(3) 한글 연구와 백과사전

- 한글 연구 ┬ 음운 연구 ┬ <훈민정음운해>(신경준)
  │   │   └ <언문지>(유희)
  │   └ 어휘 연구 ┬ <재물보>(이성지), <아언각비>(정약용), <물명고>(유희)
  │   └ <고금석림>(이의봉) : 우리의 방언과 해외의 언어(흉노, 돌궐, 거란, 여진, 일본 등)를 연구
  │
  ├ 백과사전 ┬ 개인 제작 ┬ <지봉유설>(이수광) : <천주실의> 소개, 아시아뿐만 아니라 유럽 국가까지 소개
  │   │   ├ <성호사설>(이익) : 천지, 만물, 인사, 경사, 시문 등으로 나눠 우리와 중국의 문화를 소개
  │   │   ├ <청장관전서>(이덕무, 서얼) : 규장각 검서관으로 영 · 정조대 학문 · 문화의 성과를 반영
  │   │   ├ <임원경제지>(서유구) : 농업 백과 사전
  │   │   └ <오주연문장전산고>(이규경, 이덕무의 손자) : 19c 중엽 간행
  │   │
  │   └ 국가 제작 ┬ <동국문헌비고>(영조, 역대 문물을 정리한 한국학 백과사전) → <증정동국문헌비고>(정조)
  │   └ <만기요람> ┬ 서영보 등이 18c 후반부터 19c 초까지 조선의 재정과 군정을 왕명에 따라 서술 정리
  │   (19c 초) └ 국가의 만기를 직접 관장하는 군주가 정무를 수행하는 데 참고할 수 있도록 편찬
  │
  └ 기타 ─ <박통사 언해>(숙종) : 중국어 학습서인 <박통사>의 원문에 중국어 독음을 달고 언해

5 과학 기술

(1) 시기별 특징

- 17c ┌ 사신의 전래 ┌ 이광정(선조) : 마테오 리치의 <곤여만국전도> 전래
     │   └ 정두원(인조) : 화포 · 천리경 · 자명종 등을 전래, <직방외기>, <홍이포제본> 등의 서적 전래
     └ 서양인 전래 ┌ 인조 : 벨테브레이 ┌ 훈련도감에 소속, 병자호란에 참전
              │   (박연)   └ 서양식 대포(= 홍이포) 제조, 조종법 전수
              └ 효종 : 하멜이 네덜란드에 돌아가 조선의 사정을 서양에 소개 ex) <하멜 표류기>
- 18c ┌ 특징 : 과학 기술의 발달
     └ 학파 : 북학파(서양 과학 기술 수용 but 천주교 배척) vs 성호학파(일부가 서양 과학뿐 아니라 천주교 수용)
- 19c : 과학 기술의 정체

(2) 발달 내용

- 천문학 ┌ 배경 : 국민의 생활 개선을 중요시하며 과학 기술에 관심을 가진 학자들의 등장 + 서양 과학의 영향
      └ 내용 ┌ 이익 : 서양 천문학에 관심 → 한문으로 번역된 과학 서적을 읽고 연구
           ├ 김석문 : <역학도해>를 통해 최초로 지전설 주장 ┐ 성리학적 세계관 비판
           └ 홍대용 ┌ 지전설 주장 ─────────────────┘
                  └ 무한 우주론(지구가 우주의 중심이 아니라는 설) 주장 → 근대적 우주관 제시
- 역법 : 시헌력 ┌ 제작 : 서양 선교사 아담 샬이 중심이 되어 제작한 서양식 역법
            ├ 내용 : 태음력에 태양력의 원리를 부합시켜 24절기와 하루의 시각을 정확히 계산
            └ 도입 : 효종 때 김육의 노력으로 청으로부터 수용
- 수학 ┌ <기하원본> 도입 : 마테오 리치가 유클리드 기하학을 저술
     └ <주해수용> 저술 : 홍대용이 조선 · 중국 · 서양의 수학 연구 성과를 정리
- 의학 ┌ <동의보감>(17c 초, 허준) ┌ 전통 한의학을 체계적으로 정리, 향약을 한글로 표기 → 의료 지식 보급
     │   └ 중국과 일본에서도 간행
     ├ <침구경험방>(17c 초, 허임) : 침구술을 집대성
     ├ <벽온신방>(17c 중, 안경창) : 온역(급성 열성 전염병) 치료에 관한 의서
     ├ <마과회통>(18c 말, 정약용) : 마진(= 홍역) 연구에 대한 진전, 박제가와 더불어 종두법(천연두 예방법) 연구
     └ <동의수세보원>(19c 말, 이제마) ┌ 사상 의학 확립
                          └ 인간의 체질을 태양인 · 태음인 · 소양인 · 소음인으로 구분하여 치료
     cf) <자산어보>(정약전, 순조) : 신유박해, 황사영 백서사건으로 유배가서 흑산도 연해의 어족에 대한 연구

자료 보기

곤여만국전도
▶ 조선의 세계관 확대

홍대용이 만든 혼천의

거중기

6 문화의 새 경향

(1) 서민 문화의 발달

- 배경 : 상공업의 발달 + 농업 생산력의 증대 + 서당 교육의 보급
- 특징 ┬ 중인층과 서민층의 참여
  └ 감정을 적나라하게 표현 → 양반 사회에 대한 비판, 사회의 부정과 비리를 풍자하고 고발

(2) 발달 분야

- 판소리 ┬ 정의 : 고수의 북장단과 추임새를 곁들여 엮어내는 가창
  ├ 구성 : 창(= 노래) + 아니리(= 이야기, 사설) + 발림(= 몸놀림)
  ├ 특징 : 감정 표현이 직접적이고 솔직, 분위기에 따라 광대가 이야기를 즉흥적으로 가감, 관중과의 호흡
  ├ 종류 : 서편제(전라도 서남) + 동편제(전라도 동북) + 중고제(경기, 충청)
  └ 정리 ┬ 원래 열두 마당이었으나 다섯 마당(춘향가, 흥보가, 심청가, 적벽가, 수궁가)이 전함
        └ 신재효(19c 후반) : 판소리 사설 창작과 정리에 공헌
- 가면극 ┬ 종류 ┬ 탈놀이 : 향촌에서 마을 굿의 일부로 공연 ex) 하회별신굿 탈놀이와 강릉단오굿의 관노 탈놀이
  │   └ 산대놀이 ┬ 특징 : 도시 상인과 중간층의 지원 → 무대의 가면극이 민중 오락으로 정착
  │   └ 사례 : 중부의 양주별산대놀이, 서북의 봉산탈춤, 영남의 통영오광대 · 고성오광대 등
  ├ 내용 ┬ 지배층과 그에 의지하여 살아가는 승려의 부패 · 위선을 풍자
  │   └ 하층민인 말뚝이와 취발이를 등장시켜 양반의 허구를 폭로
  └ 영향 : 당시 사회적 모순을 예리하게 드러내면서 서민 자신들의 존재를 자각하는 데 기여
- 한글 소설 ┬ 발달 배경 : 서당 설립의 확대로 독서 인구의 증가 + 전문 소설 작가의 등장
  ├ 독서 방식 ┬ 세책점에서 대여 + 부녀자를 중심으로 필사본을 독서
  │   └ 강독사(전기수)가 대중에게 소설 읽어주기
  └ 작품 ┬ 홍길동전(허균) : 서얼 차별 철폐, 탐관오리 응징을 통한 이상 사회 건설을 묘사 → 현실 비판
        └ 춘향전(신분 차별의 비합리성을 비판), 토끼전(별주부전), 심청전, 장화홍련전
- 시조 ┬ 전기 : 사대부의 기상 · 절의 혹은 자연관을 표현
  └ 후기 ┬ 사설시조 ┬ 기존의 정형화된 틀에서 벗어나 글자 수의 제한 없이 서민의 감정을 솔직하게 표현
        │   └ 서민들의 생활상이나 남녀 간의 사랑을 묘사, 현실 비판
        └ 시조집 : <청구영언>(김천택, 영조), <해동가요>(김수장, 영조), <가곡원류>(박효관 · 안민영, 고종)
- 한문학 ┬ 정약용 : 부조리한 사회 현실 비판 ex) 애절양
  ├ 박지원 ┬ 양반 사회의 허구성 비판 ex) 양반전, 허생전, 호질, 민옹전
  │   └ 현실을 올바르게 표현할 수 있는 문체로 혁신할 것을 주장
  └ 정조 : 문체반정 → 당시 유행한 문체(= 패관소품)를 비판하고 고문의 문체로 돌아갈 것을 강요
- 위항 문학 ┬ 발달 배경 : 중인층과 서민층의 문학 창작 활동이 활발 → 시사 조직 ex) 옥계시사, 직하시사, 육교시사
  └ 활동 ┬ 시집 간행 ex) <육가잡영>, <해동유주>, <소대풍요>, <풍요속선>
        ├ 전기 · 사적 정리 ┬ 조희룡의 <호산외사> : 중인 · 화가 · 잔반 · 승려의 특이한 행적을 기록
        │   ├ 유재건의 <이향견문록> : 하층 계급의 뛰어난 인물의 행적을 기록
        │   ├ <규사> : 서얼과 관련된 내용을 기록
        │   ├ 이진흥의 <연조귀감> : 향리들의 사적을 집약하여 기록
        │   └ 장지연의 <일사유사> : 뛰어난 중인 · 하층민의 구체적 활동을 기록
        └ 풍자 시인의 활동 ex) 김삿갓, 정수동

7 예술의 새 경향

구례 화엄사 각황전 | 보은 법주사 팔상전 | 김제 금산사 미륵전

▶ 현존하는 유일한 목탑(5층, 인조)

▶ 17c 규모가 큰 다층 건물, 내부는 하나로 통하는 구조
▶ 양반 지주의 경제력 향상과 불교의 사회적 지위 향상을 반영

논산 쌍계사 | 부안 개암사

▶ 18c 장식성이 강한 사원
▶ 사회적으로 부상한 부농과 상인의 지원하에 지어진 건축물
▶ 같은 시기의 건물로는 안성 석남사가 존재

수원 팔달문

▶ 유네스코 지정 세계 문화 유산
▶ 방어뿐만 아니라 공격까지 가능한 성곽 시설
▶ 주변 환경과 조화 + 평상시의 생활과 경제적 터전의 조화로 지어진 건축물

화성성역 의궤

▶ 화성 축성 과정을 기록

시흥환어행렬도

배다리(화성능행도)

경주 불국사 대웅전

▶ 18c

대동여지전도

▶ 산맥, 하천, 포구, 도로망 표시가 정밀
▶ 10리마다 눈금을 표시하여 거리 측정 가능(목판 인쇄)
▶ 김정호 제작

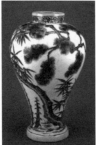

백자 청화 '홍치2년'명 송죽문 항아리

▶ 발달 배경 : 산업의 발달
　　　　　→ 백자가 민간에까지 널리 사용됨
▶ 내용 ┌ 형태와 문양이 어우러져 우리의 독특하고 준수한 세련미 표현
　　　　└ 백자 안료의 다양화 → 청화(회회청 또는 토청 등의 코발트 안료 사용)가 유행, 철화, 진사 등도 존재
▶ 작품 : 생활용품 ex) 제기 문방구

백자 청화죽문 각병

백자 달항아리

▶ 몸체는 유려한 둥근 선을 그리고 굽은 주둥이보다 좁은 순백자
▶ 백자가 민간까지 널리 보편화됨을 보여줌

조선 후기의 공예

• 옹기 ┌ 황갈색 유약을 입힌 질그릇
　　　 ├ 서민이 사용
　　　 ├ 18·19c를 거치며 확산
　　　 └ 지역에 따라 무늬·형태가 다양
• 목공예 : 나무의 재질을 살리며 기능 구비
　　　　　→ 장롱·궤상·문갑 등을 생산
• 화각공예 : 독특한 우리의 미 존재

이광사의 동국진체

▶ 배경 : 명의 멸망 이후 '조선 = 중화'라는 인식의 확산
▶ 특징 ┌ 조선적 왕희지체에 기본을 두고 송나라 미불의 서체 일부를 수용하여 완성
　　　　└ 우리의 정서와 개성을 추구하는 단아한 글씨

김정희의 추사체

▶ 배경 : 우리 서예 발전의 성과를 바탕
▶ 특징 ┌ 고금의 필법을 연구하여 굳센 기운과 다양한 조형성을 가진 서체 창안
　　　　└ 서예의 새 경지 개척

금강전도   인왕제색도

논갈이   씨름도   무동

▶ 정선의 작품
▶ 우리의 자연을 사실적으로 그려 회화의 토착화 이룩
▶ 중국 남종과 북종의 화법을 고루 수용, 우리 고유의 자연과 풍속에 맞춘 화법 창안
▶ 바위산은 선으로 묘사하고, 흙산은 묵으로 묘사하는 기법을 사용하여 산수화의 새로운 경지를 개척
▶ 서울 근교와 강원도의 명승지 두루 답사 → 사실적 묘사

▶ 김홍도의 작품 (산수화, 기록화, 신선도 등을 많이 그렸지만 정감어린 풍속화를 그린 것으로 유명)
▶ 자신의 일에 몰두하는 사람들의 특징을 소탈하고 익살스러운 필치로 묘사
▶ 18c 후반의 생활상과 활기찬 사회의 모습을 묘사

연소답청   단오풍정   주유청강   영통골입구도

▶ 신윤복의 작품
▶ 주로 양반들과 부녀자들의 생활과 유흥, 남녀 사이의 애정 등을 감각적이고 해학적으로 묘사

▶ 강세황의 작품
▶ 서양화 기법을 반영하여 더욱 실감나게 표현

운룡도   까치와 호랑이   문자도

▶ 민화(민중의 미적 감각을 표현)
▶ 소박한 우리 정서가 반영

▶ 민중의 소원을 기원하고 생활 공간을 장식

조선 후기의 다른 화가

• 영조 3재 ┬ 겸재 정선
　　　　　├ 현재 심사정 ┬ 정선의 제자
　　　　　│　　　　　　└ 초충도, 화훼도, 영모도, 산수도
　　　　　└ 긍재 김득신 ┬ 도화서 화원
　　　　　　　　　　　　└ 풍속화(김홍도의 제자)
• 장승업 : 19c 후반, 강렬한 필법과 채색법으로 표현

조선 후기의 음악

• 발달 배경 : 음악 향유층의 확대
• 특징 ┬ 음악의 다양한 발전 ┬ 양반 : 가곡, 시조
　　　│　　　　　　　　　　└ 서민 : 민요
　　　└ 상업적 성장에 따른 직업적 광대 · 기생의 등장
　　　　　→ 판소리 · 산조 · 잡가 등을 창작하여 발전
• 내용 : 전반적으로 감정을 솔직하게 표현

세한도

▶ 19c 중반, 김정희에 의한 문인화의 부활

동궐도

▶ 19c 초반, 창덕궁과 창경궁의 전체를 묘사한 기록화
▶ 정확성과 정밀성이 뛰어나고 배경 산수에 대한 묘사가 예술적임

핵심 자료 읽기

호론

• 이(理)는 본래 하나이다. 형기를 초월하여 말하는 것도 있고, 기질로 인해 이름지은 것도 있고, 기질을 섞어 말하는 것이 있다. 형기를 초월한 것으로 말하면 곧 태극이라는 명칭이 이것으로, 만물의 이(理)가 동일하다. 기질로 인해 이름지은 것으로 말하면, 건순오상의 이름이 이것으로 사람과 동물의 본성이 같지 않은 것이다. 기질이 섞여 있는 것으로 말한다면 곧 선악의 성이 이것으로 사람과 사람, 동물과 동물이 같지 않은 것이다.

• 만물이 이미 생겨남에, 그 기(氣)의 정통한 것을 얻은 것은 사람이 되고, 그 기의 편색한 것을 얻은 것은 사물이 된다. 초목은 지각이 전혀 없고 금수는 비록 지각이 있으나 간혹 어느 한쪽 길만 통하여 종내 통하니 종내 형기의 구애를 받아 그 전체의 큰 것을 채우지 못한다. 오직 사람만이 태어날 때 정(正)하고 통(通)한 기를 타고난다. 이러한 까닭으로 그의 본성만이 가장 귀할 뿐만이 아니라, 그 정통한 것을 얻었기에 그 마음이 최고로 허령하며 건순오상의 덕이 갖추어시지 않음이 없고 모든 이치를 다 갖추고 있다. 대체로 사람이 금수와 다른 까닭은 바로 이 때문이며, 또한 사람이 요·순과 같은 성인이 되고 천지와 더불어 만물의 화육(化育)을 돕는 것도 이 때문이다.

• '물(物)'은 번식하는 이치만을 부여받았다. 인간은 본래부터 신령스러움을 갖고 태어나기 때문에 '물'보다 월등하게 뛰어난 존재이며, '물'을 이용할 수 있는 권리를 갖는다. '사람'과 '물'은 주인과 종의 관계와 같다.

• '물(物)'에도 인의예지라는 도덕성이 있다. 다만 인간은 그 전체를 가지고 있지만 물은 일부분만 가지고 있다. 사람과 동물이 인·의·예·지·신과 같은 고차적인 도덕성에서는 본질적인 차이를 갖는다.

낙론

• 바른 것도 오상(五常)이고 치우친 것도 오상이다. 통하는 것도 오상이고 막힌 것도 오상이다. …… 이제 그 발용의 여부만을 보고서 "하나는 있고 (다른) 하나는 없다."라고 말하는 것은, 그 뜻을 다하지 못한 것이 아니겠는가? …… 인간이 온전함을 얻었다 함은 오행의 온전하고 순수함을 얻었다는 것이며, 동물이 치우침을 얻었다는 것은 오행의 치우치고 잡박(雜駁)함을 얻었다는 것인데, 온전함과 치우침 사이에도 오행의 덕을 한 가지로 한다.

• 생태계를 구성하는 인간·금수·초목은 차별이 있지만, '차별'이 '차등'이 되는 것은 결코 아니다. 금수와 초목에는 나름예 예(禮)와 의(義)가 있다. 사람과 사물이 귀하고 천함의 차이가 있다고 해도 하늘이라는 절대적 관점에서 보면 사람과 사물은 균등하다. 인간의 관점에 집착하여 사물을 천하게 보고 인간을 귀한 존재로 보는 생각이 진리를 해치는 근본 요인이다.

북학 운동

청나라가 천하를 차지한 지 1백년이 지났다. 여기에 있는 사람들을 오랑캐라 하고 중국의 법마저 폐기해 버린다면 크게 옳지 못하다. 진실로 백성에게 이롭기만 하다면, 그 법이 비록 오랑캐에게서 나왔다 하더라도 성인은 장차 취할 것이다. …… 이리하여 북벌론은 우리 백성만 수고로울 뿐 곤궁과 기아에 빠져 스스로 폐지되게 하였다. 그러므로 우리가 오랑캐를 물리치려고 한다면 누가 오랑캐인가를 알아야 하며, 중국을 높이려면 그들의 유법을 실행하는 것이 국을 높이는 것이 된다. 명나라를 위해 원수를 갚아주고 우리의 부끄러움을 씻으려면 중국을 배운 다음 함께 의논하여도 늦지 않을 것이다. 〈북학의〉

성리학의 교조화

• 주자(朱子)의 글은 산과 바다의 이치를 다 포괄하고 있으며 의리의 천만 가지 단서가 밝혀져 있지 않은 것이 없고, 치국 평천하의 도와 내수외양의 방책이 역시 자세하게 모두 갖추어져 있지 않은 것이 없으며, 또한 우리나라와 비교해 보면 세대가 가장 가깝고 시세가 서로 비슷하기 때문에 주자의 말씀 또한 오늘날의 시무에 다 대비되어 있는 바이다.

• 박세당은 윤증의 당이다. 자기보다 나은 사람을 시기하고 괴벽한 행동을 하는 자로, 청환(淸宦)에서 탈락된 뒤 한 권의 책을 지어 〈사변록〉이라 하였다. 주자의 〈사서집주〉를 공격하고, 중용에서는 제멋대로 장구(章句)를 고쳤으니, 윤휴의 투식을 그대로 이어받았다. 그리고 이경석의 비문을 짓고 선생을 모욕함이 도리에 어긋났으므로 홍계적이 상소하여 그 글을 거두어다가 불 속에 넣고 성현과 선정(先正)을 모독한 죄를 다스리고자 청하였다. 상(숙종)이 "박세당이 성현을 모독하고 선정을 헐뜯었으니 사문(斯文)에 관계되므로 내버려두기 어려운 일이다."라고 하였다. 〈송자대전〉

윤휴

- 윤휴가 상소를 올려, "세상의 의리를 세우는 자는 반드시 세상에 이름이 난다고 하였는데 …… 짐승 같은 것들이 핍박해와 군신 관계를 요구하여 …… 지금 오랑캐의 나라가 혼란스러우니 때를 놓치지 말고, 화포와 조총을 곁들여 병사 1만 대(隊)를 뽑아 요하 이북과 심양을 공격하고 천하 사람들에게 명령하기를 청합니다."라고 하였다.

- 나의 저술 의도는 주자의 해석과 다른 이설을 제기하려는 것보다 의문점 몇 가지를 기록했을 뿐이다. 만약 내가 주자 당시에 태어나 제자의 예를 갖추었더라도 감히 구차하게 뇌동(雷同)하여 전혀 의문점을 해소하기를 구하지 못하고 찬탄만 하고 앉아 있지는 못했으리라. …… 반드시 반복하여 질문하고 생각해서 분명하게 이해하기를 기대했을 것이다. …… 그런데 근래에 송시열이 이단이라고 배척하였다. 송시열의 학문은 전혀 의심을 내지 않고, 주자의 가르침이라면 덮어 놓고 의론을 용납하지 않으니 비록 존신하다 하더라도 어찌 실제로 체득하였다고 할 수 있겠는가?

- 천하의 많은 이치를 어찌하여 주자만 알고 나는 모른다는 말인가. 주자는 다시 태어난다 하여도 내 학설을 인정하지 않겠지만 공자나 맹자가 다시 태어나면 내 학설이 승리하게 될 것이다.

박세당

송나라 때 정자 · 주자 두 선생이 6경의 뜻을 다시 환하게 밝혔다. 그러나 경(經)에 실린 말의 근본은 비록 하나지만 실마리는 천 갈래 만 갈래이다. 이 때문에 나는 좁은 소견으로 얻은 것을 대강 기술하여 그 이름을 <사변록>이라 하였다.

양명학

- 지(知)는 심(心)의 본체이다. 심은 자연히 지를 모이게 한다. 아버지를 보면 자연히 효(孝)를 안다. 형(兄)을 보면 자연히 제(弟)를 안다. 어린아이가 우물에 들어가려는 것을 보면, 자연히 측은을 안다. 이것이 곧 양지(良知)이니 맹자가 이른바 "시비(是非)의 마음은 모든 사람이 가지고 있다."라고 한 것이다. 시비(是非)의 마음은 생각을 기다려서 아는 것이 아니고, 학(學)을 기다려서 할 수 있는 것이 아니다. 그러므로 양지(良知)라 한다.

- 지(知)는 행(行)의 시작이고, 행(行)은 지(知)의 완성이다. 성학(聖學)은 단지 하나의 공부(工夫)이니, 지와 행은 두 가지로 나눌 수 없다.

- 이미 양지라고 말하면 앎 속에 행함이 있고 행함 속에 앎이 있으니, 선후로 나눌 수는 없다.

- 앎과 행함은 본래 하나인 것이다. 앎과 행함을 나누는 사람은 평범한 사람이며, 앎과 행함을 하나로 하는 사람은 어질고 지혜로운 사람이다.

정제두

- 6경의 글은 해와 별처럼 밝아서 지혜로운 사람이 보면 스스로 환해지므로 주(注)를 만들 필요가 없었다. 그러나 주자는 물리로써 해석하여 주를 만들지 않을 수 없었다. 이것이 옛 경이 변한 까닭이다. 주자의 해석이 잘못되어 이제 주가 다시 바뀌어야 한다.

- 본래 사람의 생리 속에는 밝게 깨닫는 능력이 있기 때문에 스스로 두루 잘 통해서 어둡지 않게 된다. 따라서 불쌍히 여길 줄 알고 부끄러워하거나 미워할 줄 알며 사양할 줄 알고 옳고 그름을 가릴 줄 아는 것 가운데, 어느 한 가지도 못하는 것이 없다. 이것이 본래 가지고 있는 덕이며 이른바 양지(良知)라고 하는 것이니, 또한 인(仁)이라고도 한다.

- 양천제(良賤制)는 분명히 없애야 할 제도이다. 특히 공 · 사천(公私賤)에 대해서는 점진적인 면천(免賤)의 방안을 생각해야 한다. 또한 양반 및 붕당 · 군적(軍籍)도 없애야 할 것들이다.

- 나의 학문은 안에서만 구할 뿐이고 밖에서는 구하지 않는다. …… 그런데 오늘날 주자를 말하는 자들로 말하면, 주자를 배우는 것이 아니라 다만 주자를 빌리는 것이요, 주자를 빌릴 뿐만 아니라 곧 주자를 부회해서 자기들의 뜻을 성취하려 하고 주자를 끼고 위엄을 지어 자기들의 사욕을 달성하려 할 뿐이다.

04 근대 태동기의 문화

SECTION

핵심 | 자료 읽기

유형원의 균전론

농부 한 사람이 토지 1경을 받아 법에 따라 조세를 낸다. 4경마다 군인 1인을 낸다. 사대부로서 처음 학교에 입학한 자는 2경을 받는다. 내사에 들어간 사람은 4경을 받고 병역 의무를 면제한다. 현직 관료는 9품부터 7품까지는 6경을 받는다. 정 2품은 12경을 받는다. 9품에서 2품까지 조금씩 차등을 두어 지급한다.

한전론

• 이익 : 국가에서는 한 집의 생활에 맞추어 계산해서 한전(限田)의 농토 몇 부(負)를 한 집의 영업전(永業田)으로 만들어 주어 농토가 많은 사람도 빼앗지 않고, 모자라는 사람도 더 주지 아니하며, 돈이 있어 사려는 사람은 비록 100결, 1,000결이라도 허락하고, 농토가 많아서 팔려고 하는 사람은 영업전 몇 부를 제외하고는 허락하며, 많아도 팔기를 원하지 않는 사람은 강제로 팔도록 하지 말고, 모자라도 살 수가 없는 사람은 독촉하지 않도록 해야한다.

• 박지원 : 오늘날 조상으로부터 물려받은 땅을 능히 지켜 타인에게 팔아먹지 않는 사람은 얼마 되지 않고, 매년 토지를 팔아먹는 사람이 열에 일곱 여덟 정도가 됩니다. 이로 보아 재산을 모아 토지 소유를 증대시켜 가는 자의 수효도 알 만합니다. 만약 "모년 모월 이후 제한된 면적을 초과해 있는 자는 더 이상 소유할 수 없다. 이 법령이 시행되기 이전부터 소유한 것에 대해서는 불문에 붙이고, 자손에 분배해 주는 것은 허락한다. 사실대로 고하지 않고 숨기거나 법령 공포 이후 제한을 넘어 토지를 소유한 사람은 백성이 적발하면 그 토지를 백성에게 주고, 관에서 적발하면 몰수한다."라고 법령을 세워 보십시오. 이렇게 한다면 수십 년이 못 가서 전국의 토지 소유는 균등하게 될 것입니다.

이익

• 폐전론 : 돈을 사용한 지가 40년밖에 되지 않았다. 사용하기 이전의 손해는 어느 정도였으며, 사용한 이후 이득은 어느 정도였는가? …… 백성들은 부지런히 곡식을 생산하더라도 수확량은 한정되어 있고 돈을 사용하는 데가 많으니, 돈과 바꾸지 않으면 쓸 수가 없다. 풍년과 흉년이 있고 봄과 가을이 있어, 비싸지고 싸지는 동안에 장사꾼들이 농간을 부릴 수 있다. 그리하여 상인들은 부자가 되고 농민들은 가난하게 된다. …… 그러면 어떻게 하여야 하는가. 돈을 없애는 길밖에 없다.

• 농사를 힘쓰지 않는 자 중에 그 좀이 여섯 종류가 있는데, 장사꾼은 그 중에 들어가지 않는다. 첫째가 노비요, 둘째가 과거요, 셋째가 벌열이요, 넷째가 기교요, 다섯째가 승려요, 여섯째가 게으름뱅이들이다. 저 장사꾼은 본래 사민(四民)의 하나로서 그래도 통화의 이익을 가져온다. 소금·철물·포백 같은 종류는 장사가 아니면 운반할 수 없지만, 여섯 종류의 해로움은 도둑보다도 더하다.

정약용의 토지 개혁론

• 정전법은 시행할 수 없다. 정전법은 모두 한전이었는데, 수리시설이 갖춰지고 메벼와 찰벼가 맛이 좋으니 수전을 버리겠는가. 정전이란 평지인데 나무를 베느라 힘을 들였고 산과 골짜기가 이미 개간되었으니, 이 밭을 버리겠는가.

• 균전법은 시행할 수 없다. 균전은 농지와 인구를 계산하여 분배해 주는 것인데, 호구의 증감이 달마다 다르고 해마다 다르다. 금년에는 갑의 비율로 분배하였다가 명년에는 을의 비율로 분배해야 하므로 조그마한 차이는 산수에 능한 자라도 살필 수 없고 토지의 비옥도가 경마다 묘마다 달라 한정이 없으니, 어떻게 균등하게 하겠는가.

• 여전론 : 산과 계곡, 하천과 구릉의 형세를 따라 경계를 긋고, 그 경계 안을 여(閭)라고 한다. 여(閭) 셋을 이(里)라고 하고, 이(里) 다섯을 방(坊)이라 하며, 방(坊) 다섯을 읍(邑)이라 하며, 여(閭)에는 여장(閭長)을 둔다. 무릇 1여의 농지는 사람들에게 농사일을 함께 하도록 하여, …… 매양 하루를 일할 때마다 여장은 문서에 기록하였다가 추수를 마치면 모든 곡식을 여장의 집으로 운반한 다음, 그 양곡을 분배해서 먼저 국가의 세금을 바치고, 다음은 여장의 녹봉을 주며, 그 나머지로 날마다 일한 것을 기록해 둔 문서와 대조하여 분배한다.

• 현실에 맞는 정전(井田)론 : 구획이 가능한 곳은 정자(井字)로, 구획이 불가능한 곳은 계산상으로 구획한 뒤 노동력의 양과 질에 따라 토지를 차등적으로 분급하는 것이 마땅하다.

핵심 자료 읽기

정약용의 정치 개혁론

- **탕론** : 무릇 천자란 무엇인가? 하늘에서 천자를 공중에서 내려 보내 세운 것인가, 아니면 땅에서 솟아나 천자가 된 것인가. …… 천자란 민중들이 추대하여 되었으니, 또한 민중들이 추대하지 않으면 될 수 없다. …… 64명으로 조직된 춤 부대가 춤을 출 때에 그들은 자기들의 대열 중에서 재능이 있는 한 사람을 선출하여 지휘봉을 들고 선두에 서서 춤을 지휘하게 한다. 그가 만약 장단에 척척 맞게 지휘를 잘하면 무대의 군중은 그를 존경하여 우리들의 춤 선생이라 부른다. …… 그를 끌어내리는 것도 군중이며, 그를 끌어 올려놓고 존경하는 것도 군중이다. 군중이 그를 끌어올려 세워 놓고 무능한 사람을 대신하게 하는 것을 두고 죄를 묻는다면 이것을 어찌 타당하다고 할 수 있겠는가.

- **민권 정치** : 통치자가 백성을 위해 존재하는 것인가? 백성이 통치자를 위해 사는 것인가? …… 세상에서는 백성이 통치자를 위하여 생존하고 있다고 말하나, 어찌 이치에 합당하겠는가? 통치자는 원래 백성을 위하여 있는 것이다.

- **경세유표** : 주례에 나타난 주나라 제도를 모범으로 하여 중앙과 지방의 정치 제도를 개혁해야 한다. 정치적 실권을 군주에게 몰아주고, 군주가 수령을 매개로 민을 직접 다스리도록 하되, 민의 자주권을 최대로 보장하여 아랫사람이 통치자를 추대하는 형식에 의하여 권력이 짜여져야 한다.

- **목민심서** : 백성을 다스리는 자는 백성에게서 걷어들이는 데만 급급하고 백성을 부양하는 방법은 알지 못한다. …… '심서(心書)'라고 이름 붙인 까닭은 무엇인가? 백성을 다스릴 마음은 있지만 실행할 수 없기 때문에 그렇게 이름 붙인 것이다.

- **목민관의 역할** : 그들의 형률과 위엄은 사람을 겁주기에 충분하여 자신이 목민자임을 잊고 있다. 날마다 문서 장부에 고쳐 쓰고 돈과 베를 거두어들여 밭과 집을 장만한다. 또한 재상에게 뇌물을 써서 이익을 도모하고 있다. 그리하여 "백성이 목민자를 위하여 살고 있는 것이다"라고 말하지만 그것이 이치에 합당하겠는가? 목민자는 백성을 위해 있는 것이다. 〈원목〉

정약용의 기타 인식

- **아방강역고** : 이(夷)란 대궁(大弓)을 가리키는 것으로 동인(東人)을 지칭하는 것이니, 옛날 우리 조선이 무력이 강하여 세상에 떨쳤기 때문에 중원의 선비들이 두려워했다. 이(夷)란 말이 북방의 융적과 같이 천한 이름이겠는가. 우리나라 사람들은 굳세고 성질이 곧고 바르며, 예의와 겸양을 좋아하였기 때문에 중국에서 동방 군자의 나라라고 불렀다. 압록강 바깥 사방으로 만 리의 땅은 우리의 조상들이 고생하여 경영하던 땅이니, 어찌 한(漢)나라 땅이랴.

- **기예론** : 인간은 본래 신령스러움을 타고나기 때문에 사물보다 뛰어난 존재이며, 사물을 이용할 권리를 갖는다. …… 하늘은 짐승에게 발톱과 뿔과 발굽과 이빨 등을 주었는데 사람에게는 벌거숭이로 제 생명도 구하지 못하게 하였다. 하늘은 짐승에게는 후하게 하고 인간에게는 박하게 하였는가? 인간에게는 지혜로운 생각이 있으므로 기예(기술)를 익혀서 제 힘으로 살게 한 것이다. …… 공장의 기술이 정교하면 궁실과 기구를 제조하고, 성곽과 배·수레·가마도 편리하고 견고하게 될 것이니, 나라는 부유해지고 군사는 강성해지고 백성도 부유하면서 살 수 있을 터인데 이를 알면서도 고치지 않는구나.

유수원

- 양반이 상공업에 종사하는 것을 부끄러워하지만 그들의 비루한 행동은 상공업자보다 심하다. 학문이 없어도 부정하게 과거에 합격하고, 음직을 바라거나 혹은 고리대를 하여서 생활을 영위하거나 억지로 수령의 자리를 얻어 전지와 노비를 많이 차지해야만 가계를 이룰 수 있으니 모두 비리가 아닐 수 없다. ……

- 상공업을 두고 말단적인 직업이라 하지만 본래 부정하거나 비루한 일은 아니다. 그것은 스스로 재간 없고 덕망 없음을 안 사람이 관직에 나가지 않고 스스로의 노력으로 물품 교역에 종사하면서 남에게서 얻지 않고 자기 힘으로 먹고 사는 것인데, 그것이 어찌 천하거나 더러운 일이겠는가? 〈우서〉

- 무릇 물화가 비싸고 귀하기가 우리 나라와 같은 곳은 세상에 없다. …… 무명·삼베·모시들은 오래 전부터 우리나라에서 생산되어 온 것이지만 서북(황해도, 평안도)과 호중(충청도방) 이외의 지방에서는 재배하고 직조하지 않아 비싼 것이다. …… 이 밖에 고질적 폐단이 모두 양반을 우대한다는 헛된 명분에서 나오고 있으니, 그 근본을 따져 보면 국초에 법제를 마련할 때 사민(四民)을 분별하지 못한 데 있는 것이다. 오늘날 백성들은 일정한 직업이 없고 생활의 곤궁함이 극도에 달하고 있으니, 이제 구제할 길을 마련하지 못한다면, 모두 녹아 소멸되고야 말 것이다.

04 SECTION 근대 태동기의 문화

핵심 **자료 읽기**

홍대용

- 우리나라는 명분을 중히 여겼다. 양반은 곤란과 굶주림을 받더라도 농사를 짓지 않는다. 실업에 힘써서 천한 일을 달갑게 여기는 자가 있으면 나무라고 비웃으며 종처럼 무시하니, 노는 백성은 많아지고 생산하는 자는 줄어든다. …… 사·농·공·상에 관계없이 놀고 먹는 자에 대해 관에서 벌칙을 마련하여 용납할 수 없도록 해야 한다. 〈담헌서〉

- 세계관 : 중국인은 중국을 중심으로 삼고 서양을 변두리로 삼으며, 서양인은 서양을 중심으로 삼고 중국을 변두리로 삼는다. 그러나 실제는 하늘을 이고 땅을 밟는 사람은 땅에 따라서 모두 그러한 것이니 중심도 변두리도 없이 모두가 중심이다. …… 하늘이 낳고 땅이 기르는 것 중에 혈기를 가진 것은 같은 사람이다. 그들 가운데 뛰어난 사람이 어느 한 지방을 다스린다면 모두 같은 임금이다. 성문을 튼튼하게 하고 영토를 잘 지켜 나간다면 다 나라가 되는 것이다. 하늘의 입장에서 보면 무슨 안팎의 차별이 있겠는가. 그러므로 저마다 제 국민을 사랑하고 제 임금을 존중하고 제 나라를 지키고 제 풍습을 좋아하는 것은 중국과 오랑캐가 마찬가지이다. 〈의산문답〉

- 지구 구형설 : "옛 사람이 이르기를 '하늘은 둥글고 땅은 모났다' 하였는데, 지금 선생이 '땅의 체(體)가 둥글다.' 함은 무엇입니까?" "온갖 물의 형체가 다 둥글고 모난 것이 없는데 하물며 땅이랴! 달이 해를 가릴 때는 일식(日蝕)이 되는데 가려진 체가 반드시 둥근 것은 달의 체가 둥근 때문이며, 땅이 해를 가릴 때 월식(月蝕)이 되는데 가려진 체가 또한 둥근 것은 땅의 체가 둥글기 때문이다. 그러니 월식은 땅의 거울이다. 월식을 보고도 땅이 둥근 줄을 모른다면 이것은 거울로 자기 얼굴을 비추면서 그 얼굴을 분별하지 못하는 것과 같으니, 어리석지 않느냐?" 〈의산문답〉

- 지전설 : 천체가 운행하는 것이나 지구가 자전하는 것은 그 세가 동일하니, 분리해서 설명할 필요가 없다. 저 별들과 지구와의 거리는 겨우 반경(半徑)밖에 되지 않는데도 몇 천만 억의 별들이 있는지 알 수 없다. 하물며 천체들이 서로 의존하고 상호 작용하면서 이루고 있는 우주 공간의 세계 밖에도 또 다른 별들이 있다. …… 칠정(七政)이 수레바퀴처럼 자전함과 동시에, 맷돌을 돌리는 나귀처럼 둘러싸고 있다. 지구에서 가까이 보이는 것을 사람들은 해와 달이라 하고, 지구에서 멀어 작게 보이는 것을 사람들은 오성(五星)이라 하지만, 사실은 모두가 동일하다. 〈담헌서〉

- 무한우주론 : 뭇 세계에서 보는 것도 땅에서 보는 것과 같으니, 스스로를 중앙이라 하고 각 별들을 뭇 세계라 한다. 해와 달과 오행성이 땅을 둘러싸고 있다고 하는데, 땅에서 관측하기에 그러하다. 그러므로 땅을 칠정(태양, 달, 화성, 수성, 목성, 금성, 토성)의 중앙이라 하면 가하지만, 뭇 별들의 정중이라 하면 우물 속에 앉아있는 자의 소견이다.

박지원

- 실학의 정의 : 옛날에 백성에는 네 가지 부류가 있었다. 이는 사농공상이다. 사의 업은 오래되었다. 농공상의 일은 처음에는 역시 성인의 견문과 생각에서 나왔고, 대대로 익힌 것을 전승하여 각기 자신의 학문이 있었다. …… 그러나 사의 학문은 실제로 농공상의 이치를 포괄하는 것이므로 세 가지 업은 반드시 사를 기다린 뒤에 완성된다. 일반적으로 농업에 힘쓰는 것이나, 상업을 유통시켜 공업에 혜택을 준다고 했을 때 그 힘쓰는 것이나, 상업을 유통시켜 공업에 혜택을 준다고 했을 때 그 힘쓰게 하고 유통시키고 혜택을 주게 하는 것은 사가 아니라면 누가 하겠는가?

- 양반 문벌 제도 비판 : 정선에 어떤 양반이 살고 있었는데, 어질고 책 읽기를 좋아하였다. 고을 군수가 부임할 적마다 방문하여 인사 하였는데, 살림이 무척 가난하였다. 그래서 관가에서 내주는 환자(還子)를 타서 먹었는데 결국 큰 빚을 졌다. 그러자 마을 부자가 양반의 위세를 부러워해서 양반을 사겠노라 권유하니 그 양반은 기뻐하며 승낙하였다.

- 유통에 대한 강조 : 영남 어린이들은 백하젓을 모르고, 관동 백성들은 아가위를 절여서 장 대신 쓰고, 서북 사람들은 감과 감자의 맛을 분간하지 못하며, 바닷가 사람들은 새우나 정어리를 거름으로 밭에 내건만, 서울에서는 한 움큼에 한 푼을 하니 이렇게 귀함은 무슨 까닭일까? …… 모두 일상생활에서 서로 바꾸어 써야 할 것이거늘, 이제 이 곳에서 천한 물건이 저 곳에서는 귀할 뿐더러 그 이름은 들어도 실지로 보지 못함은 어찌 된 까닭인가? 〈열하일기〉

- 방경각외전 : 아버지는 권력의 부침에 따라 아첨하는 자들을 보면 참지 못하여 남의 노여움을 사고 비방을 받는 일이 아주 많았다. …… 여기에 붙었다 저기에 붙었다 하는 세태가 꼴불견이었는데 아버지는 젊을 때부터 이런 세태를 미워하셨다. 그래서 아홉 편의 전(傳)을 지어 세태를 풍자하셨는데 그 속에는 왕왕 우스갯소리가 들어 있었다.

박제가

- 학문하는 길에는 방법이 따로 없다. 모르는 것이 있으면 길 가는 사람이라도 붙잡고 묻는 것이 옳다. 비록 하인이라 할지라도 나보다 글자 하나라도 많이 알면 우선은 그에게 배워야 한다. …… 내가 북경에서 돌아오자 박제가는 자기가 지은 책 내·외 두 편을 보여 주었다. 박제가는 나의 제자로 나보다 먼저 북경을 다녀왔는데, 농사와 누에치기·목축·성곽·궁실·배와 수레에서부터 대자리·붓·자 등의 제도에 이르기까지 모든 것을 눈으로 계산하고 마음 속으로 비교해 보았다. …… 이 책을 한 번 살펴보았더니 내가 지은 열하일기와 조금도 어긋나지 않아 마치 한 솜씨에서 나온 것 같았다. 나는 몹시 기뻐서 사흘 동안이나 읽었으나 조금도 염증이 나지 않았다.

- 선박 이용의 중요성 강조 : 우리는 나라가 작고 백성이 가난하다. 농민은 부지런히 밭을 갈고 국가에서는 인재를 등용하며 상업이 잘 융통되게 하고 공업에 혜택을 내려 나라 안에서 얻을 수 있는 이익을 모두 동원하여도 부족함을 면치 못할 것이다. 반드시 먼 지방의 물자가 통한 다음이라야 재물을 늘리고 백 가지 기구를 생산할 수 있다. 무릇 수레 백 채에 싣는 양이 배 한 척에 싣는 것만 못하며, 육로로 천 리를 가는 것이 뱃길로 만 리를 가는 것보다 편리하지 못하다. …… 나라 안의 재주 있는 장인들을 모아 배를 만들되, 중국의 배처럼 견고하고 치밀하게 만들어야 한다. …… 우리가 그들의 기예를 배우고 그들의 풍속을 살펴, 우리나라 사람으로 하여금 이목을 넓히고 천하의 큼과 우물 안 개구리의 부끄러움을 알게 한다면 그 세도(世道)를 위함이 어찌 다만 교역의 이익만으로 그치겠는가? 〈북학의〉

- 소비의 중요성 강조 : 검소하다는 것은 물건이 있어도 남용하지 않는 것을 말하는 것이지, 자신에게 물건이 없다하여 스스로 단념하는 것을 말하는 것은 아니다. …… 이용할 줄 모르니 생산할 줄 모르고, 생산할 줄 모르니 백성은 나날이 궁핍해지는 것이다. 대체로 재물은 비유하건대 샘(井)과 같은 것이다. 퍼내면 차고, 버려 두면 말라 버린다. 그러므로 비단옷을 입지 않아서 나라에 비단 짜는 사람이 없게 되면 여공(女工)이 쇠퇴하고, 쭈그러진 그릇을 싫어하지 않고 기교(奇巧)를 숭상하지 않아서 나라의 공장(工匠)이 도야(陶冶)하는 일이 없게 되면 기예가 망하게 되며, 농사가 황폐하여져서 그 법을 잃게 되므로 사(士)·농(農)·공(工)·상(商)의 사민(四民)이 모두 곤궁하여 서로 구제할 수 없게 된다. 〈북학의〉

이익의 역사 인식

- 우리나라 군국산수(君國山水)의 이름은 혼란스러워 알기가 어렵다. 우리나라 사람들이 어리석게 우리 역사를 믿지 않고 중국 역대 지리지에서 가려 뽑는 바람에 더욱 어려워졌다. 중국인은 전해들은 것을 증거로 삼았는데 천만리 밖의 사실을 어떻게 하나하나 분명히 기록할 수 있겠는가? 비교하자면 사람이 각각 이름을 가지고 있는데 잘 모르는 사람이 갑을 을이라 부르면 자기가 갑이라 불리는 것을 이상하게 여긴다. 나아가 을이 아닌가 의심하는 것과 같다. 참으로 가소로운 일이다.

- 단군과 기자의 시대에는 요하 이동으로부터 임진강 이서의 지역이 동방의 중심지였으며, 삼한의 지경은 교화가 미치지 않은 남쪽의 변방에 지나지 않았다. 그러다가 준왕이 위만의 침입을 피하여 남쪽으로 옮기고 드디어 마한이라고 칭하였다. …… 무릇 인현(仁賢)의 교화는 실로 기자에서 비롯하였는데, 그 후손이 왕업을 이어 쇠퇴하지 않았다. 위만이 속임수로 준왕을 내쫓자, 준왕은 오히려 그 무리를 이끌고 남쪽으로 달려가 강토를 열어 넓혔다. …… 준왕이 남쪽으로 피해 가자 위씨가 비록 조선의 옛 땅을 차지하였지만, 겨우 80여 년 만에 멸망하였다. …… 저 고구려·백제·신라의 3국은 단지 동서로 땅을 쪼개어 점령하고 있었을 뿐 일정한 정통이 없었으니, 마땅히 자치통감강목에서 남북조로 규정한 예를 따라야 한다.

안정복

널리 우리나라 역사 및 중국의 역사 속에서 우리나라 일에 대해 말한 것들을 가져다가 깎고 다듬어 책으로 만들었는데 한결같이 주자가 이루어 놓은 법을 따랐다. …… 대체로 역사가가 역사를 서술하는 방법은 정통을 밝히는 것이다. 나라를 빼앗은 것이나 반역한 것을 엄격히 다루며 옳고 그름을 바로 잡아 충절을 드높이고 제도와 문물을 자세히 해야한다. …… 삼국사기에서 신라를 으뜸으로 한 것은 신라가 가장 먼저 건국되었고, 뒤에 고구려와 백제를 통합하였으며, 고려는 신라를 계승하였으므로 편찬한 것이 모두 신라의 남은 문적(文籍)을 근거로 하였기 때문이다. 그러므로 편찬한 내용이 신라에 대하여는 약간 자세히 갖추어져 있고 백제에 대하여는 겨우 세대만을 기록했을 뿐 없는 것이 많다. …… 고구려의 강대하고 현저함은 백

04 근대 태동기의 문화
SECTION

제에 비할 바가 아니며 신라가 차지한 땅의 일부는 남쪽에 불과할 뿐이다. 그러므로 김씨(김부식)는 신라사에 쓰여진 고구려 땅을 근거로 했을 뿐이다. 따라서 김부식의 삼국사기는 신라를 중심으로 쓰여졌으나, 삼국은 정통 국가가 없다는 것이 옳다. …… 정통은 단군·기자·마한·신라 문무왕(9년 이후)·고려 태조(19년 이후)이다. 신라는 고구려에 대해 나라를 합병한 예에 따랐으므로 통일한 이듬해에 정통을 이은 것이다. 고려는 견훤에 대해 도적을 평정한 예에 따랐으므로 통합한 해에 정통을 이은 것이다. 위만은 왕위를 빼앗은 도적이다.

이종휘
• 단군 본기 : 조선왕 단군의 할아버지는 신인(神人) 환인이다. 환인에게는 환웅이라는 서자가 있었다. 환웅은 태백산에 살았는데, 신웅(神熊)의 이적(異蹟)으로 빅달나무 아래에서 단군을 낳았기 때문에 단군이라고 이름하였다.
• 발해 세가 : 발해 진국의 고왕은 성이 대씨이며, 이름은 조영이다. 그 선조는 고구려 속이다. 고구려가 망하자 무리를 거느리고 읍루의 동모산 지역을 차지하였다.
• 을지문덕 열전 : 나는 고구려 을지문덕의 사적에 대해서 감개무량함을 이루 다 말할 수 없다. …… 요동성으로 돌아간 수나라 군대는 오직 2,700인이었으니, 이것으로 보건대 을지문덕은 호걸의 재주가 있다고 이를 만한 것이 아닌가.

이긍익
각 조목마다 인용한 책의 이름을 적고, 번잡하고 용장한 부분은 깎아 버린 것이 많지만, 감히 자신의 의사대로 새로 논저하여 보태지는 않았다. 계술(繼述)할지언정 창작하지 않는다는 뜻에 좋은 것이다. 동인·서인으로 분당된 뒤부터는 이편저편의 문적에 훝든는 것과 칭찬한 것이 서로 반대로 되어 있는데, 기록하는 이가 혹은 한쪽으로 치우친 것이 많다. 나는 모두를 사실에 근거하여 수록하고 뒷날 보는 이가 각기 그 옳고 그른 것을 판정하게 하였다.　　　　　　　　　　　　　　　〈연려실기술〉

유득공
옛날에 고씨가 북쪽에 살면서 고구려라 했고, 부여씨가 서남쪽에 살면서 백제라 하였으며, 박·석·김씨가 동쪽에 살면서 신라라고 하였으니, 이것이 삼국이다. 그러니 마땅히 삼국사가 있어야 할 것이다. 고려가 이것을 편수한 것은 옳은 일이다.
부여씨, 고씨가 망한 다음, 김씨가 남방을 차지하고 대씨가 북방을 차지하고는 발해라 하였으니, 이것을 남북국이라 한다. 저 대씨가 어떤 사람인가? 바로 고구려 사람이다. 그들이 차지하고 있던 땅은 어떤 땅인가? 바로 고구려 땅이다.
김씨도 망하고 곧 대씨도 망하자, 왕씨가 이 땅을 통일하여 고려라고 하였다. 그러나 김씨 땅은 온전히 차지하였으나 북으로 대씨 땅은 온전히 차지하지 못하였다. 거기에 여진도 들어오고 거란도 들어왔다. 이때 고려를 위하고자 한다면 마땅히 발해사를 급히 편찬했어야 할 것이다. 남북국에는 남북국의 역사책이 있어야 하는데 고려가 편찬하지 않은 것은 잘못이다. …… 마침내 발해사를 편찬하지 아니하여 토문강 이북과 압록강 이서가 누구의 땅인지 알 수 없게 되어, 여진을 책하려 하여도 문서가 없고 거란을 책하려 하여도 문서가 없다. 고려가 마침내 약소국이 된 것은 발해의 땅을 되찾지 못했기 때문이다. 한탄스러움을 이길 수 있겠는가.　　　　　　　　　　　　　　　〈발해고〉

이중환의 〈택리지〉
살 곳을 잡는 데는 지리(地理)를 첫째로 들 수 있으며, 생리(生利)가 다음이다. 그 다음은 인심(人心)이며, 또 다음은 아름다운 산수(山水)가 있어야 한다. 이 네 가지에 하나라도 모자라면 살기 좋은 땅이 아니다. 그런데 지리가 비록 좋아도 생리가 모자라면 오래 살 곳이 못되고, 생리가 비록 좋아도 지리가 나쁘면 또한 오래 살 곳이 못된다. 지리와 생리가 함께 좋아도 인심이 착하지 않으면 후회할 일이 있게 되고, 가까운 곳에 볼 만한 산수가 없으면 성품을 닦을 수 없다.

시헌력 수용
관상감이 아뢰기를, "시헌력을 내년부터 써야겠습니다만, 칠정산 역법을 미처 전수해 배우지 못하였으므로 일과(日課)는 신법(新法)을 쓰고 칠정산은 예전대로 하면 상충되는 일이 있을 것입니다. 또 월식을 측후(測候)할 때에 수성·목성을 아울러 측후하였더니 구법에는 어그러지고 신법에는 맞았으니, 이미 그른 것을 알고 그대로 쓸 수 없습니다. 동지사가 갈 때에 또 일 관(日官)을 보내어 전수해 배워 오게 하여 한꺼번에 고치소서."라고 하니, 그대로 따랐다.

의서
- **동의보감** : 책의 이름이 '보감'이었던 것은 마치 햇빛이 조그마한 구멍으로 들어오기만 하여도 어둠이 사라지고, 피부의 실핏줄까지 환히 보일 만큼 사람을 거울에 비추어 보듯 환하게 알 수 있게 해주기 때문이다. …… 이 책은 지금까지 나온 의학 책들의 부족한 점을 보충하고, 누구나 건강을 유지할 수 있게 하였으니, 이를 보급하는 것은 천하의 보배를 천하의 사 람들과 나누어 갖는 것이다.
- **동의수세보원** : 사람이 타고난 천품은 대소생리가 네 가지로 각자가 같지 않다. 폐가 크고 간이 작은 자는 태양인이라 하고, 간이 크고 폐가 작은 자는 태음인이라 하고, 비(脾, 지라)가 크고 신(腎, 콩팥)이 작은 자는 소양인이라 하고, 신이 크고 비가 작은 자는 소음인이라 한다. …… 태양인은 노하는 마음이 불끈 일어나고 애를 쓰는 마음은 깊이 하니 조심하지 않으면 안 되고, 소양인은 애를 쓰는 마음이 불끈 일어나고 노하는 마음은 깊이 하니 조심하지 않으면 안 되고, 태음인은 함부로 즐기 고 깊이 기뻐하니 조심하지 않으면 안 되고, 소음인은 함부로 기뻐하고 깊이 즐기니 조심하지 않으면 안 된다.

위항문학
무릇 이항(里巷)의 사람에 이르면 칭찬할 만한 경술도 훈업도 없으나, 언행이 기록할 만한 것이 있으며 시문이 전할 만한 것 이 있을지라도 모두 적막한 가운데 풀처럼 시들고 나무처럼 썩어 버린다. 아아 내가 <호산외사>를 지은 까닭도 여기에 있다. 나의 벗 겸산 유재건이 나와 생각이 같아서 제가의 문집 속에서 찾아 모아, 이미 전기(傳記)가 있는 자는 인(人)을 찾아내고 전 기가 없는 자는 전기를 찬술하였으나 모두 280항이나 된다. 정돈하여 한 책을 만들고 제목을 <이향견문록>이라 하였다. 나에 게 서(序)를 요청하는데 어찌 감히 사양할 수 있으랴.

사설 시조
두꺼비 파리를 물고 두엄 위에 치달아 앉아 / 건넌산 바라보니 백송골이 떠 있거늘 가슴이
끔찍하여 풀떡 뛰어 내닫다가 두엄 아래 자빠졌구나. / 아차, 나라고 할지라도 피멍들 뻔하였도다.

조선 중화 의식
중국인이 우리 조선을 가리켜 동이(東夷)라 하는데, 이름은 비록 아답지 않지만 또한 문화 진흥의 여하에 달려 있을 뿐이 다. 맹자가 말하기를 "순(舜)은 동이 사람이요, 문왕(文王)은 서이(西夷) 사람이다."라고 하였다. 진실로 성인, 성현만 나온다면 우리 조선이 추로가 아니라해서 마음 쓰이지 않는다. 옛날 칠민은 남이(南夷)의 소굴이었지만, 주자가 이곳에서 우뚝 솟은 후 에는 중화 예악 문물의 땅이 오히려 뒤떨어졌다. 옛날에는 이(夷)였던 땅이 지금은 화(華)가 되었으니, 요체는 오로지 변화에 있을 뿐이다. …… 가만히 듣건대 중국인들은 모두 육학을 종주로 한다고 하는데, 우리 조선만은 주자학을 종주로 하고 있으 니, 주례(周禮)가 노(魯)에 있는 격이다. <송자대전>

김정희의 세한도
공자께서 말씀하시기를 "한겨울이 되어서 소나무, 잣나무가 시들지 않음을 알 수 있다."라고 하셨다. 소나무, 잣나무는 본래 사 계절 내내 늘 잎이 지지 않는 것이다. … 그런데도 성인(공자)께서는 특별히 추위가 닥친 이후에 그것을 칭찬하였다. 지금 그 대가 나를 대하는 처신을 돌이켜보면, 그 전이라고 더 잘 한 것도 없지만, 그 후라고 전만큼 못한 일도 없었다. 그러나 예전의 그대에 대해 따로 일컬을 것이 없지만, 그후 그대가 나에게 보여 준 태도는 성인에게서도 일컬음을 받을 만한 것이 아닌가? … 추운 계절에 대하여 따로 나의 마음에 느낀 점이 있었던 것이다.

11 금석문 정리

1 고구려

(1) 광개토대왕릉비

- 건립 시기 : 장수왕(414)
- 위치 : 만주 지린성 집안현
- 구성
  - 1부
    - 서문으로 추모왕(주몽)의 건국 신화
    - 유리왕, 대주류왕(대무신왕)부터 광개토대왕에 이르는 세계(世系)와 약력
    - 비의 건립 경위 기술
  - 2부 광개토대왕의 정복 활동과 국경 순수 기사를 연대순으로 기술
    - 내용
      - 영락 5년(395) : 비려 공격
      - 6년(396) : 백제 공격, 아리수(한강)를 건너 백제의 도성 육박
      - 8년(398) : 숙신 정벌
      - 9년(399) : 왜와 화통하는 백제 정벌을 위해 대왕이 평양으로 행차
      - 10년(400) : 5만 군사를 보내 왜를 격파, 임나가라를 복속, 신라 구원
      - 20년(410) : 조공을 중단한 동부여 정벌
      - → 정복한 업적 : '대왕이 공파한 성이 64, 촌이 1400'
  - 3부 : 능을 지키는 수묘인연호의 명단과 수묘 지침, 수묘인 관리 규정 기술

(2) 충주 고구려비 (= 중원 고구려비) : 5c 말

- 내용
  - 고구려 군대가 신라 영토에 주둔했음을 확인하는 기록 존재
  - 중원(충주)에서 고구려 관리와 신라왕이 만나 그곳 신라인을 내지로 옮긴 후, 고구려의 영토임을 확인
  - 동이 매금(마립간)은 고구려가 신라왕을 낮춰 부르는 호칭으로 신라가 열등한 위치임을 확인
  - 고구려가 신라의 왕과 신하에게 의복을 하사하는 의식을 거행했음을 보여주는 기록 존재
- 의의 : 고구려의 남방 한계선을 실증 + 한반도 이남에 남아 있는 유일한 고구려의 비석

꼭! 알아두기 ‣ 광개토 대왕릉비의 신묘년 기사

- 내용 : 百殘新羅舊是屬民由來朝貢而倭以辛卯年來渡海破百殘□□<新>羅以爲臣民
  (백잔신라 구시속민 유래조공 이왜이신묘년 래도해파 백잔□□<신>라 이위신민)

　　　　　　　　　　　　　　　　　　　(< >안은 불분명한 글자, □는 보이지 않는 글자)
- 해석
  - 일본 학자 : 백제, 신라는 옛날부터 (우리, 고구려) 속민으로서 조공을 해왔다.
    그런데 왜가 신묘년(391)에 바다를 건너와 백제와 신라를 격파하여 신민으로 삼았다.
  - 국내 학자 : 백제, 신라는 옛날부터 (우리, 고구려) 속민으로서 조공을 해왔다.
    그런데 (백제에 의해 동원된) 왜가 신묘년에 고구려에 침입하니, 고구려가 바다를 건너 백제
    (왜의 배후 세력)를 격파하고 신민으로 삼았다.
- 논쟁
  - 일본 학자 : 도해파(渡海破)의 주체를 왜로 보아 <일본서기>에 나오는 이른바 임나일본부설(왜가 4c부터
    약 200년 동안 한반도 남부를 지배했다는 설)을 주장
  - 국내 학자 : 도해파(渡海破)의 주체를 고구려로 보아 임나일본부설과는 아무 관련이 없음을 주장

2 백제

(1) 사택지적비

- 내용 ┌ 불당을 세운 내력을 기록
  └ 백제 의자왕 때 대좌평을 역임한 사택지적이 말년에 지난 영광과 세월의 덧없음을 한탄 → 도교적 성격
- 특징 ┌ 문체 : 사륙변려체를 사용한 유려한 문장 ┐ 당시 백제의 뛰어난 문화 수준 확인
  └ 서체 : 웅건한 구양순체 ─────────┘ (현존하는 백제의 유일한 비석)

(2) 무령왕릉

- 내용 ┌ 왕의 지석 ┌ 앞면 : 왕과 왕비의 장례 때 지신(地神)에게 묘소로 쓸 땅을 매입하는 문서를 작성
  │   │   → 그것을 돌에 새겨 넣은 매지권(買地券)을 표현
  │   └ 뒷면 : 주위에 네모난 구획선을 치고 간지(干支)와 8괘(八卦)를 배합한 방위 조각
  └ 왕비의 지석 ┌ 앞면 : 526년 왕비가 죽자 장례를 지내고 529년 왕과 합장한다는 내용
               └ 뒷면 : 1만 문의 돈으로 토지를 매입하여 무덤을 만든다는 내용
- 특징 : 매우 간결한 한문체, 중국 남조풍의 우아한 서체

3 신라

(1) 포항 중성리 신라비 : 지증왕

- 내용 : 토지 등 재산과 관련된 소송의 판결을 기록
- 의의 : 현존하는 최고(最古)의 신라 비석(?)

(2) 포항 영일 냉수리 신라비 : 눌지왕 또는 지증왕

- 절거리라는 인물의 재산 소유와 사후의 재산 상속 문제를 결정한 사실을 기록
- 신라를 '사라'로 기록 → 현존 최고(最古)의 신라비(?)
- 6부의 명칭과 왕 소속 부의 명칭을 기록

(3) 울진 봉평리 신라비 : 법흥왕 11년(524)

- 법흥왕이 울진에 순행하여 사건 처리 ┌ 신라가 동해안 북쪽 지역으로 세력을 확장했음을 확인
                                    └ 율령 반포 사실을 기록
- 17관등의 성립 연대와 신라에 복속된 피정복민에 대한 차별 대우를 기록

(4) 영천 청제비 : 법흥왕 23년(536)

- 영천에 저수지를 축조하면서 역역(力役) 동원 등의 내용을 기록

(5) 명활산성 작성비 : 진흥왕 12년(551)

- 명활산에 산성을 세운 것을 기념하는 비로 성곽 규모와 역역(力役) 동원 등의 내용을 기록

(6) 단양 신라 적성비 : 진흥왕(545 ? 551 ?)

- 남한강의 상류, 죽령 이북 지역이 신라의 영토로 편입되었음을 기록
- 적성 점령에 대한 포상과 지역 주민 회유 사실을 기록 → 점령지에 대한 수취(전사법)와 인구 파악의 기준을 기록

(7) 진흥왕 순수비
- 북한산비 : 진흥왕(555 or 568)의 한강 유역 장악 사실을 기록 ← 김정희의 고증으로 확인(1816)
- 창녕비 : 진흥왕 22년(561)에 진흥왕의 비화가야(창녕), 아라가야(함안) 등에 대한 정복 사실을 기록
- 황초령비 : 진흥왕 29년(568)에 신라의 함경도 진출 사실을 기록
- 마운령비 : 진흥왕 29년(568)에 세워졌으며 새겨진 관직명들을 통해 신라의 정치제도를 이해하는 자료가 됨

(8) 경주 남산 신성비 : 진평왕 13년(591)
- 남산 신성 축조 참여자의 이름·관등·출신과 이에 대한 서약을 기록

(9) 임신서기석 : 화랑의 유교 경전 학습과 실천 의지를 기록

(10) 최치원 관련 비문
- 난랑비서 ┌ 정의 : 최치원이 화랑 난랑을 위하여 만든 비석
    ├ 상태 : 전문은 전하지 않고 내용의 일부가 <삼국사기> 신라본기 진흥왕 37년 기사에 인용됨
    └ 내용 : 화랑도가 수련하는 풍류도는 유·불·도 3교의 기본 정신이 상호 모순되기보다 조화와 통합을 이루고 있다는 사상
- 사산비명 ┌ 구성 ┌ 숭엄산 성주사 낭혜화상백월보광탑비명(국보 제8호, 충남 보령시 성주사)
  (四山碑銘) │   ├ 지리산 쌍계사 진감선사대공령탑비명(국보 제47호, 경남 하동군 쌍계사)
    │   ├ 초월산 대숭복사 비명(비석은 임진왜란 때 파괴됨, 경북 경주시 대숭복사)
    │   └ 희양산 봉암사 지증대사적조탑비명(국보 제315호, 경북 문경시 봉암사)
    ├ 내용 : 세 선사(禪師)의 일생 행적과 대숭복사의 창건 내력을 기록
    ├ 특징 : 진감선사비와 대숭복사비는 최치원이 직접 글씨까지 작성
    └ 의의 : 사산비명은 <삼국사기>나 <삼국유사>보다 훨씬 이전의 기록으로 당시의 사실을 담은 1차 자료

4 발해와 고려

(1) 정효공주 묘지 : 발해 문왕(792)
- 내용 ┌ '불로장생'이라는 표현을 통해 도교적 성격을 확인
    └ 다양한 중국의 유교 경전과 역사서를 인용 → 발해에 유학이 널리 보급되었음을 확인
- 특징 : 변려체 문장 사용

(2) 고려 정계비 : 고려 예종 3년(1108)
- 윤관이 여진족을 축출한 후 동북 9성을 쌓고, 9성 中 공험진·선춘령에 비를 세워 국경을 표시

◇확인해 둘까요! ▶ **점제현 신사비**

- 발견 : 조선총독부 고적 조사단
- 위치 : 평안남도 온천군 성현리
- 내용 : 저수지 축조 기념비로서 점제현의 장이 현민을 위해 산신에게 기원하는 내용을 기록
- 특징 : 한반도에 현존하는 가장 오래된 비석(A.D.85) but 한4군의 존재와 관련된 비석

5 조선

(1) 탕평비 : 영조 18년(1742)
- 내용 : 영조가 청요직에 각 붕당의 인물을 균형 있게 등용하는 등 자신의 탕평 의지를 표현
  "신의가 있고 아첨하지 않는 것은 군자의 마음이요, 아첨하고 신의가 없는 것은 소인의 사사로운 마음이다. (周而弗比乃君子之公心比而弗周寔小人之私意)"
- 위치 : 유학의 본산이며 관학의 최고학부인 성균관의 반수교 위

(2) 백두산 정계비 : 숙종 38년(1712)
- 내용 : 조선과 청 사이의 백두산 일대에 국경선을 표시
- 한계 : 간도 귀속 문제를 둘러싸고 백두산 정계비의 토문강(土門江) 위치에 대한 해석 논쟁 발생

핵심 자료 읽기

무령왕릉 지석
영동대장군 백제 사마왕이 62세 되던 계묘년 5월 7일에 붕어하시고 을사년 8월 12년에 올려 모셔 대묘에 기록하기를 다음과 같다.
병오년 12월에 백제왕*대비가 돌아가시니 서방에 사매장했다가 기유년 2월 12일에 개장하여 묘를 만들었다. 전일만문 우건에 대하여 을사년 8월 12일에 영동대장군 백제 사마왕은 전기건의 전으로 토지신에게 이천석을 주고 신지와 사묘를 만들고 권을 작성하니 앞으로 이 토지에 대해서는 세상의 율령에 따르지 않음을 명백히 해 둔다.

창녕비
신사년 2월 1일에 세웠다. 과인은 어려서 왕위에 올라 정사를 보필하는 신하에게 맡겼다.
… 일의 끝에 … 사방으로 … 널리 … 이익을 취하고 수풀을 제거하여 … 토지와 강토와 산림은 … 대등과 군주, 당주, 도사와 외촌주(外村主)는 살핀다. … 고로 … 해주의 전답(田畓) □□와 산림과 하천은 … 비록 … 그 나머지 사소한 일들은 … 상대등과 고나말전(古奈末典), 법선□인(法選□人)과 상(上) … 이로써 … 몸이 벌을 받는다.

단양적성비
… (년) … 월에 왕이 대중등(大衆等)인 탁부 출신의 이사부지 이간지, …… 물사벌인 탁부 출신의 조흑부지 급간지에게 교(敎)하시었다. 이 때에 적성 출신의 야이차에게 교(敎)하시기를 … 중에 옳은 일을 하는데 힘을 쓰다가 죽게 되었으므로 이 까닭으로 이후 그의 처(妻)인 삼(三) … 에게는 … 이(利)를 허하였다. 사년 소녀, 사문 … 공형(公兄)인 주문촌 출신의 파진루 하간지 … 전자는 다시 적성연으로 가게 하고 후자 공형은 … 이엽이건 국법에는 분여하지만 비록 그러하나, 도지 소녀, 오례혜 찬간지 … 법을 적성전사법(赤城佃舍法)으로 만들었다. 별도로 관(官)은 … 불혜 여, 도두지우열리파 소자, 도라혜 … 합하여 5인에게 … 를 내렸다. 별도로 교(敎)하기를 이후부터 나라 가운데에 야이차와 같이 … 옳은 일을 하여 힘을 쓰고 다른 사람으로 하여금 일하게 한다면… 형제이건 이와 같이 아뢰는 자가 대인인가 소인인가 …

일제의 우리 문화재에 대한 정책
조선 총독부는 1943년에 각 도 경찰부장에게 지시 명령한 '유림(儒林)의 숙정 및 반시국적 고비(古碑)의 철거'를 결정하고, 항일 민족 사상과 투쟁 의식을 유발시키고 있는 민족적 사적비들을 모조리 파괴하려 했다.

유네스코 지정 문화 유산

1 세계 유산

(1) 해인사 장경판전(1995) : 조선 초기 성종으로 건립 연대 추정

- 기능 : 팔만대장경(재조대장경) 보관 → 세계 유일의 대장경판 보관용 건물
- 구성 : 수다라장(앞) + 법보전(뒤) → 우진각 지붕
- 특징 : 통풍을 위해 앞뒤에 다른 크기의 살창을 위아래로 제작 + 흙바닥(숯+횟가루+소금+모래)을 깔아 습기 제거

(2) 종묘(1995)   cf) 제외 : 연산군, 광해군

- 정의 : 조선 역대 왕 · 왕비와 추존 왕 · 왕비의 신주를 모신 사당
- 구조 ┬ 건물 ┬ 주요 건물 : 정전(각 계절과 섣달에 제례, 5회) + 영녕전(봄 · 가을과 섣달에 제례, 3회)
       │   └ 기타 건물 : 공신당, 칠사당, 공민왕 신당(별당) 등
       └ 양식 : 공포 양식은 익공 + 지붕은 맞배 지붕
- 특징 ┬ 일반 건축물은 동쪽이 상(上)인 것과 달리, 종묘는 서쪽이 상(上)
       └ 제사를 지낼 때 종묘 제례악(기악, 노래, 무용) 연주

(3) 불국사 · 석굴암(1995) : 신라 경덕왕(중대) 때 재상인 김대성 조영

- 불국사 ┬ 대웅전 ┬ 의도 : 석가모니불의 사바세계(법화경)를 형상화
         │   ├ 구성 : 다리(청운교, 백운교), 자하문, 다보탑 · 석가탑(무구정광대다라니경, 백제 아사달 주도)
         │   └ 중창 : 조선 영조(18c), 다포 양식의 팔작 지붕
         ├ 극락전 ┬ 의도 : 아미타불의 극락세계(무량수경)를 형상화
         │   └ 구성 : 다리(연화교, 칠보교), 안양문
         ├ 비로전 : 비로자나불의 연화장세계(화엄경)를 형상화
         └ 기타 : 관음전(관세음보살상), 무설전
- 석굴암 ┬ 유래 : 전생의 부모를 위해 석불사 건립   cf) 현생의 부모 : 불국사
         ├ 특징 : 호국 불교(?)
         └ 구조 : 전실(직사각형, 인왕상 · 사천왕상) + 통로 + 주실(원형, 본존상(아미타불), 보살상 · 제자상)

(4) 창덕궁(1997, 정문은 돈화문)

- 구조 ┬ 주요 건물 ┬ 정전 : 인정전, 조정의 의식과 외국 사신 접견
       │   ├ 편전 : 선정전, 왕이 일상 업무를 보던 곳, 청기와 지붕
       │   ├ 침전 : 희정당(왕의 침소, 편전으로도 사용), 대조전(왕비의 침소)
       │   └ 후원 ┬ 연못(부용지), 왕궁 아닌 상류층의 주택(연경당 → 순조 때 축조)
       │   (비원) └ 정조 관련 건물 ┬ 주합루 : 규장각 설치, 초계문신제 실시
       │   └ 존덕정 : 절대 군주 의지 표현 ex) 만천명월주인옹자서
       └ 기타 ┬ 낙선재(헌종) : 이방자 여사(마지막 황태자 영친왕의 부인) 거처
              ├ 선원전 : 역대 왕의 어진을 모신 곳
              └ 대보단(숙종) : 명 태조 · 신종 · 의종을 제사지내는 사당
- 연혁 ┬ 태종 때 창건되어 가장 오랜 기간 왕들이 거처한 곳 + 일제 강점기에 순종이 여생을 보낸 곳
       ├ 임란(소실) 이후 훼손(인조반정)과 중건을 반복
       ├ 영조 때 임오화변(사도세자의 죽음) 발생
       └ 갑신정변 당시 청군과 일본군이 대결한 곳

(5) 수원 화성(1997)

※ 서울 성곽 : 세계 유산 아님

- 건축 ┬ 계기 : 화산에 융릉(사도세자의 묘) 조성하면서 건축
  ┃ cf) 정조의 묘는 건릉(화성)
  ┣ 주도 : 채제공이 총괄하여 조심태가 지휘 + 정약용의 노력
  ┃ cf) 김홍도 참여
  ┗ 지침서 : <성설>(= 어제성화주략, 정약용 저술, 조선 · 중국 병서를 참고하여 제작)
- 과정 ┬ 방식 ┬ 외축내탁 : 성벽의 외측은 쌓고, 내측은 자연 지세를 이용하여 흙을 돌아 메움
  ┃ ┗ 전석교축 : 화강암과 벽돌을 함께 축성 재료로 사용
  ┗ 특징 : 동서양의 기술 활용(거중기, 녹로, 활차 등)
  cf) <기기도설>(테렌즈)을 활용
- 구조 ┬ 내용 ┬ 4개 성문(동 창룡문, 서 화서문, 남 팔달문, 북 장안문) + 행궁(중앙, 봉수당)
  ┃ ┗ 거주지 읍성과 방어용 산성을 결합한 성곽 도시 → 정치 · 경제 · 군사적 기능을 구비
  ┗ 한계 : 전쟁과 반란으로 인한 화재로 소실, 행궁의 부속 건물인 낙남헌 만이 현존
- 기록물 : <화성성역의궤> → 축성 계획, 제도, 인력, 의식과 공사 진행 절차를 기록, 사용된 기계 · 도구의 그림 수록
  cf) 세계 관개 시설 유산 : 김제 벽골제, 수원 축만제, 수원 만석거(화성 건립 당시 축조), 당진 합덕제

(6) 경주 역사 유적지구(2000)

- 남산지구 : 배동석조여래삼존입상, 나정(박혁거세 탄생지), 포석정
- 월성지구 : 월성(신라 왕궁 터), 첨성대, 계림(김알지의 출생지)
- 대릉원지구 : 황남대총, 천마총
- 황룡사지구 : 황룡사지, 분황사지(모전석탑)
- 산성지구 : 명활산성

(7) 고인돌 유적(2000) : 청동기 시대의 무덤

- 형태 : 탁자식, 바둑판식, 개석식 등
- 유적지 : 강화도(국내 최대 고인돌 존재), 고창(가장 많은 고인돌 존재) + 화순(축조 과정을 보여 주는 채석장 발견)

(8) 조선 왕릉(2009)

- 내용 ┬ 존재(44기) : 27대의 왕 · 왕비의 무덤 + 사후에 추존된 왕 · 왕비의 무덤 → 총 44기
  ┗ 등재(40기) : 44기 중에서 폐위된 왕(연산 · 광해군) 2기와 북한 지역의 2기를 제외
- 구조 : 진입 공간 - 제례 공간 - 전이 공간 - 능침 공간
- 변화 ┬ 회격 무덤 : 광릉(세조)
  ┗ 황제릉 양식 ┬ 사례 : 홍릉(고종, 고종비), 유릉(순종, 순종비)
  ┗ 특징 : 명 태조의 효릉을 본따 조성하여, 조선 왕릉에 있는 석양과 석호가 없는 왕릉

(9) 한국의 역사 마을(2010)

- 양동마을(경주 월성) : 월성 손씨(종가 : 서백당) + 여강 이씨(종가 : 무첨당)
- 하회마을(안동) : 풍산 류씨의 집성촌, 병산 서원(유성룡)

(10) 남한산성(2014)

- 연혁 : 신라 문무왕(주장성 건립) → 조선 인조(축성하여, 병자호란 때 몽진)
- 구조 : 행궁(재덕당) + 좌전(종묘) + 우실(사직단) → 유사시 임시 수도의 기능 담당
- 수비 : 총융청 → 수어청

(11) 백제 역사 유적 지구(2015)　　　　　　　　　　　　　　※ 서울의 백제 유적은 세계 유산(×)

- 공주 ┌ 공산성 : 웅진 방어를 위한 산성, 진남루 앞의 넓은 터가 백제 궁터로 추정
　　　└ 송산리 고분군 ┌ 굴식 돌방 무덤
　　　　　　　　　　└ 벽돌 무덤 : 6호분(사신도 벽화) + 7호분(무령왕릉 → 중국 남조의 영향)
- 부여 ┌ 관북리 유적과 부소산성 : 사비 방어, 평상시 비원으로 사용
　　　├ 능산리 고분군 : 1호분(사신도 벽화) + 금동대향로 출토(나성 사이의 절터)
　　　├ 정림사지 : 북위의 영향, 5층 석탑(일명 평제탑)　　　　cf) 능산리 사지 : 백제 창왕명석조사리감 발견
　　　└ 나성　　　　　　　　　　　　　　　　　　　　　　　　　　　cf) 궁남지 : 백제 별궁의 연못
- 익산 ┌ 왕궁리 유적 : 5층 석탑, 화장실 유적
　　　└ 미륵사지 : 석탑(현존 최고의 석탑으로 목탑 양식, 사리공에서 금제 시리호, 금제 사리 봉안기 발견)

(12) 한국의 전통사찰(2018) : 통도사, 부석사, 봉정사, 법주사, 마곡사, 선암사, 대흥사 → 7개 사찰
- 통도사 ┌ 창건 : 자장(신라 선덕여왕)　　　　　　　　　　cf) 3보사찰 : 불보, 법보(해인사), 승보(송광사)
　　　　└ 특징 : 3보 사찰로 진신사리 봉안(금강계단) → 대웅전에는 불상은 없고, 불단만 존재, 최초로 대장경 봉안
- 부석사 ┌ 창건 : 의상(신라 문무왕)　　　　　　　　　　　　cf) 중건 : 사명대사(조선 선조)
　　　　└ 내용 ┌ 무량수전 : 주심포 양식의 팔작 지붕, 안동 몽진 당시 공민왕이 편액을 남김
　　　　　　　├ 소조여래좌상 : 통일신라양식을 계승한 고려의 불상, 아미타불 형상화, 소조상 中 현존 最古 불상
　　　　　　　└ 조사당벽화 : 벽화 中 현존 最古 벽화　　　　cf) 불전과 다른 방향의 불상이 존재
- 봉정사 ┌ 창건 : 의상(신라 신문왕 ?)　　　　　　　　　　　cf) 능인(신라 문무왕)의 창건설도 존재
　　　　└ 내용 : 극락전(현존 最古의 목조 건물, 주심포 양식의 맞배 지붕)
- 법주사 ┌ 창건 : 의신(신라 진흥왕)　　　　　　　　　　　　cf) 중창 : 진표(신라 혜공왕), 유정(조선 인조)
　　　　└ 내용 ┌ 대웅보전 : 3대 불전, 다포 양식의 팔작 지붕
　　　　　　　├ 팔상전 : 조선 선조 · 인조, 5층 목탑, 8개 변상도, 층마다 다른 공포
　　　　　　　└ 쌍사자 석등 : 통일 신라 때 축조(성덕왕 ?)　　cf) 정이품송(조선 세조가 품계를 하사) 존재
- 마곡사 ┌ 창건 : 자장(신라 선덕여왕)
　　　　└ 내용 : 대광명전(김구의 향나무 식수), 영산전(조선 세조 때 김시습의 고사)
- 선암사 ┌ 창건 : 아도화상(신라 진흥왕) or 도선(신라 헌강왕)　　　　　　cf) 중창 : 의천(고려)
　　　　└ 내용 : 대복전(조선 정조 · 순조)
- 대흥사 ┌ 창건 : 신라 정관존자(구이신왕) or 아도화상(신라 진흥왕) or 도선
　　　　└ 내용 : 고승의 거처(서산대사, 초의), 편액(이광사 · 김정희의 작품)

◇확인해 둘까요! ▶　**서울의 백제 문화 유산**(유네스코 세계 유산 ×)

- 토성 ┌ 풍납토성 : 동양 최대의 판축 토성, 대부(大夫)라는 글자가 새겨진 토기의 출토
　　　└ 몽촌토성 ┌ 백제의 초기 왕성, 자연 지형을 이용하여 형태가 불규칙
　　　　　　　　└ 중국 서진의 동전무늬 도자기 조각 출토
- 고분군 : 석촌동(돌무지무덤(2호분), 널무덤), 방이동(굴식 돌방 무덤)

(13) 한국의 서원

- 연혁 ┬ 기원 ┬ 중국 : 백록동서원(주자)
- │ └ 조선 : 백운동서원(주세붕의 안향 배향, 중종) → 소수서원(이황의 건의, 명종의 사액)
- └ 위기 : 영조, 고종(흥선대원군, 화양동서원 폐지 → 만동묘 철폐)
- 구조 ┬ 기본 : 사당(선현 제사) + 강당(교육) + 동 · 서재(기숙)
- └ 기타 : 장판고(문집 · 서적 간행), 서고(서적 보관), 제기고, 고사(서원 관리), 누각(대담 장소)
- 운영 ┬ 원규 : 서원의 입학자격, 원임(院任)의 선출 절차, 교육목표와 벌칙조항을 수록
- │ ├ 원임 : 원장(산장 · 동주, 서원의 정신 지주 + 유림의 사표), 강장(경학 · 예절 강문), 훈장(훈도 담당)
- │ └ 입학자격 : 생원 · 진사를 우선으로, 초시입격자와 초시미입격자도 가능
- 소수서원(경북 영주) : 배향(회헌 안향 + 안축 · 안보 + 주세붕), 건립(주세붕 → 백운동서원, 중종), 사액(이황, 명종)
- 남계서원(경남 함양) : 배향(정여창 + 강익 · 정온 + 유호인 · 정홍서), 두 번째로 창건된 서원
- 옥산서원(경북 경주) : 배향(이언적), 소장(<삼국사기> 원본), 경주 양동마을
- 도산서원(경북 안동) : 배향(퇴계 이황 + 조목), 한석봉의 편액, 소장(<주자서절요> · <이학통론> 등)
- 필암서원(전남 장성) : 배향(김인후 + 양자징), 소장(인종의 묵죽판각, 송시열 · 송준길의 편액)
- 도동서원(대구 달성) : 배향(김굉필 + 정구)
- 병산서원(경북 안동) : 배향(유성룡 + 유진), 안동 하회마을
- 무성서원(전북 정읍) : 배향(최치원 + 신잠 + 정극인 · 송세림 · 정언충 · 김약묵 · 김관)
- 돈암서원(충남 논산) : 배향(김장생 + 김집 + 송시열 · 송준길)

◇ **확인해 둘까요!** ● **북한의 유네스코 세계 유산**

1. 고구려 고분군

- 대상 : 5~6c 사이에 제작된 것으로 추정되는 5개 지역의 63고분(굴식 돌방 무덤)
- 특징 : 지상이나 반지하에 널길[羨道]이 딸린 돌방[石室]을 만들고 그 위에 돌이 아닌 흙을 덮음
- 영향 : 백제(공주 송산리 6호분, 부여 능산리 1호분), 신라, 가야(고령 고아동 벽화고분)에 영향
- 내용 ┬ 평양시 : 역포구역의 동명왕릉과 진파리 1호분 등 15기, 삼석구역의 호남리 사신무덤 등 34기
- ├ 평안남도 대동군의 덕화리 고분 3기, 남포특별시 강서구역 삼묘리의 강서무덤 3기
- └ 황해남도 안악군의 250명의 인물이 등장하는 대행렬도가 그려진 안악분 3기, 독립고분 8기

2. 개성 역사 유적지구

- 개성 성곽
- 개성 남문(남대문) : 조선 개국 초 제작, 초기 다포계 건축물
- 만월대 : 고려의 왕궁터, 구조(정전인 회경전 중심의 외전 + 장화전 중심의 내전 + 서북쪽의 침전)
- 첨성대 : 고려의 천문관측 시설, 현재 천문관측 기구를 올려놓았던 축대만 존재
- 성균관 : 고려의 최고 교육 기관
- 숭양서원 : 정몽주가 살았던 집터에 세운 서원, 배향(서경덕 + 김상헌 · 김육 · 조익 · 우현보)
- 선죽교 : 태종 이방원 일파에 의해 정몽주가 피살된 장소
- 표충비 : 정몽주의 충절을 기리기 위해 조선에서 건립한 2기의 비석(영조, 고종)
- 왕릉 : 왕건릉, 7왕릉(고려 왕릉급 7기), 명릉(충목왕), 공민왕릉(현릉, 노국대장공주의 정릉과 나란히 조성)

2 세계 기록 유산

(1) 훈민정음 해례본(1997)

- 제작 : 정인지, 신숙주, 성삼문 등 집현전 학사
- 내용 : 한글 창제 목적 · 원리를 설명한 한문 해설서 → 글자의 음가 및 운용법 기술

  cf) 훈민정음 예의편 : 세종이 직접 한글을 만든 이유와 한글의 사용법을 간략히 설명

(2) 조선왕조실록(1997)

- 정의 ┌ 실록청 주도로 태조부터 철종까지 25대 472년을 편년체로 서술한 역사 기록 → 고종 · 순종 실록은 제외
  └ 예외 : 일기(연산군, 광해군) → 폐위된 국왕은 실록 아닌 일기로 기록 but 단종은 노산군 일기 아닌 단종실록
- 자료 ┌ 시정기(각 사의 등록을 비탕으로 춘추관의 작성), 사조(사관이 국왕과 신하의 성사 관련 발언과 행동 기록)
  └ 조보(승정원 주도로 발행), 비변사등록, 승정원일기, 일성록(정조 이후)
- 과정 ┌ 원칙 : 왕 사후에 제작, 국왕의 열람 금지　　　cf) 국조보감 : 세조 때 처음 완성, 국왕의 열람 가능
  └ 순서 : 초초 → 중초 → 정초(정초본은 인쇄하여 사고에 보관)　　　cf) 사용된 자료는 모두 세초
- 보관 ┌ 담당 기관 : 춘추관　　　cf) 포쇄 : 3년마다 시행
  └ 장소 : 사고 설치 ┌ 전기(세종) : 춘추관, 충주, 성주, 전주
  　　　　　　　　　└ 후기(임란 이후) : 춘추관(소실), 오대산, 태백산, 마니산(정족산), 묘향산(적상산)

  cf) 등록 : 조선의 중앙 관청과 지방 관청 등에서 접수한 문서를 등사한 책, 각 관아의 업무와 시행 과정 등을 파악

(3) 승정원 일기(2001)

- 제작 ┌ 내용 : 국정의 중요 사항과 업무를 일지 형식으로 작성 → 한 달에 한 권 혹은 사건이 많을 때 2권 이상 작성
  └ 담당 : 승정원의 주서 · 가주서(假注書) → 군신 간의 문서, 국왕의 일과 기록
- 보관 : 건국 초부터 제작 but 임란 때 소실 → 1623년(인조) 이후 기록만 존재
- 별칭 : <승선원일기>, <궁내부일기>, <비서감일기>, <비서원일기>, <규장각일기>
- 특징 ┌ 실록과 달리 국왕과 신하가 열람 가능
  └ <조선왕조실록>의 기본 자료 + 세계 最大의 연대 기록물

(4) 직지심체요절(2001)

- 제작(고려 우왕) : 청주 흥덕사에서 백운화상이 제작 → 현존하는 세계 최고(最古)의 금속활자본
- 보관 : 프랑스 외교관이 구입하여 반출 → 현재 프랑스 국립도서관 소장

(5) 조선왕조의궤(2007)

- 정의 : 왕실 · 국가의 의식 · 행사에 대한 준비 · 실행 · 마무리 등의 전 과정을 기록한 책
- 내용 ┌ 기록 내용 ┌ 행사 논의 과정, 준비 관원(장인), 진행 과정, 비용, 주요 장면, 사용 도구
  │　　　　　　└ 의궤 편찬 과정, 포상 내역 포함　　　cf) 화성성역의궤 : 화성 성곽 축조 과정을 기록
  └ 제작 ┌ 조선 초기부터 제작 but 임진왜란 때 소실 → 후기(17c 이후) 의궤만 존재
  　　　　└ 현존하는 최고 의궤 : 의인왕후의 장례에 대한 의궤(선조)
- 사례 ┌ 가례도감 의궤 : 조선 국왕과 왕비, 왕세자와 왕세자빈의 가례에 관한 사실을 그림(반차도)과 문자로 정리
  └ 외규장각 의궤 ┌ 정조 때 왕실 어람용으로 제작하여 강화 행궁에 보관 but 병인양요 때 프랑스군에게 약탈
  　　　　　　　　├ 반환 과정 : 1권 반환(김영삼 정부) + 임대 형태 반환(2011, 이명박 정부)
  　　　　　　　　└ 현재 상황 : 중앙박물관 수장고 보관 but 소유권은 프랑스

(6) 고려대장경판 및 제경판(2007)

- 내용 ┌ 구성 : 국가 제작판(대장경판) + 사찰 제작판(제경판)
       └ 내용 : 경 + 율 + 논
- 제작 : 최우의 참여 + 수기(개태사 승통)의 교정 → 대장도감 주도(본사는 강화 선원사, 분사는 진주)
- 인출 : 승려의 불교 연구 + 경전 신앙 + 일본의 강력한 요구(조선 초기)

(7) 동의보감(2009)

- 제작 : 허준 주도, 선조 때 시작 → 광해군 때 완성
- 구성 : 내경편(내과) + 외형편(외과) + 잡병편(유행병 · 급성병 · 부인과 · 소아과) + 탕액편 + 침구편 + 목차편
- 의의 ┌ 동아시아 의학 서적 1000여권을 집대성한 의학 백과 사전
       └ 세계 최초의 공중 보건서 : 발병 전 치료한다는 양생의학 개념으로, 질병의 원인 · 처방 등을 소개
- 특징 : 초간본이 세계 기록 유산에 등재, 중국과 일본에서도 간행

(8) 일성록(2011)

- 정의 : 1760년(영조 36년)~1910년까지의 국정 전반을 기록한 왕의 일기
- 내용 : 존현각 일기(정조의 세손 시절)에서 비롯, 신하의 상소문, 외교 문서도 기록
- 특징 : <조선왕조실록> 편찬의 기초 자료로도 사용

(9) 5 · 18 광주 민주화운동 기록물(2011)

- 관련 공공 기관이 생산한 문서
- 운동 기간 : 단체 문서, 개인 일기와 증언 테잎, 기자의 취재 수첩
- 운동 후 : 진상 규명과 명예 회복을 위한 자료, 미 국무성 · 국방부 · 대사관 전문

(10) 새마을운동 기록물(2013) : 1970~1979년까지의 새마을 운동 관련 자료

(11) 난중일기(2013)

- 시기 : 임진왜란 발발 이후부터 노량 해전까지
- 특징 : 이순신이 직접 쓴 친필일기 + 전장 기록물
- 내용 : 전투 상황에 대한 기록 + 당시의 기후와 지형, 서민의 삶에 대한 기록

(12) 한국의 유교책판(2015)

- 정의 : 조선의 718종의 서책을 간행하기 위해 판각한 책판
- 내용 : 유교 공동체(정치, 경제, 철학, 대인 관계 등)를 기록 → 제작 과정부터 비용까지 분담하는 공동체 출판

(13) KBS 특별 생방송 '이산가족을 찾습니다' 기록물(2015)

- 기간 : 1983년 6월 30일부터 11월 14일까지 138일
- 내용 : 한국방송공사(KBS)의 이산가족찾기운동과 관련된 영상물 · 사진 등의 기록물

세계 자연 유산 : 제주 화산섬과 용암동굴(2007, 한라산, 성산일출봉, 거문오름 용암 동굴계), 한국의 갯벌(2021)

12 유네스코 지정 문화 유산
부록

(14) 국채보상운동 기록물(2017)

- 정의 : 국채보상운동(1907~1910)의 전과정을 보여주는 기록물
- 과정 ┌ 광문사(대구)의 김광제와 서상돈의 제창
  └ 언론(대한매일신보, 황성신문 등)을 통해 확산 + 수십개의 국채보상운동 단체의 창립
- 소개 : 언론(대한매일신보와 신한민보 등)과 제2차 만국평화회의(1907, 헤이그)를 통해 서구에 알림
- 영향 ┌ 중국(1909), 멕시코(1938), 베트남(1945)의 국채보상운동에 영향
  └ 한국의 외환위기(1997) 당시 금모으기 운동으로 발전

(15) 조선통신사에 관한 기록(2017) : 17~19c 한일 간 평화 구축과 문화 교류의 역사

- 정의 ┌ 12회(1607~1811)에 걸쳐 일본으로 파견되었던 외교사절단에 관한 자료
  └ 외교 기록, 여정 기록, 문화 교류, 서화 작품 등의 기록(총 111건, 333점)
- 파견 ┌ 목적 : 막부의 장군 습직 축하 + 교린 관계
  └ 여정 : 한양 출발, 부산 경유 → (해로) 대마도 경유, 시모노세키 통과, 오사카 상륙 → (육로) 도쿄 도착
- 내용 ┌ 한국측 자료 : 문서(통신사등록, 변례집요) + 사절단 일행의 기행문·일기 + 서화(수행 화가 작품)
  └ 일본측 자료

  cf) 곡마단 공연 : 1636년 이후 막부의 요청으로 시작되어, 1680년 이후 마상재(馬上才) 파견이 정례화됨

(16) 조선왕실 어보(1392~1966)와 어책(2017)

- 어보 ┌ 정의 : 금·은·옥으로 만든 왕실의 의례용 도장
  └ 제작 : 왕·왕후의 덕을 기리는 칭호를 올리거나 왕비·세자·세자빈을 책봉할 때 제작
- 어책 ┌ 정의 : 세자·세자빈 책봉과 직위가 하사될 때 만든 교서
  └ 구성 ┌ 오색 비단에 책봉할 때 내리는 훈유 문서인 교명
    └ 옥·대나무에 존호를 올리는 내용을 새긴 옥책·죽책 + 금동판에 책봉의 내용을 새긴 금책
- 의미 : 왕실 구성원의 정통성을 상징하는 의물(儀物)로 신주와 함께 종묘에 봉안 → 왕실 구성원으로 정통성 확인

◈ 확인해 둘까요! ▶ 북한 세계 기록 유산

무예도보통지
- 제작 : 정조가 명하여 규장각의 검서관 이덕무·박제가와 장용영의 장교 백동수 등이 간행
- 과정 : 한교의 <무예제보>(선조)와 <무예신보>(영조)를 합하고 새 훈련종목을 더하여 편집
- 특징 : 전략·전술 등 이론 보다는 전투 동작을 그림(김홍도 제작)과 글로 해설한 실전 훈련서

3 세계 무형 유산

- 종묘 제례 및 종묘 제례악
- 판소리 ┬ 종류 : 서편제(전라도 서남), 동편제(전라도 동북), 중고제(경기, 충청)
　　　├ 구성 : 소리(唱, 노래) + 아니리(白, 말) + 발림(몸짓)
　　　└ 변화 ┬ 12마당 → 6마당(신재효의 1884년에 정리, 변강쇠타령 포함)
　　　　　　└ 5마당(춘향가, 심청가, 수궁가, 흥보가, 적벽가)
- 강릉 단오제
- 남사당놀이
- 영산재
- 강강술래
- 제주 칠머리당 영등굿
- 처용무
- 가곡
- 대목장
- 매사냥
- 줄타기
- 택견
- 한산모시짜기
- 아리랑
- 김장문화
- 농악
- 줄다리기
- 제주해녀문화
- 씨름
- 연등회

◇확인해 둘까요! ▶ 북한의 세계 무형 유산

- 조선 민요 '아리랑'
- 김치 담그기 전통
- 씨름, 한국의 전통 레슬링

한 권으로 끝내는 개념완성

- 단순 암기가 아닌 이해와 흐름으로 보는 한국사
- 기본부터 심화까지 개념을 한눈에 정리한 입체적 내용 구성
- 빈출된, 그리고 출제 가능한 문화재와 근현대 인물 약력을 단 한 권의 포켓북에 정리

	7月	8月	9月	10月	11月	12月	1月	2月	3月	4月	5月	6月
	Step 1-1		Step 2-1		Step 1-2		Step 1-3		Step 2-2			

필수 핵심개념 📖 개념서	필수 기출 문제 풀이 📖 기출문제집	개념정리 📖 합격적중노트	개념심화 📖 개념서	실전대비 📖 동형모의고사	시험 직전 최종 마무리 특강

개념완성 회독 시스템으로 기억의 한계를 넘어서다

(*현강, 인강에서 모두 회독 시스템을 활용할 수 있습니다.)

교재

SET

≫ 개념서
 – 전근대편,
 　근현대편

≫ 별책부록
 – 문화재 정리,
 　근현대 인물 정리

별매

≫ 합격적중노트
 – 50개 주제별 테마 정리

Step 1 　한 권으로 끝내는 개념완성

강좌특징

– 단순 암기가 아닌 이해를 바탕으로 한국사의 전체적인 흐름을 한 눈에 파악할 수 있는 강좌

– 공무원 한국사의 흐름을 시대별로 파악하여 개념을 체계적으로 이해할 수 있는 강좌

– 기출 관점에 입각한 주제별 정리를 통해 공무원 한국사의 심화 출제 경향까지 파악할 수 있는 강좌

수강효과

– 공무원 한국사의 기본부터 심화까지 완벽하게 개념을 잡을 수 있습니다.

– 회독 시스템을 통해 방대한 한국사를 자연스럽게 기억할 수 있습니다.

– 어려운 한국사 내용도 역사적 배경 지식과 흐름을 통해 쉽게 이해할 수 있습니다.

수강대상

– 최신 출제 경향에 최적화된 개념정리를 원하는 수험생

– 실제 기출된 자료(사료)들을 보며 유기적으로 개념 정리를 하고 싶은 수험생

– 한국사를 오랫동안 공부했지만 아직까지 흐름이 잡히지 않은 수험생

▶ 개념편

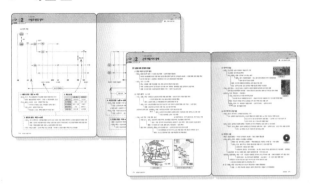

여러 개념을 한눈에 정리할 수 있는 입체적인 내용 구성

한국사 공부 시간을 단축하고 효율적으로 학습할 수 있도록 단원 전체의 내용을 체계적으로 정리하여 한눈에 파악할 수 있게 구성하였습니다. 또한 단순 암기로는 파악하기 어려운 내용들을 알아보기 쉽게 도식화하여 눈을 감으면 자연스럽게 내용이 떠오를 수 있도록 구성하였습니다.

본문 개념

원인과 결과에 따라 흐름으로 이해하고 개념들의 유기적 구조를 분석하며 이야기를 통해 오랜 시간 기억할 수 있도록 구성하였습니다.

꼭 알아두기

출제 가능성이 높거나 헷갈리기 쉬운 내용들을 집중적으로 볼 수 있도록 정리하였습니다. ex) 외국군 주둔의 역사, 근대의 개혁기구 등

확인해 둘까요

놓치기 쉬운 내용들을 한번 더 확인하여 오래 기억할 수 있도록 하였습니다.   ex) 독자적 연호의 사용, 고대 국가의 문화 교류 등

▶ 자료편

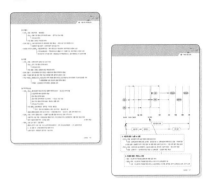

핵심 자료 읽기

모든 기출 자료와 출제 가능한 사료를 풍부하게 수록하였습니다.

자료보기

고난도로 출제되는 중요 개념을 지도를 통해 정리하였으며, 개념과 함께 응용 출제될 수 있는 다양한 사진자료와 그래프를 확인할 수 있습니다.

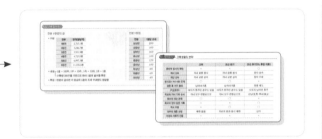

▶ 부록편

부록 : 시대별이 아닌 주제별 정리

전근대 12개, 근현대 6개의 부록으로 구성하여 역사의 시대별 흐름 속에서 주제별로 분석한 내용을 정리하였습니다.

기출 문제 풀이

7月	8月	9月	10月	11月	12月	1月	2月	3月	4月	5月	6月
Step 1-1		Step 2-1		Step 1-2		Step 1-3		Step 2-2			

필수 핵심개념 📖 개념서	필수 기출 문제 풀이 📖 기출문제집	개념정리 📖 합격적중노트	개념심화 📖 개념서	실전대비 📖 동형모의고사	시험 직전 최종 마무리 특강

교재

> 전근대편

> 근현대편

Step 2 기출 문제 풀이

강좌특징

– 공무원 한국사에서 출제 가능한 모든 기출 문제의 유형을 엄선 수록하여, 전반적인 출제 경향을 점검할 수 있는 강좌

– 실전 문제풀이에 가장 적합하도록 단원분류를 재구성하여, 출제 경향에 대한 정확한 이해와 완벽한 기출분석을 할 수 있는 강좌

수강효과

– 기출문제 분석을 통해 한국사를 시대별 · 주제별로 한 번에 정리할 수 있습니다.

– 다양한 기출 유형 풀이를 통해 출제자의 의도와 최신 출제 경향을 파악할 수 있습니다.

– 기출문제 분석과 기출문풀 체크표* 활용을 통해 그동안 잘못 이해했거나 부족했던 개념을 확인하고 집중적으로 학습할 수 있습니다.

수강대상

– 기본 개념은 정리했지만 기출 문제 풀이에 어려움을 느끼는 수험생

– 공무원 한국사의 직급별 · 직렬별 최신 출제 경향을 파악하고 싶은 수험생

– 기출 문제 풀이 이후 강의 수강을 통해 기출 관점으로 개념의 핵심만을 복습하고 싶은 수험생

▶ 출제되는 분류에 맞게 단원별 구성

기출문제를 풀어가는 과정에서 해당 단원의 구조와 개념이 머리 속에 정리될 수 있도록 기출문항의 단순 모음이 아닌 **빈출·주요 문항을 출제되는 분류에 맞게 단원별**로 분류하고 단원 내에서 **중요도순** 또는 **시기순**으로 문항을 다시 **구성**하였습니다.

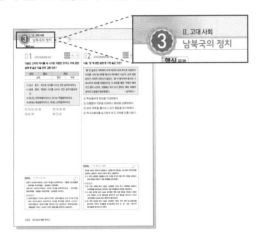

▶ 핵심 문제 / 고난도 문제로 분류

각 단원 내에서도 **핵심 문제와 고난도 문제로 분류**하여 **출제유형을 분석**하고 실전 감각을 익힐 수 있도록 구성하였습니다.

▶ 기출문풀 체크표*

자주 틀리는 문제와 틀리는 이유를 확인하고 **부족한 개념을 집중적으로 학습할 수 있도록** 정답 여부, 틀린 이유, 틀린 횟수를 체크할 수 있도록 구성하였습니다.

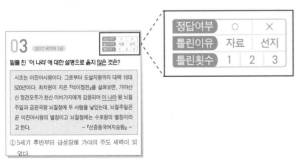

▶ 다양한 직렬 모두 대비

수험생 각자가 응시하는 직렬의 기출에 대한 감각을 충분히 익힐 수 있도록 16개년(2007~2022년)의 전 직렬 공무원 한국사 기출 문제와 출제 가능성이 높은 신유형의 문제까지 분석하여 **다양한 직렬에 대한 대비가 가능하도록 엄선하여 구성**하였습니다.

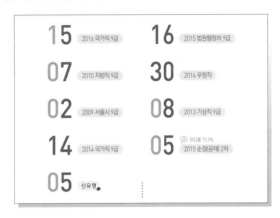

▶ 강의처럼 핵심을 짚어주는 명쾌한 해설

각 문항에 대한 해설을 문항의 하단에 수록하여 오답에 대한 해설뿐만 아니라 **자료, 선지에 대한 정확한 분석이 가능**하도록 구성하였습니다.

또한 기출문제풀이 학습에 있어 강의를 직접 수강하는 것이 학습 효율성을 높이는 가장 좋은 방법이지만, 불필요한 내용의 반복이 아닌 **기출의 핵심을 짚어주는 명쾌한 해설로 구성**하여 기출문항을 정리하는 데 부족함이 없도록 하였습니다.

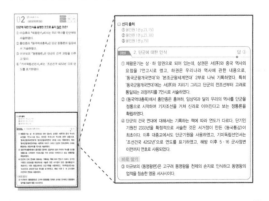

핵심 기출 문제 풀이 수강후기

가장 후회되는 건 제가 초반에 아무것도 모르는 상태에서 이미 다른 선생님 기출을 샀어서 ··· 강민성 선생님 기출 살 걸 후회했습니다만 돌이킬 순 없었죠 ··· 강민성 선생님 기출 푸세요 여러분 ··· 가장 정확합니다. 한국사는 무엇보다 기출이 정말정말 중요하다고 생각해요. 기출 최소 3회독은 하셔야 한다고 생각합니다.
—김*원—

가장 추천하고 싶은 강의는 '기출문제풀이' 입니다. 문제만 풀어주시는 것이 아니라 개념을 칠판에 판서하시면서 빠르게 훑어주시기 때문에 막판에 정리도 되고, 올인원 때 하지 않았던 심화내용 정리, 요즘 문제 트렌드가 이러니까 ~~게 대비해라 등 정보도 얻을 수 있어 좋았습니다. 문제 풀고 오답만 정리하지 마시고 꼭 기출강의 듣는 것을 강추합니다!
—손*민—

파이널 완전무결

- 공무원 한국사 유일의 전 · 현직 출제위원이 만든 실전 동형 모의고사
- 최신 출제 경향을 반영한 단원별 핵심 기출 선지 완벽 정리
- 고난도 선지, 함정 선지, 지엽적 선지에 대한 빠르고 정확한 분석
- 엄선된 한국사 자료를 통해 실전 감각 극대화

7月	8月	9月	10月	11月	12月	1月	2月	3月	4月	5月	6月
Step 1-1		Step 2-1		Step 1-2		Step 1-3		Step 2-2			
필수 핵심개념 📖 개념서		**필수** 기출 문제 풀이 📖 기출문제집		개념정리 📖 합격적중노트		개념심화 📖 개념서		실전대비 📖 동형모의고사		시험 직전 최종 마무리 특강	

Step 2-2   실전 동형 모의고사

교재

강민성 한국사

강좌특징

- 공무원 한국사 유일의 전 · 현직 출제위원이 만든 실전 동형 모의고사
- 변화된 최신 출제 경향에 최적화된 문제로 구성한 실전 동형 모의고사
- 변별력 강화를 위해 고난도 문항을 적절히 구성하여 취약 개념 및 약점을 최종 보완할 수 있는 실전 동형 모의고사

수강효과

- 실제 시험지 형식으로 제작되어 시험 환경에 대한 심리적 적응에 도움이 됩니다.
- 단기간에 다양한 난이도 · 유형의 문제를 섭렵하여 실전 능력을 높일 수 있습니다.

수강대상

- 전 · 현직 출제위원이 출제 및 검토한 '진짜' 실전 동형 모의고사를 풀어보고 싶은 수험생
- 최신 출제 경향, 빈출 주제 및 유형, 시험지 형식 등 모든 면에서 실전 동형인 모의고사를 풀어보고 싶은 수험생

특강   치명적 선지 · 사료 ○×

강좌특징

- 시험 전, 한국사 마무리 정리를 통해 부족한 파트를 보완할 수 있는 강좌
- 수 많은 O, X 문제를 통해 함정선지, 고난도 선지, 지엽적 선지를 빠르게 풀 수 있는 강좌(선지분석편)
- 최신 출제 경향을 반영한 단원별 핵심 기출 선지를 완벽 정리한 강좌(선지분석편)
- 개념 교재에 있는 핵심 자료를 바탕으로 최신 출제 경향을 확인할 수 있는 강좌(자료분석편)

수강효과

- 분석이 어려운 자료를 O, X 문제를 통해 키워드로 정리하여 실전에서 고득점을 얻을 수 있습니다.
- 함정 선지와 고난도 선지를 풀 수 있는 능력을 배양합니다.
- 공무원 한국사의 지엽적인 부분도 빈틈없이 정리할 수 있습니다.
- 최신 출제 경향을 분석하여 출제 가능한 핵심 자료와 선지 정리를 통해 매력적 오답에 대한 대비가 가능합니다.

수강대상

- 시험을 앞두고 방대한 한국사 내용을 효과적으로 확인 · 정리하고 싶은 수험생
- 시험 전 마무리 정리를 통해 약점을 보완하여 한국사 고득점을 원하는 수험생
- 정확하고 꼼꼼한 선지 분석을 통해 헷갈릴 수 있는 선지에 대한 대비를 원하는 수험생

파이널 완전무결의 교재 구성

▶ [교재]실전동형모의고사

실제 시험지 형식의 구성과 '명쾌한 해설'

시험 환경에 대한 시각적·심리적 적응이 가능하도록 실제 시험지 형식으로 제작하였고, 전현직 출제위원이 참여하여 문제의 핵심만을 분석한 명쾌한 해설로 구성하였습니다.

파이널 완전무결 수강후기

모의고사가 어렵기는 했지만 무턱대고 어려운 것이 아니고 나올만한 것들 중에 어려운 것이고 답 고르는 능력을 길러줘서 정말 좋았습니다.

—김*안—

동형모의고사 문제는 조금 어려울 수도 있지만 나중에 시험문제가 어려워졌을 때 정말로 빛을 발하는 것 같습니다. 난이도는 누구도 예측하지 못하니 수험생의 입장이라면 어렵게 준비하는게 당연하다고 생각됩니다.

—김*성—

동형 문제를 풀고 나서 강의를 들으니 더욱 더 집중할 수 있었고, 기출 문제에서는 미처 보지 못한 색다른 형태 및 내용을 다룬 문제를 접할 수 있어서 좋았습니다. 그리고 강의 한 회차를 들으면서 한국사의 전 범위를 훑어볼 수 있어서 더욱 더 맘에 들었습니다.

—이*동—

▶ [자료]치명적 선지·사료○×

다수의 OX 및 단답형 문항을 단원별로 구성

함정 선지, 고난도 선지, 빈출 선지들을 엄선하여 단원별로 정리하여 기출 선지에 대한 감각을 익힐 수 있도록 하였으며, 다수의 OX 문제 풀이를 통해 기존의 오개념을 바로 잡고 고난도 실전 문항에 대비할 수 있도록 구성하였습니다.

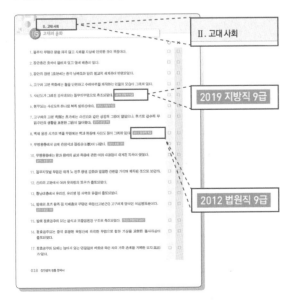

자료 분석 능력

자료 추론형으로 변화되어 가는 공무원 한국사 출제경향에 대비하여 빈출되었거나, 출제 가능성이 높은 자료를 단원별로 정리하여 실전에 대비할 수 있도록 하였습니다.

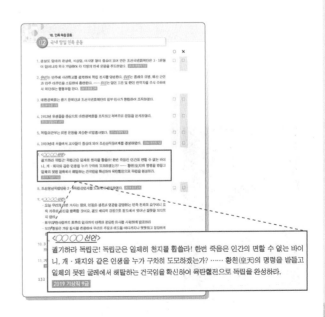

강/민/성/한/국/사 열공인증

열공인증글
작성해보기

💬 민콩

가입한 지는 꽤 됐는데 눈팅만 하다가 환자복 입고 강의하시는 선생님 모습에 너무 감사하기도 하고 특강도 너무 알차서!👍
처음으로 살포시 글 하나 올리고 갑니다.. 🐻 열공 인증 ㅎㅎㅎㅎㅎㅎ
원래도 한국사를 좋아했지만 더 재밌게 만들어주셔서 감사합니다. 이제 강민성선생님 아닌 한국사는 꿈도 못 꿔요!!!!! 선생님 얼른 건강 찾으셔서 더 좋은 모습으로 뵀으면 좋겠어요. 🙏 이 글 보시는 분들도 조금만 더 힘내시고 좋은 결과 있으시길 바랍니다. 🖤 남은 주말도 열공하세요. 🐻❄️🔥

💬 이거알면논문써

만주 무장투쟁 복습하기
합격노트로 복습중입니다.
선생님 덕분에 어렵고 답답하기만 했던 무장투쟁 역사 잘 정리하고 있습니다.
합노에서도 아프신게 느껴져서 안타까웠는데 어제 그런 몸으로 라이브 특강까지 너무 멋져요!
사실 처음에는 너무 화내시는 것 같아 무서웠는데 이제 귀여워보이세요..ㅋㅋ
항상 건강 조심하세요~! 선생님 감사드려요

💬 빵사랑14

기출 풀고 있어요! 이제 막 시작한 초시생입니다. 나이도 있다보니 머리가 너무 안따라주네요. 창문 활짝열고 봄기운 만끽하며 공부중입니다! 시험 얼마 안남았는데, 이번에 시험보시는 분들 모두 좋은 결과 있으시길 바랄께요. 😊

💬 뚜루뚜뚜루

저는 사실 강의도 강의지만,,,, 선생님의 투혼에 너무 감동을 받았습니다. 정형외과쪽에서 일했어서 아는데 중간에 말씀하셨던 것처럼 선생님 정말 무리하신 거거든요~ 아직 재활기간 제대로 시작도 안했는데 몇시간 동안 서서 강의를 ㅠㅠ 학생들 위하는 마음 너무 크게 느껴졌구요. 정말 더더 열심히 공부해서 선생님 제자로 꼭 만나뵙고 싶어요! 남은 기간 정말 열심히 공부하겠습니다! 수험생 여러분도 모두 힘내세요. 💪💪

💬 이거알면논문써

드디어 합노 끝내고 특강까지 끝내보려구요. 선생님이 늘 강조하시는 끝까지 해보고 시험보러 갈게요~상황이 녹록지 않아서 힘들 때 많이 위로 받으며 수업듣고 있습니다.
빨리 쾌차하세요. 감사합니다.

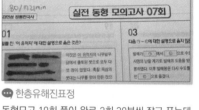

실전 동형 모의고사 07회

💬 한층유해진표정

동형모고 10회 풀이 완료 2회 30분씩 잡고 푸는데 기껏해야 30분인데도 마킹 끝내고 컴싸 내려놓는 순간 엄청난 피로감이 몰려온다. 그 어떤 모고보다 긴장하게 만드는 민성샘 모고..

💬 듀비두

복습!! 항일 의병!! 뭉클ㅠㅠ
남은 시간 화이팅해요!!

오후 1:54
2021.04.10

실전 모의고사 08회

💬 소이라떼

저는 8회까지만 있어서 마지막 모고네요. ㅠㅠ 아침겸 점심 너무 많이 먹어서 졸면서 풀다가... 시간 무엇? ㅠㅠ 암튼 그래서 쉬운문제까지 틀려버렸네요. ㅠㅠㅠㅠㅠ ㅠ 아무튼 이번회차 점수는 75점 나왔어요. ㅠㅠ 사료가 너무 어려워서 어버버 거렸네요;; 이제 그동안 모고 풀었던거 정리하고 라이브 특강꺼 복습하면서 느낀건 제가 기관이나 문화부분이 진짜 부족하다는걸 느꼈어요. ㅋㅋㅋㅋㅋㅋㅋ그 외 디테일한게 좀 부족한것 같아요. 마지막은 부족한 부분 채우면서 마무리 해야겠어요. 👏 그리고 저번 라이브때 선생님 팔 보고 ㅠ 너무 놀랐어요. 불편하실텐데 ㅠㅠ 몇시간 라이브강의 하신다고 정말 정말 고생하셨을텐데 정말정말 감사했어요. ㅠㅠ 얼른얼른 쾌차하셔요!

💬 서리되다

마침 라이브하는 날이라서 예능(?)보는 느낌으로 시청했습니다.
채팅방 대화하는 분들이 얼마나 웃긴지 ㅋㅋㅋ 같이 웃으면서 봤네요.
진짜 선생님말씀처럼 의지가 약해질 때 보길 잘한거 같아요.
죄책감이 덜 느껴지는 시간이었어요. ...

└💬 봄새빛나
　죄책감이 덜 느껴지는 시간 2222

└💬 별늘
　마자요. 저도 힐링하는 맘으로 봤네요. ㅋㅋㅋㅋ
　선생님 훈화말씀도 정말 마음에 와닿았고.. ㅜㅜ
　다음 라이브가 기다려집니다ㅎㅎ

💬 마영이
전에 한꺼번에 올인원 듣다가 남는게 없어서 다시 강의 듣는 중...입니다... 복습의 필요성을 뼈저리게 느끼는 중...ㅎㅎ 그래도 또 들으니까 훨씬 더 잘 들리고 이해 잘 되는 중 모두 파이팅해요^!!

💬 22합격내거야
이제 막 진입한 초시생이라 갈 길이 머네요. 국가직 다들 화이팅 하시고 좋은 결과 있으시길 바랍니다. 😆
└ 💬 삐용v
　저강의 들은게 얼마전 같은데......
　시간금방이네요ㅠㅠ

💬 옥수수구이
내년 시험 준비하는데 진도 빼기 너무 힘드네요ㅠ 그래도 선생님 강의가 이해 잘 되고 재미있어서 다른 과목 보다는 힘이 나요! 다들 파이팅~

💬 옥수수구이
내년 시험 준비하는데 임상 병행하면서 공부하다 이번에 퇴사하고 나름 부지런히 듣는다고 들어서 드디어 올인원 완강했어요.ㅠㅠ
그치만 이제 또 시작이겠죠ㅎㅎ
다들 파이팅!
└ 💬 칸토
　축하드려요!!
└ 💬 롤린
　고생하셨어요~ 이제 무한 회독합시다.

💬 봄새빛나
어제 1강 듣고, 하나씩 지겨울 때 아껴들으려고 했는데 오늘 둘 모두 들어버렸네요. 완전 힐링타임. 새로운 것도 많아서 도움도 많이 되었고, 무엇보다 원래 국가직 이전 루틴대로 선생님과 함께 공부하게 되어서 너무 좋았어요.
그리고 넘 재미있어요! 후속 강의가 또 있다니 정말 기쁘네요. 건강하고 에너지 넘치는 선생님 강의 기받아서 배터리 삥삥 세웁니다. 감ㅅ히합니다!

💬 맘시생
암기하고 자기 전에 백지에 쭉 정리해봅니다. 이렇게 다 외우고 며칠 뒤에 까먹으면 너무 아깝지만.. ㅜㅜ 그래도 남는 게 있으리라 믿고 매일 꾸준히 하고 있습니다. 갈수록 재밌네요. 붕당정치 와서는 흐름을 탄 느낌은 드는데, 아직 1회독도 안마친 상태라서 기출 풀면 현타오겠죠.. ^^;;; 그래도 매일 강의듣고 암기하는게 좋네요. 국사는 성적이 제일 안나오던 과목인데 이렇게 재밌게 공부한다는 것만으로도 좋습니다. 합격까지 이어지면 더욱 좋겠고요. 😊
앞으로도 열공입니다~~~~!!!

💬 발랄곰팅이
기출 3회독은 강의와 함께!!! 열공인증합니다

💬 별늘
국가직 이후 약간의 슬럼프로 지지부진 하다 오늘 드디어 합노를 완강했네요…!!! 완강 자축하는 느낌으로 처음으로 까페에 인증글을 써봅니다 ^.^.. 합노 강의,, 너무 알차고,, 내용 정리가 테마랑 흐름에 딱 맞춰서 깔끔하게 잘 되어 있어서 복습 및 회독에 정말 큰 도움이 됐습니다. 이걸 국가직 전에 완강했어야 하는데 하는, 더 일찍 듣지 못한 아쉬움밖에 없는 강의였네요. 그리고 교재가 정말 개인적으로는 내용도 내용이지만 가시성을 고려한 편집과, 폰트, 컬러까지 다 완벽한, 책 중에 제일 마음에 드는 책이에요..!! 이제 남은 시간 복습이랑 동형 하면서 마무리 잘 하는 일만 남았네요^.^.. 지난주 라이브때 선생님께서 해주신 훈화말씀(?) 너무나 힘이 많이 되었습니다ㅜㅜ.. 그리고 손 흔들어 달라고 했는데 진짜 해주셔서ㅎㅎㅋㅋㄹ 별건 아니지만 기분 좋게 웃으며 공부하게 되더라고요! 지방직까지 남은 시간, 끝까지 묵묵하게 해내서 다음 글은 합격후기가 되도록 할게요~!
└ 💬 분류왕강민성
　합노완강하고 모의고사 풀었을때 술술 풀렸던 기억이 나네요!
　이제 회독만 열심히 하시면 될듯요^^ 저희끝까지 파이팅이요!
└ 💬 롤린
　완강은 항상 힘들죠~ 지방직 대박나세요!

💬 동동이이이
한국사 진짜 싫어하고 못했는데 선생님 만나고 흥미가 붙었어요! 흐름 잡기에 최곱니다. ㅠㅠ
다음 커리 따라 가다가 그 끝엔 합격이 오리라 믿습니다.

윤지희 / 교육행정직 9급 / 1년 4개월 / 인강

처음 강민성샘의 강의를 듣게 된 계기 / 강의를 듣고 나서 생긴 변화

저는 이미 다른 선생님의 올인원을 한 번 끝낸 상태였습니다. 그런데도 내용이 머릿 속에 제대로 정리되지 않은 상태여서, 스토리가 있는 한국사를 강조하시는 강민성샘의 인강을 선택하게 되었습니다. 처음에는 두문자나, 외워야 할 연도를 특정해서 말씀해주지 않으셔서 염려가 됐습니다. 타인강 샘은 필수로 무엇무엇을 외우라고 강조하셨기 때문입니다. **그런데 연도나, 두문자 없이도 문제가 정말로 풀리게 되는 신비를 맛보게 되었습니다.**

선생님 강의의 특징과 장점 (가장 추천하고 싶은 강의는?)

넘쳐나는 두문자와 연도 암기에 지친 후배들이 꼭 들어야 할 강의라고 생각합니다. **공무원 시험이 한국사만 보는 시험이 아니기 때문에 암기는 영어, 선택과목, 국어 등등에서도 이미 양이 차고 넘칩니다. 외울 양을 최소화하는 게 가장 효율적인 만큼, 강민성샘은 흐름이 있는 한국사를 테마로 수업을 진행하십니다.** 왜 이 사건이 일어났을지 먼저 생각해보고, 수업 중간 중간 역사적 사건과 관련된 흥미로운 사담들을 말씀해주십니다. **이 사담이 바로 시험에 적중한다는 점이 가장 중요하구요!** 무작정 사담만 많거나, 두문자만 강조하는 수업과는 차별화된 수업입니다!

선생님 교재의 특징과 장점

강민성샘의 합노가 얼마나 정리가 잘 되었는지 꼭 한 번 다른 한국사 요약노트와 비교해보시길 바랍니다 ㅎㅎ
'아니 강민성 선생님은 합격노트에 이런 것까지 넣었다고..?' 싶을 정도로 세세하게 다 넣어놓으셨습니다.
그리고 가장 헷갈리는 시대별 사건을 한 눈에 보이도록 타임라인을 정리해 놓으셨습니다. 그리고 사회/문화/정치 등으로 또 다시 분류화해서 따로 노트나 포스트잇에 정리할 필요도 없습니다.
강민성샘의 합격노트는 강민성샘 수업의 결정체이니 꼭 보세요!

선생님 강의를 수강하며 병행한 나만의 공부 팁이 있다면?

강민성 선생님의 기본 강의-복습강의-mp3 음성-유네스코 특강
이렇게 꼭 들으세요! 기본 강의는 말그대로 기본이기 때문에 전체적인 흐름을 파악하기에 좋습니다. 그 이후에는 복습 강의로 다시 한 번 내용을 상기시켰습니다. 그 이후로 밥 먹을 때나 독서실 갈 때, 혹은 세수하거나 양치할 때 mp3 파일을 크게 틀어놓아서 ASMR처럼 한국사를 늘 가까이 하려고 했습니다.

선생님 강의는 이런 학생들에게 꼭 추천하고 싶다

스스로 '한국사 매국노'라고 생각하거나 타강사의 한국사 인강을 들어도 모의고사를 보면 만년 '70점대'인 학생에게 강력하게 추천합니다. 왜냐면 제가 바로 딱 그 사람이었기 때문입니다. 저는 고구려 왕은 광개토대왕 장수왕 밖에 모르던 사람입니다. 뿐만 아니라 저는 인강 의존형이었기 때문에, 합격 전까지 들은 올인원 한국사 인강 수만 합쳐도 500강이 넘습니다. 그리고 요약강의는 다 합치면 200강 정도 될 것입니다. 그만큼 한국사 점수가 나오지 않아 속상했고 힘들었습니다. 그런데 민성샘 인강을 듣고 신세계를 경험했습니다. 필요한 것은 '두문자'나 '연도 암기'가 아니라 역사적 사건이 일어나게 된 인과관계를 흐름 중심으로 먼저 이해하는 일입니다. 덧셈도 모르는데 곱셈부터 풀려하니 점수가 오르지 못하는 것입니다. 두문자와 연도 암기에 지친 한국사 매국노 학생들! 민성샘 수업 듣고 100점 맞으세요!

마지막으로 강민성 선생님을 한마디로 표현한다면?

붕당 맛집이자, 한국사를 진심으로 사랑하는 선생님이라고 표현하고 싶습니다.

이은지 지방직 9급 / 1년 2개월 / 인강

처음 강민성샘의 강의를 듣게 된 계기 / 강의를 듣고 나서 생긴 변화

공시를 시작하기 앞서 가장 걱정되는 과목이 한국사였고, 유명한 강의를 모두 2~3강씩 들어보았습니다.

그리고 무작정 암기하는 것보다는 이해한 뒤 암기하는 것을 덜 부담스러워하는 저에게 강민성 선생님을 선택하는 것은 당연한 귀결이 었습니다.

그리고 처음 공시를 시작 할 때 저에게 한국사는 시험을 치기 위해서 공부하는 한 과목일 뿐이었습니다.

하지만 선생님과 한국사 공부를 한 후, 저에게 한국사는 시험을 위해 공부하는 과목이 아닌 흥미가 있어서 스스로 찾아 공부하는 학문이 되었습니다. 저의 생일날 한 지인 분께서 갖고 싶은 것을 사주겠다 하셨는데 그 때 역사 관련 책을 사달라고 하는 사태(?)까지 벌어지게 되었습니다 ㅎㅎ 평소 독서를 멀리하는 저를 알고 있는 가족들은 엄청난 변화라며 놀라워했습니다 ㅋㅋㅋㅋ!

선생님 강의의 특징과 장점 (후배들에게 가장 추천하고 싶은 강의는?)

선생님께서 공부가 책을 정리하는 것이라면 선생님의 역할은 그 책장을 잘 짜주는 것이라고 언급하신 적이 있습니다.

선생님 말씀대로 선생님의 강의와 교재는 그 책장의 역할을 톡톡히 하고 있습니다.

우선 강의가 설득력이 있습니다. 처음 기본 강의를 들으면 많은 양과 처음 듣는 내용에 혼란스럽고 막막하기 마련인데 선생님의 강의는 들으면서 고개를 끄덕이고 있었습니다. 평소 한국사에 관심없던 제가 듣기에도 부담스럽지 않았습니다.

그리고 암기를 위한 수업이 아닌 이해를 위한 수업이라 앞뒤 맥락을 이해하며 자연스럽게 암기할 수 있었습니다.

후배들에게 추천하고 싶은 강의는 **한국사 올인원 개념완성 기본 강의입니다. 강의가 긴 만큼 기본서의 모든 내용을 담고 있고, 흐름을 가장 잘 잡아줍니다.** 그리고 강의 중간중간에 선생님께서 들려주시는 사담은 강의의 품격을 한층 더 높이고 있습니다~!

선생님 교재의 특징과 장점

교재 역시 강의의 흐름대로 짜여져 있습니다. 선생님의 강의가 교재에 그대로 압축되어 있습니다. 그리고 회독용 교재로 선택하기에도 딱입니다. 두 권이라 회독용으로 부담스러울 수 있으나 분량이나 구성을 따져볼 때 과하지도 부족하지도 않았습니다. 그리고 합격노트, 기출, 동형모고를 진행하며 기본 서에 없는 내용은 모두 기본서에 옮겨 적으며 부족한 부분을 보충했습니다.

선생님 강의는 이런 학생들에게 꼭 추천하고 싶다

이해한 뒤 암기하는 것을 중요하게 생각하시는 분들에게 추천 드립니다.

그리고 한국사 흐름을 제대로 잡고 싶으신 분들에게 추천 드립니다.

흐름을 잡으면 암기할 부분이 절반으로 줄어들게 됩니다. 그러면 자연스럽게 한국사=무작정 암기라는 공식도 깨지고 공부가 재미있어집니다~

합격 소감

사람들에게 내가 할 수 있을까 물었을 때, 성공한 사람은 당연히 할 수 있다고 대답하고 실패한 사람은 너는 해도 안 된다고 대답한다는 식의 이야기를 들은 적이 있습니다. 합격한 친구들은 저한테 자기들도 합격한 시험인데 너도 할 수 있다는 응원을 해줬습니다.

그 응원을 믿고 그리고 저를 믿고 공부했고 결국 합격해서 이렇게 후기도 남길 수 있게 되었습니다.

이 글을 보고 계시는 예비 수험생 분들도 모두 하실 수 있습니다!

스스로를 믿고 최선을 다하셔서 원하는 결과를 얻으시길 바랍니다!!

강민성 선생님을 한마디로 표현한다면?

선생님은 '네잎클로버' 입니다.

부끄럽지만 한국사 공부를 가장 싫어했던 저였습니다. 하지만 선생님을 만난 뒤 한국사가 재미있게 느껴졌고 공부하는데 힘들지 않게 공부할 수 있었습니다. 선생님을 만난 전 행운아 입니다~^^

열공 인증글 작성 방법

열공인증글 작성하러 가기 → [강민성의 정통한국사 ▼] [검색]

1. 열공 인증글 작성

1) 완강 및 열공 계획

수강 및 공부를 시작하기 전 나의 완강 목표 및 열공 계획과 다짐 등을 작성해주세요

'시작이 반이다'는 말처럼 꼼꼼한 계획을 미리 세워 완강 성공에 한 발 더 다가가 봅니다 ^^

예시)
– 나의 완강 계획 : 예) 20**년 1월부터 3월까지 약 50일 간 하루 2강씩 수강하여 완강할 계획
– 교재 인증 : 교재 구입 이후 교재 수령 인증샷과 나의 열공 다짐 올리기 !
– 열공 계획 : 월간 · 주간 · 일간 열공 계획표, 진도표, 시간표, 나의 열공 다짐이 담긴 문구 등

2) 수강 및 열공 인증

나의 진행형 열공 모습을 알려주세요.

스스로 나의 공부 진행 정도를 체크해 볼 수 있고, 서로의 열공 의지를 북돋우는 자극으로 활용해요 !

예시)
– 수강 인증 : 강민성 한국사 수강 인증(수강 진도표, 교재 필기 등)
– 열공 인증 : 나만의 노트 정리, 공부 시간(스톱워치), 꼼꼼하게 정리된 플래너 등

3) 완강 및 합격(성적) 인증

완강 또는 합격에 성공한 나의 노력을 스스로 칭찬해주고,

모두의 완강 의지, 합격 의지를 Up 시켜주기 위해 열공 성공담을 인증해 주세요.

예시)
– 완강 인증 : 수강률 100%인 수강 진도표, 끝까지 필기가 완성된 닳고 닳은 나의 교재 인증 등
– 합격(성적) 인증 : 성적 인증(공무원 한국사 성적, 내신 또는 모의고사 성적, 한국사능력검정시험 성적 등)
　　　　　　　　 합격 증서(공무원 합격, 대입 합격, 한국사능력검시험 등)

2. 작성글의 성격에 맞는 말머리를 달아주세요

말머리는 [완강 및 열공 계획/ 수강 및 열공 인증/ 완강 및 합격 인증]가 있습니다.

3. 작성글 게시 완료 !

* 위의 예시 외에도 나의 완강–열공 계획/ 수강–열공 인증/ 완강–합격 인증을 잘 보여줄 수 있는 참신한 글을 남겨주세요.
열공 의지가 돋보이는 정성스럽고 꼼꼼한 인증글 중 선정을 통해 소정의 상품을 전달할 예정이니 많은 참여 바랍니다.

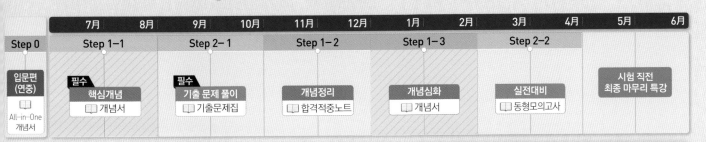

대한민국 한국사 압도적인 1위!
강민성 선생님의 공무원 한국사 커리큘럼
[공무원 한국사 시험을 준비하는 모든 수험생을 위한 강좌]

	7月	8月	9月	10月	11月	12月	1月	2月	3月	4月	5月	6月
Step 0	Step 1-1		Step 2-1		Step 1-2		Step 1-3		Step 2-2			

Step 0 입문편 (연중) — All-in-One 개념서

Step 1-1 필수 핵심개념 — 개념서

Step 2-1 필수 기출 문제 풀이 — 기출문제집

Step 1-2 개념정리 — 합격적중노트

Step 1-3 개념심화 — 개념서

Step 2-2 실전대비 — 동형모의고사

시험 직전 최종 마무리 특강

STEP 00 기초입문

공무원 한국사의 흐름을 잡아주는 입문편
연중

• 전근대 + 근현대 → 정치사 중심의 개괄적 이해

STEP 01 개념완성

공무원 한국사
개념 정리의 모든 것

한권으로 끝내는 공무원 한국사 개념정리

STEP 01-1 | 01-3
7월~8월 / 1월~2월

• 단순 암기가 아닌 이해와 흐름으로 정리하는 한국사 개념
• 2021, 2022 공무원 시험 적중률로 검증된 빈틈없는 내용정리
• 기출 관점으로 정리하는 심화 개념에 대한 입체적 이해
• 출제 가능성이 높은 핵심 자료 대거 수록

합격적중노트
11월~12월

STEP 01-2
• 공무원 한국사 개념을 빠른 속도로 정리
• 시대별·주제별 개념부터 기출 관점 확인까지 최종 마무리 단권화

STEP 02 기출 문제풀이

공무원 한국사
기출 문제 분석의 모든 것

한권으로 끝내는 공무원 한국사 기출정리

STEP 02-1
9월~10월

2007~2022, 16개년 공무원 한국사 기출문제
+
2004~2022, 19개년 평가원, 교육청 기출문제
+
2006~2022, 17개년 한국사능력검정시험 기출문제
▼
• 출제 가능한 공무원 한국사 모든 문제 유형 엄선 수록
• 공무원 전직렬, 평가원, 교육청, 한능검 문항을 완벽 분석
• 실전 문제풀이에 가장 적합하도록 재구성한 단원분류

STEP 03 Final

공무원 한국사의
빈틈없는 **최종정리**

공무원 한국사 시험 직전 완벽한 최종점검
3월~6월

STEP 02-2 [실전 동형모의고사]
• 공무원 한국사 유일의 전·현직 출제위원이 만든 '진짜' 실전 동형 모의고사
• 고난도 변별 문항을 통한 취약 개념 및 약점 최종 보완

특강 [치명적 선지·사료 ○×]
• 최근 5개년 공무원 한국사 치명적 기출 선지·사료 완벽 분석
• 고난도 선지, 함정 선지, 지엽적 선지에 대한 빠르고 정확한 분석

공무원

한국사

한 권으로 끝내는 개념완성

前근대사

강민성 선생님을 만날 수 있는 공간

- **카페** cafe.naver.com/kmshistory · 강민성의 정통한국사 ▾ · 검색

 N 카페 바로가기 · QR코드 사용방법은 강민성의 정통 한국사 카페 공지사항에 있습니다.

- **온라인 강의** www.gong.conects.com

  커넥츠 공단기 · 커넥츠 경단기 · 커넥츠 사복단기 · 커넥츠 법검단기 · 커넥츠 소방단기 · 커넥츠 세무·관세단기 · 커넥츠 기술단기

- **오프라인 강의** 공단기 고시학원 TEL 02-812-6521

강민성 장학재단 Student Aid Foundation

이 책에 대한 수익금의 일부는 강민성장학재단에 기부되어
경제적으로 어려운 환경에서 공부하는 학생들을 위해 사용됩니다.

전 3권 값 38,000원

14910

9 788927 447580

ISBN 978-89-274-4758-0